· 陕西省普通高校哲学社会科学特色学科建设项目
· 国家自然科学基金面上项目“数字化交互平台产品和客户体验旅程及客户投入的作用机理研究”（项目编号：72172123）

现代管理理论与方法创新论坛

（2022）

李纯青　刘　伟◎主编

中国经济出版社
CHINA ECONOMIC PUBLISHING HOUSE
北 京

图书在版编目（CIP）数据

现代管理理论与方法创新论坛.2022 / 李纯青，刘伟主编. -- 北京：中国经济出版社，2023.4

ISBN 978-7-5136-7262-7

Ⅰ.①现… Ⅱ.①李…②刘… Ⅲ.①管理学-文集 Ⅳ.①C93-53

中国国家版本馆 CIP 数据核字（2023）第 042214 号

责任编辑 张利影
责任印制 马小宾
封面设计 华 子

出版发行 中国经济出版社
印 刷 者 北京艾普海德印刷有限公司
经 销 者 各地新华书店
开 本 710mm×1000mm 1/16
印 张 39.25
字 数 525 千字
版 次 2023 年 4 月第 1 版
印 次 2023 年 4 月第 1 次
定 价 168.00 元
广告经营许可证 京西工商广字第 8179 号

中国经济出版社 **网址** www.economyph.com **社址** 北京市东城区安定门外大街 58 号 **邮编** 100011
本版图书如存在印装质量问题，请与本社销售中心联系调换（联系电话：010-57512564）

前　言

近年来，以“大智移云物链”为代表的新兴技术迅猛发展，给管理领域带来了许多变革与创新。为了激发西北大学经济管理学院工商管理类研究生的科研积极性，同时也为了增进研究生之间的学术交流、提高研究生培养质量，我们以“新兴技术驱动的管理变革与创新”为主题开展了征文活动，经专家评审后对录用的23篇论文结集出版为《现代管理理论与方法创新论坛（2022）》。

《现代管理理论与方法创新论坛（2022）》以理论和方法创新为主题，重在普及和推广现代管理学的研究方法，旨在培养学生的研究兴趣。本书是西北大学经济管理学院工商管理学科师生的集体研究成果，主要反映了新兴技术（包括大数据、AI、移动互联网、云计算、物联网和区块链等）对管理变革与管理创新的影响。本书既有文献综述，也有对某一问题的深入细致研究；研究方法既有案例研究、扎根理论等质性研究方法，也有问卷、公开二手数据分析等定量研究方法。本书所收录的论文均具有一定的理论价值和现实意义，对未来的相关研究也具有一定的参考价值，集中体现了西北大学经济管理学院工商管理学科的特色——新兴技术驱动的管理变革与创新。

本书分为六章，共收录23篇论文，各章所讨论话题及收录的论文如下。

第一章“数智化营销创新”共收录2篇论文，包括李婉婷撰写的《技术思维与用户思维的调和机理研究——以海信套系家电“璀璨”品牌创新为例》（16840字）、郑晓娇撰写的《企业社会责任与消费者响应：基于企业社会责任信息的身份激活》（21071字）。

第二章“不确定环境下组织与领导有效性研究”共收录3篇论文，包括裴娅祺撰写的《远程办公情景下的工作－家庭界面：研究述评与展望》（13675字）、李明月撰写的《智能机器背景下组织行为研究的文献综述与未来展望》（20495字）、李建娜撰写的《零工经济下组织行为研究的文献综述与未来展望》（13873字）。

第三章“开放式创新及创新生态系统”共收录4篇论文，包括张洹铢撰写的《数字化情境下平台驱动因素和成长逻辑》（15001字）、周诗晨撰写的《知识权力对企业创新绩效的影响研究——基于系统动力学的仿真分析》（11219字）、张晖撰写的《公众参与环境规制会提升企业绩效吗？——基于企业创新激励的中介效应检验》（12752字）、米儒撰写的《政府补助与企业创新》（13907字）。

第四章“内部控制与会计信息质量”共收录4篇论文，包括赵旭聪撰写的《大数据背景下内部控制审计对财务报表信息质量影响的研究——基于我国制造业上市公司的数据分析》（16844字）、武怡璐撰写的《数字时代财务共享中心对企业绩效的影响》（11994字）、申殊松撰写的《社会保险费率调整对上市公司雇佣规模的影响研究》（13409字）、牟策撰写的《增值税留抵退税与企业“去杠杆”——基于制造业上市公司的实证研究》（16719字）。

第五章“文旅融合与西部创新实践”共收录6篇论文，包括杨莹撰写的《陕甘宁革命老区红色旅游经典景区空间分布格局及形成机理研究》（11823字）、刘亚杰撰写的《政府补助对旅游上市公司经营效率的影响研究》（10949字）、鄢钰撰写的《旅游OGC和UGC视频的内容呈现及其传播效果比较研究》（12434字）、王琳颖撰写的《场景视域下城市文旅消费空间舒适物体系及其特性研究——以长安十二时辰主题街区为例》（16215字）、柴婷艳撰写的《大数据时代下华山风景区网络关注度时空特征及其影响因素研究》（11412字）、营云林撰写的《互联网视角下文旅融合对旅游经济增长的影响——基于旅游产业集聚的中介作用》（14853字）。

第六章“技术经济和大数据决策”共收录4篇论文，包括：常舒淇撰写的《数字普惠金融促进制造业中小企业技术创新投入》（17788字）、杨皓撰写的《政府支持下中国电商企业创新策略三方演化博弈》（12697字）、杨夏容撰写的《数字经济背景下技术创新研究的知识图谱分析》（15706字）、杜玉禄撰写的《基于ABM仿真的员工组织文化认同程度演化研究》（11521字）。

本书的出版离不开西北大学经济管理学院对工商管理学科发展的大力支持，离不开各位老师的悉心指导，离不开各位硕士生的不懈努力，也离不开编辑老师的默默付出；同时，本书还得到了国家自然科学基金面上项目“数字化交互平台产品和客户体验旅程及客户投入的作用机理研究”（项目编号：72172123）的资助。本书收录的论文如有不足之处，敬请读者提出宝贵意见。

目 录

第一章 数智化营销创新

第二章 不确定环境下组织与领导有效性研究

第三章 开放式创新及创新生态系统

第四章　内部控制与会计信息质量

第五章　文旅融合与西部创新实践

第六章 技术经济和大数据决策

第一章 数智化营销创新

技术思维与用户思维的调和机理研究

——以海信套系家电“璀璨”品牌创新为例①

李婉婷

摘要：当面临产品同质化与需求多样化引发的市场竞争时，企业怎样维持与发展品牌显得意义重大。企业如何在不忘初心使命的前提下顺应市场进行改变与创新是品牌发展过程中的关键问题。本文基于品牌双元理论，以海信套系家电“璀璨”品牌创新为例，采用SPS案例研究方法，提出品牌创新过程中技术思维与用户思维的自循环过程，以及设计思维是调和这两种思维的机制。本文不但扩充了品牌双元理论，而且对品牌创新和新产品开发研究做出了相应的补充。

关键词：调和机理；设计思维；品牌创新；案例研究

作者简介：李婉婷，西北大学经济管理学院在读硕士研究生。研究方向为新兴技术驱动的品牌创新。

---

① 本文由李纯青教授指导完成。李纯青，西北大学经济管理学院教授，博士研究生导师，博士后，研究方向为数智化营销与品牌管理。基金项目：国家自然科学基金面上项目“数字化交互平台产品和客户体验旅程及客户投入的作用机理研究”（项目编号：72172123）；国家自然科学基金面上项目“基于多元企业认同的企业身份构建及其张力调和机理研究”（项目编号：71772144）。

一、引言

生产力水平的提升，使许多产业生产效率得到提高，在产品与产能过剩的情况下，随之而来的问题之一就是产品同质化。对此最直接的影响是使企业失去技术与创意带来的竞争优势，迫使企业不得不进行价格战以维持现有状态。相较于此，一个强大的品牌却能为企业带来显著的溢价，忠诚的客户、销售，以及最终更高的公司估值（Fischer，Völckner and Sattler，2010）。因此，建立并维持一个品牌，即维持品牌的一致性显得十分重要。但面对越来越多样的市场需求，以及产品生命周期的缩短，仅维持既有品牌是不够的，企业还需要发展现有品牌。鉴于品牌资产与品牌意识、品牌形象和品牌联想息息相关（Keller，1993），为了进一步发展品牌，企业还需要在原有品牌基础上提升品牌相关性，而提升品牌相关性需要创新（Aaker，2012）。

从品牌创新的角度去思考问题，学者则陷入了品牌创新是技术导向还是市场导向的讨论。技术导向突出技术在创新中的领导地位（Zhou，Yim and David，2005），市场导向则突出用户需求在创新中的引导作用（王永贵等，2008）。两种导向方式各有利弊，故对于此企业如何分配有限的资源去协调技术与用户需求是十分重要的创新决策。一方面，商业可持续发展的目的首先在于为客户创造价值，而感知价值定义愿意为用户需求付出成本，对出售物产生的感知利益的净估值（Kumar and Reinartz，2016）。因此，企业常常以用户需求为导向进行产品创新。但根据消费者需求来革新产品也未必成功，除非市场上仍有众多尚未满足的需求，而且竞争对手尚未对此做出反应。另一方面，在市场竞争中，技术上的领先地位将会成为确保企业竞争优势的潜在源泉，对提高公司竞争力、保持公司生命力、实现公司经营目标具有非常关键的作用（Zhou，Yim and David，2005）。

鉴于企业有限的资源与精力，在面对不同导向下的优劣，如何寻找一种可以协调两者的机制在当下具有一定的探索意义。Beverland 等（2015）指出设计思维在解决持久的品牌问题中可以发挥重要作用，可以帮助解决有害的二元论，如一致性与相关性。在其研究中，作者将设计思维作为调和“品牌一致性”和“品牌相关性”的机制。本文进一步从访谈中挖掘“技术思维”和“用户思维”作为其理论的延续，尝试从设计思维角度解释基于一致性下的“技术思维”与基于相关性下的“用户思维”之间的协调关系。基于此，本文试图回答企业怎样更有效地进行产品创新，生产出既不违初心又满足消费者需求的产品，进而保持与发展其品牌，在市场竞争中脱颖而出。

故本文从案例研究的角度，选取海信家电集团开发新产品、新品类套系家电“璀璨”的过程作为案例情节，通过其从提出、进行产品定位、产品设计以及产品迭代四个阶段，揭示企业怎样在开发过程中协调技术与用户需求，从而在维持“技术立企”品牌一致性基础上，通过用户研究，将产生的创新整合到扩展的品牌叙事中（Beverland，Wilner and Micheli，2015），并逐渐发展出“技术为人服务”“为每一个家庭的圆满，就是璀璨诞生的意义”“先有家，才是家电”等理念，以响应用户对家电品牌相关性深层次需求，使得海信在不损害品牌的基础上拓展品牌概念。

二、文献综述

（一）技术导向与市场导向

在市场环境多变的条件下，开发新产品能够有助于公司形成和保持竞争优势，这就引发学者关于品牌创新应该是技术驱动还是市场驱动的讨论。其中技术导向的企业更加关注学习新技术，促进创造性构思的产生（Volberda，Lyles and Foss，2012）。其倾向于通过持续的创新成果、技术解决方案等，确保技术在整个产品研发与生产中的作用（Zhou, Yim and David, 2005），更强调新技术引入、新产品开发或进行创新（Grinstein, 2008）。与之相对，市场导向概念是市场营销理论发展的结果（Narver and Slater, 1990），其将顾客满意与市场需求放在企业重要的战略位置，聚焦企业与内外部利益相关者的互动（王永贵等，2008）。

企业通过市场研究，可以减少或消除消费者偏好的不确定性（Ofek and Turut, 2008）。尽管新产品开发的模糊前端曾是专业人员的领域，但现在的趋势是在过程中的早期就让消费者参与进来，而不是等到产品概念测试阶段才让消费者参与进来（Von Hippel, 2005），以期更好地减少顾客成本并创造顾客感知价值，形成企业持续竞争优势。这也使得顾客导向、竞争者导向作为企业市场导向策略实施的核心内容（Narver and Slater, 1990）。当企业进行不考虑市场选择的技术创新时，高技术创新水平也同样会因为对市场的忽视而最终落败（伍勇、梁巧转、魏泽龙，2013）。

Slater 和 Narver（1994）认为，创新和新产品的成功很有可能来自市场驱动。但市场导向并不利于创新（Hulbert and Leyland, 1999）。一方面，在市场导向战略引领下的企业会更关注已经出现的创新需求（Hayes and Abernathy, 2007），集中精力去满足现有顾客的显性要求，却并不去挖掘顾客未知与潜在的需求。但顾客是缺乏远见的（Hamel and Prahalad, 1994），这让企业更易陷入“创新近视症”，难以捕获来自创造新价值的机会（Narver, Slater and Maclachlan, 2004）。另一方面，消费者很少明白自己想要什么，所以在正式推出产品前企业很难了解消费者的真实偏好（Hoeffler, 2003）。Atuahene - Gima（2001）指出，市场导向的程度越高，产品的新颖程度越低，其越不能为企业带来长期的竞争优势。过度关注顾客的当下需求，抑制了根本性创新（任峰、李垣，2003）。这对企业来说，只能在短周期内提高企业绩效，无法促进企业长远健康发展，从而因为仅关注顾客需求失去市场领导地位（Christensen and Bower，1996）。故同样是用户需求导向、市场导向的创新实践，只有通过关注未表达的潜在需求和竞争者的未来动向进行持续创新，才能提升产品开发水平，掌握市场主动性（李全升、苏秦，2019）。

辩证地来看技术与市场，两者相互对立又相互促进，其中市场是技术创新的出发点与最终落脚点，对技术创新体系具有导向作用，而通过技术创新的转化成果来占据市场，则可以帮助企业获得竞争优势。故对于企业的创新实践，需要同时兼顾技术与市场两个因素（臧树伟、李平，2016；伍勇、梁巧转、魏泽龙，2013；程聪、谢洪明，2013）。虽然技术导向与市场导向的研究在创新领域经久不衰，但遗憾的是现有研究并没有过多对怎样有效协调二者关系做出进一步探索。

（二）品牌双元

品牌双元是保持一个品牌强大的核心，尤其是因为它提供了一条创新的途径；它也是一种营销能力，通过对一致性和相关性的追求，对品牌进行战略管理以创造价值（Beverland，Wilner and Micheli，2015）。双元意味着企业不应该选择两者中的一种模式，而是同时参与这两种模式或活动以获得持续的绩效（Raisch et al.，2009），其包括品牌一致性（Consistency）和品牌相关性（Relevance）。

一致性是指随着时间和地点的推移，通过名称、符号和定位主题等方式，对已定义的品牌形象与相关含义进行标准化和保存（Bengtsson et al.，2010）。Keller（1999）指出："品牌一致性对于保持品牌关联的优势和受欢迎程度至关重要。"而品牌是企业最重要的无形资产之一（Keller and Lehmann，2006），企业一旦发展起来，管理者就必须在不断变化的市场环境下捍卫、维护和增加品牌的资产（Van Rekom，Jacobs and Verlegh，2006）。要做到这一点，品牌经理必须保持一致性

（在形象和营销支持方面），着眼长远，谨慎利用现有的品牌资产（Park，Jaworski and Maclnnis，1986）。对于相关性，根据 Aaker（2012）的研究，当一个产品或服务类别或子类别出现时，相关性就存在，其核心是开创一个全新的竞争领域（Aaker，2012）。相关性与创新密不可分，通过开发创新产品使竞争对手变得无关紧要（Aaker，2012）。一个品牌创造这种有影响力的变革的能力不是对现有能力的完善和扩展，而是依赖于探索：组织调查和追求新机会、开发新知识的能力，彻底革新其产品和服务（Tushman and O'Reilly，1996）。

但将品牌一致性和相关性进行整合并不容易。对于企业来说，为了维持和发展品牌资产，意味着需要通过平衡一致性保护现有品牌标识与保持相关性（Beverland，Wilner and Micheli，2015）。即一方面品牌需要建立一个清晰的参照系，并随着时间的推移加强品牌形象；另一方面必须进行创新以适应市场变化（Beverland，Napoli and Farrelly，2010），即坚持品牌初心并满足市场的不断变化需求，且决不能以淡化品牌的本质特征为代价（Van Rekom，Jacobs and Verlegh，2006）。但在实际情况中品牌创新往往受到品牌营销者基于一致性的主导逻辑的阻碍，尽管这种逻辑对于推动品牌资产非常有用（而且至关重要），但它只产生了一套对品牌长期成功至关重要的见解（Beverland，Wilner and Micheli，2015）。事实上，强调品牌现有地位的重点可能使企业无法解决社会期望的变化或消费者面临的挑战，从而导致不相关的看法（Holt，2004），无法维持市场地位或防止价格和利润的侵蚀（Aaker，2012）。这种以牺牲创新为代价强调稳定性，就会导致品牌衰落（Keller，1999；Urde，Baumgarth and Merrilees，2013）。品牌双元的存在与企业创新密切相关，但现有研究却有所疏漏，品牌创新过程中不同导向模式的差异会造成品牌双元紧张关系。

（三）设计思维

设计师的内在逻辑和实践有时被称为“设计思维”（Liedtka，

2015），是一个创造性和战略性的过程（Beverland，Wilner and Micheli，2015）。其任务通常是为现有产品类别带来新的含义，或向消费者传达新的含义（Holt and Cameron，2010）。设计思维是一种以经验为中心的方法，不仅包括产品或服务的功能和用途，而且在考虑可能的解决方案之前预测相关情绪或意义（Brown，2008），即设计思维的倡导者经常认为，在高度不确定性的条件下，设计思维特别有用，可以帮助我们交付更接近客户真正想要的东西，而不是通常看到交付的技术或惯例（Beverland et al.，2015）。设计思维特点如表 1 所示。

表 1　设计思维特点

设计思维特点	解释
诱因推理（Abductive Reasoning）	不同于演绎推理和归纳推理（常见的分析思维），涉及考虑可能发生的事情的可能性并挑战存在的事情。提问："what if?"
迭代思维与实验（Iterative – thinking and Experimentation）	一种动态的、迭代的方法。通过迭代形式、原型设计和与最终用户及其他项目干系人一起测试一系列可能解决方案的试验来进行试错学习。回答"what if?"
整体观（Holistic Perspective）	不仅要考虑具体问题，还要考虑该问题如何作为其存在的环境或系统的一部分在其中发挥作用（包括客户的需求、最终用户的环境、社会因素、市场邻近性和新兴趋势等）。
以人为本（Human – centeredness）	不仅有助于识别未表达的或潜在的需求，而且从根本上重新构建或创造新市场及其产品

资料来源：笔者根据 Beverland 等（2015）整理所得。

三、研究方法

本文采用 SPS 案例研究方法，目的是回答在存在技术思维与用户思维的现实情境下，企业怎样生产出既满足用户需求又不失初心的产品。一方面，针对所研究问题表现出的"如何""怎样"的特征，本文选择单案例研究方法（Yin，2010）；另一方面，采用单案例纵向研究有助于打开未知过程，从而进行比较细致深入的论述和探索（Eisenhardt，1989）。

（一）案例企业选择

选择海信作为案例的原因有以下三个：第一，案例典型性，套系家电是完全不同于家电单品的产品品类，而海信套系家电取得了优异的市场成绩，在国内套系家电领域打出了响亮的名声，在既有的产品逻辑下很好地兼顾了市场需求，促进了品牌的发展；第二，家电行业，尤其是“黑电”技术迭代较快，需要企业紧密围绕技术进行创新，而如何兼顾用户需求，恰好对应了本文的研究重点；第三，海信是一个“技术立企”的企业，但随着经济的快速发展，企业越来越意识到品牌建设与消费者需求的重要性，将其作为案例研究对象，案例生动又不失家电行业的一般性。

（二）数据收集

为防止由于表达偏误和理解偏误引起的信息偏差，本文在数据收集过程中注重对相似问题的多方采样与迭代，以一手数据为主，二手数据为辅，相互印证保证数据的真实性。其中，一手数据为企业访谈数据，来自对海信璀璨负责人与海信委托的外部调研公司相关负责人进行的半结构化访谈。研究团队自 2020 年 12 月开始对海信璀璨进行资料收集，围绕璀璨的“产品设想与家电行业相关信息”展开深度访谈。之后持续收集相关信息，并于 2022 年 4 月、5 月和 6 月就“怎样理解市场与技术”“怎样洞察市场需求”“产品创新的过程”进行三次相关访谈，不断完善与验证研究结果。本文所收集的二手数据来自企业官网、微博与公众号宣传稿、媒体报道、行业第三方数据、中国案例共享中心教学案例、公开发表期刊、海信相关书籍等，作为一手访谈数据的补充和验证。数据来源统计如表 2 所示。

表 2　数据来源统计

数据类型	访谈对象	访谈内容
一手数据	海信璀璨负责人	璀璨产品设想与行业相关信息
	外部调研公司璀璨相关负责人	怎样洞察市场需求
	海信学院负责人	怎样理解市场与技术
	海信学院负责人	产品创新的过程
二手数据	企业官网、微博与公众号宣传稿、媒体报道、行业第三方数据、中国案例共享中心教学案例、公开发表期刊、海信相关书籍等	

（三）数据分析

数据收集与分析同步进行，直到能够提取的数据趋于饱和，无法提炼出新的观点，从而保证数据的完整性。本文借助扎根理论对原始资料层层编码，从收集数据出发对企业现象进行描述，再从理论视角对现象进行概括，然后提炼出初步模型。在此基础上不断对比数据、理论和模型，达到基本一致时得到最终模型。研究借鉴邢小强等（2019）的编码方案，通过开放式编码、轴心式编码与选择式编码三层编码，达到范畴化、明确范畴性质以及整理范畴之间关系的目的。

1. 开放式编码

开放式编码是在没有既定编码表的情境下，通过对相关资料分解与提炼，找出原始资料的主题与情境，形成初始范畴，帮助研究者掌握细节信息。本文经过编码最终形成 97 个初始范畴。开放式编码示例如表 3 所示。

表 3　开放式编码示例

初始范畴	典型引用
情感价值	海信集团的使命是致力于科技创新，提升人类生活品质，幸福亿万家庭。将使命落在品质生活上，这是情感层面的定位
功能价值	如果从功能层面定位，它更多体现的是美和互联这两个点，璀璨成套家电之美，一是成套好看，二是落在美上面，属于功能层面的

续表

初始范畴	典型引用
生活方式	新中式可能是符合新一代中国人的生活方式，这样的一个需求，怎么来体现？肯定需要一个元素，我们把这个元素内化和外化，对于内化，将它固定下来的就是天圆地方
省力	门把手是非常符合我们人体工学的一种设计，所以在开门上会更稳定，你会用更小的劲去把这个门打开
易操作	在旋钮设计上，它有一个大屏幕，但是你会发现对于一些老年人来说是非常难操作的。很多人觉得如果有很多按键又很 low，那怎么办？我们设计了旋钮和触控
逆向思维	璀璨的产品研发没有明显的边界，其研发逻辑不是思考将来要做什么样的璀璨产品，而是思考“璀璨生活”中需要什么样的产品
跳出固有思维	王涤非及其团队一直在尝试跳出固有思维，研究家、研究人与人之间的关系，璀璨套系家电就是他们探索的成果之一
数据存储能力	怎样实现数据存储呢？电视似乎是一个很好的载体，它本来就有这样的功能
交互能力	屏幕天生有一个好交互的场景，写写画画好交互，只有把它连起来这个功能才有真正的价值
空气清新	对于空调来说，新风是它的一个亮点，可以不分季节全年使用，让户外的新鲜空气每天都进入室内
除菌保鲜	同时里面还有银离子等不同的离子进行除菌，而且是每个门体、每一个空间里都可以做到除菌，因此它的综合除菌率是非常高的，可以保证食材的新鲜
服务需求	我们有这样的用户群，针对高端用户输出一套高端的服务标准，能让所有的用户都觉得这是海信给消费者的一个承诺，我们在销售端将服务进行前置，从一开始就为入口顾客的各种服务去进行沟通
……	……

2. 轴心式编码

该过程是通过发现和寻找初始范畴之间的内在关联，从而形成对原始资料的二阶抽象，得到副范畴和主范畴。如“省力”“易操作”这两个初始范畴是紧密围绕消费者在使用产品时怎样更加符合使用习惯进行设计的，所以将其进一步编码为“人体工学”，结果见表4。

3. 选择式编码

选择式编码在轴心式编码结果的基础上结合原始资料，以“故事线”方式寻找主范畴之间的联系，进而帮助整理理论框架，最终形成97个初始范畴、30个副范畴、8个主范畴，如表4所示。

表4　选择式编码结果

选择式编码	轴心式编码	开放式编码
技术思维	技术基础	技术洞察、技术布局、技术积淀
	技术迭代	产业技术迭代、竞争者技术迭代、自身技术迭代
用户思维	深层需求	独特性需求、归属需求、审美需求、情感需求、价值追求、附加需求
	表层需求	外形需求、健康需求、便捷需求、功能需求
设计思维	以人为本	人体工学、用户痛点、为人服务、价值追求
	整体观	品牌形象、企业实力、企业家精神、市场竞争、市场机会
	迭代思维	产品迭代、调研迭代、目标迭代
	诱因推理	思维方式、导向方式

四、案例描述

面对人工智能、物联网等技术的快速发展，家电企业正改变“单兵作战”方式，以“套系化”主动拥抱全屋智能、满足高品质消费需求，并以此契合家电行业发展的新趋势。在这样的背景下，2019年10月，海信家电集团提出开发套系家电“璀璨”。璀璨系列发展时间线如图1所示。

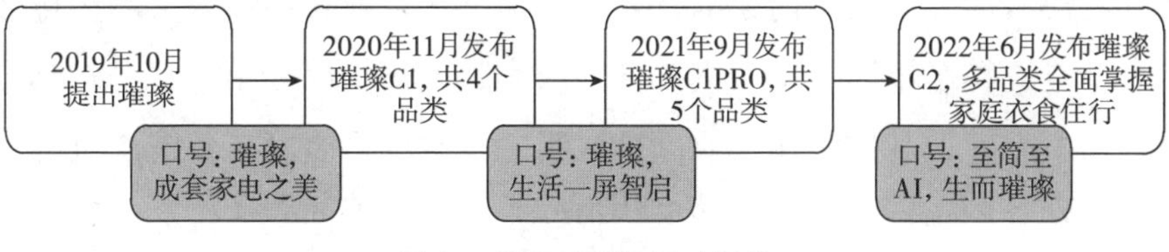

图1　璀璨系列发展时间线

（一）提出璀璨设想

海信以电视为核心产品，但电视对一个家庭来说，往往一家只需要一台，所以海信很早便陷入增长瓶颈。对于海信来说，一旦套系家电的时机成熟，将会成为海信对现有局面的一大突破。2019 年 10 月，海信在分析行业报告与内部数据后，发现对于套系家电外部有需求，所以其提出着手开发海信的套系家电系列产品，名字就叫作“璀璨”。

外部有需求。在文化自信的熏陶下，“国风”“国潮”备受追捧，但从家电行业设计风格来看，虽已经形成了不少代表性风格，如日式简约风、德国工业风等，但还未形成代表中国特色的家电设计风格。从家电销售渠道来看，近年渠道的去中心化特征非常明显，消费者购买家电的前置性越来越强，从进行精装修的家装公司、设计师到建材家居等每一层都是对传统销售渠道的颠覆。为了进一步掌握渠道优势挺进前装市场，需要设计高端产品才能在该市场中获利。对此作为套系家电不同于一般普通家电产品，将成为海信响应家电购买前置性的有效行动。

从国内套系家电发展来看，渠道里面套购海尔大概占比 30%，海信大概占比 20%，但此时套购更多的是单品拼凑的成套购买。这种拼凑感一方面表现在传统渠道产品分类区布置上；另一方面表现在外形上，套系的单品之间缺乏联系。比如，国内早期做套系的美的 COLMO 和海尔卡萨帝，这两个品牌都比较突出颜色的一致性，在智能互联方面略微有所欠缺，并且 COLMO 主要做的是厨电产品，定位的是科技家电，海尔卡萨帝核心不是做套系，而是形成一个新的高端品牌。

内部有能力。在国内家电行业，海信电视行业排名第一，冰箱排名第二，空调排名第四，洗衣机排名国内品牌前三、综合第六。海尔是传统的白电企业，其冰箱在行业内排名第一，空调排名第三，洗衣机排名第一。在空调领域，格力市场反馈很好，但格力专注空调细分领域，对家电其他细分行业并不过分关注。

在消费升级及品牌产品差异性缩减的情况下，消费者在挑选家电产品时，并非都对比多家品牌精细挑选。再者，如今的消费者在家电审美与使用场景上有着极高的需求，追求品质生活，很多消费者在装修房子，尤其是装修新房或者改善居住住房时，都希望自己的家装是最好的。调研显示，随着家电的智能率逐渐提高，71%的消费者了解过智能家居，这意味着套系家电的内涵除了传统意义上的外观一致，整体风格和互联互通也很重要，形成以电视为核心的智能、可交互套系家电才可能是“套系”的真正含义。

在对资料梳理过程中，璀璨团队逐渐形成了有待进一步回答的问题：我们的客户可能是谁？套系家电的真正含义是什么？消费者为什么不愿意成套购买家电？消费者对套系家电的需求是什么？海信要做什么样的套系家电？

（二）明确产品定位

因为是新产品、新品类、新市场，所以璀璨团队带着相关问题选择了专业的外部调研公司，委托其围绕套系家电展开消费者调研，团队成员则作为陪同参与调研，从而更准确地了解用户需求。为了回答目标用户可能是谁、目标用户的产品价值追求是什么、怎样的产品定位可以满足目标用户的产品价值追求等问题，调研公司先通过座谈会、深度访谈和定性观察等定性调研方法进行调研，得到消费者更深层次的套系家电需求。但由于定性调研的人数较少，为个体或小群体代表，无法准确代表市场，并且定性调研主观性较强，难免存在对消费者真实意图的理解偏误，所以调研公司又展开了以大样本问卷为主的定量调研。调研人员在定性调研的基础上对问卷进行设计，从而使其更具针对性、更有价值。

通过定量分析中比例和优先级等数据结果，可以明确目标用户以及不同类型用户对家电产品价值追求的倾向。一方面，调研者通过消费者个体特征与个人价值追求将消费者分成了9类，如追求家庭幸福和谐、希望家电可以提高生活幸福感的中产三口之家，就可以叫作“中产融爱小家庭”。这样的名字能够直接反映被调研用户的基本特征和家电需求、频率等信息，以此类推形成用户画像。另一方面，调研人员通过8个多选题的选择结果，如“安全健康、便捷舒适”等高被选题项，与“懂我、酷炫、自然美学”等低被选题项，将产品价值区分为共同追求与独特追求，从而形成消费者对产品价值追求从共性到特殊的价值梯队。这样的梯队划分可以帮助海信找到璀璨目标用户最核心的价值追求是什么，从而验证与拓展定性调研结果，帮助调研人员提出相关建议。

但在确定产品的价值定位时除了围绕消费者产品价值追求外，还要考虑怎样与竞争者进行区分。此时市场上同样做成套家电的海尔卡萨帝宣传口号是“创艺家电，格调生活”，COLMO 的口号是“以非凡科技，缔造生活体验”。对于海信璀璨，最终将口号拟定为“璀璨，成套家电之美”，既避开了竞争者的定位指向，也突出了“成套”与“美”，响应调研中消费者表现出对“品质生活”“新中式”“美好事物”等深层次的需求。

（三）产品设计

在明确了产品定位后，工业设计师着手进行产品设计。对此，海信集团工业设计中心总经理王涤非表示：“璀璨不仅仅是一个产品系列，它更是一种生活方式。”在进行璀璨套系家电的研发时，考虑到消费者不会只关注技术性指标或者技术有多先进，更多的是对情怀、审美、文化的追求。因此，相比于海信其他产品，璀璨套系家电的设计逻辑有些与众不同。璀璨的产品研发没有明显的边界，其研发逻辑不是依靠自己对技术的理解，思考将来要做什么样的璀璨产品，去设计用户可能并不需要的产品功能，而是思考“璀璨生活”中需要什么样的产品，我们就会赋予璀璨套系家电什么样的功能。比如，在电视后面加上 LED 圆盘从而通过背光达到更加护眼的目的；在新风空调中加入香氛使空气更清新；对冰箱进行分区方便家庭使用；在冰箱触屏的基础上加上旋钮，方便老人使用……

在产品设计过程中，海信设计师一直在尝试跳出固有思维，研究家以及人与人之间的关系，璀璨套系家电就是他们转换思维进行尝试的结果之一。作为“技术极客”的海信虽然在璀璨套系家电上并没有大的技术突破，但璀璨套系家电本身就是突破。它以代表民族文化自信的设计哲学，承载全新的智能化技术和家的理念，满足用户多层次需求，提高用户体验。

因此，璀璨一经发布无论是行业还是消费者都对产品给予了很高的评价。其一，璀璨极具特色的产品外观，风靡设计圈，屡获殊荣，仅一年时间就荣获 2020 中国工业设计奖、2021AWE 艾普兰奖和 2021 德国 IF 设计奖。其二，根据《2021 中国套系家电市场白皮书》调研的市场数据，自 2020 年璀璨套系家电上市后，截至 2021 年 9 月，销量累计超 2 万套，门店套购占比 40%，为平均套购水平的 1.7 倍，上市表现远高预期。

（四）产品迭代

璀璨 C1 的成功，海信人并没有停下持续向前的脚步。在 C1 发售后，调研公司就结合实际销售情况着手进行璀璨定位的复盘工作，去思考曾经不看好的用户群体最后却为何成为易购群体、目标用户群体在对比竞品之后为什么没有继续选择海信璀璨产品。在发现现有交互方式不能满足消费者心中所想后，海信在 C1 基础上又开发了 C1PRO 和 C2，在一次次的迭代中扩充家电使用场景、提升智能交互体验，朝着更好的方向前进。

五、案例分析

（一）数据结构

本研究从对企业现象的实证观察出发，从中找出相应的理论依据完成最终的理论构建，本文的数据结构如图 2 所示。

结合图2可以发现，在海信开发璀璨的案例中，虽然海信对于高端套系家电所需的软、硬件等都有20年以上的积累，但一方面家电行业技术迭代迅速，产品生命周期短；另一方面市场需求在不断变化，场景化、智能化需求倒逼企业发生改变，所以海信一直在进行技术迭代。在研发与调研过程中，海信发现消费者除了有对产品外形、功能的表层需求外，也会有对情怀、审美和文化等的深层需求。所以在璀璨套系家电开发过程中海信并没有突出科技本身，而是围绕设计思维的核心特征，将注意力放在科技能满足用户怎样的需求上。通过不断质询“什么是璀璨生活”“应该扮演什么角色”，并在开发过程中对目标不断迭代、不断思考，最终使得璀璨套系家电与海信整体品牌十分契合。海信整体上把握产品走向，平衡品牌一致性与相关性，将企业“技术立企”“技术极客”的形象拓展为“科技创新为人类更好的生活”，从而很好地融合了“技术”与“用户”，并形成在内部提出创意与技术可行性，在市

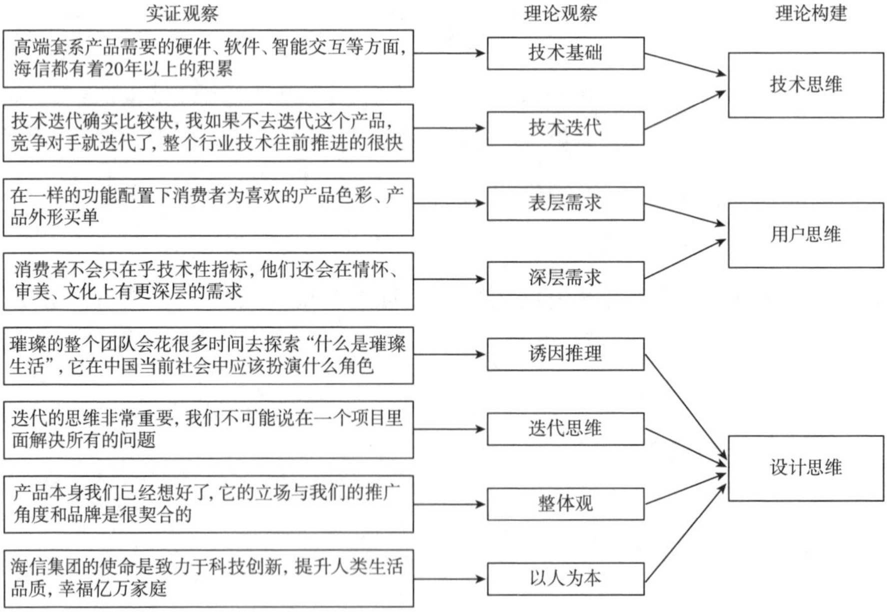

图2 数据结构

场进行创意验证，并反复迭代、相互促进的产品开发过程。这使得海信套系家电作为新品类，在不影响品牌一致性的前提下，发展了品牌相关性，展示了品牌实力。

（二）设计思维调和技术思维与用户思维模型构建过程

本文在品牌双元的理论基础上，结合技术导向与市场导向的相关研究，根据访谈资料提炼出技术思维与用户思维。准确来讲，技术导向与市场导向是企业面对品牌创新、新产品开发时的战略选择，而技术思维与用户思维则是围绕一致性与相关性两种相对的思维模式，影响个体、群体的决策。尽管这两种思维模式存在对立关系，但研究发现，海信璀璨系列借助设计思维调和了“技术思维”与“用户思维”。“璀璨”系列不仅斩获多项设计大奖，也获得了优异的市场销售结果，在技术与市场上都得到了认可。基于此，本文构建了设计思维调和技术思维与用户思维的机理模型，如图 3 所示。

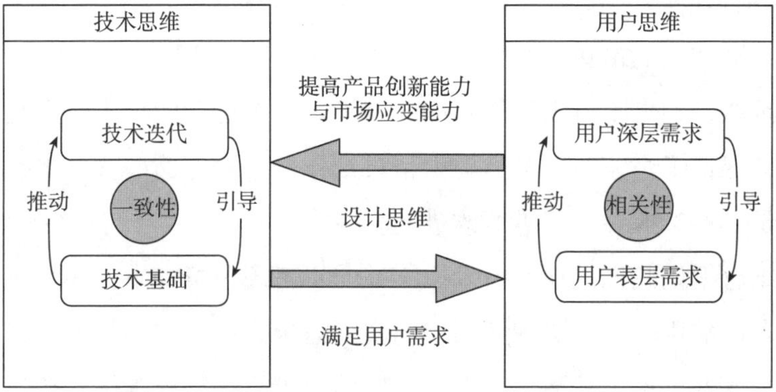

图 3　设计思维调和技术思维与用户思维的机理

1. 技术思维自循环

技术思维自循环过程如图 3 的左侧所示。除了外圈表示循环的“技术基础”“技术迭代”“推动”和“引导”外，中间还包括一个作为循环基础逻辑的“一致性”。该逻辑是品牌在现有产品所具有的既定技术轨道上进行的创新，用技术捍卫品牌核心元素以巩固品牌地位，从而对已定义的品牌形象与相关含义进行标准化和保存（Bengtsson，Bardhi and Venkatraman，2010）。外圈的循环是因为技术知识具有累积性与组织性，故在进行品牌创新时，企业会动员一切可以利用的技术资源，来更好地表达在产品概念中希望体现的原则，并使上一轮的产品开发成为下一轮产品开发的能力基础（路风，2018）。即创新成果的技术实现是具有往复特征的，每一个新产品、新概念在通过技术真正落地的时候，总是需要依靠已有技术的基础才能实现（Arthur，2007）。

据此，我们通过“技术基础”与“技术迭代”来表示在品牌创新过程中，围绕一致性技术的演变过程，将其概括为技术思维。其中，技术基础可以加深企业对技术的掌握，推动企业更好地进行技术迭代。同样，有效的技术迭代可以提升现有技术基础的效率，形成由量变到质变，再到新量变的螺旋上升过程。技术思维的核心观点在于专家比缺乏产品知识的用户更能明白该产品的潜在利益（甚至于此时市场还不存在），所以企业不能只关注于当前客户的需求进行创新，而忽视更大的、逐渐变化的市场。“一致性”则是指企业的品牌一致性需要靠技术进行维持，相较于市场变幻莫测的需求，一个行业的技术轨迹是相对稳定的，保证了企业在一个品类内精耕细作，如对海信而言，单品家电技术就是其所掌握并一直进行改进的。

结合案例我们发现，技术思维并非不考虑市场需求，而是技术人员陷入自己的逻辑，无法理解用户的实际需求。一个在乎技术性指标，一个却在情怀、审美、文化上有更深层的追求。这种思维模式差异使得技术人员与用户之间无法有效沟通，其表现在工程师精心设计的功能却是用户不需要的，或者产品设计没有满足用户更深层次的需求，使得创新的商业化失败。

2. 用户思维自循环

用户思维自循环过程如图 3 的右侧所示。除了外圈表示循环过程的

“用户表层需求”“用户深层需求”“推动”和“引导”外，中间还包括一个作为循环基础逻辑的“相关性”。该逻辑是指为适应市场变化进行创新（Beverland，Napoli and Farrelly，2010），从而满足消费者不同层次的需求。外圈的循环则是来源于马斯洛的需求层次理论，即人的需求从低到高表现为生理需求、安全需求、归属需求、尊重需求以及自我实现需求。对于不同用户，由于个体经历、认知、收益、主观偏好等因素，用户会处于不同的需求层次。但进一步需求层次可以归纳为两个部分，即表层的、浅显的需求和潜在的、深层的需求。

故在此基础上，我们将用户思维定义为对用户需求的追逐从而表现出相关性。具体而言，用户表层需求的累积会推动其深层需求，而深层需求则引导其表层需求，如对柔和的色彩、便捷的功能、便于清洁等产生需求的用户长久以来可能对于舒适生活的需求越发坚定，而对于舒适生活的追求则让用户进一步对能让自己感受舒适的产品产生需求。“相关性”则是指，想要在市场竞争中取胜，品牌需要满足多样化的市场需求，在用户需求的基础上拓展产品品类。如对海信而言，套系家电属于市场追求的新品类，其追求的核心价值并不同于以往海信家电单品对技术的极致追求，家电使用的场景化与智能互联体验更为重要。

通过案例分析可以发现，消费者购买家电除了存在对家电的功能、外形等的浅显需求外，还存在借助家电表达自身情感、价值等方面深层次追求的原因。但对于消费者，从需求层次的角度来看，越是低层次的需求，消费者在需求表达、购买决策上越明确；越是高层次的需求，消费者越难以自我揭示，也更不易满足。例如，用户的需求一方面表现为对具体产品功能、性能的需求，如护眼、节能、便捷等表层需求；另一方面存在对产品潜在的、自己难以准确表达的深层次需求，如作为高端套系家电，产品是否有配套的服务，是否让自己的生活更愉快、更安心，其智能化是否简单易懂，让家人都可以体验与使用等。或正如访谈中海信员工提到的：“消费者追求什么，本质上不是什么家电，他就是追求一种舒适、温暖的感觉，也就是高品质的生活。”

但完全围绕用户需求的思维，往往会忽视技术提升对用户体验的重要性，并在不断变化的市场需求中因盲目追求相关性而丢掉品牌初心。正如海信中国区总裁在采访中所讲：“我们在生活中每节省一分钟、一度电，或者多一点幸福的享受，都是产品技术研发的工程师积年累月的奋斗成果。”但紧密围绕用户需求时，用户只希望企业提供自己需要的产品，能够“懂我所需”。在使用过程中，强调新产品能带给用户哪些不一样的体验，满足用户哪方面需求，一方面会导致对技术变化的忽视，使得技术的提升短期内无法引起消费者购买行为，从而更加不重视技术的迭代，丧失更为持久的竞争力；另一方面则导致品牌浮于用户需求，使设计者盲目追求相关性而丢掉品牌内核与初心。

3. 设计思维调和过程

设计思维调和技术思维与用户思维的过程如图 3 所示。图 3 的左侧为技术思维，右侧为用户思维，中间为设计思维。设计思维是一个创造性和战略性的过程，可以帮助我们交付更接近客户真正想要的东西，而不是通常看到的技术或惯例（Beverland，Wilner and Micheli，2015）。从设计思维特点来看，设计思维强调整体观、以人为本、迭代思维与诱因推理。结合表 4 所示编码结果，发现这些内涵弥补了技术思维模式与用户思维模式的弊端，调和了技术思维与用户思维。如上所述，技术思维的弊端体现在围绕一致性专注于既定领域内技术的发展，忽视市场需求的变化，有着较高的品牌创新风险与成本；用户思维的弊端体现在围绕相关性专注于及时响应市场需求变化，忽视技术上的积累与创新，容易造成“创新近视症”，并在盲目追随市场需求时丢掉品牌初心。调和二者的关键在于建立合理的沟通机制，并跳出现有思维模式。

在强调诱因推理时，思维方式与导向方式发生了变化。思维方式的转变体现在工程师开始跳出固有思维，尝试逆向思考问题，并重新定义

“家电”的含义。工程师从研究“家”开始，逆向思考产品设计，提出“璀璨生活需要什么，我们就生产什么产品”，并不断发出“什么是璀璨生活”“它在中国当前社会中扮演什么样的角色，又该具有怎样的引导性”等质疑现有产品设计思维的问题，挑战现有的产品逻辑。导向方式的转变表现在工程师形成“问题导向”与“需求导向”，希望“先了解用户期望的美好生活是什么样的，而不是有什么技术就用什么技术，却不去解决具体生活问题”。

强调整体观时，品牌形象、企业实力、企业家精神、市场竞争、市场机会等方面成为创新过程中需要综合考虑的因素。可以让工程师不要沉浸在自己的逻辑中，去领会品牌领导者对技术与消费者思考的转变（企业家精神）；看看我们能做什么，能满足哪些需求（企业实力）；市场有哪些机会，有哪些未被挖掘的需求（市场机会）；竞争者在做什么，竞争者的产品可以满足哪些需求（市场竞争）；从而思考技术怎样更好地创造美好生活（品牌形象），使得技术思维与用户思维进行深度融合。

强调以人为本，则体现在人体工学、用户痛点、为人服务、价值追求等方面。一方面璀璨从使用场景出发，设身处地地思考目标用户到底需要什么，如在洗衣机控制台增添机械旋钮，以方便家庭中老人的使用，并在考虑到消费者对家电互联方式不够智能的基础上设计出“璀璨云屏”；另一方面璀璨时刻关注用户深层需求，围绕“消费者不是想购买家电，而是追求美好的、有品质的生活”进行产品设计，形成“天圆地方”“新中式”等产品设计理念。

强调迭代思维则是抱着试错的心态，与最终用户和其他项目干系人一起探讨一系列可能的解决方案，从而对产品、对调研、对目标进行迭代。如进行多轮的定性与定量调研，并随着调研目标不断细化与迭代，提升对用户需求挖掘的深度与广度。随之持续地进行产品研发，达到在满足用户需求的前提下提升产品性能的目的。

综上所述，诱因推理的特征打破了僵化的思维模式，使得具有技术思维与用户思维的个体跳出既定思维模式，思考更多的可能性，理解其他思维模式；整体观则更全面地向个体展示品牌所处的宏观环境，帮助个体以更广阔的视野思考品牌创新；以人为本的特征则强调对用户需求的深度洞察，从而避免了对市场的盲目追求，提供技术为实现更好生活的可能性；迭代思维的特征强调试错学习与团队合作，以动态思维看待产品开发，避免了不同思维模式下的缺点，也通过迭代合作对优点进行融合。基于上述特征，设计思维调和了技术思维与用户思维，也借由此从品牌创新的角度协调了技术思维的循环逻辑一致性与用户思维的循环逻辑相关性。

六、结论与讨论

（一）研究结论

本文的案例企业海信是一个“技术立企”的企业，对于海信而言，套系家电是在国内未曾涉足的领域，套系家电的核心不同于一般的家电单品，这时候如果像设计家电单品一样强调技术上的领先，可能就会忽视用户购买套系家电的真正需求。对此本文借助海信新产品开发的案例，从创新的角度指出存在技术思维与用户思维两种相对的思维方式，并进一步发现品牌双元中的一致性是技术思维的循环逻辑，相关性是用户思维的循环逻辑。而设计思维因其特征可以从中调和技术思维与用户思维，具体如下：

其一，技术思维与用户思维在面对企业有限的资源和精力时，存在一定的矛盾。但对于想要持续发展的品牌而言，二者缺一不可。只关注技术忽视市场，可能放大创新风险，当技术创新不被市场接受，即商业化失败，就会让企业陷入创新困境的“死亡之谷”。但只关注用户需求，则会因为用户需求多变抓不住核心、用户自身认知水平有限、没有对产品未来的前瞻性、用户无法准确表达需求以及调研结果与用户实际购买行为不一致等，让企业处于被动地位，从而无法获得持续性与根本性发展。

其二，技术思维与用户思维的矛盾反映了品牌双元之间的张力。其中，以用户需求、市场变化为主的用户思维使得品牌需要拓展相关性来应对，即相关性是用户思维的核心逻辑。与此同时，如果品牌一味追求相关性，忽视一致性，则会丢掉品牌自身，得不偿失。此时一致性则意味着品牌沿着既定的技术轨道，以捍卫品牌核心元素为主，即一致性是技术思维的核心逻辑。但固守一致性，静态地看待品牌初心，则会使企业被快速变化的市场所淘汰。平衡技术思维与用户思维，即在保持品牌初心的基础上应对市场竞争，平衡一致性与相关性。

其三，设计思维以人为本、整体观、迭代思维与诱因推理的特征促使璀璨团队在不断设计与调研过程中能够走出现有思维模式，逐步兼顾“技术思维”与“用户思维”，从而挖掘出“璀璨生活需要什么，我们就研发什么”的产品主题。从追求卓越的技术，到追求怎样用技术为用户提供卓越的生活，从而更好地满足用户深层需求，提升企业资源的利用效率，实现一致性与相关性的平衡。

（二）理论贡献

在品牌双元理论的基础上本文进一步研究了一致性与相关性的调和过程，并指出调和的直接对象是技术思维与用户思维。具体而言，本文的理论贡献主要有以下三个方面。

第一，本文提出技术思维自循环的过程模型。围绕一致性的发展逻辑，从技术基础和技术迭代之间相互推动与引导的角度，展示该思维在品牌创新中如何发挥作用。

第二，本文提出用户思维自循环的过程模型。围绕相关性的发展逻辑，从用户表层需求与深层需求之间相互推动和引导的角度，展示该思维如何在品牌创新中发挥作用。

第三，本文提出设计思维可以调和技术思维与用户思维。设计思维的四个特点可以作为沟通技术思维与用户思维的桥梁，帮助两种思维模式进行对话。

综上所述，从品牌创新的角度来看，对于企业来说怎样创新是一个问题，怎样稳固与发展品牌是另一个问题。这两个问题同等重要，故面对激烈的市场竞争，企业想要做到稳中求进，在保持一致性的同时追求相关性，可以借助设计思维转变与调和固有的思维模式。

（三）研究局限与展望

本文的局限与不足体现在以下两点。一是从理论模型构建的角度来看，本文突出了设计思维调和完成的最终结果，却忽视了调和过程的动态性。未来可以尝试从不稳定、定义发展和转化三个方面进行补充研究，更真实地还原案例过程。二是本文中所涉及的核心产品为家电，属于大件耐用品，相比于快消品，其迭代周期、消费者需求与生产成本都存在显著差异。这对于快消品企业来说可能更需要一个及时的、明确的、直接的解决方案，而耐用品企业则更希望一个稳妥的、可靠的、精细的调研结果，这些不同也会表现在设计思维调和的过程中。结合不足，未来可以通过挑选不同行业、不同产品性质的企业进行多案例研究，验证与拓展本文的结论。

参考文献

[1]保罗·特罗特. 创新管理与新产品开发[M]. 焦豪,陈劲,译. 北京:机械工业出版社, 2020.

[2]程聪 ,谢洪明 . 市场导向与组织绩效 : 一项元分析的检验[J]. 南

开管理评论，2013(6):38－46.

[3]李全升，苏秦. 市场导向、迭代式创新与新产品开发[J]. 管理学报，2019，16(12):1790－1799.

[4]路风. 论产品开发平台[J/OL]. 管理世界，2018，34(8):106－129＋192. DOI:http://10.19744/j.cnki.11－1235/f.2018.08.010.

[5]任峰，李垣. 市场导向与技术创新的关系研究[J]. 中国软科学，2003(6):87－91.

[6]王永贵，邢金刚，史有春，等. 对市场导向、顾客资产导向与新产品开发绩效之间关系的探索性研究：基于中国背景的调节效应模型[J]. 南开管理评论，2008，11(3):12－19.

[7]伍勇，梁巧转，魏泽龙. 双元技术创新与市场导向对企业绩效的影响研究：破坏性创新视角[J]. 科学学与科学技术管理，2013，34(6):140－151.

[8]邢小强，周平录，张竹，等. 数字技术、BOP商业模式创新与包容性市场构建[J]. 管理世界，2019，35(12):116－136.

[9]臧树伟，李平. 基于破坏性创新的后发企业市场进入时机选择[J]. 科学学研究，2016，34(1):122－131.

[10]张婧，赵紫锟. 反应型和先动型市场导向对产品创新和经营绩效的影响研究[J]. 管理学报，2011，8(9):1378－1386.

[11]AAKER D A. Win the brand relevance battle and then build competitor barriers[J]. California management review, 2012，54(2): 43－57.

[12]ARTHUR W BRIAN. The Structure of Invention[J]. Research Policy, 2007，36(2): 274－287.

[13]ATUAHENE－GIMA，KWAKU KO ANTHONY. An empirical investigation of the effect of market orientation and entrepreneurship orientation alignment on product innovation[J]. Organization science, 2001, 12(1):54－74.

[14]BENGTSSON A, BARDHI F，VENKATRAMAN M. How global brands travel with consumers[J]. International marketing review, 2010, 27(5):

519 -540.

[15]BEVERLAND M B, WILNER S J S , MICHELI P . Reconciling the tension between consistency and relevance: Design thinking as a mechanism for brand ambidexterity[J]. Journal of the academy of marketing science, 2015, 43(5): 589 -609.

[16]BEVERLAND M B, NAPOLI J,FARRELLY F J. Towards a typology of brand position and innovation effort[J]. Journal of product innovation management, 2010,27(1):33 -48.

[17]BRENNECKE J, RANK O. The firm' s knowledge network and the transfer of advice among corporate inventors:A multilevel network study[J]. Research policy ,2017,46(4):768 -783.

[18]BROWN T. Design thinking[J]. Harvard business review, 2008,86(6): 84 -92.

[19]CHRISTENSEN C M, BOWER J L. Customer power, strategic investment, and the failure of leading firms[J]. Strategic management journal, 1996, 17(3):197 -218.

[20]戴维·阿克. 品牌相关性[M]. 北京:中国人民大学出版社, 2014.

[21]EISENHARDT K M. Building theories from case study research [J]. Academy of management review,1989(14):532 -550.

[22] FISCHER M, VÖLCKNER F, SATTLER H. How important are brands? A cross - category, cross - country study[J]. Journal of marketing research, 2010,47(5):823 -839.

[23]GRINSTEIN A. The effect of market orientation and it's components on innovation consequences: A meta - analysis[J]. Journal of the academy of marketing science,2008,36(6):166 -173.

[24]HAMEL G,PRAHALAD CK. Competing for the future[J]. Harvard business review,1994,72(4):122 -128.

[25]HAYES R H ,ABERNATHY W J . Managing our way to economic de-

cline[J]. Harvard business review, 2007, 61(7):67 –77.

[26] HOEFFLER S. Measuring preferences for really new products[J]. Journal of marketing research, 2003,40(4):406 –420.

[27] HOLT D B. How brands become icons: The principles of cultural branding[M]. Cambridge: Harvard Business School Press,2004.

[28]HOLT D,CAMERON D. Cultural strategy: Using innovative ideologies to build breakthrough brands [M]. Oxford: Oxford University Press, 2010.

[29]HULBERT P B, LEYLAND J P. To serve or create? Strate – gic orientations toward customers and innovation[J]. California management review, 1999,42(1):37 –58.

[30]KELLRR K L. Conceptualizing, measuring, and managing customer – based brand equity[J]. Journal of marketing,1993, 57(1): 1 –22.

[31]KELLER K L. Managing brands for the long run:Brand reinforcement and repositioning strategies[J]. Californian management review, 1999,41(3): 102 –124.

[32]KELLER K L,LEHMANN D R. Brands and branding: Research findings and future priorities[J]. Marketing science,2006,25(6):740 –759.

[33]KUMAR V, REINARTZ W. Creating enduring customer value[J]. Journal of marketing, 2016, 80(6):36 –68.

[34]LIEDTKA J. Perspective: Linking design thinking with innovation outcomes through cognitive bias reduction[J]. Journal of product innovation management, 2015, 32(6).

[35]NARVER J C, SLATER S F, MACLACHLAN D L. Responsive and proactive market orientation and new product success[J]. Journal of product innovation management, 2004, 21(5):334 –347.

[36]NARVER J C, SLATER S F. The effect of a market orientation on business profitability[J]. Journal of marketing, 1990, 54 (4) :20 –35.

[37]OFEK E, O TURUT. To innovate or imitate? Entry strategy and the role

of market research[J]. Journal of marketing research, 2008,45(5):575 -592.

[38]PARK C W, JAWORSKI B J,MACLNNIS D J. Strategic brand concept - image management[J]. Journal of marketing, 1986,50(4):621 --635.

[39]RAISCH S, BIRKINSHAW J, PROBST G, et al. Organizational ambidexterity: Balancing exploitation and exploration for sustained performance[J]. Organization science,2009, 20(4):685 -695.

[40]SLATER S F , NARVER J C. Does competitive environment moderate the market orientation - performance relationship? [J]. Journal of marketing, 1994, 58(1):46 -56.

[41]TUSHMAN M,O' REILLY C A. Evolution and revolution: Mastering the dynamics of innovation and change [J]. California management review, 1996,38(4):8 -30.

[42]URDE M, BAUMGARTH C,MERRILEES B. Brand orientation and market orientation - from alternatives to synergy [J]. Journal of business research,2013, 66(1):13 -20.

[43]VAN REKOM J, JACOBS G, VERLEGH P W J. Measuring and managing the essence of a brand personality[J]. Marketing letters,2006,17(3):181 -192.

[44]VOLBERDA H W, LYLES M A, FOSS N J. Absorbing the concept of absorplive capacity: How to realize its potential in the organizational field[J]. Organization science,2012(21).

[45] VON HIPPEL E. Democratizing innovation [M]. Cambridge: MIT Press,MA,2005.

[46]W BRIAN ARTHUR. The structure of invention [J]. Research policy, 2006, 36(2):274 -287.

[47]XI A , YING G B , JS A . Technology stocks: A study on the characteristics that help transfer public research to industry [J]. Research policy, 2021,50(10).

[48]YIN R. Case study research; Design and methods[J] . Journal of ad-

vanced nursing, 2010（44）: 108.

[49]ZHOU K Z, YIM K C, DAVID K T. The effects of strategic orientations on rechnology and market based breakthrough innovations[J]. Journal of marketing,2005(69).

企业社会责任与消费者响应：基于企业社会责任信息的身份激活[①]

郑晓娇

摘要：信息化时代，企业社会责任（Corporate Social Responsibility，CSR）倡议逐渐成为企业采取的一种差异化营销方式，越来越受到消费者的关注。但目前的研究对于CSR行为为何以及如何影响消费者个体行为的回答仍缺乏系统性解释。本文从身份视角切入，以基于身份的动机理论为参照理论，通过改进的扎根设计，揭示了消费者基于CSR的个体身份激活过程。研究表明，消费者以企业CSR信息形成的企业身份感知为情境线索，激活个体主观或客观身份，启动与被激活身份一致的行动准备和程序准备，从而采取最后的差异化响应行为。本文立足企业身份和个体身份之间的情境线索激活作用，分析个体认知－情感元层面的具体响应过程，补充了消费者－企业认同（Consumer－Company I-dentification，CCI）在CSR研究领域中介作用的理论解释，丰富了CSR

---

① 本文由李纯青教授指导完成。李纯青，西北大学经济管理学院教授，博士研究生导师，博士后，研究方向为新兴技术驱动的营销创新。基金项目：国家自然科学基金面上项目“数字化交互平台产品和客户体验旅程及客户投入的作用机理研究”（项目编号：72172123）；国家自然科学基金面上项目“基于多元企业认同的企业身份构建及其张力调和机理研究”（项目编号：71772144）；陕西省2023年自然科学基础研究计划项目“CSR信息对消费者身份激活及响应的影响研究”（项目编号：2023－JC－YB－609）。

对消费者影响的研究结论和质性方法应用。

关键词：企业社会责任；企业社会责任沟通；企业身份；消费者身份；身份激活；认知－情感元；扎根理论

作者简介：郑晓娇，西北大学经济管理学院在读硕士研究生，研究方向为新兴技术驱动的营销创新。

一、引言

2021年7月，河南暴雨引发的灾情牵动全国人民的心。在国家和各地人民政府纷纷驰援郑州时，众多民族企业也主动采取行动，与全国人民一起为河南加油助力。其中，鸿星尔克因为低调捐赠5000万元物资感动万千网民，冲上网络热搜榜。众网友喊话："感觉你都要倒闭了，还捐了这么多！"大量消费者看微博/评论、看直播、逛店铺（线上/线下），甚至一度出现"野性"消费的场景。但对于这种企业担当，同样有些网民持中性态度，对此没有想法。甚至有些人认为这是鸿星尔克的一种营销手段，目的就是增加新闻曝光度。即使鸿星尔克积极应对社会危机，参与建设和谐社会，该企业的利他行为也会促使消费者产生不同的响应。那么，面对同一种企业公民行为，消费者为什么会产生差异化反应？

CSR自学者欧利文·谢尔顿（Oliver Sheldon）于20世纪20年代首次提出以来，一直备受学术界和商界的关注。CSR代表了一系列超出公司经济利益和法律义务的有利于社会的行动（McWilliams and Siegel，2001）。尽管目前学术界对CSR的确切定义没有达成一致，但基本同意CSR的定义结构广泛，包括慈善、商业实践和与产品相关的CSR类别（Peloza and Shang，2011）或者是企业慈善、员工志愿服务、环境责任和关注经济、法律、道德和自由裁量活动（Lacey，Kennett－Hensel and

Manolis, 2015)。经过长时间的理论与实践发展，承担 CSR、提出具体倡议和举办各种活动逐渐成为企业经常采取的差异化竞争的营销方式。已有研究表明，积极从事 CSR 活动能使企业获得消费者更高的产品与品牌评价（Sen and Bhattacharya，2001；Lai et al.，2010）、品牌选择及品牌推荐，有助于改善消费者的品牌态度（Sen et al.，2006），影响品牌吸引力（刘凤军、李敬强、李辉，2012）、品牌标识特征及品牌信誉（Hur，Kim and Woo，2014），进而影响品牌带来的满足消费者自我定义需要的 CCI（Kim and Sora，2017；肖海林、李书品，2017），提升消费者的重购及推荐意愿（马龙龙，2011；张安然、许正良、喻昕，2020）等。但也有研究认为企业承担 CSR 不一定会给企业带来正面影响，当消费者认为企业的 CSR 信息不一致时，会认为企业是虚伪的，从而负面影响消费者的态度和行为（Wagner，Lutz and Weitz，2009）。另外，当消费者认为企业不是基于伦理动机，而是为了自我服务或与利润有关时，消费者对企业的伦理行为并不买单，那么企业的伦理行为并不能对消费者的购买意向产生积极影响（邓新明等，2016）。特别是在善因营销的情境下，消费者经常怀疑品牌从事善因营销活动的动机（Mohr，Webb and Harris，2001；Becker，Cudmore and Hill，2006），并非全然相信品牌从事善因营销活动是基于帮助善因机构的利他动机（Ellen，2006）。因此，这就解释了为什么企业层面的 CSR 行为能够影响消费者个体层面的响应？为什么企业的某个公民行为会产生不一致的影响？

基于以上现实观察和理论研究，探索企业 CSR 行为对消费者行为的影响过程是非常必要的。本文对 18 名消费者进行半结构化访谈，获得近 16 万字的原始资料，采用改进的扎根设计，揭示了基于 CSR 信息的消费者身份激活过程，解释了企业层面的 CSR 行为为什么以及如何影响消费者的差异化响应行为。笔者认为消费者基于企业披露的 CSR 信息感知到企业某些身份特征后激活了自身的某些身份，继而产生行动准备和程序准备，最终形成差异化的响应行为。本文采用质性研究方法寻求 CSR 差异化结果的影响过程，是 CSR 研究领域中的少数尝试。

二、文献综述和相关理论

（一）CSR 概述

自学者 Oliver Sheldon 于 20 世纪 20 年代论述了 CSR 包含道德因素的含义后，国内外大量学者对 CSR 定义提出自己的见解。其中 Carroll（1979）认为经济责任是 CSR 的基础，并且除此以外，社会责任还包括法律责任、道德责任、慈善责任。尽管 Carroll 的结论在众多学者的研究中得以引用，但仍有很多学者继续提出不同的 CSR 定义。学者 Dahlsrud 和 Alexander（2008）认为 CSR 很多定义都是可用的，这些定义在很大程度上是一致的。作者对 CSR 定义进行元分析，提出了 CSR 五个最常见的维度，即利益相关者维度、社会维度、经济维度、自愿维度和环境维度。同时作者认为学术界困惑于 CSR 的具体定义，其实是在探索 CSR 是如何在特定背景下被社会构建的。企业面临的挑战与其说是寻求 CSR 定义的一致，不如说是理解 CSR 在特定环境下如何建构的以及是否将其考虑进商业战略的制定。

从理论发展来看，CSR 研究领域的关注点由“企业是否应该履行社会责任”逐渐转变为“企业应该如何履行社会责任”。相较于发展中国家，发达国家企业的社会责任意识更加强烈，许多企业已经把履行社会责任提升至战略层面，嵌入企业文化中，并且贯穿日常经营活动。“CSR 战略”“CSR 营销”等后续衍生的学术概念越来越受到重视。公司的 CSR 倡议通常都集中于其品牌及其与外部成员的社会关系，包括客户、非营利组织和当地社区。虽然 CSR 被视为一种基本的利他活动，但学者普遍认为 CSR 具有重要的战略价值（Lacey，Kennett - Hensel and Manolis，2015）。基于此，本文认同 McWilliams 和 Siegel（2001）提出的公司视角定义，认为 CSR 是旨在改善社会福祉的自主商业实践和企业资源贡献，并赞同 Peloza 和 Shang（2011）提出的慈善、商业实践和与产品相关的 CSR 类别划分，探索企业 CSR 行为对消费者响应的影响。

CSR 倡议的实施体现在企业运营管理中采取的一系列决策和行为上，对企业绩效的影响广泛。首先，CSR 与企业绩效之间的关系始终存在争论。线性相关论的诸多研究探索 CSR 是对财务绩效显著促进（刘佳鑫、刘兵、齐敏，2016），还是积极作用不明显且存在着显著的滞后效应（窦鑫丰，2015），以及不同维度对企业绩效影响的侧重不同（施放、郑思晗，2015）。除此之外，也有多项研究发现 CSR 与企业绩效之间存在非线性关系和情境依赖性特征（Huang and Watson，2015）。Surroca 等（2010）采用 28 个国家 599 家企业数据，实证发现 CSR 与财务绩效之间没有直接关联；嵇国平等（2016）认为企业履行社会责任对企业财务绩效的影响呈倒“U”形；周丽萍等（2016）将企业绩效分成短期和长期两类不同层次，并指出社会责任与财务绩效显著相关，与短期绩效显著负相关，与长期绩效显著正相关。

其次，大量研究探讨了 CSR 影响企业绩效的作用路径和影响机制。Sen 和 Bhattacharya（2001）的研究发现 CSR 高低对消费者的产品评估有显著影响，并证实 CSR 与消费者购买意向的关系受到消费者个人特征、消费者对 CSR 与企业能力的信任程度（CSR－CA Beliefs）、消费者对 CSR 行为的支持程度（CSR－support）的调节。另外，周延风等（2007）认为 CSR 行为对消费者购买意向和产品质量感知均有显著影响；张广玲等（2010）提出 CSR 活动影响消费者的感知质量和感知风险，从而降低或增加对该企业产品的购买意愿；张森（2021）验证了 CSR 能够对消费者的感知价值产生积极影响，信任和承诺两个中介变量推动了 CSR 与消费者满意度之间的关联，消费者的感知价值、承诺和满意度可以有效提升其对产品的忠诚度。另外，还有部分学者基于企业层面中介变量，关注 CSR 对企业绩效产生的积极促进作用。Agarwal 等（2015）、蔡月祥等（2015）、王檀林等（2015）均认为 CSR 能够通过影响企业声誉的方式来促进企业绩效。这些研究结论一致，认为 CSR 活动能够提升企业声誉，从而对企业绩效产生正面影响。

基于上述文献回顾，本文认为 CSR 研究主要从 CSR 行为出发探索经济效应和非经济效应。前者大多探究企业 CSR 行为对企业绩效的直接或间接影响，后者主要是关注 CSR 对消费者的满意、忠诚、承诺等态度响应的影响。这些研究的结论并不统一，并且在这些结论的形成过程中忽略了消费者的真正参与。目前，研究通常聚焦在企业层面或是消费者层面的某个或者某类特定变量，对于企业 CSR 行为为什么能够影响消费者形成差异化响应并没有给出系统回答。因此，本文认为企业层面的 CSR 活动对消费者响应的影响过程尚未全面打开，继续探索企业 CSR 行为与消费者行为之间更具体化的关系是非常必要的。本文试图探索消费者得知企业的某一 CSR 行为后经历了怎样的自我过程，从而出现不同响应行为，为企业 CSR 实践提供理论依据，帮助消费者了解自我以做出更符合自我身份的 CSR 响应行为。

（二）CSR 与企业身份

许多学者将 CSR 活动视为企业对利益相关者压力的反应（Maignan，2004；Bravo，Matute and Pina，2012）。根据利益相关者理论，公司不对整个社会负责，而是旨在应对不同的群体，如客户、当地社区、组织利益相关者、媒体等（Varadarajan and Menon，1988）。这一观点假设公司基于运营行为对不同群体的影响，从股东价值创造范式转向利益相关者管理方法（Stubbs and Cocklin，2007）。因此，CSR 信息披露或 CSR 沟通可以被视为基于 CSR 信息的直接或间接的、显性或隐性的（Martin，1992）、微妙的、合理的企业沟通（Morsing and Schultz，2006），其沟通质量是 CSR 对组织产生积极影响的先决条件（Jong and

Mark，2017）。企业 CSR 活动没有取得预期效果，利益相关者不知道组织的 CSR 活动往往是其中的一个主要问题（Du，Bhattacharya and Sen，2010）。

与个体的个人身份和社会身份类似，企业也有自己的身份。利益相关者通过企业特定的身份特征识别企业，并将其与该行业的其他企业区分开来。企业身份由多种特征决定，并且具有相对稳定性。在制定企业身份政策时，CSR 通常是在企业身份的框架内定义的（Lauring，2009），企业的 CSR 价值观贯穿于整个组织中，由此定义了企业使命，并将企业愿景陈述投射为建立一种独特的企业身份，使公司能够维持其对各利益相关者的信誉和合法性（Cheney and Christensen，2001），CSR 战略的实施也是为了创造“一般组织身份的塑造过程中的共享组织价值观”（Lauring et al.，2009）。因此，CSR 沟通是在消费者心中创建与组织身份相关的有意义关联的有效方式，对于建立一个强大的品牌身份尤为关键（Lichtenstein and Drumwright ，2004），是管理者传达企业身份的最具战术性工具（Van Riel and Fombrun，2007）。因此，CSR 与企业身份紧密相关，CSR 信息能够传递企业价值观，展现企业个性和特征。消费者通过 CSR 信息获知企业的相关行为，感知企业的特定身份特征。

由此可见，消费者通过 CSR 信息了解企业的运营行为，感知企业特定的身份特征。然而，有学者提出缺乏沟通是企业获取 CSR 最大化收益时的主要障碍（Du，Bhattacharya and Sen，2010）。基于此，企业需要及时公布 CSR 倡议和行动的信息，设计清晰的信息信号以投射企业的身份特征（Perez and Bosque，2012），以此让消费者形成清晰明确的企业身份感知。

如上所述，在 CSR 研究领域中已有众多研究证实企业 CSR 行为能够体现身份特征，但本文认为仍需要继续探索。社会认同理论是 CSR 研究领域中的热点理论（朱永明，2020），众多研究关注 CSR 对消费者的影响是CCI的中介作用。例如，Lichtenstein等（2004）发现，公司的社会责任行为可以积极影响CCI，随后Lii和Lee（2012）补充证明赞助、事业相关营销和慈善三项CSR举措对CCI都有显著的正向影响。CCI是消费者对企业基于身份的认同。这些研究虽然论述并证实CCI具有中介作用，但对CCI的中介影响是如何产生的解释不足，这说明当前研究在回答为什么能体现企业身份的CSR行为会引起CCI并产生响应行为问题上仍存在研究空间。本文从企业身份和消费者身份的视角切入，打开基于身份的响应过程，尝试补充CCI中介作用的理论解释。

（三）消费者身份和身份动机理论

了解自己是谁、相信什么、做什么是人类的基本动力。因此，消费者可以潜在地通过无数可能的类别标签来识别自己，形成自我概念或自我身份（Americus，2012）。类别标签调用了一种心理表征（清晰的图像），即某“类型”的人看起来像什么、想什么、感觉什么和做什么（Oyserman and Daphna，2009）。一旦消费者开始将类别标签纳入个体对自己是谁的感觉，并开始成为那种人，类别标签就成为一种身份。其中一些身份相对稳定且“客观”，而另一些身份可能更为短暂、流动和“主观”（Americus，2012）。消费者拥有多种身份，并且通常在一个关联网络中组织自己的身份（Luna et al.，2008），这些身份与特定的个体需求、偏好、行为模式、其他身份和自我相关联（Oyserman and Daphna，2009）。

身份动机理论（Identity－Based Motivation，IBM），又称基于身份的动机理论、身份一致性动机理论，是有关促进身份一致的行动和认知过程的动机理论，建立在自我概念和身份的理论之上（杨宝琰，2017）。该理论指明消费者的选择通常基于身份动机，解释了个体身份动机下的准备参与身份一致的行动，并使用与身份一致的心态来理解世界的准备状态（或者叫准备性）（季靖，2014）。IBM主要包括以下观点：首先，身份具有稳定性，但同时对情境线索高度敏感；其次，身份不仅包含身份内容，还包含行动准备和使用身份一致的程序准备；再次，情境线索与身份之间的关系可能是明显的，也可能是隐性的，情境线索可以在个体没有意识的情况下巧妙地诱发某个身份；最后，在情境线索的刺激下，可访问的身份含义是在特定情境下动态构建的（Oyserman and Daphna，2009）。具体而言，当个体处于某种情境时，情境线索会暗示或诱发其某种身份，该身份对个体行为的影响不是源于该身份本身固有的一些特质或特性，而是与该身份相关联的思维、价值观、策略、目标和认知程序等。这种基于身份动机的具体表现取决于被诱发身份在特定情境中的具体意义。例如，Oyserman 和 Daphna（2009）在文中举例，女性作为被测试者在面试中被激活的是“女性工作求职者”，而在约会场合下被激活的是“女朋友”，在美发店场景中被激活的是“女性消费者”。虽然同一身份在不同场合中具体意义有所差异，但这不意味着身份对较长时间内的行为没有预测作用，而是指这种预测力取决于身份激活的情境稳定性，因为不同的情境激活身份的不同侧面及身份之间不同相互作用性。

IBM 的准备性是一种倾向性，也可以理解为是一种势能（季靖，2014）。当情境线索激活某个身份后，个体基于身份的具体内容进入准备性阶段。准备性内容包含程序准备和行动准备，前者聚焦信息加工方式，即认知程序，体现为与身份一致的思维方式；后者是经由自我控制、自我调节等选择与身份一致的行动规划。IBM 理论解释了即时的身份影响个体的行为倾向与认知倾向，并且这些倾向与其身份具有一致性。因此，具体情境中的线索激活某个身份，使其随后行为与认知具有独特性和差异化。

在 CSR 研究的理论视角中，Wang 等（2020）提出的利益相关者理论、资源基础理论、上层理论、制度理论、行为理论、信息和激励经济学理论等是 CSR 领域中常用的理论视角，同样朱永明等（2020）基于市场营销领域也总结和论述了 CSR 研究中常用的六个理论，分别为社会规范理论、利益相关者理论、高阶梯队理论、社会认同理论、心理契约理论、归因理论。本文暂未发现有研究使用 IBM 理论来开展 CSR 研究。本文认为企业通过 CSR 沟通向外界展示企业特定身份，消费者基于 CSR 信息形成对该企业身份特征的感知，这中间可能存在一个消费者基于被激活身份的自我影响过程。正是这个基于消费者自身的影响过程，才会出现同一个 CSR 行为引起消费者差异化响应的情况。

三、研究方法

（一）研究概述

根据上述拟定的研究问题，本文旨在探讨企业 CSR 行为对消费者响应的影响过程，企业层面的行为为何会产生差异化的个体行为。本文认为采用案例研究方法较为合适。首先，本文关注 CSR 主题，CSR 体现为企业在自身运营活动中采取的一系列决策和行动，具有情境丰富、难以量化的特点，在此研究背景下解决“如何”的问题适合采用案例方法（Pan and Tan，2011）。其次，本文拟通过身份视角打开企业行为与消费者行为之间的关联，身份信息多样、复杂，并且难以量化。因此，本文采用改进的扎根设计，分析企业对消费者的影响过程。

基于对 CSR 研究领域文献的分析与理论构建，本文暂未指定企业，而让消费者自行回忆和选择其印象深刻的企业 CSR 行为，旨在探讨企业层面的行为对消费者行为的影响。在此基础上，为探索消费者基于身份的影响过程，本文访谈提纲的拟定引用了社会心理学领域中自我控制理论的认知 – 情感人格系统（Cognitive – Affective Personality System，CAPS）（Mischel et al.，1995）。CAPS 是一个由许多认知 – 情感元（Cognitive – Affective Units，CAUs）组成的复杂系统，包含编码、期望和信念、情感、目标和价值观、行为规划，这五类 CAUs 解释了从个体面临的情境到相关行为反应产生的过程，符合本文试图解释消费者身份相关复杂系统的研究逻辑。

（二）数据收集与分析

为了保证研究的可靠性和真实性，本文采用半结构化访谈。本文围绕主要研究问题拟定访谈提纲，于2022年6月对18名对象展开半结构化访谈，主要方式是面对面访谈和电话访谈，由此收集了本文的主要数据。访谈对象年龄在20～50岁，其中女性12名，男性6名，受访者基本信息如表1所示。笔者经由访谈对象同意将访谈内容录音并整理成文本，最后获得了16万余字的文字资料。

表1　受访者基本信息

编号	性别	年龄/岁	婚姻	职业	教育程度
1	女	32	已婚	国家机关工作人员	本科
2	女	30	未婚	国家机关工作人员	硕士
3	女	35	已婚	职业经理人	MBA
4	女	35	已婚	货代客服	本科
5	女	26	未婚	银行职员	硕士
6	男	33	未婚	工程项目经理	本科
7	女	31	已婚	初中教师	本科
8	女	27	未婚	学生（博士二年级在读）	博士
9	女	27	未婚	学生（博士三年级在读）	博士
10	女	29	未婚	学生（博士三年级在读）	博士
11	女	25	未婚	学生（博士即将入学）	博士
12	女	24	未婚	学生（硕士二年级在读）	硕士
13	男	20	未婚	学生（硕士二年级在读）	硕士
14	女	50	已婚	中层管理人员	本科
15	男	27	未婚	学生（硕士二年级在读）	硕士
16	男	31	已婚	大型企业 HR	本科
17	男	32	已婚	中层管理人员	本科
18	男	32	未婚	网络工作者	中职

（三）扎根理论分析

本文首先对原始数据进行初步整合和验证，确保资料数据可以反映本研究初步设计的理论框架；其次依据改进的扎根设计进行数据分析。本文先应用开放式编码对数据进行初步概念化和范畴化，通过主轴式编码深入分析各范畴之间的逻辑关系，然后利用选择式编码确定核心范畴和主范畴之间的关系。

1. 开放性编码

首先，本文随机抽取 13 位受访者的访谈资料进行初步概念化，剩余 5 位访谈者的资料用于检验理论饱和度。按照贴近文字材料的原则，本文将访谈资料进行初步概念化，经过两次编码和多次比较修正，文本资料没有再产生新的概念和范畴，说明已经达到了理论饱和。其次，对初步概念的意义和属性进行范畴化，将其归为某个类属，并对其进行抽象命名。最终一共形成了 34 个副范畴，如表 2 所示。

表 2 开放式编码示例

文本资料中的原始语句	初步概念化	副范畴化
消费者对鸿星尔克的购买程度不高，对耐克、阿迪、李宁这些品牌，大家其实买得更多。 鸿星尔克很普通，不起眼的本地品牌……一个很平凡的品牌	A1 知名度不高、普通企业	B1 市场地位
鸿星尔克是一家中国企业。 它是一个国产品牌，它是一个民族企业	A2 国产/本地品牌、民族企业	B2 企业类型
它是做服饰的。 它是一个食品类的企业。 它有很多消费类数码产品	A3 服饰/视频/数码产品	B3 产品类别
华为有担当有责任，很多产品的元器件坚持用国产……坚持培养自己和供应商之间的关系……经过五六年后，它对于供应商之间的相互支持……培育国内这样一个供应链体系	A4 与供应商相互扶持，培育国内供应链体系	B4 组织使命
一个特点是响应及时……快速响应紧急任务，与各方协调，加班加点，连夜生产疫情需要的一系列产品	A5 响应及时，执行力强	B5 领导力

续表

文本资料中的原始语句	初步概念化	副范畴化
公司不需要拓展关系，用邮件和企业微信留下文字性沟通记录。企业遵守廉洁从业若干规定。 很少遇到不拓展客户关系的企业……公司没有销售和商务处理，不做客情维护，不必跟其他代理商做价格关系的厮杀。 另一个特点是重视社会利益，为了国家利益，想办法克服一切遇到的困难……因为疫情背景下企业的生产成本大部分都会提高	A6 商业操作公开透明 A7 遵守市场竞争规范 A8 重视国家利益，不计成本	B6 经营原则
鸿星尔克这个行为富有正能量。 当时经营困难，面临倒闭，还有负债。在遇到这种自然灾害的时候，他们做出了这种选择，让我觉得企业爱奉献，无私，比较有责任感	A9 正能量、有责任感、有情怀、爱奉献、无私	B7 CSR 积极联想
白象很有责任感、情怀，谁会愿意招聘残疾人？它是一家善良有良心的企业……这样低调的企业，它一定是认认真真做事的。 华为有担当有责任，比较有长远眼光，用国产屏幕、基材组件，虽然短期内产品会有一些问题，但是相信经过培育后，肯定会有发展	A10 低调、长远眼光	
我曾经买到过假奶粉，我觉得××企业没有履行社会责任。 我认为××食品公司不负责任，利欲熏心，太注重利益了。这个企业没有道德感，没有责任心，作为一家食品类企业，在安全上没有对消费者负责，这是一件很大的事情。 ××工厂离居民区很近，那个区域的儿童出现了一些问题，××公司把居民告上法庭，产生官司纠纷。作为一个大型制造企业有专门的法务，而弱势群体没有法律专业人员。我觉得他们有点仗势欺人了	A11 很不负责任、没有道德感 A12 利欲熏心、仗势欺人	B8 CSR 消极联想
鸿星尔克是一个普通品牌，就跟我一样，我就是一位普通的妈妈。 我是一名党员。 我的男朋友是郑州的……好几个朋友当时都在郑州。 ××方便面是我从小一直吃的，其实大多数情况下很信任它。 因为我当时在郑州，水灾时，我自己也有捐赠。 因为我喜欢运动，平时经常运动。 因为我自己对数码产品本来就比较关注，如锂电相机，我平时了解这方面的信息会比较多	A13 妈妈、党员、家属亲友 A14 公益捐赠者、消费者 A15 运动爱好者、数码爱好者	B9 个人角色

续表

文本资料中的原始语句	初步概念化	副范畴化
我在日常生活中特别关注社会慈善方面的信息。 我是比较喜欢小动物的一个人。 我不是特别追逐利益的一个人，虽然我觉得利益很重要，但要大家都得到利益，我只要我应该得到的。同时，我宁愿自己吃点亏，也不损害其他人的利益。 我看重真诚，人际关系最基础的一个东西就是真诚。 我即使遇到一定的困难，也会在别人需要帮助时去帮助别人。 我很爱国，很希望力所能及地帮助他人，做一些慈善	A16 热心人士、舍己为人、无私奉献 A17 真诚、爱国	B10 道德人格
响应及时、快速、果断，是我处理工作的一个风格。 我自己感觉应该还算低调，我不喜欢高调。 我们合作完成一件事情，责任心是最重要的品质。如你选择和我一起完成一件事情，那么分工完后，每个人都应该尽职尽责把自己那部分完成，这是对彼此负责任的态度	A18 执行力强、尽职尽责	B11 行为特征
我觉得这家企业务实精神和我蛮像的，还有以人为本的做法	A19 低调、务实	
我对未来的规划比较多，如以后能保研的话，能去什么学校，很多人大三才考虑，但我大一就开始收集相关信息，大二就开始做准备了。 我比较关注全局性的东西，我相信每个人都处在一个大的环境中，如果你想要抓住机会，就不能仅仅局限当下	A20 长远眼光、全局视角	B12 思维特征
我很震惊，什么样的企业能招聘残疾人，我又惊喜又自豪。 企业经营状况不太好时，我会同情，也感到震撼	A21 震惊、同情、惊讶	B13 中性情感
一开始我有点惊讶，海信捐了这么多，然后觉得挺温暖的。 我对这家企业很敬佩，感动。 我觉得这家企业既有大局观，又能在细节方面体现对社会的关心，确实让人感觉到既温暖又敬意	A22 温暖、敬佩、感动	B14 正向情感
就是有点气，怎么能这样，气愤又无语。 我觉得这家企业就是没脑子，就是有些气愤	A23 气愤、无语	B15 负向情感

续表

文本资料中的原始语句	初步概念化	副范畴化
虽然我很普通，但是我会坚持努力去做一件事情，有耐心，总之会把小孩带好。 以身作则，静待花开，我自己做好了，我能影响到孩子	A24 抚养好孩子	B16 生活目标
个人看到企业进行了捐赠，我们是不是可以考虑一下，面对这种事情，我们自己能做些什么。 等我老了想去农村当教师，提高农村孩子的受教育水平。 可能我会直接扔掉孩子的衣服，以前没有想过我要捐赠，现在我会去做。 自然人在社会中应该承担更多的社会责任，更多地去关注孤寡老人，帮助他们，参加更多的志愿活动	A25 向企业学习捐赠 A26 更多去帮助他人	B17 公益目标
对于我个人来说，希望做一个自身实力够强、做事稳妥的人，能够接触更多的有挑战性的工作。 我很敬佩这家企业，以后我如果成为一位企业家，我会学习它的做法	A27 成为能力强的人	B18 工作目标
我认为很多看着不起眼或者是别人觉得很平凡的事情，但是只要是正确的，你持续去做了，总会得到回报	A28 积极努力定有收获	B19 生活价值观
我认真地想做一件事情，我就去做，不需要其他人说谁高调地做那件事情。 我认为放弃一部分小的利益，会创造更大的价值	A29 行事不需要高调 A30 放弃小利，会创造更大的价值	
不管是企业还是个人，既然在社会中生存，有多大能力就承担多大责任。 我希望日常生活是有序公平的	A31 在社会中要生存就要发挥价值 A32 社会生活需要公平有序	B20 社会价值观
我一直坚信善良为大，不管什么，就是不要违背自己的良心。 我希望能做到完全将自己抛开帮助他人，看似牺牲了自己，但是他人感觉到你的真心真诚后，就会反过来帮助你	A33 善良为大、固守良心 A34 帮助他人是值得的	B21 道德价值观
无论什么时候，都要为社会做出更大贡献，或者说有机会让自己做出更大贡献，前提是要提高自身实力。 因为我感觉如果你太关注小东西的话，你会很焦虑，但如果你有大的格局的话，你反而不会那么焦虑，你会发现机遇	A35 提升实力是发挥更大价值的前提 A36 大格局视角下会发现机遇	B22 工作价值观

续表

文本资料中的原始语句	初步概念化	副范畴化
我觉得企业不仅要以营利为目的，而且要像鸿星尔克一样承担相应社会责任，要做公益。 我希望中国的企业都能成为白象这样有良心的企业，低调做事。 我希望你的东西只要都是真实的，就可以了。 我对食品企业的期望，就是希望它健康、安全。 我希望一些有能力的企业，不管是捐钱还是捐物，要能帮助一些有困难的人	A37 希望企业做公益，帮助有需要的人 A38 希望企业向白象学习 A39 希望企业真实诚信	B23 对企业的期望
首先要管好自己，配合其他人的工作，如果有能力，你也可以去当一名志愿者。 在大自然面前大家其实都很渺小，你关心他人，别人向你伸出援手，然后你能在灾难的情况下立足	A40 希望个体管好自己，当志愿者 A41 希望社会成员间互助关爱	B24 对个体的期望
如果在与负责招商的员工工作交流时，我会推荐他。 我很想买白象的产品。 我有这个需求，在产品质量相同的情况下，我会倾向于选择鸿星尔克，我也会更多地去关注它的产品	A42 推荐企业 A43 关注和想买产品	B25 正向行为计划
当时我在选择时，同时收到了好几家 offer，在选择的时候我就对这家公司更有倾向性。 我可以把孩子看过的书籍捐赠到小区图书角	A44 倾向入职 A45 计划捐赠书籍、衣物	
我不会再考虑这个母婴用品连锁品牌。 知道这个消息以后大家一致决定再也不买它了……你连基本安全都没有办法保证，不会再相信你了	A46 不再购买产品 A47 不再相信企业	B26 负向行为计划
搜了一天鸿星尔克的新闻，包括捐款的评论。 了解华为的手机、手表、平板各种信息。 我就去搜索企业的相关信息，了解企业的发展史。 去体验店看海信各种家电产品。 去直播间观看直播，浏览产品	A48 搜索信息 A49 体验产品 A50 看直播，浏览产品	B27 收集信息 B28 获取体验
那段时间有对鸿星尔克的信息进行点赞、评论和转发，有和周边人讨论。 我会点赞、投币，甚至如果再精彩点会进行转发。 我向周边人推荐。 我向我弟推荐了鸿星尔克，他确实买了两套衣服。 现在我将孩子的书籍、衣物整理好，放进公共捐赠箱。 最终我在几家公司中选择了这家公司	A51 点赞、评论、转发、投币 A52 实际购买 A53 口碑推荐 A54 公益捐赠 A55 入职企业	B29 绩效参与 B30 捐赠学习 B31 口碑宣传

续表

文本资料中的原始语句	初步概念化	副范畴化
现在我在母婴店消费比较少，基本上选择各大商超。 我把剩下的奶粉都退掉了。 我就把整个事情叙述了一遍，我是怎么发现这个奶粉有问题的，它的问题出在哪儿。 作为本地企业，应和政府、周围社区民众搞好关系，你为什么不愿意搞好关系，这让我质疑它的价值观和企业的文化	A56 不再购买 A57 退掉产品 A58 分享不愉快体验 A59 质疑企业	B32 抵制产品 B33 负向宣传 B34 信任危机

2. 主轴编码

这一阶段的编码是通过反复对比以上 34 个副范畴之间的深层关系，根据各个范畴之间的内在关系对以上 34 个副范畴进行系统聚类分析，进一步归纳出 13 个主范畴，如表 3 所示。

表 3　主轴式编码示例

主范畴	副范畴
C1 企业统计性信息	B1 市场地位；B2 企业类型；B3 产品类别
C2 企业核心价值观	B4 组织使命；B5 领导力；B6 经营原则
C3 企业 CSR 联想	B7 CSR 积极联想；B8 CSR 消极联想
C4 个体客观特征	B9 个人角色；B11 行为特征
C5 个体主观特征	B10 道德人格；B11 行为特征；B12 思维特征
C6 个体情感	B13 中性情感；B14 正向情感；B15 负向情感
C7 个体目标	B16 生活目标；B17 公益目标；B18 工作目标
C8 个体价值观	B19 生活价值观；B20 社会价值观；B21 道德价值观；B22 工作价值观
C9 个体期望	B23 对企业的期望；B24 对个体的期望
C10 个体行为规划	B25 正向行为计划；B26 负向行为计划
C11 中性响应	B27 收集信息；B28 获取体验
C12 正向响应	B29 绩效参与；B30 捐赠学习；B31 口碑宣传
C13 负向响应	B32 抵制产品；B33 负向宣传；B34 信任危机

3. 选择式编码

将表 3 中形成的 13 个主范畴进一步进行整合和精练，从而串联出完整的“故事线”，构建出以下概括全部主范畴的核心范畴，如表 4 所示。

表 4　选择式编码

核心范畴	主范畴
基于 CSR 的企业身份	C1 企业统计性信息；C2 企业核心价值观；C3 企业 CSR 联想
个体身份	C4 个体客观特征；C5 个体主观特征
个体程序准备	C6 个体情感；C7 个体目标；C8 个体价值观；C9 个体期望
个体行为准备	C10 个体行为规划
个体响应行为	C11 中性响应；C12 正向响应；C13 负向响应

四、研究发现与理论模型

本文发现企业层面的行为影响消费者个体行为的前提是企业要向外界公布 CSR 信息。消费者对企业 CSR 行为的认知是消费者响应行为的情境刺激因素。当消费者接收到企业相关 CSR 行为信息时，在没有意识的情况下被此信息暗示了自身某种身份，由此启动了与身份一致的行动准备和使用与此身份一致的程序准备来理解世界，从而采取了差异化的响应行为。基于数据分析过程，本文围绕企业 CSR 对消费者行为的影响过程，构建整体模型，如图 1 所示。

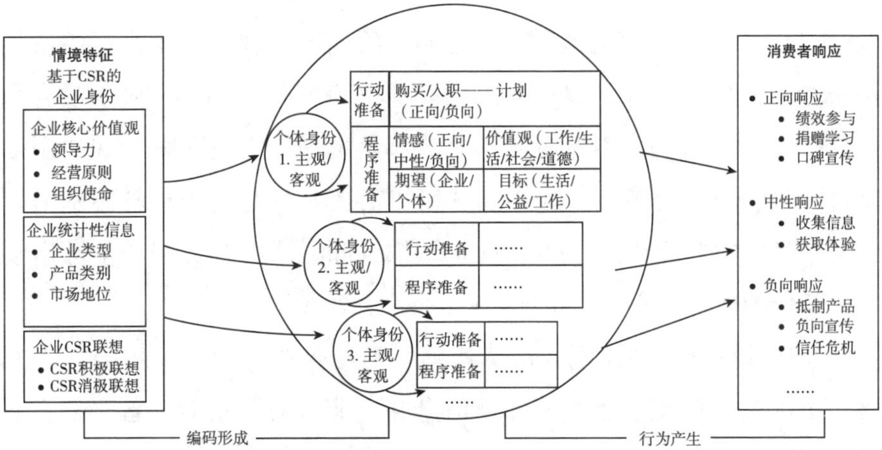

图 1　基于 CSR 信息的消费者身份激活过程模型

（一）CSR信息与消费者基于CSR的身份感知

行为是迄今为止表达身份最重要的媒介。公司可以通过其支持的CSR计划和实施的CSR行为来展示个性，并且通过沟通这一最具战术性的工具向外界传达企业身份（Van Riel，Fombrun，2007）。这说明了行为信息是消费者感知企业身份的重要源头，企业CSR行为信息的接收状况是影响消费者行为以及给企业带来预期效果的重要因素。企业CSR沟通能够让消费者了解企业的社会行为，感知企业设计的身份信息，从而在心中创建有意义的企业身份联想，这对于企业建立一个强大身份（Lichtenstein Drumwright and Braig，2004）、创造企业价值（Pérez and Currás，2009）尤为关键。

因此，企业CSR信息能够体现企业个性，包含企业的身份信息。消费者在接收到企业CSR信息后，会基于该CSR行为形成对企业的身份特征感知。比如，当问到"您从这个企业的CSR行为中看出这个企业的哪些身份特征"时，被访谈者会基于自身的理解形成对企业的身份感知，例如，"我能看到他们有一种大无畏的精神""是一个很有责任感很有情怀的企业"以及"它是一个运动类的国产品牌"等，这种"大无畏""有责任感有情怀""运动类的国产品牌"的类别标签就是消费者基于企业CSR信息感知到的企业身份特征。同样，对于没有承担CSR的企业行为，消费者会形成"不负责任""假得很"和"利欲熏心"等企业身份感知。这些身份感知正是IBM理论中能够暗示消费者某个身份的情境线索（Oyserman and Daphna，2009），或是能够启动某个身份的环境线索（Clair and Forehand，2020）。

通过数据分析和编码，消费者感知到的企业身份特征主要包含三类：企业CSR联想、企业统计性信息和企业核心价值观。首先，企业CSR联想是指作为个体持有的基于企业社会义务相关信息的通用标签，反映了组织在其感知的社会义务各方面的状态和活动（Dacin，1997）。

企业 CSR 联想包括积极联想和消极联想，前者包括爱国企业、有担当的、无私奉献、有责任感、大无畏精神等特征；后者则包括利欲熏心、没有道德底线、虚假等特征。由此可以看出，企业 CSR 联想是消费者基于信息直接形成的身份感知，体现企业 CSR 的行为特点。其次，企业统计性信息和企业核心价值观是指消费者对公司的知识结构中关于公司特征的看法和信念。企业统计性信息体现在企业类型（民族企业、国产品牌等）、市场地位（普通企业、知名度不高等）、产品类别（服饰类企业、食品类企业）等特征。企业核心价值观体现在经营原则、组织使命和领导力三个方面（Bhattacharya and Sen，2003）。其中，经营原则包含廉洁、互利共赢、商业操作公开透明、遵守市场竞争规范等内容；组织使命包含与供应商相互扶持、培育供应链体系等特征；领导力包含响应及时、执行力强等特征。企业统计性信息和企业核心价值观是消费者受 CSR 信息刺激后回忆起的企业相关内容，是基于 CSR 信息间接感知到的身份特征。以上三类标签构成了企业基于 CSR 的身份联想子集（Americus et al.，2012），也就形成了消费者感知的企业身份。

综上所述，消费者是从企业 CSR 信息中获取了相关身份信息后，以对企业形成的某种身份感知作为情境线索，对自身响应行为产生后续影响，这为解答企业层面行为如何影响消费者行为的问题提供了基础。

（二）消费者个体身份的激活及响应

个体拥有多种身份。当处于复杂多变的社会环境中，个体的有些身份比其他身份更容易被情境线索暗示（Oyserman and Daphna，2009）或启动（Clair and Forehand，2020）。基于 IBM 理论，个体自发处理 CSR 信息中的细节线索，这些线索会激活相关身份，从而触发个体基于身份一致的行动准备和程序准备。从访谈数据中发现，单以鸿星尔克捐赠行为来论，被访谈者被激活的身份各不相同，如“妈妈”“行事低调的人”“公益捐赠者”“运动爱好者”“受灾人民的亲友”等。

IBM 理论提出，人们基于身份激活从而被激励采取行动，并使用与其身份一致的程序来理解世界。Oyserman 和 Daphna（2009）认为，情境线索可以在个体没有意识的情况下巧妙地暗示身份，并且可以在没有意识或系统处理的情况下提示行动和程序准备。这说明个体得知企业 CSR 行为后，某些被访谈者清晰知道自己与该企业的关联，也意识到为什么这家企业 CSR 的行为能够引起自己关注、共鸣或反感及随后的响应行为。例如，“企业很符合我的道德价值倾向，或者说与我的三观很一致”；“因为我当时在郑州，水灾时，我自己也有捐赠，我觉得这是我们的一个共同点”；“我们都是中国人”。然而，也有些访谈对象并未想到自己关注此消息和采取后续响应行为的深层原因，但仍明白自己是出于听到 CSR 消息后的某种触发和推动。本文通过数据编码结果，认为个体身份包含主观身份和客观身份，前者相对稳定且“客观”，即普通妈妈、党员以及速食产品的消费者等个人角色；后者可能更为短暂、流动和“主观”，包括爱国者、热心人士等道德人格，自我提升、尽职尽责等行为特征，以及以人为本、长远眼光、大局视角等思维特征。其中，道德人格是指道德人的个体做人的尊严、价值和品德的总和（齐月华、宋青林，2005）。

IBM 理论强调了情境线索的重要性，情境线索不仅触发了脑海中出现的身份，还动态构建了身份的含义以及与身份相关的行为。当特定的身份被环境线索暗示时，被激活的不仅仅是该身份内容，还启动了一种思维方式或是一种程序。另外，从情境视角来看，认知和行动不是从情境中分离出来的，而是由情境动态塑造的。正如 IBM 模型认为，任何特定身份的内容、相关行为和意义创造潜力都是在特定情境的启示与约束下动态构建的，它建立在自我概念的基础上。因此，个体基于 CSR 信息激活某种身份，启动与该身份一致的行动准备和程序准备，这些准备的具体内容是嵌入 CSR 情境且动态变化的。自我控制理论的 CAPS 也提出相似的理论观点（Mischel et al.，1995）。该系统认为，情境特征会激活个体编码元（身份），进而影响由情感、目标、价值观、期望和行为规划组成的独特而稳定的关系网络，最终产生响应行为。不同个体的CAUs组成不同，组合与个体过去的经历相关。举例来说，鸿星尔克捐款信息激活被访谈者公益捐赠者的身份，该身份包含个体关注公益、参与公益的具体内容，驱动个体在有意识或无意识的情况下启动与公益捐赠者一致的自我控制、自我调节的行为和个人立场，以及公益捐赠者一致的情感、心态、认知等来理解世界。

行动准备既包括自我控制、自我调节的行为，以及一个人如何站立、移动、穿衣和说话的具体立场，也包括采取与实现期望身份目标一致的行动（Oyserman and Daphna，2009）。通过数据编码结果分析，本文得出“行动准备”这一核心，包含正向准备和负向准备，体现为个体基于CSR信息激活的身份采取的行动计划或策略。例如，某访谈对象提及“我们公司在硬件上更新迭代，经常把老的电脑或者打印机之类的全部捐给残联、妇联”，感知到“不计小利”“具有社会道德感”的企业特征，激活了该访谈对象注重社会道德的道德人格，萌生了捐赠书籍和衣物的意愿，由此采取了与社会道德感身份一致的行动准备。又如，当注重善良诚实品质的访谈对象感知到××食品公司的不负责任后，明确表示不再购买该企业产品的行为计划。

程序准备既包括对社会和非社会世界的意义赋予，也包括准备使用与身份一致的心态来理解世界（Oyserman and Daphna，2009）。有研究认为，当启动一个身份时，个体思维中出现的不是简单的内容，而是一种理解世界的普遍方式。个体看待和理解世界的方式大不相同，本文在拟定访谈提纲时考虑个体之间的巨大差异性，引用社会心理学领域CAPS的CAUs剖析个体基于CSR信息的身份激活过程。CAPS是一个由许多CAUs组成的复杂系统，解释了从个体面临的情境到相关行为反应产生的差异化过程（李超平、徐世勇，2019）。通过数据编码结果分析，本文认为个体的程序准备包含情感类、目标类、价值类和期望观类。

第一类是情感。当个体获知企业 CSR 行为时会产生某种情绪、感受和情感反应（包括生理反应）。其中一个访谈对象提及鸿星尔克捐赠回答道，“因为我本来就是一个非常善感的人，比较情绪化，我当时看到这个消息时，我哭了，我深受感动”。

有被访谈者提到白象集团招聘残疾人表示“我很震惊，又惊喜又自豪”，还有“温暖”“开心”“敬佩”“亲切”等。有被访谈者提到某食品公司××事件时表示“非常气愤和无语”。这些情感包含正向情感、中性情感和负向情感，其类别区分取决于个体基于企业 CSR 行为感知的企业身份特征。

第二类是目标，包括公益目标、工作目标和生活目标。被访谈者表示：“在遇到这种自然灾害时，鸿星尔克做出了这种选择，让我觉得它无私奉献，比较有责任感……那么我在想，我们个人是不是可以考虑面对这种事情时，能做些什么帮助灾民。”或是“可能平时也没有太多时间去想这些事情，但是当看到这个新闻以后就会又想到，真希望以后能更多地帮助他人”。这说明个体会基于 CSR 行为感知企业身份特征，思考自己的公益目标。还有被访谈者认为某企业注重自身实力发展，她希望自己“做一个实力够强、做事稳妥的人，能够接触更多的有挑战性的工作”，设立了工作目标。另外，还有访谈对象认为鸿星尔克虽然普通，但坚持做自己的产品和社会公益活动。这让她想到了自己，“我就是一位普通的妈妈……虽然我很普通，但是我会坚持努力去做一件事情，有耐心，总之会把小孩带好”，设立了把孩子带好的生活目标。

第三类是价值观，包括道德价值观、生活价值观、社会价值观和工作价值观。价值观是一种外显的或内隐的有关什么是“值得的”的看法（Kluckhohn，1951），也是一个持久的信念，一种具体的行为方式或存在的终极状态（Rokeach，1973）。每个人都有不同的价值观。被访谈者表达了与被激活身份一致的价值观。注重社会道德的访谈对象认为社会需要秩序和公平（社会），是灾民亲友的访谈对象认为真心帮助他人是值得的（道德），因为“真心帮助他人，定能受到他人的回馈”。还有认为自己是一位普通平凡的妈妈提出，“本来不起眼的人或是本来不起眼的事，只要做对了事情，也可以发光”，坚信积极努力定有收获（生活）。当政府工作人员看到园区内企业积极响应政府防疫需求，为武汉加班加点生产医疗物资，让她坚定“无论什么时候，都要让自己为社会做出更大的贡献，或者说能够有机会为社会做出更大的贡献，前提是要提高自己的实力”。

第四类是期望，分为对企业和对个人的期望。当问及被访谈者基于CSR行为提出对相应社会问题的期望时，有希望有能力担当的企业更多关注弱势群体、开展公益活动、企业要诚信真诚等企业层面的期望，也有社会个体成员要互助关爱、做好自己的事等个人层面的期望。

从企业层面来说，消费者响应是实施CSR倡议和行为的最终目的。本文通过访谈数据，整理出消费者响应行为分为正向响应、中性响应和负向响应。正向响应是指个体采取支持企业、为企业绩效或声誉做出直接或间接贡献的行为，主要有绩效参与、口碑宣传和捐赠学习。笔者认为捐赠学习是个体支持企业行为的体现。中性响应是指对企业绩效没有影响的行为，如收集信息和获取体验。这些响应扩大了企业知名度和市场熟悉度，但暂时没有为企业带来实质的影响。负向响应是指个体明确不支持企业的行为，如抵制产品、负向宣传和信任危机。通过复杂的CAUs组合，消费者选取不同的响应行为。

综上所述，消费者个体接收到企业CSR信息后，首先形成企业CSR联想、企业核心价值观和企业统计性信息三类企业身份感知，该身份感知作为情境线索在有意识或无意识的情况下激活个体的某个主观或客观身份，从而启动个体与身份一致的行动准备以及包含情感、目标、价值观和期望在内的程序准备，最终产生消费者差异化响应行为。

五、结论与讨论

（一）主要结论

在当今信息传播高度发达的时代，企业通过微博、抖音、快手等渠道来传递自己的CSR信息，有的反响热烈，有的毫无波澜，有的甚至引起一波讨伐。本文采用改进的扎根设计，通过身份视角的切入，首次采用案例研究方法打开消费者基于CSR的身份激活过程：将消费者基于企业CSR信息形成的企业身份感知作为情境线索，激活个体身份，启动与被激活身份一致的行动准备和程序准备，从而采取最后的响应行为。具体而言，企业身份包含企业CSR联想、企业核心价值观和企业统计性信息三类特征，这些身份激活个体主观或客观身份，使个体启动与被激活身份一致的正向或负向的行动准备以及包括情感（正向/中性/负向）、目标（生活/公益/工作）、期望（企业/个体）和价值观（工作/生活/社会/道德）在内的程序准备，从而采取包括绩效参与、捐赠学习、口碑宣传在内的正向响应行为，或是收集信息、获取体验的中性响应行为，又或是抵制产品、负向宣传、信任危机的负向响应行为。

本文试图回答为什么消费者对同一CSR行为会有差异化响应。本研究结论认为每个人都有多重身份，这些身份会被他们感知的企业身份特征激活，启动响应的行动准备和程序准备。这些与被激活身份一致的准备性工作是由情感、目标、期望、价值观和行动规划这五类CAUs灵活组成。不同个体的CAUs组成不同，有的访谈对象包含目标、价值观内容，而有的只有情感催生和行动规划，说明不同个体基于身份激活的准备性工作存在差异性，从而导致不同的响应行为。

（二）研究贡献

在理论方面，本文的研究结果在解释企业CSR行为为何以及如何对消费者响应产生差异化影响具有一定的理论价值。本文的理论贡献主要有三点：首先，本文通过 CSR 领域中鲜少使用的质性研究范式，采用改进的扎根设计，立足企业身份和个体身份之间的情境线索激活作用，打开个体 CAUs 层面的系统性响应过程，深化了 CSR 研究领域的研究结论，丰富了 CSR 研究领域的方法应用。其次，本文选取 IBM 理论作为参照理论，解释了企业层面行为对消费者个体行为的影响，探讨了个体不同响应行为的产生过程，是 CSR 研究领域中理论视角的新应用，同时也拓展了 IBM 理论的应用研究领域。本文为了更系统地体现个体复杂的身份准备性内容，在访谈提纲的问题拟定上借鉴了社会心理学领域的 CAPS，打开消费者基于身份动机下具体化的准备性内容。最后，社会认同理论是 CSR 研究领域的热点理论之一（朱永明，2020），但这些研究对于为什么 CSR 行为能够促使消费者产生 CCI 解释不足。本文从身份视角切入，发现企业 CSR 体现企业身份特征。消费者基于 CSR 行为感知到企业身份特征，从而激活了个体的某个身份，随后启动了基于身份的行动准备和程序准备。本文的研究结论在一定程度上补充了 CSR 研究领域中消费者—企业认同中介作用的理论解释，为消费者企业认同在 CSR 研究领域的理论应用做出了理论贡献。

在实践方面，本文结论在指导企业 CSR 倡议获取更好的市场效应方面具有实践意义。本文证实个体会从企业 CSR 行为中感知到企业身份，并由此展开基于被激活身份的动机过程，为企业实施 CSR 倡议、公布 CSR 信息提供理论指导。企业应该在拟定 CSR 战略时融入企业身份特征，并注重 CSR 信息的外部披露以及企业核心价值观的日常输出。由此，企业的 CSR 倡议能收到良好的市场效应。

（三）研究局限与展望

本文结论能够为企业 CSR 研究领域提供一定的理论借鉴和实践指导，但是本文仍存在一定的局限性，具体体现在以下两个方面。首先，本文没有拟定某企业作为案例企业。受案例企业的限制，本文没有围绕固定企业展开研究，探讨不同个体对同一企业 CSR 行为的响应过程。其次，本文的访谈对象没有表现出对同一 CSR 所持的反面态度。对于本文存在的局限性，笔者在未来研究中，可以选取合适的企业及其 CSR 行为作为案例，同时拓宽被访谈者社会身份类型，寻求同一 CSR 下个体表现两极化的响应行为。

参考文献

[1]AGARWAL J, OSIYECSKYY O, FELDMAN P M. Corporate reputation measurement: Alternative factor structures, homological validity, and organizational outcomes[J]. Journal of business ethics, 2015,130(2):485 –506.

[2]AMERICUS REED I I , FOREHAND M R , PUNTONI S , et al. Identity –based consumer behavior[J]. International journal of research in marketing, 2012, 29(4): 310 –321.

[3]BECKER –OLSEN K L, CUDMORE A, HILL R P. The impact of perceived corporate social responsibility on consumer behavior[J]. Journal of business research, 2006, 59 (1): 46 –53.

[4]BHATTACHARYA C B , SEN S . Consumer –company identification: A framework for understanding consumers' relationships with companies [J]. Journal of marketing, 2003, 67(2):76 –88.

[5]BRAVO R , MATUTE J , PINA J M . Corporate social responsibility as a vehicle to veveal the corporate identity: A study focused on the websites of spanish financial entities[J]. Journal of business ethics, 2012, 107(2): 129 –146.

[6]CARROLL A. Three –dimensional conceptual model of corporate performance[J]. Academy of management reciew, 1979,4(4): 497 –505.

[7]CHENEY G,CHRISTENSEN L T. Organizational identity: Linkages between internal and external communication[A]//In F M Jablin & L L Putnam (Eds.), The new handbook of organizational communication: Advances in theory, research and methods. London: Sage,2001.

[8]CLAIR J S, FOREHAND M. The many - faced consumer: Consumption consequences of balancing multiple identities[J]. Journal of consumer research, 2020,46(6) : 1011 - 1030.

[9]DACIN B P A . The company and the product: Corporate associations and consumer product responses[J]. Journal of marketing, 1997, 61(1):68 - 84.

[10]DAHLSRUD ALEXANDER. How corporate social responsibility is defined: An analysis of 37 definitions[J]. Corporate social responsibility and environmental management, 2008(15): 1 - 13.

[11]DU S , BHATTACHARYA C B , SEN S . Maximizing business returns to corporate social responsibility (CSR): The role of CSR communication [J]. International journal of management reviews, 2010(12):8 - 19.

[12]ELLEN P S, WEBB D J, MOHR L A. Building corporate associations: Consumer attributions for corporate socially responsible programs[J]. Journal of the academy of marketing science, 2006, 34(2): 147 - 157.

[13]HUANG X, WATSON L. Corporate social responsibility research in accounting[J]. Journal of accounting literature, 2015, 34:(3) 1 - 16.

[14]HUR W M, KIM H,WOO J. How CSR leads to corporate brand equity: Mediating mechanisms of corporate brand credibility and reputation[J]. Journal of business ethics, 2014, 125(1): 75 - 86.

[15]JONG M D, MARK V . How does it fit? Exploring the congruence between organizations and their corporate social responsibility (CSR) activities[J]. Journal of business ethics, 2017, 143(1):71 - 83.

[16] KIM, SORA. The process model of corporate social responsibility (CSR) communication: CSR communication and its relationship with consumers'

CSR knowledge, trust, and corporate reputation perception[J]. Journal of business ethics, 2017.

[17]LACEY R, KENNETT – HENSEL P A, MANOLIS C. Is corporate social responsibility a motivator or hygiene factor? Insights into its bivalent nature [J]. Journal of the academy of marketing science, 2015, 43(3): 315 – 332.

[18]LAI C, CHIU C, YANG C, et al. The effects of corporate social responsibility on brand performance: The mediating effect of industrial brand equity and corporate reputation[J]. Journal of business ethics, 2010(95): 457 – 469.

[19]LAURING J, THOMSEN C. Collective ideals and practices in sustainable development: Managing corporate identity[J]. Corporate social responsibility and environmental management, 2009 , 16(1): 38 – 47.

[20]LICHTENSTEIN D, DRUMWRIGHT M, BRAIG B. The effect of corporate social responsibility on customer donations to corporate – supported nonprofits[J]. Journal of marketing, 2004, 68 (10): 16 – 32.

[21]LII Y S , LEE M. doing right Leads to doing well: When the type of CSR and reputation interact to affect consumer evaluations of the firm[J]. Journal of business ethics, 2012, 105(1): 69 – 81.

[22]LUNA, DAVID, TORSTEN RINGBERG, et al. One individual, two identities: Frame switching among biculturals[J]. Journal of consumer research, 2008, 35 (2): 79 – 93.

[23]MARTIN J. Cultures in organizations: Three perspectives[M]. New York: Oxford University Press, 1992.

[24]MISCHEL W, et al. A cognitive – affective system theory of personality: Reconceptualizing situations, dispositions, dynamics, and invariance in personality structure. [J]. Psychological review, 1995, 102(2): 246 – 268.

[25]MCWILLIAMS A, SIEGEL D. Corporate social responsibility: A theory of the firm perspective[J]. Academy of management review, 2001, 26(1): 117 – 136.

[26]MOHR L A, WEBB D J, HARRIS K E. Do consumers expect companies to be socially responsible? The impact of corporate social responsibility on buying behavior[J]. Journal of consumer affairs, 2001, 35(1): 45 -72.

[27]MORSING M, SCHULTZ M. Corporate social responsibility communication: Stakeholder information, response and involvement strategies[J]. Business Ethics: A European review, 2006,15(4): 323 -338.

[28]OYSERMAN,DAPHNA. Identity - based motivation: Implications for action - readiness, procedural - readiness, and consumer behavior[J]. Journal of consumer psychology, 2009,19 (3): 250 -260.

[29]PAN S L, TAN B. Demystifying case research: A structuredff - pragmatic - situational(SPS) approach to conducting case studies[J]. Information and organizationg, 2011, 21(3): 161 -176.

[30]PELOZA J,SHANG J. How can corporate social responsibility activities create value for stakeholders? A systematic review[J]. Journal of the academy of marketing science, 2011, 39(1): 117 -135.

[31]PEREZ A , BOSQUE I R D . The role of CSR in the corporate identity of banking service providers[J]. Journal of business ethics, 2012, 108(2): 145 -166.

[32]PéREZ, R CURRáS. Effects of perceived identity based on corporate social responsibility: The role of consumer identification with the company [J]. Corporate reputation review, 2009, 12(2):177 -191.

[33]SEN S,BHATTACHARYA C B. Does doing good always lead to doing better? Consumer reactions to corporate social re - sponsibility[J]. Journal of marketing research,2001,38(2) : 225 -243.

[34]SEN S,BHATTACHARYA C B,et al. The role of corporate social responsibility in strengthening multiple stakeholder relationships: A field experiment[J]. Journal of the academy of marketing science,2006,34(2):158 -166.

[35]STUBBS W , COCKLIN C . Cooperative, community - spirited and

commercial: Social sustainability at Bendigo bank[J]. Corporate social responsibility and environmental management, 2007, 14(5):251 - 262.

[36]SURROCA J,TRIB6 J A,WADDOCK S. Corporate responsibility and financial performance:The role of intangible resources[J]. Strategic management journal, 2010, 31(5): 463 - 490.

[37]VAN RIEL C B M,FOMBRUN C J. Essentials of corporate communication[M]. New York: Routledge,2007.

[38]VARADARAJAN P R , MENON A . Cause - related marketing: A coalignment of marketing strategy and corporate philanthropy[J]. Journal of marketing, 1988, 52(3):58 - 74.

[39]WAGNER T , LUTZ R J , WEITZ B A . Corporate hypocrisy: Overcoming the threat of inconsistent corporate social responsibility perceptions[J]. Journal of marketing, 2009, 73(6):77 - 91.

[40]WANG H, GIBSON C, ZANDER U. Editors' comments: Is research on corporate social responsibility undertheorized? [J]. Academy of management review, 2020,45(1): 1 - 6.

[41]蔡月祥,卞继红,孙振华. 企业社会责任、公司声誉与企业绩效研究[J].华东经济管理, 2015,29(10):175 - 180.

[42]邓新明, 张婷, 许洋,等. 企业社会责任对消费者购买意向的影响研究[J]. 管理学报, 2016, 13(7): 1019 - 1027.

[43]窦鑫丰.企业社会责任对财务绩效影响的滞后效应:基于沪深上市公司面板数据的实证分析[J].产业经济研究,2015(3):74 - 81.

[44]季靖. 身份动机对品牌认同的影响[D].杭州:浙江大学, 2014.

[45]嵇国平,阚云艳,吴武辉. 企业社会责任对财务绩效的影响:一定是线性的吗? [J].经济问题,2016(10): 92 - 97.

[46]刘佳鑫,刘兵,齐敏.绿色智力资本、社会责任与企业绩效的关系[J].商业研究,2016(8):145 - 151.

[47]李超平, 徐世勇. 管理与组织研究常用的60个理论[M]. 北京:

北京大学出版社, 2019.

[48]刘凤军,李敬强,李辉. 企业社会责任与品牌影响力关系的实证研究[J]. 中国软科学, 2012(1):17.

[49]马龙龙. 企业社会责任对消费者购买意愿的影响机制研究[J]. 管理世界,2011(5):120－126.

[50]齐月华, 宋青林. 我国当代大学生的道德人格特征与建构[J]. 黑龙江高教研究, 2005(7):108－110.

[51]王檀林,汪克夷,齐丽云,等. 企业社会责任对企业声誉的影响研究:一个基于企业内部员工的实证[J]. 管理现代化,2015,35(6):64－66.

[52]肖海林,李书品. 企业社会责任感知与消费者归因对服务性企业服务补救满意度的影响:基于顾客认同的中介作用[J]. 南开管理评论, 2017,20(3):124－134.

[53]杨宝琰. 身份动机理论及其研究[J]. 西北师大学报(社会科学版),2017, 54(5):119－126.

[54]张安然,许正良,喻昕. 善因营销捐赠额度和广告导向对消费者反应的影响研究[J]. 南开管理评论, 2020, 23(4):13.

[55]朱永明, 李佳佳, 姜红丙. 企业社会责任研究述评与展望:基于市场营销领域[J]. 财会月刊, 2020,10(8): 94－101.

[56]周丽萍,陈燕,金玉健. 企业社会责任与财务绩效关系的实证研究:基于企业声誉视角的分析解释[J]. 江苏社会科学,2016(3):95－102.

[57]周延风, 罗文恩, 肖文建. 企业社会责任行为与消费者响应:消费者个人特征和价格信号的调节[J]. 中国工业经济, 2007(3): 62－69.

[58]张广玲, 付祥伟, 熊啸. 企业社会责任对消费者购买意愿的影响机制研究[J]. 武汉大学学报(哲学社会科学版), 2010(2):5.

[59]张森. 企业社会责任对消费者忠诚度的影响研究[J]. 河南大学学报(社会科学版),2021,61(6):24－32.

[60]朱永明, 李佳佳, 姜红丙. 企业社会责任研究述评与展望:基于市场营销领域[J]. 财会月刊, 2020,10(8): 94－101.

附录　访谈问题

×××，您好！这次访谈主要是想了解您对于企业社会责任的一些看法和响应行为，整个时间估计需要 30 分钟。首先，您不需要有什么顾虑，您的任何想法对我们来说都是非常有价值的。您就把它当成普通聊天就行了，想到什么就说什么，您的回答没有什么对错之分。其次，访谈的问题可能是您之前没有思考过的，没有关系，只需要听清楚问题，当下思考就可以，如果没理解问题是问什么，可以直接提问，确保明白问题，慢慢思考就可以。该访谈会进行匿名化处理，访谈内容仅用于学术研究。

在访谈开始之前，先讲解一下 CSR 是什么，有哪些。（略）

对于您提到的 CSR 行为，您知道企业采取这个行为的背景吗？

当您获知这个消息时，您从企业的 CSR 行为中看出企业的哪些身份特征？

您觉得外界（周边人、公众人物等）对企业 CSR 活动的感觉和评价是什么？

提到企业的 CSR，你能想到自己的哪些身份特征？

企业的 CSR 活动，是否有表达出您的某些身份特征？（可以体现出您的哪些身份/性格特征/标签？）

企业的 CSR 活动让您产生哪些感觉、情绪和情感反应（包括生理反应）？

企业的 CSR 行为会对您的生活目标或者价值观或者行为产生影响吗？

对于此类社会事件/社会责任问题，你认为当下企业应该做些什么？这个企业的 CSR 行为是否符合您的期望？

对于此类社会事件/社会责任问题，您知道社会上其他人（其他企业、社会组织或个体）的反应吗？您如何看待或评价他们呢？

当您获知这个消息后，您采取了哪些响应行为？是什么促使您采取某种响应行为？

第二章

不确定环境下组织与领导有效性研究

远程办公情景下的工作－家庭界面：研究述评与展望[①]

裴娅祺

摘要：随着信息和通信技术的发展，选择远程办公的人数日渐增长，而工作－家庭界面是远程办公中的重要话题。已有的工作－家庭界面研究虽较为成熟，但大多数集中在传统办公情景中，对远程办公情景下的工作－家庭界面探索不足，本文对已有的远程办公与工作－家庭界面相关研究进行回顾和述评，介绍了工作－家庭界面的内涵、维度和测量，回顾了远程办公对工作－家庭界面的影响研究以及以远程办公为背景的工作家庭界面研究，构建出研究框架，并从内涵、维度、测量和研究内容等方面提出未来的研究方向。

关键词：远程办公；工作－家庭界面；工作－家庭冲突；工作－家庭增益

作者简介：裴娅祺（1998—），山西太原人，西北大学经济管理学院2020级企业管理专业硕士研究生。

---

① 本文由谭乐老师指导完成。谭乐，西北大学经济管理学院副教授，硕士研究生导师，研究方向为领导科学、组织行为与人力资源管理，E－mail：lawwye@163.com。基金项目：2019年度教育部人文社会科学研究规划基金项目“悖论式领导的前因及对适应性绩效的多重影响机制研究”（项目编号：19YJA630064）。

一、引言

随着信息技术的发展，人们越来越倾向于采用远程办公的工作方式，远程办公是很多企业节省办公费用的选择，也是众多互联网企业员工基于自身情况的考量。2020 年初，新冠疫情在全球暴发，远程办公成为世界范围内企业员工的被动选择，其范围也因此扩大，甚至会成为未来企业主动选择的办公趋势（霍伟伟等，2020）。但是，远程办公模糊了个体的工作－家庭边界（Fisher et al.，2020），使得个体的工作与家庭进入同一时空，从而引发工作－家庭界面的问题（Vaziri et al.，2020）。

过去几十年中，工作－家庭界面问题一直是管理学领域的研究热点。工作和家庭是员工最重要的两个领域，而工作－家庭界面就是工作、家庭两个界面作用下的消极面和积极面的总称（Grzywacz and Marks，2000；Vaziri et al.，2020）。由于工作－家庭的消极面和积极面结构与内涵有所差异，大多数研究会分别探讨工作－家庭的消极面和积极面，因此本文也将从这两个方面分别进行讨论。

在工作－家庭研究初期阶段，大多数学者会更加关注工作－家庭的消极面——工作－家庭冲突（Work－Family Conflict，W－FC），即由于工作和家庭领域的角色压力不相容带来的角色冲突（Greenhaus and Beutell，1985）。当前研究发现，两个不同的方向组成了工作－家庭冲突，分别是工作对家庭的冲突（WFC，又称“WIF 工作干扰家庭”）和家庭对工作的冲突（FWC，又称“FIW 家庭干扰工作”），以及三种不同的冲突形式（时间、压力、行为）。现有的研究表明，W－FC 的前因包括工作、家庭和个人等多个领域，如工作压力、工作要求、家庭结构、个人偏好等，而 W－FC 也会对个体的满意度、幸福感、工作和家庭中的行为产生影响（Byron，2005；Mesmer－Magnus and Viswesvaran，2005；

张伶、张大伟，2006；林忠、鞠蕾、陈丽，2013）。

积极心理学的发展为学者带来了新的研究方向，工作－家庭积极面受到关注，产生了工作－家庭促进（facilitation）、增益（enrichment）、正向溢出（positive spillover）、增强（enhancement）等概念。其中，使用最广泛的概念是工作－家庭增益（Work－Family Enhancement，W－FE），Greenhaus 和 Powell（2006）认为 W－FE 指的是一个领域角色的经历提升另一个领域角色表现的程度，工作和家庭都会为个体提供资源，这些资源可以帮助个体在另一个领域表现得更好。W－FE 也具有两个方向，分别是工作对家庭增益（WFE）和家庭对工作增益（FWE）。W－FE 的前因包括多个领域，即工作、家庭和个人。工作自主性、角色投入、家庭参与都会提升个体的 W－FE，而 W－FE 又将促进个体满意度、幸福感和绩效提高，以及积极行为的增加（唐汉瑛、马红宇、王斌，2007；周路路、赵曙明、战冬梅，2009；Lapierre et al.，2018）。

关于工作－家庭界面的研究已经较为成熟，W－FC 和 W－FE 的概念、测量、前因结果影响机制与边界条件已经有了丰富的研究，但大多数研究集中在传统办公情景中，对远程办公情景下的工作－家庭界面探索较为缺乏，已有的相关研究探究了远程办公对个体工作－家庭界面的影响效果、边界条件、影响机制以及以远程办公作为背景时员工工作－家庭界面的影响因素和作用效果。鉴于此，本文对已有的远程办公与工作－家庭界面相关研究进行回顾和述评，构建出研究框架，并指出未来的研究方向。

本文以 work family conflict or work family interaction or work family involvement or work family interface or work family enrichment or work family facilitation or work family spillover or work family enhancement or work family role and telecommuting or telework or working from home or home office or remote work or flexible work arrangements or after hours 为检索词在 EBSCO、

WILEY、SAGE 数据库和谷歌学术进行检索，还以“工作－家庭界面”“工作－家庭冲突”“工作－家庭促进”“工作－家庭增益”“工作－家庭关系”“居家办公”“远程办公”“在线办公”“弹性工作”为检索词在中国知网（CNKI）进行检索，并对初步检索到的文献进行筛选。此外，还搜索了筛选出的文献的引用，最终检索出相关中英文文献 32 篇。基于此，本文首先回顾了 W－FC 与 W－FE 的内涵、维度和测量；其次基于对上述文献的深入分析，对远程办公情景下工作－家庭界面的研究进行回顾和梳理，整合形成了现有的研究框架；最后对现有研究的不足进行了总结分析，并且从内涵、测量、研究内容等方面对未来研究方向进行展望。

二、工作－家庭界面的内涵、维度和测量

（一）工作－家庭界面概述

工作－家庭界面是近几十年管理学研究中的热门话题。Grzywacz 和 Marks（2000）使用生态学理论来考虑工作－家庭界面的构成，通过探索性因素分析发现，工作－家庭界面包括从工作到家庭的负面溢出、从工作到家庭的正面溢出、从家庭到工作的负面溢出以及从家庭到工作的正面溢出四个不同维度。之后的研究通常用工作－家庭界面表示工作消极面和积极面的总称（Grzywacz and Marks，2000；唐汉瑛、马红宇、王斌，2007；马丽、徐枞巍，2011；Vaziri et al.，2020）。由于工作－家庭的消极面与积极面结构与内涵有所差异，大多数研究会将工作－家庭界面的消极面和积极面分开进行探讨，最常使用的消极面和积极面的概念就是 W－FC 和 W－FE，因此本文将对 W－FC 与 W－FE 的内涵、维度和测量分别进行分析，并对现有的远程办公情景下工作－家庭界面的内涵、维度和测量进行述评。

（二）W－FC的内涵、维度和测量

1. W－FC的内涵

W－FC起源于角色冲突，表示工作和家庭两个领域的角色压力在一些方面是互不相容的，从而形成的一种角色冲突形式（Greenhaus and Beutell，1985）。其中，工作一般指的是有偿的任务活动；而对家庭这一概念的定义则存在争议，有些研究将家庭局限于核心家庭，而有些则较为广泛，包括核心家庭、大家庭、单亲家庭、同居等形式（张伶、张大伟，2006；Ollier－Malaterre，Jacobs and Rothbard，2019）。本文认为，随着时代的发展，应采用后者来描述家庭。

2. W－FC的维度

W－FC的维度主要从两个角度划分——冲突方向的差异和冲突形式的差异（Kreiner，2006）。

就冲突方向而言，W－FC分为WFC和FWC两个维度。已有研究表明，这两个方向的冲突是相关但不相同的概念，区分方向有助于更好地理解W－FC与其他变量之间的关系（Byron，2005；Frone，Russell and Cooper，1992）。具体而言，WFC是指工作的要求、投入的时间和造成的压力等因素会干扰履行与家庭相关的责任。FWC是指家庭的要求、投入的时间和造成的压力等因素会干扰履行与工作相关的责任。

就冲突形式而言，Greenhaus和Beutell（1985）基于时间、压力和行为的三个维度将W－FC进行了划分。由于多种角色会争夺一个人的时间，且一段时间不可花费在两种角色的活动上，故第一种冲突的来源为时间冲突（time－based）。同时，出于时间的限制以及其他原因，一种角色产生的压力（包括负面情绪、紧张、焦虑和疲惫等）会影响另一种角色的表现，因此第二种冲突来源为基于压力（strain－based）的冲突。另外，由于两种角色对个人行为要求的不同，当个人无法调整行为以满足不同角色期望时，会产生基于行为（behavior－based）的角色

间冲突。

结合冲突方向差异与冲突形式差异，Carlson 等（2000）形成 W－FC 的六个维度，如表 1 所示，这六个维度经过了严格的开发过程和检验，被广泛应用于 W－FC 的研究中。

表 1　基于形式差异和方向差异的 W－FC 维度划分

来源	方向差异 形式差异	WFC	FWC
Carlson 等 （2000）	基于时间	基于时间的工作对家庭冲突	基于时间的家庭对工作冲突
	基于压力	基于压力的工作对家庭冲突	基于压力的家庭对工作冲突
	基于行为	基于行为的工作对家庭冲突	基于行为的家庭对工作冲突

3. W－FC 的测量

对于 W－FC 的测量工具来说，本文通过总结和分析目前研究中使用较多的量表（Netemeyer，Boles and Mcmurrian，1996；Carlson，Kacmar and Williams，2000；Kopelman，Greenhaus and Connolly，1983；Grzywacz and Marks，2000；Gutek，Searle and Klepa，1991；Frone，Russell and Cooper，1992；Kelloway ，Gottlieb and Barham，1999）（如表 2 所示），发现大部分量表都区分了方向，即 WFC 和 FWC，只有少部分量表区分了冲突的形式。

从冲突的形式上看，大多数量表都关注了 W－FC 中时间和压力，少量的量表关注了行为和要求。实际上，区分 W－FC 的方向和形式可以使测量更加充分且有效，有利于探究与不同的冲突方向和形式相关的独特变量，便于提出更有针对性的工作－家庭界面管理策略，因此区分维度是很有必要的（Netemeyer，Boles and Mcmurrian，1996；Stephens and Sommer，1996）。从冲突的内容上看，可以判断时间和压力的冲突是普遍存在的。而来自工作要求的冲突则较为笼统，不够具体，例如，“我的工作要求干扰了我的家庭生活”还可以具体为工作要求在时间或者压力方面干扰家庭生活。同时，基于行为冲突的研究较少，在使用 Carlson 等（2000）开发的量表时，有些研究只取了时间和压力维度的题项进行测量。另外，大部分研究会直接将 W－FC 看作一个整体去探究，也有一部分研究分别对 W－FC 的各维度进行了探究。

表 2　W－FC 量表汇总

量表	区分方向?	区分形式?	冲突的内容
Netemeyer 等（1996）	是	否	一般要求、时间、压力
Carlson 等（2000）	是	是	时间、压力、行为
Kopelman 等（1983）	仅有 WFC	否	时间、压力、过度的工作要求
Grzywacz 和 Marks（2000）	是	否	时间、压力
Gutek 等（1991）	是	否	时间、压力
Frone 等（1992）	是	否	时间
Kelloway 等（1999）	是	是	时间、压力

（三）W－FE 的内涵、维度和测量

1. W－FE 的内涵

早期的工作家庭相关研究主要关注消极面，渐渐地，很多学者也关注到工作－家庭相互渗透带来的积极影响。W－FE 起源于角色增强理论，即多重角色带来的好处可能会超过负担，产生积极的效果（Sieber，1974）。Carlson 等（2006）对表示工作－家庭积极效应的概念进行了区分，如增益、正向溢出、增强以及促进，见表 3。其中，W－FE 能够最完整地形容出一个领域角色产生的积极作用，作用于另一个领域的角色并得到提高的过程。大多数的相关研究更关注个体本身的表现，因此，在现有工作－家庭积极关系的研究中最常使用增益的概念。

表 3　工作－家庭界面积极效应概念辨析

构念	来源	定义	与 W－FE 区别
增益	Greenhaus 和 Powell（2006）	一个角色作用于另一个角色并得到提高的过程	
工作－家庭正向溢出	Edwards 和 Rothbard（2000）	一个领域角色的经验，如情绪、技能、价值观和行为，转移到另一个领域	溢出强调经验的转移，但增益更强调转移之后的经验可以成功应用到另一个领域

续表

构念	来源	定义	与 W－FE 区别
工作－家庭增强	Ruderman 等（2002）	在另一领域获得的有益资源和经验对生活领域的活动产生显著影响的可能性	增强侧重于积极影响的可能性，而增益侧重于一个领域的角色绩效的提高，作为从另一个领域获得的资源的函数
工作－家庭促进	Wayne 等（2004）	由于参与一个角色，个体在其他角色中的表现或功能得到增强	增益和促进之间的关键区别在于分析水平，增益侧重于个人角色表现或生活质量的改善，而促进侧重于系统功能的改善

2. W－FE 的维度

与 W－FC 类似，W－FE 的维度也是从两个角度划分的——增益方向和增益形式（Carlson et al.，2006）。

就增益方向而言，W－FE 是可以双向发生的，即工作带给家庭的增益（Work to Family Enrichment，WFE）和家庭带给工作的增益（Family to Work Enrichment，FWE）。前者是指个体的工作可以提供资源收益，从而增强个人在家庭领域的功能；后者是指家庭可以提供的资源收益，促进个人在工作领域的功能增强。

就增益形式而言，Carlson 等（2006）根据已有的量表和 W－FE 的两种路径，即工具路径（如技能、自尊）和情感路径（如情绪和态度），列出了工作与家庭之间存在的潜在资源，并在两个方向上发展出六个维度——工作对家庭的发展、家庭对工作的发展、工作对家庭的情感、家庭对工作的情感、工作对家庭的资本、家庭对工作的效率。由于工作和家庭中的功能与活动并不完全相似，因此两者之间的双向增益机制不平行是合理的。W－FE 六个维度及定义如表 4 所示。另外，大多数文献都将 W－FE 看作一个整体来探究，而对 W－FE 各维度的探究较少。

表4　W－FE 六维度及定义

维度	定义
工作对家庭的发展	个人参与工作导致获得或完善了技能、知识、行为或看待事物的方式，从而帮助个人成为更好的家庭成员
家庭对工作的发展	参与家庭使个人获得或完善了技能、知识、行为或看待事物的方式，从而帮助个人成为更好的工作者
工作对家庭的情感	个人参与工作导致积极情绪状态或态度，帮助个人成为更好的家庭成员
家庭对工作的情感	参与家庭促进个人积极情绪状态或态度，帮助个人成为更好的员工
工作对家庭的资本	个人参与工作会提高心理社会资源的水平，如安全感、自信、成就感或自我实现，从而帮助个人成为更好的家庭成员
家庭对工作的效率	参与家庭为个人提供了专注或紧迫感，有助于个人成为更好的工作者

3. W－FE 的测量

对于测量工具而言，本文总结和分析了目前 W－FE 研究中使用较多的三个量表（Grzywacz and Marks，2000；Wayne，Musisca and Fle－eson，2004；Carlson et al.，2006；Wayne，Randel and Stevens，2006），如表5 所示。经过总结和分析，发现大部分量表都区分了方向，即 WFE 和 FWE，但只有少数量表区分了增益的形式。增益内容与 Greenhaus 和 Powell（2006）构建的增益路径大致相同，即一个角色为另一个角色提供工具性和情感性的资源，工具性资源（如知识、技能等）可以直接提升个体在另一个角色中的表现，而情感性资源则通过改善个体的情绪或态度，间接提升角色的表现。

表5　工作－家庭界面积极量表汇总

量表	区分方向?	区分形式?	增益内容
Grzywacz 和 Marks（2000） Wayne 等（2004）	是	否	发展、情感、资本
Carlson 等（2006）	是	是	发展、情感、资本、效率
Wayne 等（2006）	是	否	情感、资本

（四）远程办公情景下工作－家庭界面内涵、维度和测量研究述评

从现有研究来看，在远程办公情景下的工作－家庭界面的内涵、维度和测量与传统办公情景下的一致，并未根据情景的改变而拓展。本文认为，工作－家庭界面研究需要根据情景的不同对内涵进行拓展，主要应从维度和测量两个方面进行完善。

就维度而言，远程办公情景下的 W－FC 和 W－FE 的双向仍然适用，但应考虑现有的冲突和增益形式是否仍然适用以及是否有新的冲突和增益形式出现。就测量而言，也需要考虑现有冲突和增益的测量是否仍然适用以及是否会出现新的内容。未来研究可对远程办公情景下工作－家庭界面的内涵、维度和测量进行充分拓展与探究，以便更好地丰富远程办公情景与传统办公情景下工作－家庭界面的联系和区别。

三、远程办公情景下的工作－家庭界面相关研究述评

远程办公指的是使员工在主要或中心工作场所之外的其他地方完成任务的一种工作安排，员工通常使用电子媒介与组织内外的其他人互动（Gajendran and Harrison，2007），居家办公是远程办公的重要形式。在组织管理研究中，远程办公也被称为“基于空间的弹性工作”（Rau and Hyland，2002）。而随着科技的发展，与远程办公定义非常相近的“工作性通信工具的使用”应运而生，成为远程办公研究中的重要话题（王笑天、刘培、李爱梅，2019）。远程办公意味着员工工作和家庭边界完全被打破，因此远程办公常常会影响到员工的工作－家庭界面。现有的研究主要分为两个方面，一方面，探究了远程办公对员工工作－家庭界面的影响效果、边界条件和影响机制，以及与传统办公形式相比，远程办公情景下工作－家庭界面的变化（Vaziri et al.，2020）；另一方

面，以远程办公作为背景，探究员工工作－家庭界面的影响因素和作用效果。因此，本文从远程办公对工作－家庭界面的影响研究和以远程办公为背景的工作－家庭界面研究两个方面，提炼成一个整合的研究框架（见图1），并对现有的研究进行分析和述评，从而为远程办公情景下的工作－家庭界面研究提供未来的研究方向。

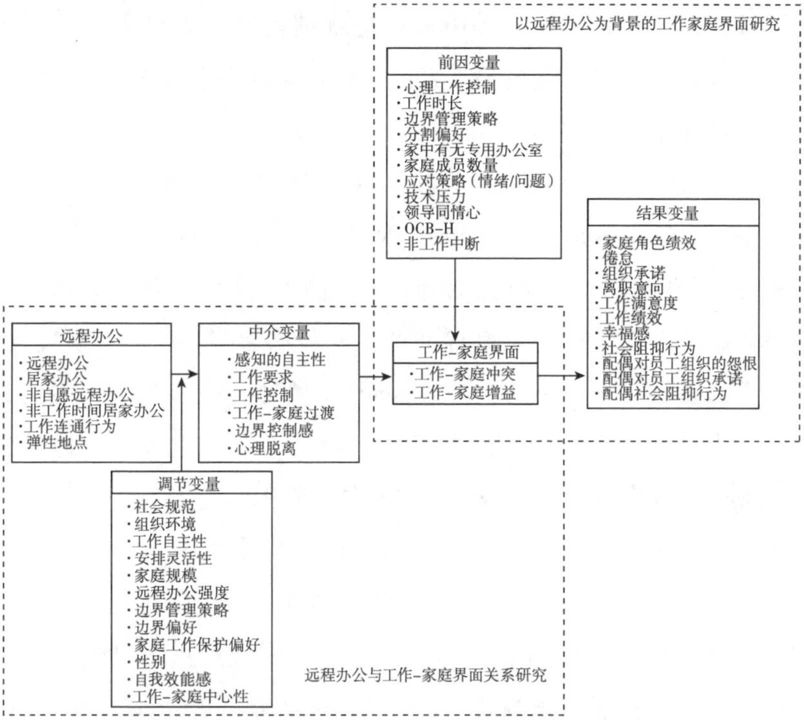

图1 远程办公与工作－家庭界面研究整合模型

（一）远程办公对工作－家庭界面影响研究

1. 远程办公对工作－家庭界面的影响效果研究

已有较多研究探究了远程办公对员工工作－家庭界面的影响效果，但两者的关系存在不一致。

一方面，远程办公与员工的W－FC正相关。员工需要在家中处理工作事务，进而阻碍员工履行正常的家庭责任，引起W－FC的增加

(Boswell and Olson - Buchanan，2007)。个体也会因工作和家庭边界不兼容而产生紧张与焦虑，无法适应角色的转化和过渡，增加了 W - FC (马红宇等，2014；Fenner and Renn，2010)。王振源等（2015）发现非工作时间在家办公与 W - FC 显著正相关，Ferguson 等（2016）、马红宇等（2016）发现员工在非工作时间使用通信工具处理工作与员工的 WFC 正相关。Lapierre 等（2016）对金融销售专业人员进行了多次调查，结果显示，非自愿的更多在家工作与更高的基于紧张的 WFC 有关，但与更高的基于时间的 WFC 无关。

另一方面，远程办公意味着个体工作自主性和灵活性的提升(Mazmanian，Orlikowski and Yates，2013)，并且常常作为解决员工工作 - 家庭平衡问题的方案（刘永强、赵曙明 ，2006）。因此，很多研究发现远程办公会对工作 - 家庭界面产生积极的影响。一部分研究发现，远程办公减少了员工的 W - FC。Gajendran 和 Harrison（2007）的元分析发现远程办公与 W - FC 负相关。Derks 等（2016）发现当个体的整合偏好越高时，就会通过减少 W - FC 正向调节工作连通行为与家庭绩效的正向关系。另外，远程办公对于 W - FC 的不同方向也有不同的影响效果，Allen 等（2013）发现对于 WFE，弹性地点的使用性比弹性地点的可用性具有更强的预测效果；对于 FWC，弹性地点的可用性比弹性地点的使用具有更强的预测效果。另一部分研究发现，远程办公可以增加员工的 W - FE。马红宇等（2016）发现丈夫和妻子的 W_ ICTs（工作性通信工具使用）可促进个体的 WFE。

此外，马丽和马可逸（2021）发现工作连通行为与 W - FE 存在倒“U”形关系，而 Delanoeije 等（2019）发现与非远程工作日相比，员工在远程工作日经历的 WFC 较少，但 FWC 较多。

还有学者对工作方式转变带来的工作 - 家庭界面程度变化进行了探究。具体来说，Vaziri 等（2020）对新冠疫情前和疫情中的个体工作 - 家庭界面变化进行了探究（一半人远程办公）。在新冠疫情前和期间进行潜在剖面分析，发现样本均呈现三剖面——有益型（低冲突和高增益）、主动型（中等冲突和增益）以及被动型（低冲突和增益）。基于对潜在剖面的转变分析发现，在新冠疫情期间，员工可能经历积极的转变（主动型/被动型转变为有益型）或消极的转变（有益型转变为主动型/被动型），也有可能保持原来的状态不变。

综上所述，远程办公对工作－家庭界面的影响研究较为丰富，远程办公在给个体带来消极作用的同时，也会减少冲突或增加增益，其中对于远程办公与 W－FC 的关系研究较多，而对于远程办公对 W－FE的影响效果探索不足。另外，马红宇等（2016）发现 W－FC 的增加并不意味着 W－FE 的减少，后续的研究应多探究远程办公对 W－FE的影响是否仅限于正向影响，是否也存在双刃剑的效应。

2. 远程办公对工作－家庭界面的影响机制研究

目前，远程办公对工作－家庭界面的影响机制主要集中在工作控制、工作要求、边界控制感和心理脱离等方面。王振源等（2015）发现，工作控制和工作要求在非工作时间在家办公与 WFC 之间起到中介作用。马丽和马可逸（2021）发现，边界控制感在工作连通行为与 W－FE之间起到部分中介作用。马红宇等（2014）发现，心理脱离在工作连通行为与时间冲突和压力冲突之间均起到部分中介作用。Delanoeije 等（2019）发现，员工在远程工作日开展更多的工作到家庭活动的过渡（工作时间内中断工作活动以满足家庭需求），这与 WFC 减少和 FWC 增加相关；而远程工作日开展更多的家庭活动到工作的过渡（中断家庭活动以处理下班后的工作需求），与 WFC 的增加有关。工作－家庭过渡在远程工作日和 W－FC 之间起到中介作用。Gajendran 和 Harrison（2007）发现，感知到的自主性在远程办公和 W－FC 之间起到中介作用。

综上所述，远程办公对员工工作－家庭界面的影响机制的探究主要集中在心理因素方面，且大多探究了远程办公和工作－家庭冲突之间的影响机制，对 W - FE 的关注不足，后续可以探索远程办公对 W - FC 和 W - FE 的影响机制是否一致，并拓展远程办公对 W - FE 的影响机制研究。

3. 远程办公对工作 - 家庭界面影响的边界条件研究

由于远程办公与员工工作 - 家庭界面关系的不一致，很多学者探讨了远程办公与员工工作 - 家庭界面的边界条件，包括组织因素和个体因素。组织因素具体为社会或组织规范，个体因素为远程办公的强度、自我效能感、员工的边界策略等。

Derks 等（2015）发现，社会规范和员工工作投入程度在工作连通行为与工作家庭冲突间起到了积极的调节作用。具体来说，就是团队领导与同事对工作连通行为越支持，员工投入工作的时间和精力越多，工作连通行为就越容易导致 W - FC。

对于个体因素，Fenner 和 Renn（2010）证实了个体的时间管理技能在工作连通行为和 W - FC 关系中的负向调节作用。与之相反，个体的分割偏好程度越高，工作连通行为就越难以减少 W - FC（Barber and Jenkins，2014；Derks et al.，2016）。Gajendran 和 Harrison（2007）采用元分析发现，高强度的远程办公（每周超过 2.5 天）强化了远程办公对 W - FC 的正向影响。Lapierre 等（2016）发现，自我效能感负向调节了非自愿居家办公与 WFC 之间的正向关系，而边界管理策略则没有明显的调节作用。Golden 等（2006）发现，工作自主性和安排灵活性正向调节远程办公对 WFC 的影响，但家庭规模被发现负向调节远程办公对 FWC 的影响。另外，目前对远程办公对 W - FE 影响的边界条件探究较少，马丽和马可逸（2021）发现，工作 - 家庭中心性正向调节了工作连通行为与边界控制感的关系，并对边界控制感在工作连通行为与 W - FE 的间接作用中起到调节作用。

综上所述，已有远程办公与工作 - 家庭界面的研究中的边界条件探究主要集中在个体因素上，有少量研究考虑到了组织因素，但对各领域内的其他成员的态度和行为探究较少。根据边界理论，研究中通常需要考虑到域环境中成员的作用（Allen，Cho and Meier，2014），后续可以考虑领导和家人的态度与行为对员工工作－家庭界面的影响。

（二）以远程办公为背景的工作－家庭界面研究

远程办公情景下的工作－家庭界面研究包含两部分，除了上述的远程办公对员工工作－家庭界面影响研究外，近年来，越来越多的学者以远程办公为背景，继续探究员工工作－家庭界面的前因和结果。

1. 以远程办公为背景的工作－家庭界面的影响因素研究

员工工作－家庭界面的影响因素包括工作因素、家庭因素和个人因素，工作因素包括工作控制、工作时间，家庭因素包括家庭环境和结构、家庭中断，个人因素包括组织公民行为和边界管理策略等。Kossek等（2006）发现在远程办公中，感知到更强的心理工作控制的员工有更低的FWC，整合程度较高的边界管理策略与更高的FWC相关。Golden等（2006）发现在远程办公中，工作时间越长，WFC就越低，而FWC就越高。Allen等（2021）发现，远程办公背景下，分割偏好与更好的工作－非工作平衡，即更高的增益和更低的冲突有关。在家里有一个专用的办公空间，家庭成员更少，与更好的工作－非工作平衡有关。Leroy等（2021）探究了在新冠疫情居家办公期间中断类型与来源对WFC和FWC的影响，结果表明，非工作中断预示着更高的FWC、情绪衰竭和更低的绩效。基于工作的干扰（尤其是入侵和多任务处理）与更高的WFC和情绪衰竭，以及更低的绩效相关。Vaziri等（2020）基于对潜在剖面的转变分析发现，分割偏好较高，采用以情绪为中心的应对策略，经历较高的技术压力，并且无富有同情心的主管的员工更有可能经历工作－家庭界面的负面转变。Smith等（2020）对传统组织公民行为（OCB－W）的内涵进行了拓展，生成了居家办公组织公民行为（OCB－H）概念和量表，研究发现，两种形式的OCB都在工作投入和

WFC之间起到中介作用，且OCB－H和OCB－W在组间和组内层面上，对WFC的影响强度是不同的。

2. 以远程办公为背景的工作－家庭界面的作用效果研究

员工工作－家庭界面的作用效果包括员工的工作结果以及员工及其配偶的行为。Vaziri等（2020）发现，远程办公后经历了工作－家庭界面负面转变的员工一般会拥有负面的后果（例如，较低的工作满意度和工作绩效，以及较高的离职意愿），积极转变与积极的员工后果（更高的工作满意度和组织承诺，更低的离职意向）相关。Ferguson等（2016）发现，mwork（在家庭时间使用智能手机或平板电脑上网处理工作任务的频率）通过在职者的WFC导致了员工的倦怠、组织承诺、配偶对员工所在组织怨恨的增加，以及配偶对员工所在组织承诺的降低，最终导致员工离职意向的增加。马红宇等（2016）发现丈夫和妻子的W_ ICTs通过加剧个体的W－FC、诱发夫妻间的社会阻抑行为进而降低双方的幸福感，同时也可通过促进个体的W－FE、抑制夫妻间的社会阻抑行为进而提升双方的幸福感。Jostell和Hemlin（2018）发现在下班后的远程办公中，工作和家庭有更多可渗透的边界，允许工作打断非工作的行为与个体更高的W－FC有关。

综上所述，远程办公情景下的工作－家庭界面研究与传统情景下的研究内容大致相同，后续的研究应该继续检验传统情景下工作－家庭界面的前因、影响机制、后果在远程办公情景下是否适用，继续探索远程办公情景下的特殊前因和结果，对相关的研究进行拓展和扩充。

四、结论及研究展望

本文对远程办公情景下工作－家庭界面的内涵、维度和测量进行了系统的梳理，将远程办公情景下工作－家庭界面的研究进行整合，构建出研究框架。基于对机关文献的梳理和分析可知，远程办公情景下的工作－家庭界面研究非常重要，有助于更好地理解远程办公方式，提高该情景下员工的绩效。目前的研究虽然已经取得一定的进展，但仍有不足之处，未来的研究应该进一步完善。

第一，对远程办公情景下的工作－家庭界面内涵进行拓展。已有的远程办公情景下研究使用的W－FC和W－FE的概念基本沿用了传统情景下的概念。然而，随着远程办公常态化和远程办公与工作－家庭界面关系研究的饱和，相较于传统办公，远程办公下员工可能会经历更好的工作－家庭界面，也可能会遇到更多的工作－家庭问题。但是，对传统办公到远程办公转换对工作－家庭界面影响的讨论仅限于程度变化上（Vaziri et al.，2020），没有研究探究远程办公下工作－家庭界面的新内容。而无论是现实层面还是理论层面，都有很多证据证明远程办公情景下的工作－家庭界面内容发生了改变，如许多员工选择远程办公是出于兼顾工作和家庭责任的考虑（Gimenez－Nadal，Moliana and Velilla，2018），工作－家庭界面在远程办公情景下也会产生新的内容。因此，探究居家办公情景下工作－家庭界面内涵并开发有效的测量工具是很有必要的。

第二，完善对远程办公情景下W－FE的探究。通过文献综述，无论是远程办公对工作－家庭界面影响的研究还是以远程办公作为背景的工作－家庭界面研究，关于W－FC的探究都较为丰富，而对于W－FE的探究明显不足。尤其是远程办公对W－FE的内在影响机制的探究明显不足（马丽、马可逸，2021）。已有研究已经证明远程办公意味着个体工作自主性和灵活性的提升（Mazmanian，Orlikowski and Yates，2013），会对工作－家庭界面产生积极的影响，而远程办公也常常作为解决员工工作－家庭平衡问题的方案（刘永强、赵曙明，2006）。因此，探究远程办公情景下的W－FE的作用效果和作用机制是很有必要的。另外，Allen等（2013）运用元分析探究了不同形式的弹性工作与W－FC的不同方向之间的关系，发现了不同的弹性工作方式对W－FC

的不同方向确实会产生不同的影响。与 W－FC 类似，W－FE 的各维度形成的路径也有所不同，未来研究可以探究不同形式的远程办公对 W－FE各维度的作用的异同。

第三，探究工作或家庭领域内成员对员工工作－家庭界面的影响。在传统的工作－家庭界面研究中，组织支持与家庭支持是 W－FC 和 W－FE的重要前因，而在远程办公情景下，对于领导和家庭成员的因素探索较少，根据边界理论，研究中通常需要考虑到域环境中成员的作用（Allen，Cho and Meier，2014），因此，可以探究在远程办公情景下，领导和家庭成员的边界偏好与行为如何影响员工的工作－家庭界面，家庭成员对员工的影响程度是否大于领导的作用，与传统情景下的影响机制是否存在不同。

第四，已有文献对于远程办公情景下工作－家庭界面的作用效果及其机制探究较少，且大多集中在个体的状态上，如倦怠、组织承诺和幸福感等，对员工的行为及其作用机制探究不足，尤其是对员工工作行为的关注不足，而对员工工作行为的研究则只关注了员工的角色内行为，如工作绩效（Vaziri et al.，2020），未关注到员工的角色外行为，如组织公民行为（OCB－H）。作为典型的员工角色外行为，OCB－H 能提高工作绩效、促进组织的发展（张小林、戚振江，2001）。在居家办公情景下，员工通过通信技术相连，远离了面对面办公的环境，OCB－H 显得更加重要（Smith，Kim and Carter，2020）。因此，探究居家办公情景下工作－家庭界面对员工的作用效果和机制是非常必要的。

第五，探究数字化背景给工作－家庭界面带来的新挑战。已有的研究大多集中在探究远程办公这种工作制度或工作连通行为对工作－家庭界面的影响，随着远程办公形式的丰富，可以探究具体的数字化技术对工作－家庭界面的影响，如视频会议疲劳等。

参考文献

[1]ALLEN T D, CHO E, MEIER L L. Work - family boundary dynamics [J]. Annual review of organizational psychology and organizational behavior, 2014, 1(1): 99 - 121.

[2]ALLEN T D, JOHNSON R C, KIBURZ K M, et al. Work - family conflict and flexible work arrangements: Deconstructing flexibility [J]. Personnel psychology, 2013, 66(2): 345 - 376.

[3]ALLEN T D, MERLO K, LAWRENCE R C, et al. Boundary management and work - nonwork balance while working from home [J]. Applied psychology, 2021, 70(1): 60 - 84.

[4]BARBER L K, JENKINS J S. Creating technological boundaries to protect bedtime: Examining work - home boundary management, psychological detachment and sleep [J]. Stress and health, 2014, 30(3): 259 - 264.

[5]BOSWELL W R, OLSON - BUCHANAN J B. The use of communication technologies after hours: The role of work attitudes and work - life conflict [J]. Journal of management, 2007, 33(4): 592 - 610.

[6]BYRON K. A meta - analytic review of work - family conflict and its antecedents [J]. Journal of vocational behavior, 2005, 67(2): 169 - 198.

[7]CARLSON D S, KACMAR K M, WILLIAMS L J. Construction and initial validation of a multidimensional measure of work - family conflict [J]. Journal of vocational behavior, 2000, 56(2): 249 - 276.

[8]CARLSON D S, KACMAR K M, WAYNE J H, et al. Measuring the positive side of the work - family interface: Development and validation of a work - family enrichment scale [J]. Journal of vocational behavior, 2006, 68(1): 131 - 164.

[9]DELANOEIJE J, VERBRUGGEN M, GERMEYS L. Boundary role

transitions: A day – to – day approach to explain the effects of home – based telework on work – to – home conflict and home – to – work conflict[J]. Human relations, 2019, 72(12): 1843 – 1868.

[10]DERKS D, BAKKER A B, PETERS P, et al. Work – related smartphone use, work – family conflict and family role performance: The role of segmentation preference[J]. Human relations, 2016, 69(5): 1045 – 1068.

[11]DERKS D, VAN DUIN D, TIMS M, et al. Smartphone use and work – home interference: The moderating role of social norms and employee work engagement [J]. Journal of occupational and organizational psychology, 2015, 88(1): 155 – 177.

[12]FENNER G H, RENN R W. Technology – assisted supplemental work and work – to – family conflict: The role of instrumentality beliefs, organizational expectations and time management[J]. Human relations, 2010, 63(1): 63 – 82.

[13]FERGUSON M, CARLSON D, BOSWELL W, et al. Tethered to work: A family systems approach linking mobile device use to turnover intentions [J]. Journal of applied psychology, 2016, 101(4): 520.

[14]FISHER J, LANGUILAIRE J C, LAWTHOM R, et al. Community, work, and family in times of COVID – 19[J]. Community, Work & Family, 2020, 23(3): 247 – 252.

[15]FRONE M R, RUSSELL M, COOPER M L. Antecedents and outcomes of work – family conflict: Testing a model of the work – family interface [J]. Journal of applied psychology, 1992,77(1): 65 – 78.

[16]GADEYNE N, VERBRUGGEN M, DELANOEIJE J, et al. All wired, all tired? Work – related ICT – use outside work hours and work – to – home conflict: The role of integration preference, integration norms and work demands [J]. Journal of vocational behavior, 2018, 107: 86 – 99.

[17]GAJENDRAN R S, HARRISON D A. The good, the bad, and the unknown about telecommuting: Meta – analysis of psychological mediators and individual consequences[J]. Journal of applied psychology, 2007, 92(6): 1524.

[18]GIMENEZ－NADAL J I, MOLINA J A, VELILLA J. Telework, the timing of work, and instantaneous well－being: Evidence from time use data [R]. IZA Discussion papers, 2018.

[19]GOLDEN T D, VEIGA J F, SIMSEK Z. Telecommuting's differential impact on work－family conflict: Is there no place like home? [J]. Journal of applied psychology, 2006, 91(6): 1340.

[20]GREENHAUS J H, BEUTELL N J. Sources of conflict between work and family roles[J]. Academy of management, 1985, 10(1):76－88.

[21]GREENHAUS J H, POWELL G N. When work and family are allies: A theory of work－family enrichment[J]. Academy of management review, 2006, 31(1): 72－92.

[22]GRZYWACZ J G, MARKS N F. Reconceptualizing the work－family interface: An ecological perspective on the correlates of positive and negative spillover between work and family[J]. Journal of occupational health psychology, 2000, 5(1): 111.

[23]GUTEK B A, SEARLE S, KLEPA L. Rational versus gender role explanations for work－family conflict[J]. Journal of applied psychology, 1991, 76(4): 560.

[24]JOSTELL D, HEMLIN S. After hours teleworking and boundary management: Effects on work－family conflict[J]. Work, 2018, 60(3): 475－483.

[25]KELLOWAY E K, GOTTLIEB B H, BARHAM L. The source, nature, and direction of work and family conflict: A longitudinal investigation[J]. Journal of occupational health psychology, 1999, 4(4): 337.

[26]KOPELMAN R E, GREENHAUS J H, CONNOLLY T F. A model of work, family, and interrole conflict: A construct validation study[J]. Organizational behavior and human performance, 1983, 32(2): 198－215.

[27]KOSSEK E E, LAUTSCH B A, EATON S C. Telecommuting, control, and boundary management: Correlates of policy use and practice, job con-

trol, and work - family effectiveness[J]. Journal of vocational behavior, 2006, 68(2): 347 - 367.

[28]KREINER G E. Consequences of work - home segmentation or integration: A person - environment fit perspective[J]. Journal of organizational behavior, 2006, 27(4):485 - 507.

[29]LAPIERRE L M, LI Y, KWAN H K, et al. A meta - analysis of the antecedents of work - family enrichment[J]. Journal of organizational behavior, 2018, 39(4): 385 - 401.

[30]LAPIERRE L M, VAN STEENBERGEN E F, PEETERS M C W, et al. Juggling work and family responsibilities when involuntarily working more from home: A multiwave study of financial sales professionals[J]. Journal of organizational behavior, 2016, 37(6): 804 - 822.

[31]LEROY S, SCHMIDT A M, MADJAR N. Working from home during COVID - 19: A study of the interruption landscape[J]. Journal of applied psychology, 2021, 106(10): 1448.

[32]MAZMANIAN M, ORLIKOWSKI W J, YATES J A. The autonomy paradox: The implications of mobile email devices for knowledge professionals [J]. Organization science, 2013, 24(5): 1337 - 1357.

[33]MESMER - MAGNUS J R, VISWESVARAN C. Convergence between measures of work - to - family and family - to - work conflict: A meta - analytic examination[J]. Journal of vocational behavior, 2005, 67(2): 215 - 232.

[34]NETEMEYER R G, BOLES J S, MCMURRIAN R. Development and validation of work - family conflict and family - work conflict scales[J]. Journal of applied psychology, 1996, 81(4):400 - 410.

[35]OLLIER - MALATERRE A, JACOBS J A, ROTHBARD N P. Technology, work, and family: Digital cultural capital and boundary management [J]. Annual review of sociology, 2019, 45(1): 425 - 447.

[36]RAU B L, HYLAND M A M. Role conflict and flexible work arrange-

ments: The effects on applicant attraction[J]. Personnel psychology, 2002, 55 (1): 111 -136.

[37]SIEBER S D. Toward a theory of role accumulation[J]. American sociological review, 1974(39): 567 -578.

[38]SMITH R W, KIM Y J, CARTER N T. Does it matter where you're helpful? Organizational citizenship behavior from work and home[J]. Journal of occupational health psychology, 2020, 25(6): 450.

[39]STEPHENS G K, SOMMER S M. The measurement of work to family conflict[J]. Educational and psychological measurement, 1996, 56(3): 475 -486.

[40]VAZIRI H, CASPER W J, WAYNE J H, et al. Changes to the work -family interface during the COVID -19 pandemic: Examining predictors and implications using latent transition analysis[J]. Journal of applied psychology, 2020,105 (10): 1073.

[41]WAYNE J H, MUSISCA N, FLEESON W. Considering the role of personality in the work -family experience: Relationships of the big five to work -family conflict and facilitation[J]. Journal of vocational behavior, 2004, 64(1): 108 -130.

[42]WAYNE J H, RANDEL A E, STEVENS J. The role of identity and work - family support in work - family enrichment and its work - related consequences[J]. Journal of vocational behavior, 2006, 69(3): 445 -461.

[43]霍伟伟,龚靖雅,李鲜苗,等. 主动及被动模式下在线远程办公影响效果研究述评与展望[J]. 中国人力资源开发,2020,37(8):6 -21.

[44]林彦梅,刘洪,齐昕. 工作家庭冲突背景下弹性工作的作用机制研究:基于工作 -家庭边界理论[J]. 商业经济与管理,2019(12):78 -87.

[45]林忠,鞠蕾,陈丽. 工作 -家庭冲突研究与中国议题:视角、内容和设计[J]. 管理世界,2013(9):154 -171.

[46]刘永强, 赵曙明. 影响工作 -家庭冲突的因素及其平衡策略[J]. 中国人力资源开发, 2006(9): 11 -16.

[47]龙昱帆,王震．划界还是融合？工作－家庭边界管理的研究回顾与展望[J]．中国人力资源开发,2018,35(4):78－97.

[48]马红宇,谢菊兰,唐汉瑛,等．工作性通信工具使用与双职工夫妻的幸福感:基于溢出－交叉效应的分析[J]．心理学报,2016,48(1):48－58.

[49]马红宇,周殷,谢菊兰,等．心理脱离在工作连通行为与工作、家庭冲突间的中介作用[J]．中国健康心理学杂志,2014,22(3):389－391.

[50]马丽,马可逸．工作连通行为与工作－家庭增益的倒U型关系:基于资源保存理论视角[J]．软科学,2021,35(2):96－101.

[51]马丽,徐枞巍．基于个人－环境匹配理论的边界管理与工作家庭界面研究[J]．南开管理评论,2011,14(5):41－47＋152.

[52]孙健敏,崔兆宁,宋萌．弹性工作制的研究述评与展望[J]．中国人力资源开发,2020,37(9):69－86.

[53]唐汉瑛,马红宇,王斌．工作－家庭界面研究的新视角:工作家庭促进研究[J]．心理科学进展,2007(5):852－858.

[54]王笑天,刘培,李爱梅．自由还是束缚？异质性视角下工作性通讯工具使用对幸福感的影响[J]．中国人力资源开发,2019,36(8):47－59.

[55]王振源,段永嘉,孙珊珊．非工作时间在家办公对工作家庭冲突及工作生活质量的影响研究[J]．预测,2015,34(3):28－33.

[56]叶萌,唐汉瑛,谢菊兰,等．非工作时间使用通信技术处理工作的“双刃剑”效应及心理机制[J]．心理科学,2018,41(1):160－166.

[57]袁硕,唐贵瑶．工作连通行为研究述评与展望[J]．外国经济与管理,2018,40(9):112－125.

[58]张伶,张大伟．工作－家庭冲突研究:国际进展与展望[J]．南开管理评论,2006(4):55－63.

[59]张小林,戚振江．组织公民行为理论及其应用研究[J]．心理学动态,2001(4):352－360.

[60]周路路,赵曙明,战冬梅．工作－家庭增益研究综述[J]．外国经济与管理,2009,31(7):51－58.

智能机器背景下组织行为研究的文献综述与未来展望[①]

李明月

摘要：随着互联网和经济环境的变化，智能机器作为一种新兴产业得到了快速发展，成为企业发展的重要推动力，组织和员工的发展也受到了很大影响。然而，智能机器时代也存在着复杂且不确定的影响模式，组织员工个体行为、群体行为以及组织行为（Organizational Behavior，OB）在智能机器背景下的研究相对滞后，人的心理和行为变化较为模糊。鉴于此，本文梳理了已有以人工智能（AI）、算法、机器人为主的智能机器背景下的组织行为研究现状，并指出未来研究可以进一步拓展的地方，以期推动组织行为领域在智能机器背景下的相关研究，并为企业中与智能机器协同工作的员工管理提供一定的实践启示。

关键词：数智化；组织行为；文献综述；未来展望

作者简介：李明月（1999—），河南开封人，西北大学经济管理学院2021级企业管理专业硕士研究生。

---

① 本文由蒿坡副教授指导完成。蒿坡，西北大学经济管理学院工商系副教授，硕士研究生导师，研究方向为人力资源管理和组织行为学。基金项目：国家自然科学基金面上项目“跨团队边界情景下不同共享型多团队系统领导模式研究：基于领导力双重属性视角”（项目编号：72172122）。

一、引言

随着大数据时代的到来，IT 产业得到快速发展，并推动全球的自动化和信息化，使智能机器成为发展的可能，如 AI、融合机器人、算法等。在这种智能机器背景下，企业中人的生产方式和活动方式发生了改变，如技术、流程以及产业结构这些硬件设施的改变。智能机器的出现作为一种革命性、颠覆性的前沿科学技术，它的研发会给企业带来很大的不确定性，企业需要适应环境的变化，推动人与智能机器的协同发展，进而寻求自身更好的发展。如果想要让员工在智能机器背景下适应外部环境的变化，就需要研究智能机器背景下的 OB，从个体行为、群体行为和 OB 三个方面来探究员工在智能机器背景下的变化。鉴于此，探讨智能机器背景下组织行为领域的研究进展对于推进该学科的发展以及提升组织管理效率都有着较为重要的意义。

然而，尽管智能机器这些新技术可以应用在管理层面，但组织行为学也只是刚刚开始在这一领域进行研究。正如罗文豪等（2022）指出的，“尽管 AI 越来越多地应用于组织实践中，但相应的学术研究却越发滞后”。虽然已有研究针对智能机器背景下的组织行为进行了相关综述，但只是针对特定的组织行为进行了梳理，如 AI 背景下的信任（Glikson and Woolley，2020）和公平感知（蒋路远等，2022）等，并没有从组织行为学整体视角来探索智能机器背景下对人的心理与行为产生的影响。为此，本文对组织行为学在智能机器背景下进行进一步的分析，从而推动组织行为学的相关研究。

鉴于此，本文在 Google 学术、EBSCO、Web of Science、中国知网（CNKI）等网站进行题目、摘要和关键词检索，对初步搜索到的文献进行筛选，剔除了与 AI、机器人技术（robotics）和算法（algorithms）三种数智化工具（Brougham and Haar，2018）组织行为相关性不强的文献，最终得到近五年相关中英文实证研究54篇，涵盖了个体行为、群体行为和个体-组织匹配相关研究，用于进一步分析和梳理。首先，本文对已有的文献进行基本分析，以更好地了解这些研究关注的焦点；其次，梳理了组织行为在智能机器背景下的已有研究，并构建了一个对应的整合分析框架；最后，从人机交互协作、群体行为、领导力研究和管理伦理问题等方面对未来研究方向进行展望。

通过对近五年智能机器背景下组织行为研究进行归纳总结和评述，本文探究了组织行为学在智能情景下的最新研究，为组织行为学的研究提供了新的思路。未来研究可以在此整合框架的基础上继续丰富组织行为的研究，进一步地研究智能化变革对组织行为学的影响，从而为智能机器背景下组织行为的发展提供理论参考。本文对组织行为在智能化机器背景下的综述可以为企业管理者提供实践启示，从而提高组织管理效率。

二、实证研究现状

（一）个体行为

在组织实践中，越来越多的企业将智能机器（人工智能、机器人技术和算法）融入日常运营活动，并作为团队成员一起工作，如阿里巴巴定位时尚博主“AYAYI”、创壹科技的虚拟美妆达人“柳夜熙”、字节跳动的“李未可”、万科的AI员工“崔筱盼”。那么，当员工与这些智能机器一起工作，并将其作为团队成员时（Landers and Marin，2021；Larson and Dechurch，2020），他们的行为是否会受到影响呢？如果受影响，又会发生什么样的变化呢？

接下来，本文首先剖析了智能机器背景下关注较多的个体产出，其次分析了数字化情景下影响个体行为的因素，再次揭示了影响因素对个体产出发挥效果的中介机制，最后总结了影响个体产出的调节机制。

1. 个体产出

（1）不安全感。

当员工与智能机器一起工作时，可能既会感知到不安全，也会感知到“自信心爆棚”。例如，机器人员工的增加会促进职场物化现象（objectification），即员工在工作场所将人视为物的过程和倾向，如“工具人”“打工人”等感知（许丽颖等，2022）。

当员工与自动化技术一起工作时，他们的工作不安全感（Brougham and Haar，2020）或认知型工作不安全感（个人对失业概率的评估）（Dengler and Gundert，2021）会更高，但当员工拥有更多的工作选择（Brougham and Haar，2020）或组织拥有较低的权威文化（Lingmont and Alexiou，2020）时，员工则可以更好地应对自动化技术知觉导致的负面影响。类似地，有研究发现智能机器也会让员工产生被威胁感。例如，Yogeeswaran 等（2016）证实在给参与者观看一段视频后，他们认为机器人会对人类产生威胁，视频中该机器人据称可以在各种体力和脑力任务上胜过人类，而类人机器人（humanoidrobot）也可以做到这一点。然而，当参与者没有被告知机器人相对于人类能力的信息时，在接触机器人或类人机器人后，他们在感知威胁方面没有显著差异。同样地，在看到机器人相对于类人机器人的表现优于人类时，他们对机器人的支持也减少了。然而，当不提供关于机器人相对于人类能力的信息时，相比于机器人，参与者在接触类人机器人后，对机器人研究的支持程度略有下降。

Zlotowski 等（2017）则发现，当参与者观看了一段机器人执行各种任务的视频后（视频中，这些机器人要么是自主的，能够无视人类的命令；要么是非自主的，只能执行人类的命令），观看自主型机器人视频的参与者普遍认为机器人对人类的威胁要大得多（包括现实和身份威胁）。此外，与接触非自主机器人相比，接触自主机器人唤起了人们对机器人总体上更强烈的负面态度和对机器人研究的更多反对，现实和身份威胁中介了对机器人的负面态度及对机器人研究的反对之间的关系，前者的中介作用更强。

为什么员工与这些智能机器一起工作时会产生工作不安全感或被威胁感呢？Mori（1970）指出，当员工与类人机器人一起工作时会产生一种“恐怖谷”（uncanny valley）的心理现象，即一种人们对类人机器人的情感反应。最初，随着与人类相似度的提高，机器人可以唤起人类更多的积极情绪；然而，当机器人有一个超越人类相似性的点，人们便认为机器人是可怕的，因此降低了他们与机器人互动倾向，也增加了其工作不安全感。例如，Yam 等（2021）发现“非人性化”（dehumanizing）的类人机器人（剥夺机器人明显的感觉能力）可以显著减少“恐怖谷”效应，且当个体的去人性化特质较高时，他们的怪异感较低，因为他们感知到的情感较低。

除了主观不安全感外，智能机器的应用也会对员工的工作产生客观替代效应，且潜在替代风险高、中、低的占比分别为52.80%、25.72%和21.48%；受到 AI 潜在替代风险最低的职业大类是企业、事业单位负责人，最高的是生产、运输设备操作人员及有关人员。此外，质量型不安全感（如缺少升职空间）会正向影响职业能力发展，且当 AI 潜在替代风险越高时，质量型不安全感对职业能力发展的正向影响越小；数量型不安全感（如未来可能会丧失工作）与职业能力发展之间呈 U 形关系，且当 AI 潜在替代风险越高时，数量型不安全感对职业能力发展的 U 形效应越强（陈文晶等，2022）。Paolillo 等（2022）通过将有关机器人能力的科学和技术文献与就业及工资统计相结合，计算在将来现有工作被机器执行的可能性，发现“物理学家”是被机器取代风险最低的工作，而“屠宰工人和肉类包装工”则面临最高的被替代风险，食品加工、建筑、维护和开采行业的工作似乎风险更高。此外，他们还设计了一种方法，为高风险职业过渡到风险较低且需要最少再培训的工作提供建议。

（2）工作胜任感。

除了不安全感外，当个体与智能机器一起工作时，可能还会感知到“自信心爆棚”。例如，朱晓妹等（2021）发现 AI 引发的岗位技能会通过员工的工作胜任感正向影响工作旺盛感（thriving），即个体在工作中同时体验到“活力”和“学习”的心理状态（Porath 等，2012），且当人机共生关系越好，如使用 AI 设备的工作时长增加、对 AI 设备的喜爱程度提高以及将 AI 设备视为工作伙伴等时，AI 岗位技能要求对员工工作胜任感的影响越显著，从而会激发个体更强的工作旺盛感。

（3）消极情绪/工作倦怠。

AI 技术应用可能还会通过工作要求和技能要求使员工产生消极情绪（朱晓妹、任晶晶、何勤，2020），或者通过组织承诺诱发员工的工作倦怠感（Kong et al.，2021）。Dang 和 Liu（2021）则发现具有高（相对于低）心理能力的机器人引发了员工更多的矛盾态度，且美国参与者对机器人的矛盾态度比中国参与者更多。

（4）服从/抗拒行为。

当员工与智能机器一起工作时既会感知到不安全和不公平（Yam，Bigman et al.，2021；裴嘉良等，2021），也会感知到工作旺盛感（朱晓妹、王森、何勤，2021），那么他们是否愿意与智能机器合作呢？例如，Ågnes（2022）发现员工对机器人同事的反应绝大多数是建设性的和积极的，会将它们视为新的数字化同事，并与它们建立关系。Lebovitz 等（2022）证实当医生与 AI 一起工作时，它们提供的结果经常偏离他们的最初判断，且没有提供潜在的推理。这种不透明性导致医生产生越来越多的不确定性，从而导致医生可能采纳 AI 的结果（敬业增强）或不采纳 AI 的结果（不参与增强）。

（5）工作绩效/合作。

当员工那些被认为是提升绩效的重要特征与智能机器相互碰撞时，又会对员工行为产生什么影响？Tang 等（2020）研究发现，智能机器使用会通过影响角色宽度自我效能感来影响员工工作绩效；Allen 和 Choudhury（2022）则证实，算法增强的绩效将首先随着员工领域经验的增加而上升，然后下降，即只有具有中等领域经验的员工使用算法比手动解决票据表现得更好。此外，尽管经验丰富的员工有最大的能力补充算法工具，但他们拒绝了算法建议，因为他们觉得接受算法建议可能会产生意想不到的后果并负有更大的责任。

Tong 等（2021）研究发现，反馈主体的不同会对工作绩效产生不同影响。一方面，通过 AI 反馈质量的中介作用正向影响员工工作绩效（12.9%），因为强大的 AI 数据分析可以提高反馈的质量，提高员工生产力（部署效应）（deployment）；另一方面，通过员工较低的信任和较高工作替代风险感知的中介作用负向影响工作绩效（5.4%），因为员工对 AI 反馈缺乏信任，担心被其取代，从而损害他们的生产力（披露效应）（disclosure）。

（6）离职意愿/敬业度。

有研究指出，企业 AI 的使用也会增加员工的离职意愿。例如，Verma 和 Singh（2022）发现，AI 支持的任务特征（工作自主性和技能多样性）和知识特征（工作复杂性、专业化和信息加工）会正向影响员工的创新行为，且当感知替代危机越高时，上述关系越显著。此外，员工的智能机器意识（如我认为我的工作有向自动化屈服的高风险，将被 AI 取代）（Li，Bonn and Ye，2019；Brougham and Haar，2018）、对 AI 操作和认知能力的感知（Chiu，Zhu and Corbett，2021）、AI 带来的工作不安全感（Koo，Curtis and Ryan，2021）均与员工离职倾向显著相关，且这些关系分别会以对 AI 的情感和认知态度（Chiu et al.，2021）、工作投入（Koo，Curtis and Ryan，2021）为中介来传递，而当员工有较高的组织支持和较低的竞争心理氛围感知时，员工的智能机器意识对其离职意愿的影响较弱（Li，Bonn and Ye，2019）。Prentice 等（2020）则发现，AI 会正向调节情绪智力与员工绩效和留任之间的关系，即当人机进行合作时，员工的绩效和留任率最高。

（7）组织支持/公平感。

在面对算法进行决策时，员工既会因其更加客观性提升他们的感知公平感（Schlicker et al.，2021），也会因其更加非人性化而降低他们的公平感（Lee，2018；Newman，Fast and Harmon，2020），所以算法决策对员工公平感的影响结论并不一致（蒋路远等，2022）。例如，Höddinghaus 等（2021）发现，被试认为自动化领导者在诚信和透明度方面比人类领导者更高，而人类领导者则被认为更有适应能力和更仁慈，且被试对人类领导者感知到的可信度会促进其对他们的信任。

（8）对 AI 的信任/态度。

Glikson 和 Woolley（2020）基于文献回顾确定了 AI 表征（机器人、虚拟、嵌入式）和 AI 的机器智能水平（其能力）是信任的重要前提。对于机器人 AI，信任轨迹类似人际关系中的信任发展——它从低水平开始，随着直接的实践体验而增加。然而，对于虚拟和嵌入式 AI，高初始信任度由于经验而下降，即机器智能的水平可以缓和信任的发展，高水平的机器智能会由于经验而导致更低的信任。对于机器人 AI 来说，高水平的机器智能通常会导致高水平信任的快速发展，这可以是弹性的，即使是在低可靠性的情况下。对于虚拟和嵌入式 AI，高机器智能提供了维持最初的高水平信任（通过满足高期望）或最大限度地减少信任的可能性。

（9）职业角色身份。

Strich 等（2021）以银行为案例，比较了在使用 AI 系统前后，对员工工作、职业角色身份的影响。结果显示，尽管员工无法直接与 AI 系统互动，但员工可以通过责任转移、保证、咨询的说明机制来加强保护自己的职业角色身份。

2. 影响因素

(1) 影响个体产出的因素。

①非人性化/AI 拟人化。

Yam 等 (2021) 发现, "非人性化"的类人机器人 (剥夺机器人明显的感觉能力) 可以显著减少"恐怖谷"现象 (即一种人们对类人机器人的情感反应。最初机器与人类相似时, 人类会产生积极情绪, 但是当机器人有超越人类的相似点时, 人类则会产生不安全感, 并减少与类机器人的互动), 个体对机器感知情感能力降低, 怪异感就会降低。

Li 等 (2019) 研究发现, AI 拟人化倾向 (anthropomorphism, 一种普遍的思维方式, 是指将人类特征、情感和意图归因于非人类实体的倾向) 的参与者对 AI 助手有积极作用。由于机器人被认为比人类更缺乏头脑 (Grayetal, 2007), 拟人化机器人和 AI 使它们看起来更像人的思维, 人与拟人化机器人互动会更多, 会对人类产生积极影响。Glikson 和 Woolley (2020) 指出, 智能机器的拟人化特征 (anthropomorphism) 会让员工产生较高的情感信任。例如, Hu 和 Lu (2020) 发现, 一旦 AI 的语言理解能力被认为很差, 将 AI 的声音人性化处理会降低个体对其能力相关的信任。

②AI 反馈。

越来越多的公司使用 AI 来向员工提供绩效反馈, 通过跟踪员工在工作中的行为来进行自动化绩效评估, 并提出工作改进建议。然而, AI 的这种应用却引发了很多争论。一方面, 强大的 AI 数据分析提高了反馈的质量, 这可能会提高员工的生产力 (部署效应)。另一方面, 一旦 AI 反馈被披露, 员工可能会对其产生负面看法, 从而损害他们的生产力 (披露效应) (Tong et al., 2021)。该研究证明了 AI 能显著提高信息收集的准确性, AI 的这些优势有助于提升员工的工作表现, 从而为公司创造价值; 同时, 由于员工对 AI 部署的负面看法, 会导致员工披露使用 AI 的负面信息。因此, 为了减轻对价值造成破坏的披露效应,建议公司更积极主动地与员工就 AI 应用的目标、利益和范围进行沟通，以减轻他们的担忧。

③决策主体（算法决策/人工决策）。

魏昕等（2021）研究发现，算法决策会通过影响员工的公平感进而影响员工的组织偏差行为和社会偏差行为，同时，算法决策与人工决策也存在一些差异，人工决策在处理一些不可以被算法量化的质化信息或者主观判断能力时具有优势，可以对员工公平感产生积极作用。同时，由于人工决策具有主观性和一定偏差，不可避免地会让员工感受到不公平感，相比之下，员工可能会更信任算法决策。Schlicker 等（2021）发现，人工决策会加强人类对信息公正的感知能力，如果决策不能被解释，人类就会质疑人工决策的公平性，在程序公正方面，自动化代理被认为更客观，而人类代理则仅被认为在决策中会提供更多的发言权。Bankins 等（2022）发现，当 AI 进行积极决策而非消极决策时，人类的信任和互动公平感会增加。裴嘉良等（2021）证实，领导（人工）决策比算法决策会使员工感知到更高的信息透明度，产生更高的程序公平感。Lee（2018）发现在不同任务环境下，算法决策和人工决策引起的情绪不同，在机器技能任务环境下，个体对算法决策和人工决策感知到的公平感与信任感相同；但相同感知的原因是不同的，人工决策更加侧重管理权威，而算法决策更加注重效率和客观性。

④自动化技术知觉。

Lingmont 和 Alexiou（2020）实证分析了 STARA 意识（工作自动化技术意识：智能技术、AI 机器人和算法）对预期面临高度自动化的行业员工的工作不安全感的偶然效应。该研究结果表明，工作自动化技术意识与感知到的工作不安全感之间存在正相关关系，此外，当组织拥有较低的权威文化，工作自动化技术意识与感知到的工作不安全感之间的关系就会减弱。Brougham 和 Haar（2020）研究指出，员工的工作自动化技术意识会影响他们对工作不安全感的看法，即如果员工认为他们的工作可能受到技术的威胁，他们可能会离开其工作/组织。同时，工作流动性（寻找新工作的能力）也会对离职意愿产生影响，一般拥有更多工作选择的人可能会更有针对性地做出反应，以应对激进技术变革带来的工作威胁。

⑤AI 引发的岗位技能要求。

朱晓妹等（2021）认为在 AI 场景下，对岗位技能要求更高时，复杂、繁重的工作就会被 AI 代替，员工可以获得更高水平的工作技能，进而提高员工工作的积极性。研究结果显示，AI 引发的岗位技能要求可以提升员工的胜任感，并且当智能机器与员工高度配合工作时，员工本身的技能要求会改变员工的心理状态，体会到更强的胜任感，工作积极性也会提高。

（2）影响人机合作的因素。

①员工特征。

Logg 等（2019）发现，当员工认为建议来自算法而不是人的时候，他们会更坚持接受算法建议，即算法欣赏（algorithm appreciation）。然而，当人们在算法的估计和他们自己的估计之间进行选择时，他们的算法欣赏能力会下降，且与那些非专业人士相比，定期进行预测的人会更少地依赖算法建议，因为其损害了他们的准确性判断。

②智能机器特征。

Ghazali 等（2018）检验了计算机（屏幕）、具有最少社会线索的社会机器人（带有语音输出和眨眼的类人脸）和具有增强社会线索的社会机器人（带有头部运动的类人脸、面部表情、语音输出的情感语调）分别表达说服能力时个体的抗拒和依从反应，并发现当社交机器人呈现越多的社交线索时，个体抗拒行为等级越高。然而，有研究却发现，当机器人的非语言行为（触摸和微笑）越高时，个体的心理距离越低，依从性和合作意愿越高。Parvez 等（2022）发现，机器人的有用性和易用性会提升员工使用它们的行为意向，机器人的优点和缺点会激发员工对机器人的意识，从而促进人机协作。Ciardo 等（2022）证实当个体与机器人互动时，与机械故障相比（重复循环来回点击），当错误与人类类似时（记忆错误），参与者绩效变动不大；反之，当个体与算法互动时，结果正好相反。此外，只有当伴侣是机器人时，参与者对它们的社会包容才会受到与人相似特征的影响。

③智能机器的解释水平。

Kim 和 Duhachek（2020）发现，当来自 AI 的说服性信息具有低解释水平（具体的、表面的）而不是高解释水平（抽象的、本质的）的特征时，人们会感觉到更合适、匹配，说服力更强。改变 AI 的感知特征会减弱甚至逆转人们对其低解释水平的感知，即当 AI 具有学习能力时，其可以通过经验进行学习，从而削弱人们对 AI 解释水平的感知，进而导致低解释水平信息描述的说服效果减弱，高解释水平信息描述的说服效果提升。

④人机伙伴关系。

De Cremer 和 Mcguire（2022）发现当自主算法主导决策时，人类认为与自主算法合作是不公平的，甚至会导致财务成本高。然而，人类并不想完全排除算法，但似乎更喜欢 40% ~60% 的人类 - 算法伙伴关系。Haesevoets 等（2021）发现，在人与 AI 进行决策过程中，机器决策的接受率稳步上升，直到在管理决策中，人类占 70% 左右，机器占 30% 左右。在这一点之后，曲线变平，意味着更多的人类参与不再增加接受度。换言之，人类管理者并不希望将机器完全排除在管理决策外，而是更喜欢由人类拥有多数投票权的伙伴关系。

此外，Jussupow 等（2021）研究考察了人类与 AI 一起合作时人类的决策过程。他们基于出声思维报告[①]、访谈和问卷调查的定性数据，得出了五种决策模式，并开发了一个带有 AI 建议的医疗诊断决策增强

① 出声思维报告（think - aloud protocols），是心理学中研究个人思维活动的一种方法。研究者要求被试在解决问题或推理实验时，尽可能地说出思考逻辑过程，并用录像（音）机进行记录，将话语转为书面文本，用于进一步分析。

过程模型。该研究发现，在评估 AI 建议时，医生使用二级认知过程（元认知）来监控他们的推理，这些元认知决定了医生能否充分利用 AI。具体来说，错误的诊断决策往往是由于决策者自身推理（自我监控）的元认知和基于 AI 系统（系统监控）的元认知利用不足造成的。因此，医生们倾向基于信念而不是实际数据做出决定。

3. 中介机制

（1）公平感知。

Newman 等（2020）研究发现，员工公平感知在算法决策和个体组织承诺之间起到中介作用，算法决策通过公平感知的中介作用会对个体组织承诺产生消极影响。

（2）胜任需求。

朱晓妹等（2021）研究发现，胜任需求会在岗位技能要求和员工工作旺盛度之间起到中介作用。当企业引进 AI 技术时，员工为了适应岗位技能要求，会不断地进行探索学习，不断适应外部环境以及工作本身的变化。当员工通过自身学习体验到了新技能的挑战以及成就时，员工的胜任感就会增强，在工作中就会更加集中注意力来解决问题，此外，乐观积极的心态也可以让员工为工作投入更多的时间、精力，进而提高工作旺盛感。

（3）工作和技能要求。

朱晓妹等（2020）研究发现，工作要求和技能要求会在 AI 技术应用与员工情绪之间起到中介作用，AI 技术的快速发展会由于工作要求和技能要求的提高而使员工产生消极情绪，但同时，企业的工作和技能要求提高，员工会为了胜任工作而不断学习，提升自己的工作技能，从而提高工作胜任感。Lee（2018）研究发现，不同工作技能要求（机器/人类）会影响决策主体与员工公平性、信任和情感反应之间的关系。当采用机器技能时，算法决策和人工决策对于员工的公平公正感知相同，会产生类似情绪。

（4）角色宽度自我效能。

Tang 等（2020）发现，角色宽度自我效能（role breadth self – efficacy）在使用智能机器和任务表现之间起到中介作用。角色宽度自我效能感反映了对员工在工作场所“承担更多的职责”的能力的信心（Parker，1998），这种在组织中执行扩展角色的信心超出了对执行规定角色的基本要求的信心。智能机器可以通过自动承担与员工角色相关的日常任务来减轻员工负担，提高员工重视所提供的资源和信息的可能性。在这种状态下，员工觉得他们可以承担主要职责，从而提高任务表现力。

（5）工作替代风险感知。

陈文晶等（2022）研究发现，在 AI 时代工作替代风险会影响员工不安全感与员工职业发展能力之间的关系。工作替代风险可以反映出一个职业的发展前景，会影响个人对于工作和所处行业的理解与认知，工作替代风险在一定程度上会影响员工自身不安全感，进而影响员工自身发展能力。工作替代风险感知可以使员工在产生不安全感时提前为外部挑战做好准备，在面对技术变革的外部环境中可以产生自我成长的动力，通过提升职业发展能力来适应外部环境的变化。

（6）心理距离。

Li 和 Sung（2021）研究发现，心理距离（某事或某人接近自我或远离自我，此时此地的主观体验）会在 AI 拟人化与 AI 助手评价之间起到中介作用。先前的研究表明，人们更愿意帮助与社会关系密切的人（Rachlin and Jones，2008），他们更喜欢内群体而不是外群体（Brewer，1979）。此外，消费者还被发现与那些似乎具有群体内成员特征的品牌形成了更强的自我品牌联系（Escalas and Bettman，2005）。如果人们彼此之间居住的距离很近，那么不同种族和年龄的人之间就会建立起友谊。如果人们普遍对心理封闭的态度积极，那么心理距离的减少可能是拟人化对 AI 互动积极影响的一个潜在机制。因此，人们通常会对拟人化的 AI 助手有积极的态度，因为他们之间的心理距离减少了。

（7）AI 反馈质量。

Tong 等（2021）研究发现，人工反馈质量在 AI 数据分析和员工生产力之间起到中介作用。AI 可以通过更准确地处理每个员工的独特情况和在工作中面临的挑战，从而为每个员工提供有效反馈，这种反馈可以更准确地捕捉到员工的独特差异，更有可能被员工接受和学习。即与人类管理者建议相比，员工从 AI 产生的建议中学到的东西更多，反馈质量更高，相关性更好；然而，对于任务结构良好的工作，向员工披露绩效反馈是由 AI 提供时，会对员工的工作绩效产生负面影响。此外，员工对于 AI 反馈质量的信任也会影响员工学习，进而影响员工绩效。

（8）对 AI 的信任。

Glikson（2021）研究发现，对于机器人 AI，信任轨迹类似人际关系中的信任发展——它从低水平开始，随着直接的实践体验而增加。机器智能的水平可以缓和信任的发展，高水平的机器智能会由于经验而导致更高的信任。对于机器人 AI 来说，高水平的机器智能通常会导致高水平信任的快速发展；对于虚拟和嵌入式 AI 来说，高机器智能提供了维持最初的高水平信任（通过满足高期望）或最大限度地减少信任的可能性。员工对于 AI 的信任会影响员工与 AI 合作的期望，进一步影响员工感知到的公平感以及安全感。

4. 调节机制

（1）决策特征（解释程度、有利性、效价）。

Schlicker 等（2021）发现，决策解释程度会影响算法决策与员工不公平感知之间的关系。当决策主体是人类时，被试者对人际公正的感知更强；没有解释只会降低人类对信息公正的感知，而不会影响自动化代理的作用效果。此外，在程序公正方面，自动化代理被认为更客观，而人类代理则仅被认为在决策中会有更多的发言权。魏昕等（2021）证实，决策有利/不利于员工会调节决策者类型对员工的整体公平感以及组织和社会偏差行为的作用效果。当决策不利于员工时，算法决策比领导决策会有更高的整体公平感，进而减少其偏差行为；当决策有利于员工时，决策者类型对员工整体公平感及偏差行为的影响没有显著差异。Bankins（2022）发现，决策效价会影响决策主体与员工信任感知和互动公平之间的关系，当 AI 做出决策时，人们更缺乏信任和人性化感知，体验到的互动公平感也更少。然而，当 AI 做出积极决策（与做出消极决策的 AI 或人类相比）时，人们会获得更高信任感，体验到更多的互动公平感。

（2）包容氛围。

裴嘉良等（2021）证实，算法决策比领导决策会使员工感知到更低的信息透明度，进而导致更低的程序公平感，且当员工感知到较低的包容氛围时，算法决策对程序公平感知的负面影响更加明显；当员工感知到较高的包容氛围时，不同决策主体对员工程序公平感的影响没有显著差异。

（3）任务特征。

Lee（2018）发现，任务特征会影响决策主体与员工公平性、信任和情感反应之间的关系。在需要机械技能的任务中，个体对算法决策和人工决策感知到的公平感与信任感相同，且两种决策引起的情绪类似。但感知相同的原因是不同的，在人工决策中，参与者将公平和信任归因于管理权威；在算法决策中，算法的公平与可信归因于他们感知的效率和客观性。在需要人类技能的任务中，算法决策的可信度和公平性低于人工决策，且会引起更多的消极情绪，因为其缺乏人类的直觉，无法识别好的员工或评估员工的表现，只测量可量化的指标，不能评估社会互动或处理异常。

（4）人机关系。

Newman 等（2020）发现，算法与人类的伙伴关系（algorithm – human partnership）会影响决策主体与员工公平感知和组织承诺之间的关系，与人类决策相比，个体会认为算法驱动的决策更不公平，且算法的简化感知（reductionistic）（如量化和去语境化）会中介算法决策对个体感知公平的影响。此外，与人类决策相比，算法决策将会通过公平感知的中介作用导致个体的组织承诺较低；最后，算法决策对个体感知公平的负面影响将被算法与人类的伙伴关系所缓解，但只有当人类（而不是算法）是默认的决策者时才会如此。

（5）组织权威文化。

Gupta 等（2021）探讨了员工对算法决策的公平感知的影响因素，并发现那些拥有集体主义、男性化和不确定性规避相关的国家文化价值观的人更有可能质疑 AI 的建议，或强调不平等医疗结果反而会增加人们对算法决策的偏好（Bigman et al.，2021）。Ötting 和 Maier（2018）则考察了决策主体的调节作用，并认为当决策主体是人类团队领导者时，程序公正对员工行为和态度的影响最强；当决策主体是类人机器人时，这种关系居中；当代理是一个计算机系统时，影响是最弱的。然而，该结果仅验证了程序公正对员工行为和态度的积极影响，并未验证上述交互作用。

（6）算法拟人化/个体拟人化。

当员工感知到算法带来的不公平时，可能还会诱发其产生道德惩罚欲。许丽颖等（2022）比较了不同类型歧视情境下人们对算法歧视和人类歧视的道德惩罚欲，并探讨了潜在的作用机制和边界条件。结果显示，相对于人类歧视，人们对算法歧视的道德惩罚欲更少，因为人们认为相比于人类，算法更缺乏自由意志。此外，当个体的拟人化倾向越强或者算法越拟人化时，人们对算法的道德惩罚欲越强。

（7）员工尽责性。

Tang 等（2020）发现，员工尽责性会调节智能机器使用与其角色宽度自我效能感之间的关系，当尽责性越低时，两者之间的关系越积极，从而会正向影响工作绩效；员工尽责性会调节智能机器使用与员工角色模糊性之间的关系，当尽责性越高时，两者之间的关系越积极，从而能会负向影响工作绩效。

（8）员工任职时间。

Tong 等（2021）考察了员工任职时间对反馈主体与工作绩效之间关系的影响。员工会因为不信任 AI 反馈，担心被其取代，从而损害他们的生产力（披露效应），员工任职时间可以减弱这种不利的披露效应，员工任职时间越长，越相信 AI 反馈，从而能提高生产力。

（二）群体行为

1. 从众

从众（conformity）是指成员希望自己的行为与群体保持一致的倾向。当员工与智能机器一起工作时，其行为决策是否会受到影响，从而诱发从众行为结论并不一致（Qin et al.，2021）。例如，Vollmer 等（2018）发现，在一群机器人的情境中（人－机混合群体中机器人为多数派），儿童会受到社交机器人（social robots）的影响产生从众行为，但成年人则不会。相反，Qin 等（2022）则证实在某些情境中（人－机混合群体中机器人为少数派）成年人也会受到机器人影响产生从众行为。在机器人作为少数派的情境中，当机器人提供明显错误的答案时，成年参与者的回答准确率比控制组（独自作答）的参与者低 12%，即机器人也能引发成年人的从众行为。另外，在有机器人同伴的条件下，成年参与者的回答准确率与在全部人类同伴条件下的参与者近似，说明一名机器人引起的从众效应与一名人类同伴相当。因为“相比于机器人为少数派的情境，当一个人与一群机器人互动时，个体可能对机器人的敏感性更高，这会在一定程度上减少从众的压力”。此外，Qin 等（2022）发现当群体中存在人类或机器人异议者（dissenters）时，群体中的从众效应均能得到有效减弱，但后者减弱从众的效应稍次于前者。

当员工与 AI 一起工作时，受到其影响究竟会变得更加自主还是更像“半机器人”（borgs）呢？Fügener 等（2021）分析了来自 AI 的建议如何影响人类和 AI 之间的互补性（人类拥有而人工智能缺乏的“独特的人类知识”）。研究发现，人类选择的相似性会提高个体的准确性。然而，随着人类群体的整体、个体准确性的提高，个体独特的人类知识也会下降。该研究指出，基于 AI 建议决策的人类失去其独特知识（互补性），可能对长期的决策表现、持续改进和创新极其不利。当人类通过失去自己的独特知识而失去这种互补性时，每个人的决定就会开始模仿其他人类和 AI 的决定。因此，人类的行为开始变得更像机器或半机器人。此外，该研究基于实验数据，还发现这种人与 AI 合作对“群众智慧”的有害影响，即与没有 AI 帮助的人类群体相比，与 AI 互动的人类群体的效率要低得多。

2. 群体偏见/排斥

以往一些研究表明，机器人会导致更多的群体偏见，因为它会增加群体之间对资源的竞争。但 Jackson 等（2020）认为，机器人也可以通过强调人类之间的共性（commonalities）来减少群体偏见，因为随着机器人员工的增加，群体间差异（种族和宗教差异）似乎不那么重要，反而会促进对人类共同身份的感知（泛人文主义）（panhumanism）。该研究发现，员工对机器人使用的担忧会减少对人类外群体的担忧，机器人劳动力会减少员工对外群体的偏见，使人们更愿意接受外群体成员作为领导者和家庭成员，并促使内群体和外群体之间的工资平等，且这一效应会通过泛人文主义的中介作用来传递，表明员工对一个共同的人类群体感知可以在很大程度上减少人类群体偏见。

Nash 等（2018）考察了机器人对人类员工的排斥及其带来的影响。在与真人大小的机器人玩游戏后，机器人告诉参与者希望再次见到他们（接受）、不希望再次见到他们（拒绝），或者对未来的互动没有任何告知（控制）。该结果表明，与没有收到反馈和被社会接受相比，被机器人拒绝会显著降低自尊（后两者并没有区别）。然而，被机器人拒绝对日常生活中使用机器人的消极态度和反对没有影响。

3. 团队绩效

Fügener 等（2021）发现，人类和 AI 合作时的绩效高于单独由人类或者单独由 AI 组成的团队。然而，只有当 AI 将工作委托给人类时，整体绩效才会提高；而当人类将工作委托给 AI 时则不会。即使将任务委派给表现较差的对象，AI 的委派绩效也有所提高；相比之下，人类不能很好地委派任务，也不能从委派给 AI 任务中受益。然而，由于缺乏元知识，人类的绩效受到了影响，即人类不能正确地评估自己的能力，这反过来导致糟糕的委托决策以及较低的合作绩效。与不愿使用 AI 相比，缺乏元知识是一种无意识的特征，从根本上限制了人类决策者与 AI 和其他算法合作的能力。

（三）个体－组织匹配

Braganza 等（2021）考察了 AI 对员工心理契约与敬业度和信任的影响。该结果显示，心理契约会正向影响员工工作投入和信任，但随着 AI 的采用，心理契约对两者的积极影响大幅下降。Tomprou 和 Lee（2022）探究了组织代理主体（算法 vs. 人）如何影响个体的心理契约，以及组织提供诱因类型（交易和关系）的调节作用。该研究在两个雇佣阶段调查了员工的心理契约，一是早期阶段（如招募和入职阶段），该阶段代理人会向雇员解释组织提供的诱因；二是雇佣阶段，该阶段代理人可能未按承诺兑现为员工提供诱因。该结果表明，在招募阶段和低诱因提供情况下，代理类型不会影响员工交易型心理契约，但会影响关系型心理契约；在雇佣阶段，相比于人类，使用算法代理意味着雇主对员工关系诱因的较低承诺。当组织提供的关系诱因较低时，使用人类代理会给员工带来更大的心理契约违背。最后，不论是哪种类型的诱因，与算法代理相比，当人类提供较低的诱因时，员工的离职意愿都比较高。

三、未来研究方向

近五年智能机器技术的发展给企业带来了重大变化，组织行为方面的实证研究不断涌现，然而并没有关于智能机器背景下针对组织行为领域的文献综述。通过对上述五年文献进行梳理可以看出，已有研究还是更多聚焦于技术或一种工具变量，来剖析其对组织行为的影响，但是对于技术设计在智能机器背景下提高组织效率方面的研究较少。在组织行为方面，尤其是个体和群体行为，在虚拟办公、领导者与机器人的领导力关系等情景下组织中人的行为发生了很大转变；在技术工具方面，拟人化、算法控制优化、人机合作策略等新型工具的出现也是智能机器背景下的重大变化。事实上，人的心理和行为与智能化工具应该糅合为一体，共同完成任务。为此，要想提高组织效率，提升员工工作的满意度，就要对人和智能机器进行双向构建，使人机协同、人机和谐，促进人和智能机器的协同发展。本文从以下五个方面提出了未来可以继续拓展的研究方向。

（一）数字化程度分析

以往文献虽然涵盖了智能化背景下的组织行为研究现状，但这些研究有的是以智能化为背景，探讨了传统组织行为是否会有变化；有的则考察了这些智能化技术本身对组织行为的影响；还有的将技术纳入了研究设计中，以观察组织行为在智能机器背景下如何改变。根据 Landers 和 Marin（2021）提出的技术在组织心理/组织行为领域的应用进程的四种范式，包括技术作为情景（technology – as – context）、技术作为因果（technology – as – causal）、技术作为工具（technology – as – instrumental）和技术作为设计（technology – as – designed），如表 1 所示，本文又进一步将收集的 54 篇文献进行了数字化程度分析，以更好地了解不同智能机器背景下技术在组织行为研究中的应用程度，如表2所示。

表1 技术在组织心理/组织行为领域的应用进程的四种范式

范式	定义	操作化
技术作为情景	技术被认为只是一种更有意义的理论的背景。其通常是单一的，仅存在于研究者的背景中	尽管技术与被建模的人类工作场所过程直接相关，但研究人员可能认为技术是一个理论的背景，与具体的发展模型不相关
技术作为因果	许多具体的技术被视为一个概念群（如计算机），并被视为对其他更重要的变量的一种单一的外部因果力量。一般不考虑或以有限的方式考虑技术的特定特性	既包括将复杂技术与对照组进行比较的实验研究（如比较基于网络的和传统培训的结果），也包括将技术视为单一和外来的相关研究（如将“远程团队”视为一个变量）
技术作为工具	许多具体的技术被认为是一个概念组（如计算机），但不同用户类型可能影响该技术的有效性或采用，和/或该技术的心理影响网络比单一的、简单的因果效应更复杂	包括将技术概念化并视为单一和外部性的研究，但考虑①通过其他心理变量（作为中介的原因，如远程团队影响团队凝聚力，从而影响团队绩效）；②其对其他利益关系的影响（作为调节变量，如远程团队减少了变革型领导和绩效之间的关系），和/或③用户特征的调节（如当用户对计算机有更多的经验时，远程团队对团队绩效的负面影响较弱）
技术作为设计	考虑技术的具体设计特征、用户、预期用户，以及随着技术的重新设计和再开发，其中每一个在未来可能会发生变化。随着时间的推移，人力和技术过程通常会周期性地交织在一起，两者互为因果	将技术视为个人设计选择的集合和操作化，每个都有自己的潜在影响、调节变量、中介变量（如什么电子通信媒介的特定特征会如何影响人们使用该媒介的方式，以及这些影响会反过来影响个体绩效吗？）

资料来源：Landers和Marin（2021）。

表2 组织行为智能技术应用程度分析

主题	技术范式			
	技术作为情景	技术作为因果	技术作为工具	技术作为设计
智能技术（54篇）	5篇	2篇，哪些因素会影响员工对AI的态度或行为	32篇，如AI、算法、机器人等	15篇，智能机器特征如拟人化、人机合作策略、职业身份认同等

其中，技术作为工具是考察在智能化背景下其对组织行为的影响最多的一种范式，即智能机器中的 AI、算法、机器人等会影响组织行为。技术作为设计也可以更好地考察组织对人的行为影响，而技术作为情景和技术作为因果的应用则较少。

（二）人机合作悖论

由于员工与智能机器一起工作时，既会让其感觉到不安全（Yam，Bigman and Gray，2021；陈文晶等，2022）和不公平（Schlicker et al.，2021，裴嘉良等，2021；魏昕、黄鸣鹏、李欣悦，2021），并且对新事物和新技术产生抗拒等负面情绪（谢小云等，2021），但同时也会让其充满活力和动力而主动工作（朱晓妹、王森、何勤，2021），那么，管理者在运用智能机器时，应该注意使用的适度性，要让员工主动地接受。正如 Raisch 和 Krakowski（2021）指出的，智能机器在管理中的运用往往存在着自动化（automation）-增强（augmentation）悖论，自动化是指机器接管人工任务，增强则强调人类与机器密切合作来执行任务。一方面，如果管理者选择自动化，人类将任务移交给机器，而很少或不需要进一步参与，其目的是将人类排除在外，以允许更全面、理性和高效地处理；另一方面，增强意味着人与机器之间持续的密切互动。这种方法允许将机器的能力与人类的独特能力相补充，如他们的直觉和常识推理。此外，由于员工本身的特征可能会与智能机器重叠或相矛盾，如尽责性（Tang et al.，2021）、领域经验（Allen and Choudhury，2022）等被看作员工最突出的特征，但随着 AI、机器人和算法进入员工的工作，不像传统的技术，这些新机器配备了决策自主能力，会与员工的这些特征产生重叠，那么员工在使用智能机器的过程中又会对其产生什么影响呢？为此，如何处理好自动化-增强悖论，使其既能提升组织效率，又能让员工感知到自身更高的价值，是未来管理者需要进一步思考的问题。

（三）群体行为

在智能机器情境下的 OB 研究，以个体行为为主，而较少关注群体行为，但群体行为可能会表现在不同的地方。例如，在虚拟办公情景下，与面对面群体相比，群体过程发展的时间更长，非正式交流被忽视（Blanchard，2021）。那么，群体的心理与行为又会发生哪些变化，如何培养更高效的工作群体，未来研究可以继续深入探讨。此外，如何更好地做到人机互动，将智能技术引入团队中来提升团队效率也是未来值得思考的地方。Larson 和 Dechurch（2020）提出了四种团队管理技术视角，分别为①技术作为团队情境，强调技术特性决定了重要方面领导的情况；②技术作为社会物质的团队实践，强调技术的物质特征与行为意图共同创建领导和合作的场所团队；③技术作为创造媒介，强调数字工具和平台使领导过程得以实施；④技术作为团队成员，强调领导者需要促进人与合成的团队成员之间的关系。未来研究可以分别针对不同情景对群体行为进行研究。

（四）领导行为

同样地，关于智能机器背景下领导力的研究相对较少。不同领导者代理和领导对象之间的领导力，领导者－员工关系可能会体现为人领导机器人（human - robot）和机器人领导人（robot - human）这两种情况（Tsai et al.，2022）。其中，前者主要关注人类作为一个领导者如何领导机器人实现任务和一个机器人如何作为一个追随者检测/识别一个人的行为与教学输入（如信号检测和机器学习）。在此情境下，不但要关注智能化技术给员工带来的环境变化，同时也要关注员工对新技术的态度和应对策略，未来可以观察在智能机器背景下员工招聘、绩效评估以及离职等方面员工的反应，如是采纳还是抗拒，从而探究员工对于智能技术的公平感和认同感；后者则主要关注作为领导者的机器人如何向人类发送任务指令，以及作为追随者的人类如何感知和响应机器人的指令教学投入。因此，当人类是一个追随者时，人类的心理机制可以在人对机器人的感知和理解中发挥很大的作用。

由于员工对决策理解存在差异，易引起他们内心不满的焦虑情绪，也会引起管理者之间的冲突，那么对于 AI 所安排的岗位和工作的变化将会遭到员工的抵触，从而影响企业变革的效率。在这种情况下，如何减少人类员工对机器人领导者的抗拒并增加两者之间的沟通效率变得更加重要。Gloor 等（2020）指出，当机器成为领导者之后，可能既会减少偏差，又会带来被操作感。未来研究可以考虑当 AI 领导具有什么样的特征以及应该如何与员工进行互动时，其领导效率才会更高？另外，正如上文所述，已有智能化背景下的 OB 研究更多的是以技术为背景，来探讨传统领导行为的作用效果，而较少地关注领导行为在该背景下内涵的变化。未来研究可以进一步围绕数智化背景，来探究对传统行为内涵的影响。

（五）伦理法律问题

企业在进行智能化变革的过程中应该注意在既能保证提升组织行为效度的同时，又能保证其温度，并把握好尺度，这也是未来研究应进一步思考的地方（郑磊，2021）。AI 技术下的人才应用会对员工的情绪产生影响，进而导致员工的行为异常，有可能会导致人的“物化”，甚至“奴化”（罗文豪等，2022）。智能机器背景下太过科学化管理，如果缺乏了伦理考量，就会让员工感到压力和失去尊严。当 AI 收集数据进行整理分析时，员工个人的隐私是否会受到侵犯？应该如何进行保护？汤晓莹（2021）提出从数据主体赋权、开发行为规范、外部监督、劳资共治四个方面对员工隐私进行法律保护，而对于法律具有一定滞后性，员工个人隐私的泄露可能会影响其个人情绪和行为，从而会对企业中员工的人际关系造成不利影响。因此，企业在智能机器背景时代进行管理的过程中，必须在保证管理科学性和艺术性的同时，关注其伦理和法律层面的问题。

总之，在组织进行智能化转型的过程中，管理者在使用技术工具的过程中不应该仅仅狭隘地关注控制人工成本，或者如何让技术来替代员工或控制员工，还应该关注员工的感受。本文的研究也更加关注在智能机器背景下，如何利用高新技术来为员工工作提供便利，建构人与智能机器共用演化、协同成长的生态系统，来提升员工工作的幸福感。

参考文献

[1]徐鹏,徐向艺. 人工智能时代企业管理变革的逻辑与分析框架[J]. 管理世界,2020,36(1):122-129+238.

[2]罗文豪,霍伟伟,赵宜萱,等. 人工智能驱动的组织与人力资源管理变革:实践洞察与研究方向[J]. 中国人力资源开发,2022,39(1):4-16.

[3]蒋路远,曹李梅,秦昕,等. 人工智能决策的公平感知[J/OL]. 心理科学进展,2022,DOI:http://kns.cnki.net/kcms/detail/11.4766.R.20220323.1718.002.html.

[4]谢小云,左玉涵,胡琼晶. 数字化时代的人力资源管理:基于人与技术交互的视角[J]. 管理世界,2021,37(1):200-216+13.

[5]陈文晶,康彩璐,杨玥,等. 人工智能潜在替代风险与员工职业能力发展:基于员工不安全感视角[J]. 中国人力资源开发,2022,39(1):84-97.

[6]唐小飞,孙炳,张恩忠,等. 类人智能机器人社会价值替代与风险态度研究[J]. 南开管理评论,2021,24(6):4-15.

[7]魏昕,黄鸣鹏,李欣悦. 算法决策、员工公平感与偏差行为:决策有利性的调节作用[J]. 外国经济与管理,2021,43(11):56-69.

[8]裴嘉良,刘善仕,钟楚燕,等. AI算法决策能提高员工的程序公平感知吗?[J]. 外国经济与管理,2021,43(11):41-55.

[9]许丽颖，喻丰，彭凯平，等. 算法歧视比人类歧视引起更少道德惩

罚欲[J]. 心理学报, 2022, 54(9): 1 –17.

[10]朱晓妹,王森,何勤. 人工智能嵌入视域下岗位技能要求对员工工作旺盛感的影响研究[J]. 外国经济与管理,2021,43(11):15 –25.

[11]许丽颖,喻丰,彭凯平. 智慧时代的螺丝钉:机器人凸显对职场物化的影响[J/OL]. 心理科学进展,2022, DOI: https://doi.org/10.3724/SP.J.1042.2022.001.

[12]朱晓妹,任晶晶,何勤. 人工智能技术应用会引发员工的消极情绪吗?——基于资源保存理论的视角[J]. 中国临床心理学杂志,2020,28(6):1285 –1288.

[13]郝旭光,张嘉祺,雷卓群,等. 平台型领导:多维度结构、测量与创新行为影响验证[J]. 管理世界,2021,37(1):186 –199 +216 +12.

[14]辛杰,孔茗,谢荣贝. 平台型领导:概念、维度与测量[J]. 科学学研究,2020,38(8):1481 –1488.

[15]郑磊. 数字治理的效度、温度和尺度[J]. 治理研究,2021,37(2):5 –16 +2.

[16]张敏, 赵宜萱. 机器学习在人力资源管理领域中的应用研究[J/OL]. 中国人力资源开发, 2022,DOI:http://10.16471/j.cnki.11 –2822/c.2022.1.005.

[17]罗文豪, 霍伟伟, 赵宜萱, 等. 人工智能驱动的组织与人力资源管理变革: 实践洞察与研究方向[J/OL]. 中国人力资源开发, 2022,DOI:http://10.16471/j.cnki.11 –2822/c.2022.1.001.

[18]汤晓莹. 算法技术带来的劳动者隐私风险及制度因应[J]. 中国人力资源开发, 2021, 38(8): 65 –81.

[19]TAMBE P, CAPPELLI P, YAKUBOVICH V. Artificial intelligence in human resources management: Challenges and a path forward[J]. California management review, 2019, 61(4): 15 –42.

[20]SHRESTHA Y R, BEN – MENAHEM S M, VON KROGH G. Organizational decision – making structures in the age of artificial intelligence[J]. California management review, 2019, 61(4): 66 –83.

[21]GLIKSON E, WOOLLEY A W. Human trust in artificial intelligence: Review of empirical research[J]. Academy of management annals, 2020, 14(2): 627 - 660.

[22]LANDERS R N, MARIN S. Theory and technology in organizational psychology: A review of technology integration paradigms and their effects on the validity of theory[J]. Annual review of organizational psychology and organizational behavior, 2021(8): 235 - 258.

[23]CALIGIURI P, DE CIERI H, MINBAEVA D, et al. International HRM insights for navigating the COVID - 19 pandemic: Implications for future research and practice[J]. Journal of international business studies, 2020, 51(5): 697 - 713.

[24]BROUGHAM D, HAAR J. Smart technology, artificial intelligence, robotics, and algorithms (STARA): Employees' perceptions of our future workplace[J]. Journal of management & organization, 2018, 24(2): 239 - 257.

[25]LARSON L, DECHURCH L A. Leading teams in the digital age: Four perspectives on technology and what they mean for leading teams[J]. The leadership quarterly, 2020, 31(1): 101 - 377.

[26]BROUGHAM D, HAAR J. Technological disruption and employment: The influence on job insecurity and turnover intentions: A multi - country study[J]. Technological forecasting and social change, 2020, 161(C): 120 - 276.

[27]DENGLER K, GUNDERT S. Digital transformation and subjective job insecurity in Germany[J]. European sociological review, 2021, 37(5): 799 - 817.

[28]LINGMONT D N J, ALEXIOU A. The contingent effect of job automating technology awareness on perceived job insecurity: Exploring the moderating role of organizational culture[J]. Technological forecasting and social change, 2020,161(C).

[29]YOGEESWARAN K, ZŁOTOWSKI J, LIVINGSTONE M,ISHIGURO, H,et al. The interactive effects of robot anthropomorphism and robot ability on

perceived threat and support for robotics research[J]. Journal of human – robot interaction, 2016, 5(2): 29 – 47.

[30] ZŁOTOWSKI J, YOGEESWARAN K, BARTNECK C. Can we control it? Autonomous robots threaten human identity, uniqueness, safety, and resources [J]. International journal of human – computer studies, 2017: 48 – 54.

[31] MORI M. The Uncanny Valley[J]. Energy, 1970, 7(2):33 – 35.

[32] YAM K C, BIGMAN Y, GRAY K. Reducing the uncanny valley by dehumanizing humanoid robots[J]. Computers in human behavior, 2021(125): 106 – 945.

[33] HU P, LU Y. Dual humanness and trust in conversational AI: A person – centered approach[J]. Computers in human behavior, 2021: 106 – 727.

[34] GILLATH O, AI T, BRANICKY M S, et al. Attachment and trust in artificial intelligence[J]. Computers in human behavior, 2021, 115(2): 106 – 607.

[35] PAOLILLO A, COLELLA F, NOSENGO N, et al. How to compete with robots by assessing job automation risks and resilient alternatives[J]. Science robotics, 2022, 7(65): 55 – 61.

[36] SCHLICKER N, LANGER M, ÖTTING S K, et al. What to expect from opening up "Black Boxes"? Comparing perceptions of justice between human and automated agents[J]. Computers in human behavior, 2021, 122(9):106 – 837.

[37] LEE M K. Understanding perception of algorithmic decisions: Fairness, trust, and emotion in response to algorithmic management[J]. Big data & society, 2018, 5(1):1 – 16.

[38] NEWMAN D T, FAST N J, HARMON D J. When eliminating bias isn't fair: Algorithmic reductionism and procedural justice in human resource decisions[J]. Organizational behavior and human decision processes, 2020, 160 (9):149 – 167.

[39] HÖDDINGHAUS M, SONDERN D, HERTEL G. The automation of

leadership functions: Would people trust decision algorithms? [J]. Computers in human behavior, 2021, 116: 106 -635.

[40]BANKINS S, FORMOSA P, GRIEP Y, et al. AI decision making with dignity? Contrasting workers' justice perceptions of human and AI decision making in a human resource management context[J/OL]. Information systems frontiers, 2022, DOI: https://doi. org/10. 1007/s10796 -021 -10223 -8.

[41]GUPTA M, PARRA C M, DENNEHY D. Questioning racial and gender bias in AI - based recommendations: Do espoused national cultural values matter? [J]. Information systems frontiers, 2021,24(5): 1 -17.

[42]BIGMAN Y E, YAM K C, MARCIANO D, et al. Threat of racial and economic inequality increases preference for algorithm decision - making[J]. Computers in human behavior, 2021, 122(9):106 -859.

[43]ÖTTING S K, MAIER G W. The importance of procedural justice in human - machine interactions: Intelligent systems as new decision agents in organizations[J]. Computers in human behavior, 2018, 89(12):27 -39.

[44]PORATH C, SPERITZER G, Garnett F G, et al. Thriving at work: Toward its measurement, construct validation, and theoretical refinement[J]. Journal of organizational behavior, 2012, 33(2): 250 -275.

[45]KONG H, YUAN Y, BARUCH Y, et al. Influences of artificial intelligence (AI) awareness on career competency and job burnout[J]. International journal of contemporary hospitality management, 2021,33(2): 717 -734.

[46]DANG J, LIU L. Robots are friends as well as foes: Ambivalent attitudes toward mindful and mindless AI robots in the United States and China[J]. Computers in human behavior, 2021, 115(2):106 -612.

[47]STRICH F, MAYER A S, FIEDLER M. What do I do in a world of artificial intelligence? Investigating the impact of substitutive decision - making AI systems on employees' professional role identity[J]. Journal of the association for information systems, 2021, 22(2): 304 -324.

[48]ÅGNES J S. Gaining and training a digital colleague: Employee responses to robotization[J]. The journal of applied behavioral science, 2022, 58(1): 29-64.

[49]LEBOVITZ S, LIFSHITZ-ASSAF H, LEVINA N. To engage or not to engage with AI for critical judgments: How professionals deal with opacity when using AI for medical diagnosis[J]. Organization science, 2022, 33(1): 126-148.

[50]LOGG J M, MINSON J A, MOORE D A. Algorithm appreciation: People prefer algorithmic to human judgment[J]. Organizational behavior and human decision processes, 2019, 151(C): 90-103.

[51]GHAZALI A S, HAM J, BARAKOVA E, et al. The influence of social cues in persuasive social robots on psychological reactance and compliance[J]. Computers in human behavior, 2018,87(10): 58-65.

[52]HARJUNEN V J, SPAPÉ M, AHMED I, et al. Persuaded by the machine: The effect of virtual nonverbal cues and individual differences on compliance in economic bargaining[J]. Computers in human behavior, 2018,87(10): 384-394.

[53]LI X, SUNG Y. Anthropomorphism brings us closer: The mediating role of psychological distance in User-AI assistant interactions[J]. Computers in human behavior, 2021, 118: 106-680.

[54]PARVEZ M O, ARASLI H, OZTUREN A, LODHI R N. Antecedents of human-robot collaboration: Theoretical extension of the technology acceptance model[J/OL]. Journal of hospitality and tourism technology, 2022, DOI: https://doi.org/10.1108/JHTT-09-2021-0267.

[55]CIARDO F, DE TOMMASO D, WYKOWSKA A. Joint action with artificial agents: Human-likeness in behaviour and morphology affects sensorimotor signaling and social inclusion[J]. Computers in human behavior, 2022, 132(7):107-237.

[56]KIM T W, DUHACHEK A. Artificial Intelligence and persuasion: A construal - level account[J]. Psychological science, 2020, 31(4): 363 - 380.

[57]DE CREMER D, MCGUIRE J. Human - algorithm collaboration works best if humans lead (because it is fair!) [J]. Social justice research, 2022, 35(1): 33 - 55.

[58]HAESEVOETS T, DE CREMER D, DIERCKX K, et al. Human - machine collaboration in managerial decision making[J]. Computers in human behavior, 2021, 119(6): 106 - 730.

[59]JUSSUPOW E, SPPHRER K, HEINZL A, et al. Augmenting medical diagnosis decisions? An investigation into physicians' decision - making process with artificial intelligence[J]. Information systems research, 2021, 32(3): 713 - 735.

[60]TANG P M, KOOPMAN J, MCCLEAN S T, et al. When conscientious employees meet intelligent machines: An integrative approach inspired by complementarity theory and role theory[J/OL]. Academy of management journal, 2021, DOI: https://doi.org/10.5465/amj.2020.1516.

[61]ALLEN R, CHOUDHURY P. Algorithm - augmented work and domain experience: The countervailing forces of ability and aversion[J]. Organization science, 2022, 33(1): 149 - 169.

[62]TONG S, JIA N, LUO X, et al. The Janus face of artificial intelligence feedback: Deployment versus disclosure effects on employee performance [J]. Strategic Management journal, 2021, 42(9): 1600 - 1631.

[63]VERMA S, SINGH V. Impact of artificial intelligence - enabled job characteristics and perceived substitution crisis on innovative work behavior of employees from high - tech firms[J]. Computers in human behavior, 2022, 131(6): 107215.

[64]LI J J, BONN M A, YE B H. Hotel employee's artificial intelligence and robotics awareness and its impact on turnover intention: The moderating roles

of perceived organizational support and competitive psychological climate[J]. Tourism management, 2019, 73(8): 172 - 181.

[65] CHIU Y T, ZHU Y Q, CORBETT J. In the hearts and minds of employees: A model of pre - adoptive appraisal toward artificial intelligence in organizations[J]. International journal of information management, 2021, 60(10): 102 - 379.

[66] KOO B, CURTIS C, RYAN B. Examining the impact of artificial intelligence on hotel employees through job insecurity perspectives[J]. International journal of hospitality management, 2021, 95(5): 102 - 763.

[67] PRENTICE C, DOMINIQUE LOPES S, WANG X. Emotional intelligence or artificial intelligence - an employee perspective[J]. Journal of hospitality marketing & management, 2020, 29(4): 377 - 403.

[68] QIN X, YAM K C, CHEN C, et al. Revisiting social robots and their impacts on conformity: Practical and ethical considerations[J]. Science robotics (eLetters), 2021.

[69] VOLLMER A L, READ R, TRIPPAS D, et al. Children conform, adults resist: A robot group induced peer pressure on normative social conformity [J]. Science robotics, 2018, 3(21): 7111.

[70] QIN X, CHEN C, YAM K C, et al. Adults still can't resist: A social robot can induce normative conformity[J]. Computers in human behavior, 2022, 127(2): 107 - 141.

[71] JACKSON J C, CASTELO N, GRAY K. Could a rising robot workforce make humans less prejudiced? [J]. American psychologist, 2020, 75(7): 969 - 982.

[72] NASH K, LEA J M, DAVIES T, et al. The bionic blues: Robot rejection lowers self - esteem[J]. Computers in human behavior, 2018, 78(1): 59 - 63.

[73] FÜGENER A, GRAHL J, GUPTA A, et al. Cognitive challenges in human - artificial intelligence collaboration: Investigating the path toward produc-

tive delegation [J/OL] . Information systems research, 2021, DOI: https://doi. org/10. 1287/isre. 2021. 1079.

[74]FÜGENER A, GRAHL J, GUPTA A, et al. Will humans – in – the – loop become borgs? Merits and pitfalls of working with AI[J]. Management information systems quarterly (MISQ) – Vol, 2021(45).

[75]BRAGANZA A, CHEN W, CANHOTO A, et al. Productive employment and decent work: The impact of AI adoption on psychological contracts, job engagement and employee trust[J]. Journal of business research, 2021, 131(7):485 – 494.

[76]TOMPROU M, LEE M K. Employment relationships in algorithmic management: A psychological contract perspective[J]. Computers in human behavior, 2022, 126(1): 106 – 997.

[77]RAISCH S, KRAKOWSKI S. Artificial intelligence and management: The automation – augmentation paradox[J]. Academy of management review, 2021, 46(1): 192 – 210.

[78]BLANCHARD A L. The effects of COVID – 19 on virtual working within online groups[J]. Group processes & intergroup relations, 2021, 24(2): 290 – 296.

[79]TSAI C Y, MMARSHALL J D, CHOUDHURY A, et al. Human – robot collaboration: A multilevel and integrated leadership framework[J]. The leadership quarterly, 2022, 33(1): 101 – 594.

[80]GLOOR J L, HOWE L, DE CREMER D, et al. The funny thing about robot leadership[J/OL]. European business law review, 2020, https://doi. org/10. 5167/uzh – 199114.

[81]LITCHFIELD R C, HIRST G, VAN KNIPPENBERG D. Professional network identification: Searching for stability in transient knowledge work[J]. Academy of management review, 2021, 46(2): 320 – 340.

零工经济下组织行为研究的文献综述与未来展望①

李建娜

摘要：基于互联网、大数据等技术兴起的零工经济（gig economy）作为一种新的经济态势在近几年实现了迅猛发展，但其带来巨大红利的同时也面临很多新的挑战。要想推动零工经济下组织及员工更好地发展，就必须了解零工工作者个体、群体的心理和行为变化及组织行为的变化。但组织行为学在零工经济情境下的发展相对滞后，人的心理与行为是否会发生变化以及怎样变化都不清楚。因此，本文梳理了零工经济情境下已有关于组织行为研究的文献，构建了对应的整合分析框架，并指出未来研究可以进一步拓展的方向，以推动零工经济下组织行为相关的研究，并为组织及零工工作者提供一定的管理启示，进一步实现共同成长的目标。

关键词：零工经济；组织行为；文献综述；研究展望

作者简介：李建娜（1998—），陕西延安人，西北大学经济管理学院2021级企业管理专业硕士研究生。

---

① 本文由蒿坡副教授指导完成。蒿坡，西北大学经济管理学院工商系副教授，硕士研究生导师。研究方向为人力资源管理和组织行为学。基金项目：国家自然科学基金面上项目“跨团队边界情景下不同共享型多团队系统领导模式研究：基于领导力双重属性视角”（项目编号：72172122）。

一、引言

随着互联网、AI、大数据等技术的发展及经济环境的不断变化，零工经济、平台经济（platform economy）等新经济模式也迅速成长起来。《2021数字化零工就业质量研究报告》中的统计数据显示，2020年我国依托平台就业的零工工作者已经达到8000万人。而《中国灵活用工发展报告（2022）》蓝皮书显示，2021年中国有61.14%的企业在使用灵活用工，比2020年增加5.46%。新冠疫情的影响也使得越来越多的人选择如美团、饿了么等外卖平台，曹操出行、Uber等出行平台这种进入门槛较低、灵活性较高的工作。根据阿里研究院的预测，我国到2036年可能会有超过4亿人成为零工工作者或加入零工经济。零工经济颠覆了传统的经济、就业模式和雇佣关系（De Stefano，2015），给经济带来巨大发展的同时也因为其不稳定性及算法管理的特殊性面临挑战。如何让平台及零工工作者适应零工经济带来的新态势以实现组织与员工共同成长至关重要，这就需要对零工经济情境下的组织行为（Organizational Behavior，OB）进行研究，掌握零工从业者的心理认知和工作行为的变化及其与平台之间的关系，了解在零工经济情境下个体行为、群体行为及OB的变化。

鉴于此，探讨零工经济情境下组织行为领域的研究进展对推进该领域的发展及帮助平台企业进一步发展都有着较为重要的意义。然而，由于零工经济是近几年才出现的，组织行为学对于这一情境下的研究也是刚刚起步。虽然已有研究针对零工经济中的组织行为进行了相关综述，但只关注了在线劳动平台的算法管理与平台企业及平台工作者的相关研究（刘善仕等，2022），并没有包括零工经济中除算法以外的其他因素对人的心理和行为的影响。为此，有必要对零工经济情境下的组织行为研究做进一步的综述，以了解目前的研究进展，并寻找可以拓展的未来研究方向。

鉴于此，本文在 Google 学术、EBSCO、Web of Science、中国知网（CNKI）等网站进行题目、摘要和关键词检索，对初步搜索到的文献进行筛选，剔除了与零工经济下组织行为相关性不强的文献，最终得到近五年①相关中英文实证研究 34 篇，用于进一步分析和梳理。本文首先对已有的文献进行基本分析，以更好地了解这些研究关注的焦点；其次梳理了零工经济方面组织行为的已有研究，并构建了一个对应的整合分析框架；最后从零工经济中的利益相关者、算法相关属性及特征、领导行为、平台型企业员工的归属感和算法伦理问题等方面对未来研究方向进行展望。

通过对近五年零工经济中组织行为研究的系统整理和述评，本文明晰了当前组织行为研究的热点，提出了未来研究可以继续探讨的方向，以期未来研究可以在此整合框架的基础上继续丰富组织行为的研究，拓展组织行为的边界和关注焦点，为零工经济情境下组织行为的发展提供理论参考。此外，针对零工经济情境下的组织行为进行综述也能为参与零工经济的平台型企业提供一些管理实践，帮助企业了解零工工作者的心理认知与行为，以实现组织与员工共同成长。

二、已有研究现状

零工经济是一种利用在线平台将员工与消费者数字化联系起来的经济体系（Duggan et al.，2020）。为了更好地凸显零工经济情境，本文以“零工经济”为关键词进行文献搜索，再结合组织行为学领域的个体行为、群体行为、组织行为进行筛选，最终共收集了 34 篇与组织行为相关的文献。这些文献主要围绕平台型企业的零工工作者展开，包括平台

① 为了保证研究结论的一致性与可比较性，本文仅关注了近五年与零工经济相关的组织行为研究，因为在这一时期内零工经济及平台经济发展迅速。

的算法控制、平台型领导以及零工工作者本身从事零工工作的动机等。经过初步总结和整理，本文发现零工经济下组织行为的研究大多关注的是员工个体，已有研究探究了零工经济背景下的员工产出，影响产出的因素及其作用机制。

（一）影响因素

1. 数字化因素

（1）算法控制。在零工经济中，算法控制越来越普遍（刘善仕等，2022）。Kellogg 等（2020）指出算法控制主要通过六种机制来影响员工，分别为：①算法限制（restricting）和②算法推荐（recommending），即用来指导员工，可能会给员工带来挫败、偏见、凌驾于员工的幸福之上、不安全等感知；③算法记录（recording）和④算法评级（rating），即用来评价员工，可能会让员工觉得失去隐私、准确度，受到歧视以及产生雇佣决策权重评定问题；⑤算法替换（replacing）和⑥算法奖励（rewarding），即用来惩罚员工，可能会给员工带来不稳定、挫败和压力。裴嘉良等（2021）开发了平台型企业的算法控制的量表，包括“规范指导”（如“算法向我提供大量与完成工作任务相关的信息支持”）、“追踪评估”（如“算法根据我的工作表现划分等级并在平台内进行排名”）和“行为约束”（如“当我工作未能满足平台要求时，算法会对我进行罚款”）三个维度，分别对应了 Kellogg 等（2020）提出的六种算法控制机制。此外，丁婉玲等（2022）开发的算法控制量表将算法控制分为“分配控制”（如“平台系统根据我的工作数量或单量来分配我的工作任务”）、“行为控制”（如“平台系统实时跟进我的工作进度”）和“结果控制”（如“平台系统记录我的工作质量或消费者评分”）三个维度，共 9 个题项。

由于算法控制的系统追求的是让员工以最高的效率工作，但在达成效率的同时很可能导致员工的利益受损，因此越来越多的平台工作者质疑算法的合理性，但是算法管理明明具有优势却为何会引起从业者的质疑？周恋等（2022）基于公平启发理论探索算法管理如何带来消极影响，提出算法的技术属性（包括不透明性、动态复杂性、虚拟沟通性）会导致员工产生算法反抗行为。

（2）平台控制机制。类似地，吴清军和李贞（2018）探讨了平台控制机制对网约车司机对工作认同（劳动时间长短）的影响，并发现对于专职司机来说，平台认可激励机制或评分机制会让他们付出更多的劳动，而灵活机制对专职司机劳动时间的影响并不显著；对于兼职司机来说，他们对平台工作灵活性的认可会产生更多的劳动，但认可激励机制和评分机制对兼职司机工作时间没有显著影响。总之，平台的激励机制和评分机制对专职司机更为有效，而工作灵活性机制对兼职司机更为有效。Wood 等（2019）发现，算法管理技术倾向于为员工提供高水平的灵活性、自主性、任务多样性和复杂性，但也会导致低工资、社会隔离、非社会工作和时间不规律、过度工作、睡眠不足、精疲力竭。

平台背后的算法控制往往是一种“隐形的牢笼”，因为零工工作者会试图将自己的行为与评估标准保持一致，以确保从外部受众获得更有利的资源、认可和机会，故而还有研究探讨了零工工作者如何应对不透明的第三方评估算法及其后果。冯向楠和詹婧（2019）探讨了平台对外卖骑手的劳动控制机制以及劳动者减少平台控制的途径，发现平台会通过信息垄断（数据信息的收集和处理、智能派单系统）、定价体系和奖惩制度等机制，增强骑手的认同感，并强化劳动过程控制。而外卖骑手则通过合理利用规则、自主选择送餐路线和顺序等方式减少平台的控制，争取劳动的自主性，维护自身的主体性。Rahman（2021）发现，平台采用了一种不透明的评估算法来有意区分自由职业者的评分，而自由职业者将这种评估视为一种控制形式，但由于无法清楚地识别这些标准，故而无法使他们的行为与该标准保持一致。此外，自由职业者对这种情况有不同的反应：有人尝试提高评分的方法，而有人则限制了他们在平台上的活动。无论自由职业者是高绩效者还是低绩效者，他们的反应不仅取决于他们在平台上的总体成功，还取决于他们对平台的依赖程度以及是否经历过评估分数下降的挫折。

Cameron 和 Rahman（2022）指出，数字平台公司往往避开管理人员，采用以算法为媒介的客户控制来管理员工，即客户给员工打分，而算法对这些打分进行统计和跟踪，以控制员工未来基于平台的机会，而这种控制方法又会如何影响员工的抗拒行为（resistance）呢？Cameron 和 Rahman 对两家大的平台公司进行案例研究，分析任务前、任务中和任务后的控制与员工抗拒行为之间的关系。结果发现，平台使用算法中介的客户控制激发了员工的抗拒行为，以至于组织控制和工人的抗拒远远超出了工作执行的范围。此外，工人在劳动过程中的早期有最大的抗拒行为，但必须调整他们的抵抗策略，因为他们的抵抗能力会在随后的劳动过程中的每个阶段下降。

（3）电子绩效监控。零工经济模式中电子绩效监控（Electronic Performance Monitoring，EPM）的特殊性也可能会影响员工的心理认知和工作行为等，进而影响员工进行持续价值共创行为（value co - creation）的意愿。朋震等（2022）基于社会交换理论的研究发现，发展型 EPM 会正向影响零工 - 平台关系型心理契约、负向影响零工 - 平台交易型心理契约，并通过心理契约对持续价值共创行为产生正向影响；而预防型 EPM 会负向影响零工 - 平台关系型心理契约、正向影响零工 - 平台交易型心理契约，并通过心理契约对持续价值共创行为产生负向影响。而当员工获得高水平的顾客反馈时，EPM 通过关系型心理契约对持续价值共创行为的间接影响就更强。

2. 员工因素

（1）从事零工工作的动机。Campion 和 Csillag（2022）发现个体从事多重职业的动机包括以下八种：①职业相关动机，如想要跟上职业发展的愿望，发展或保持自己专业领域的能力、信誉和专业知识，利用他们的技术和能力，学习新技能和社交网络；②个人兴趣，即一种以快乐为导向的动机，通常伴随着喜欢自己工作的期望；③经济需要，即为满足即时或紧急需要（如收支平衡、支付账单或债务）而从事额外的工作；④灵活性，即时间安排（如我选择了多个兼职工作，在大多数情况下，我可以自由地设定自己的时间，并且可以远程工作，这样我就可以把家庭放在第一位）；⑤经济欲望，为支付非紧急费用（如度假、为大额购买而储蓄）或有额外的花费与需求无关现金的愿望；⑥收到主动的邀请，即利用朋友提供的机会，因同事、熟人或某人的帮助而得到工作；⑦从事多重职业的动力，即个人承担额外的工作，不只做一份工作，否则会感到"无聊"；⑧使命感，即能够抓住与目的/意义相关的动机，如亲社会动机和/或自我超越，它反映了成长和目的导向，但不一定是寻求快乐的行为。将上述八种动机进行不同组合可以产生以下四种类型的副业工作者：①身份建设者，体现了对非金钱利益的注重，以及从事不止一份工作的目的，主要受利益动机、职业相关动机、灵活性和使命感的驱动；②价值优化者，是指在灵活性、职业相关动机、经济需求动机上都相对较高的人，但从事多重职业的动机较低，他们更希望获得尽可能多的经济价值；③务实享受者，他们会优先考虑个人对工作的兴趣和实际经济利益，通过主动工作来满足这些动机需求，主要受利益、金钱欲望和金钱需要的驱动；④工具主义者或不稳定工作者，强调财务动机、对灵活性的渴望，以及对机会的开放性，主要受金钱需要、使命感、灵活性和主动工作邀请动机的驱动。此外，这四种类型的副业工作者在耗损、工作意义、认知参与度、平均技能发展、创造性想法方面均有所差异。

吴静等（2021）发现，滴滴平台司机参与工作的外部动机包括经济利益（如补贴生活、收入可观稳定等）和平台优势（如好奇使然、平台制度完善等），内部动机包括价值创造（丰富业余时间、丰富业余生活、体验生活）和价值赋能（精神满足、能力提升、自雇性质）。此外，平台司机个体心理感知的满足程度（胜任、归属、自主）是促进外部动机向内部动机转化的关键。经济效益对平台司机参与行为的影响最大，自主感知在动机转化过程中起关键作用。经济效益对兼职司机参与行为的影响更大；专职司机的内部动机低于兼职司机，自主感知在专职司机动机内化过程中所起的促进作用更大。

（2）职业污名感知。魏巍等（2022）发现，以体力劳动为主的零工工作者的职业污名感知会显著影响其离职倾向。类似地，Cameron 和 Rahman（2022）探讨了那些从事“糟糕工作”（低薪、面向客户工作的人被认为不仅是可用的，而且要承担身体风险）的员工，特别是一线服务人员，在与员工自身风险偏好相冲突时，如何回应客户对于承担风险的理想员工期望。以零工工作者为样本，发现员工会采用覆盖（为了满足自己的风险偏好而偏离了客户的理想员工期望，但随后又将注意力从他们的异常行为上转移开）和撤回（不确定地暂时或永久地离开按需工作或平台）两种身份管理策略来缩小他们的风险偏好与客户的理想员工期望之间的差距。

（3）副业－全职工作身份一致性。如果员工的副业身份或地位与全职工作不一致时，这两种身份又会给员工带来何种影响呢？Sessions 等（2021）发现，副业和全职工作之间地位的不一致会导致员工全职工作的压力；当员工在副业和全职工作中都具有较高的地位时，会体验到较低的全职工作压力。相比于在副业和全职工作中拥有低地位的员工，在副业中拥有高地位且在全职工作中拥有低地位的员工会体验到更大的全职工作压力。

（4）临时工作身份构建。Petriglieri 等（2018）考察了零工工作者塑造自我工作身份（work identity）的过程。该结果表明，在职业生涯和机构中的临时成员身份，会促使人们努力创造可移动的自我（portable self），即被赋予定义、动机和能力的自我，可以随着时间的推移在不同的角色和组织中被安排。有两种途径可以创造一个可移动的自我：

一种是适应的（adaptive）（按照工具意识发展，从外部塑造自我），另一种是探索的（exploratory）（按照人本主义发展，从内部塑造自我），每一种途径都涉及发展对自我和他人以及与机构之间关系的连贯理解。换言之，对于那些雇佣临时员工的组织可以帮助他们塑造自我，为他们提供一种主体的方向感和持久的联系，缓解焦虑，增强与移动工作生活有关的希望。

类似地，Petriglieri 等（2019）针对独立工作者构建了一个关于不稳定和个性化工作身份管理的理论。结果发现，在缺乏组织或专业成员的情况下，工人会经历明显的情绪紧张，包括在不稳定和个人条件下工作的焦虑与成就感。由于缺乏由组织提供的持有环境（holding environment），一种心理动力学构建，被认为是塑造个人和工作身份的必要条件，有助于控制和解释情绪及活动。工人会通过努力培养与常规、地点、人以及更广泛目标的联系来为自己创造一个持有环境。这些个人控制环境帮助他们管理由不稳定的工作生活引发的各种情绪，并让他们提升工作效率，以更好地定义、表达和提升自我。

（5）职业转换动机。除从事副业外，还有越来越多的知识型零工选择加入平台经济和零工经济，成为其中的“新个体”，其进行职业转换的心理动机和内在机制是什么？张志朋等（2022）通过对35名“新个体”进行访谈，构建了知识型零工进行职业转换的心理动机和内在机制。研究发现，知识型零工主要是基于价值认同动机和压力整合动机进行职业转换的，如平台政策（如职业发展、正向激励等）、个体技能化和职业价值取向（如自由职业偏好、价值创造导向）会导致知识型零工出现价值认同动机；外部环境不确定性（如社会突发事件、经济环境变化、就业形势下行）、对现状的不满（如工作－家庭不匹配、要求－能力不匹配）及平台政策会导致知识型零工出现压力整合动机。

3. 工作特征

零工经济下的工作出现了一些有别于传统工作的新特征，如工作游戏化，研究表明，基于算法的工作游戏化设计对网约配送员的工作卷入有倒U形影响（魏巍、刘贝妮、凌亚如，2022）。Cameron（2022）以打车服务行业为案例，发现了另一种更容易获得的参与性机制——工作场所游戏。通过与触点的交互（用户和应用程序），个人将其工作变成他们觉得有意义、可以控制和“获胜”的游戏。在这款关系游戏中，工作人员会精心打造积极的客户服务体验，提供礼物和额外服务，以追求高客户评分，他们会通过应用程序的评分系统追踪客户评分。在效率游戏中，员工与客户设定界限，将任何“额外”行为最小化，他们在应用程序之外创建了自己的跟踪工具。然而，虽然每一款游戏都能提高敬业度，因为员工都试图“赢”，但对员工的留任率有着不同的影响。Behl等（2021）发现，信息质量在社交中介对话中起着至关重要的作用，且当平台设置有游戏元素时，零工的工作效率和敬业度更高。

4. 平台型领导

有研究针对平台型企业的领导行为内涵及其作用效果进行了本土化的探索。平台型领导包括“包容”“个人魅力”“变革规划”“平台搭建”“平台优化”“共同成长”（郝旭光等，2021）或分享利他、交互协作、孵化创客、度己化人、HR赋能、平等（辛杰、孔茗、谢荣贝，2020）。张镒等（2020）研究发现，平台企业在系统中扮演缔造者、协调者、“领头羊”及编排师四种角色，且受到平台架构基础、连接协调、创新引领及整合扩展四个因素的影响。

平台型领导通过员工基本心理需要（自主、胜任和关系需要）（郝旭光等，2021）或创造性自我效能感和团队学习涌现（李玲、陶厚永、宋浩，2022）的中介作用正向影响其创新行为，并且会正向调节员工创新行为，实现组织与员工共同成长（马璐等，2022）。此外，平台型领导还会通过员工个性化交易行为和心理资本两方面对员工的个体角色绩效（包括熟练性、适应性与主动性）产生积极影响，并且当员工的组织支持感较强时，这种影响效应也会更强（安世民、陈颖、张羽琦，

2022）。除对员工创新行为和绩效产生影响外，平台型领导还注重组织学习能力的塑造，有助于提升企业的探索性学习（exploratory learning）和开发性学习（exploitative learning）能力，从而增强企业的持续竞争优势（Yang，Jin and Zhao，2022）。

（二）中介机制

1. 员工感知

（1）心流体验。魏巍等（2022）发现，平台基于算法的工作游戏化设计对网约配送员的工作卷入有倒 U 形影响，即过低或过高的工作游戏化设计均会降低配送员的工作卷入水平；心流体验（产生忽略周围环境、集中注意力完全沉浸于当下活动并从中获取快乐的心理状态）中介了工作游戏化与工作卷入之间的关系。

（2）副业参与和积极情感。Sessions 等（2021）发现，副业授权会通过副业参与和积极情感的中介作用促进全职工作表现，通过副业参与和注意力残留降低全职工作表现。但总体上，从副业中获得的性能增强比性能冲突更强大。最后，全职工作的消极情感体会加强了副业授权和副业投入之间的关系。

（3）相对剥夺感。魏巍等（2022）发现，职业污名感对员工离职倾向的影响会通过零工工作者的相对剥夺感来传递。

（4）算法不公平感。周恋等（2022）提出，算法的技术属性（包括不透明性、动态复杂性、虚拟沟通性）会导致员工产生算法不公平感，从而导致平台工作者出现工作倦怠、工作绩效降低，并产生算法反抗行为。

（5）情绪耗竭。Sessions 等（2021）发现，副业和全职工作地位不一致性会通过情绪耗竭降低工作绩效。

2. 工作压力

零工经济中的工作具有不稳定性和不可预测性的特征，且零工工作者可能在多个平台为多个雇主工作，这会使得他们面临更大的压力，那么零工工作者应该如何应对这些压力呢？Hafeez 等（2022）研究发现，接近应对策略（包括计划、接受、积极应对、积极重构）可以帮助零工工作者减轻压力，而基于自责的回避策略（包括自我分散注意力、发泄）会使压力增加，因此采取接近应对策略的员工要多于采取回避策略应对压力的员工。

裴嘉良等（2021）发现，零工工作者感知算法控制会通过挑战性压力的中介作用正向影响其服务绩效，且对于全职工作者来说，算法控制对其挑战性压力的影响更大，对于兼职工作者影响较小。而 Cram 等（2022）提出算法控制的两种形式，即把关（gatekeeping）和引导（guiding）会导致 Uber 司机产生挑战性技术压力与威胁性技术压力，并影响员工的持续意愿和变通方法使用（workaround use），而算法控制的透明度越高，把关算法控制对挑战性技术压力的正向影响越弱。Sessions 等（2021）认为，副业和全职工作地位不一致性还会通过角色压力降低员工工作绩效。

3. 组织认同/组织价值观沟通

在零工经济中，员工直接面对的就是平台，可能也会出现孤立而导致对组织的感知较弱，工作绩效难以预测。Liu 等（2020）以滴滴司机为被试，发现交易型心理契约和关系型心理契约履行均会通过组织认同的中介作用影响员工任务绩效。而在零工和远程工作环境中，员工的不当行为可能更为常见，因为在这些环境中员工与雇主的距离较远。Burbano 和 Chiles（2021）探讨了雇主可以做些什么来减少不当行为，并提出通过组织价值观的沟通和可信的监控威胁都能减少不当行为。

4. 工作重塑/工作意义

在零工经济中，由于员工直接通过平台进行工作，这些工作场所大多是孤立的，没有围墙、组织惯例，没有经理，甚至没有同事。Mousa 和 Chaouali（2022）指出，当零工工作者承担更多的个人或合作的工作重塑行为时，他们工作的意义感就会较强，并且这种工作的意义感还会使零工工作者对其众包平台产生情感承诺。He 等（2021）以送餐员和平台司机为对象，发现消极的客户对待会通过工作意义的中介作用影响零工工作者的服务破坏行为，且当积极的客户对待越高时，消极的客户对待对服务破坏的影响越弱，当员工心理资本越高时，工作意义对服务破坏的负向影响越显著。

5. 职业转换意义/认可度

张志朋等（2022）认为，平台政策、个体技能化和职业价值取向会影响员工感知到的职业转换意义，从而导致知识型零工出现价值认同动机；外部环境不确定性、对现状的不满及平台政策会影响员工对职业转换的认可度，从而导致知识型零工出现压力整合动机。

（三）调节机制

1. 副业动机

零工经济带来的机会激增，使身兼数职的人数增加。这些多重职业的人大多是全职员工，他们在做全职工作的同时从事着兼职或副业（side－hustle）工作。Sessions 等（2021）发现，副业动机会调节副业复杂性（自主性、一致性、反馈、重要性、技能多样性）与副业授权之间的关系，其中，自我超越（寻求促进他人的福利）、自我保护（对安全或保持稳定的渴望）和自我提升动机（追求个人利益以增加收入和声望）会正负向调节副业复杂性和副业授权之间的关系，追求开放变化动机（寻求新的智力和情感兴趣）的调节效应不显著。此外，副业授权通过副业参与和积极情感的中介作用促进全职工作表现，通过副业参与和注意力残留降低全职工作表现。但总体上，从副业中获得的性能增强比性能冲突更强大。最后，全职工作的消极情感体会加强了副业授权和副业投入之间的关系。

2. 工作年限/员工调节焦点

Liu 等（2020）以滴滴司机为被试，发现相比于那些为公司工作了更长时间的员工来说，交易型心理契约履行对组织认同的影响在那些为公司工作不到一年的零工身上更显著；对关系型心理契约履行与组织认同之间的关系没有显著的调节作用；工作年限对交易型心理契约履行与员工任务绩效之间的关系调节作用不显著；关系型心理契约履行对长期服务的滴滴司机的工作绩效影响更大。丁婉玲等（2022）在裴嘉良等（2021）研究的基础上进一步发现，算法控制会通过工作游戏化正向影响工作绩效，且工作游戏化会在其中起部分中介作用，使骑手从工作中获得愉悦感与成就感，从而提升工作绩效；此外，骑手的促进型调节焦点会增强其正向关系与中介作用，而防御型调节焦点会抑制其正向关系与中介作用。

3. 监控威胁/过度劳动

Burbano 和 Chiles（2021）发现当员工被告知他们正在被监控时，组织价值沟通和可信的监控威胁对不当行为的减少在很大程度上被否定了，且这种挤出现象是由于监控威胁导致的感知信任下降。魏巍等（2022）提出，过度劳动会负向调节工作游戏化对心流体验和工作卷入的倒 U 形影响，同时也负向调节心流体验和工作卷入之间的关系。

4. 主动性特质/调节匹配能力

张志朋等（2022）认为，当知识型零工具有高水平的主动性特质时（如主动性人格、自我效能感），平台政策、个体技能和职业价值取向对知识型零工价值认同动机的影响效应会更强；当知识型零工具有高水平的调节匹配能力时（包括自我调节能力、环境匹配能力），会削弱职业转换认可度对于压力整合动机的影响。

零工/平台经济情境下的组织行为如图 1 所示。

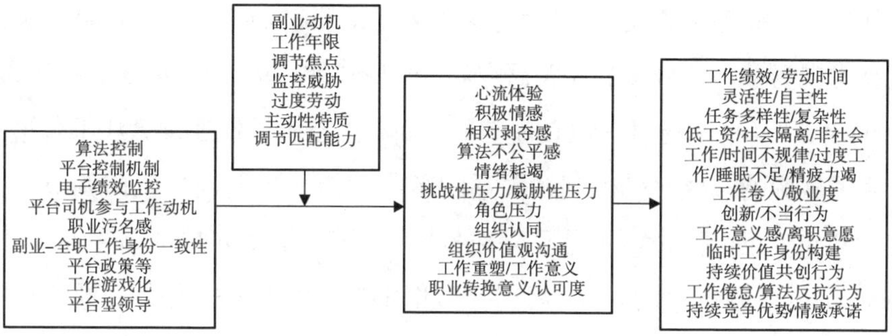

图1 零工/平台经济情境下的组织行为

三、未来研究方向

近五年零工经济的发展进程不断加快，且对应的组织行为方面的实证研究也不断涌现，然而并没有关于零工经济情境下针对组织行为领域的文献综述。一方面，组织行为，尤其是个体和群体行为可能在零工经济情境下已经发生了实质性的变化，如平台型领导行为、零工临时身份构建、参与零工动机等；另一方面，零工经济中的技术本身可能会发生变化，如算法控制优化、EPM等，而不应该仅关注工具本身。事实上，人的心理和行为与零工经济中的技术应该是动态发展、相互融合的，只有更好地实现零工经济中的平台企业与员工共同成长，才能获得零工工作者更高的工作幸福感和平台型组织更好的发展。为此，本文从以下六个方面提出了未来可以继续拓展的研究方向。

（一）数字化程度分析

在对已有文献进行总结的基础上，为了更好地了解在零工经济背景下组织行为研究的新颖程度，本文借鉴了Landers和Marin（2021）提出的四种技术组织心理/行为领域的应用进程的范式，包括技术作为情境（technology - as - context）（强调零工经济只单一地作为理论背景，与具体的理论模型不相关）、技术作为因果（technology - as - causal）（强调将技术视为单一和外来的相关研究）、技术作为工具（technology - as - instrumental）（技术通过其他心理变量，如算法技术属性通过算法不公平感产生消极影响；或对其他利益关系的影响，如平台型领导正向调节优势使用与员工创新行为的关系）和技术作为设计（technology - as - designed）（考虑技术的具体设计特征和用户，将技术视为个人设计选择的集合和操作化，每个都有自己的潜在影响、调节变量及中介变量），对34篇文献涉及的零工经济中技术的应用程度做了进一步分析，如表1所示。

表1　零工经济组织行为技术应用程度分析

主题	技术范式			
	技术作为情境	技术作为因果	技术作为工具	技术作为设计
零工经济（34篇）	7篇	1篇，哪些因素会影响平台型领导	15篇，如算法控制、平台游戏化等	11篇，如临时身份构建、参与零工动机、平台型领导行为开发

通过对这四种技术范式应用程度的分析表明，已有关于零工经济下组织行为的研究涵盖了上述四种范式，且以技术作为工具和设计为主，即将零工经济中涉及的算法、平台等作为一种变量来考察其对组织行为的影响，对如何在零工经济情境下更好地提升组织效率而进行技术设计方面的研究仍有不足，未来研究可以进一步深入探讨零工经济情境下的技术设计。

（二）利益相关者

零工经济中主要有平台、需求方（提出工作并支付费用的消费者）、供给方（接受工作并获得报酬的零工工作者）三方利益相关者（朋震、王斯纬、王青松，2022），而已有研究主要关注的是供给方－零工工作者个体的相关心理认知和工作行为，较少考虑到平台及需求方相关因素对于结果的影响。但实际案例研究发现，不同平台的相关政策会导致员工出现职业转换动机（张志朋等，2022），选择成为零工工作者。因此，未来研究应该进一步关注除零工工作者外的利益相关者对于结果的调节作用如何，探讨平台或需求方的行为是否可以影响零工工作者的行为。此外，关于零工经济的研究通常都会以外卖骑手（冯向楠、詹婧，2019）或平台司机（吴静、张天怡、周嘉南，2021）作为研究对象，但较少关注零工工作者的个人特质等相关因素的影响，这也是未来可以进一步拓展的研究方向。

（三）算法相关属性及特征

算法的技术属性包括不透明性、动态复杂性、虚拟沟通性，这三种技术属性会导致零工工作者产生算法不公平感（周恋等，2022），但并没有研究具体探讨不同的属性带来的影响有何不同。Cram 等（2022）研究表明，当算法的透明度较高时，算法控制给零工工作者带来的技术挑战性压力会变小。那么关注其他技术属性（如算法的动态复杂性和算法的虚拟沟通性）或与算法控制相关的功能和特征带来的不同影响，并探讨如何根据零工工作者对不同属性和特征的反应进一步改善算法的设计也是未来研究中的重要方向。

（四）领导行为

关于零工经济背景下领导力的研究相对较少，已有的 OB 研究更多的是以技术为背景，来探讨传统领导行为的作用效果，而较少关注领导行为在该背景下内涵的变化，如平台型领导行为（郝旭光等，2021；辛杰、孔茗、谢荣贝，2020）。未来研究可以进一步拓展平台经济、零工经济及共享经济中平台型领导对于员工与组织行为的影响或将其他新的领导风格应用于其中，也可以探讨平台型领导的子维度对于员工及组织的不同影响，如“宽容”“魅力”“革命规划”“平台建设”“平台优化”“共同成长”（郝旭光等，2021）。

（五）平台型企业如何强化员工的归属感

由于零工工作的特殊性，他们是以平台为中心，为同一个或不同企业提供劳动服务，所以员工与平台企业本身之间的互动就很少，再加上没有实体的办公环境，员工更加倾向将自己视为一个自由工作者而与平台产生心理疏离，但平台型企业又需要通过这些员工来强化客户对自身企业的认知。平台工作者往往在入职初期可能对组织有着较高的认同，而随着工作时间的延长，其对组织的认同将越来越低，那么对于平台化企业如何利用文化约束员工？Litchfield 等（2021）针对零工经济背景，指出越来越多的不稳定就业的知识工作者对强烈工作认同有着迫切需要，并提出了职业网络认同（Professional Network Identification，PNI）这一概念，即基于跨专业和组织边界的短暂工作中的短暂关系网络中的核心、重复要素的自我概念。那么如何提升零工工作者的职业网络认同，并让其从中获益是未来可以继续探讨的方向。

（六）算法伦理问题

除了零工经济提供的众多就业岗位及生活的便利，零工经济下“困在算法里的骑手”“滴滴代驾司机车祸致死”等算法或技术带来的消极影响也是不容忽视的一点。如果在零工经济发展过程中缺乏了伦理考量，就会让员工感知到压力和失去尊严。因此，零工经济中的企业在管理的过程中，必须在保证管理科学性和艺术性的同时，保证其伦理性，避免算法控制及其技术属性给零工工作者带来消极影响。因此，如何减少零工经济情境下算法或技术带来的伦理问题和消极影响也是未来研究非常重要的一个方向。

总之，组织行为本身就是一门关注组织中人的心理与行为的学科，那么零工经济情境下，平台型企业及其管理者在使用算法技术控制的过程中不应该仅仅狭隘地关注如何控制员工更好地为企业工作或者单纯提高工作效率，而应该长远地考虑技术给工作带来的意义是帮助人们在工作中获得安全感、幸福感、成就感。那么，如何用算法和技术去帮助零工从业者更体面、更有尊严、更快乐地工作与生活才更重要，而这也是本文进行零工经济情境下组织行为研究综述的意义与初衷。

参考文献

[1]DE STEFANO V. The rise of the just – in – time workforce: On – demand work, crowdwork, and labor protection in the gig – economy[J]. Comparative labor law and policy journal, 2015, 37(3): 461 – 471.

[2]DUGGAN J, SHERMAN U, CARBERY R, et al. Algorithmic management and app – work in the gig economy: A research agenda for employment relations and HRM[J]. Human resource management journal, 2020, 30(1): 114 – 132.

[3]KELLOGG K C, VALENTINE M A, CHRISTIN A. Algorithms at work: The new contested terrain of control[J]. Academy of management annals, 2020, 14(1): 366 – 410.

[4]WOOD A J, GRAHAM M, LEHDONVIRTA V, et al. Good gig, bad gig: Autonomy and algorithmic control in the global gig economy[J]. Work, employment and society, 2019, 33(1): 56 – 75.

[5]RAHMAN H A. The invisible cage: Workers' reactivity to opaque algorithmic evaluations[J]. Administrative science quarterly, 2021, 66(4): 945 – 988.

[6]CAMERON L D, RAHMAN H. Expanding the locus of resistance: Understanding the co – constitution of control and resistance in the gig economy[J]. Organization science, 2022, 33(1): 38 – 58.

[7]CAMPION E D, CSILLAG B. Multiple jobholding motivations and experiences: A typology and latent profile analysis[J]. Journal of applied psychology, 2022, 107(8): 1261 – 1287.

[8]CAMERON L D, THOMASON B, CONZON V M. Risky business: Gig workers and the navigation of ideal worker expectations during the COVID – 19 pandemic[J]. Journal of applied psychology, 2021, 106(12): 1821 – 1833.

[9]SESSIONS H, NAHRGANG J D, VAULONT M J, et al. Do the hustle! Empowerment from side – hustles and its effects on full – time work performance [J]. Academy of management journal, 2021, 64(1): 235 – 264.

[10]PETRIGLIERI G, PETRIGLIERI J L, WOOD J D. Fast tracks and inner journeys: Crafting portable selves for contemporary careers[J]. Administrative science quarterly, 2018, 63(3): 479 – 525.

[11]PETRIGLIERI G, ASHFORD S J, WRZESNIEWSKI A. Agony and ecstasy in the gig economy: Cultivating holding environments for precarious and personalized work identities [J]. Administrative science quarterly, 2019, 64 (1): 124 – 170.

[12]CAMERON L D. "Making out" while driving: Relational and efficiency games in the gig economy[J]. Organization science, 2022, 33(1): 231 – 252.

[13] BEHL A, SAMPAT B, RAJ S. Productivity of gig workers on crowdsourcing platforms through artificial intelligence and gamification: A multi – theoretical approach[J/OL]. The TQM Journal, 2021, DOI: https://doi.org/10.1108/TQM – 07 – 2021 – 0201.

[14]YAGN X, JIN R, ZHAO C. Platform leadership and sustainable competitive advantage: The mediating role of ambidextrous learning[J]. Frontiers in psychology, 2022(13): 241 – 836.

[15]HAFEEZ S, GUPTA C, SPRAJCER M. Stress and the gig economy: It's not all shifts and giggles[J]. Industrial health, 2022(2).

[16]CRAM W A, WIENER M, TARAFDAR M, et al. Examining the im-

pact of algorithmic control on uber drivers' technostress[J]. Journal of management information systems, 2022, 39(2): 426 -453.

[17]LIU W, HE C, JIANG Y, JI R, ZHAI X. Effect of gig workers' psychological contract fulfillment on their task performance in a sharing economy: A perspective from the mediation of organizational identification and the moderation of length of service[J]. International journal of environmental research and public health, 2020, 17(7): 2208.

[18]BURBANO V C, CHILES B. Mitigating gig and remote worker misconduct: Evidence from a real effort experiment[J]. Organization science, 2021, DOI: https://doi. org/10. 1287/orsc. 2021. 1488.

[19]MOUSA M, CHAOUALI W. Job crafting, meaningfulness and affective commitment by gig workers towards crowdsourcing platforms[J]. Personnel review, 2022 (ahead - of - print).

[20]HE X, LU W, LUO H, et al. How gig worker responds to negative customer treatment: The effects of work meaningfulness and traits of psychological resilience[J]. Frontiers in psychology, 2021(12): 372 -783.

[21]LANDERS R N, MARIN S. Theory and technology in organizational psychology: A review of technology integration paradigms and their effects on the validity of theory[J]. Annual review of organizational psychology and organizational behavior, 2021(8): 235 -258.

[22]LITCHFIELD R C, HIRST G, VAN KNIPPENBERG D. Professional network identification: Searching for stability in transient knowledge work[J]. Academy of management review, 2021, 46(2): 320 -340.

[23]刘善仕,裴嘉良,葛淳棉,等. 在线劳动平台算法管理:理论探索与研究展望[J]. 管理世界,2022,38(2):14 -16 +225 -239.

[24]裴嘉良,刘善仕,崔勋,等. 零工工作者感知算法控制:概念化、测量与服务绩效影响验证[J]. 南开管理评论, 2021, 24(6):14 -27.

[25]丁婉玲,邹震坤,郝靖宇,等. 平台算法控制对工作绩效的影响研究:一

个有调节的中介模型[J/OL]. [2022－06－26]. 1－16 DOI:http://10.16517/j.cnki.cn12－1034/f.20220613.004.

[26]周恋,雷雪,后锐,等. 在线用工平台算法管理的消极影响和控制策略研究:算法技术属性视角[J]. 中国人力资源开发, 2022, 39(6): 8－22.

[27]吴清军,李贞. 分享经济下的劳动控制与工作自主性:关于网约车司机工作的混合研究[J]. 社会学研究,2018,33(4):137－162＋244－245.

[28]冯向楠,詹婧. 人工智能时代互联网平台劳动过程研究:以平台外卖骑手为例[J]. 社会发展研究,2019,6(3):61－83＋243.

[29]朋震,王斯纬,王青松. 零工平台模式下电子绩效监控对零工工作者持续价值共创行为的影响[J]. 中国人力资源开发, 2022, 39(6): 23－38.

[30]吴静,张天怡,周嘉南. 基于扎根理论的零工参与动机演化机制研究:以平台司机为例[J]. 中国人力资源开发,2021, 38(9):110－123.

[31]魏巍,刘贝妮,凌亚如. 平台算法下数字零工职业污名感知对离职倾向的影响[J]. 中国人力资源开发,2022,39(2):18－30.

[32]张志朋,李朋波,朱丽,等. 知识型零工职业转换自主动机及其形成机理的扎根研究[J]. 中国人力资源开发, 2022, 39(5): 95－114.

[33]魏巍,刘贝妮,凌亚如. 平台工作游戏化对网约配送员工作卷入的"双刃剑"影响:心流体验与过度劳动的作用[J/OL]. http://kns.cnki.net/kcms/detail/12.1288.F.20210910.0901.002.html.

[34]郝旭光,张嘉祺,雷卓群,等. 平台型领导:多维度结构、测量与创新行为影响验证[J]. 管理世界,2021,37(1):12＋186－199＋216.

[35]辛杰,孔茗,谢荣贝. 平台型领导:概念、维度与测量[J]. 科学学研究,2020,38(8):1481－1488.

[36]张镒,刘人怀,陈海权. 商业生态系统中的平台领导力影响因素:基于扎根理论的探索性研究[J]. 南开管理评论,2020,23(3):28－38＋131.

[37]李玲,陶厚永,宋浩. 平台型领导对员工主动创新行为的跨层次影响研究[J/OL]. http://kns.cnki.net/kcms/detail/42.1224.G3.20220110.0913.002.html.

[38]马璐,郑云建,谢鹏,等. 优势使用何以促进员工创新? 和谐式激情与平台型领导的作用[J/OL]. http://kns.cnki.net/kcms/detail/42.1224.g3.20220526.1717.022.html.

[39]安世民,陈颖,张羽琦. 平台型领导对员工个体角色绩效的影响机制:被调节的链式多重中介模型[J]. 技术经济,2022,41(5):134-144.

第三章 开放式创新及创新生态系统

数字化情境下平台驱动因素和成长逻辑①

张洹铢

摘要：本文运用 CiteSpace 文献计量软件，对 2015—2022 年发表在创新管理领域核心期刊上数字平台的相关文献进行检索及分析，得出了中外数字平台文献近年来的研究热点及方向，并根据对检索文献的阅读结果梳理数字平台的基本内涵、驱动因素和数字平台企业的成长逻辑。通过对检索到的 121 篇文献进行分析并综述，发现现有研究大多关注于数字平台的价值创造和治理机制，未来研究应该重点关注数字平台企业的成长逻辑共性，厘清数字平台进化机制和平台开放度与价值创造之间的匹配关系，并完善数字平台分散治理机制研究。

关键词：CiteSpace；文献计量；数字平台；驱动因素；成长逻辑

作者简介：张洹铢（1999—），陕西宝鸡人，西北大学经济管理学院 2020 级企业管理专业硕士研究生，研究方向为数字创新。

① 本文由西北大学经济管理学院企业管理系张洁老师指导完成。

一、引言

数字经济是促进发展的新动能，数字化正以不可逆转的趋势改变人类社会（邱泽奇，2021）。在工业4.0战略的数字化情境下，以移动互联网、大数据、AI和云计算为代表的新兴技术正在消除物理世界、数字世界和生物世界之间的界限（Gruber，2013）。“工业4.0战略”以实现AI和信息技术在工业生产中的应用为主要目标，成为促进企业向智能化、网络化和数字化转型的重要力量，这样的情境催生出了新的商业模式和组织形态（王建平，2018）。平台是一种新型组织模式，近年来，在创新领域研究中受到了越来越多的关注（Cennamo，2018；Choi，Nam and Kim，2019），如浪潮集团政务云平台（许晖、于超、王亚君，2021）、韩都衣舍产品平台（王节祥等，2021）、小米创新平台（周文辉、阙琴，2022）、钉钉（Ding Talk）智能移动办公管理平台（罗兴武等，2022）、海尔“平台+小微”的创业生态系统（袁宇、张嵩、卢宝周，2021）。平台型组织（platform organization）是指“一种能在新兴的商业机会和挑战中构建灵活的资源、惯例和结构组合的组织形态”（Ciborra，2009），从这个意义上来说，平台企业作为一种新型企业形态，能够为不同群体之间的连接提供数字基础设施，通过整合多方创新主体实现价值创造。2015年全球调查显示，利用平台商业模式的企业数量急剧增加，约176家平台公司的市值接近10亿美元（Evans and Gawer，2016；Langley and Leyshon，2017）。随着创新管理研究领域对于开放式创新的关注，学术界对数字化情境下的平台组织模式的关注与日俱增。

数字化情境为平台及平台生态系统带来了新的挑战：创新主体多样化——数字技术的融合性使多方创新主体参与到数字平台生态系统价值创造的过程中，使价值创造的主体变得更加随机（Nambisan et al.，2017；刘洋、董久钰、魏江，2020）。参与主体虚拟化——基于数字技术，参与者之间联系广度和灵活度显著提升，海量高度异质性的参与者逐渐成为价值创造的主体，创新主体之间基于平台实现无边界的虚拟链接（Sawhney，Verona and Prandelli，2005）。平台型企业吸引外部的创新参与者进入平台参与价值共创活动的方式包括搭建平台构架、制定平台的互动规则与交易机制，从而实现传统企业无法实现的网络效应（阳镇、陈劲，2021）。参与者、技术、结构是数字平台的重要因素（邱泽奇，2021）。基于数字平台企业与传统企业之间的差异及数字技术为创新过程带来的机遇和挑战，本文对 2015—2022 年发表在核心期刊上的相关论文进行梳理，围绕数字平台的特征和要素尝试回答以下问题：①数字平台基本内涵（平台分类、参与者和技术架构）是什么？②数字平台的驱动因素是什么？③数字平台企业的成长逻辑是什么？

二、文献可视化结果和关键词分析

本文对 2015—2022 年发表在核心期刊上的最新研究进行梳理，通过阐述数字平台的基本特征，厘清数字平台的驱动因素，尝试探究数字平台的成长和发展逻辑。在知网以“平台企业”“平台生态系统”“数字平台”“数字” + “平台”为关键词和主题分别进行检索，又对得到的文章发表期刊进行了二次筛选，剔除了与主题不相关的文献，选择管理学创新领域的 CSSCI 来源期刊，重点关注了《管理世界》《南开管理评论》《外国经济与管理》《管理评论》《科学学研究》《科学学与科学技术管理》《科研管理》等较有影响力的期刊，最终获得 50 篇中文文献；接着在 Web of Science 上进行了英文文献的检索，搜索主题词和关键词包括 digital platform、platform ecosystem、digital + platform，重点关注了 *Information Systems Research*、*MIS Quarterly*、*Academy of Management Journal*、*Academy of Management Review*、*Organization Science*、*Strategic Management Journal*、*Journal of Product Innovation Management*、*Journal of*

Business Research、*Research Policy*、*Technological Forecasting and Social Change* 等较有影响力的期刊，最终获得 71 篇英文文献。运用文献计量软件 CiteSpace 5. 6. R3 对检索到的相关主题的中文、英文文献进行关键词共现分析，结果如图 1、图 2 所示。

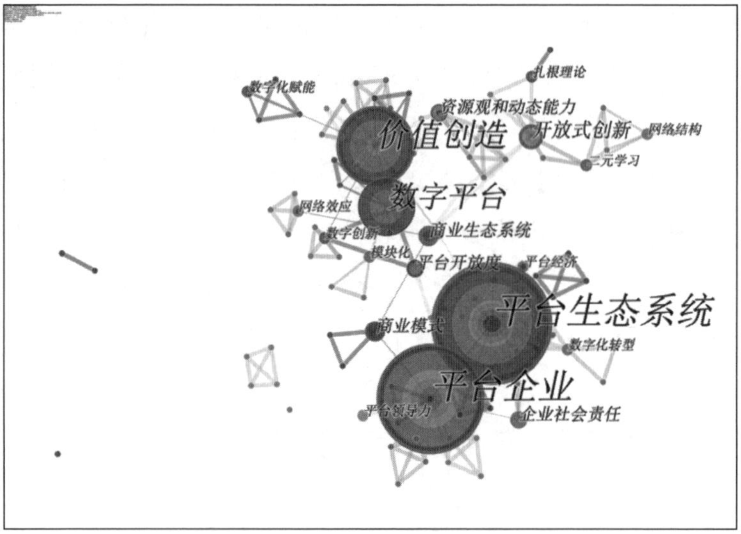

图 1　中文文献关键词共现

除去检索中文文献所用的关键词，国内在数字平台、平台生态系统研究领域中最关注的是“价值创造”（中心度：0. 53）、“平台开放度”（中心度：0. 2）、“互补者”（中心度：0. 08）、“平台治理”（中心度：0. 06）、“商业模式”（中心度：0. 06）、“网络结构”（中心度：0. 05）、“数字化转型”（中心度：0. 05）。其中，价值创造是国内平台研究应关注的重点，即平台能否以顾客需求为导向整合各方主体创造顾客所需的价值；平台开放度涉及平台以何种标准向创新者提供资源以准许创新者（如互补者）利用数字平台的生成性创造新的产品或服务；互补者可以通过 Application Programming Interfaces（APIs）和 Software Development Kit（SDKs），实现平台相连的互补创新，从而可以与其他人共享（Boudreau and Jeppesen, 2015；Eaton et al. , 2015；Ghazawneh and Henfridsson, 2013)。

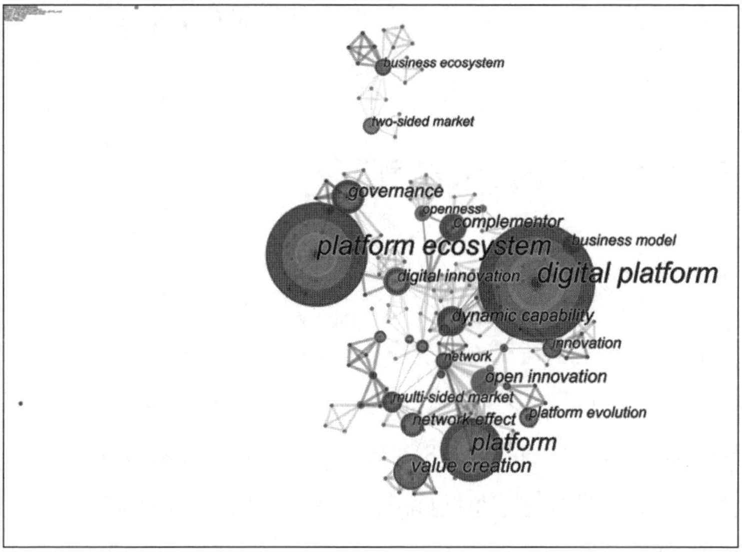

图2 英文文献关键词共现

除去检索英文文献所用的关键词，国外在数字平台、平台生态系统研究领域中最关注的是平台治理（中心度：0.37），双边、多边市场（中心度：0.27、0.13），价值创造（中心度：0.16），动态能力（中心度：0.13），开放式创新（中心度：0.12），网络效应（中心度：0.10），互补者（中心度：0.09）和商业模式（中心度：0.05）。其中，平台治理是国外平台研究关注的重点。基于以上结果可以看出，与国内研究相比，国外研究更侧重于对生态系统稳定性。国内外文献检索结果都表明了企业可以利用数字平台战略实现价值创造，并以数字平台企业的价值创造为核心目标，探究数字平台“稳定又开放”的治理模式。

基于以上文献计量分析结果发现，尽管关注度有差异，但国内外数字平台研究领域均注重对平台治理机制和价值创造的研究。鉴于国内针对数字平台的定义并不清晰，本文围绕数字平台的价值创造和治理机制，从数字平台的基本特征（如内涵、参与主体和技术架构）出发解释数字平台能实现价值创造的原因、通过建立数字平台实现价值创造的驱动因素，以及数字平台的独有特征需要实现的治理模式。其中，治理机制是实现价值创造的方式，数字平台最终的目标是实现价值创造（阳镇、陈劲，2021）。

三、数字平台内涵和类型

（一）数字平台内涵

数字平台的基本特征是以数字技术为中介支持用户间的交互，并允许这些用户执行特定的任务（Cusumano Gawer and Yoffie，2019；De Reuver，Sørensen and Basole，2018；Gawer，2011）。已有众多学者尝试对数字平台的概念进行界定，但目前还缺乏对数字平台的统一定义（Klein et al.，2020）。

从数字平台的技术特征视角定义，数字技术是数字平台的驱动力，平台主要由互联网和/或数据技术驱动（Helfat and Raubitschek，2018；Nambisan and Baron，2021）。Tiwana 等（2010）将数字平台定义为基于软件的外部平台，并阐述了数字平台的内涵，认为数字平台包含基于软件系统的可扩展代码库，并提供可供互补模块互动和使用的核心功能，设定供模块间互相操作的接口；Sedera 等（2016）认为数字平台是一种技术架构，它允许开发自己的计算功能，并允许信息、计算和技术平台的连接对一个组织可用；Gawer（2014）认为数字平台扮演着建构基础设施（building block）的角色，它能提供一种架构支持，以数字技术基础设施构建数字平台的核心整体技术系统（包括产品、技术和服务），外部组织以此为基础开发互补性技术、产品或服务；Cenamor 等（2017）认为数字平台是一种充分利用物理模型、AI、互联网等科技方法，由传感器、储存器、虚拟机等基础硬件设施构建的操作载体，以供基于数据资源优势的生产活动开展；此外，由于数字技术的融合性，数字平台也是促进创新、互动与通信以支持经济交易和社会活动的数字系统（Cennamo and Santaló，2019；Constantinides，Henfridsson and Parker，2018；Chen，Pereira and Patel，2021）。

从数字平台构建的目的——价值创造视角定义，Alexey 等（2021）将数字平台定义为一种技术支持的商业模式，它通过促进平台所有者和相互依赖的参与者群体（生产者、最终用户或创新互补者）之间的互动来创造价值；Constantinides 等（2018）认为数字平台是涵盖服务与内容的各类数字资源组合，可以通过数字技术连接多边市场，使制造者和多方消费者实现价值共创；邱泽奇（2021）认为数字平台企业（Digital Platform Enterprises，DPE）是指运用数字技术进行生产和服务并为其他企业的生产提供服务的企业组织；Cennamo（2021）认为数字平台是一种“新”的市场基础设施，使企业的互联产品与服务能为最终用户创造和交付价值。数字平台可以更好地描述为一种分布式资产环境，其模块化性质使得单个企业不可能在内部对技术进行概念化、修改或扩展，以生产所有不同的增值互补产品（Murthy and Madhok，2021）。

（二）数字平台分类

按不同驱动方式分类，数字平台可分为交易驱动平台（如淘宝、京东）、服务驱动平台（如钉钉、腾讯会议、浪潮政务云平台）、内容驱动平台（如抖音、小红书）和创新驱动平台（如海尔 HOPE 创新平台）。在多边交易平台中，平台的主要作用是提供数字基础设施，以此实现商品和服务提供商与最终客户的连接，并促进他们之间的价值交换交易（Cennamo，2021）。服务驱动型平台初期是为了实现用户之间的信息交换和知识共享，促进平台各方参与者的共同协作，这类平台不仅可以为用户提供标准化服务，还可以提供定制化服务。这类平台主要作为信息渠道基础设施，支持用户进行相关信息的分类和搜索活动，并促进用户之间的信息交换和匹配（Cennamo，2021）。内容驱动平台可以通过公司生成内容、用户贡献想法（User – Generated Content，UGC）和用户交互内容来创造内容（Subramanian, Mitra and Ransbotham, 2021）。

按功能分类，数字平台可以分成交易平台与创新平台两种类型（邢小强等，2021；刘洋、董久钰、魏江，2020）。交易平台的主要目的是促进不同组织、实体和个人之间的交易，例如，淘宝作为日常使用度极高的交易平台，促进了个人买家和产品零售方（在淘宝平台销售产品的组织或个人）之间的交易，在产生交易的双方或多方起到了连接作用（Bonina et al., 2021）。创新平台的本质是其提供各种功能和接口并允许不同类型创新的广泛生成，使创新参与主体能够更广泛地进行创新活动，如开放政府数据（OGD）平台（Bonina et al., 2021；Bonina and Eaton, 2020）。创新平台专注于有目的地设计平台技术基础，旨在促进具有专业知识的互补者共同开发互补创新产出（Thomas, 2017）。创新平台通常利用开源架构，其优势在于它们可以在多个地区高效快速地复制，并且允许本地开发人员利用特定环境的专业能力，为本地环境创新服务（Bonina et al., 2021）。

按创新类型分类，数字平台可分为效率型平台和新颖型平台。效率型平台创新旨在降低交易成本、提高交易效率，或减少交易复杂性和信息不对称；新颖型平台创新指通过利用数字平台的联结作用纳入新的交易伙伴、建立新的交易联结等方式为顾客创造新的价值以实现交易网络的系统变革（何永清等，2021）。从平台的成长历程来看，效率型平台和新颖型平台是DPE发展的不同阶段，首先实现效率，其次实现需要更高成本的新颖型创新。

四、数字平台基本构成：参与主体和技术架构

（一）数字平台参与主体

数字平台参与主体包括平台领导者（拥有平台的企业）、互补者和最终用户。平台领导者也称为“领导公司”，负责打造平台环境并协调

复杂的组织间网络。平台领导者定义和开发核心平台组件，并促进互补品的开发，以扩大平台的“覆盖范围”（Perks et al.，2017；Nambisan and Sawhney，2011）；由于外部创新者使用平台领导者提供的资源来创新和开发与平台领导者的原始产品互补的产品，因此他们被称为“互补者”（Kapoor et al.，2021）；由于数字平台的价值创造逻辑由供给端向需求端转变，平台消费者逐渐成为参与数字平台系统知识创新的知识工作者，成为数字平台生态系统的重要组成部分（张宝建等，2022）。其中，平台领导者必须打造一个由用户和合作伙伴共同组成的完整生态系统，并至少在广泛的范围内协调不断增加的创新（Gawer and Cusumano，2014）。

（二）数字平台：分层模块化架构

平台架构是支持生态系统成员创造和获取价值的共享技术核心（Hou and Shi，2021；Kretschmer et al.，2022）。数字基础设施是数字平台的底层支持（邱泽奇，2021）。Sedera 等（2016）将数字平台定义为“一种技术架构，允许开发其自身的计算功能，并允许整合信息、计算和可供组织使用的技术平台的链接”。数字平台的技术架构决定了数字平台的开放程度和参与者如何分工协作。数字平台架构仍然是平台价值的关键决定因素（Cennamo，Konsynski and Bush，2018；Tiwana et al.，2010）。模块化数字平台具备架构、标准化接口和功能模块 3 个关键要素（金姝彤等，2021）。

平台技术架构包括平台的技术能力、平台技术组件的运作方式以及与平台补充/内容的连接方式（Baldwin and Woodard，2009；Tiwana，2015；Yoo，Henfridsson and Lyytinen，2010）。平台的架构是一个概念蓝图，它描述了如何将生态系统划分为一个相对稳定的平台和一组鼓励变化的互补应用程序，以及两者之间的设计规则（Tiwana，2013）。平台架构设计规则定义了平台以何种方式支持互补者活动，如何分配平台资源以推动互补者创新，是平台成果产生的重要规则（梅景瑶、郑刚、朱凌，2021）。数字平台的架构特征是分层模块化，分层体系结构由设备层、网络层、服务层和内容层四层组成，这个特征使数字平台具有了生成性和融合性（Yoo，Henfridsson and Lyytinen，2010）。平台的分层模块化架构是为了明确不同角色的分工，简化角色间的流程而生的（万兴、邵菲菲，2017）。这样的技术架构使主体间关系变得生态化，多层次的数字架构让参与者能在不同架构层面上开展创新活动，参与者之间关系变得更加动态、开放，创新合作模式从顺序线性的供应链模式变为多层网状的生态系统模式（Adner，2017；Kapoor and Furr，2015；魏江、赵雨菡，2021）。数字平台的分层架构设计能方便不同领域和行业的互补者被平台企业吸纳，使数字创新活动不受其他层次部件变动的影响在任何层次独立实现，提升了互补者创新的稳定性和生成性（梅景瑶、郑刚、朱凌，2021）。

数字平台是一个可扩展代码库，通常具有能够将不同互补者进行联结的接口，通过联结特性构建具备网络效应的多边交易市场形态（黄鲁成等，2015）。标准化接口（如 API）起到连接模块和增效的作用，是数字平台模块化设计的重要条件（金姝彤等，2021）。除了标准化接口，平台还可以向互补创新者提供专有接口，使互补者的创新活动和创新成果能够接入平台。这些“接口”成为互补者是否被准许接入数字平台进行价值创造的条件。

数字产品平台由不同的松散耦合的模块层组成，这减少了核心模块与其互补模块之间的依赖性（Hilbolling et al.，2020；Baldwin and Clark，2000；Yoo，Henfridsson and Lyytinen，2010）。按照功能分类，数字平台的模块可划分为核心模块和互补模块，核心模块可以由互补者共享，以为客户开发有用的互补产品，提供数字平台的核心支持功能（Shi，Li and Chumnumpan，2021）。互补模块的主要作用是增强平台的核心功能，其中每个模块在整个系统中提供预期的技术功能（Singaraju et al.，

2016；Tiwana，2015）。模块性描述了数字平台系统组件分离和重组的程度，它既指数字组件之间耦合的紧密程度，也指数字平台系统架构规则允许/禁止数字组件之间进行混合和匹配的程度（梅景瑶、郑刚、朱凌，2021）。模块化是极致化分工与极致化合作共同作用的结果，可以将分工产生的效益与整合产生的效益融为一体（李鹏、胡汉辉，2016）。数字平台可以通过模组、模块多样化消解产品和技术的组织设计、运作和价值链管理及研发制造流程等过程中的系统复杂性，包括平台技术架构模块化、平台业务流程模块化、平台组织体系模块化（金姝彤等，2021）。其中，业务流程模块化可以将平台组织依据生产流程划分模块，核心模块涉及企业的核心技术（李鹏、胡汉辉，2016）。模块化架构由具有不同资源、不同业务伙伴的子系统组成，能够实现作为价值创造活动基础资源的动态配置（Perks et al.，2017），数字平台的互补模块和各子系统可被独立设计与修改，不会影响彼此的核心功能（Gawer，2014；Baldwin and Clark，2000）。

五、数字平台的驱动因素

数字平台的外部驱动因素主要关注企业对环境的识别（环境扫描）和知识、资源共享需求，包括信息搜索（客户需求和竞争环境）和参与主体之间的资源共享。

信息搜索。数字平台的融合性使得企业开放度提高，各方利益相关者主体互动更频繁。数字平台可以成为企业对外部环境进行信息搜索的工具，特别是进行客户需求识别。企业可以建立在线评论平台与客户进行在线互动为企业创造忠诚度，并帮助提高其在线评级，如 Yelp、TripAdvisor 和 Angie's List，为消费者提供对当地企业和服务提供商的评论和评级（Kumar，Qiu and Kumar，2018）。数字平台能连接多方的物理特性使各方价值创造主体通过平台互动，减少了获取信息的困难和沟通难题，提高了运行效率（何永清等，2021；缪沁男、魏江、杨升曦，2022）。从交易成本的视角来看，由于数字平台本身具有的开放性，数字平台可以帮助企业降低企业间的沟通与协调成本和市场信息搜索成本（邬爱其、刘一蕙、宋迪，2021；Alarcón – del – Amo et al.，2018；Manyika and Lund，2016）。

竞争驱动。竞争驱动下的数字平台企业更偏向于开发新的市场、获取新的客户以适应外部较高竞争强度的环境。竞争驱动主要包括吸引互补者和降低成本。例如，2010 年，淘宝平台鼓励外部导流商接入，帮助商家获客，以应对京东品类不断扩张和当当赴美上市获得融资的外部高强度竞争（王节祥等，2021）。又如，诺基亚的消亡，使苹果和谷歌为手机创建一个新的基于数字平台的生态系统得以成功（Vuori and Huy，2016）。竞争驱动下的企业利用数字平台的融合特性吸引各方互补者，通过向互补者提供连接到平台的专用接口实现“绑定”，以应对不断变化的竞争环境（Fang，Wu and Clough，2021）。此外，数字交易产生的边际成本最小，因为通过数字平台交易几乎不涉及与制造、仓储或运输相关的成本，接近零的边际成本结构产生了巨大的规模经济潜力，由此产生的网络效应又极大地增加了数字平台企业的利润（Hagiu，2007；Wang and Miller，2020）。

资源共享。数字平台不仅可以帮助企业识别机会，如需求痛点，还可以帮助企业识别资源，如帮助解除知识资源约束（周文辉、阙琴，2022）。数字平台企业通常不仅拥有雄厚的资金和技术资源（如功能代码、SDK 等），还拥有比较强大的用户基础，这些资源能够为数字创业者的技术产品或服务提供所需的技术资源和潜在市场（杨勇、仝甜甜，2022）。数字平台企业具有整合各知识主体的力量，使其共享知识进而突破“知识共享困境”（白景坤、张雅、李思晗，2020）。数字平台企业可以通过构建在线社区或连接其他内部在线平台进行知识共享，如浪潮政务云平台（许晖、于超、王亚君，2021）。

数字平台的内部驱动因素主要关注数字平台的技术特性（如融合性和生成性）和企业数字技术的完善程度，包括协作效率（数字平台作为技术支持实现组织效率提高）和数字技术成熟度（企业建立数字平台技术架构的完善程度）。

协作效率。由于数字平台架构的技术特性，分层模块化使数字平台的运作和分工更有效率（Yoo，Henfridsson and Lyytinen，2010）。模块化促进了数字平台价值创造主体的分工，核心模块和互补模块相互补充、相互协作，更准确、快速地为消费者提供价值。从组织结构来看，原有的科层制组织结构和组织形态无法满足快速响应客户需求的需要，为了解决组织反应迟缓问题，组织必须向虚拟化、扁平化结构转型（王建平，2018）。数字平台生态系统具有解决不确定性问题的能力，可以提高组织效率；同时，数字平台利用了大量外部参与者的分布式知识，并将公司的知识进行了扩充（Murthy and Madhok，2021；Tajedin，Madhok and Keyhani，2019）。

数字技术成熟度。数字平台的底层技术是数字连接（邱泽奇，2021），掌握数字基础设施是构建数字平台的必要条件。企业对构成平台架构的数字技术掌握得越熟练，越能实现数字平台的动态开放式治理，将参与者合理合法地纳入价值创造的生态系统中。数字技术成熟度直接与数字平台架构的完善程度相关，如2015年SAP的Busines By Design平台因为架构局限性遭到互补者弃用（梅景瑶、郑刚、朱凌，2021）。此外，企业可以利用大数据分析能力通过数据驱动对消费者的大数据加以利用，从而形成构建数字平台规则的能力（肖静华等，2018）。

六、价值创造和平台治理

（一）价值创造

数字平台生态系统是一种以用户需求为中心的网络化价值创造和分

配系统（王建平，2018）。平台所有者、供给方与需求方都为生态系统创造了价值（万兴、邵菲菲，2017）。数字平台生态系统赋予用户全方位参与价值创造的能力（Oestreicher－Singer and Zalmanson，2013）。平台领导力是平台企业通过撬动所在行业的大量第三方企业以影响其他互补企业进行产品开发的能力（Gawer and Cusumano，2002）。数字平台开放度是数字平台实现参与者价值共创的重要因素。平台领导者可以通过两种方式扩大开放度，向互补者界定平台规则，引导互补者在平台上展开创新活动：资源开放，如向互补者提供边界资源（如 API 和 SDK）；访问开放，为互补者设定准入规则，明确是否以及准许何种创新者访问平台（如是否允许第三方开发）（Karhu，Gustafsson and Lyytinen，2018）。平台生态系统的核心特征是不同于双边的多边关系架构，参与者在处理与平台企业的互补和依赖关系时，不应局限于双边视野（王节祥等，2021）。在市场竞争越来越激烈的环境下，企业的竞争聚焦到了消费者的个性化需求，企业能否获得研发成功越来越与企业能否对消费者需求进行精准分析和预测相关（肖静华等，2018）。将消费者纳入价值创造系统进一步扩大了数字平台的开放度，数字平台企业可以利用数字技术将消费者（终端价值接受者）转变为研发参与主体（价值链上游价值创造者），这种消费者的身份转变可以通过数字基础设施的联结功能实现。在消费者参与的需求驱动型价值共创中，消费者可以占据研发的主要地位，提供设计想法并将其转化为产品；消费者也可以占据研发的次要地位，由设计师主导设计，消费者提供辅助价值（肖静华等，2018）。

（二）平台治理

平台生态系统的内部治理是以平台核心企业为主导，以利益相关者共同参与为基础，通过各种正式、非正式手段和策略，协调和管理生态系统中的成员行为，减少各参与者方风险，同时最大限度地提高平台的整体价值，实现整个生态系统的行为规范化、业务协同化和种群多样化（戴勇、刘颖洁，2022）。随着生态系统主体和互动复杂性提高，治理机制更需要明确治理目标，确定参与不同功能层面主体的责任和权力，明确开放式治理边界（开放度）和内容，构建数字平台的多边关系协调机制、参与者的价值创造机制和激励机制，形成协同共治体系（张宝建等，2022）。从治理主体来看，在大多数情况下，平台领导者负责治理，从而对其他参与者行使权力（Karhu，Gustafsson and Lyytinen，2018；Tiwana，2015）。平台领导者不一定在平台的所有方面都处于领先地位，他们主要通过对关键接口和组件的控制实现数字平台的总体价值分配（Thomas，2017）。随着海量数据的汇聚、更动态灵活的关系、多主体的广泛参与，给数字平台企业带来了创新主体协同难、创新过程管控难、创新资源管理难的治理挑战（魏江、赵雨菡，2021）。然而，随着数字平台越来越开放，平台领导企业可以适当下放权力，从而实现共享治理，使利益相关者尽量能获得令其满意的收益分配，从而维持价值共创过程（Chen，Pereira and Patel，2021）。从治理内容来看，开放程度是平台治理的重要内容，而平台的开放举措需要以技术架构作为支撑（彭本红、鲁倩，2018）。确定数字平台开放度要求平台领导者为平台向供应商、客户和补充服务提供商授予访问权限（Broekhuizen et al.，2021）。平台所有者与开发者之间关系的接口软件工具和规则被称为“边界资源”（boundary resources），它可以赋予用户设计能力，用户利用这种设计能力以应用程序的形式生成数字平台的互补资产（袁宇、张嵩、卢宝周，2021）。确定边界资源是数字平台把握平台开放度的重要手段。此外，数字平台企业可以通过“平台包络”策略实现边界拓展，即一个平台通过将另一个平台的技术与自己的技术捆绑在一起来包容另一个平台（Eisenmann，Parker and Van Alstyne，2011）。从边界开放来讲，平台企业可以通过为互补者开放 API、SDK 及其他边界资源实施边界资源开放策略，使创业者获得数字平台生态系统的准入资源，帮助平台实现价值创造（杨勇、仝甜甜，2022）。从战略开放来讲，企业可以通过平台镶嵌战略将共生子平台嵌入已有的平台生态，扩展原有平台的功能边界，将数字平台的外部用户连接加入生态，从而促进外部参与者在数字平台进行的互补性活动（王节祥等，2021）。从地域开放来讲，数字平台的使用可以作为一种跨境信号，帮助出口商吸引外国买家，并最终提高其出口销售业绩（Jean et al.，2021）。为了拓展国际化市场，数字平台可以发展为跨境数字平台，企业可以利用跨境数字平台跨越时空与协同共生的属性拓宽自身的知识获取范围，这种情况下可以将来源于不同主体的知识进行跨界快速扩散和集成，不断拓展新的知识源（邬爱其、刘一蕙、宋迪，2021）。

七、数字平台的成长和发展逻辑

发展初期：建立平台。在企业构建数字平台初期，平台核心企业（平台领导者）需要进行技术投资，搭建数字平台的基础技术架构（罗兴武等，2022；戴勇、刘颖洁，2022）。在最初阶段，数字平台专注于利用平台架构进行内部生产和创新活动，实现组织内部产品和单元集成化（Sandberg，Holmström and Lyytinen，2020）。在数字平台发展初期，平台可以作为内容/服务提供商直接提供内容或互补内容及服务（第一方内容），并可以此作为开始或加强用户和互补者之间间接网络影响的战略，这对平台早期的成长起到了积极作用（Cennamo，2018；Hagiu and Spulber，2013）。早期的现有生产商与平台合作，将其低端产品商业化，但这种合作可能会使现有生产商面临与道德风险（如缺乏透明度）和失控（如降低定价）相关的摩擦。

快速扩张期。在平台的快速扩张期，平台领导者应该特别注重内部生态系统治理机制的建立，建立准入规则，通过适当提供边界资源吸引外部参与者，完成上下游业务协同；吸引各方成员积极参与形成网络效应及扩大用户规模（罗兴武等，2022；戴勇、刘颖洁，2022）。这个阶段企业需要对平台的技术架构进行修改，以修改平台范围促进平台进化（Sandberg，Holmström and Lyytinen，2020）。数字平台的进化性和架构是相互塑造的：数字平台的技术架构促进了下一个阶段的创新，创新结果又导致架构继续完善（Hou and Shi，2021）。在快速扩张期，数字平台依赖核心产品或服务的成长、派生、衍化及平台型企业网络外部性的不断增强而成长为平台生态系统（李鹏、胡汉辉，2016）。这一阶段，数字平台企业应特别关注平台开放度的确定（特别是边界开放和战略开放），关注平台参与主体的多样性和价值创造网络。由于数字平台开放的“双刃剑”作用，数字平台可以在充分理解数字创新能力的形成机制的基础上引流更丰富的、更大体量的用户种群，从而形成开放的创新生态系统，但过度的开放可能会导致企业耗费过多的成本与资源或泄露技术创新动向和战略（张镒、刘人怀，2020；罗兴武等，2022）。此外，如果平台过于受限（内部），网络效应将放缓，因为理想的互补产品可能不包括在平台中，如果平台过于开放（外部），则平台内互补行为不当和互补产品质量低的风险会上升（Broekhuizen et al.，2021）。平台依赖于网络效应，即平台的参与者数量越多，平台对所有参与者的价值就越高。平台领导者应对系统架构、技术接口和知识产权做出正确的决策，建立适宜的治理机制（Cusumano and Gawer，2002）。

成熟期：以个性化/需求为导向建立平台。在数字平台运行后期容易产生路径依赖，如很难放弃之前阶段已经建立的与其他数字产品平台的链接，从而损害平台创新对消费者的吸引力（Hilbolling et al.，2020）。客户需求导向“是一种基于客户在使用中的反馈更实时地定制和丰富公司提供的体验方式，而不是被动地‘拦截’客户对其产品或服务体验的反馈”（Kopalle，Kumar and Subramaniam，2020）。数字技术降低了数字平台企业获取客户信息的难度和成本，使企业能够获取、利用和分析广泛的客户数据资源，预测客户的需求（Bendle and Wang，

2016）。例如，“Hub”（代名）利用在线社区培养数字客户并与他们保持数字连接，从数字客户那里捕获正在使用的信息，以增强他们的数字体验（Sun and Zhang，2021）；腾讯游戏平台可以实时获取用户游戏反馈，并进行不停机游戏体验优化，不断满足用户需求。用户企业需要建立能够直接与客户联系的服务渠道或系统，使他们能够使用数字手段及时、准确地获取客户从购买行为到产品和服务到期的所有信息（Ramaswamy and Ozcan，2018；Wang，2021）。为了满足客户个性化需求，在这一阶段平台需要同时建立标准化和个性化的边界资源以促进生态系统协调，数字平台企业要把握边界资源标准化和个性化的张力关系，平衡成本和收益（Karhu，Gustafsson and Lyytinen，2018；Parker and Van Alstyne，2018；Schreieck，Wiesche and Krcmar，2021）。

数字平台的发展是一个各方参与者共同进化的过程（Sandberg，Holmströmm and Lyytinen，2020）。数字平台的发展是逐步提高开放度的过程，但同时需要注意开放度为企业是否带来负面影响（West，2003）。在企业的平台成长路径中，企业先建立平台技术架构，随着平台开放度的提高，价值创造者更加丰富，建立起能实现“共赢”的数字平台生态系统（李鹏、胡汉辉，2016）。在企业向数字平台生态系统转型的过程中，价值传递由链式变成网状，并逐渐实现了网络效应。随着数字平台的进化，价值创造主体变得更加丰富，数字平台的价值创造过程变得更复杂多样，参与者之间将会出现非正式的互动行为，这又可能转而影响到平台绩效。当数字平台参与主体之间的关系和价值创造行为变得更加复杂，数字化情境下的平台治理机制应关注平台的竞争行为是否合法，如互补者多宿主、平台倾斜、平台分叉和平台包络，建立相应的控制机制，避免平台技术架构被剽窃并复制（Kapoor et al.，2021；Rietveld and Schilling，2021）。

八、研究展望

已有学者提出数字平台需要不断进化，但并未具体研究平台应该如何实现进化，也并未明确平台进化的方向（De Reuver, Sørensen and Basole, 2018）。数字平台进化的重要部分是治理机制的不断演进，其中技术架构占主导部分（Jovanovic, Sjödin and Parida, 2021）。未来研究可以进行数字平台的案例探索，以明确数字平台的进化机制及路径。

在数字平台的相关研究中，平台开放度已经成为治理机制需要关注的重点。但多数研究关注于案例研究，定量的研究较少，开放度和价值创造之间的关系亟待解决（Benlian, Hilkert and Hess, 2015; Ondrus, Gannamaneni and Lyytinen, 2015; Cenamor and Frishammar, 2021）。未来研究应关注治理机制中涉及的平台开放度受何种因素影响，并在具体情境下考虑，如分不同平台类型并考虑参与主体的互动、平台如何开放以及开放程度等。

已有较多研究与企业实践接轨，探究企业实现数字平台创新路径，但多数关注于单案例研究，少有学者将多案例进行对比并形成系统的企业数字平台成长逻辑归纳（何永清等，2021；缪沁男、魏江、杨升曦，2022；罗兴武等，2022）。鉴于该问题仍未得到很好的解决，建议在未来研究中厘清数字平台企业成长逻辑中的主导因素，如资源或能力，解决数字平台企业的成长问题。

已有研究已经关注到平台的分散治理，但并未将参与数字平台价值创造的众多利益相关者纳入考虑，以及缺少对分散治理程度和实现机制的具体解释（Chen, Pereira and Patel, 2021）。未来研究可以更全面地解释数字平台中治理权如何分散并满足利益相关者的利益需要和激发创新。

参考文献

[1] ADNER R. Ecosystem as structure: An actionable con – struct for strategy[J]. Journal of management, 2017, 43 (1): 39 –58.

[2] BALDWIN C Y, CLARK K B. Design rules: The power of modularity [M]. Cambridge, Mass: MIT Press, 2000.

[3] BALDWIN C Y, WOODARD C J. The architecture of platforms: A unified view[R]. Platforms, markets and innovation, 2009: 19 –44.

[4] BENDLE N T, WANG X S. Uncovering the message from the mess of big data[J]. Business horizons, 2016, 59(1): 115 –124.

[5] BENLIAN A, HILKERT D, HESS T. How open is this platform? The meaning and measurement of platform openness from the complementers' perspective[J]. Journal of information technology, 2015, 30(3): 209 –228.

[6] BONINA C, EATON B. Cultivating open government data platform ecosystems through governance: Lessons from Buenos Aires, Mexico City and Montevideo[J]. Government information quarterly, 2020, 37(3): 101 –479.

[7] BONINA C, KOSKINEN K, EATON B, et al. Digital platforms for development: Foundations and research agenda[J]. Information systems journal, 2021, 31(6): 869 –902.

[8] BOUDREAU K J, JEPPESEN L B. Unpaid crowd complementors: The platform network effect mirage[J]. Strategic management journal, 2015, 36 (12): 1761 –1777.

[9] BROEKHUIZEN T L J, EMRICH O, GIJSENBERG M J, et al. Digital platform openness: Drivers, dimensions and outcomes[J]. Journal of business research, 2021, 122(C): 902 –914.

[10] EVANS P C, GAWER A. The rise of the platform enterprise: A global

survey[R]. 2016.

[11]CENNAMO C. Building the value of next - generation platforms: The paradox of diminishing returns[J]. Journal of management, 2018, 44(8): 3038 - 3069.

[12]CENNAMO C. Competing in digital markets: A platform - based perspective[J]. Academy of management perspectives, 2021, 35(2): 265 - 291.

[13]CENNAMO C, SANTALÓ J. Generativity tension and value creation in platform ecosystems[J]. Organization science, 2019, 30(3): 617 - 641.

[14]CUSUMANO M A, GAWER A. The elements of platform leadership [J]. MIT Sloan management review, 2002, 43(3): 51.

[15]CENAMOR J, SJÖDIN D R, PARIDA V. Adopting a platform approach in servitization: Leveraging the value of digitalization[J]. International journal of production economics, 2017, 192: 54 - 65.

[16]CENAMOR J, FRISHAMMAR J. Openness in platform ecosystems: Innovation strategies for complementary products[J]. Research policy, 2021, 50(1): 104 - 148.

[17]CHEN Y, PEREIRA I, PATEL P C. Decentralized governance of digital platforms[J]. Journal of management, 2021, 47(5): 1305 - 1337.

[18]CIBORRA C U. The platform organization: Recombining strategies, structures, and surprises[M]//Bricolage, Care and Information. Palgrave Macmillan, London, 2009: 134 - 158.

[19]CHOI G, NAM C, KIM S. The impacts of technology platform openness on application developers' intention to continuously use a platform: From an ecosystem perspective[J]. Telecommunications policy, 2019, 43(2): 140 - 153.

[20]CONSTANTINIDES P, HENFRIDSSON O, PARKER G G. Introduction: Platforms and infrastructures in the digital age[J]. Information systems research, 2018, 29(2): 381 - 400.

[21]CUSUMANO M A, GAWER A, YOFFIE D B. The business of plat-

forms: Strategy in the age of digital competition, innovation, and power[M]. New York: Harper business, 2019.

[22]DE REUVER M, SØRENSEN C, BASOLE R C. The digital platform: A research agenda[J]. Journal of information technology, 2018, 33(2): 124 – 135.

[23]EATON B, ELALUF – CALDERWOOD S, SORENSEN C, et al. Distributed tuning of boundary resources[J]. MIS quarterly, 2015, 39(1): 217 – 244.

[24]EISENMANN T, PARKER G, VAN ALSTYNE M. Platform envelopment[J]. Strategic management journal, 2011, 32(12): 1270 – 1285.

[25]FANG T P, WU A, CLOUGH D R. Platform diffusion at temporary gatherings: Social coordination and ecosystem emergence[J]. Strategic management journal, 2021, 42(2): 233 – 272.

[26]GAWER A. Bridging differing perspectives on technological platforms: Toward an integrative framework[J]. Research policy, 2014, 43(7): 1239 – 1249.

[27]GAWER A. Platforms, markets and innovation[M]. Northampton: Edward elgar publishing, 2011.

[28]GAWER A, CUSUMANO M A. Industry platforms and ecosystem innovation[J]. Journal of product innovation management, 2014, 31(3): 417 – 433.

[29]GAWER A, CUSUMANO M A. Platform leadership: How Intel, Microsoft, and Cisco drive industry innovation[M]. Boston: Harvard Business School Press, 2002.

[30]GHAZAWNEH A, HENFRIDSSON O. Balancing platform control and external contribution in third - party development: The boundary resources model[J]. Information systems journal, 2013, 23(2): 173 – 192.

[31]GRUBER F E. Industry 4.0: A best practice project of the automotive industry[C]//IFIP international conference on digital product and process devel-

opment systems. Springer, Berlin, Heidelberg, 2013: 36 – 40.

[32]HAGIU A. Merchant or two – sided platform? [J]. Review of network economics, 2007, 6(2).

[33]HAGIU A, SPULBER D. First – party content and coordination in two – sided markets[J]. Management science, 2013, 59(4): 933 – 949.

[34]HELFAT C E, RAUBITSCHEK R S. Dynamic and integrative capabilities for profiting from innovation in digital platform – based ecosystems[J]. Research policy, 2018, 47(8): 1391 – 1399.

[35]HILBOLLING S, BERENDS H, DEKEN F, et al. Complementors as connectors: Managing open innovation around digital product platforms[J]. R&D Management, 2020, 50(1): 18 – 30.

[36]HOU H, SHI Y. Ecosystem – as – structure and ecosystem – as – coevolution: A constructive examination[J]. Technovation, 2021, 100: 102 – 193.

[37]JEAN R J, KIM D, ZHOU K Z, et al. E – platform use and exporting in the context of Alibaba: A signaling theory perspective[J]. Journal of international business studies, 2021, 52(8): 1501 – 1528.

[38]JOVANOVIC M, SJÖDIN D, PARIDA V. Co – evolution of platform architecture, platform services, and platform governance: Expanding the platform value of industrial digital platforms[J]. Technovation, 2021: 102 – 218.

[39]KAPOOR K, BIGDELI A Z, DWIVEDI Y K, et al. A socio – technical view of platform ecosystems: Systematic review and research agenda[J]. Journal of business research, 2021, 128: 94 – 108.

[40]KAPOOR R, FURR N R. Complementarities and competition: Unpacking the drivers of entrants' technology choices in the solar photovoltaic industry [J]. Strategic management journal, 2015, 36(3): 416 – 436.

[41]KARHU K, GUSTAFSSON R, LYYTINEN K. Exploiting and defending open digital platforms with boundary resources: Android's five platform forks[J]. Information systems research, 2018, 29(2): 479 – 497.

[42]KLEIN A, SØRENSEN C, DE FREITAS A S, et al. Understanding controversies in digital platform innovation processes: The Google Glass case[J]. Technological forecasting and social change, 2020, 152: 119 – 883.

[43]KOPALLE P K, KUMAR V, SUBRAMANIAM M. How legacy firms can embrace the digital ecosystem via digital customer orientation[J]. Journal of the academy of marketing science, 2020, 48(1): 114 – 131.

[44]KRETSCHMER T, LEIPONEN A, SCHILLING M, et al. Platform ecosystems as meta - organizations: Implications for platform strategies[J]. Strategic management journal, 2022, 43(3): 405 – 424.

[45]KUMAR N, QIU L, KUMAR S. Exit, voice, and response on digital platforms: An empirical investigation of online management response strategies [J]. Information systems research, 2018, 29(4): 849 – 870.

[46]LANGLEY P, LEYSHON A. Platform capitalism: The intermediation and capitalization of digital economic circulation[J]. Finance and society, 2017, 3(1): 11 – 31.

[47]MANYIKA J, LUND S. Globalization for the little guy[Z]. McKinsey Global Institute,2016.

[48]MURTHY R K, MADHOK A. Overcoming the early – stage conundrum of digital platform ecosystem emergence: A problem – solving perspective [J]. Journal of management studies, 2021, 58(7): 1899 – 1932.

[49]NAMBISAN S, BARON R A. On the costs of digital entrepreneurship: Role conflict, stress, and venture performance in digital platform – based ecosystems[J]. Journal of business research, 2021, 125: 520 – 532.

[50]NAMBISAN S, LYYTINEN K, MAJCHRZAK A, et al. Digital innovation management: Reinventing innovation management research in a digital world[J]. MIS quarterly, 2017, 41(1).

[51]NAMBISAN S, SAWHNEY M. Orchestration processes in network – centric innovation: Evidence from the field[J]. Academy of management per-

spectives, 2011, 25(3): 40 -57.

[52]OESTREICHER - SINGER G, ZALMANSON L. Content or community? A digital business strategy for content providers in the social age[J]. MIS quarterly, 2013(2): 591 -616.

[53]ONDRUS J, GANNAMANENI A, LYYTINEN K. The impact of openness on the market potential of multi - sided platforms: A case study of mobile payment platforms[J]. Journal of information technology, 2015, 30(3): 260 -275.

[54]PARKER G, VAN ALSTYNE M. Innovation, openness, and platform control[J]. Management science, 2018, 64(7): 3015 -3032.

[55]PERKS H, KOWALKOWSKI C, WITELL L, et al. Network orchestration for value platform development[J]. Industrial marketing management, 2017, 67(8): 106 -121.

[56]RAMASWAMY V, OZCAN K. Offerings as digitalized interactive platforms: A conceptual framework and implications[J]. Journal of marketing, 2018, 82(4): 19 -31.

[57]RIALP - CRIADO A, RIALP - CRIADO J. Examining the impact of managerial involvement with social media on exporting firm performance[J]. International business review, 2018, 27(2): 355 -366.

[58]RIETVELD J, SCHILLING M A. Platform competition: A systematic and interdisciplinary review of the literature[J]. Journal of management, 2021, 47(6): 158 -1563.

[59]SEDERA D, LOKUGE S, GROVER V, et al. Innovating with enterprise systems and digital platforms: A contingent resource - based theory view [J]. Information & management, 2016, 53(3): 366 -379.

[60]SINGARAJU S P, NGUYEN Q A, NIININEN O, et al. Social media and value co - creation in multi - stakeholder systems: A resource integration approach[J]. Industrial marketing management, 2016, 54(4): 44 -55.

[61] SANDBERG J, HOLMSTRÖM J, LYYTINEN K. Digitization and phase transitions in platform organizing logics: Evidence from the process automation industry[J]. MIS quarterly, 2020, 44(1).

[62]SAWHNEY M, VERONA G, PRANDELLI E. Collaborating to create: The internet as a platform for customer engagement in product innovation[J]. Journal of interactive marketing, 2005, 19(4): 4 – 17.

[63]SCHREIECK M, WIESCHE M, KRCMAR H. Capabilities for value co – creation and value capture in emergent platform ecosystems: A longitudinal case study of SAP' s cloud platform[J]. Journal of information technology, 2021, 36(4): 365 – 390.

[64]SHI X, LI F, CHUMNUMPAN P. Platform development: Emerging insights from a nascent industry[J]. Journal of management, 2021, 47(8): 2037 – 2073.

[65]SUBRAMANIAN H, MITRA S, RANSBOTHAM S. Capturing value in platform business models that rely on user – generated content[J]. Organization science, 2021, 32(3): 804 – 823.

[66]SUN X, ZHANG Q. Building digital incentives for digital customer orientation in platform ecosystems[J]. Journal of business research, 2021, 137(C): 555 – 566.

[67]TAJEDIN H, MADHOK A, KEYHANI M. A theory of digital firm – designed markets: Defying knowledge constraints with crowds and marketplaces[J]. Strategy science, 2019, 4(4): 323 – 342.

[68]TIWANA A. Evolutionary competition in platform ecosystems[J]. Information systems research, 2015, 26(2): 266 – 281.

[69]TIWANA A. Platform ecosystems: Aligning architecture, governance, and strategy[M]. London: Newnes, 2013.

[70]TIWANA A, KONSYNSKI B R, BUSH A A. Research commentary – platform evolution: Coevolution of platform architecture, governance, and environ-

mental eynamics[J]. Information systems research, 2010, 21(4):675-687.

[71]THOMAS F. Evolution of modularity literature: A 25-year bibliometric analysis[J]. International journal of operations & production management, 2017, 37(6): 703-747.

[72]VUORI T O, HUY Q N. Distributed attention and shared emotions in the innovation process: How Nokia lost the smartphone battle[J]. Administrative science quarterly, 2016, 61(1): 9-51.

[73]WANG C L. New frontiers and future directions in interactive marketing: Inaugural Editorial[J]. Journal of research in interactive marketing, 2021, 15(1): 1-9.

[74]WANG R D, MILLER C D. Complementors' engagement in an ecosystem: A study of publishers' e-book offerings on Amazon Kindle[J]. Strategic management journal, 2020, 41(1): 3-26.

[75]WEST J. How open is open enough? Melding proprietary and open source platform strategies[J]. Research policy, 2003, 32(7): 1259-1285.

[76]YOO Y, HENFRIDSSON O, LYYTINEN K. Research commentary: The new organizing logic of digital innovation—an agenda for information systems research[J]. Information systems research, 2010, 21(4): 724-735.

[77]白景坤，张雅，李思晗．平台型企业知识治理与价值共创关系研究[J]. 科学学研究，2020，38(12)：2193-2201.

[78]戴勇，刘颖洁．基于组态分析的数字平台生态系统内部治理因素及效果研究[J]. 科研管理，2022，43(2)：46-54.

[79]何永清，邹波，潘杰义，等．传统服务业企业如何实现平台创新：一个探索性纵向案例研究[J]. 南开管理评论，2021，24(6)：203-214.

[80]黄鲁成，成雨，吴菲菲，等．关于颠覆性技术识别框架的探索[J]. 科学学研究，2015(5)：654-664.

[81]金姝彤，王海军，陈劲，等．模块化数字平台对企业颠覆性创新的作用机制研究：以海尔 COSMOPlat 为例[J]. 研究与发展管理，2021，33

(6): 18－30.

[82]李鹏, 胡汉辉. 企业到平台生态系统的跃迁:机理与路径[J]. 科技进步与对策, 2016, 33(10): 1－5.

[83]缪沁男,魏江,杨升曦. 服务型数字平台的赋能机制演化研究:基于钉钉的案例分析[J]. 科学学研究,2022,40(1):182－192.

[84]刘洋, 董久钰, 魏江. 数字创新管理: 理论框架与未来研究[J]. 管理世界,2020, 36(7): 198－217＋219.

[85]罗兴武, 张皓, 刘洋, 等. 数字平台企业如何从事件中塑造数字创新能力?——基于事件系统理论的钉钉成长案例研究[J/OL]. 南开管理评论,2022－06－21:1－21.

[86]梅景瑶, 郑刚, 朱凌. 数字平台如何赋能互补者创新:基于架构设计视角[J]. 科技进步与对策, 2021,38(12):1－8.

[87]彭本红, 鲁倩. 平台型企业开放式服务创新的风险成因及作用机制[J]. 科学学研究, 2018, 36(1): 183－192.

[88]邱泽奇. 数字平台企业的组织特征与治理创新方向[J]. 人民论坛·学术前沿, 2021(21): 44－55.

[89]万兴, 邵菲菲. 数字平台生态系统的价值共创研究进展[J]. 首都经济贸易大学学报, 2017, 19(5): 89－97.

[90]王建平. 工业4.0战略驱动下企业平台生态圈构建与组织变革[J]. 科技进步与对策, 2018, 35(16): 91－96.

[91]王节祥, 陈威如, 江诗松, 等. 平台生态系统中的参与者战略: 互补与依赖关系的解耦[J]. 管理世界, 2021, 37(2): 126－147＋10.

[92]魏江, 赵雨菡. 数字创新生态系统的治理机制[J]. 科学学研究, 2021, 39(6): 965－969.

[93]邬爱其, 刘一蕙, 宋迪. 跨境数字平台参与、国际化增值行为与企业国际竞争优势[J]. 管理世界, 2021, 37(9): 214－233.

[94]肖静华, 吴瑶, 刘意, 等. 消费者数据化参与的研发创新:企业与消费者协同演化视角的双案例研究[J]. 管理世界, 2018, 34(8): 154－

173 + 192.

[95]邢小强，汤新慧，王珏，等．数字平台履责与共享价值创造:基于字节跳动扶贫的案例研究[J]．管理世界，2021，37(12)：152 - 176.

[96]许晖，于超，王亚君．模块化与开放性双重视角下的平台型组织价值创造机制研究:以浪潮和东软为例[J]．科学学与科学技术管理，2021，42(2)：77 - 95.

[97]杨勇，仝甜甜．开放策略对数字创业平台企业绩效影响的仿真研究[J]．管理学报，2022，19(2)：213 - 224.

[98]阳镇，陈劲．互联网平台型企业社会责任创新及其治理：一个文献综述[J]．科学学与科学技术管理，2021，42(10)：34 - 55.

[99]袁宇，张嵩，卢宝周．制造业创业平台动态演化及治理机制:边界资源调优视角[J]．中国软科学，2021(11)：103 - 116.

[100]张宝建，薄香芳，陈劲，等．数字平台生态系统价值生成逻辑[J]．科技进步与对策，2022，39(11)：1 - 9.

[101]张镒，刘人怀．互补性资产、平台领导力对双元创新的影响:基于环境复杂性的调节作用[J]．管理评论，2020，32(10)：158 - 169.

[102]周文辉，阙琴．数字平台创业如何突破机会资源的双重约束?[J]．科学学研究，2022，40(5)：896 - 905.

知识权力对企业创新绩效的影响研究
——基于系统动力学的仿真分析①

周诗晨

摘要： 知识权力对创新网络中企业创新绩效的提升具有重要的意义。为深入探究知识权力对企业创新绩效的影响机制，本文基于系统动力学方法的基本原理，构建了知识权力与企业创新绩效的因果关系模型，并运用 Vensim PLE 软件进行了仿真和灵敏度分析。研究结果表明，本文的模型能够较好地拟合创新网络中知识权力与企业创新绩效之间的关系，且知识权力对企业创新绩效具有正向影响。本文揭示了知识权力在企业创新中的重要作用，并为企业运用知识权力有效提升创新绩效、高效地进行网络合作提供一定的理论依据。

关键词： 知识权力；创新绩效；系统动力学

作者简介： 周诗晨（1997— ），陕西西安人，西北大学经济管理学院 2020 级技术经济及管理专业硕士研究生。

---

① 本文由陈关聚教授指导完成。陈关聚，西北大学经济管理学院教授，博士研究生导师，研究方向为技术创新管理、创新生态系统研究。

一、引言

在知识经济时代下，知识是企业创新和竞争优势的重要来源。对于企业来说，要想在快速变化的市场中获得一席之地，必须掌握并占有关键性的知识资源。而当今社会，创新环境瞬息万变，创新的复杂性不断加剧，随着知识技术更新速度的加快和市场竞争的日益激烈，企业仅凭自身的知识储备和资源难以保持竞争优势，实现持续长远的发展。越来越多的企业通过嵌入创新网络来获取丰富的知识资源，更高效地实现技术创新。基于资源依赖理论，企业对外部网络或者网络成员的依赖，本质上是对网络中互补知识资源的依赖。而知识具有稀缺性、价值性、不可替代性，掌握关键知识资源的主体对其他成员就会产生一定的吸引力。因此，部分企业凭借对一定数量的核心知识资源的占有与控制，在网络关系中会产生较大的知识权力，来控制和影响网络中其他企业的创新行为。

对于企业来说，拥有知识权力可以更好地建立网络规范，形成稳定的网络惯例，还可以有效协调成员间的合作行为，提高知识转移效率，进而持续地从外部网络中获取自身需要的重要资源，达成自身的创新目标。具备知识权力优势的企业，也更容易获得信任与支持，这种良好的交互关系会促进知识的交流与共享。且企业知识权力越大，越能够有效约束网络成员的机会主义行为，降低环境不确定性带来的风险，提高创新成功率。在竞争激烈的知识经济时代，以知识权力为核心的网络权力逐渐成为研究热点，如何有效运用知识权力是企业创新实践的重要问题。然而探讨知识权力不同维度对创新绩效作用机制的研究较少，其影响机理尚不清晰，也缺乏从动态角度使用仿真建模方法开展的研究，因此，探讨知识权力与创新绩效的关系具有重要的理论意义和实践价值。

基于此，本文采用系统动力学方法构建了知识权力与企业创新绩效的动态关系模型，并进行了仿真和灵敏度分析，深入剖析知识权力不同维度对企业创新绩效的影响机理，在此基础上为企业运用知识权力更高效地进行合作创新提供一些建议。

二、文献综述

（一）关于知识权力的界定

网络权力研究最早起源于社会学领域，之后国内外学者将网络权力按配置划分为知识权力和结构权力，开始对网络权力的重要组成部分知识权力展开研究。Foucault 和 Gordon（1980）基于社会学角度，首次提出了知识权力观，认为权力是基于知识而产生的，权力的行使就是知识的运用。Connell（1995）更为全面地解释了知识权力观，将知识、权力以及社会变革都纳入同一理论体系中，辩证地论证了这三者间的关系。

随后，对知识权力的探讨逐渐从社会学领域过渡到经济学和管理学领域。Rajan 和 Zingales（1998）指出，对任何核心资源的掌控都是权力产生的源泉，企业的知识权力源于其拥有的关键知识资源。Hislop 等（2000）提出，组织对重要资源的掌握会导致组织间的地位不平等，从而产生组织权力。Latiff 和 Hassan（2008）明确了知识权力的内涵，认为知识权力是企业凭借对各种知识的占有和支配而产生的权力。Khknen 和 Virolainen（2011）进一步提出，知识权力是基于组织间资源不对等关系而产生的一方能够影响另一方决策行为的能力。张巍和党兴华（2011）指出，在创新网络中知识是核心资源，也是组织间关系形成的基础，企业间由于知识资源形成了依赖关系，并产生了凭借自身知识资源而能够影响其他企业行为的一种权力，即知识权力。徐可等（2014）认为，知识权力是由于企业拥有核心技术或知识资源而能够支配和控制其他网络成员的一种能力。

本文认为，知识权力是指企业由于掌握关键知识资源，使其他企业形成不平等的依赖关系，从而产生的可以控制和影响网络中其他企业创新行为的权力。依据其内涵，知识权力的形成依赖于核心知识资源，且知识权力是一种组织间的相互影响关系，同时参考 Knoke、郭献强等学者的研究，可以将知识权力细分为知识控制力和知识影响力两个方面来衡量，对知识权力的划分有利于阐明权力形成的基础。知识控制力是企业对网络中关键知识资源的控制能力，知识影响力则是指企业自身拥有的关键知识资源对网络成员产生的影响力，企业在开展创新活动时，对网络中其他成员产生的影响应该是这两种潜在权力的综合。

（二）知识权力相关研究

知识权力的相关研究主要集中在对其形成过程与影响因素的探讨上。关于知识权力的来源与形成机理，不同学者从不同视角进行了探讨。Ahituv 和 Carmi（2007）从管理学角度研究发现，企业所拥有的知识量大小和其在网络中所处的位置影响着知识权力的配置。党兴华和张巍（2012）从技术创新网络角度出发，认为企业内部的核心知识能力是其知识权力形成的基础，而企业嵌入网络中是企业获取知识资源并体现知识权力的基础条件。郭献强等（2014）基于资源依赖视角，探讨了知识权力的形成机理，认为企业知识权力的产生是基于企业拥有的知识资源和关系资源，而知识能力和关系能力也对知识权力的形成有重要的调节作用。盛亚和彭哲（2015）通过案例研究发现，网络核心成员的网络位置和知识元素的价值性均与其知识权力呈正相关，即占据核心网络位置或知识的价值性越高，企业的知识权力越大。芮正云和罗瑾琏（2017）从网络嵌入视角指出，企业的联盟能力、所处的网络位置都会影响知识权力的形成。从学者的研究中可以发现，知识权力的形成与发展是以企业拥有的核心知识资源为基础，并且受到企业自身相关能力和所处网络位置等多重因素的影响。

（三）创新绩效相关研究

创新绩效主要表现为创新的投入产出效率以及创新活动的实现程度。影响创新绩效的因素是多方面的，企业一方面需要统筹内部的各种资源，另一方面需要与外部不断进行信息、资源交互，所以企业创新绩效本质上取决于各个因素之间的信息反馈过程。

对于创新绩效的测度一般分为主观方法和客观方法。主观方法是对创新绩效的评价指标进行量表设计并开展问卷调查，但这种方法获得的数据，在准确反映现实情况方面有一定的局限性。客观方法方面，学者分别从产品创新绩效、过程创新绩效、研发创新绩效和非研发创新绩效等方面来衡量。陈劲和陈钰芬（2006）认为，创新绩效评价体系中存在过度关注产出而忽略过程创新现象；以产品创新为主，未能反映工艺创新绩效；以及过分注重技术创新资源投入等问题。因此，创新绩效评价需要能够同时反映过程与产出，结合所采用的系统动力学方法考虑动态性，根据技术创新对象的不同，本文主要从工艺创新绩效和产品创新绩效两个方面进行评价。工艺创新是指企业通过使用新的生产设备、技术工艺或者改进生产流程等方式来提高生产效率，它渗透在企业各种生产要素的结合方式上，而产品创新是指企业为了满足市场需求不断开发创造新产品或新服务。工艺创新与产品创新都是企业发展成长和维持竞争优势的重要途径，不能片面地强调一种方式，企业创新能力的提高是这两种创新共同作用的结果。本研究中，工艺创新绩效主要通过引入新生产运作方式、技术工艺和流程改进来衡量，而产品创新绩效由新产品开发速度、产品开发成功率等指标构成。

（四）知识权力对创新绩效的影响研究

关于知识权力对创新绩效的影响机理，近年来部分学者从不同视角进行了研究，但目前已有研究较少。邓峰（2015）从集群网络角度研究发现，知识影响力正向影响创新规模绩效和创新效率绩效，并通过资源配置效率正向作用于创新社会绩效以及创新效率绩效，即知识影响力对集群创新绩效同时有直接作用和间接作用，说明知识影响力是网络权力形成的关键，对于集群创新绩效的提升也具有重要作用。王建军等（2020）从跨界搜索视角出发，探究了知识权力对创新绩效的作用机制，研究发现，知识控制力和知识影响力对创新绩效均有显著的正向影响，且跨界技术知识搜索和跨界市场知识搜索在二者之间起到了中介作用。侯光文和刘青青（2022）基于数字化能力视角指出，网络知识权力、位置权力与关系权力均正向影响创新绩效，且数字化协同能力在其中发挥中介作用。李宇和李明澈（2021）将“知识－权力”理论引入企业二元式创新的研究中，结果表明，知识权力对探索式创新和利用式创新均具有显著的正向影响，且环境动态性对于二者的调节作用存在显著差异。

除了探讨知识权力对创新绩效的影响外，也有学者从创新的前置变量视角进行了研究。Dhanaraj 和 Parkhe（2006）认为核心企业运用知识权力，可以协调和影响网络中知识转移、网络稳定性与创新转移等行为，以此来创造更多的价值。Leiponen 和 Helfat（2010）指出，企业通过运用知识权力和广泛的知识来源可以在很大程度上影响其创新效率与成本。张巍和党兴华（2011）研究发现，知识权力对于企业网络能力具有显著的正向影响。孙永磊和党兴华（2013）研究指出，知识权力、网络位置以及组织间信任均有利于促进网络惯例的形成。徐可等（2014）发现，知识权力对网络惯例具有显著的正向影响，且规范性承诺和工具性承诺在知识权力与网络惯例的关系中均起到了中介作用。魏龙和党兴华（2017）探讨了知识权力、结构权力对网络惯例的差异性影响，以及网络搜寻在其中的调节效应。结果显示，网络权力正向影响网络惯例，且相较结构权力，知识权力对网络惯例的积极作用更强。吴松强等（2017）实证研究发现，在集群情境下，核心企业知识权力、地位权力和感召权力均与配套企业的合作行为呈正相关。李宇和陆艳红（2018）探究了核心企业知识权力与集群知识创造能力之间的关系，研究结果表明二者之间存在倒U形关系。杨毅等（2018）研究发现，具有知识权力优势的企业有更强的能力处理企业间关系，并且能够更好地利用网络中心位置带来的网络联系和知识流，有利于企业进行知识重组。而处于弱势地位的企业也会依赖知识权力较高的企业，不断进行知识交流与共享。

（五）文献述评

综上所述，目前，国内外关于知识权力的研究主要集中在知识权力的界定、来源与形成机理，知识权力在创新网络中的作用等方面。对于如何衡量组织中知识权力的大小、如何解释知识权力在创新网络中的作用机制，以及组织所拥有的知识权力对网络演化与创新绩效的影响作用等问题还未进行深入探究。且已有研究多采用理论分析与案例研究方法，定量研究较少，大多限于静态分析。由于网络关系中组织的知识权力形成与演化是一个基于知识积累的长期的动态过程，本文运用仿真模型来模拟知识权力演化对于企业创新绩效的影响作用，克服了传统实证方法在动态数据收集方面的局限。因此，本文将知识权力细分为知识控制力和知识影响力两个维度，在此基础上，构建知识权力与企业创新绩效的系统动力学模型，进一步进行仿真模拟和灵敏度分析，以此揭示知识权力不同维度对企业创新绩效的影响机理。

三、模型构建

（一）知识权力和创新绩效因果关系的系统分析

系统动力学以反馈控制理论为基础，结合计算机仿真技术，定量研究系统发展的动态行为，从而认识和解决系统问题。运用系统动力学进行研究的前提是该系统必须是远离平衡有序的耗散结构。在进行仿真研究时，首先要确定系统的边界；其次进一步分析系统的影响因素和反馈机制，并构建出因果关系图和系统流图；最后利用计算机进行仿真模拟。

本文符合系统动力学研究的基本条件，适合采用系统动力学方法分析知识权力与企业创新绩效之间的关系。首先，本文中创新网络内的知识权力系统，关注的是知识资源在网络成员间的积累与转移，具有明确的边界，且系统内存在多回路与多变量；其次，创新绩效的影响因素众多，各影响因素之间的相互关系也较为复杂，而系统动力学能够结合结构化的方法使影响因素平行化，将知识权力与创新绩效之间的关系进行抽象，进而更好地剖析知识权力对企业创新绩效的影响作用；最后，系统动力学中包含的系统反馈机制与动态演化等都非常符合影响企业创新绩效的驱动机制，可以通过构建因果关系、系统流图和仿真分析，模拟知识权力的演化及其对创新绩效的作用，有利于更好地探究知识权力对企业创新绩效的动态影响机制。

根据前文论述，企业知识权力对创新绩效的影响作用主要是通过知识控制力和知识影响力两个维度产生的，而创新绩效分为工艺创新绩效和产品创新绩效，二者之间形成了相互耦合的、不断循环的反馈回路。企业由于掌握一定数量的关键知识资源，在网络关系中会形成一定的知识控制力和知识影响力，而企业拥有的知识权力会对网络成员间的知识交互行为产生影响。对网络中核心知识资源控制力较强的企业，基于其他企业对自身的依赖关系，可以有效协调网络成员的合作行为，提高知识流动和转移效率，从而可以持续地从网络中获取自身所需的资源，进而更高效地进行知识创造；知识影响力较强的企业，更容易受到信任与支持，这种良好的交互关系会促进知识的交流与共享，使得知识流在企业内外部高效运转，推进企业的知识创造行为。而企业通过高效的知识创造活动，可以推动工艺流程和生产方式的改进、新产品开发速度和成功率的提高，进而提高工艺创新和产品创新效率，提升企业的创新绩效。

知识权力还会受到其他因素的影响。企业目前所拥有的核心知识资源是知识权力形成的基本要素，由知识量和知识稀缺程度共同决定其价值。知识控制力的影响因素有网络位置跃迁、企业自身知识获取能力和知识吸收能力，而知识影响力受到关系能力、信任和承诺的影响。

基于以上因果关系分析，本文构建了知识权力与创新绩效的因果关系模型，如图1 所示。

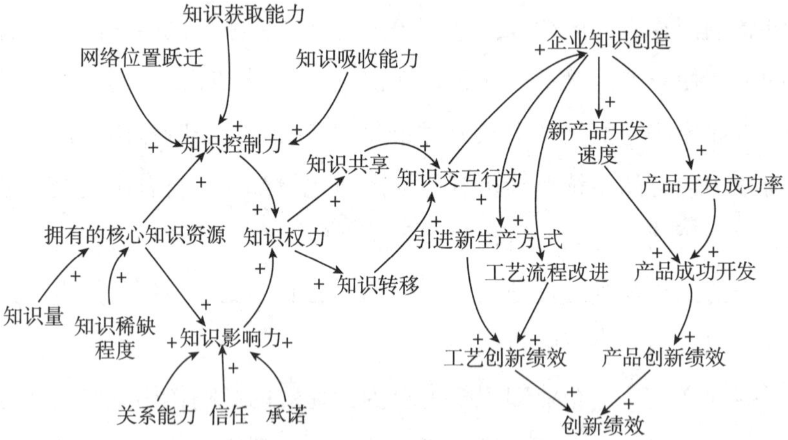

图1　知识权力与创新绩效的因果关系

（二）模型假设与系统流图

为了更准确地进行仿真研究，本文对模型做出如下基本假设：

（1）企业工艺创新绩效、产品创新绩效的提升是一个连续、渐进、不断循环的过程；

（2）本模型主要关注网络权力中知识权力与企业创新绩效的动态关系，不考虑外部环境中其他因素对企业创新绩效的影响。

结合以上假设，在因果关系图的基础上，本文构建了如图2 所示的系统流图。在该系统中包括6 个状态变量（L），3 个速率变量（R），7

个辅助变量（A），8个常量（C），共24个变量。

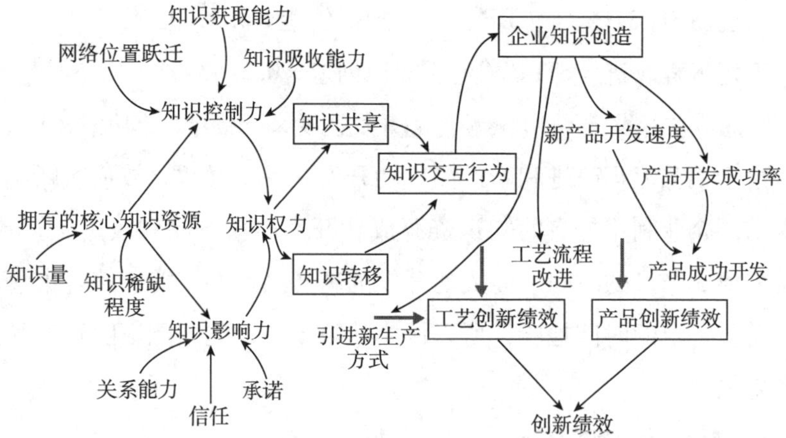

图2 知识权力与创新绩效关系的系统流图

（三）方程设计

仿真方程能够确定系统内部各变量之间的相互关系，本文基于系统动力学的基本原理，参考杨陈等（2014）和贺新杰等（2021）的研究进行了方程设计与说明，同时对系统中的相关参数进行了设定，主要变量的方程如下。

1. 状态变量方程设计

工艺创新绩效 = INTEG［（引进新生产方式 + 工艺流程改进）× 0.5，0］

产品创新绩效 = INTEG（产品成功开发 ×0.5，0）

企业知识创造 = INTEG（知识交互行为 ×0.2，10）

知识交互行为 = INTEG（知识共享 + 知识转移，10）

知识共享 = INTEG（知识权力 ×0.3，0）

知识转移 = INTEG（知识权力 ×0.3，0）

设定企业初始知识创造和知识交互行为均为10。

2. 速率变量方程设计

引进新生产方式 = STEP（企业知识创造 ×0.3，3）

工艺流程改进 = STEP（企业知识创造 ×0.3，3）

产品成功开发 = STEP（新产品开发速度 × 产品开发成功率 ×0.3，6）

由于工艺流程改进和新产品成功开发是一个过程，故用阶跃函数进行表示。企业利用拥有的知识资源成功开发出新产品和改进工艺流程，假设需要3个月的时间，而成功开发的新产品不一定能够符合市场的需求，需要一定的时间检验，所以设定从第6个月起才能证明新产品是否能产生绩效。

3. 辅助变量方程设计

新产品开发速度 = 企业知识创造 ×0.3

产品开发成功率 = 企业知识创造 ×0.3

知识权力 = 知识控制力 + 知识影响力

知识控制力 = 拥有的核心知识资源 × 网络位置跃迁 × 知识获取能力 × 知识吸收能力

知识影响力 = 拥有的核心知识资源 × 关系能力 × 信任 × 承诺

拥有的核心知识资源 = 知识量 × 知识稀缺程度

企业创新绩效 = 企业工艺创新绩效 + 企业产品创新绩效

企业实现知识创造对新产品开发速度和产品开发成功率有一定的影响，假设这种影响为30%。

4. 常量赋值

知识量 =0.2

知识稀缺程度 =0.3

网络位置跃迁 =0.2

知识获取能力 = 知识吸收能力 =0.3

关系能力 =0.2

信任 = 承诺 =0.3

四、模型仿真与灵敏度分析

（一）模型仿真分析

本文基于系统动力学的原理和方法，运用 Vensim PLE 软件对所构建的系统动力学模型进行仿真模拟和灵敏度分析，以验证模型的有效性。设定仿真时间为 60 个月，得到仿真分析结果如图 3 所示。

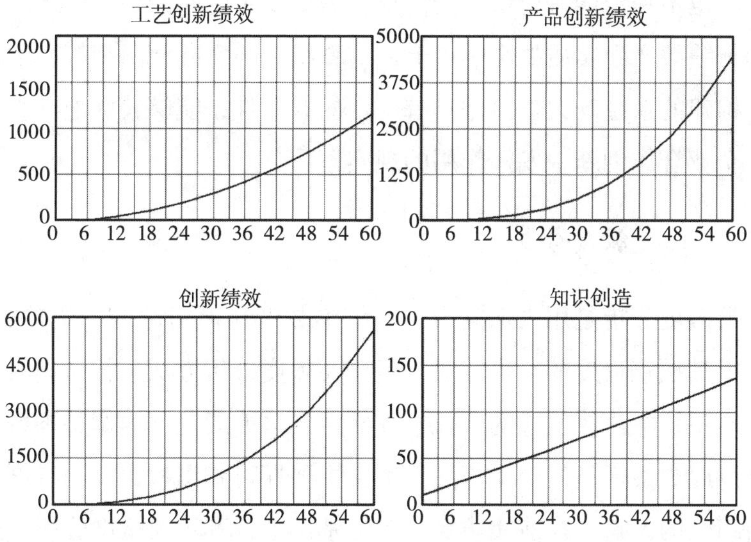

图 3　仿真分析结果

由图 3 可以看出，在知识控制力和知识影响力的共同作用下，企业的知识创造呈现递增的趋势，说明企业在具备一定的知识权力优势后，有效协调网络成员间的知识交互行为，改善了知识共享与知识转移的效果，在此基础上可以更高效地进行知识创造活动。而随着时间的推移，在知识权力的影响作用下，企业的创新绩效从第 6 个月开始呈现显著的上升趋势，但在初期增长缓慢，后期增长速度逐渐加快。这是由于伴随企业知识权力的累积，其在网络成员间的知识交互行为中可以更有效地获取重要资源，自身知识创造的效率也得到进一步提高，大大增加了企业创新的成功率，进而通过改进工艺流程、研发新产品等推动了工艺创新绩效和产品创新绩效的提升。同时，体现出知识权力的累积与作用发挥需要一定的时间，即随着知识权力的不断形成，其对企业创新绩效的影响作用也逐渐增强，所以创新绩效在后期增长得较快。并且企业的创新活动都具有一定的周期性，从工艺流程改进、新产品开发到市场推广产生效益是一个过程，需要较长的周期，而企业新的生产方式、新研发的产品也不一定能符合市场的需求，需要一定的时间检验，才能对企业的创新绩效产生实质的影响。上述仿真结果与实际情况相符，因此，本文所构建的系统动力学模型具有一定的有效性，能够较好地反映知识权力在企业合作创新中发挥作用的现实情形。

（二）灵敏度分析

灵敏度分析是用来探究由于系统参数变化而引起的系统输出变化，并分析其敏感程度的一种方法。运用灵敏度分析方法进行研究时，首先要找出系统中比较敏感的参数，其次在其可能的范围内调整参数值的大小，以此观察模型的变化程度。本文主要探讨知识权力不同维度对企业创新绩效的影响，在前文仿真分析的基础上，利用灵敏度分析对影响知识控制力和知识影响力的因素进行调整，并观察创新绩效的变化程度，进一步分析知识权力对于企业创新绩效的影响作用。

1. 知识控制力灵敏度分析

根据前文分析，知识控制力的影响因素主要有网络位置跃迁、知识获取能力和知识吸收能力，在保持其他参数不变的情况下，将这三个变量分别调整为 0.2、0.3、0.3，得到 current1；分别调整为 0.4、0.5、0.5，得到 current2；分别调整为 0.6、0.7、0.7，得到 current3；分别调整为 0.8、0.9、0.9，得到 current4，以此来探讨知识控制力对企业创新绩效的影响。通过仿真得到知识控制力的灵敏度分析结果如图 4 所示。

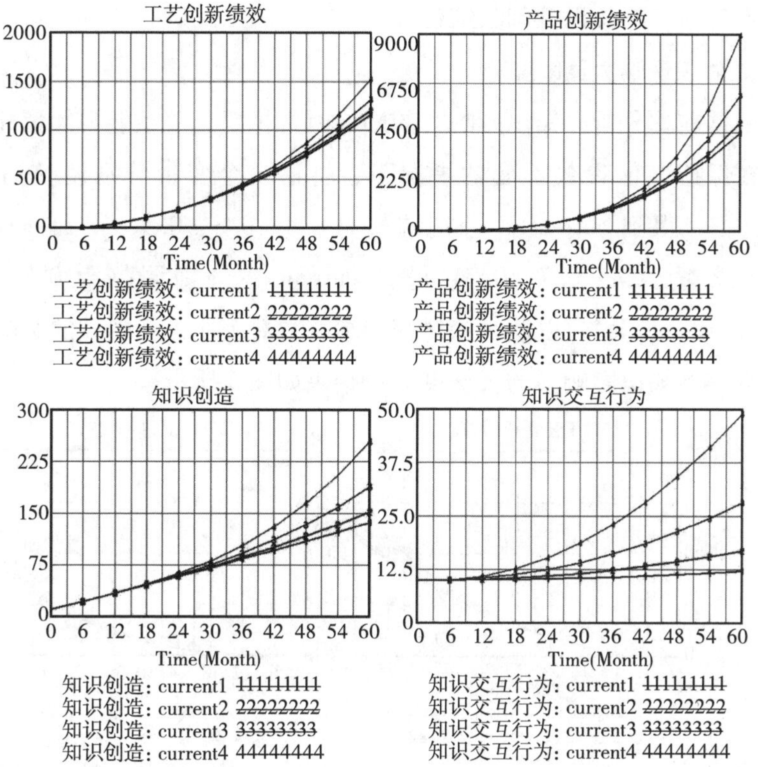

图4 知识控制力的灵敏度分析

由图4可知，在其他参数不变的情况下，通过不断增大网络位置跃迁、知识获取能力和知识吸收能力，在一定程度上影响着企业知识控制力的形成。可以看到，伴随知识控制力的逐渐增加，企业对于网络中核心知识资源的掌控越来越强，在此基础上，基于其他企业对自身的依赖关系，有效协调了网络成员的合作行为，提高了知识流动和转移效率，网络成员间的知识交互行为和企业自身的知识创造效果均得到了改善，有效推动了工艺流程改进和新产品开发，进而显著提升了企业的工艺创新绩效和产品创新绩效。这表明，企业在强知识控制力下比在弱知识控制力下产生创新绩效的水平要高，即知识控制力对企业创新绩效具有显著的正向影响，随着知识控制力的增强，企业的工艺创新绩效和产品创新绩效显著增加。这进一步说明，知识控制力的增强有助于企业高效进行合作创新，有效提升创新绩效。

2. 知识影响力灵敏度分析

根据前文分析，知识影响力的影响因素主要有关系能力、信任和承诺，在保持其他参数不变的情况下，将这三个变量分别调整为 0.2、0.3、0.3，得到 current1；分别调整为 0.4、0.5、0.5，得到 current2；分别调整为 0.6、0.7、0.7，得到 current3；分别调整为 0.8、0.9、0.9，得到 current4，以此来探讨知识影响力对企业创新绩效的影响。通过仿真得到知识影响力的灵敏度分析结果如图 5 所示。

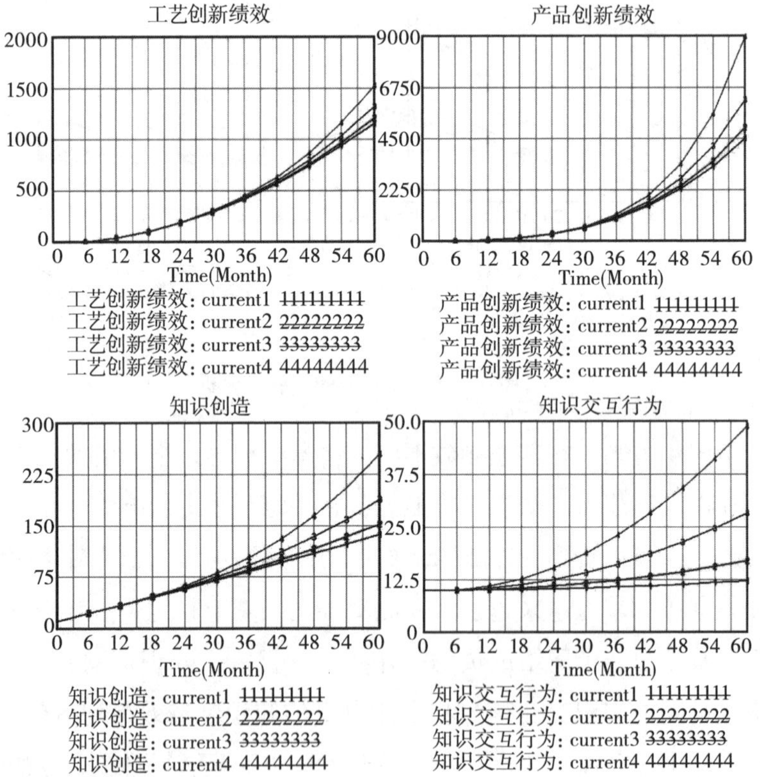

图 5　知识影响力的灵敏度分析

由图 5 可知，在其他参数不变的情况下，随着关系能力、信任以及承诺这三个常量逐步提升，企业的知识影响力也逐渐增强，进而在组织间良好交互行为的作用下，促进了知识的交流与共享，提高了企业自身知识创造的效率，推动了工艺流程的改进和新产品的开发，使得企业的工艺创新绩效、产品创新绩效有了明显的提升。这表明，企业在强知识影响力下产生的创新绩效水平更高，即知识影响力对企业创新绩效具有显著的正向影响，随着知识影响力的不断扩大，企业的工艺创新绩效和产品创新绩效显著增加。这也说明，企业通过自身的知识影响力优势可以更好地进行网络合作并有效改善其创新绩效。

五、结论与启示

（一）研究结论

本文基于系统动力学的基本原理与方法，在对知识权力与创新绩效因果关系深入分析的基础上，构建了知识权力对企业创新绩效影响的系统动力学模型，并通过 Vensim PLE 软件进行了仿真模拟和灵敏度分析，从而探究知识权力不同维度对企业创新绩效的影响机理。本文得到的主要结论如下。

（1）知识权力对企业创新绩效具有正向影响，即随着企业在网络关系中拥有的知识权力不断扩大，企业的创新绩效也会逐渐增加。说明知识权力的累积形成与作用发挥，能够有效协调网络成员间的合作，在一定程度上可以改善知识共享和知识转移的效果，使企业在高效的知识交互行为中持续地获取自身所需的重要资源，为企业进行知识创造奠定基础，提高了企业创新的成功率，从而获得更有利的技术创新优势，推动创新绩效的提升。且仿真结果表明，系统动力学方法适合模拟知识权力在企业创新绩效提升中发挥重要作用的现实情形，本文的模型能够较为准确地拟合创新网络中知识权力与企业创新绩效之间的关系。

（2）知识控制力和知识影响力都是企业创新绩效提升的重要推动力，在企业创新活动中均发挥了重要作用。但知识权力对企业创新绩效的影响作用需要一定的时间，知识权力的形成对于企业工艺创新、产品创新都有着重要的影响作用，短时间内可能无法体现出其影响效果，随着时间的推移，企业创新绩效的提升速度会逐渐加快，这是一个动态的积累过程。

（二）启示

基于本文的研究结论，现提出如下建议。

（1）注重培养知识权力。在知识经济时代，企业要认识到知识权力在企业发展过程中的重要作用，应该着力提高自身的知识权力。一方面，企业可以通过嵌入创新网络或者跃迁到更核心的网络位置来占据稀缺性的关键知识资源。另一方面，企业可以通过提高自身的知识获取能力、知识吸收能力更好地对外部知识进行识别、消化与吸收，增强对网络知识资源的控制力和对其他成员的影响力，提升在网络关系中的知识权力，进而提升企业的创新能力。同时也能够减少对于其他企业的依赖，更有利于企业的长远发展。

（2）恰当运用知识权力。对于企业来说，应当合理利用自身的知识权力，并充分发挥其在创新活动中的关键作用。企业应该依托其核心知识资源与其他企业建立松散耦合关系，主动进行知识溢出，创造组织间交流学习的良好氛围。同时，具备知识权力优势的企业，可以通过打造开放性的技术共享平台，为组织间的交流互动提供场所，并凭借自身拥有关键资源所产生的影响力，激发网络成员间的知识交互行为，促进企业间的知识交流与共享，加快知识积累、扩散和创造的速度，不仅可以有效提升企业自身的创新绩效，还可以维持网络组织稳定高效地运行，推动网络的不断演化与升级。此外，企业在嵌入创新网络中获取知识资源时，还应该注重对于知识技术的整合、重构与吸收，才能不断提高自身的创新效率。

（3）提供有效的政策支撑。政府应同时加强对创新发展的政策支撑，持续优化创新生态，营造高质量的科技创新环境，统筹技术、资金、人才、平台、项目等资源，加快推进创新平台和新型研发机构的建设，不断健全完善各项政策法规，强化知识产权保护，破除限制新技术、新产品和新商业模式发展的不合理准入障碍，以促进企业知识权力的提升，助力企业创新发展。

（三）局限与展望

本文通过构建知识权力对企业创新绩效的系统动力学模型，深入分析了知识权力与创新绩效之间的因果关系，阐明了知识权力不同维度对企业创新绩效的影响机制，但研究仍存在一定的局限性。由于系统边界的限定，本文仅研究了知识权力、知识交互行为子系统的相关影响因素与企业创新绩效之间的关系，而并未考虑除此之外的其他因素对于整个系统产生的影响，未来可进一步深入研究。在后续的研究中，应全面分析知识权力形成过程和企业创新活动过程中的影响因素，完善知识权力与企业创新绩效的因果关系模型，同时还可以进一步探究知识控制力和知识影响力分别对工艺创新绩效与产品创新绩效的单独作用、二者的协同效应，以及各种作用的差异比较等，从而深化知识权力对企业创新绩效的影响研究。

参考文献

[1] RAJAN R G, ZINGALES L. Power in a theory of the firm[J]. Quarterly journal of economics,1998,113(2):387 –432.

[2] PÉREZ – NORDTVEDT L, KEDIA B L, DATTA D K, et al. Effectiveness and efficiency of cross – border knowledge transfer: An empirical examination[J]. Journal of management studies,2008,45(4):714 –744.

[3] LATIFF H S, HASSAN A. Rise and fall of knowledge power: An in –

depth investigation[J]. Humanomics,2008,24(1):17 -27.

[4] 韩莹，陈国宏．集群企业网络权力与创新绩效关系研究:基于双元式知识共享行为的中介作用[J]. 管理学报，2016，13(6):855 -862.

[5] 李宇，陆艳红．知识权力如何有效运用:“有核”集群的知识创造及权力距离的调节作用[J]. 南开管理评论，2018，21(6):107 -120.

[6] FOUCAULT M，GORDON C. Power/Knowledge：Selected interviews and other writings，1972—1977 [M]. New York：Pantheon Books，1980：37 -68.

[7] R W CONNELL. Masculinities：Knowledge，power and social change [M]. California：University of California Press,1995.

[8] HISLOP D，NEWELL S，SCARBROUGH H. Networks，knowledge and power：Decision making，politics and the process of innovation[J]. Technology analysis & strategic management,2000,12(3):399 -411.

[9] KHKNEN A K，VIROLAINEN V M. Sources of structural power in the context of value nets[J]. Journal of purchasing and supply management,2011,17(2):109 -120.

[10] 张巍，党兴华．企业网络权力与网络能力关联性研究:基于技术创新网络的分析[J]. 科学学研究，2011，29(7):1094 -1101.

[11] 徐可，何桢，王瑞．技术创新网络的知识权力、结构权力对网络惯例影响[J]. 管理科学，2014，27(5):24 -34.

[12] KNOKE D. Networks of political action：Toward theory construction [J]. Social forces,1990,68(4):1041 -1063.

[13] 郭献强，党兴华，刘景东．基于资源依赖视角下企业创新网络中知识权力的形成研究[J]. 科学学与科学技术管理，2014，35(4)：136 -145.

[14] AHITUV N，CARMI N. Measuring the power of information in organizations[J]. Human systems management,2007,26(4):231 -246.

[15] 党兴华，张巍．网络嵌入性、企业知识能力与知识权力[J]. 中国

管理科学, 2012, 20(S2):615 - 620.

[16] 盛亚, 彭哲. 网络核心成员的网络权力影响机制:基于 CoPS 的探索性案例研究[J]. 科技进步与对策, 2015, 32(21):1 - 7.

[17] 芮正云, 罗瑾琏. 新创企业联盟能力、网络位置跃迁对其知识权力的影响:基于知识网络嵌入视角[J]. 管理评论, 2017, 29(8):187 - 197.

[18] 何悦, 朱桂龙, 戴勇. 企业创新绩效影响因素的系统动力学研究[J]. 软科学, 2010, 24(7):19 - 23.

[19] PRAJOGO D I, SOHAL A S. The multidimensionality of TQM practices in determining quality and innovation performance: An empirical examination[J]. Technovation, 2004, 24(6):443 - 453.

[20] 秦剑, 王迎军, 崔连广. 驱动资源与跨国公司在华突破性创新绩效研究[J]. 管理科学, 2010, 23(2):28 - 37.

[21] RITTER T, GEMUNDEN H G. Network competence: Its impact on innovation success and its antecedents[J]. Journal of business research, 2003, 56(9):745 - 755.

[22] 陈劲, 陈钰芬. 企业技术创新绩效评价指标体系研究[J]. 科学学与科学技术管理, 2006(3):86 - 91.

[23] BOGLIACINO F, PIANTA M. Engines of growth, innovation and productivity in industry groups[J]. Structural change and economic dynamics, 2011, 22(1):41 - 53.

[24] 刘学元, 丁雯婧, 赵先德. 企业创新网络中关系强度、吸收能力与创新绩效的关系研究[J]. 南开管理评论, 2016, 19(1):30 - 42.

[25] 邓峰. 核心企业网络权力对产业集群创新绩效的影响:基于网络运行效率的中介作用[J]. 科技进步与对策, 2015, 32(18):58 - 63.

[26] 王建军, 叶明海, 曹宁. 知识权力、跨界搜索与企业创新绩效的关系研究[J]. 软科学, 2020, 34(2):1 - 7.

[27] 侯光文, 刘青青. 网络权力与创新绩效:基于企业数字化能力视角[J]. 科学学研究, 2022, 40(6):1143 - 1152.

[28] 李宇，李明澈．企业二元式创新的知识权力基础及影响实证研究[J]．中国软科学，2021(1):184－192.

[29] DHANARAJ C，PARKHE A．Orchestrating innovation networks[J]．Academy of management review,2006,31(3):659－669.

[30] LEIPONEN A，HELFAT C E．Research notes and commentaries innovation objectives，knowledge sources and the benefits of breadth[J]．Strategic management journal,2010,31(2):224－236.

[31] 孙永磊，党兴华．基于知识权力的网络惯例形成研究[J]．科学学研究，2013，31(9):1372－1380＋1390.

[32] 魏龙，党兴华．网络权力、网络搜寻与网络惯例:一个交互效应模型[J]．科学学与科学技术管理，2017，38(2):136－147.

[33] 吴松强，孙波，王路．集群中核心企业网络权力对配套企业合作行为的影响:关系资本的调节效应[J]．科技进步与对策，2017，34(13):81－88.

[34] 杨毅，党兴华，成泷．技术创新网络分裂断层与知识共享:网络位置和知识权力的调节作用[J]．科研管理，2018，39(9):59－67.

[35] 王其藩．系统动力学[M]．北京:清华大学出版社，1994:19.

[36] 杨陈，徐刚，孙金花．基于系统动力学的企业IT能力与联盟绩效关系研究[J]．科技管理研究，2014，34(15):108－114.

[37] 贺新杰，李娜，王瑶．联盟企业创新绩效提升的系统动力学分析:基于知识协同视角[J]．系统科学学报，2021，29(3):125－130.

公众参与环境规制会提升企业绩效吗？
——基于企业创新激励的中介效应检验[①]

张　晖

摘要：为探究公众参与型环境规制与企业绩效间的关系以及影响机制，本文基于微观企业数据，结合“百度指数”中社会公众对环境问题的关注数据，构建计量分析模型。研究发现：①公众参与型环境规制会显著促进企业绩效，且对国有企业绩效的促进作用比非国有企业更显著；②企业创新激励在公众参与型环境规制与企业绩效关系中起部分中介作用，对于重污染行业来说，中介效应达到35.2%，证明“波特假说”在公众参与型环境规制中依旧成立；③公众参与型环境规制与企业绩效并非完全线性关系，而是存在局部最优区间。本文旨在厘清公众参与型环境规制、企业创新激励与企业绩效三者之间的关系，以期丰富现有公众参与型环境规制的研究成果，为公众合理参与环境规制提供理论指导与建议。

关键词：公众参与型环境规制；企业绩效；重污染行业；“波特假说”

作者简介：张晖（1994—），陕西西安人，西北大学经济管理学院硕士研究生。

---

① 本文由西北大学经济管理学院林建华老师指导完成。林建华，西北大学经济管理学院副教授，硕士研究生导师。

一、引言

党的十九大报告指出，我国社会主要矛盾已经转化为人民日益增长的美好生活需要和不平衡不充分的发展之间的矛盾。近年来，随着公众对高质量生活需求的逐渐提升，环境污染问题成为公众关注度较高的话题之一。重污染行业被视作环境污染问题的始作俑者，采取更加严格的环境规制政策成为当时避免大范围环境污染问题出现的主要策略（赵玉民、朱方明、贺立龙，2009）。但实体企业毕竟是我国经济增长的主要“微观单元”，严格的环境规制势必会以牺牲部分企业绩效作为代价，而绩效的好坏又直接关系到企业在未来一定时期内的生死存亡（何悦，2019）。因此，如何谋求生态文明建设与企业绩效提升的均衡发展，是新时代我国重污染企业绿色转型过程中亟待解决的问题。

自 2017 年开始，我国制定了一系列“自上而下”的环境规制政策，用以对重污染企业的监管。事实表明，强有力的、正式的环境规制对我国环境污染问题起到了显著的改善作用（沈宏亮、金达，2020）。但与此同时也出现了一些负面影响以及社会问题，例如，“一刀切”的环境规制政策导致许多中小企业不得不关停倒闭，由此引发了行业内部的裁员，甚至一度出现了局部就业问题（肖汉雄，2019）。

实践经验表明，除了政府层面正式的环境规制外，民间的非正式组织和社会公众在环境规制中起到的作用同样不可小觑。近 10 年以来，我国公众团体参与环境保护活动从未间断过（黄永源、朱晟君，2020）。例如，2011 年，浙江海宁市红晓村近 500 名群众就地区环境污染问题向浙江晶科能源公司讨要说法，后经相关部门对污染排放物以及周围水质的抽样检测，责令该排污企业立即停产，并认真听取相关民众的意见与诉求。类似的还有 2012 年的“启东事件”、2013 年的“龙湾工业园”事件等。近年来，随着互联网技术和通信设备的普及，公众参与环境保护的成本进一步降低，参与方式也更加多样化，这促使公众参与型环境规制在环境保护中发挥着越来越重要的作用。事实上，企业往往会迫于公众压力，主动地进行技术创新，从而间接影响企业绩效。因此，厘清公众参与型环境规制与企业绩效之间的关系，合理运用公众参与型环境规制，对实现企业持续健康发展具有重要意义。

二、文献综述

环境规制是由于环境污染具有外部不经济性，污染问题难以依靠市场去解决。环境规制是指政府和其他相关部门以及社会公共机构通过行政手段、市场手段及其他约束性手段对经济活动主体（主要指企业）的行为进行约束的过程（邱玉霞，2017）。由于规制主体的不同，现有研究将环境规制主要分为命令控制型环境规制、企业自愿型环境规制、市场激励型环境规制与公众参与型环境规制（秦颖、孙慧，2020；马勇等，2018）。由于环境规制本身存在合规成本效应和创新补偿效应，两种效应的交叉作用导致环境规制的影响存在不确定性（康鹏辉、茹少峰，2020）。学术界就两大效应的交叉影响问题的研究，主要经历了以下两个阶段。

（1）“波特假说”（赵玉民、朱方明、贺立龙，2009；邱玉霞，2017）。哈佛大学商学院教授 Porter 和 Linde 于 1995 年提出了著名的“波特假说”，该假说认为，可以通过设计合理的环境规制来激发企业创新，从而发挥环境规制对技术创新的“倒逼效应”，由此产生的创新补偿可以弥补因遵循环境规制而产生的合规成本，进而提高企业的竞争优势（Poter and Linde，1995）。此后，一大批学者证实了“波特假说”的成立，该假说也成为制定环境规制政策的重要理论支撑（Wagner，2008；Lanoie，Laurent - Lucchetti and Johnstone，2011；Yang，Tseng and Chen，2012）。

（2）拓展的“波特假说”（赵玉民、朱方明、贺立龙，2009；何悦，2019）。新古典主义认为，环境规制会增加企业财务负担，遵循环境规制势必会大大增加企业的合规成本，从而抑制企业发展，从长远来看会拖垮宏观经济增长（何悦，2019）。Jaffe 和 Palmerk（1997）将“波特假说”拓展为“强波特假说”“弱波特假说”“狭义波特假说”三类。“强波特假说”认为，环境规制对技术创新的影响是积极的，且创新补偿效应要大于遵守成本效应，有利于企业进一步巩固竞争优势。“弱波特假说”则认为，环境规制的确会促进技术创新，但技术创新对企业竞争优势的提升是否起作用是不得而知的。因此，认为环境规制有利于企业竞争优势的提升还为时尚早。而“狭义波特假说”并不肯定环境规制会促进企业技术创新，认为只有适度的、灵活的、合理的环境规制才能促进企业技术创新。

综上所述，现有关于环境规制与企业创新的关系主要可以总结为“创新促进论”“创新抑制论”以及“关系不确定论”。环境规制的类型差别可能是导致结论差异的原因，命令控制型环境规制作为执行力最强、最正式的环境规制类型，会形成一个明确的合规标准，从而为企业创新指明方向（康志勇、汤学良、刘馨，2020）。因此，命令控制型环境规制一方面会形成较高的监督成本，另一方面会限制企业技术创新的主动性。

事实上，公众参与型环境规制明显区别于其他正式环境规制类型，其最明显的特点是非强制性，是企业在迫于公众舆论压力的前提下，通过牺牲一部分“遵守成本”来提高企业在社会公众中的地位（王怀明、王辉，2018）。因此，Tietenberg（1998）认为，公众参与型环境规制是继命令控制型、市场导向型后环境规制的“第三波浪潮”。从参与主体来看，公众参与型环境规制有基于公民个人的、基于非营利组织的、基于社会媒体的等分类形式。从参与渠道来看，社会公众可以通过立法环节、行政程序以及信访投诉等方式参与到环境规制中。从参与环节来看，有过程参与、事后参与和决策参与等形式。

综上所述，对环境规制的现有研究主要基于宏观层面以及行业层面展开，一般以研究正式环境规制为主，忽略了社会公众通过非正式手段参与环境治理，进而影响企业绩效的情况，鲜有研究从微观企业视角考察公众参与型环境规制与企业创新激励和企业绩效的关系。正因为公众参与型环境规制的规制主体、参与渠道和参与环节的独特性，随着社会公众对环境问题的持续关注，公众参与型环境规制将越来越成为相关学者的研究重点。

基于此，本文以 2015—2019 年沪深 A 股重污染上市公司为研究对象，探究公众参与型环境规制、企业创新激励与企业绩效三者之间的关系，以期丰富现有公众参与型环境规制的研究成果，为公众合理参与环境规制提供理论指导与建议。

三、理论分析与研究假设

（一）公众参与型环境规制对企业绩效的影响分析

由于环境规制存在合规成本效应和创新补偿效应，对于环境规制与企业绩效的关系学界并未得出一致意见。大部分学者以“弱波特假说”为前提，认为环境规制会对企业竞争能力产生负向影响，进而导致“低财务绩效”现象。Brannlund 等（1995）以瑞典纸浆与造纸行业为例，通过非参数检验的方法，实证发现环境规制会显著降低企业财务利润。Darnall 等（2007）同样认为，当企业处于强环境规制的环境下，企业因环境事故而潜在发生的代价就会上升，这将致使企业营业成本增加、财务绩效下滑。但上述研究是基于强制性环境规制的前提进行的，鲜有研究考虑到公众参与型环境规制会对企业绩效产生何种影响。

“科斯定理”从产权的角度，为以公众为主体的环境规制提供了理论支撑，在理论层面给出了公众参与型环境规制与企业绩效之间可能存在的影响关系。“科斯定理”认为，产权制度最主要的作用就是能将外部性问题内部化，由于环境资源与其他实体资源一般特征不同，大多数情况下认为是可以无偿使用的，这就造成了产权界限的不确定性问题（袁鹏飞，2020）。随着公众对环境问题感知力的不断提升，环境问题将逐渐成为公众内部的问题。因此，当身边环境遭受破坏时，公众会主动采取措施进行规制干预，对企业排污施加公众压力，促使企业进行绿色创新，进而影响企业绩效。Pargal 和 Wheeler（1996）首次指出，社会公众是环境监督不可忽略的重要力量，公众、媒体与其他社会组织会针对环境问题与污染企业进行谈判，以达到保护环境的目的。与其他类型的环境规制不同，公众参与型环境规制往往要求“立竿见影”的效果，这迫使企业更加积极地进行技术创新活动，进而达到提高企业绩效、巩固竞争优势的效果（苏昕、周升师，2019）。

与此同时，结合中国实际，理论上企业所有制差异会对企业绩效产生影响（刘和旺、郑世林、王宇锋，2015）。近年来，公众参与环境保护的积极性间接加大了政府“自上而下”的环境规制力度，而国有企业作为行业技术创新的“排头兵”，第一时间承担了公众参与型环境规制的任务，与非国有企业相比，国有企业更有机会降低代理成本，获得超额利润（林莞娟、王辉、韩涛，2016）。基于此，本文提出如下假设。

假设 H_{1a}：在其他条件保持不变的情况下，公众参与型环境规制对企业绩效起促进作用。

假设 H_{1b}：在其他条件保持不变的情况下，公众参与型环境规制对国有企业绩效的促进作用比非国有企业更显著。

（二）企业创新激励的中介效应分析

技术创新作为推动企业持续获得竞争优势的来源，一直受到国内外学者的持续关注。早在 20 世纪 90 年代，以 Porter 为代表的“创新促进论”学派就将生产要素与条件重新组合，并基于此构建了一种新的生产函数（Poter and Linde，1995）。技术创新的引入，为企业持续获取超额利润提供了可能，这也是“波特假说”重要的理论来源（Poter，1991）。基于此，学界开始探讨企业创新激励在环境规制与企业绩效关系中的作用。

许庆瑞等（1995）通过对我国江浙地区 50 多家企业的实地考察，认为强环境规制是激发企业持续创新的原因。Hamamoto（2006）以日本制造业企业为例，探究了企业绿色技术创新的影响因素。研究发现，适度的环境规制会激发企业绿色创新，进而产生创新补偿效应，对企业绩效的持续提升具有重要影响作用。陈强等（2014）通过对 2003—2010 年我国 37 个行业的实证研究，证实了环境规制会有效促进企业研发的投入。大量研究已经证明，企业创新激励在环境规制与企业绩效间起到重要作用。为验证“波特假说”在公众参与型环境规制中存在的合理性，本文提出如下假设。

假设 H_2：企业创新激励在公众参与型环境规制与企业绩效的关系中起中介作用。

（三）公众参与型环境规制对企业绩效影响的进一步分析

当然也有学者指出，当企业面临“强环境规制”时，企业绩效的提升并不总是尽如人意。Lanjouw 和 Mody（1996）通过比较发达国家与发展中国家环境规制影响因素的区别，发现环境监管（规制）与技术创新并不存在显著相关性。Scherer 和 Harhoff（2000）通过对美、德两国技术创新专利的比较，同样发现环境规制对技术创新并不存在显著的促进作用。我国学者臧传琴和张菡（2015）通过门槛回归分析，实证分析在我国中部地区环境规制与企业技术创新存在“U”形关系，即当环境规制达到某一阈值后，环境规制对技术创新的作用会出现显著变化。许水平等（2016）则认为，环境规制与企业技术创新存在倒“N”

形关系。由于环境规制对技术创新影响的不确定性，有理由怀疑公众参与型环境规制并非能持续促进企业绩效提升。基于此，本文提出如下假设。

假设 H_3：公众参与型环境规制与企业绩效并非完全线性关系，存在局部最优门槛。

四、研究设计

（一）模型与方法

1. 公众参与型环境规制与企业绩效

为了验证公众参与型环境规制对企业绩效的影响，本文建立了如下基准回归模型：

$$Performance_{i,t} = \alpha_0 + \alpha_1 GER_{i,t} + \alpha_2 X'_{i,t} + \alpha_i + \alpha_t + \varepsilon^0_{i,t} \quad (1)$$

其中，下标 i、t 分别为行业和时间，*Performance* 为企业绩效，*GER* 为公众参与型环境规制，X'为控制变量，α_i表示行业固定效应，以控制不随时间变化的行业因素，α_t为年份固定效应，以控制随时间变化的随机因素，$\varepsilon_{i,t}$表示随机扰动项。此外，本文所有回归均使用异方差稳健标准误。

2. 作用机制检验

为了检验企业创新激励在公众参与型环境规制与企业绩效之间的中介效应，在模型（1）的基础上，建立了如下中介效应模型：

$$R\&D_{i,t} = \beta_0 + \beta_1 GER_{i,t} + \beta_2 X'_{i,t} + \beta_i + \beta_t + \varepsilon^1_{i,t} \quad (2)$$

$$Performance_{i,t} = \gamma_0 + \gamma_1 GER_{i,t} + \gamma_2 R\&D_{i,t} + \gamma_3 X'_{i,t} + \gamma_i + \gamma_t + \varepsilon^2_{i,t} \quad (3)$$

其中，模型（2）、模型（3）引入了 *R&D* 作为中介变量，β_i、γ_i和β_t、γ_t分别表示行业效应与年份效应。本文中介效应检验的基本步骤（温忠麟等，2004）为：

第一步，依据模型（1）对公众参与型环境规制与企业绩效进行回归，检验主效应。若 α_1 显著，可进行下一步检验；若 α_1 不显著，则失去中介效应检验的前提条件，企业创新激励不具备中介效应。

第二步，依据模型（2）对公众参与型环境规制与企业创新激励进行回归，检验 β_1 是否显著。

第三步，依据模型（3）把公众参与型环境规制与企业创新激励同时作为解释变量对企业绩效进行回归，观察 γ_1、γ_2 的大小以及显著性情况。结合第二步，若 β_1、γ_2 都显著，γ_1 不显著，则证明企业创新激励在公众参与型环境规制与企业绩效中起完全中介作用；若 γ_1 显著，则说明起到部分中介作用；若 β_1、γ_2 至少有一个不显著，则需要通过 Sobel 检验继续验证是否存在中介效应。

3. 非完全线性检验：门槛回归分析

为验证公众参与型环境规制对企业绩效的影响存在门槛效应，本文对全样本进行门槛效应检验：验证在其他条件保持不变的情况下，公众参与型环境规制与企业绩效并非完全线性关系，存在局部最优门槛。为此，基于 Hansen（1999）的面板门槛回归研究成果，本文构建了如下面板回归模型：

$$
\begin{aligned}
Performance_{i,t} = {} & \omega_0 + \omega_1 GER_{i,t} \cdot \varphi(GER_{i,t} \leqslant \lambda_1) + \\
& \omega_2 GER_{i,t} \cdot \varphi(\lambda_1 < GER_{i,t} \leqslant \lambda_2) + \cdots + \omega_2 GER_{i,t} \cdot \\
& \varphi(GER_{i,t} > \lambda_m) + \omega_3 X'_{i,t} + \omega_i + \omega_t + \varepsilon^4_{i,t}
\end{aligned} \tag{4}
$$

$$
\begin{aligned}
Performance_{i,t} = {} & \delta_0 + \delta_1 WER_{i,t} \cdot \varphi(WER_{i,t} \leqslant \theta_1) + \\
& \delta_2 WER_{i,t} \cdot \varphi(\theta_1 < WER_{i,t} \leqslant \theta_2) + \cdots + \\
& \delta_2 WER_{i,t} \cdot \varphi(WER_{i,t} > \theta_m) + \delta_3 X'_{i,t} + \delta_i + \delta_t + \varepsilon^5_{i,t}
\end{aligned} \tag{5}
$$

其中，$\varphi(\cdot)$ 为示性函数，若括号内表达式为真，则取值为 1；反之，则取值为 0。*GER*、*WER* 为门槛变量，λ、θ 为待估计的门槛值。本文将使用 xthreg 命令（Wang，2015）进行面板数据门槛效应分析，采用 Bootstrap（Hansen，1999）自抽样法估计出具体门槛值。

（二）变量测度

本文核心解释变量为公众参与型环境规制，公众参与反映出公众对环境问题的关注以及参与程度，是很难采用具体数据进行量化的，一般通过代替数据的方法进行转换。参考徐圆（2014）采用谷歌趋势（Google Trends）数据反映非正式环境规制强度的研究思路，本文采用百度指数（Baidu Index）反映公众参与型环境规制强度。百度指数以海量网民与媒体的行为数据为基础，可以记录某一关键词在一定时期内的关注度，从而客观地反映社会公众的参与度。本文以“环境污染”为关键词进行检索，可以得到2015—2019年全国30个省份（西藏除外）的省级面板数据，以上市公司注册地“环境污染”的百度指数作为公众参与型环境规制的替代值。除此之外，本文以“环境”为关键词，进行“百度指数”的检索，检索出的数据作为稳健性检验的替换数据。

被解释变量为企业绩效，本文采用常用的资产收益率（*ROA*）对企业绩效进行衡量，并用企业净资产收益率（*ROE*）对模型进行稳健性检验。其中，*ROA*＝（利润总额＋利息支出）/总资产，*ROE*＝税后利润/净资产。本文的中介变量为企业创新激励，企业的创新激励很大程度上取决于企业愿意为其支付的成本大小，故本文采用企业研发强度（*R&D*）衡量企业创新激励，*R&D*＝研发费用/上年营业收入（彭镇、连玉君、戴亦一，2020；米晋宏、张南、葛劲峰，2021）。

控制变量主要包括：企业规模（ln*Size*），以企业历年资产总额的对数衡量，用以表征不同企业规模之间的差异影响；员工人数（ln*Employee*），采用企业历年员工总数的对数衡量，用来反映重污染企业由于环境规制压力而进行的员工调整情况；企业年份（*Age*），以当年年份减去企业成立日期的差值衡量，表示企业年份对模型的影响；企业杠杆（*FZ*），采用企业资产负债率（*FZ*＝负债总额/资产总额）衡量，代表企业杠杆水平；企业属性（*SX*），以虚拟变量表示，当企业为国有企业时，$SX=1$，当企业为非国有企业时，$SX=0$。

（三）样本选择与数据来源

根据中华人民共和国生态环境部制定的《上市公司环保核查行业分类管理名录》（环办函〔2008〕373 号）以及证监会 2012 年修订的《上市公司行业分类指引》，考虑到新冠疫情对经济社会存在不确定性影响，所以本文样本选择到 2019 年。本文以 2015—2019 年我国重污染行业上市公司为研究样本，具体包括黑色金属冶炼和压延加工业、纺织业、非金属矿物制造业等 16 个行业，并按照以下原则对样本企业进行筛选：①剔除数据存在异常值和缺失严重的样本企业；②剔除 ST、*ST 的样本企业；③剔除研发支出为负的样本企业。对存在少量缺失的样本数据，采用线性插值法予以补齐，最终得到 908 家上市公司样本。本文企业层面数据主要来源于 Wind 数据库，导出数据中部分缺失信息，通过查询上市公司官网和年报予以补齐，公众对环境污染状况的关注数据来源于“百度指数”（http：//index. baidu. com/）。

五、实证结果与分析

（一）描述性统计分析

表 1 报告了模型中主要变量的基本描述性统计值，其中包括平均值、标准差、最大值、最小值以及国有企业与非国有企业的均值差异检验结果。由表 1 可知，在所有样本企业中，公众参与型环境规制强度的均值为 147. 909，标准差为 34. 239，说明我国环境污染问题受到较为强烈的公众关注。企业绩效均值为 8. 287，标准差为 9. 006，极差高达 213. 455，证明我国重污染企业绩效水平差异明显，且绩效波动较大。企业创新激励均值为 17. 787，标准差为 1. 421，表明我国重污染企业创新激励水平较低，且个体差距较为明显。同时，各变量均值

差异检验结果显示，不论是公众参与型环境规制强度还是企业绩效水平，非国有企业均显著高于国有企业，且二者财务绩效均值有较大差距。各控制变量的均值差异检验结果也较为显著，证明本文控制变量的选取是合理的。

表 1 变量描述性统计

变量	全样本 N = 4525				非国有企业 N = 3240	国有企业 N = 1285	差异检验
	平均值	标准差	最小值	最大值	平均值	平均值	均值差异
ROA	8.287	9.006	-116.823	96.632	9.523	5.172	4.351***
GER	147.909	34.239	28.000	215.000	152.860	135.426	17.433***
R&D	17.787	1.421	7.783	23.787	17.629	18.187	-0.558***
Age	18.473	5.834	0.000	60.000	17.840	20.070	-2.231***
ln*Employee*	7.641	1.275	3.584	13.165	7.302	8.496	-1.194***
ln*Size*	22.063	1.477	17.314	28.636	21.627	23.161	-1.534***
FZ	39.020	19.439	-10.985	122.941	35.101	48.903	-13.802***
ln*Wage*	11.255	0.265	10.723	12.025	11.254	11.258	-0.004

注：*** 代表在1%的水平上显著。

（二）基准回归分析

本文在检验中控制了不可观测的、可能对模型带来偏误的年份效应和行业效应，表2第（1）列、第（2）列检验了公众参与型环境规制对企业绩效的影响。可以看出，在控制了相关变量之后，公众参与型环境规制的影响系数为0.015，具有1%的显著性水平，证明公众参与型环境规制对企业绩效存在显著促进作用，假设 H_{1a} 得到验证。第（3）列至第（6）列探究了不同企业性质下，公众参与型环境规制对企业绩效的影响。结果显示，非国有企业公众参与型环境规制的影响系数为0.010，具有5%的显著性水平；而国有企业的影响系数为0.013，具有1%的显著性水平。当公众参与型环境规制每提高1个单位时，国有企业的财务绩效的提高比非国有企业平均高出0.003个单位，证明公众参与型环境规制对国有企业绩效影响更为显著，且促进作用强于非国有企业，假设 H_{1b}得到了验证。

表2　公众参与型环境规制影响企业绩效的基准检验结果

变量	全样本		非国有企业		国有企业	
	(1)	(2)	(3)	(4)	(5)	(6)
GER	0.030***	0.015***	0.018***	0.010**	0.023***	0.013***
	(0.004)	(0.004)	(0.006)	(0.005)	(0.005)	(0.005)
常数项	1.376***	27.571***	5.000	48.245***	0.081***	-27.232***
	(0.720)	(3.835)	(1.320)	(5.149)	(0.852)	(4.321)
控制变量	No	Yes	No	Yes	No	Yes
时间效应	Yes	Yes	Yes	Yes	Yes	Yes
行业效应	Yes	Yes	Yes	Yes	Yes	Yes
N	4525	4525	3240	3240	1285	1285
R^2	0.049	0.140	0.026	0.116	0.131	0.215

注：括号中的数值表示 *t* 统计量，***、** 分别代表1%、5%的显著性水平。

（三）稳健性检验

1. 工具变量数据检验

公众参与型环境规制变量的内生性可能导致模型参数估计有偏和不一致，因此本文采用工具变量法克服内生性问题。而一个完美的克服内生性的工具变量几乎是不存在的，在现有研究中，选用制造业行业标准煤（孙学敏、王杰，2014）、空气流通系数（沈坤荣、金刚、方娴，2017）与环境规制指标滞后一期（王杰、刘斌，2014）可以有效地克服变量内生性问题。由于企业行为对公众参与型环境规制存在滞后效应，考虑到本文以微观企业为研究对象，故选用各省市域名数作为工具变量。

运用工具变量回归的结果如表3第（1）列所示。结果显示，公众参与型环境规制对企业绩效存在正向影响，影响系数为0.019，且具有1%的显著性水平，说明公众参与型环境规制有利于企业绩效的提升，证明研究结果是稳健的，进一步验证了假设 H_{1a}。

表3　内生性处理与稳健性检验结果

变量	内生性处理 2SLS	稳健性检验 OLS					
	全样本	全样本		非国有企业		国有企业	
	(1)	(2)	(3)	(4)	(5)	(6)	(7)
GER	0.019*** (0.007)	0.025*** (0.004)	0.012*** (0.004)	0.014*** (0.005)	0.008 (0.005)	0.020*** (0.004)	0.008* (0.005)
常数项	18.811*** (2.977)	1.777** (0.744)	28.230*** (3.812)	5.373*** (1.339)	48.638*** (5.111)	0.273 (0.888)	-26.725*** (4.324)
控制变量	Yes	No	Yes	No	Yes	No	Yes
时间效应	Yes	Yes	Yes	Yes	Yes	Yes	Yes
行业效应	Yes	Yes	Yes	Yes	Yes	Yes	Yes
N	4525	4525	3620	3240	2592	1285	1028
R^2	0.125	0.140	0.125	0.116	0.111	0.131	0.194

注：括号中的数值表示 *t* 统计量，***、**、* 分别代表1%、5%、10%的显著性水平。

2. 替换变量数据检验

通过放宽解释变量的搜索条件，达到更换解释变量进行稳健性检验的目的。具体操作方法为：将百度指数的检索词从“环境污染”更换为“环境”，放宽公众参与型环境规制的替代数据，以新生成的检索数据替代原先公众参与型环境规制变量进行多元回归。

表3第（2）列、第（4）列、第（6）列的结果显示，在没有控制其他相关变量的前提下，公众参与型环境规制对企业绩效有显著正向影响，且公众参与型环境规制对国有企业绩效的促进作用强于非国有企业。第（3）列展示了在控制了相关变量的前提下，公众参与型环境规制对企业绩效有显著的正向影响。虽然在第（5）列、第（7）列中，国有企业与非国有企业公众参与型环境规制的影响系数均为0.008，但国有企业公众参与型环境规制影响系数的显著性大于非国有企业，证实了公众参与型环境规制对国有企业绩效的促进作用比非国有企业更显著。

稳健性检验的结果表明，在更换了调查数据的条件下，公众参与型环境规制对企业绩效的影响是稳健的，且对于国有企业、非国有企业的检验结果仍然是稳健的，本文假设 H_{1a}、H_{1b}再一次被验证。

（四）作用机制分析：中介效应检验

依据本文中介效应的检验思路，表 4 第（1）列以企业绩效为被解释变量，进行总效应检验，结果显示，公众参与型环境规制对企业绩效有显著的正向影响。第（2）列以企业创新激励为被解释变量，公众参与型环境规制为解释变量，回归结果表明，公众参与型环境规制对企业创新激励有显著的正向影响。第（3）列以企业绩效为被解释变量，公众参与型环境规制和企业创新激励为解释变量，回归结果表明，各系数检验结果均具有 1% 的显著性水平，且公众参与型环境规制系数出现了下降（0.010 < 0.015），证明企业创新激励对企业绩效存在显著促进作用，且企业创新激励在公众参与型环境规制与企业绩效的关系中起部分中介作用，假设 H_2成立。

表 4　中介效应检验结果

变量	*ROA*	*R&D*	*ROA*
	(1)	(2)	(3)
GER	0.015***	0.007***	0.010***
	(0.004)	(0.000)	(0.004)
R&D			0.775***
			(0.186)
常数项	27.571***	0.526***	27.163***
	(3.835)	(0.450)	(0.147)
控制变量	Yes	Yes	Yes
时间效应	Yes	Yes	Yes
行业效应	Yes	Yes	Yes
N	4525	4525	4525
R^2	0.140	0.540	0.147

注：括号中的数值表示 *t* 统计量，*** 代表 1% 的显著性水平。

除此之外，本文使用公式$\beta_1 \times \gamma_2$和$\beta_1 \times \gamma_2/(\gamma_1 + \beta_1 \times \gamma_2)$（苗苗等，2019）来计算企业创新激励的中介大小与强度，以探究公众参与型环境规制对企业绩效的影响多大程度是通过企业创新激励来实现的。其中，$\beta_1 \times \gamma_2$反映的是间接影响企业绩效的边际大小，其计算结果为0.005，即公众参与型环境规制每增加1个单位，将引起企业创新激励增加0.007个单位，进而导致企业绩效增加0.005个单位。而$\beta_1 \times \gamma_2/(\gamma_1 + \beta_1 \times \gamma_2)$表示间接效应占总效应的比重，同时也能反映企业创新激励的中介效应强度，其计算结果为0.352，表明公众参与型环境规制对企业绩效的促进作用中有35.2%的部分是通过提高企业创新激励来实现的。

六、进一步分析：变量关系的非完全线性检验

根据模型（4），本文探究了公众参与型环境规制是否存在门槛效应，利用Hansen（1999）的面板门槛回归研究思路，按照“三门槛－双门槛－单门槛”的检验顺序，采用xthreg（Wang，2015）命令，应用Bootstrap自抽样法反复随机抽样400次。抽样结果显示，公众参与型环境规制存在单门槛效应，门槛值为186（$p=0.3650$）。为验证结果的稳健性，将门槛变量*GER*替换为*WER*后发现，公众参与型环境规制依旧存在单门槛效应，门槛值为132（$p=0.096$）。

依据门槛效应检验结果，将公众参与型环境规制*GER*、*WER*分别分为两个区间（$GER<186$、$GER>186$；$WER<132$、$WER>132$）进行回归分析，结果如表5所示。

表5　门槛效应检验结果

变量	(1)	(2)	(3)	(4)
$GER<186$	0.018*** (0.127)			

续表

变量	(1)	(2)	(3)	(4)
$GER>186$		-0.197 (0.127)		
$WER<132$			0.027 *** (0.009)	
$WER>132$				0.007 (0.007)
常数项	26.390 *** (3.658)	80.795 *** (26.795)	23.404 *** (5.519)	30.774 *** (4.603)
控制变量	Yes	Yes	Yes	Yes
时间效应	Yes	Yes	Yes	Yes
行业效应	Yes	Yes	Yes	Yes
N	4045	408	1324	3147
R^2	0.151	0.117	0.198	0.120

注：括号中的数值表示 t 统计量，*** 代表1%的显著性水平。

表5第（1）列、第（2）列的检验结果表明，公众参与型环境规制对企业绩效的作用并非单调递增的，二者存在非线性关系。当公众参与型环境规制低于门槛值（186）时，对企业绩效的影响系数显著为正（0.018），证明公众参与型环境规制显著促进企业绩效；但当公众参与型环境规制超过门槛值（186）时，对企业绩效的影响系数为负（-0.197），且显著性不强，假设 H_3 成立。第（3）列、第（4）列的回归结果依旧显示，当公众参与型环境规制低于门槛值（132）时，公众参与型环境规制对企业绩效呈现显著促进作用；当公众参与型环境规制超过门槛值（132）时，检验结果并不显著，门槛效应稳健性检验的结果依旧支持假设 H_3。结果表明，公众参与型环境规制与企业绩效的关系并非完全线性关系，在强度维度上，存在局部最优。

七、结论与建议

鉴于此，本文将公众参与型环境规制、企业创新激励与企业绩效纳入同一研究框架，并以我国重污染行业上市公司为例，以微观企业角度探究公众参与型环境规制对企业绩效的影响。为进一步验证公众参与型环境规制是否存在“波特效应”，本文将企业创新激励作为中介变量引入模型。研究发现：①公众参与型环境规制会显著促进企业绩效，且对国有企业绩效的促进作用比非国有企业更显著；②企业创新激励在公众参与型环境规制与企业绩效关系中起部分中介作用，对于重污染行业来说，中介效应达到35.2%，证明“波特假说”在公众参与型环境规制中依旧成立；③虽然公众参与型环境规制对企业绩效有显著促进作用，但并非越高越好，公众参与型环境规制与企业绩效并非完全线性关系，而是存在局部最优区间。

基于以上研究结论，本文提出如下政策建议。

第一，充分发挥社会公众在环境规制中的作用，形成全社会节能减排的合力。随着社会公众节能减排意识的逐渐提升，环境规制已经迎来“第三波浪潮”。就社会公众而言，在日常生活中、在点滴小事中，应时刻树立环保意识，践行节能环保理念，积极关注全社会环境保护动态。就政府而言，应积极开拓公众参与渠道，规范参与路径，更要提高环保信息的透明度，充分保障社会公众在环境保护问题上的知情权、参与权，形成“上下联动、全民参与、全民共建、全民共享”的环境保护格局。

第二，加大对企业绿色创新投入的补贴力度，鼓励、支持和引导企业走自主创新之路。事实上，企业迫于社会公众压力，往往主动地、自觉地采取技术创新以获得更好的社会效益，从而赢得社会公众对企业的环保信任。但技术创新往往伴随的是高投入、高风险以及结果的不确定性，大多数企业在面临技术创新的投入产出问题时，往往会抱着犹豫、观望的态度。我国政府应鼓励企业进行自主创新，制定绿色技术创新的激励政策，进一步扶持相关中小型重污染企业实现绿色转型，以保证企业遵守环境规制的合规效应小于创新补偿效应，引导重污染企业走自主化绿色创新之路。

第三，就社会公众而言，应合理运用公众参与工具进行环境规制。事实和研究表明，公众参与型环境规制并非能持续促进企业绩效，当公众参与型环境规制超过某一阈值时，其与企业绩效间关系的显著性明显下降。因此，应协调好环境规制与经济增长之间的关系，一方面，公众应积极发挥参与环境治理的作用，坚定保护环境的决心，充分利用公众参与手段对企业排污进行隐形规制；另一方面，有关部门应及时掌握公众动态，合理发挥社会舆论在参与环境治理中的作用，使公众参与型环境规制能持续、显著地促进企业绩效，进而保持经济稳定、持续、健康增长。

参考文献

[1] 习近平. 决胜全面建成小康社会，夺取新时代中国特色社会主义伟大胜利[M]. 北京：人民出版社，2017.

[2] 晓丰. 人们为什么质疑柴静的穹顶[EB/OL]. (2015 - 03 - 02)[2020 - 11 - 8]. http://news. sohu. com/s2015/dianji - 1610/index. shtml.

[3] 赵玉民，朱方明，贺立龙. 环境规制的界定、分类与演进研究[J]. 中国人口·资源与环境，2009，19(6)：85 - 90.

[4] 何悦. 环境规制对企业绩效的影响研究[D]. 武汉：中南财经政法大学，2019.

[5] 沈宏亮，金达. 非正式环境规制能否推动工业企业研发：基于门槛

模型的分析[J]. 科技进步与对策, 2020, 37(2): 106-114.

[6] 肖汉雄. 不同公众参与模式对环境规制强度的影响:基于空间杜宾模型的实证研究[J]. 财经论丛, 2019(1): 100-109.

[7] 黄永源, 朱晟君. 公众环境关注、环境规制与中国能源密集型产业动态[J]. 自然资源学报, 2020,35(11): 2744-2758.

[8] 邱玉霞. 环境规制、生态创新投入与企业绩效研究[D]. 淄博:山东理工大学, 2017.

[9] 秦颖, 孙慧. 自愿参与型环境规制与企业研发创新关系:基于政府监管与媒体关注视角的实证研究[J]. 科技管理研究, 2020, 40(4): 254-262.

[10] 马勇, 童昀, 任洁,等. 公众参与型环境规制的时空格局及驱动因子研究:以长江经济带为例[J]. 地理科学, 2018, 38(11): 1799-1808.

[11] 康鹏辉, 茹少峰. 环境规制的绿色创新双边效应分解[J/OL]. 中国人口·资源与环境, 2020(10): 93-104.

[12] 康志勇, 汤学良, 刘馨. 环境规制、企业创新与中国企业出口研究:基于"波特假说"的再检验[J]. 国际贸易问题, 2020(2): 125-141.

[13] 王怀明, 王辉. 公众参与、环境规制政策与企业技术创新[J]. 生态经济, 2018, 34(7): 88-93.

[14] 袁鹏飞. 正式与非正式环境规制对大气污染治理效果的影响研究[D]. 泉州:华侨大学, 2020.

[15] 苏昕, 周升师. 双重环境规制、政府补助对企业创新产出的影响及调节[J]. 中国人口·资源与环境, 2019, 29(3): 31-39.

[16] 刘和旺, 郑世林, 王宇锋. 所有制类型、技术创新与企业绩效[J]. 中国软科学, 2015(3): 28-40.

[17] 林莞娟, 王辉, 韩涛. 股权分置改革对国有控股比例以及企业绩效影响的研究[J]. 金融研究, 2016(1): 192-206.

[18] 许庆瑞, 王伟强, 吕燕. 中国企业环境技术创新研究[J]. 中国软科学, 1995(5): 16-20.

[19] 陈强，余伟．环境规制与工业技术创新[J]．同济大学学报(自然科学版)，2014，42(12)：1935－1940.

[20] 臧传琴，张菡．环境规制技术创新效应的空间差异：基于2000—2013年中国面板数据的实证分析[J]．宏观经济研究，2015(11)：72－83＋141.

[21] 许水平，邓文涛，赵一澍．环境规制、技术创新与全要素生产率：基于对“波特假说”的实证检验[J]．企业经济，2016，35(12)：19－27.

[22] 徐圆．源于社会压力的非正式性环境规制是否约束了中国的工业污染？[J]．财贸研究，2014，25(2)：7－15.

[23] 温忠麟，张雷，侯杰泰，等．中介效应检验程序及其应用[J]．心理学报，2004(5)：614－620.

[24] 彭镇，连玉君，戴亦一．企业创新激励：来自同群效应的解释[J]．科研管理，2020，41(4)：45－53.

[25] 米晋宏，张南，葛劲峰．上市公司资本扩张和创新激励[J]．管理学刊，2021，34(4)：37－50.

[26] 孙学敏，王杰．环境规制对中国企业规模分布的影响[J]．中国工业经济，2014(12)：44－56.

[27] 沈坤荣，金刚，方娴．环境规制引起了污染就近转移吗？[J]．经济研究，2017，52(5)：44－59.

[28] 王杰，刘斌．环境规制与企业全要素生产率：基于中国工业企业数据的经验分析[J]．中国工业经济，2014(3)：44－56.

[29] 苗苗，苏远东，朱曦，等．环境规制对企业技术创新的影响：基于融资约束的中介效应检验[J]．软科学，2019，33(12)：100－107.

[30] POTER M E, LINDE C. Toward a new conception of the environment: Competitiveness relationship [J]. Journal of economic perspectives, 1995 (9): 97－118.

[31] WAGNER M. Empirical influence of environmental management on innovation: Evidence from Europe [J]. Ecological economics, 2008, 66(2－3): 392－402.

[32] LANOIE P, LAURENT - LUCCHETTI J, JOHNSTONE N, et al. Environment policy, policy innovation and performance: New insights on the porter hypothesis[J]. Journal of economics and management strategy, 2011, 20(3): 803 - 842.

[33] YANG C H, TSENG Y H, CHEN C P. Environmental regulations, induced R&D, and productivity: Evidence from Taiwan's manufacturing industries [J]. Resource and energy economics, 2012, 34(4): 514 - 532.

[34] JAFFE, A B, PALMERK. Environmental regulation and innovation: An panel data study[J]. Review of economics and statistics, 1997(79): 610 - 619.

[35] TIETENBERG T. Disclosure strategies for pollution control[J]. Environmental & resource economics, 1998, 11(3 - 4): 587 - 602.

[36] BRANNLUND R, FRE R, GROSSKOPF S. Environmental regulation and profitability: An application to Swedish pulp and paper mills[J]. Environmental and resource economics, 1995, 6(1): 23 - 36.

[37] DARNALL N, JOLLEY J, YTTERHUS B. Understanding the relationship between a facility's environment and financial performance[J]. Corporate behaviour and environmental policy, 2007, 5(6): 213 - 259.

[38] PARGAL S, WHEELER D. Informal regulation of industrial pollution in developing countries: Evidence from indonesia [J]. Journal of political economy, 1996, 104(6): 1314 - 1327.

[39] POTER M E. Towards a dynamic theory of strategy[J]. Strategic management journal, 1991, 12(S2): 95 - 117.

[40] HAMAMOTO M. Environmental regulation and the productivity of Japanese manufacturing industries[J]. Resource and energy economics, 2006, 28(4): 299 - 312.

[41] LANJOUW J O, Mody S. Innovation and the international diffusion of environmentally responsive technology[J]. Research policy, 1996, 25(4):

549 – 571.

[42] SCHERER D, HARHOFF S D. Technology policy for a world of skew – distributed outcomes[J]. Research policy, 2000.

[43] BRUCE E HANSEN. Threshold effects in non – dynamic panels: Estimation, testing, and inference[J]. Journal of econometrics, 1999, 93(2): 345 – 368.

[44] WANG Q. Fixed – effect panel threshold model using stata[J]. Stata journal, 2015(15): 121 – 134.

政府补助与企业创新①

米　儒

摘要：创新是引领发展的第一动力，创新驱动发展战略是我国发展的核心战略之一。本文以国泰安数据库（CSMAR）和中国研究数据服务平台（CNRDS）中的上市公司（2015—2020年）为样本，采用双向固定效应模型，实证检验政府补助与企业创新的关系。研究发现，首先，总的政府补助对企业创新投入和产出均有显著促进作用；其次，不同类别政府补助的影响不同，研发技改补助对企业创新投入和产出有显著促进作用，人才补助可有效促进企业创新产出，其他补助对企业创新无显著影响，政府补助对企业创新的影响具有显著的行业和地域差异；再次，本文采用替换被解释变量和GMM模型两种方法，证明结论是稳健的；最后，本文根据差异化的政府补助影响，提出一些政策建议。

关键词：政府补助；企业创新；差异化影响；固定效应

作者简介：米儒（1998—），陕西咸阳人，西北大学经济管理学院2020级财政学专业硕士研究生。

---

① 本文在孔军老师的指导下完成。孔军，西北大学经济管理学院教授，博士研究生导师，主要从事最优税收理论、劳动力市场分割理论和教育经济学领域研究。

一、引言

进入新时代，以习近平同志为核心的党中央高度重视开拓创新，提出创新驱动发展战略。党的十九届五中全会首次把“创新”放在“我国现代化建设全局中的核心地位”，创新成为引领发展的第一动力，是建设现代化经济体系重要的战略支撑。进入新发展阶段，动力转换、方式转变、结构调整等都需要科技创新注入新动力。企业是创新的主体，《中华人民共和国国民经济和社会发展第十四个五年规划和2035年远景目标纲要》提出，完善技术创新市场导向机制，强化企业创新主体地位，促进各类创新要素向企业集聚，形成以企业为主体、市场为导向、产学研用深度融合的技术创新体系。

企业是创新的主体，但因创新资金投入高、创新结果不确定和创新周期不规律等，创新具有高风险性。此外，我国知识产权保护制度不尽完善，企业从事具有正外部性的创新活动时，难以在市场上获得创新带来的全部收益。因此，为应对市场失灵，鼓励企业开展创新活动，政府通常采用财政补助、税收优惠等政策予以支持。财政补助是直接激励，对企业实质性创新行为进行补助，具有一定监督作用；税收优惠是间接激励，对达到标准的企业减税。近年来，我国对企业补助不断增加，范围不断扩大，既有“863”计划、“火炬”计划等计划类创新补助，也有高新技术企业认定、科技企业孵化器认定等认定类创新补助，还有企业研究开发、技术改造等自主创新类补助，以及疫情补贴、稳岗补贴、政府扶持资金等非创新类补助。

政府补助对企业创新的影响研究是学界关注的热点，但研究结论略有不同。多数学者认为政府补助对企业创新具有促进作用（陈玲、杨文辉，2016；王德祥、李昕，2017；郭玥，2018；马嘉楠、翟海燕、董静，2018；姜启波、谭清美，2020；Bronzini and Piselli，2016；Li Hou et al.，2021；Liu Manzhi et al.，2019；Javad Soltanzadeh et al.，2019），有些学者认为前者对后者会产生挤出效应（毛其淋、许家云，2015；黎文靖、郑曼妮，2016；李万福、杜静、张怀，2017），而少数学者认为无显著影响（童锦治、刘诗源、林志帆，2018；周炜、宗佳妮、蔺楠，2021；史洁琼，2021）。

以往关于政府补助影响企业创新的研究存在以下不足之处：一是多数研究分析总的政府补助对企业创新投入或创新产出的单方面影响，鲜有研究分析政府补助对企业创新投入与创新产出的差异化影响；二是对政府补助详细分类的不多，即使有分类，也是简单地分为研发类和非研发类，难以厘清不同补助的不同作用，无法实行差别政策。基于此，本文尝试根据政府补助项目具体内容将其分为研发技改补助、人才补助和其他补助，并采用双向固定效应模型，分别研究2015—2020年总的政府补助和不同类型补助对我国上市企业创新投入与创新产出的影响，同时分析企业股权性质、行业特征及所属地域对企业创新的异质性影响。研究结论可以丰富政府补助对企业创新的影响理论，能够为政府实施差异化补助政策奠定实证基础，从而发挥更好的政策效果。

二、理论分析与研究假设

（一）政府补助对企业创新投入的影响

创新是企业的生命之源，只有不断创新，提高核心竞争力，企业才能在激烈的市场竞争中发展。一般而言，企业的研发活动需要巨额资金，而且研发创新周期长、结果不确定，需要承担失败风险。此外，由于创新具有外溢性，并很容易被其他企业模仿，导致企业自身利益受损，不能独享创新成果。因此，创新的高投入性、高风险性和外溢效应导致企业的创新动力不足（李万福、杜静、张怀，2017），创新投入往往低于社会最优水平。政府在市场失灵时，依据其独特的地位，可以介入解决企业创新投入不足问题，进而优化资源配置，而其有效的政策工具就是政府补助。

主要文献对政府补助与企业创新投入关系的研究形成三种观点。首先，政府补助对企业创新投入具有挤入效应或促进作用，形成直接作用。政府补助作为营业外收入，增加了企业利润，降低了研发成本（陈玲、杨文辉，2016），企业有更多资金用于研发活动，增加了创新投入，而且可以增强企业抵御风险的能力（白俊红，2011），激励企业积极开展研发活动。从企业角度来看，创新项目比其他项目风险更大，外部资金会更加谨慎投入，造成研发投资更大的融资约束，而政府补助可以填补资金缺口。另外，政府补助通过信号传递促进企业创新投入，形成间接作用。政府补助可传递出具有“认可标签”的积极信号（吴伟伟、张天一，2021），说明企业拥有良好的创新项目和较强的创新潜力，符合政府投资方向，对外部资金是利好信号。随着外部资金的加入，企业创新项目融资渠道通畅，缓解了融资约束，加大了研发投入力度。

其次，政府补助对企业创新投入具有抑制作用。研发项目比一般项目受到更大的融资约束，当企业获得政府补助后可能减少之前必须用于研发的资金，降低了企业自主研发支出（李万福、杜静、张怀，2017）。政府补助对企业来说本是一件好事，通过“认可标签”的信号传递机制拓宽企业融资渠道，但是在我国官员晋升机制下，为了在任职期间获得更多的政绩，政府更愿意资助那些短期风险小、资本回报率高的项目，这类项目在企业内部本就备受青睐，政府补助对企业来说可能是多余的，会挤占企业自有研发投入（陈玲、杨文辉，2016）。企业对政府补助过度依赖会引发寻租行为，企业为获得补助，寻租成本引起的非生产性支出会对创新投入产生挤出效应（毛其淋、许家云，2015）。

最后，政府补助对企业创新投入无显著影响。在企业创新资金充足、创新意愿低的情况下，政府补助无关紧要，对创新投入无显著影响（周炜、宗佳妮、蔺楠，2021）。而在资金约束紧张的企业中，政府补助可以说是雪中送炭，对企业的创新活动至关重要。因此，企业类型不同，政府补助对创新的作用也不同。

综上所述，多数学者认为政府补助通过降低研发成本、缓解融资约束和“认可标签”的信号作用对企业创新投入产生促进作用。基于此，本文提出如下假设。

H_1：在其他条件不变的情况下，总的政府补助对企业创新投入有显著的正向影响。

（二）政府补助对企业创新产出的影响

研发活动具有高风险性，不是所有的研发活动均能成功转化为企业的创新产出。创新投入仅能衡量企业研发的投入比例，不能说明创新产出效果。对于政府补助对企业创新产出的影响，不同学者基于不同视角进行了分析，实证结果也不尽相同。一种观点认为政府补助可以增加企业创新产出。一方面，政府补助可有效缓解企业资金约束，加大企业研发投入，提高企业专利申请的成功概率（Bronzini and Piselli，2016），增加企业创新产出。融资约束越强，政府补助对企业创新产出的促进作用越显著（姜启波、谭清美，2020）。另一方面，政府补助作为创新资源的补充，可以降低企业自主创新的边际成本，降低企业创新风险（杨洋、魏江、罗来军，2015）。一定规模内的研发补贴向外界投资者传递的“认可标签”的积极信号强于研发风险的消极信号，从而促进企业创新产出（吴伟伟、张天一，2021）。此外，政府具有信息优势，其补助通过技术认证和动态监管，可有效避免逆向选择和道德风险问题，引导和规范企业进行持续性研发活动（郭玥，2018），有利于企业创新产出的增加。

另一种观点认为只有适度的政府补助才能促进企业创新产出，且政府补助对企业创新产出有质量与数量的差异影响。政府补助存在一个适度区间，只有这个区间内的政府补助才能促进企业创新，超过适度区间的补助会造成企业“寻补贴”投资（毛其淋、许家云，2015），对企业创新反而具有抑制作用。政府补助还可能导致企业策略性创新增加（黎文靖、郑曼妮，2016），如非发明专利申请数量增加，并非实质性创新。通过偶尔获得的政府补助并不能真正促进企业创新，要想提升企业创新质量，需要靠政府持续性的补贴（史洁琼，2021）。

基于以上分析，本文认为总的政府补助通过减缓融资约束、资源补充和信号传递对企业创新产出产生显著促进作用，故提出以下假设。

H_2：在其他条件不变的情况下，总的政府补助对企业创新产出有显著的正向影响。

因此，政府补助对企业创新投入和创新产出的作用机制如图1所示。

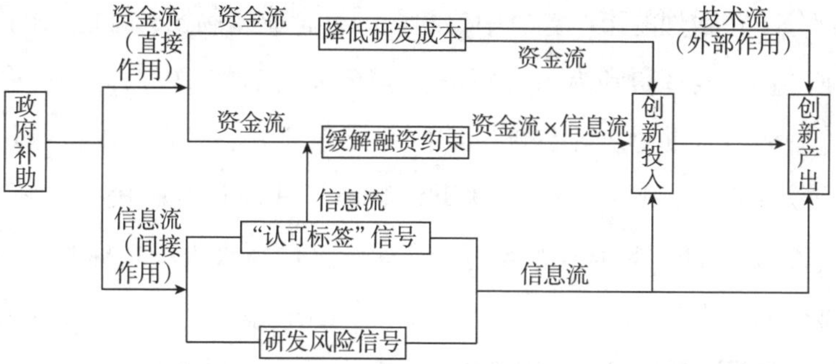

图1　政府补助对企业创新投入和创新产出的作用机制

（三）不同类型政府补助的差异化影响

不同类型政府补助的政策效果不一样。本文根据政府补助的内涵，将其分为研发技改补助、人才补助和其他补助。企业研发技改补助，是对创新活动的直接补助，激励企业的创新行为，通过降低设备购置和技术改造成本，可有效降低创新成本，增加企业研发投入，促进企业创新投入和产出的增加。为此，本文提出以下假设。

H_{3a}：在其他条件不变的情况下，研发技改补助对企业创新投入有促进作用。

H_{3b}：在其他条件不变的情况下，研发技改补助对企业创新产出有促进作用。

创新驱动实际上是人才驱动，企业创新最核心、最重要、最根本的是人才问题。吸引人才可提高企业创新所需的人力资本，帮助企业获得技术研发高端人才（马嘉楠、翟海燕、董静，2018），强化企业吸收与开发新技术的能力，提高企业研发创新成功概率，提高企业创新产出。

H_4：在其他条件不变的情况下，人才补助对企业创新产出有显著的促进作用。

此外，政府补助对企业创新的影响在所有制性质、行业和地域上有所差异。就企业的所有制性质而言，国有企业是我国社会主义市场经济的重要组成部分。在激烈的市场竞争中，随着国有企业改制及管理能力的提升，国有企业的创新效率得到提高（胡磊、李震林、张强，2022）。国有企业与非国有企业政府补助对企业创新影响的差异逐渐减小。高技术行业是我国财政重点扶持行业，具有技术密集型的特点，其创新意愿较高（黎文靖、郑曼妮，2016），加上政府政策支持，会激励其创新投入不断提升；而非高技术企业创新意愿较低，创新水平较差。我国东部、中部、西部各地区在地理环境、资源禀赋和开放程度等方面存在较大差异（周京奎、王文波，2020），东部地区经济发展快、市场化程度高、市场竞争激烈，而西部地区起步晚、缺乏技术人才、经济发展慢、市场化水平低，影响创新水平。

三、研究设计

（一）数据来源与样本选择

本文以沪深A股非金融类上市公司为研究对象，数据来源于国泰安数据库（CSMAR）和中国研究数据服务平台（CNRDS），因为研究变量在2015年前的信息严重缺失，所以选取区间为2015—2020年。为确保数据的可靠性，本文对原始样本做如下处理：①删除数据缺失的样本；②剔除 ST、*ST 公司样本；③剔除资产负债率小于 0 或大于 1、净利润率大于 100% 以及政府补助小于 0 等指标值明显异常的样本。此外，为减小离群值对结果的影响，本文对数值型变量 1% 和 99% 百分位进行 Winsorize 处理，得到 14904 个面板数据。

（二）变量选取

1. 被解释变量

本文使用企业研发强度即研发支出与营业收入的比值来衡量创新投入；采用发明专利申请数衡量创新产出，因为专利从申请到授权需要时间，而企业在申请专利过程中可能已将专利用于创新，因此，相比于企业专利授权数，发明专利申请数更能反映企业的真实创新水平。而外观设计专利和实用新型专利仅是对原产品的外形与功能做一些改变，创造性较小。因此，创新产出使用发明专利申请数的自然对数来衡量。鉴于很多企业没有发明专利，本文参照郭玥（2018）的研究，对发明专利申请数量做加 1 取自然对数处理。

2. 核心解释变量

政府补助披露于公司财务报表附注“营业外收入”科目下的“政府补助明细”中，并没具体分类。本文搜索数据样本中的关键词，将政府补助分为三类。第一类是凡在项目中出现“科技”“科学技术”“创新”“高新技术企业”“高技术”“研发”“研究开发”“产学研”“专利”“商标”“知识产权”“科研成果”“成果转化”“建设项目”“进口设备”“设备投资”“研发设备”“技术改造”“改造”等字样，将其归为研发技改补助；第二类是只要出现“人才”“博士后”“工作站”等字样，将其归为人才补助；第三类是只要出现“企业社会责任建设”“失业金补助”“奖励金”“减免税款”“疫情补贴”“政府扶持资金”等字样，将其归为其他补助。

3. 控制变量

参照吴伟伟和张天一（2021）、郭玥（2018）、童锦治等（2018）

的研究，为排除其他变量对回归模型和理论分析的影响，本文还控制了如下变量。①公司规模：企业的规模效应可以降低经营成本，提高研发动力。②公司年龄：企业在成长过程中积累的管理经验，可以降低研发风险，提高研发创新的主动性。③资产负债率：债权资金对风险的容忍度比权益资金更低。企业负债越多，越不愿意进行创新。④固定资产占比：反映固定资产有无资金闲置，占比越低说明企业营运能力越强，创新的积极性越高。⑤成长能力：企业成长能力越强，营业收入增长越快，会有更多资金投入研发创新。⑥高管薪酬：高管薪酬越多，说明企业绩效越好，越能刺激企业创新以获得更高绩效。⑦股权集中度：衡量企业的稳定性，集中度越大，说明企业发展越稳定，越能获得更多的资源用于企业创新。

变量的定义、代码和计算方式如表1所示。

表1　变量的定义、代码和计算方式

变量		定义	代码	计算方式
被解释变量	创新投入	研发强度	*Rd*	（研发支出/营业收入）×100%
	创新产出	发明专利申请数	ln*Pa*	（发明专利申请数+1）取自然对数
核心解释变量	政府补助类型	研究开发及技术改造等获得的补助	ln*Am*1	不同类型补助数额取自然对数
		吸引人才获得的补助	ln*Am*2	
		其他补助	ln*Am*3	
控制变量		公司规模	*Size*	公司总资产取自然对数
		公司年龄	*Age*	企业成立年份与当年差值取自然对数
		资产负债率	*Lev*	总负债/总资产
		固定资产占比	*Ci*	固定资产/总资产
		成长能力	*Growth*	营业收入增长率

续表

变量	定义	代码	计算方式
控制变量	高管薪酬	*Ec*	董事、监事和高管前三名年薪总额取自然对数
	股权集中度	*S*1	第一大股东持股比重
	所有制类型	*dummy*1	非国有企业定义为1，国有企业定义为0
	是否高技术行业	*dummy*2	高技术行业定义为1，非高技术行业定义为0
	所属地域	*dummy*3	东部地区定义为1，其他地区定义为0
		*dummy*4	中部地区定义为1，其他地区定义为0

（三）模型设定

为检验政府补助对企业创新的影响，本文构建两个计量模型。

$$Rd_{it} = \beta_0 + \beta_1 \ln Am_{it} + \sum \beta_k \times controls_{it} + \lambda_t + \omega_t + \varepsilon_{it} \quad (1)$$

$$\ln Pa_{it} = \beta_0 + \beta_1 \ln Am_{it} + \sum \beta_k \times controls_{it} + \lambda_t + \omega_t + \varepsilon_{it} \quad (2)$$

模型（1）和模型（2）分别验证政府补助对企业创新投入与创新产出的影响。上述模型中 i 代表上市公司，t 代表年份。被解释变量 Rd 和 $\ln Pa$ 分别表示公司研发强度与发明专利申请数。解释变量 $\ln Am$ 表示政府补助总量或分类型数量。*controls* 表示控制变量。同时，为保证企业层面不受时间变化影响和所有企业遇到的共同冲击，模型中引入企业固定效应 λ_t 和年份固定效应 ω_t 。ε_{it} 表示随机扰动项。

四、实证结果与分析

（一）描述性统计与相关性分析

表2为变量的描述性统计结果。创新投入 Rd 的均值为4.59，标准

差为4.56，最小值为0，最大值为25.44，说明上市企业创新投入存在较大差异。创新产出ln*Pa*的均值为2.09，标准差为1.51，最小值为0，最大值为6.23，差距也比较大。企业获得政府补助总量ln*Am*的均值为16.50，标准差为2.32，最小值为0，最大值为20.64，说明企业获得政府补助差异较大。比较ln*Am*1、ln*Am*2、ln*Am*3均值，发现ln*Am*3的均值较大，其他均值较小。整体而言，第一类研发技改补助和第二类人才补助占比较少，第三类其他补助占比较多。反映企业股权性质的变量*dummy*1均值为0.70，最小值为0，最大值为1，说明非国有企业受助较多；反映行业特征的虚拟变量*dummy*2均值为0.47，最小值为0，最大值为1，说明非高技术行业受助量与高技术行业相当；反映地区属性的虚拟变量*dummy*3均值为0.73，最小值为0，最大值为1，*dummy*4均值为0.15，最小值为0，最大值为1，说明东部地区企业受助较多，中西部企业受助较少。

表2　变量的描述性统计结果

变量	样本量	均值	标准差	最小值	最大值
Rd	14904	4.5893	4.5580	0	25.4400
ln*Pa*	14904	2.0901	1.5063	0	6.2285
ln*Am*	14904	16.4993	2.3235	0	20.6395
ln*Am*1	14904	8.4031	7.1053	0	17.6995
ln*Am*2	14904	1.8033	4.3537	0	14.4880
ln*Am*3	14904	15.6865	4.0673	0	23.2313
Size	14904	22.2942	1.2667	18.3701	28.6365
*dummy*1	14904	0.6975	0.4594	0	1
*dummy*2	14904	0.4664	0.4989	0	1
*dummy*3	14904	0.7267	0.4457	0	1
*dummy*4	14904	0.1524	0.3594	0	1
Lev	14904	0.4084	0.1873	0.0662	0.8601
Ec	14904	15.2876	0.6457	13.8472	17.2674
*S*1	14904	33.2382	14.2523	8.4300	71.9200
Ci	14904	0.9531	0.0472	0.6937	0.9997

续表

变量	样本量	均值	标准差	最小值	最大值
Growth	14904	16. 3499	37. 9953	-52. 2401	229. 2099
Age	14904	2. 9983	0. 2655	1. 6094	4. 7875

表3报告了主要变量的相关系数矩阵。结果显示，总的政府补助、研发技改补助与企业研发强度、发明专利申请数呈显著正相关，人才补助与发明专利申请数呈正相关，这也初步验证了本文 H_1、H_2、H_{3a}、H_{3b} 和 H_4。此外，从表3中可以看出解释变量 ln*Am*3 与 ln*Am*、*Lev* 与 *Size*、*Ec* 之间存在较大的相关性（>0.1），模型可能存在多重共线性，但 VIF 检验结果显示 VIF 均值等于 1.32（<10），可以认为模型不存在多重共线性。

表3　主要变量的相关系数矩阵

变量	*Rd*	ln*Pa*	ln*Am*	ln*Am*1	ln*Am*2	ln*Am*3	*Size*	*Lev*	*Ec*	*Growth*	*S*1	*Ci*	*Age*
Rd	1												
ln*Pa*	0. 197 ***	1											
ln*Am*	0. 063 ***	0. 300 ***	1										
ln*Am*1	0. 065 ***	0. 126 ***	0. 120 ***	1									
ln*Am*2	0. 086 ***	0. 125 ***	0. 085 ***	0. 336 ***	1								
ln*Am*3	0. 005	0. 147 ***	0. 575 ***	0. 096 ***	0. 044 ***	1							
Size	0. 267 ***	0. 390 ***	0. 392 ***	0. 058 ***	0. 001	0. 269 ***	1						
Lev	0. 282 ***	0. 175 ***	0. 167 ***	0. 048 ***	-0. 006	0. 131 ***	0. 508 ***	1					
Ec	0. 050 ***	0. 259 ***	0. 268 ***	0. 073 ***	0. 009	0. 189 ***	0. 408 ***	0. 117 ***	1				
Growth	0. 037 ***	0. 048 ***	0. 050	0. 044 ***	0. 014 *	-0. 003	0. 038 ***	0. 028 ***	0. 020 **	1			
*S*1	0. 188 ***	-0. 005	0. 026 ***	0. 048 ***	0. 060 ***	0. 026 ***	0. 179 ***	0. 044 ***	0. 023 ***	-0. 005	1		
Ci	0. 069 ***	0. 026 ***	0. 030 **	0. 014 *	0. 021 **	0. 016 **	0. 076 ***	0. 052 ***	0. 040 ***	-0. 005	0. 056 ***	1	
Age	0. 160 ***	-0. 004	0. 023 ***	0. 004	0. 030 ***	-0. 012	0. 124 ***	0. 095 ***	0. 030 ***	-0. 048 ***	0. 022 ***	0. 016 **	1

注：***、**、*分别表示在1%、5%、10%的水平上显著。

（二）单位根检验和 Hausman 检验

首先，为避免计量模型出现伪回归，本文对所有变量平稳性做单位根检验。每个变量检验结果的 p 值均为 0，远远小于 0.01，通过单位根检验，表明变量平稳。其次，采用 Hausman 检验判定模型的个体效应，结果显示 p 值为 0，远远小于 0.01，拒绝原假设，应选用固定效应模型。同时，为保证每个企业不受时间变化影响和企业层面的共同外界冲击，本文选用双向固定效应模型。

（三）基准回归分析

表 4 中第（1）列和第（2）列分别显示了总的政府补助对企业创新投入（*Rd*）与创新产出（ln*Pa*）影响的基准回归结果。研究发现，总的政府补助对创新投入（研发强度）和创新产出（发明专利申请数）都有显著的促进作用，即在 5% 的显著性水平上，每增加 1 个单位总的政府补助，会增加 0.0168 个单位的研发强度和 0.0087 个单位的发明专利申请数。因此，本文 H_1 和 H_2 得到了验证。总的政府补助对研发强度的促进作用大于发明专利申请数，可能的原因是政府补助作为企业营业外收入，增加了企业资金，能降低研发创新的成本，并分散企业研发风险，增加研发支出。但企业研发创新活动风险较高，不是所有的研发支出均能带来创新产出的增加。因此，总的政府补助对创新投入的促进作用强于创新产出。

控制变量中企业规模（*Size*）、企业年龄（*Age*）在 1% 的显著性水平上促进创新产出（ln*Pa*）。规模大的企业在资源占有、吸引人才、融资渠道和风险承担等方面更有优势，创新效率更高。企业年龄越长，研发创新经验越丰富，创新成功的概率也会越大。资产负债率和营业收入增长率对企业创新有明显的抑制作用。资产负债率反映企业对风险的容忍度，资产负债率越高，企业对风险容忍度越低，企业的创新活动意愿会大为降低。营业收入增长率反映企业成长能力，当增长率较高时，说明收入稳定，发展良好，可能会使企业愿意保持现状，而不愿进行具有高风险的创新活动。

表 4　总的政府补助对企业创新的基准回归结果

变量	(1) *Rd*	(2) ln*Pa*
ln*Am*	0.0168 ** (0.0071)	0.0087 ** (0.0036)
Size	0.0425 (0.1410)	0.4660 *** (0.0433)
Lev	-0.5200 (0.4060)	-0.2940 ** (0.1170)
Ec	0.2290 ** (0.1030)	0.0396 (0.0324)
*S*1	0.0023 (0.0069)	0.0037 (0.0025)
Growth	-0.0095 *** (0.0007)	2.93×10^{-5} (0.0002)
Ci	-2.0570 (1.9640)	-1.006 * (0.5180)
Age	-0.3360 *** (0.0441)	0.8730 *** (0.0159)
时间效应	控制	控制
企业效应	控制	控制
Constant	1.9850 (4.6990)	-8.4490 *** (1.0820)
N	14904	14904
Adjusted - R^2	0.0640	0.0940

注：括号内数值为标准误，***、**、* 分别表示在 1%、5%、10% 的水平上显著。

表 5 为各类政府补助对企业创新投入的影响。第（1）列、第（2）列和第（3）列分别表示研发技改补助（ln*Am*1）、人才补助（ln*Am*2）与其他补助（ln*Am*3）对企业创新投入的影响。可以看出，研发技改补助（ln*Am*1）对企业创新投入（*Rd*）有显著的促进作用，在 5% 显著性水平上，每增加 1 个单位该类补助会增加 0.0074 个单位创新投入。该类补助是对企业研究开发及技术改造的直接补贴，可以降低企业研发成

本，对企业开展研发活动具有直接的激励作用，激励企业加大研发投入。因此，假设 H_{3a}得到了验证。人才补助和其他补助对企业研发强度无显著影响。人才补助不是对企业研发的直接补助，它通过人才累积效应对企业未来创新产生影响，因此对企业当年创新投入无显著影响。其他补助对企业创新投入无显著影响，可能的解释是该类补助与企业创新没有直接关系，企业获得该类补助并没有用于研发活动，也可能是对于创新意愿低的企业，该类补助超过了适度区间，对创新产生了抑制作用（毛其淋、许家云，2015）。

表 5　各类政府补助对企业创新投入的影响

变量	*Rd*		
	（1）	（2）	（3）
ln*Am*1	0. 0074 ** （0. 0036）		
ln*Am*2		0. 0082 （0. 0050）	
ln*Am*3			-0. 0002 （0. 0046）
Size	0. 0575 （0. 1420）	0. 0565 （0. 1420）	0. 0586 （0. 1420）
Lev	-0. 5030 （0. 4060）	-0. 5190 （0. 4060）	-0. 5210 （0. 4050）
Ec	0. 2320 ** （0. 1030）	0. 2310 ** （0. 1030）	0. 2310 ** （0. 1030）
*S*1	0. 0021 （0. 0069）	0. 0024 （0. 0069）	0. 0024 （0. 0069）
Growth	-0. 0095 *** （0. 0007）	-0. 0095 *** （0. 0007）	-0. 0095 *** （0. 0007）
Ci	-2. 0760 （1. 9620）	-2. 0670 （1. 9640）	-2. 0720 （1. 9640）
Age	-0. 3210 *** （0. 0434）	-0. 3040 *** （0. 0511）	-0. 3460 *** （0. 0445）

续表

变量	*Rd*		
	(1)	(2)	(3)
时间效应	控制	控制	控制
企业效应	控制	控制	控制
Constant	1.8080 (4.7130)	1.8980 (4.7110)	1.8950 (4.7140)
N	14904	14904	14904
Adjusted - R^2	0.0650	0.0640	0.0640

注：括号内数值为标准误，***、** 分别表示在 1%、5% 的水平上显著。

表 6 为各类政府补助对企业创新产出的影响。第（1）列、第（2）列和第（3）列分别表示研发技改补助（ln*Am*1）、人才补助（ln*Am*2）与其他补助（ln*Am*3）对发明专利申请数，即创新产出的影响。结果显示，研发技改补助和人才补助对企业创新产出均有显著促进作用：在 1% 显著性水平上，每增加 1 个单位研发技改补助会增加 0.0045 个单位发明专利申请数；在 5% 显著性水平上，每增加 1 个单位人才补助会增加 0.0041 个单位发明专利申请数。其背后的逻辑是，研发技改补助是对研发活动的直接补贴，激励企业研发投入和技术改造，增加企业创新产出，且能成功促使创新投入转化为产出。人才是推动企业创新的重要源泉，企业因研发而吸引人才得到的补助可有效降低创新的人力成本，聚集企业研发创新的高端人才，增加企业创新产出。因此，假设 H_{3b} 和 H_4 得到验证。

表 6 各类政府补助对企业创新产出的影响

变量	ln*Pa*		
	(1)	(2)	(3)
ln*Am*1	0.0045*** (0.0015)		
ln*Am*2		0.0041** (0.0019)	

续表

变量	lnPa		
	(1)	(2)	(3)
lnAm3			0.0023 (0.0017)
Size	0.4740*** (0.0433)	0.4730*** (0.0432)	0.4720*** (0.0434)
Lev	-0.2830** (0.1170)	-0.2930** (0.1170)	-0.2960** (0.1170)
Ec	0.0417 (0.0324)	0.0408 (0.0324)	0.0400 (0.0324)
S1	0.0036 (0.0025)	0.0037 (0.0025)	0.0038 (0.0025)
Growth	1.80×10^{-5} (0.0002)	3.11×10^{-5} (0.0002)	2.63×10^{-5} (0.0002)
Ci	-1.0160** (0.5180)	-1.0110* (0.5190)	-1.0140* (0.5190)
Age	0.8830*** (0.0162)	0.8890*** (0.0186)	0.8700*** (0.0158)
时间效应	控制	控制	控制
企业效应	控制	控制	控制
Constant	-8.5490*** (1.0870)	-8.4940*** (1.0840)	-8.4740*** (1.0860)
N	14904	14904	14904
Adjusted - R^2	0.0940	0.0930	0.0930

注：括号内数值为标准误，***、**、*分别表示在1%、5%、10%的水平上显著。

（四）异质性分析

根据CSMAR数据库对企业股权性质的划分，将上市公司分为“国有企业”和“非国有企业”；根据《中国科技统计年鉴》对高技术产业的分类，将上市公司中属于计算机、通信和其他电子设备制造业，铁路、船舶、航空航天和其他运输设备制造业，医药制造业，专用设备制造业，仪器仪表制造业，化学纤维制造业，通用设备制造业，化学原料及化学制品制造业，电气机械及器材制造业归为高技术行业，其他归为非高技术行业；根据国家统计局对我国区域划分规则，将上市公司按照企业所属地域划分为东部、中部和西部地区。

在基准模型基础上，引入反映企业股权性质的虚拟变量 *dummy*1，当企业为非国有企业时定义为 1，否则，定义为 0；反映行业特征的虚拟变量是 *dummy*2，当企业为高技术行业时定义为 1，否则，定义为 0；反映地区属性的虚拟变量是 *dummy*3 和 *dummy*4，当企业所属地为东部地区时 *dummy*3 定义为 1，当所属地为中部地区时 *dummy*4 定义为 1，否则，定义为 0。回归结果见表 7 和表 8。

如表 7 所示，总的政府补助和不同类别政府补助对企业创新投入的股权性质影响与地域影响无显著差异，而在行业特征上有显著差异，即在 5% 显著性水平上，高技术行业总的政府补助对创新投入的影响平均高出非高技术行业 0. 713 个单位，在 10% 显著性水平上，高技术行业研发技改补助、人才补助和其他补助对创新投入的影响平均高出非高技术行业 0. 707 个、0. 709 个和 0. 711 个单位。

表 7　政府补助对企业创新投入的异质性分析结果

变量	*Rd*			
	(1)	(2)	(3)	(4)
ln*Am*	0. 0170 ** (0. 0072)			
ln*Am*1		0. 0072 ** (0. 0035)		
ln*Am*2			0. 0081 (0. 0050)	
ln*Am*3				-0. 0003 (0. 0045)
*dummy*1	0. 0292 (0. 2290)	0. 0371 (0. 2290)	0. 0345 (0. 2290)	0. 0329 (0. 2290)

续表

变量	Rd			
	(1)	(2)	(3)	(4)
*dummy*2	0.7130** (0.3630)	0.7070* (0.3620)	0.7090* (0.3630)	0.7110* (0.3630)
*dummy*3	0.7720 (0.8390)	0.7640 (0.8420)	0.7640 (0.8450)	0.7680 (0.8380)
*dummy*4	0.9590 (1.1160)	0.9470 (1.1200)	0.9460 (1.1220)	0.9480 (1.1160)
Size	0.0482 (0.1400)	0.0634 (0.1410)	0.0624 (0.1410)	0.0645 (0.1410)
Lev	-0.4750 (0.4050)	-0.4580 (0.4050)	-0.4730 (0.4050)	-0.4750 (0.4050)
Ec	0.2270** (0.1020)	0.2300** (0.1020)	0.2290** (0.1020)	0.2290** (0.1020)
*S*1	0.0023 (0.0069)	0.0021 (0.0069)	0.0023 (0.0069)	0.0024 (0.0069)
Growth	-0.0096*** (0.0007)	-0.0096*** (0.0007)	-0.0096*** (0.0007)	-0.0096*** (0.0007)
Ci	-2.1130 (1.9050)	-2.1320 (1.9040)	-2.1240 (1.9060)	-2.1280 (1.9060)
Age	-0.3390*** (0.0437)	-0.3250*** (0.0432)	-0.3080*** (0.0508)	-0.3490*** (0.0441)
Constant	1.7700 (4.6900)	1.5610 (4.7050)	1.6050 (4.7020)	1.7090 (4.7020)
时间效应	控制	控制	控制	控制
N	14904	14904	14904	14904
Adjusted - R^2	0.0660	0.0660	0.0660	0.0660

注：括号内数值为标准误，***、**、*分别表示在1%、5%、10%的水平上显著。

如表8所示，总的政府补助和不同类别政府补助对企业创新产出的股权性质影响不显著，但是在行业特征和地域属性上有显著差异。在5%显著性水平上，高技术行业总的政府补助、研发技改补助、人才补助和其他补助对创新产出的影响平均高出非高技术行业 0.244 个、0.240 个、0.242 个和 0.243 个单位。在 10% 显著性水平上，东部地区企业总的政府补助、研发技改补助、人才补助和其他补助对创新产出的影响平均高于其他地区企业 0.678 个、0.673 个、0.674 个和 0.676 个单位。在 5% 显著性水平上，中部地区企业总的政府补助、研发技改补助、人才补助和其他补助平均高出非中部地区企业 0.965 个、0.959 个、0.958 个和 0.960 个单位。

表 8　政府补助对企业创新产出的异质性分析结果

变量	lnPa			
	(1)	(2)	(3)	(4)
lnAm	0.0088** (0.0036)			
lnAm1		0.0045*** (0.0015)		
lnAm2			0.0041** (0.0019)	
lnAm3				0.0023 (0.0018)
*dummy*1	0.0404 (0.0737)	0.0450 (0.0736)	0.0431 (0.0739)	0.0413 (0.0738)
*dummy*2	0.2440** (0.1120)	0.2400** (0.1120)	0.2420** (0.1120)	0.2430** (0.1120)
*dummy*3	0.6780* (0.3880)	0.6730* (0.3930)	0.6740* (0.3930)	0.6760* (0.3910)
*dummy*4	0.9650** (0.4180)	0.9590** (0.4260)	0.9580** (0.4230)	0.9600** (0.4200)
Size	0.4690*** (0.0431)	0.4770*** (0.0431)	0.4770*** (0.0431)	0.4760*** (0.0432)
Lev	-0.2740** (0.1150)	-0.2640** (0.1150)	-0.2740** (0.1150)	-0.2770** (0.1150)

续表

变量	lnPa			
	（1）	（2）	（3）	（4）
Ec	0. 0397 （0. 0323）	0. 0418 （0. 0324）	0. 0409 （0. 0323）	0. 0400 （0. 0324）
S1	0. 0037 （0. 0025）	0. 0035 （0. 0025）	0. 0037 （0. 0025）	0. 0037 （0. 0025）
Growth	-1.52×10^{-5} （0. 0002）	-2.65×10^{-5} （0. 0002）	-1.35×10^{-5} （0. 0002）	-1.82×10^{-5} （0. 0002）
Ci	-1. 0110 ** （0. 5110）	-1. 0210 ** （0. 5100）	-1. 0160 ** （0. 5110）	-1. 0190 ** （0. 5110）
Age	0. 8720 *** （0. 0158）	0. 8820 *** （0. 0162）	0. 8880 *** （0. 0186）	0. 8690 *** （0. 0158）
Constant	11. 6500 *** （1. 1080）	11. 7800 *** （1. 1160）	11. 7400 *** （1. 1120）	11. 6700 *** （1. 1120）
时间效应	控制	控制	控制	控制
N	14904	14904	14904	14904
Adjusted - R^2	0. 0950	0. 0960	0. 0950	0. 0950

注：括号内数值为标准误，***、**、* 分别表示在1%、5%、10%的水平上显著。

表7和表8充分说明，在激烈的市场竞争环境中，随着国有企业改制及公司治理能力的提升，上市国有企业的创新效率不断提高。此外，在上市非国有企业中可能存在骗取政府补助的研发操纵行为，并没有将政府补助用于企业实质性创新活动中，创新水平低下，国有企业与非国有企业创新差异逐渐减小。

高技术企业用尖端技术生产高技术产品，是研发活动多、研发投入高、研发人员占比高的企业。政府补助作为一种营业外收入对高技术企业尤为重要，根据白俊红（2011）的研究，企业的技术水平越高，政府补助对创新产出的促进作用越大。高技术企业以高科技为基础，通过技术创新来提高科技竞争力；而非高技术企业，对高技术要求不高，政府补助用于研发创新活动较少。

另外，西部地区与其他地区在政府补助对企业创新产出的影响上差异显著。在我国产业布局上，东部地区拥有很多私有化、国际化水平较高的大型产业，而西部地区拥有的主要是低技术、保护性产业（周京奎、王文波，2020）。自党的十八大以来，中部地区经济发展迅速，东中部地区企业面临更大的创新竞争，创新活动更频繁，政府补助对其创新影响更大。此外，东部地区市场环境好，政策制度、创新资源都有利于企业开展创新活动。而西部地区发展较晚，基础设施、投资环境相对较差，市场不完善，政府补助对企业创新活动促进作用较弱。

（五）稳健性检验

1. GMM 模型

由于创新水平高的企业更容易获得政府补助，其反向因果关系使模型变量可能存在内生性。本文使用 GMM 方法解决内生性问题，其优点是保证模型存在内生性时仍是一致性估计，且对扰动项存在的异方差问题是有效的。本文将解释变量滞后一期引入 GMM 模型，回归结果见表 9 和表 10。

表 9 显示，第（1）列至第（4）列的 AR（1）值均小于 0.05 ，AR（2）值均大于 0.1，表明扰动项一阶自相关，二阶不相关；Hansen 检验值大于 0.1，表明模型（1）至模型（4）均不存在过度识别问题，工具变量是有效的。因此，表 9 中各类政府补助对企业创新投入的回归模型都符合 GMM 回归条件。

表 9　各类政府补助对企业创新投入的 GMM 模型回归结果

变量	*Rd*			
	(1)	(2)	(3)	(4)
l. Rd	0.8310*** (0.1510)	0.7370*** (0.0399)	0.7300*** (0.0474)	0.8000*** (0.0748)
l. ln*Pa*				

续表

变量	Rd			
	(1)	(2)	(3)	(4)
lnAm	0.0433 *** (0.0156)			
lnAm1		0.0003 (0.0055)		
lnAm2			0.0061 (0.0071)	
lnAm3				-0.2650 (0.2110)
时间效应	控制	控制	控制	控制
AR（1）	0.0000	0.0000	0.0000	0.0000
AR（2）	0.7530	0.7460	0.7370	0.7050
Hansen 检验	0.2070	0.2680	0.1770	0.2160
N	11924	11924	11924	11924

注：括号内为 t 统计量值，***、**、* 分别表示在 1%、5%、10% 的水平上显著。

表 10 显示，第（1）列至第（4）列的 AR（1）值均小于 0.05，AR（2）值均大于 0.1，表明扰动项一阶自相关，二阶不相关；Sargan 检验值大于 0.1，说明模型（1）至模型（4）均不存在过度识别问题，工具变量是有效的。因此，表 10 中各类政府补助对企业创新产出的回归模型都符合 GMM 回归条件。

表 10　各类政府补助对企业创新产出的 GMM 模型回归结果

变量	lnPa			
	(1)	(2)	(3)	(4)
l. Rd				
l. lnPa	0.4220 *** (0.0536)	0.3700 *** (0.0569)	0.7870 *** (0.1160)	0.9120 *** (0.1220)
lnAm	0.6620 ** (0.2600)			

续表

变量	lnPa			
	(1)	(2)	(3)	(4)
lnAm1		0.3160* (0.1630)		
lnAm2			0.2740* (0.1550)	
lnAm3				-0.4940 (0.3080)
时间效应	控制	控制	控制	控制
AR（1）	0.0210	0.0350	0.0000	0.0430
AR（2）	0.1070	0.1570	0.1080	0.3250
Sargan 检验	0.2060	0.2380	0.2200	0.5690
N	11924	11924	11924	11924

注：括号内为标准误，***、**、*分别表示在1%、5%、10%的水平上显著。

表9和表10表明，总的政府补助对企业创新投入和产出均有显著促进作用，研发技改补助和人才补助对企业创新产出均有显著促进作用，其他补助对企业创新水平影响不大，这一结论与之前的结论基本一致。

2. 替换被解释变量的稳健性检验

借鉴马嘉楠等（2018）的研究，本文选用研发人员占比（Rd1）衡量企业的创新投入，从另外一个角度检验政府补助对创新投入影响的稳健性，检验结果见表11。

表11　各类政府补助对企业研发人员占比影响的稳健性检验

变量	被解释变量：创新投入（Rd1）			
	(1)	(2)	(3)	(4)
lnAm	0.0542*** (0.0186)			
lnAm1		0.0043 (0.0108)		
lnAm2			0.0131 (0.0141)	

续表

变量	被解释变量：创新投入（$Rd1$）			
	(1)	(2)	(3)	(4)
ln$Am3$				0.0021 (0.0120)
时间效应	控制	控制	控制	控制
企业效应	控制	控制	控制	控制
控制变量	控制	控制	控制	控制
Constant	0.0275 (9.3290)	-0.2630 (9.3500)	-0.3520 (9.3610)	-0.1590 (9.3360)
N	14904	14904	14904	14904
$Adjusted-R^2$	0.0380	0.0370	0.0370	0.0370

注：括号内为标准误，*** 表示在 1% 的水平上显著。

根据童锦治等（2018）的研究，选用专利申请总数加 1 取自然对数（ln$Pa1$）衡量企业的创新产出，此处专利包括发明专利、实用新型专利和外观设计专利。各类政府补助对专利申请数影响的稳健性检验结果如表 12 所示。

表 12　各类政府补助对专利申请数影响的稳健性检验

变量	被解释变量：创新产出（ln$Pa1$）			
	(1)	(2)	(3)	(4)
lnAm	0.0124*** (0.0042)			
ln$Am1$		0.0057*** (0.0017)		
ln$Am2$			0.0041** (0.0021)	
ln$Am3$				0.0034* (0.0020)
时间效应	控制	控制	控制	控制
企业效应	控制	控制	控制	控制
控制变量	控制	控制	控制	控制

续表

变量	被解释变量：创新产出（ln*Pa*1）			
	（1）	（2）	（3）	（4）
Constant	−11.2500*** （1.1810）	−11.4100*** （1.1850）	−11.3500*** （1.1840）	−11.2700*** （1.1840）
N	14904	14904	14904	14904
Adjusted − R^2	0.1800	0.1800	0.1790	0.1790

注：括号内为标准误，***、**、*分别表示在1%、5%、10%的水平上显著。

表11和表12说明，总的政府补助和不同类别政府补助对企业创新产出均有显著的促进作用。结合之前的结果，表明企业获得其他补助虽不能促进企业发明专利申请数的增加，但可以促进其他类专利申请数的增加，说明政府补助对企业开展研发创新活动是有激励作用的，表明替换被解释变量的结果与前文基本一致，前文结论具有稳健性。

五、研究结论与启示

本文以2015—2020年沪深A股非金融类上市公司的14904个企业年度观测值构成的面板数据为样本，研究总的政府补助和不同类别政府补助对企业创新的影响，并进一步实证考察股权性质、行业特征及地域性质对企业创新的异质性影响。结果发现：①总的政府补助通过降低研发成本、减缓融资约束和信号传递对企业创新投入与创新产出产生显著促进作用。②不同类别政府补助对企业创新影响有巨大差异。研发技改补助对企业创新有显著促进作用，人才补助可显著促进企业创新产出增加，其他补助对企业创新无显著影响。③政府补助对企业创新的影响在行业特征中有显著差异，高技术行业政府补助对企业创新的影响明显高于非高技术行业。④西部地区与其他地区在政府补助对企业创新产出的影响上存在明显差异，东中部地区政府补助对企业创新产出有更显著的促进作用。

基于研究结论，为鼓励企业创新，应调整“一刀切”的政府补助政策，根据企业类型、资金约束、市场环境、所属地域、创新能力等进行合理补贴，充分激发企业创新活力，提高企业创新能力。本文提出以下政策建议：①优化政府补贴结构。为鼓励企业创新，应加大对企业研究开发、技术改造和人才补助，减少与创新无关的其他政府补助。②合理选择政府补助对象。尽量选择企业规模大、成立时间长的高技术行业企业，这类企业创新意愿强，创新动力足，政府补助能发挥出最大效果。③注重人力资本在企业创新中的重要地位。人才引进战略对西部地区企业创新发展至关重要，政策制定者应重视企业创新环境、科研氛围、人才保障、制度保障等相关政策制度安排，营造可以充分调动企业创新活力、吸引优秀人才、激发科研积极性的企业氛围。④规范政府补助行为，提高政府补助水平。政府补助要么是为了弥补市场失灵，要么是缓解企业资金约束，帮助企业走出贫困，应防止企业骗补，发挥政府补助雪中送炭的政策效果。

本文仍有一些不足之处。首先，本文通过手动搜索政府补助项目关键词将政府补助分为三类，未来研究可进一步追踪政府补助用途对其进行具体细分。其次，本文分析的是政府补助对企业创新的静态影响，随着企业成长及外部环境的变化，有必要进一步探讨政府补助对企业创新的动态影响。

参考文献

[1] 吴伟伟，张天一．非研发补贴与研发补贴对新创企业创新产出的非对称影响研究[J]．管理世界，2021，37(3)：137－160＋10.

[2] 张杰．政府创新补贴对中国企业创新的激励效应：基于U型关系的一个解释[J]．经济学动态，2020(6)：91－108.

[3] 郭玥. 政府创新补助的信号传递机制与企业创新[J]. 中国工业经济,2018(9):98－116.

[4] 黎文靖,郑曼妮. 实质性创新还是策略性创新?——宏观产业政策对微观企业创新的影响[J]. 经济研究,2016,51(4):60－73.

[5] 王薇,田利辉,鲍静海. 市场竞争如何影响国有上市企业创新产出?——兼论"限薪令"的调节效应[J]. 北京工商大学学报(社会科学版),2022,37(2):114－126.

[6] 姜启波,谭清美. 政府创新补贴影响企业创新的非动态门槛效应研究:基于创业板上市公司融资约束视角[J]. 经济经纬,2020,37(6):97－105.

[7] 毛其淋,许家云. 政府补贴对企业新产品创新的影响:基于补贴强度"适度区间"的视角[J]. 中国工业经济,2015(6):94－107.

[8] 杨洋,魏江,罗来军. 谁在利用政府补贴进行创新?——所有制和要素市场扭曲的联合调节效应[J]. 管理世界,2015(1):75－86＋98＋188.

[9] 陈玲,杨文辉. 政府研发补贴会促进企业创新吗?——来自中国上市公司的实证研究[J]. 科学学研究,2016,34(3):433－442.

[10] 李万福,杜静,张怀. 创新补助究竟有没有激励企业创新自主投资:来自中国上市公司的新证据[J]. 金融研究,2017(10):130－145.

[11] 王德祥,李昕. 政府补贴、政治关联与企业创新投入[J]. 财政研究,2017(8):79－89.

[12] 马嘉楠,翟海燕,董静. 财政科技补贴及其类别对企业研发投入影响的实证研究[J]. 财政研究,2018(2):77－87.

[13] 童锦治,刘诗源,林志帆. 财政补贴、生命周期和企业研发创新[J]. 财政研究,2018(4):33－47.

[14] 周炜,宗佳妮,蔺楠. 企业创新需求与政府创新补贴的激励效果[J]. 财政研究,2021(6):104－118.

[15] 余典范,王佳希. 政府补贴对不同生命周期企业创新的影响研究[J]. 财经研究,2022,48(1):19－33.

[16]张洪辉．上市公司的财政补贴:“雪中送炭”还是“锦上添花”?[J]．经济评论,2015(3):134-146.

[17]史洁琼．政府研发补贴提高了企业创新质量吗？——来自中国上市公司的经验证据[J]．企业经济,2021,40(11):100-108.

[18]白俊红．企业规模、市场结构与创新效率:来自高技术产业的经验证据[J]．中国经济问题,2011(5):65-78.

[19]周京奎,王文波．政府补贴如何影响企业创新？——来自中国工业企业的证据[J]．河北经贸大学学报,2020,41(3):14-23.

[20]胡磊,李震林,张强．混改背景下国有企业股权性质变化对企业创新效率的影响[J]．财经理论与实践,2022,43(2):106-113.

[21] BRONZINI R, PISELLI P. The impact of R&D subsidies on firm innovation[J]. Research policy 2016, 45(2):442-457.

[22] SOLTANZADEH J, ELYASI M, GHADERIFAR E, et al. Evaluation of the effect of R&D subsidies on Iranian firms' innovative behavior: Reconceptualizing behavioral additionality[J]. Journal of science and technology policy management, 2019, 11(1):17-18.

[23] LIU M, LIU L, XU S, et al. The influences of government subsidies on performance of new energy firms: A firm heterogeneity perspective[J]. Sustainability, 2019, 11(17):4518.

第四章 内部控制与会计信息质量

大数据背景下内部控制审计对财务报表信息质量影响的研究

——基于我国制造业上市公司的数据分析[①]

赵旭聪

摘要：近年来随着信息技术的不断发展，大规模的数据信息也随之产生。在大数据背景下，企业的控制信息得到了高度的集合，信息涵盖的深度和广度得到了进一步拓展，为企业创造了新的内部控制环境，大数据的采集、分析和挖掘贯穿整个内部控制审计中。本文基于2015—2018年A股制造业上市公司数据，从公司内部治理的角度出发，通过对影响公司内部治理的因素（公司所有权的特征、董事会的特征和公司监事会的特征）分别进行描述性统计、多元线性回归分析，来研究内部控制审计与公司财务治理及控制间的微观影响因素，及大数据背景下制造业上市公司内部控制审计的治理因素对制造业上市公司财务报表相关信息质量的潜在影响。研究发现，在大数据背景和公司内部控制审计下，内部治理因素对公司财务报表相关信息的质量具有一定的影响，因此本文对如何提高公司的内部治理提出了相关建议，以此加强内部控制审计，从而有效提高公司财务报表相关信息的质量。

关键词：大数据；制造业；内部控制审计；财务报表；信息质量

① 本文由谢莹老师指导完成。谢莹，西北大学经济管理学院副教授，硕士研究生导师，管理学博士。

作者简介：赵旭聪，西北大学经济管理学院2021级硕士研究生。

一、引言

近年来，大数据技术在商业、政府、科学等领域越来越受欢迎（Ajana，2015）。大数据技术在会计和审计行业的使用尤为广泛，因为企业必须使用和管理大量的半结构化与非结构化数据，以保持企业具有创新性和竞争力。从某种意义上说，大数据的出现给不同领域带来了机遇（Marshall，Mueck and Shockley，2015；Vera－Baquero et al.，2015；Enget，Saucedo and Wright，2017）。但是，关于大数据这一概念的界定学术界还没形成统一的定论。例如，社交媒体数据或商业数据（Connelly，2016；Harford，2014），在使用环境方面比较模糊。2015年7月4日，国务院印发了《关于积极推进“互联网＋”行动的指导意见》，推动了大数据产业发展。习近平总书记在党的十九大报告中强调要加快建设制造强国，加快发展先进制造业，推动互联网企业和实体经济深度融合。制造业是我国经济增长的基础产业，就总规模和其他因素而言，制造业在世界上处于领先地位，其发展状况影响着我国的经济水平和市场竞争力。截止到2018年6月30日，我国在A股上市的制造业公司数量已经高达2224家，占比63.06%。这表明，制造业上市公司占据了整个A股上市公司的“半壁江山”。

监管机构与会计界一直在密切关注如何在大数据背景下，通过制定和完善财务报表会计准则来提高财务报告的质量，并认为制定更高质量的财务报表会计准则会对公司的整体财务报表会计信息质量产生积极的影响。然而，无论在国内还是国外，当今社会中一些财务舞弊以及公司财务信息披露造假的现象仍然难以得到有效遏制，大大降低了公司财务报告的准确性及其相关性。如何提高和改善公司财务报表工作过程中的会计信息披露质量一直都是社会各界密切关注的焦点问题。2008 年，中国财政部、审计署、保监会、银监会、证监会印发了《关于〈企业内部控制基本规范〉的通知》，对企业的内部控制建设进行了规范，进一步提高了企业内部控制质量。随后，2010 年发布的《保险公司内部控制基本准则》明确规定了标准采用的时间，为公司的财务报表和信息的披露工作提供了明确的指导。内部控制的审计标准可以有效地促进对内部控制公司的管理和监控，它的重要性和实质意义在于内部控制公司管理与运营的公平性、信息透明性以及保护不同的利益相关者的合法利益。

近年来，内部控制财务造假及其财务舞弊现象在上市公司中非常普遍，其频繁发生使上市公司深刻认识到内部财务控制的意义和重要性，也认识到仅披露财务报表会计信息是远远不够的，内部财务控制的效果好坏与上市公司财务报表会计信息的质量密不可分，因此上市公司必须在大数据背景下进一步建立健全内部控制系统，保证其财务报表会计信息的准确性及真实性。而在上市公司财务报表和财务信息等方面，需要各种监管机构巩固其内部控制，将内部控制系统并入上市公司的内部管理和财务管理系统，这也是为了进一步提高其会计信息的效率和质量，从而提高其资本与市场的效率及质量。中国的内部财务控制从 2010 年开始快速发展。中国财政部明确表示，上市公司必须在 2011 年进行严格的内部财务控制审计，从 2014 年开始，上市公司必须进一步完成内部控制，包括内部控制审计以及各种与审计相关信息的收集和披露。因此，上市公司必须认真对待内部财务控制问题，并不断完善内部控制系统。只有这样，上市公司才能够更好地实现财务管理和监管的目标，提高公司的价值和竞争力。

根据财政部等《企业内部控制审计指引》，内部控制审计对企业财务报表和财务信息系统能够产生积极影响，对于被审计单位来说，内部控制审计有助于提高其注册会计师对它的财务风险评估水平，从而保证了企业财务报表的审计效率与质量。本文从公司内部治理的角度，探讨内部控制审计对其财务报表和信息的准确性的有利影响。本文研究希望达到以下目的。第一，以大数据背景下的制造业上市公司为研究对象，从公司内部治理的角度分析公司治理对内部控制审计的直接影响因素，并根据这些影响因素研究内部控制审计对公司财务报表中的信息质量的作用。第二，以影响内部控制审计的内部因素作为自变量，研究内部控制审计是否对财务报表信息质量产生影响，并建立模型，最终得出结论。第三，对影响内部控制审计的内部因素进行分析，并提出完善建议，从而加强公司治理，提高企业财务报表信息质量。

内部控制审计系统能够对企业财务控制的有效性和质量进行确认以及评价，从而优化了内部控制系统，而财务控制的主要目的之一是提高财务报表会计信息的质量，因此深入研究内部控制审计对财务报表的信息准确性和质量的影响是十分有必要的。本文的理论意义在于，为大数据背景下制造业上市公司内部控制审计提供理论依据，为公司治理内部因素对财务控制的影响提供经验数据，有助于判断内部控制审计是否会影响财务报表信息质量，并从微观上拓展了我国对内部控制审计和财务报表信息质量相关性的理论研究。本文的实际意义在于，制造业作为中国国民经济的基础，直接影响着国家的经济发展水平。本研究为完善企业内部审计制度体系、加强企业内部控制、优化企业资源配置、稳定资本市场提出建议。

本文就内部控制审计对于财务报表信息的准确性和质量的影响采取了定性与定量相结合的研究方法，具体如下：第一，定性与定量相结合的控制审计方法：本文分析和识别了影响内部控制审计因素的主要指标，分别从定性和定量两个方面详细阐述了什么是内部控制审计，并且分析和验证了内部控制审计对财务报表信息质量的影响。第二，文献评述研究法：本文对国内外大数据背景下的制造业、财务报表信息质量、内部控制审计、内部审计与财务报告关系进行了研究。第三，实证统计分析法：本文主要通过样本以及模型中变量的选择、假设的提出、模型的建立，利用SPSS软件对主要研究对象进行了多元线性回归分析、描述性统计分析。

二、文献回顾

在过去几年中，研究人员发表了大量的一般性综述、概念性和研究性论文，对大数据的概念和数据分析工具进行了定义。其中，体积、多样性和速度作为定义大数据的三个维度而被广泛接受。在许多商业研究中，业务拓展被视为提高企业生产力、效率和创新的新机会（Sheng，2017；Connelly，2016；Marshall，Mueck and Shockley，2015；Vera－Baquero et al.，2015；Ajana，2015）。

会计和审计领域通常被认为是数据密集型领域。Warren等（2015）认为，随着大数据技术的发展，新类型的数据变得更易获取，与大数据和公司报告相关的技术悖论变得更加显著，且随着基于大数据的新绩效指标的开发，会计生态系统将受到越来越多的影响（AL－Htaybat and Alberti－Alhtaybat，2017；Bhimani and Wilcocks，2014；Arnaboldi，2017）。

通常情况下，审计师负责处理结构化的财务数据。但由于企业组织结构的复杂性，审计师还必须快速、准确地分析来自内部和外部的大量非结构化或半结构化的非财务数据。在内部审计工作中，大数据作为一个额外的信息来源，直接影响到对公司客户环境的理解和审计工作的绩效，因此需要考虑其影响。大数据也可能改变审计过程，并有助于高效数据分析工具的创建和发展。

（一）大数据背景下的制造业研究

在传统的生产消费模式中，制造业上市公司和用户之间的关系是单线的，即公司进行大规模生产，以产定销，用户处于被动地位，只能接受特定的产品，缺乏主动权（魏明、朱晓琳，2017）。但是随着 Hadoop、云计算等技术逐渐应用到制造业上市公司的各个岗位工作中，内部控制面对更具开放性的环境，人力资源和信息资源得以集成与共享，不仅能促进运营数据“自上而下”的流动，帮助制造业上市公司做出决策，而且能促进数据“自下而上”的流动，有助于管理者快速制订计划。海量数据为制造业上市公司与客户、供应商及合作方沟通提供了平台，使公司能够满足不断变化的需求或偏好，减少其对财务目标以及经营目标的不良影响。因此，我国制造业上市公司注重公司治理的理念创新，如海尔集团将外部用户、内部员工和公司合作方的海量需求数据集成共享，设计并应用了“人单合一”模式；一汽大众公司转变思维，进行了带动整个价值链条发展的联动式数据库营销模式的创新，为供应商、客户互动创造了良好的平台。

互联网技术的快速发展，对中国制造业的产品的生命周期以及其他领域产生了重大影响。因此，制造业企业得以实现自身的发展（李海舰、田跃新、李文杰，2014），中国的制造业环境焕发新的生机。互联网促进了制造业对资源配置的优化，也促进了各制造企业生产经营体系的变革。工业部门正在改进，以创建符合互联网思维，强调网络化生态、全球一体化、平台化运作、员工化用户、无边界发展、自组织领导的智能组织（童有好，2015）。

斯密式增长强调精细分工、低成本大众化、注重劳动效率，而熊彼特增长则从创造性破坏的角度强调资源的冗余利用、创新主体的多样化，以及通过协同逻辑进行价值创新（赵振，2015）。大数据为多个主体的连接提供了机会，并从商业生态系统中的产业形态和商业模式两个角度与其他主体一起创造了价值（张伯旭、李辉，2017）。大数据对制造业创新体系的发展具有重要影响，郭佳等（2017）提出，建设共性的技术研发基地和提供多元化的技术供给平台，以促进创新网络建设和创新生态培育。

（二）大数据背景下内部控制审计研究

在上市股份公司的会计和审计质量方面，建立审计委员会制度，是完善公司治理结构的关键。如 2002 年美国《萨班斯 - 奥克斯利法案》（简称《萨班斯法案》，SOX）、2014 年新的《欧盟审计法规与指导意见》，都强调了由独立成员和财务专家组成的审计委员会的重要性。有学者研究了 SOX 后时代审计委员会的组成和有效性，研究人员调查了主要由 SOX 推动的新研究问题，其中包括审计委员会在公司内部控制弱点中的作用、财务会计专家在限制虚假报告方面的作用以及对任命专家的市场反应。分析结果表明，SOX 还没有解决其他问题，例如，审计委员会薪酬和委员会成员与首席执行官之间的社会联系以及审计委员会成员的监督（Mahfuja Malik，2014）。

中国是在美国《萨班斯法案》颁布之后开始进行和加强内部审计控制的（王兵、张丽琴，2015），国内对于内部审计控制的研究起步较晚，缺乏我国内部审计对内部控制的作用及其影响等方面的研究。为了确定内部控制审计对内部审计和控制的作用与影响，研究者采用了描述性统计、相关统计分析、回归分析、内部控制稳健性测试等方法，推动了中国内部控制审计的发展。一些制造业公司在实施内部审计时曾经受到限制，因为公司的变化程度与其他信息不能有效地整合，降低了公司对数据控制的有效性。但是，随着大数据的影响范围不断扩大，大量的数据产生，数据资源更加完整，也使企业更容易获得所需的信息。因此，在大数据时代，内部控制审计内容也会衍生出来，丰富了审计内容。为了高效实施审计工作，满足中小企业的各种需求，可以在大数据背景下实施多项智能审计技术。运用大数据技术可以实现财务数据的整合，通过对内部数据的合理过滤，提升了内部控制审计内容的隐蔽性，使中小企业的控制审计能够具有一定的可追踪性，这些都有利于提高企业审计工作效率。在存储数据时，对工作人员自身综合素质的要求较高，所以需要提高工作人员的专业能力，弥补企业内部存在的缺陷，提高企业控制审计的效率（熊诗丽，2019）。

在对内部控制审计的评价体系进行整合时，要提高内部控制的评价水平需要将内部控制的审计与对财务报表的审计更好地结合起来，以有效整合内部控制审计，这样可以提高内部控制的评价水平，进而提高内部控制报告的质量（吴秋生、杨瑞平，2011）。内部控制审计对公司盈余质量产生影响（徐晶、胡少华，2015），尽管我国采用内部控制制度的时间较晚，但国内研究人员对其进行了较为深入的研究。相关研究成果表明，内部控制审计可以改善公司治理及口碑评价，而这些方面与企业的财务控制密切相关。

（三）财务报表信息质量研究

联邦证券法的任务是保护投资者并促进资本的有效分配，因此财务报告不当行为是法律界的主要关注点。数据显示，每年报告的证券欺诈集体诉讼有 200 余起，每年解决的诉讼数量为一半左右，平均解决金额约为 1000 万美元。除了这些统计数据之外，美国证券交易委员会（SEC）还提出了强制执行措施。对于财务报告的变化如何影响公司的决策有两个非排他性的论点：第一个论点基于代理成本假设，即改进的外部财务报告可以减少经理和股东之间的信息不对称，从而减少代理成本，导致更好的公司决策；第二个论点基于内部信息环境的变化，即由于外部报告的变化，管理人员必须收集更多信息以符合新标准（Shroff，2017）。

周迅（2016）认为，财务报表的信息质量对财务报表分析结果的准确性和时效性至关重要，各界对于财务报表信息质量的要求越来越高，但由于企业对财务报表的分析还存在一定的局限性，对企业的经营决策判断有一定程度的影响，因此有必要研究改进财务报表信息质量局限性的措施。而审计可以提高财务报表信息的披露质量，如果信息披露不完整，就会干扰决策者做出决策，增加企业的道德风险，降低信息使用者的信任，不利于投资者对企业进行投资。财务报表信息质量提升的举措之一是加强审计，使得财务报表更加规范，更加真实有效（陈红红，2018）。

财务报表信息质量对企业发挥着重要作用，提高企业的财务报表信息质量可以减少股东与管理者之间的信息不对称性，有利于投资者做出决策，从而优化企业的资源配置，稳定资本市场。

（四）内部控制审计与财务报表信息质量的关系研究

在过去的20年中，与此相关的法规发生了变化，如美国2002年的SOX法案和欧盟的2006/43/EC指令（第8号指令）。这些法规促进了内部审计的发展，尤其是在控制和操作风险方面。但是，随着内部审计的任务和目标在不断扩展，内部审计更加专注于在财务报告方面（Gramling et al.，2004）。

在审计风险模型中，高质量的内部审计（IAF）可以降低与会计相关的控制风险，提高审计效率并降低审计费用。大多数研究都集中在内部控制质量和财务报告质量之间的关联上。根据内部审计师协会（IIA）2013年提出的“三道防线模型”：第一道防线是执行业务活动的运营管理部门，第二道防线是风险管理和合规部门，而IAF构成了第三道防线，确保了已实施控制措施的有效性。一些学者依据SOX第302条例或第404条例，提出内部控制主要侧重于第一道防线和第二道防线（Goh and Li，2011）。研究发现内部控制弱点与财务报告质量之间存在负相关关系。关于第三道防线，有研究通过使用包括外部审计标准[AICPA SAS No. 65（2013）]在内的IAF质量的六个独立组成部分的综合指标来评估美国公司的IAF质量，并证明IAF质量与财务报告质量相关（Prawitt，2009）。

关于财务报告质量，研究表明 SOX 下的第 302 条例和第 404 条例公司级的实质性漏洞披露与财务报告质量的显著下降相关（Doyle，2007）。也有学者证明内部控制缺陷披露与财务报告质量之间存在负相关关系（Ashbaugh - Skaife，2008）；内部控制质量与财务报告质量之间存在正相关关系（Goh and Li，2011）。

国内的一些学者对于上市公司内部控制与其财务报表信息质量的关系进行了深入调查及研究，通过对会计模型的结果进行实证分析得出结论：上市公司存在内部控制缺陷的财务报告会计稳健性较弱，财务信息质量得不到充分保证，因此内部控制在一定程度上促进上市公司财务报表信息质量的提升（田高良等，2010）。

国内学者对内部控制审计和公司会计信息质量之间的互相关联性进行了深入研究，认为内部控制审计对于提高企业会计信息质量具有正向作用，基于 150 家中国上市证券公司数据，对影响会计信息质量的主要因素进行了回归分析，结果表明，企业内部控制越强，会计信息质量越能得到保障；相反，企业内部控制越弱，企业虚假骗取利润的可能性就会增加，从而导致企业会计信息的质量下降（赵渊贤，2015）。也有学者对内部控制审计对财务报表信息质量的重要性及影响等问题进行了深入研究，由于我国审计管理制度的不完善，导致内部控制审计与财务报表信息质量的相关性不明显（姜慧敏，2016）。根据国内外学者对内部控制审计和财务报表信息质量的实证研究，结果表明，内部控制审计和财务报表信息质量之间存在着一定的关联性。

三、相关理论基础与研究假设

（一）委托代理理论

委托代理理论是制度经济学契约理论的主要内容之一，主要研究在利益相冲突和信息不对称的环境下，委托人如何设计最优契约激励代理人。

委托代理理论指出，为了维护自身利益，委托人可以通过加强内部控制系统来减少信息不对称，从而监督代理人的机会主义行为，委托人也可以构建契约关系以最大限度地实现目标之间的一致性。委托代理理论确定了两种治理机制：基于行为的补偿和基于结果的补偿，这两种治理机制优化了公司治理结构，强化了内部控制审计机制，而有效的内部控制审计机制会减少企业职工以及管理层财务造假和财务舞弊的现象，从而保证财务报告真实有效。委托代理理论指出，加强内部控制审计可以降低审计风险，提高企业会计信息质量，减少财务造假以及财务舞弊现象的发生频率，提高财务报表数据的质量。

（二）信号传递理论

1973 年，美国经济学家斯宾塞提出信号传递理论，该理论源自对买卖双方信息不对称情境下市场互动的研究，是信息经济学的重要组成部分。信号理论主要聚焦于组织有意识地去传递关于组织的正面信息，以此获得利润。目前，在中国的上市公司中，由于所有权和企业经营权的分离，参与企业经济活动的各方需要掌握更多的内部控制信息及其财务状况，防止股东利用自己所掌握的内部控制信息满足自己的私欲。而对于股东来说，难以获取企业真实的财务信息，这时，信号传递理论可以很好地解决信息不对称所带来的“道德风险”以及“逆向选择”的问题。

企业的投资者可以借助信息传递理论有效地获取关于证券市场的重要信息，提高企业上市公司的内部信息公开透明度，完善信息披露制度，帮助企业投资者对上市公司的财务报表真实性做出判断和评估。

在大数据背景下，上市公司“一股独大”的现象比较普遍，股权集中度过高，容易出现内部人控制，对信息披露产生不利影响，导致信息披露虚假或不充分。当一个股东拥有过高的持股比例时，就很容易通过故意隐瞒信息或歪曲信息来损害中小股东和上市公司的整体利益。这就导致公司主动减少或歪曲信息披露，对中小股东和上市公司的整体利益产生负面影响。由此，本文提出第一个假设。

H_1：最大股东持有的股份百分比与财务报表信息质量呈负相关。

中国证券监督管理委员会 2001 年颁布了《关于在上市公司建立独立董事制度的指导意见》要求上市公司建立独立董事制度。独立董事的职能主要体现为监督和决策，外部董事（独立董事）比内部董事更好地代表了股东利益。外部董事比例较高的公司所犯的欺诈行为较少，这表明外部董事有助于监督公司的行为并阻止其欺诈行为。重大关联交易需经独立董事批准后方可提交董事会讨论，在独立董事做出判断之前，可以聘请中介机构编制独立的财务咨询报告，作为其判断的依据。独立董事可以向董事会提出有关会计师事务所聘用或解聘的建议。由此，本文提出第二个假设。

H_2：独立董事在董事会中的百分比与财务报表信息质量呈正相关。

频繁的董事会会议可能表明对高层管理人员提高了警惕和监督。另外，董事会会议频繁，说明可能公司存在较大财务风险，企业经营业绩不佳。研究发现，董事会会议的频率是董事会活跃度的重要指标。当一家公司陷入困境时，该公司的董事会往往会更频繁地举行，通常情况下公司会加强内部控制，从而使公司的业绩有所改善。一般而言，董事会会议频率越高，董事会越有可能成为有效的监督管理者。由此，本文提出第三个假设。

H_3：董事会会议的次数与财务报表信息质量呈正相关。

通常来说，监事会对公司的活动影响很小。监事会的职能之一是审查财务报表和审计报告。从这个意义上讲，监事会可以监督公司的财务和经营活动，并有助于阻止欺诈行为。研究发现，监事会治理对财务安全有积极影响。如上所述，监事会会议次数也可以用来代表其积极性，频繁的监事会会议可能预示着有效监控。由此，本文提出第四个假设。

H_4：监事会会议的次数与财务报表信息质量呈正相关。

四、实证结果与分析

（一）样本选择与数据来源

原始数据来自多个数据库，如沪深证券交易所、国泰安数据库（CSMAR）、巨潮资讯网。根据对中国制造业上市公司的现代企业制度、公司治理和内部控制的调查，对数据库中披露的上市公司的内部控制自我评价报告、董事会会议次数公告、监事会会议次数公告、财务报告内部审计制度以及其他相关信息，选取了2015—2018年1305家上市公司，而可供研究的上市公司共有923家。在最初的923个样本中，有618个因非制造业或具有异常值而被淘汰，最终选取了305家制造业上市公司。选择制造业的原因是，与其他行业相比，制造业的竞争更加激烈，财务管理体系更好，结果更可靠。

（二）变量选择与模型构建

1. 变量选择

通过以下项目来衡量财务控制的有效性：财务管理体系中的自我评估、来自注册会计师的内部控制评估、财务部门独立性分析、分支机构财务经理、分支机构财务制度、行政审批制度。结果表明，样本公司中有82.95%（253/305）具有良好的财务报表信息质量，而16.07%（49/305）需要进一步完善其财务控制制度。我们选择最大股东所持股份百分比、独立董事的百分比、董事会会议次数和监事会会议次数作为自变量，总资产、行业数量、销售回报率作为控制变量，分析内部控制审计对财务报表信息质量的影响。变量、定义和预期标志如表1所示。

表1　变量、定义和预期标志

变量	名称	符号	预期标志	定义
因变量	财务控制的有效性	*YOT*		0（财务控制不佳）；1（其他）
自变量	最大股东所持股份百分比	*SI*	-	最大股东持有的股份/总股本
	独立董事的百分比	*ID*	+	独立董事人数/董事会董事人数
	一年内举行的董事会会议次数	*CDC*	+	董事会会议次数/平均会议次数
	一年内举行的监事会会议次数	*CJC*	+	监事会会议次数/平均会议次数
控制变量	行业数量	*INDUS*	-	财务控制的多样性和复杂性
	总资产	*ASSETS*	-	总资产的自然对数
	销售回报	*ROS*	+	息税前利润/销售收入

2. 模型构建

本文用财务控制衡量制造业上市公司的财务报表信息质量。财务控制的有效性（*YOT*）是一个虚拟变量，因此采用 Logistic 回归模型进行检验。如果财务控制不好，则 *YOT* 为0，否则为1，回归模型如下：

$$YOT=\beta_1+\beta_2\times SI+\beta_3\times ID+\beta_4\times CDC+\beta_5\times CJC+\beta_6\times INDUS+\beta_7\times ASSETS+\beta_8\times ROS+\varepsilon$$

（三）实证分析

1. 描述性统计

表2、表3和表4分别报告了最大股东持股比例、董事会和监事会特征及控制变量的描述性统计数据。

（1）第一大股东所持股份的百分比。表2表明，对于财务控制良好的样本公司，该百分比的平均值为0.42，而大多数样本公司的百分比为0.20。对于没有良好财务控制的样本公司，该百分比的平均值为0.47，其中大多数为0.56。独立样本t检验表明，大股东对好的和不好的财务控制公司所持股份的百分比存在重大差异。

表 2　最大股东持股比例的描述性统计

所有权变量		财务控制的有效性	
		较差（51），$Y=0$	良好（254），$Y=1$
SI	平均值	0.47	0.42
	极大值	0.72	0.73
	极小值	0.13	0.11
	标准差	0.16	0.17
	众数	0.56	0.20
Z 值		−1.77*	
P 值		0.08	

注：* 表示在 10% 的水平上显著。

（2）董事会和监事会的特征。在表 3 中，独立样本 t 检验表明，在财务控制良好的公司与财务控制较差的公司之间，独立董事的百分比和一年（标准化）的董事会会议次数存在显著差异。前者在董事会中拥有更多的独立董事，一年中举行的董事会会议更少。在一年中举行的监事会会议次数上，好的和不好的财务控制公司之间没有显著差异。

表 3　董事会和监事会特征的描述性统计

变量	较差（51），$Y=0$					良好（254），$Y=1$					Z 值	P 值
	平均值	极大值	极小值	标准差	众数	平均值	极大值	极小值	标准差	众数		
ID	0.24	0.43	0.07	0.60	0.23	0.32	0.67	0.10	0.06	0.32	−2.08**	0.03
CDC	1.21	2.60	0.11	0.97	1.00	1.11	2.44	0.20	1.01	1.00	−2.17**	0.02
CJC	1.11	1.85	0.12	0.144	1.00	1.10	1.85	0.12	0.121	1.00	−2.02	0.81

注：** 表示在 5% 的水平上显著。

（3）控制变量。从理论上讲，在高度多元化的大型公司中，管理人员通常对某些行业或技术的运营缺乏一手信息。因此，他们的财务控制不如那些规模较小且重点突出的公司。业绩良好的公司的财务控制比业绩不好的公司更好。在表 4 中，独立样本 t 检验表明，财务状况良好的公司与财务状况较差的公司之间的行业数量存在显著差异，而总资产和销售回报的差异并不显著。

表 4 控制变量的描述性统计

变量	较差（51），Y=0				良好（254），Y=1				Z 值	P 值
	标准差	平均值	极大值	极小值	标准差	平均值	极大值	极小值		
INDUS	2.21	5.90	1.00	1.52	1.68	5.90	1.00	0.91	-1.84*	0.05
ASSETS	1.7×10^9	9.1×10^9	1.9×10^9	1.6×10^9	1.6×10^9	1.1×10^{10}	1.3×10^8	1×10^9	-0.20	0.83
ROS	23.80%	61.91%	4.35%	0.11	21.72%	58.80%	-16.05%	0.11	-0.94	0.33

注：* 表示在 10% 的水平上显著。

2. 变量的平稳性检验

表 5 研究了所有变量之间的相互关系。Stone 和 Rasp（1991）的类似研究表明，在 Logistic 回归中，这种相互关系应小于 0.5。如表 5 所示，整套独立变量之间的相互关系足够低，可以避免回归中系数不稳定的问题，而结果没有显示出严重的多重共线性。

表 5 所有变量之间的相互关系

变量相关性		*SI*	*ID*	*CDC*	*CJC*	*INDUS*	*ASSETS*	*ROS*
SI	相关系数	1.00						
	Sig.（双侧）	0.00						
ID	相关系数	0.02	1.00					
	Sig.（双侧）	0.76	0.00					
CDC	相关系数	0.04	0.04	1.00				
	Sig.（双侧）	0.52	0.46	0.00				
CJC	相关系数	-0.01	0.12**	0.11**	1.00			
	Sig.（双侧）	0.82	0.04	0.03	0.00			
INDUS	相关系数	-0.14**	0.00	-0.05	-0.10*	1.00		
	Sig.（双侧）	0.02	0.99	0.38	0.09	0.00		
ASSETS	相关系数	0.14**	0.01	0.11**	0.14**	-0.11**	1.00	
	Sig.（双侧）	0.01	0.88	0.04	0.02	0.04	0.00	
ROS	相关系数	-0.11**	0.01	-0.01	0.10*	-0.01	-0.11*	1.00
	Sig.（双侧）	0.04	0.70	0.71	0.08	0.76	0.05	0.00

注：*、** 分别表示在 10%、5% 的水平上显著。

3. 回归分析

利用 SPSS 17.0 建立了多元回归模型，305 家中国制造业上市公司的 Logistic 回归结果表明，总体模型具有统计学意义（$F=31.19$，$P=0.003<0.01$），R^2 分别等于 0.121（Cox & Snell R^2）和 0.204（Nagelkerke R^2），如表 6 所示。

表 6　卡方检验与模型（YOT）显著性检验

	卡方	df	Sig.
pearson 卡方	31.19	12	0.003
YOT	-2 对数似然值	Cox & Snell R^2	Nagelkerke R^2
step1	193.821	0.121	0.204

表 7 显示了 Logistic 回归结果。第一列为变量，第二列、第三列和第四列分别显示了回归模型的系数、*Wald* 值和 t 统计量。行业数量（*INDUS*）的回归系数为负，不具有统计学意义。多元化程度高的公司往往在财务控制方面面临更大困难，财务风险也更高，因此其财务控制的有效性不如那些重点突出的公司。尽管总资产具有预期的符号，但是总资产的自然对数并不重要，而 *ROS* 与我们的预期一致，在回归中并不显著。

所有权变量（最大股东所持股份的百分比）的回归系数为负，在 10% 的水平上具有统计意义。最大股东具有较高的代理风险，这表明所有权集中化不利于财务控制，支持了假设 H_1。董事会中独立董事的百分比的回归系数为正，在 5% 的水平上具有统计学意义。独立董事监督公司的行为，并帮助避免可能的欺诈行为，支持了假设 H_2。因此，拥有大量独立董事的公司的欺诈行为更少，财务面临的风险也更低，从而导致更好的财务控制。

董事会会议次数（*CDC*）的回归系数为负，在 10% 的水平上具有统计学意义，表明董事会举行的次数越多，财务控制越差，不支持假设 H_3。可能的解释是，董事知道公司从事（或即将从事）某些可疑活动，需要进行大量讨论，从而导致召开更多的会议。在这种情况下，更多的会议预示着更多的财务问题。公司治理对财务控制也可能会有一些滞后效应。

一年内举行的监事会会议次数（*CJC*）的回归系数为负，且不显著。这个结果不支持假设 H_4。我们的解释是，在中国制造业的上市公司中，监事会治理无效。另外，也可能存在滞后效应。

表 7　Logistic 回归分析和共线性检验结果

变量	系数	*Wald* 值	Sig.
SI	−2.121*	3.341	0.075
ID	6.111**	4.605	0.023
CDC	−0.365*	2.582	0.081
CJC	−0.166	1.862	0.141
INDUS	−0.520	10.221	0.005
ASSETS	−0.130	0.214	0.635
ROS	−2.371	2.540	0.111
常数	3.141	10.118	0.005

注：*、** 分别表示在 10%、5% 的水平上显著。

（四）研究小结

利用 SPSS 软件进行了多元线性回归分析、描述性统计分析等，间接通过所有权特征、董事会特征和监事会特征研究了内部控制审计对财务报表信息质量的影响。基于 305 家公司的样本，本研究证明，最大股东持有的股份百分比和董事会会议次数与财务控制的有效性呈负相关，而独立董事在董事会中的百分比与财务控制的有效性呈正相关。董事会会议次数频繁有可能是内部控制出现缺陷从而导致公司出现财务问题，可以说明内部控制与最大股东持有的股份百分比和董事会会议次数呈负相关，与独立董事在董事会中的百分比呈正相关，因此可以证明内部控制审计与财务报表信息质量呈正相关，内部控制审计质量越高，财务报表信息质量越高。

五、结论与建议

本文选取了2015—2018年305家制造业上市公司作为研究对象，对内部控制的影响因素进行了研究，主要从股权结构、董事会和监事会特征来评估一个公司的财务控制情况，因为这些因素直接影响内部控制审计的效果，并且财务控制的好坏也会直接影响财务报表信息质量。研究结论如下：①独立董事在董事会中的百分比与财务控制的有效性呈正相关。独立样本t检验显示，在财务控制良好的公司与财务控制较差的公司之间，独立董事在董事会中的百分比具有显著差异，独立董事在董事会中的百分比较高的公司，财务控制较好，因此可以通过加强内部控制审计，进而提高财务报表信息质量。②最大股东持有的股份百分比和董事会会议次数与财务控制的有效性呈负相关。独立样本t检验表明，大股东对好的和不好的财务控制公司所持股份的百分比存在显著差异。股东持有股份较大的公司都具有较差的财务控制，从而降低了企业财务报表信息质量。而董事会会议次数越多，财务控制越差与本文的假设相悖。原因可能是董事知道公司从事（或即将从事）某些可疑活动，从而导致召开更多的会议。在这种情况下，更多的会议预示着更多的财务问题，内部控制对财务控制也可能会有一些滞后效应。

针对以上研究结论，本文提出以下建议：①建立大数据内部控制审计体系。在大数据背景下，制造业上市公司的组织结构趋于离散化、网络化，管理方式也更加开放。公司治理作为企业控制中的重要管理系统，应顺应这一趋势，在最初的混合模式基础上进行创新和优化。应将大数据和先进技术纳入公司治理，以凸显各制造业的独有特质，适应各公司的权力重组需求，推进公司治理模式的“垂直化”向“扁平化”演变，打破信息壁垒，降低代理成本，创造更有效、更智能的网络自组织结构。扩大信息监督管理渠道，在信息沟通平台上加一道“门槛”，即设立专门的信息筛选和审查部门，配备有资质的工作人员，对数据造假和人员失误的风险进行实时监控，并制定处罚标准，防止舞弊。通过建立和完善大数据内部控制审计体系，可以形成预防控制、过程控制、补救控制的完整闭环管理，防范风险，保证财务信息的质量。②为提升财务信息质量，我们需要在大数据背景下，从内部治理和外部治理两个方面开展工作。监督部门应当监督控股股东的行为，建立对所有控股公司股东的财务监督机制。为了提高独立董事的工作效率，完善独立董事制度是提高公司财务治理的一条有效途径。注重独立董事在公司治理中的作用，注重内部的治理，特别是那些财务结构多元化的上市公司。在大数据背景下，一些上市公司的股权结构不合理，股权高度集中在大股东手中的现象普遍存在。在“权力垄断”的情况下，大股东以牺牲中小股东的利益为代价实现自身利益最大化，这直接造成了公司权力制衡的不平衡。要构建合理的股权结构，鼓励发展多元化、分散化的股权，从根本上解决“一股独大”的问题。③本文从内部控制的影响因素角度深入探讨了公司财务控制的意义和有效性，为公司财务控制的研究和改进工作提供参考。我们发现，董事会制度是加强公司内部治理的基础和核心，独立董事制度的建立有助于我们提高公司财务内部控制的有效性。因此，要想完善和提高公司的财务报表信息质量，必须完善和加强独立董事与其他董事会制度，加强和完善独立监事会的财务监督管理职能。针对大数据背景下董事会和监事会治理不力的问题，企业必须依托大数据的优势，强化董事会和监事会的作用，建立制衡机制，逐步完善公司的约束机制。上市公司采用独立董事制度，通过提高独立董事在董事会中的比例，可以更有效地发挥独立董事的监督和制衡作用，防止出现中小股东被大股东控制的情况。

本文可能存在以下局限性。首先，内部控制审计对公司财务报表的信息安全和质量的提高及应用存在一定的滞后效应，这种滞后效应的影响可能在未来几年后才能显现出来。其次，财务报表信息质量对内部控制审计也有一定的反作用，应在今后的研究中加以考虑。

参考文献

[1] SHENG J, AMANKWAH - AMOAH J. A multidisciplinary perspective of big data in management research [J]. International journal of production economics, 2017,191(C): 97 - 112.

[2] AJANA B. Augmented borders: Big data and the ethics of immigration control [J]. Journal of information, communication and ethics in society, 2015, 13(1):58 - 78.

[3] MARSHALL A, MUECK S, SHOCKLEY R. How leading organizations use big data and analytics to innovate [J]. Strategy and leadership, 2015,43(5):32 - 39.

[4] VERA - BAQUERO A, PALACIOS R C, STANTCHEV V et al. Leveraging big - data for business process analytics [J]. The learning organization, 2015, 22(4).

[5] ENGET K, SAUCEDO G D, WRIGHT N S. Mystery, Inc.: A big data case [J]. Journal of accounting education, 2017, 38(3): 9 - 22.

[6] AL - HTAYBAT K, ALBERTI - ALHTAYBAT L. Big data and corporate reporting: Impacts and paradoxes [J]. Accounting, auditing and accountability journal, 2017, 30(4):850 - 873.

[7] 魏明，朱晓琳. 大数据下制造业上市公司控制环境变化对公司治理的影响 [J]. 财务与会计，2017(20):72 - 75.

[8] 童有好. 论“互联网 +”对制造业的影响 [J]. 现代经济探讨，2015(9):25 - 29.

[9] 周迅. 财务报表信息质量的改进 [J]. 商，2016(26):126 + 167.

[10] 陈红红. 从会计师事务所整合视角探讨财务报表信息质量提升[J]. 中国注册会计师, 2018(7): 106-109.

[11] 王兵, 张丽琴. 内部审计特征与内部控制质量研究 [J]. 南京审计学院学报, 2015, 12(1): 76-84.

[12] 吴秋生, 杨瑞平. 内部控制评价整合研究[J]. 会计研究, 2011(9): 55-60+97.

[13] 徐晶, 胡少华. 内部控制审计能够提高盈余质量吗? [J]. 财经问题研究, 2015(3): 81-88.

[14] 李海舰, 田跃新, 李文杰. 互联网思维与传统企业再造 [J]. 中国工业经济, 2014(10): 135-146.

[15] 赵振. "互联网+"跨界经营:创造性破坏视角 [J]. 中国工业经济, 2015(10): 146-160.

[16] 张伯旭, 李辉. 推动互联网与制造业深度融合:基于"互联网+"创新的机制和路径 [J]. 经济与管理研究, 2017, 38(2): 87-96.

[17] 郭佳, 干勇, 延建林, 等. 互联网背景下制造业创新体系建设研究 [J]. 中国工程科学, 2017, 19(3): 95-99.

[18] 田高良, 李留闯, 李鹏, 等. 新企业会计准则对会计信息质量的影响研究 [J]. 当代经济科学, 2010, 32(3): 96-105+127-128.

[19] 赵渊贤. 内部财务报告控制与会计信息质量:兼析财务报告内部控制与内部会计控制的差异 [J]. 中国注册会计师, 2015(12): 69-74.

[20] 姜慧敏. 会计信息系统审计问题探讨 [J]. 中外企业家, 2016(11): 67-68.

[21] 熊诗丽. 大数据对中小企业内部控制审计的影响及对策 [J]. 现代营销(下旬刊), 2019(12): 245-246.

[22] 刘卫华. 企业财务报表与内部控制整合审计体系重构探究 [J]. 审计月刊, 2018(8): 40-43.

[23] 许晓俊. 独立董事与内部审计的区别与联系 [J]. 中国乡镇企业会计, 2006(7): 92-93.

[24] SEAN CLEARY, PAUL POVEL, MICHAEL RAITH. The U - Shaped investment curve: Theory and evidence [J]. Journal of financial and quantitative analysis, 2007(1):1 -40.

[25] NEMIT SHROFF. Corporate investment and changes in GAAP [J]. Review of accounting studies, 2016, 22(1):1 -63.

[26] CHO Y J. Segment disclosure transparency and internal capital market efficiency: Evidence from SFAS[J]. Journal of accounting research, 2015(53): 669 -723.

[27] MAHFUJA MALIK. Audit committee composition and effectiveness: A review of post - SOX literature [J]. Journal of management control, 2014(7).

[28] CARL - CHRISTIAN FREIDANK, TOOMAS HALDMA, PATRICK VELTE. Corporate governance reforms and management control[J]. Springer - Verlag Berlin Heidelberg, 2014(10):77 -79.

[29] GOH B W,LI D. Internal controls and conditional conservatism [J]. The accounting review, 2011, 15(3): 975 -1005.

[30] KENNCTH R ANDREWS. The concept of corporate strategy [M]. Homewood: Ric Hard D Irwin, 1987.

[31] PORTCR MICHACL E. Competitive strategy: Techniques for analyzing industries and competitors: With a new introduct[M]. New York: Free Press, 1980.

[32] GRAMLING A A, MALETTA M J, SCHNEIDER A,et al. The role of the internal audit function in corporate governance: A synthesis of the extant internal auditing literature and directions for future research [J]. Journal of accounting literature, 2004(23):194 -244.

[33] DRAGOMIR DIMITIRIJEVIC, VESNA MMLOVANOVIC, VLADIMIR STANCIC. The rale of a company's internal control system in fraud prevention[J]. e(c) Finanse, 2015, 11(3).

[34] ABBOTT L J, PARKER S, PETERS G F, et al. Corporate govern-

ance, audit quality, and the Sarbanes – Oxley Act: Evidence from internal audit outsourcing [J]. Accounting review, 2007, 82(4): 803 – 835.

[35] HOITASH U, HOITASH R, BEDARD J C. Corporate governance and internal control over financial reporting: A comparison of regulatory regimes [J]. Accounting review, 2009, 84(3): 839 – 867.

[36] PULE B, INNUSE G. The impact of labour tax costs on the company strategic decision making and internal action plan to control tax paymen institute company [J]. International institute of social and economic sciences, 2016(9): 97 – 114.

数字时代财务共享中心对企业绩效的影响①

武怡璐

摘要：近年来，新兴技术的发展给我们的生活带来方方面面的影响，对管理领域也产生了重要的影响。本文以国内已经建立财务共享中心的25家大型企业2005—2020年的数据为样本，探究企业财务共享中心的建立对企业绩效的影响，并按产权性质和行业属性分组，验证其调节作用，最后通过替换变量、增加控制变量、检验滞后效应的方式证明了本文的结论具有稳健性。本文研究结果表明，企业建立财务共享中心后企业绩效上升，并且产权性质不同和行业属性不同都会产生不同的影响。具体来说，相较于非国有企业，国有企业建立财务共享中心后企业绩效提升更明显；相较于非制造业企业，制造业企业建立财务共享中心后企业绩效提升更明显。

关键词：财务共享中心；信息技术；企业绩效

作者简介：武怡璐（1998—），山西吕梁人，西北大学经济管理学院2021级会计学专业硕士研究生。

---

① 本文由吴泷教授指导完成。吴泷，西北大学经济管理学院教授，硕士研究生导师，研究方向为人力资源会计。

一、引言

为了将各分公司、子公司的一些业务集中起来进行处理，以提高整体运作效率，共享服务中心便应运而生。如果将会计账务集中处理，那么财务信息也就可以实现服务共享。这种服务共享中心是企业在财务管理活动中应用集中式管理模式的成果，是为了有效解决大型企业集团财务职能建设中出现的资源重复投入和作业重叠的问题而采用的一种运作模式。通过这一共享中心，企业的管理成本有效地降低了，企业的经营效率也提高了。财务共享服务中心（Financial Shared Service Centre，FSSC）作为一种新兴的财务管理方式，已被众多的跨国企业和大型集团所采用及推行。例如，由壳牌石油（Shell）建立的“壳牌石油国际服务公司”，每年通过向外界提供有偿服务获得的收入大约占总收入的8%～9%，形成了一种商业化运作。中兴通讯于2005年建立了国内第一家财务共享中心，随后宝钢集团、中国平安等陆续建立了财务共享中心。在此期间，国家相关部门也发布了一系列的政策鼓励及支持企业进行财务共享中心的探索。如2013年财政部印发的《企业会计信息化工作规范》规定，对于分公司、子公司数量多且分布广的企业集团应积极按照促进会计信息化建设的要求，逐步建立起财务共享服务中心；2014年财政部发布的《关于全面推进管理会计体系建设的指导意见（征求意见稿）》指出了企业应该充分利用自身优势，建立财务共享中心，全面推动会计职能从核算向管理决策的转变。经过十几年的发展，国内企业集团的财务共享中心已经逐步成熟。

尽管如此，早期的财务共享中心也暴露出了一些问题，如共享性差、员工机械性操作过多、效率达不到预期等。但是，随着5G、物联网等信息技术的迅猛发展，加之“大智移云”的环境支持，我国财会界进入了数字时代，即电子信息时代。自2013年以后，在相关政策和信息技术的推动下，财务共享中心在国内飞速发展，特别是2016年德勤等会计师事务所将人工智能引入财会工作中，促进了财会工作与信息技术的深度融合，财务共享早期暴露的问题才得到了一定程度的缓解。此外，在全球竞争的大背景下，很多企业的要素市场和产品市场均扩大至全国各地甚至全球各国，各大企业集团为了获得持续竞争优势，保持高质量发展，急需高效整合资源，这推进了数字时代财务共享的转型与发展，最终达到提高企业绩效的目的。

现阶段，国内外理论界关于财务共享与企业绩效的关系还没有得出统一的结论。多数学者认为，建立财务共享中心的企业可以通过精简基础操作人员（吴杰，2015）、标准化财务流程（金灿灿、王竹泉、王海龙，2017）、提高投资收益的盈余质量、增加企业的自由现金流（李闻一、刘东进，2015）等方式提高企业绩效。还有学者认为财务共享中心建立后企业绩效会有所下降，如Ulbrich（2013）从流程标准化不均衡的角度提出财务共享中心会出现低效率的情况，至于成本的降低和价值的提升还未得到验证；赖泳杏、闭乐华（2021）认为，在“大智移云”背景下，短期内财务共享与企业绩效呈负相关关系。也有不少学者着眼于长期与短期绩效，认为在这两种不同的情况下，财务共享也会给企业绩效带来不同的影响，财务共享对企业绩效的影响存在波动性，不同的指标会因长短期的不同而有不同变化（何瑛、周访，2013）。此外，现有关于财务共享的文献多为规范性研究，实证研究中以案例分析为主，数理实证研究还很少且不全面。

国内第一家财务共享中心于2005年建立，鉴于财会界自2016年正式进入数字化时代，本文以2005—2020年为研究区间，从经营、盈利、市场三个维度，分别实证研究了数字时代财务共享中心的建立对企业绩效的影响，并以产权性质和行业属性为调节变量，探究财务共享在国有企业与非国有企业之间、制造业企业和非制造业企业之间对企业绩效是否有不同的影响。

二、文献评述

（一）有关财务共享的研究

目前，理论界对财务共享的研究主要集中在两个方面：一是财务共享本身，如财务共享的特征、转型与优化，财务共享的实践与应用等；二是财务共享的后果，包括对企业绩效、风险管控、人才培养等的影响。李闻一等（2017）运用问卷调查、频数分析和信度分析等研究方法，对财务共享中心的服务品质差异进行分析，发现其服务品质存在差异是一个不争的事实。汪翊君等（2021）对财务共享进行了规范性研究，讨论了数字智能时代下财务共享与转型，并提出优化改进意见。企业建立财务共享中心后，通过战略规划、信息系统、流程管理、人员管理等关键因素获得成功（何瑛、周访，2013），在很多方面有了改善：显著增加了商业信用融资（李闻一、潘珺，2021），提升了营运资金管理效率（金灿灿、王竹泉、王海龙，2017），促进了财会人员的培养（尹兴强、李文聪，2021）等。但同时，信息技术的发展也使企业集团实施财务共享面临新的机遇和挑战（孙志刚，2021）。

本文认为，财务共享主要是基于信息技术，通过对财务流程的改进和再造，减少冗余的环节，提高企业效率，实现企业的长远发展。尽管财务共享在实施与应用过程中不断遇到新的、复杂的机遇和挑战，有时可能会出现某些不利的影响，但从长远考虑，随着对财务共享了解的不断深入以及专业人才的培养，企业在成功实现转型后无疑会为企业自身带来更多有利的影响。

（二）有关财务共享中心与企业绩效关系的研究

多数学者支持企业建立财务共享中心可以提升企业绩效。如刘孟晖和刘新丹（2019）以中国上市公司为研究对象进行实证研究，得出企业建立财务共享中心后可以通过提高托宾Q值、投入资本回报率和企业自由现金流，降低管理费用率和人力投入回报率从而提高企业绩效的结论；王玉法等（2019）基于随机效应模型，探讨财务共享与企业绩效的关系，结果表明财务共享服务的实施与企业盈利能力和企业价值存在正相关关系，并且实施效益与实施时间不一定显著正相关；刘博和林梦春（2021）在数字经济时代这一背景下研究两者的关系，也得出了和王玉法等相似的结论，认为财务共享正向影响企业绩效，但企业绩效与财务共享实施时间并不一定成正比；胡爱平等（2021）以华为公司为例，探讨了财务共享实施的不同时期对财务绩效的影响，发现财务共享可以通过减少资源的重复投入，提高相关人员工作效率，形成规模经济，从而降低营运成本，增加绩效，但这一影响在财务共享中心建立的不同时期程度有所不同；周溢凡和王子敏（2021）利用双重差分倾向得分匹配法，研究财务共享中心的建立与企业绩效的关系，结果发现财务共享中心的建立与企业绩效显著正相关，但这一影响具有一定的滞后作用；吴花平和向颖（2021）从流程再造的角度出发，研究发现财务共享服务整体对企业绩效有显著的正向影响，其中盈利绩效初期下降，经过一段时间后显著提升。与前述学者研究角度不同，许汉友等（2022）探究的则是财务共享智能化对企业绩效的影响。

本文认为，在财务共享中心建立初期，企业可能会面临成本增加大于收益增加，进而导致企业绩效下降的情况。但是经过一段时间的适应与调整，企业会因财务共享中心的建立而出现应收账款周转率、现金周转率增加，而营业成本率、管理费用率下降的有利情况，从而提高企业绩效，在一定程度上促进了企业的可持续发展。

三、理论分析与研究假设

（一）财务共享中心的建立会提高企业绩效

首先，根据信号传递理论，企业集团建立财务共享中心是一种很好的宣传自身实力的行为，这类企业向市场传递出一种良好的信号，引起媒体的关注后增加了社会的关注度，减少了市场上的信息不对称，可以吸引更多投资者进行投资，提高供应商对企业的信任度，进而提高了企业融资能力，减少融资约束，最终提高了企业绩效。其次，根据委托代理理论，企业建立财务共享中心后信息得以实时共享，企业所有者可以及时迅速地获取所需信息，管理层很难对财务数据进行操纵，使由公司所有权和控制权的分离而引起的委托代理问题得到缓解，从而减少了公司的委托代理费用，提高了公司的经营业绩。再次，根据规模经济理论，企业建立财务共享中心一般是已经具备了一定的经营规模，这些大型企业通过财务共享中心将规模大、重复性高的业务聚集到一起，实现了规模化效益，进而提高了企业绩效。最后，根据流程再造理论，企业建立财务共享中心后可以通过再造传统的财务业务流程，并将其整合为标准化的流程，提高企业的管理效率，进而提高企业绩效。

综上所述，企业建立财务共享中心后可以通过降低融资约束、缓解委托代理问题、实现规模效益、建立标准化流程提升企业绩效。因此，本文提出第 1 个假设。

H_1：财务共享中心的建立显著提升了企业绩效。

进一步地，结合对已有财务共享服务对企业绩效的影响的文献回顾，提出以下 5 个二级假设，以说明财务共享服务的实施对企业绩效的具体影响。

H_{1a}：财务共享中心的建立显著提高了应收账款周转率。

H_{1b}：财务共享中心的建立显著提高了现金周转率。

H_{1c}：财务共享中心的建立显著降低了营业成本率。

H_{1d}：财务共享中心的建立显著降低了管理费用率。

H_{1e}：财务共享中心的建立显著增加了托宾 Q 值。

（二）企业的产权性质可发挥调节作用

首先，国有企业内部存在着委托代理关系复杂等现象，导致企业的管理效率低下，在这样的条件下，国有企业建立财务共享中心更易提升企业绩效。其次，除了需要承担经济责任（如为企业创造利润）外，作为政府的代表，国有企业管理者会更加注重企业形象，规范自身行为，承担更多的社会责任和国家政策导向性的任务，在全社会起到模范带头作用，因此，国有企业对于国家出台的政策（如 2013 年财政部颁布的《企业会计信息化工作规范》等）会更加积极地响应。最后，国有企业在投融资方面比非国有企业存在更大的优势，受国家政策支持和政府补助力度更大，也更容易吸引各方面的专业人才，资金和人才优势使得企业建立财务共享中心后企业绩效提升更明显。李闻一等（2018）采用问卷调查法对 52 家企业的 FSSC 进行分析，发现国有企业的 FSSC 年平均运营成本较低，同时国有企业绩效提升也更为明显。周溢凡和王子敏（2021）得出国有企业实施财务共享后，流动资产周转速度加快、企业绩效相应提升的结论。综上所述，本文提出第 2 个假设。

H_2：与非国有企业相比，国有企业建立财务共享中心后企业绩效提升更显著。

（三）企业的行业属性可发挥调节作用

财务共享服务的概念是由美国的大型制造业企业首先提出的，随着财务共享中心的不断成熟与发展，各行各业的企业均已开始将其应用到企业经营中，但根据《2018 年中国共享服务领域调研报告》，建立了财务共享中心的企业多数为大型制造业企业，如中兴通讯、海尔集团等，这说明财务共享服务的实施具有行业差异。王玉法等（2019）总结建立财务共享中心的成功企业案例，指出大多数大型制造业企业发展成熟，更有实力面对各种困难和挑战，因此更适合于建立财务共享中心。我国的制造业企业相比于非制造业企业来说，管理机制和思想较为落后，效率低下，信息的安全性也较低。许洪（2016）指出我国制造业企业存在着内部控制制度不健全、财务人员素质整体不高等问题，因此，制造业企业建立财务共享中心后企业绩效提升的空间更大。刘博和林梦春（2021）认为制造业企业“数据孤岛”现象严重，而财务共享中心的建立恰好能解决这一财务数据存在的问题，因此，制造业企业实施财务共享的企业绩效优于非制造业企业。综上所述，本文提出第 3 个假设。

H_3：与非制造业企业相比，制造业企业建立财务共享中心后企业绩效提升更显著。

四、研究设计

（一）样本选取与数据来源

本文的样本公司来自《2018 年中国共享服务领域调研报告》，在剔除了其中的外资企业、中外合资企业、金融类企业之后，初步选取了在沪深 A 股上市的 54 家样本企业。同时，由于财务共享中心涉及流程的再造，发挥作用需要一定的时间，所以本文选取了 2015 年及以前建立财务共享中心的 25 家企业作为最终样本。另外，2005 年成立了国内首个财务共享中心，因此本文样本区间为 2005—2020 年。为了使结果避免受极端值的影响，本文对所有的连续变量进行上下 1% 的缩尾处理。本文样本企业财务数据均来源于国泰安数据库，采用数据分析软件 Stata14. 0 进行数据处理。

（二）变量定义

1. 被解释变量

企业绩效（*Performance*），本文从经营能力、盈利能力和市场三个维度来衡量。经营能力维度采用应收账款周转率（*RTR*）和现金周转率（*CFTR*）两个指标，应收账款周转率等于营业收入与平均应收账款余额之比，该值越大，说明企业的管理效率越高；现金周转率等于营业收入与现金平均余额之比，该值越大，说明企业对现金的利用越高效。盈利能力维度采用营业成本率（*COS*）和管理费用率（*MFR*）两个指标，其中营业成本率可以用来衡量企业对成本费用的控制能力和管理水平，管理费用率反映了企业的经营管理水平。市场维度采用托宾 Q 值，该值等于企业资产的市场价值除以其重置成本，托宾 Q 值正向反映公司的市场价值。

2. 解释变量

财务共享中心的建立（*FSSC*），是一个虚拟变量。如果样本企业在这一年建立了财务共享中心，*FSSC* 取值为 1；否则，取值为 0。

3. 调节变量

产权性质（*SOE*），是一个虚拟变量，如果样本企业属于国有企业，那么 *SOE* 取值为 1，否则，取值为 0。行业属性（*IND*），是一个虚拟变量，如果样本企业所处的行业为制造业，那么 *IND* 取值为 1，否则，取值为 0。

4. 控制变量

参考以往学者研究企业绩效的相关文献，本文选取的控制变量有企业规模（*SIZE*）、资产负债率（*LEV*）、股权集中度（*TOP*10）、现金比率（*CR*）、总资产增长率（*TAG*）。此外，本文还控制了年度变量（*YEAR*）和行业变量（*INDUSTRY*）的固定效应。

变量的具体定义及描述如表 1 所示。

表1 变量定义及描述

变量类型	变量名称	变量符号	变量定义
被解释变量	应收账款周转率	*RTR*	营业收入/平均应收账款余额
	现金周转率	*CFTR*	营业收入/现金平均余额
	营业成本率	*COS*	营业成本 / 营业收入
	管理费用率	*MFR*	管理费用/营业收入
	托宾Q值	*Q*	企业资产的市场价值/重置成本
解释变量	是否建立财务共享中心	*FSSC*	如果企业建立了 *FSSC*，取值为1，否则，取值为0
调节变量	产权性质	*SOE*	如果样本企业为国有企业，那么 *SOE* 取值为1，否则，取值为0
	行业属性	*IND*	如果样本企业为制造业企业，那么 *IND* 取值为1，否则，取值为0
控制变量	企业规模	*SIZE*	期末总资产的自然对数
	资产负债率	*LEV*	总负债/总资产
	股权集中度	*TOP10*	企业前十大股东持股比例
	现金比率	*CR*	现金及现金等价物期末余额/流动负债
	总资产增长率	*TAG*	本年总资产增长额 / 年初资产总额×100%
	年度变量	*YEAR*	年度虚拟变量
	行业变量	*INDUSTRY*	行业虚拟变量

（三）模型设定

本文采用面板数据进行分析，借鉴何瑛和周访（2013）的研究方法，构建本文的基准模型如下：

$$Performance_{it} = a_0 + \alpha_1 FSSC_{it} + \alpha_2 SIZE_{it} + \alpha_3 LEV_{it} + \alpha_4 TOP10_{it} + \alpha_5 CR_{it} + \alpha_6 TAG_{it} + YEAR_t + INDUSTRY_i + \varepsilon_{it}$$

其中，i 表示每一个企业，t 表示年份，a_0为常数项，$\alpha_1 \sim \alpha_6$为各变量的系数，*Performance* 为研究的5个被解释变量，即应收账款周转率、现金周转率、营业成本率、管理费用率和托宾Q值，*YEAR* 与 *INDUS-*

TRY 为年份和行业层面的固定效应，ε 代表随机扰动项。

五、实证结果与分析

（一）描述性统计

表 2 为本文主要变量的描述性统计结果。其中，经营方面，应收账款周转率（*RTR*）均值为 66.02，远高于市场平均值 7.8，最小值与最大值分别为 2.384 和 1424，标准差也很大，为 191.2，这表明不同企业的应收账款周转率差异很大，可能的原因是部分行业，如批发零售、住宿餐饮，应收账款周转率偏高，使得进行了缩尾处理后数据仍然异常，但这也说明了企业信用状况良好，偿债能力强；现金周转率（*CFTR*）均值为 9.060，标准差为 6.657，企业之间差异较大。盈利能力方面，营业成本率（*COS*）的均值为 0.724，表明样本企业成本费用的管控能力较弱，经营管理水平低；管理费用率（*MFR*）的均值为 0.0508，最小值为 0.0117，表明样本企业管理费用控制能力比较强。市场方面，托宾 Q 值均值为 1.874，大于 1，说明企业整体市场价值偏高。*FSSC* 的均值为 0.752，说明样本企业中实施了财务共享中心的年份比例为 75.2%，占了半数以上；*SOE* 的均值为 0.635，表明样本企业中有 63.5% 的企业为国有企业；*IND* 的均值为 0.602，说明样本企业中有 60.2% 的企业是制造业行业。此外，企业规模（*SIZE*）的标准差较小，表明样本企业规模较平均；资产负债率（*LEV*）均值为 0.550，低于 0.6，标准差为 0.171，说明样本企业整体经营风险较低；现金比率（*CR*）的均值为 0.397，大于 0.2，说明样本企业变现能力较强，短期偿债能力强；总资产增长率（*TAG*）均值为 0.186，表明企业发展较好；股权集中度（*TOP*10）均值为 62.88，表明样本企业股权集中度较高。

表 2　主要变量描述性统计

变量	样本量	均值	标准差	最小值	最大值
RTR	274	66.020	191.2	2.384	1424
CFTR	274	9.060	6.657	1.562	36.490
COS	274	0.724	0.151	0.225	0.913
MFR	274	0.0508	0.0298	0.0117	0.147
Q	274	1.874	1.288	0.734	8.006
CR	274	0.397	0.402	0.0207	1.978
LEV	274	0.550	0.171	0.214	0.846
*TOP*10	274	62.880	17.31	22.320	94.680
TAG	274	0.186	0.187	−0.163	1.005
FSSC	274	0.752	0.433	0	1
SOE	274	0.635	0.482	0	1
IND	274	0.602	0.490	0	1
SIZE	274	24.680	1.794	20.250	28.060
Number of ID	25	25	25	25	25

表 3 为按产权性质分组后的描述性统计结果，国有企业的应收账款周转率（*RTR*）和现金周转率（*CFTR*）的均值均大于非国有企业，而营业成本率（*COS*）和管理费用率（*MFR*）的均值均小于非国有企业，说明在各样本公司中，国有企业的企业绩效优于非国有企业。

表 3　分组后主要变量描述性统计

变量	*SOE* =0（非国有企业）					*SOE* =1（国有企业）				
	样本量	均值	标准差	最小值	最大值	样本量	均值	标准差	最小值	最大值
RTR	100	51.390	92.160	2.384	457.8	174	74.42	229.4	4.754	1424
CFTR	100	9.043	6.133	2.007	36.49	174	9.069	6.958	1.562	36.49
COS	100	0.747	0.089	0.567	0.913	174	0.711	0.175	0.225	0.913
MFR	100	0.059	0.038	0.012	0.147	174	0.046	0.022	0.012	0.101
Q	100	1.906	0.851	0.860	5.120	174	1.855	1.484	0.734	8.006
CR	100	0.374	0.212	0.056	1.276	174	0.410	0.479	0.021	1.978
LEV	100	0.550	0.135	0.214	0.832	174	0.550	0.189	0.214	0.846
*TOP*10	100	62.190	13.460	29.79	94.370	174	63.280	19.200	22.320	94.680

续表

变量	SOE =0（非国有企业）					SOE =1（国有企业）				
	样本量	均值	标准差	最小值	最大值	样本量	均值	标准差	最小值	最大值
TAG	100	0. 220	0. 206	-0. 163	1. 005	174	0. 166	0. 173	-0. 163	1. 005
FSSC	100	0. 910	0. 288	0	1	174	0. 661	0. 475	0	1
SIZE	100	23. 870	1. 738	20. 250	26. 610	174	25. 140	1. 660	21. 780	28. 060

（二）基本回归结果及分析

表4为基准模型的回归结果，由表4可知，*FSSC* 对 *RTR* 的系数为102. 650，在1%的水平上显著为正，表明企业建立财务共享中心后应收账款周转率显著提高，验证了 H_{1a}；*FSSC* 对 *CFTR* 的系数为0. 591，但是并不显著，说明企业建立财务共享中心后现金周转率有所增加，部分验证了 H_{1b}；*FSSC* 对 *COS* 的系数为 -0. 013，但不显著，说明财务共享中心建立后，企业营业成本率略有下降，部分验证了 H_{1c}；*FSSC* 对 *MFR* 的系数为0. 004，不显著，表明建立财务共享中心后的企业管理费用率有所上升，H_{1d}未得到验证，可能的原因是财务共享中心在实施过程中会触及一部分人的利益，从而阻碍财务共享服务的管理，一定程度上增加了企业的管理费用率；*FSSC* 对托宾 Q 值的系数为0. 353，在5%的水平上显著为正，表明企业建立财务共享中心后流程的标准化提高了企业的效益，从而显著提高了托宾 Q 值，验证了 H_{1e}。总的来说，企业建立财务共享中心后应收账款周转率、现金周转率、托宾 Q 值增加，营业成本率降低，企业绩效整体上升。

表4 基准模型回归结果

变量	(1) *RTR*	(2) *CFTR*	(3) *COS*	(4) *MFR*	(5) *Q*
FSSC	102. 650*** (4. 46)	0. 591 (0. 83)	-0. 013 (-1. 49)	0. 004 (1. 18)	0. 353** (2. 31)

续表

变量	(1) RTR	(2) CFTR	(3) COS	(4) MFR	(5) Q
SIZE	-10.533	-0.477	-0.009*	-0.004**	-0.223***
	(-0.86)	(-1.26)	(-1.90)	(-2.28)	(-2.74)
LEV	212.863*	-1.197	0.091**	0.009	-0.646
	(1.74)	(-0.32)	(1.98)	(0.50)	(-0.80)
TOP10	-0.080	-0.017	0.000	0.000*	-0.009
	(-0.07)	(-0.50)	(0.11)	(1.87)	(-1.26)
CR	288.995***	-6.272***	0.007	0.007	-0.795***
	(8.03)	(-5.65)	(0.49)	(1.18)	(-3.32)
TAG	16.225	1.821	-0.081***	0.018***	1.149***
	(0.36)	(1.33)	(-4.80)	(2.66)	(3.88)
Cons	18.888	24.245***	0.910***	0.123***	8.133***
	(0.07)	(3.08)	(9.43)	(3.12)	(4.79)
N	274	274	274	274	274
R^2	0.268	0.140	0.113	0.070	0.144
F	14.82	6.604	5.168	3.067	6.786
行业	Yes	Yes	Yes	Yes	Yes
年份	Yes	Yes	Yes	Yes	Yes

注：表中估计系数采用 Stata 软件计算得到；***、**、* 分别表示在 1%、5% 和 10% 的水平上显著；括号内数值为检验系数是否显著的 *t* 值。下表同。

（三）调节效应

表 5 和表 6 是各样本公司按照不同的产权属性进行分类后的回归结果，表 5 是我国国有企业的回归结果，而表 6 是我国非国有企业的回归结果。从中可以得出：国有企业建立财务共享中心后应收账款周转率显著上升，而非国有企业却有所下降；现金周转率均上升但不显著；营业成本率均下降，但也不显著；管理费用率虽在同一显著性水平上均显著上升，但国有企业上升幅度较小；尽管托宾 Q 值在国有企业和非国有企业建立财务共享中心后均有所上升，但国有企业上升显著，非国有企

业并不显著。综上所述，国有企业建立财务共享中心后企业绩效上升更显著，验证了 H_2。

表 5　按产权性质分样本回归结果：国有企业

变量	(1) *RTR*	(2) *CFTR*	(3) *COS*	(4) *MFR*	(5) *Q*
FSSC	128.731 *** (3.68)	0.873 (0.93)	-0.020 (-1.49)	0.007 ** (2.45)	0.429 * (1.94)
SIZE	-3.584 (-0.14)	-0.514 (-0.75)	-0.010 (-1.02)	-0.012 *** (-5.93)	-0.264 (-1.64)
LEV	206.760 (1.13)	3.146 (0.64)	0.099 (1.44)	0.003 (0.22)	-0.922 (-0.80)
*TOP*10	0.425 (0.26)	-0.036 (-0.84)	0.001 (1.32)	0.000 ** (2.29)	-0.012 (-1.22)
CR	353.322 *** (7.74)	-4.504 *** (-3.67)	0.010 (0.59)	0.004 (1.04)	-0.931 *** (-3.23)
TAG	90.279 (1.34)	4.289 ** (2.37)	-0.124 *** (-4.87)	0.005 (0.87)	1.036 ** (2.43)
Cons	-221.235 (-0.37)	23.112 (1.45)	0.881 *** (3.93)	0.324 *** (6.79)	9.710 ** (2.59)
N	174	174	174	174	174
R^2	0.369	0.152	0.161	0.243	0.142
F	15.01	4.588	4.928	8.222	4.235
行业	Yes	Yes	Yes	Yes	Yes
年份	Yes	Yes	Yes	Yes	Yes

表 6　按产权性质分样本回归结果：非国有企业

变量	(6) *Q*	(7) *RTR*	(8) *CFTR*	(9) *COS*	(10) *MFR*
FSSC	-45.128 (-1.47)	1.488 (0.85)	-0.020 (-1.42)	0.028 ** (2.30)	0.145 (0.43)
SIZE	-10.408 (-1.06)	-0.774 (-1.39)	-0.001 (-0.27)	-0.004 (-1.01)	-0.204 * (-1.90)

续表

变量	(6) *Q*	(7) *RTR*	(8) *CFTR*	(9) *COS*	(10) *MFR*
LEV	65.850 (0.59)	-4.342 (-0.68)	-0.029 (-0.57)	0.028 (0.62)	-0.203 (-0.17)
*TOP*10	-0.348 (-0.34)	0.050 (0.85)	-0.001*** (-3.02)	0.001 (1.25)	-0.008 (-0.69)
CR	38.735 (0.84)	-12.016*** (-4.60)	-0.024 (-1.17)	0.017 (0.92)	-0.298 (-0.59)
TAG	34.952 (0.88)	0.120 (0.05)	-0.005 (-0.30)	0.021 (1.35)	1.120** (2.57)
Cons	304.114* (1.81)	29.915*** (3.13)	0.907*** (11.95)	0.070 (1.05)	7.092*** (3.86)
N	100	100	100	100	100
R^2	0.114	0.230	0.221	0.131	0.174
F	1.773	4.124	3.917	2.088	2.922
行业	Yes	Yes	Yes	Yes	Yes
年份	Yes	Yes	Yes	Yes	Yes

表7和表8是各样本企业按照不同的行业属性进行分类后的回归结果，其中表7为制造业企业回归结果，表8为非制造业企业回归结果。由表7、表8可知，制造业企业和非制造业企业建立财务共享中心后应收账款周转率均上升，但制造业企业上升幅度更大，也更为显著；制造业企业现金周转率显著增加，而非制造业企业现金周转率减少且不显著；营业成本率均有所下降，但制造业企业相关系数绝对值更大；管理费用率均上升但不显著；托宾Q值虽然也都上升，但制造业企业的相关系数绝对值更大。综合而言，制造业企业建立财务共享中心后企业绩效提升更显著，验证了本文的H_3。

表 7　按行业属性分样本回归结果：制造业企业

变量	(1) RTR	(2) CFTR	(3) COS	(4) MFR	(5) Q
FSSC	161. 748 *** (4. 98)	1. 663 ** (2. 06)	-0. 018 (-1. 58)	0. 008 (1. 52)	0. 331 (1. 59)
SIZE	1. 573 (0. 10)	-0. 172 (-0. 43)	-0. 005 (-0. 84)	-0. 009 *** (-3. 18)	-0. 348 *** (-3. 39)
LEV	262. 161 (1. 53)	-10. 859 ** (-2. 54)	0. 016 (0. 27)	0. 015 (0. 50)	-0. 871 (-0. 79)
*TOP*10	-1. 593 (-0. 90)	-0. 072 (-1. 65)	-0. 002 *** (-2. 78)	0. 000 (0. 88)	-0. 010 (-0. 87)
CR	385. 210 *** (8. 74)	-7. 022 *** (-6. 41)	-0. 006 (-0. 40)	0. 004 (0. 51)	-0. 641 ** (-2. 27)
TAG	29. 274 (0. 48)	2. 693 * (1. 79)	-0. 081 *** (-3. 91)	0. 019 * (1. 81)	0. 807 ** (2. 08)
Cons	-297. 894 (-0. 90)	24. 177 *** (2. 95)	0. 924 *** (8. 18)	0. 232 *** (4. 11)	11. 340 *** (5. 36)
N	165	165	165	165	165
R^2	0. 443	0. 261	0. 195	0. 108	0. 170
F	19. 250	8. 539	5. 839	2. 915	4. 933
年份	Yes	Yes	Yes	Yes	Yes

表 8　按行业属性分样本回归结果：非制造业企业

变量	(6) RTR	(7) CFTR	(8) COS	(9) MFR	(10) Q
FSSC	49. 707 ** (2. 03)	-1. 168 (-0. 83)	-0. 004 (-0. 29)	0. 001 (0. 26)	0. 327 (1. 38)
SIZE	-56. 487 *** (-2. 94)	-0. 640 (-0. 58)	-0. 016 (-1. 31)	-0. 004 (-1. 65)	-0. 131 (-0. 70)
LEV	101. 039 (0. 84)	13. 001 * (1. 88)	0. 124 * (1. 67)	-0. 004 (-0. 28)	-0. 774 (-0. 66)
*TOP*10	2. 317 ** (2. 31)	-0. 009 (-0. 16)	0. 001 ** (2. 34)	0. 000 (1. 66)	-0. 017 * (-1. 75)

续表

变量	(6) *RTR*	(7) *CFTR*	(8) *COS*	(9) *MFR*	(10) *Q*
CR	-60.619 (-1.26)	-5.858** (-2.13)	0.043 (1.45)	0.003 (0.59)	-1.863*** (-4.01)
TAG	37.059 (0.81)	0.373 (0.14)	-0.064** (-2.24)	0.009* (1.70)	1.574*** (3.55)
Cons	1269.445*** (2.82)	21.195 (0.82)	1.008*** (3.62)	0.121** (2.33)	6.693 (1.54)
N	109	109	109	109	109
R^2	0.129	0.135	0.138	0.115	0.271
F	2.240	2.377	2.425	1.972	5.625
年份	Yes	Yes	Yes	Yes	Yes

（四）稳健性检验

1. 替换变量

表9为替换了被解释变量后的回归结果。鉴于我国资本市场的特殊性，在参考了相关学者对企业绩效的研究之后，为了确保本文结论的可靠性，选取市值（*BV*）这一衡量企业绩效的长期指标和市场指标代入模型中重新进行回归，结果与前文研究结论一致，企业建立财务共享中心后企业绩效显著提升，表明本文的结论具有稳健性。

表9　替换变量回归结果

变量	*BV*
FSSC	6.961×10^{10} (2.58)
SIZE	4.952×10^{10} (3.18)
LEV	1.281×10^{11} (0.90)

续表

变量	BV
TOP10	8.567×10^{9} (6.47)
CR	-3.315×10^{10} (−0.79)
TAG	-7.975×10^{10} (−1.44)
Cons	-1.648×10^{12} (−5.12)
N	240
R^2	0.422
F	25.67
行业	Yes
年份	Yes

2. 增加控制变量

表10为增加影响企业绩效的控制变量后的回归结果。根据其他学者的研究，财务杠杆（*FL*）也会影响企业绩效，因此本文将财务杠杆作为新的控制变量加入模型中与原有的控制变量一起进行回归，结果如表8所示，企业建立财务共享中心后应收账款周转率、托宾Q值均显著增加，营业成本率显著下降，现金周转率和管理费用率有所增加但并不显著，企业绩效上升，结果没有明显变化，说明了本文的结论是可靠的。

表10　增加控制变量回归结果

变量	(1) RTR	(2) CFTR	(3) COS	(4) MFR	(5) Q
FSSC	101.533*** (4.39)	0.584 (0.82)	−0.015* (−1.79)	0.004 (1.12)	0.346** (2.25)
SIZE	−9.126 (−0.73)	−0.467 (−1.21)	−0.006 (−1.28)	−0.004** (−2.12)	−0.213** (−2.56)

续表

变量	(1) RTR	(2) CFTR	(3) COS	(4) MFR	(5) Q
LEV	199.098 (1.60)	-1.286 (-0.33)	0.063 (1.36)	0.007 (0.38)	-0.741 (-0.89)
TOP10	-0.031 (-0.03)	-0.017 (-0.49)	0.000 (0.37)	0.000* (1.90)	-0.009 (-1.21)
CR	288.893*** (8.02)	-6.273*** (-5.64)	0.006 (0.48)	0.007 (1.18)	-0.796*** (-3.32)
TAG	19.377 (0.43)	1.842 (1.33)	-0.074*** (-4.47)	0.019*** (2.71)	1.171*** (3.92)
FL	5.422 (0.59)	0.035 (0.12)	0.011*** (3.30)	0.001 (0.58)	0.037 (0.61)
Cons	-17.981 (-0.07)	24.006*** (2.95)	0.834*** (8.55)	0.117*** (2.89)	7.879*** (4.50)
N	274	274	274	274	274
R^2	0.269	0.140	0.151	0.072	0.145
F	12.720	5.640	6.165	2.670	5.855
行业	Yes	Yes	Yes	Yes	Yes
年份	Yes	Yes	Yes	Yes	Yes

3. 滞后效应

表11为引入滞后变量后的回归结果。参考何瑛和周访（2013），企业建立财务共享中心对相关指标的影响具有延迟效应、区别效应和短期波动效应，因此本文在模型中将企业绩效指标滞后一期进行回归，结果如表9所示，企业建立财务共享中心一期后应收账款周转率、现金周转率、托宾Q值均增加，营业成本率、管理费用率均下降，结论与前文一致，说明本文结论具有稳健性。

表 11 引入滞后变量回归结果

变量	(1)	(2)	(3)	(4)	(5)
	RTR	*CFTR*	*COS*	*MFR*	*Q*
L. FSSC	84.911 ***	0.525	-0.022 **	-0.001	0.469 ***
	(3.32)	(0.75)	(-2.42)	(-0.20)	(3.10)
SIZE	-5.116	-0.739 *	-0.003	-0.003	-0.227 **
	(-0.32)	(-1.71)	(-0.54)	(-1.45)	(-2.42)
LEV	130.181	0.019	0.012	0.007	-0.201
	(0.84)	(0.00)	(0.22)	(0.29)	(-0.22)
*TOP*10	-0.593	-0.020	0.000	0.000 **	-0.007
	(-0.46)	(-0.58)	(0.44)	(2.33)	(-0.88)
CR	279.172 ***	-6.281 ***	0.008	0.007	-0.508 **
	(6.78)	(-5.58)	(0.58)	(1.14)	(-2.09)
TAG	-6.797	1.437	-0.076 ***	0.023 ***	1.220 ***
	(-0.11)	(0.85)	(-3.44)	(2.62)	(3.33)
Cons	-9.332	30.596 ***	0.804 ***	0.094 *	7.669 ***
	(-0.03)	(3.32)	(6.71)	(1.93)	(3.85)
N	238	238	238	238	238
R^2	0.241	0.162	0.094	0.082	0.114
F	11.050	6.726	3.599	3.111	4.496
行业	Yes	Yes	Yes	Yes	Yes
年份	Yes	Yes	Yes	Yes	Yes

六、研究结论与建议

随着5G、云计算、物联网等信息技术的迅猛发展，许多行业正迎来新一轮的技术革命和产业变革。2013—2014 年，在国家发布财务共享相关政策后，越来越多的企业积极响应国家号召开始建立财务共享中心，力图改善内部流程、降低运营成本、提升企业绩效。由于国内首个财务共享中心由中兴通讯于 2005 年成立，因此本文研究了样本企业在 2005—2020 年财务共享中心建立后企业绩效的变化，并以产权性质和行业属性为调节变量进行进一步的研究，得出以下结论。①企业建立财务共享中心后总体来说企业绩效是上升的，这是通过增加应收账款周转率、现金周转率、托宾Q值，并减少营业成本率实现的。但管理费用率却在增加，这可能是因为在财务共享中心的建立过程中涉及流程再造，发挥优势作用需要较长时间，企业员工对于新事物需要一定的适应期，有的员工甚至会产生抵触情绪，导致财务共享服务的管理受到阻碍。②将各样本公司按照产权性质进行分类回归后，发现与非国有企业不同，国有企业建立财务共享中心后企业绩效上升更显著，原因在于，由于“国有”的特殊性，导致资源浪费和委托代理关系的错综复杂；但国有企业又因先天优势，更容易获得政府补贴、资助及外部融资，在资本和人才方面优于非国有企业；加之国有企业需要承担更多的社会责任，于是便会更加积极响应、实施国家发布的各种政策，这些条件使得国有企业建立财务共享中心后企业绩效上升更显著。③将样本企业按行业属性进行分类回归后，发现相比于非制造业企业，制造业企业建立财务共享中心后绩效提升更显著，这是因为制造业企业内部信息保密性、安全性差，运营效率低，而财务共享中心的建立可以很好地解决这些问题，从而更显著地提升企业绩效。

针对以上结论，本文提出了以下建议。

（1）企业建立财务共享中心后，企业绩效将得到提升，并且对国有企业和非国有企业、制造业企业和非制造业企业的影响也会产生差异。国家除了出台相关政策鼓励企业建立财务共享中心外，还应发布一些支持企业特别是非国有企业和非制造业企业建立财务共享中心的政策，如增加补贴、减少相关的税收等，以此助力财务共享中心在我国的发展以及财会领域的信息化发展。

（2）企业在建立财务共享中心前就应该明确未来的各个阶段需要达到的目标和实现的共享范围，借鉴建立财务共享中心的成功企业的经验，对于可能出现的问题积极做出应对，以减少财务共享带来的消极影响。

（3）企业需要加强对相关人员的培训与教育，积极引进高专业素质的人才，国家也应鼓励支持高校培养财会知识与信息技术知识兼通的人才，国家、企业、高校共同促进财务共享的发展。

（4）企业有必要提高财务共享的信息化和智能化水平，充分利用成熟的信息技术，高效收集信息，灵活配置资源，同时注重财务共享的转型发展。

参考文献

[1]毛永琦．财务共享服务中心的内部控制研究：以 A 集团为例[J]．科技创新与生产力,2021(10):68 -70 +74.

[2]何瑛,周访,李娇．中国企业集团实施财务共享服务有效性的实证研究:来自 2004—2008 年的经验数据[J]．经济与管理研究,2013(8):57 -65.

[3]何瑛,周访．我国企业集团实施财务共享服务的关键因素的实证研究[J]．会计研究,2013(10):59 -66 +97.

[4]胡爱平,张春艳,周莎．财务共享对企业财务绩效的影响研究:以华为公司为例[J]．会计之友,2021(19):14 -19.

[5]金灿灿,王竹泉,王海龙．财务共享模式下企业营运资金管理绩效研究:基于海尔集团 2007—2014 年的纵向案例[J]．财会通讯,2017(2):98 -103 +129.

[6]李闻一,刘东进．大土木行业财务管理模式创新与案例研讨:中交二航局财务共享中心服务的实践[J]．财会月刊,2015(4):16 -25.

[7]李闻一,朱媛媛,刘梅玲．财务共享服务中心服务质量研究[J]．会计研究,2017(4):59 -65.

[8]李闻一,潘珺．财务共享服务中心与公司商业信用融资:基于异时

DID 模型研究[J]. 华中师范大学学报(人文社会科学版),2021,60(4):59－72.

[9]李闻一,徐庆东,陈新巧. 国有、跨国、私营企业财务共享服务对标调查评析[J]. 财会月刊,2018(3):115－125.

[10]刘博,林梦春. 数字经济时代财务共享对企业绩效的影响:基于我国典型财务共享中心的实证分析[J]. 河北科技大学学报(社会科学版),2021,21(4):1－8.

[11]刘孟晖,刘新丹. 财务共享服务与企业绩效的实证检验:中国上市公司的经验证据[J]. 郑州航空工业管理学院学报,2019,37(1):72－82.

[12]刘娅,干胜道. 财务共享、内部控制质量与企业绩效[J]. 财经问题研究,2021(5):93－101.

[13]苏剑. 内部资本市场效率、内部控制质量与企业绩效[J]. 财会通讯,2020(5):76－79.

[14]孙志刚."大智移云"时代集团公司财务共享面临的机遇和挑战[J]. 当代会计,2021(6):60－61.

[15]王京. 财务共享服务模式对企业内部控制的影响[J]. 中国乡镇企业会计,2021(11):153－154.

[16]王玉法,王莎,王团委. 财务共享服务实施与企业绩效关系研究:基于随机效应模型[J]. 会计之友,2019(21):81－87.

[17]吴花平,向颖. 实施财务共享服务对企业绩效的影响[J]. 重庆理工大学学报(社会科学),2021,35(5):102－111.

[18]许汉友,岳茹菲,赵静. 财务共享智能化水平对企业绩效的影响研究[J]. 会计之友,2022(7):141－147.

[19]杨红. 财务共享对企业内部控制和风险防控的影响[J]. 财会学习,2021(36):181－183.

[20]叶陈刚,裘丽,张立娟. 公司治理结构、内部控制质量与企业财务绩效[J]. 审计研究,2016(2):104－112.

[21]张瑞君,陈虎,张永冀. 企业集团财务共享服务的流程再造关键因

素研究:基于中兴通讯集团管理实践[J]. 会计研究,2010(7):57 -64 +96.

[22]张敏. 浅析财务共享对企业内部控制质量的影响[J]. 现代营销(信息版),2019(12):18.

[23]周溢凡,王子敏. 财务共享服务中心建设与企业绩效提升[J]. 生产力研究,2021(12):145 -150.

[24]宗文娟,王伯伦. 基于业财融合的企业财务共享模式研究:以华为为例[J/OL]. 财会通讯, 2020 (12): 173 - 176. DOI: http://10.16144/j. cnki. issn1002 -8072. 2020. 12. 037.

[25]F ULBRICH. Shared service trajectories[J]. Finance bunding and finance transformation,2013(3): 117 -132.

[26]HAMMER M. Reengineering work: Don't automate, obliterate [J]. Harvard business review,1990,68(4) : 104 -120.

[27]RRUDLA R,TAMMEL K. Creating shared service centres for public sector accounting[J]. Accounting auditing & accountability journal, 2015, 28(2):158 -179.

社会保险费率调整对上市公司雇佣规模的影响研究①

申殊松

摘要：近年来，在经济结构调整和经济下行的背景下，我国实施了一系列减税降费政策缓解企业经营困局。2019年之前，我国进行了多次社保缴费率试点调整的尝试，取得了积极的政策效应，2019年我国更进一步，在全国范围内统一实施更大力度的社保降费政策。本文利用2016—2021年上市公司数据构建广义差分模型，实证分析了2019年社保降费政策对上市公司雇佣规模的影响，研究发现社保降费政策显著提高了上市公司的雇佣规模，具有积极的就业促进效应。劳动密集度更高的行业（或企业）受到社保降费政策影响更强烈，政策“精准”降低了企业用工成本，提高了企业的现金流，并通过投资作为中介效应扩大生产规模，提高雇佣数量。从企业规模和企业性质来看，政策显著促进了中小民营企业的雇佣规模；分地区来看，东部、中部地区企业受政策影响更显著，而西部地区企业对政策的反应不敏感。

关键词：雇佣规模；劳动密集度；广义DID模型

作者简介：申殊松，西北大学经济管理学院在读硕士研究生，研究

① 本文由马小勇副教授指导完成。马小勇，西北大学经济管理学院副教授，硕士研究生导师，研究方向为公共经济学。

方向为公共财政学。

一、引言

2020年12月16日至18日，中央经济工作会议在北京召开，会议指出2021年我国要继续实施积极的财政政策和稳健的货币政策，进一步巩固减税降费成果。社保减税降费作为近年来国家减税政策的重头戏，减税效果不断显现。2015年之前，国务院规定的企业和职工社会保险综合费率为41%，其中包括28%的养老保险（企业缴纳20%，个人缴纳8%）、8%的医疗保险、3%的失业保险、1%的生育保险和1%的工伤保险，养老保险缴费比例在社会保险缴费中占有相当大的比重。我国从2015年开始对社保中失业、工伤、生育险费率进行调整尝试，当年这三项保险的费率合计下调约1.75%，次年进行了养老保险费率调整的试点工作，其中北京、天津、重庆、四川、安徽等省份将养老保险缴纳比例从20%下调到19%；黑龙江、上海养老保险比例分别从22%、21%下调至20%。2019年的社保降费政策具有涉及范围广、降费力度强等特点，2019年4月，国务院办公厅印发《降低社会保险费率综合方案》，拉开了全国范围内力度更强的社保降费政策的序幕，该文件指出各省、自治区、直辖市和新疆生产建设兵团养老保险单位缴费比例高于16%的，可降至16%；低于16%的，可根据实际情况提出过渡办法。

现阶段，我国企业承担的费率水平仍然很高，2018年根据世界银行对全球各个国家企业税率的测算，我国企业税费在利润中占比近70%，全球位列第12，远超美国、日本、英国、法国、德国等发达国家。理论上，企业承担的税费越高，经营成本就越高，企业的投资生产积极性会下降，生产规模、雇佣规模受到影响（魏天保，2018）。2019

年的社保降费政策无疑是一场“及时雨”，政策发布和推进正当其时，缓解企业经营压力。

近年来，随着我国经济结构转型、调整，全球经济萎靡，新冠疫情反复带来的冲击，我国不仅面临经济下行的压力，就业形势也不容乐观。一方面要解决往年未就业大学生就业问题，另一方面要考虑新毕业大学生就业问题。从新增大学毕业生规模来看，呈现出逐年上升的趋势，2021 年毕业生规模超过 907 万人。从国家角度来看，希望通过实施社保降费政策，缓解企业压力，降低企业成本，从而扩大雇佣规模，达到稳就业的目标。

实际上，关于社保税费政策调整给企业带来的经济效应早已引起国内外学术界的广泛关注。例如，尹恒等（2021）从企业实际税负、企业成本等角度研究发现，社保费率的下降有效降低了企业经营成本特别是用工成本，拉动了企业劳动需求，具有一定的就业促进效应；董新兴等（2016）研究发现，社保费率变动显著影响企业的创新投资行为，尤其对民营企业、高新技术企业效果更明显；Nielsen 和 Smyth（2008）等研究了社保费率与企业员工参保率、企业避税行为的关系；赵灿（2020）、邓菊秋和肖苏薇（2022）等研究发现，减税降费政策有利于促进企业人力资本结构升级，实现高质量就业。

我们发现，当下学者对社保降费政策的研究主要集中于政策给企业成本、研发投资（David et al.，2007）、现金流、参保率（赵静等，2016；赵绍阳，2021；魏志华、夏太彪，2020）、税负转嫁（Murphy，2007；Nielsen and Smyth，2008；Gruber and Krueger，1990）、生产效率（Jensen and Murphy，1990；Hieu et al.，2013）等方面带来的影响，对企业雇佣规模影响研究较少。国内学者相关领域的研究主要集中于2016 年以前的局部试点政策，如封进等（2013）以浙江省 2012 年社保费率下调为背景，研究了政策对企业雇佣规模的影响；程煜等（2021）利用双重差分法研究了 2016 年养老保险“阶段性改革”试点政策对企业产生的效应。现有文献对2019年全国范围内统一实施的新的社保降费政策研究较少。

本文通过构建广义DID模型对2019年全国范围内统一实施的社保降费政策的效果进行研究，研究发现，2019年社保降费政策显著提高了企业的雇佣规模，具有积极的就业促进作用；对于劳动密集型、劳动密集度大的企业来说，受到政策冲击更明显，就业促进效应更强；对于不同性质、不同规模、不同地区的企业来说，政策带来的效果存在差异。

二、理论分析和研究假设

劳动是企业生产不可或缺的要素之一，劳动成本的高低很大程度上影响企业经营成本的高低。据国外学者测算，企业约66%的产出都用于弥补劳动投入的支出（Pratt and Ryan，2011），而在企业劳动支出中很大一部分是社保税费支出，特别是在2008年《中华人民共和国劳动合同法》颁布之后，对企业给员工缴纳社保有了更严格的规定和监督。据白重恩计算，我国企业五项社会保险缴纳额之和占企业员工工资支出的40%，部分地区达到50%，而美国企业承担的员工社保缴费率仅为6.2%，基本养老和医疗法定缴费率负担不超过10%。理论上来说，社保税费的高低会显著影响企业用工成本。沈永建等（2017）研究证明，社保缴费率的调整对企业劳动力成本总量变化具有显著影响，费率上升加剧了企业经营压力；尹恒等（2021）从服务行业的企业实际税负水平出发，研究发现社保费率下调有效降低了企业用工成本；唐钰和封进（2020）研究发现，社保缴费率的提高会显著提升企业税收负担和雇佣成本。因此，社保费率的高低是影响企业用工成本高低的关键因素之一。

同时，企业用工成本的高低会影响企业雇佣规模和雇佣决策。在外部条件不变的情况下，理性企业对劳动力的需求取决于雇佣员工带来的产出价值和企业劳动力成本支出的均衡（$MC=MR$），一旦外部环境变动这个均衡将被打破，企业就会通过裁员或者扩大雇佣规模重新达到均衡。一些学者的研究提供了经验证据，例如，曹书军等（2009）研究发现，企业实际税费负担的下降降低了企业成本，扩大了企业雇佣规模；宋弘等（2021）研究发现，浙江2012年社保降费试点政策显著降低了中小民营企业的用工成本，提高了劳动力需求；马双等（2014）通过实证研究指出，社保费率上升1%，企业雇佣规模下降0.8%。

从个体企业受到政策影响的程度上来看，社保降费政策主要是针对企业员工用工成本，所以当企业是劳动密集型企业或劳动密集度高时，劳动支出占企业总支出的比例更大，此时受到社保降费政策的冲击更大，政策带来的就业扩大效应更强；而非劳动密集型企业的劳动密集度低，受到"精准"降低用工成本的政策的影响较小。唐钰和封进（2020）研究发现，当企业劳动密集度越高时，社保费率上升给企业带来的实际税费负担越重，显著降低了企业的生产规模和雇佣规模；葛结根（2018）实证研究发现，面对相同的社保费率调整政策，劳动密集型企业雇佣规模平均下降7.9%，而非劳动密集型企业雇佣规模下降4.3%。所以本文认为，由于企业劳动密集度的差异，导致各企业受到2019年社保降费政策的实际影响也存在差异。综上所述，本文提出以下研究假设。

H_1：2019年社保降费政策显著影响企业雇佣规模，具有积极的就业促进效应，且劳动密集度大的企业受到政策影响更强。

企业受到社保降费政策影响，用工成本得到下降，对雇佣规模产生影响可能通过资本－劳动的替代效应和收入效应这两种机制实现，而对收入效应的影响则通过企业用工成本下降、预算约束放宽、扩大投资规模带动劳动需求增长实现。

根据资本和劳动的替代理论，在生产规模一定的情况下，相对于更高的资本成本，企业可能选择用劳动来替代资本，从而扩大雇佣规模；反之，可能会用资本替代劳动（巫强，2013）。根据收入效应理论，用工成本的降低导致企业综合经营成本的下降，在其他因素不变的情况下，相当于企业预算约束放宽，预算约束线外扩，具有投资促进效应（杜鹏程、徐舒、张冰，2021），提高了产量规模和劳动需求。在此，我们尝试用斯勒茨基分解理论来阐述社保降费政策给企业雇佣需求带来的影响。

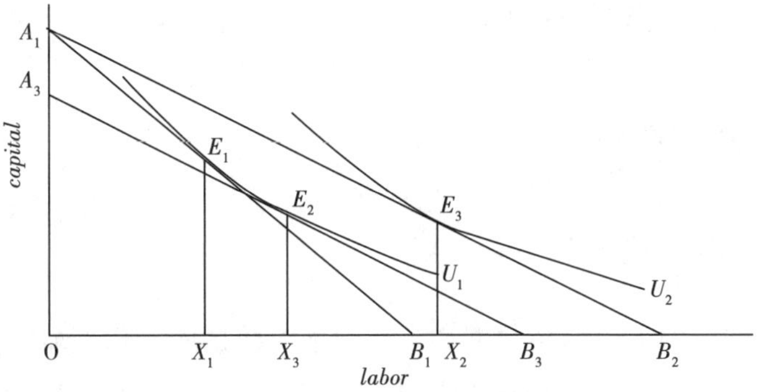

图1　收入－替代效应的斯勒茨基分解

如图1所示，假设资本的价格为 r，劳动的价格为 w_1，企业对资本品的需求量为 k、对劳动的需求量为 l，企业原有的资本量为 C，则该企业的预算约束条件为 $C = r \times k + w_1 \times l$。又假设企业的等产量曲线为 $U = f(k,l,A)$，并且满足凸向原点的性质，理性企业对资本和劳动需求组合是使预算约束线与等产量曲线相切的点对应的资本及劳动的需求量。在社保降费政策实施前，企业的预算约束线 A_1B_1 和等产量曲线 U_1 相切于 E_1 点，此时对应的劳动需求为 X_1。当实施社保降费政策之后，企业为员工支付的成本下降，即企业雇佣劳动力的价格下降为 w_2，此时企业面临的新预算约束条件为 $C = r \times k + w_2 \times l$，即图1中预算约束线 A_1B_2，它和新的等产量曲线 U_2 相切于新的均衡点 E_3，此时对劳动的需求变为 X_2，那么 $X_2 - X_1$ 即为社保降费政策给企业雇佣规模带来的总效应。总效应可以分解成替代效应与收入效应之和，同时引入企业补偿

预算线 A_3B_3，其斜率等于企业劳动力成本下降后的预算约束线 A_1B_2 的斜率，它和等产量曲线 U_1 相切于均衡点 E_2，此时对应的劳动力需求为 X_3。那么由于劳动价格变动带来的劳动对资本的替代效应为 X_3-X_1，由于劳动价格变动带来的收入效应为 X_2-X_3，收入效应即通过图中补偿预算线 A_3B_3 外扩平移至 A_1B_2 实现，也就是说企业扩大了投资生产规模，带来了劳动力需求的变化。基于此，我们提出以下研究假设。

H_2：社保降费政策促进企业扩大投资规模，投资是社保降费影响企业劳动雇佣规模的中介因素。

三、数据选取与实证分析

（一）数据选择与变量说明

本文选择的上市公司数据均来自国泰安数据库（CSMAR），数据包括企业基本信息、基本财务数据等。数据选取时间跨度为 2016—2021 年，其中全国范围内统一实行的社保降费政策发生在 2019 年。由于在 2019 年实施政策之前，部分省份已经进行了社保降费的试点工作，如 2016 年北京、天津、湖北、湖南等省份进行了政策试点工作，所以为了避免 2019 年之前政策对双重差分准自然实验造成干预，我们对样本进行筛选，选取 2016 年进行了试点的城市作为数据样本。

本文选取的核心解释变量 $did=intensity\times post$，$post$ 为政策虚拟变量，当时间为 2019 年之前时，$post$ 值为 0；2019 年之后，$post$ 值为 1。$intensity$ 为企业支付的员工薪酬与企业营业收入的比值，用来衡量企业的劳动密集度。

本文选择的控制变量综合陈信元和曾庆生（2006）、王跃等（2012）、李波和杨先明（2021）、倪晓然和朱玉杰（2016）等的研究，在企业财务信息方面主要有以下四种。一是衡量企业盈利能力的指标采用净资产收益率和营业利润率，因为企业的盈利能力不同，不同盈利能力的阶段都会导致其对劳动力投入的选择差异（袁从帅等，2015），因此我们需要对企业的盈利能力加以控制。二是衡量企业负债水平的指标采用财务杠杆和资产负债率，因为企业新增雇佣劳动力需要增加成本支出，且企业的员工工资支出一般是当期发生、当期支付，对企业的现金流造成一定影响，而企业的财务杠杆和资产负债率从侧面反映了企业的还款能力与偿债压力，与企业的现金流紧密联系。所以不同杠杆水平和负债率的企业面对新雇佣劳动力时的选择可能不同，高负债率高杠杆的企业可能囿于现金流的影响谨慎扩大雇佣规模。三是衡量企业规模的指标采用企业总资产，并做对数处理。普遍认为，企业的规模越大，雇佣劳动力绝对规模也越大，但同时，根据规模经济原理，公司规模越大，单位资产或单位主营业务收入所需投入的劳动力可能越少（陈信元、曾庆生，2006），故在此引入企业规模作为控制变量。四是衡量企业成长性指标采用企业主营业务增长率和企业的托宾 Q 值，考虑到企业的当前价值和未来成长性，成长性较高的企业为了扩大市场，可能会选择更加激进的雇佣策略，扩大雇佣规模，占领市场主导地位。因此，在此引入主营业务增长率作为控制变量，上述控制变量均做 1% 的缩尾处理。

我们还选取了企业财务信息以外的其他信息作为控制变量，如衡量企业性质（是否国企）、企业所在省份及具体城市、企业所处行业类型等。

被解释变量选取的是企业员工数量，并做对数处理，用于探究社保降费政策是否显著地提高了企业雇佣规模，是否起到促进就业的效果。

（二）广义 DID 模型的构建

区别传统的 DID 准自然实验，2019 年的社保降费政策在全国统一铺开，不是采取先试点、后推广的模式，所以 2019 年全国各地企业均受到政策的影响。那么如何衡量政策的有效性呢？本文实证方法参考了刘放等（2016）和徐红梅等（2020）针对全国统一铺开政策的方法处理，广义 DID 方法不需要设置处理组和对照组，适用于某项政策同一时间在全国铺开的情况，是目前较为流行的研究政策效应的方法。具体来说，本文认为，虽然政策在同一时点全国范围内铺开，但是由于各企业劳动密集度的差异，导致政策对各企业的实际影响可能存在差异，对劳动密集度高的企业来说，社保降费政策可以给企业人力资本带来很大的优惠，所以企业会在很大程度上扩大雇佣规模；而对劳动密集度较低的企业来说，企业生产可能更多靠资本而非劳动力来运行，社保降费政策对企业的影响不是很大，政策冲击可能难以带来和劳动密集度较高的企业同样的影响。在基准回归模型中，我们用企业薪酬总支出与营业收入的比值作为衡量企业劳动密集度的指标 *intensity*，故本文的核心解释变量为：$did = intensity \times post$，2019 年之前政策未发生，*post* 取 0，2019 年之后政策发生了，*post* 取 1。具体的模型形式如下：

$$Y_{i,t} = \alpha + \beta\, intensity_{i,t} \times post_t + \eta X_{i,t} + \mu_i + \lambda_t + \varepsilon_{i,t}$$

其中，$Y_{i,t}$表示企业 i 在 t 年时的雇佣规模，$intensity_{i,t}$ 表示企业 i 在 t 年的劳动密集度；$post_t$ 是政策实施前后的虚拟变量，政策实施前 $post_t$ 取 0，政策实施后 $post_t$ 取 1；β 是我们主要关注的反映政策效果的系数；μ_i 表示个体固定效应；λ_{itt} 表示时间固定效应；$X_{i,t}$ 为控制变量，包括企业总资产、企业盈利水平（*ROA*）、企业资产负债率、企业杠杆率、企业托宾 Q 值、主营业务增长率、营业利润率等；$\varepsilon_{i,t}$ 为随机扰动项。

（三）实证结果分析

1. 基准分析回归结果

表 1 的第（1）列为不加其他控制变量的回归结果，第（2）列为加入衡量企业盈利能力、成长性、负债水平等控制变量后的回归结果。

表1　基准回归结果

变量	(1)	(2)
did	1.553*** (5.94)	1.777* (1.99)
yingye_ rate		-2.628 (-1.38)
fin_ level		-0.436*** (-6.31)
con_ level		0.170 (1.331)
tobinQ		-0.251 (-1.41)
debt_ asset		2.995*** (13.13)
roa		7.543*** (8.32)
cons	7.852*** (1521.98)	6.901*** (55.45)
个体固定效应	Yes	Yes
时间固定效应	Yes	Yes
样本数	4678	4526
Adj_ R^2	0.88	0.91

注：***、*分别表示在1%、10%显著性水平上显著。下同。

从回归结果中我们可以发现，在只包含被解释变量 ln*staff* 和核心解释变量，不包含其他控制变量的情况下，采用高维固定效应回归，控制个体固定效应和时间固定效应，回归结果在1%的置信度下显著，即2019年在全国范围内实施的社保降费政策确实显著促进了企业的雇佣规模，并且由于核心解释变量的系数显著为正，当企业劳动密集度 *intensity* 值越大时，它和政策实施虚拟变量交乘值越大，此时企业雇佣规模增长程度越高，所以说劳动密集度高的企业受政策影响更强。加入了控制变量后，核心解释变量的回归结果依然显著，说明政策仍然具有积极的就业促进效应，同样地，系数为正意味着对于劳动密集度高的企业来说，政策的冲击效果更大。

除此之外，在控制变量中，衡量企业盈利水平的指标净资产收益率系数显著为正，进一步验证了我们在选择控制变量时的推断，即企业的盈利水平会影响企业雇佣行为，当企业盈利水平更高时，面对会导致成本降低的社保降费政策时，更有扩大生产规模、增加雇佣劳动力的动力；企业财务杠杆控制变量系数显著为负，说明财务杠杆的高低会影响企业雇佣规模，可能的解释是增加雇佣规模，会扩大员工薪酬支出，并且员工工资往往是当期支付，会对企业现金流产生一定的压力，而财务杠杆越高，企业越是谨慎面对现金流支出相关项目，从而导致企业在政策影响下，还是谨慎扩大雇佣规模。

2. 稳健性检验

（1）平行趋势检验。

使用双重差分模型的前提是实验前样本需要有一致性的趋势，所以我们需要检验在实验前劳动密集度高的企业和劳动密集度低的企业的雇佣行为是否存在一致性趋势。我们采用事件分析法来验证样本的一致性趋势是否得到满足，并建立以下模型：

$$\ln staff_{i,t} = \alpha + \beta_1 pre_{3i,t} + \beta_2 pre_{2i,t} + \beta_3 pre_{1i,t} + \beta_4 current_{i,t} + \beta_5 post_{1\,i,t} + \beta_6 post_{2\,i,t} + \gamma Z_{i,t} + \delta_i + \varepsilon_{i,t}$$

模型中，虚拟变量 pre_3、pre_2、pre_1、$current$、$post_1$ 和 $post_2$ 分别表示个体是否处于2019年社保降费政策实施的前3年（2016年）、前2年（2017年）、前1年（2018年）、当年（2019年）、后1年（2020年）和后2年（2021年），若是，取值为1；否则，取值为0，其他控制变量与基准回归模型相同。我们主要关心政策实施前年份系数 pre 的显著性。若 pre 的系数都不显著，则说明在2019年社保降费政策试点前，所选样本企业在劳动雇佣规模方面没有显著差异，满足一致性的趋势假设；若 $post$ 系数显著，则说明在政策实施后，企业的雇佣规模发生了显著变化。

为了避免共线性带来的影响，我们去掉政策前某一期系数，在此我们的设定是去掉 2016 年。平行趋势检验各年份系数的结果见表 2。

表 2　平行趋势检验各年份系数结果

变量	ln*staff*
pre_2	0. 436 (0. 63)
pre_1	0. 736 (0. 95)
current	1. 259 (1. 86)
$post_1$	1. 559 ** (2. 77)
$post_2$	1. 629 ** (2. 89)
yingye_ rate	-0. 424 * (-2. 02)
fin_ level	0. 0253 (1. 47)
con_ level	-0. 00998 (-1. 72)
tobinQ	-0. 0311 * (-2. 20)
debt_ asset	1. 124 *** (6. 88)
roa	1. 819 ** (2. 79)
cons	7. 384 *** (100. 30)
个体固定效应	Yes
时间固定效应	No
Adj_ R^2	0. 554
样本数	4505

从表 2 中可以看出，在 2017 年和 2018 年，核心解释变量系数虽然为正，但是并不显著，说明政策实施前两年，选取的样本满足一致性的平行趋势；在政策实施当年，即 2019 年，核心解释变量系数虽然有了很大提升，但是仍然不显著，说明政策并未对当年样本公司的雇佣行为产生显著影响，可能的原因是政策具有一定的滞后性，政策效果在政策实施后几年才显示出来，通过观察 2020 年和 2021 年的系数值，均为正且显著，说明 2019 年的政策对企业雇佣规模扩大带来的影响在 2020 年和 2021 年显著体现。

根据上述回归结果我们画出 2017—2021 年平行趋势检验图，如图 2 所示。

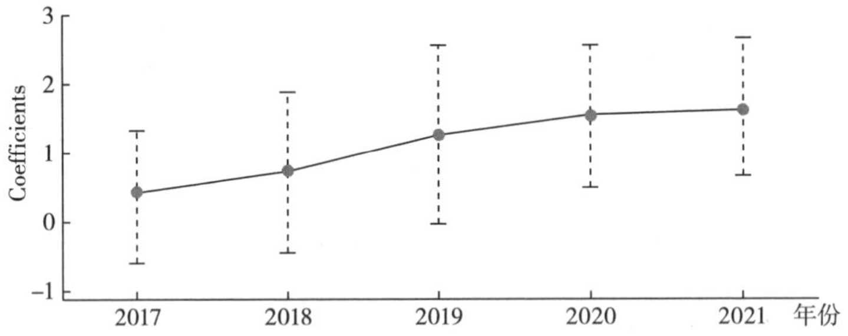

图 2　2017—2021 年平行趋势检验图

（2）对替换变量进行稳健性检验。

为了进一步验证模型及结果的稳健性，我们考虑替换解释变量重做回归。在基准模型里，我们采用当年企业应付职工薪酬/企业营业收入来衡量企业的劳动密集度，其结果是显著的，表明政策具有有效的就业促进效应。在此我们采用倪骁然和朱玉杰（2016）的衡量劳动密集度的方法，用 1 减去企业固定资产总值/企业总资产的比值作为计算劳动密集度的另一种方法。同样采用高维固定效应，控制企业个体固定效应和时间固定效应，其他控制变量选取不变，结果如表 3 所示。

表 3　稳健性检验结果

变量	替换变量检验 lnst*aff*	安慰剂检验 lnst*aff*	替换、筛选样本检验 lnst*aff*
did	1.57* (2.02)	0.913 (1.40)	1.712* (2.14)
yingye_ rate	-0.320 (-1.31)	-0.352 (-1.42)	-2.028*** (-6.06)
fin_ level	0.0256 (1.37)	0.0254 (1.39)	-0.407*** (-6.24)
con_ level	-0.00889 (-1.45)	-0.00901 (-1.50)	0.144*** (5.73)
tobinQ	-0.0365* (-2.31)	-0.0343* (-2.18)	-0.253*** (-8.31)
debt_ asset	1.123*** (6.38)	1.192*** (6.63)	3.364*** (14.76)
roa	1.555* (2.35)	1.096** (2.35)	6.854*** (7.64)
cons	7.370*** (99.90)	7.347*** (92.25)	6.861*** (55.28)
时间固定效应	Yes	Yes	Yes
个体固定效应	Yes	Yes	Yes
Adj_ R^2	0.66	0.58	0.63
样本数	4727	4505	4363

如表3第（2）列所示，在改变了劳动密集度的计算方式后同时加入其他控制变量，回归结果中核心解释变量在10%的水平上显著，依然证实了2019年的社保降费政策确实提高了企业的雇佣规模，存在显著的就业促进作用。

（3）安慰剂检验。

安慰剂检验主要包括变更政策发生时间和变更控制组，在此我们选择变更政策发生时间，将政策实施时间提前至2018年，即当时间为2018年之后时，*post* 值取1，在2018年之前时 *post* 值取0，再看政策是否还会对企业雇佣行为产生显著影响。

根据表3第（3）列的结果我们发现，当政策发生时间提前至2018年时，核心解释变量 *did* 的系数虽然为正，但并不显著，说明在政策实施以前，不同劳动密集度的企业雇佣行为、雇佣规模没有显著差异，同时也就证实了2019年后企业显著提高雇佣规模是由于实施了2019年的社保降费政策。

（4）替换、筛选样本检验。

我们参考倪骁然和朱玉杰（2016）的方法，考虑剔除样本中的金融、银行、房地产等行业后再进行回归，对比察看剔出部分样本后的回归结果。根据2019年最新的《国民经济行业分类》标准，剔除样本中行业代码为“J66”和“K70”的企业。

从表3第（4）列可以看出，在剔除了部分行业样本后，回归结果依然显著，再次证明了2019年政策的有效性，剔除的样本未能对总体回归结果造成较大影响。

3. 异质性分析

（1）分地区进行异质性分析。

因地理位置而导致的金融经济环境差异是影响企业劳动雇佣规模的一个重要因素。我们根据国家统计局2003年对区域的划分标准①，将各省份按地理位置、经济发展水平划分为东部、中部和西部三个地区。比较三个地区的企业受政策影响的差异，由于本文选取的样本省份有限，在所选取的样本中，属于东部地区的样本省份有北京、天津、河北、上海，属于中部地区的样本省份有湖北、湖南、山西、江西、河南、安徽；属于西部地区的样本省份有甘肃、宁夏、贵州、新疆、重庆、云南。回归结果如表4所示。

---

① 根据我国传统经济带的划分，东部地区包括北京、天津、河北、上海、江苏、浙江、福建、山东、广东、海南、辽宁、广西12个省份；中部地区包括山西、安徽、江西、河南、湖北、湖南、黑龙江、吉林、内蒙古9个省份；西部地区包括重庆、四川、贵州、云南、西藏、陕西、甘肃、青海、宁夏、新疆10个省份。

表4 分地区进行异质性分析

变量	East group lnstaff	Middle group lnstaff	West group lnstaff
did	3.280 *** (5.67)	2.792 *** (3.76)	-0.0451 (-0.03)
yingye_ rate	-0.227 (-0.366)	-0.260 (-1.02)	-0.196 (-0.79)
fin_ level	0.021 (-0.91)	0.021 (1.20)	0.020 (1.15)
con_ level	-0.009 (-1.57)	-0.008 (-1.45)	-0.008 (-1.46)
tobinQ	-0.039 * (-2.06)	-0.036 * (-1.98)	-0.034 * (-2.17)
debt_ asset	1.289 *** (7.19)	1.250 *** (7.18)	1.298 *** (7.26)
roa	1.573 ** (2.57)	1.617 ** (2.29)	1.434 * (2.06)
cons	7.325 *** (91.05)	7.335 *** (93.02)	7.329 *** (92.45)
个体固定效应	Yes	Yes	Yes
时间固定效应	Yes	Yes	Yes
Adj_ R^2	0.955	0.941	0.937
样本数	4504	4504	4504

通过表4我们可以看出，2019年的社保降费政策对东部、中部省份企业的雇佣规模产生了显著影响，就业促进效应明显。分地区来看，地区间的政策效果差异比较明显。中部地区和东部地区相比，东部地区系数大于中部地区，说明东部地区企业受政策影响更为强烈；西部地区省份政策效果影响较小，且核心解释变量系数并不显著，说明政策可能给西部地区企业雇佣规模并未带来实质性影响。造成西部与中部、东部地区政策效果差异的原因可能是中部、东部地区市场化水平高，企业对成本收益的变化更加敏感；而西部地区经济发展水平较为落后，市场化

程度低，企业对成本收益变化不敏感。

（2）分企业性质进行异质性分析。

本文将所有样本分为国有企业样本和非国有企业样本，引入企业性质虚拟变量，采用高维固定效应进行回归，控制变量的选取不变，回归结果如表5所示。

表5　分企业性质进行异质性分析

变量	国有企业 lnstaff	非国有企业 lnstaff
did	1.118 (1.17)	4.037*** (5.46)
yingye_ rate	-0.670* (-1.89)	-0.257 (-1.31)
fin_ level	0.0234 (1.04)	0.030 (1.17)
con_ level	-0.004 (-0.70)	-0.021* (-2.02)
tobinQ	-0.062** (-2.61)	-0.026 (-1.45)
debt_ asset	1.467*** (4.33)	0.973*** (6.99)
roa	2.576** (2.36)	1.540** (2.24)
cons	7.552*** (43.90)	7.123*** (115.04)
个体固定效应	Yes	Yes
时间固定效应	Yes	Yes
Adj_ R^2	0.963	0.934
样本数	4204	4204

从表5中可以看出，社保降费政策对不同性质的企业雇佣规模产生了不同的影响，其中非国有企业受到政策的影响显著，核心解释变量系数为4.037，在1%的置信度下显著；国有企业并未受到显著的政策影

响，核心解释变量系数为 1.118，且不显著。对于非国有企业来说，社保降费降低了用工成本，根据利润最大化原则（$MR=MC$），企业会扩大用工规模，同时非国有企业就业弹性更大，劳动力流动性更强，所以受到社保降费政策的影响更显著；相对于非国有企业，国有企业在市场上具有诸多优势，经营也更稳定，因此国有企业对外部环境的变化不敏感，且存在滞后反馈的问题（乔睿蕾、陈良华，2017）。同时，相对于非国有企业，国有企业的人员雇佣具有一定的限制，特别是进入门槛比较高，需要一定的程序，从而造成人员流动性差，雇佣规模难以发生显著变化。

（3）分企业规模进行异质性分析。

学者普遍认为，企业由于自身规模大小的不同，导致对外部政策的反应程度不同。为了检验社保降费政策对不同规模企业的真实影响差异，本文根据企业总资产将选取样本分为较大规模企业和较小规模企业，依据企业总资产对数值的中位数进行大小规模企业的分组，同时采用高维固定效应进行回归，回归结果如表 6 所示。

表 6　分企业规模进行异质性分析

变量	Large group ln*staff*（1）	Small group ln*staff*（2）
did	-0.0540 (-0.11)	2.106** (2.84)
yingye_ rate	-0.0836 (-0.55)	-0.262 (-0.67)
fin_ level	0.0213 (1.25)	0.00915 (0.05)
con_ level	-0.0101* (-1.98)	0.00152 (0.22)
tobinQ	0.0112 (0.80)	-0.0371 (-1.79)
debt_ asset	0.752*** (3.52)	1.067*** (5.07)

续表

Variables	Large group lnstaff（1）	Small group lnstaff（2）
roa	0. 697 （1. 51）	1. 317 （1. 30）
cons	8. 266 *** （69. 14）	6. 729 *** （92. 67）
个体固定效应	Yes	Yes
时间固定效应	Yes	Yes
Adj_ R^2	0. 908	0. 917
样本数	4427	4427

表6中第（1）列为资产规模较大组的回归结果，第（2）列为资产规模较小组的回归结果，我们可以发现，第（1）列中核心解释变量系数为负且不显著，说明2019年社保降费政策对大企业的雇佣规模并未造成显著影响；第（2）列中核心解释变量显著为正，说明政策给小企业的雇佣规模带来了显著的影响。造成上述差异的可能解释是：从规模经济原理来看，企业规模越大，单位营业收入所需劳动力投入越少；同时，小规模企业组织形式更简单，市场反应更为灵活，能够比大企业更快速地根据税收政策的变化做出人员调整的决策。

四、中介效应分析

（一）中介效应作用机制理论分析

从微观企业经营理论来看，社保降费对企业的影响主要体现在降低了企业经营成本。社保费用是企业员工成本费用的一个很大组成部分，很多企业实际缴费标准远大于法定标准，在社保降费的政策背景下，给企业“减负”带来的实际税费的减少大于政策本身下降的名义费率。完全竞争市场上的企业会按照利润最大化原则进行经营，临界点是企业雇佣员工的成本和他创造的价值相等，当企业经营成本特别是劳动力用工成本下降时，雇用一个员工的成本低于他所创造的价值，企业会选择扩大投资和生产，从而扩大雇佣员工规模获得更高利润，直至达到新的均衡点。

从企业现金流的角度来看，社保降费政策促进了企业现金流的提升，缓解了投资约束，具有一定的投资效应，企业会扩大投资规模（蓝天，2021），相应地，需要提高雇佣规模。企业的员工薪酬支出往往是当期发生、当期支付，这会对企业的现金流产生一定的影响，特别是对负债率高、杠杆率高的企业。而在社保降费政策的刺激下，企业员工成本下降，现金流压力得到缓解，而经营性现金流的充裕程度很大程度上影响企业的投资生产决策和雇佣决策（孟妍，2021），现金流宽裕的企业更有能力扩大投资规模。企业投资增加扩大了生产规模，从而提高了企业对劳动力的需求。因此，我们认为投资可能是社保降费影响企业劳动雇佣规模的中介因素，企业通过扩大投资规模来提高雇佣劳动力的需求。

（二）中介效应实证分析

我们参考赵宇（2018）的思路，基于投资视角，中介变量 *Invest* 用上市公司现金流量表中“企业购建固定资产、无形资产和长期资产支付的现金”的对数值来表示，控制变量和基准回归中保持一致。我们参考温忠麟和叶宝娟（2014）对中介效应分析的方法与模型的讨论，采用逐步回归法检验中介效应。

首先，构建“社保降费”政策与中介变量的实证模型，观察政策变量前的系数 β 是否显著。

$$\ln invest_{i,t} = \alpha + \beta\, intensity_{i,t} \times post_t + \gamma Z_{i,t} + \delta_i + \varepsilon_{i,t} \quad (1)$$

其次，将中介变量加入基本模型中，如下所示：

$$\ln staff_{i,t} = \alpha + \beta_1 intensity_{i,t} \times post_t + \beta_2 \ln invest_{i,t} + \gamma Z_{i,t} + \delta_i + \varepsilon_{i,t} \quad (2)$$

我们根据以下规则识别作用机制。

模型（1）中交互项的系数β显著，即H_0：$\beta=0$被拒绝。

模型（2）中 交互项的系数β_1与模型（2）中$\ln invest_{i,t}$的系数β_2二者均显著，即H_0：$\beta=0$被拒绝，H_0：$\beta_2=0$被拒绝；同时满足以上两个条件，则“投资”这一中介效应显著，且为部分中介效应而非完全中介效应。

我们首先以企业投资额作为被解释变量，用交乘项$intensity_{i,t}\times post_t$作为核心解释变量，其他控制变量选取和基准回归一致，我们考察模型（2）中交乘项系数是否显著，其次在基准方程中加入中介变量$\ln invest_{i,t}$，［即模型（2）］，看核心解释变量系数是否显著。回归结果如表7所示。

表7　中介效应检验

Variables	(1) lnst*aff*	(2) *invest*	(3) lnst*aff*
did	1.777 * (1.99)	4.758 *** (4.63)	1.266 * (1.97)
invest			0.113 *** (9.28)
控制变量	Yes	Yes	Yes
时间固定效应	Yes	Yes	Yes
个体固定效应	Yes	Yes	Yes
Adj_ R^2	0.91	0.23	0.37
样本数	4332	4332	4332

从表7第（2）列可以看出，模型（1）中以企业投资额作为被解释变量，用交乘项$intensity_{i,t}\times post_t$作为核心解释变量，核心解释变量系数显著；从表7第（3）列可以看出，模型（2）中$\ln invest_{i,t}$和核心解释变量的系数均显著，又由于在之前的基准回归模型中核心解释变量显著，即表7第（1）列中*did*系数显著，说明中介效应成立，并且是部分中介效应，即在社保降费政策影响下，投资是影响企业雇佣规模的部分中介

效应。中介效应占比为 $0.113 \times 4.758/1.777 = 30.2\%$，直接效应占比为 69.8%。

五、研究结论和政策建议

（一）研究结论

2019 年的社保降费政策是我国在新时期、新阶段给企业减负、优化市场营商环境、完善社会保险制度的积极尝试，对于促进地方经济高质量发展、稳定就业具有重要意义。通过上述研究，我们可以得出以下结论。

（1）2019 年的社保降费政策总体上具有积极的就业促进作用，劳动密集度更高的行业（或企业）受到政策影响更强烈，政策“精准”降低了企业用工成本，提高了企业手头可支配的现金流，并通过投资作为中介效应扩大生产规模，提高雇佣数量。

（2）分企业规模来看，资产规模较小的企业由于组织形式更简单，对市场和政策的反应更灵敏，2019 年社保降费政策显著提升了其雇佣规模，对资产规模大的企业来说则没有显著影响。

（3）分企业性质来看，国有企业特殊的地位和稳定的经营优势使其对外部环境的变化不敏感，同时国有企业雇佣的人员具有一定的限制，内部、外部劳动力流动性差，可能导致社保降费政策对国有企业雇佣规模影响不显著。相反，民营企业往往自主经营、自负盈亏，就业弹性更大，受社保降费政策影响更显著。

（4）分地区来看，东部、中部企业受政策影响更显著，政策具有积极的就业促进作用；而西部地区可能由于国有企业数量占比高，市场化程度、制度环境不足，对政策的反应不敏感。

（二）政策建议

基于上述研究结论，结合我国目前发展状况，本文尝试性提出以下政策建议。

（1）加大对中小民营企业税费减免的扶持力度，同时加快国有企业市场化改革。民营企业是社会就业的主渠道，是社会经济的重要支撑力量。新时期稳岗稳就业的任务，离不开民营企业的支持和贡献。需要切实给予民营企业政策优惠，降低企业经营成本特别是用工成本，提高企业投资意愿，从而扩大雇佣规模，缓解就业压力。对于国有企业来说，加快市场化改革刻不容缓，国有企业应当转变经营理念，这样不仅能创造更加公平合理的市场竞争环境，还能切实提高国有企业的竞争力，让国有企业为“稳就业”任务提供更多力量。

（2）统筹协调区域发展，“因地施策”。目前，我国东部、中部、西部发展不平衡，不仅仅体现在用生产总值衡量的经济发展水平上，也体现在市场化程度、营商环境、相关制度完善性等外部因素上。特别是西部地区和东部地区相比，市场化程度、营商环境差距巨大，这在一定程度上影响了西部地区企业投资意愿和经营意愿。同样的社保降费政策，在不同的地区、不同的环境下，产生的效果可能不同。首先需要提高西部地区的市场化程度和营商环境，创造公平合理、自由宽松的市场环境和经营氛围，找到企业“痛处”和困难所在，对症施策，让企业都能实实在在享受到政策的福利。

（3）在推进社保降费政策的同时，其他利好企业的财政政策也应该齐头并进。政策的实施只有进行时，没有完成时。2019 年社保降费政策的积极效应已经显现，至少在短时间内应该持续推行，在全球经济下行压力下，企业面临的经营压力大，仅靠社保降费难以彻底缓解企业困境，政府应实行积极的财政政策，多重政策利好保障企业生产经营，缓解就业压力促进社会稳定。

参考文献

[1]曹书军，刘星，傅蕴英．劳动雇佣与公司税负：就业鼓励抑或预算软约束[J]．中国工业经济，2009(5):11.

[2]陈信元，曾庆生．国家控股、超额雇员与劳动力成本[J]．经济研究，2006(5):74-86.

[3]成思昭．“营改增”对企业劳动雇佣规模的影响[D]．上海：上海财经大学，2020.

[4]邓菊秋，肖苏薇．减税降费对高质量就业的影响研究[J]．会计之友，2022(14):132-141.

[5]杜鹏程，徐舒，张冰．社会保险缴费基数改革的经济效应[J]．经济研究，2021,56(6):142-158.

[6]房飞．减税降费政策使小微企业获益了吗——来自西部省份面板数据的实证研究[J]．税收经济研究，2020,25(3):43-49.

[7]葛结根．社会保险缴费对工资和就业的转嫁效应：基于行业特征和经济周期的考察[J]．财政研究，2018(8):93-104.

[8]何子冕，江华，李雅楠．养老保险实际缴费率与企业创新：基于非线性关系的研究[J]．劳动经济研究，2020,8(4):95-120.

[9]李波，杨先明．劳动保护与企业出口产品质量：基于《劳动合同法》实施的准自然实验[J]．经济学动态，2021(7):17.

[10]刘放，杨筝，杨曦．制度环境、税收激励与企业创新投入[J]．管理评论，2016,28(2):61-73.

[11]刘啟仁，赵灿．税收政策激励与企业人力资本升级[J]．经济研究，2020,55(4):70-85.

[12]吕学静，何子冕．养老保险费率降低的工资与就业效应：基于上市公司的实证分析[J]．社会保障评论，2019,3(4):54-69.

[13]马双,孟宪芮,甘犁. 养老保险企业缴费对员工工资、就业的影响分析[J]. 经济学(季刊),2014,13(3):969-1000.

[14]孟妍. 现金流不确定性对上市公司劳动力雇佣规模和成本的影响研究[D]. 济南:山东大学,2021.

[15]倪骁然,朱玉杰. 劳动保护、劳动密集度与企业创新:来自2008年《劳动合同法》实施的证据[J]. 管理世界,2016(7):14.

[16]乔睿蕾,陈良华. 税负转嫁能力对"营改增"政策效应的影响:基于现金—现金流敏感性视角的检验[J]. 中国工业经济,2017(6):117-135.

[17]宋弘,封进,杨婉彧. 社保缴费率下降对企业社保缴费与劳动力雇佣的影响[J]. 经济研究,2021,56(1):90-104.

[18]唐珏,封进. 社保缴费负担、企业退出进入与地区经济增长:基于社保征收体制改革的证据[J]. 经济学动态,2020(6):47-60.

[19]魏天保. 税收负担、税负结构与企业投资[J]. 财经论丛,2018(12):10.

[20]魏志华,夏太彪. 社会保险缴费负担、财务压力与企业避税[J]. 中国工业经济,2020(7):136-154.

[21]温忠麟,叶宝娟. 中介效应分析:方法和模型发展[J]. 心理科学进展,2014(5):5-19.

[22]巫强. 资本深化、技术进步与雇佣规模调整[J]. 中国人口·资源与环境,2013(6):160-168.

[23]尹恒,张子尧,曹斯蔚. 社会保险降费的就业促进效应:基于服务业的政策模拟[J]. 中国工业经济,2021(5):57-75.

[24]袁从帅,刘晔,王治华,等."营改增"对企业投资、研发及劳动雇佣的影响:基于中国上市公司双重差分模型的分析[J]. 中国经济问题,2015(4):3-13.

[25]赵静,毛捷,张磊. 社会保险缴费率、参保概率与缴费水平:对职工和企业逃避费行为的经验研究[J]. 经济学(季刊),2016,15(1):341-372.

[26]赵绍阳,佘楷文,周博. 养老保险费率下降、缴费遵从度与企业异

质性反应:基于全国税收调查的微观证据[J]. 财经科学,2021(9):66－79.

[27]赵宇. “营改增”对劳动雇佣影响的实证分析[D]. 济南:山东大学,2018.

[28]郑礼明,李明,李德刚. 创新导向减税与就业结构升级:基于研发费用加计扣除的检验[J]. 学术月刊,2021,53(6):87－98.

[29] GRUBER J ,KRUEGER A B . The incidence of mandated employer－provided insurance: Lessons from workers' compensations insurance[R]. Working papers, 1990.

[30] HIEU V, PHAN, et al. Pension contributions and firm performance: Evidence from frozen defined benefit plans[J]. Financial management, 2013(2).

[31] JENSEN M C , MURPHY K J . Performance pay and top－management incentive[J]. Journal of political economy, 1990, 98(2):225－264.

[32] MURPHY K J . The impact of unemployment insurance taxes on wages[J]. Labour economics, 2007, 14(3):457－484.

[33] NIELSEN I, SMYTH R . Who bears the burden of employer compliance with social security contributions? Evidence from Chinese firm level data [J]. China economic review, 2008, 19(2):230－244.

[34] PRATT, RYAN. A structural model of human capital and leverage [R/OL]. Working paper, Duke university,2011.

[35] STEFAN, TANJA, BOJNEC, et al. Session a: Macroeconomic issues of transition and development: The impact of labor taxation on job creation and unemployment[J]. Conference proceedings: International conference of the faculty of economics sarajevo (ICES), 2006.

增值税留抵退税与企业“去杠杆”

——基于制造业上市公司的实证研究①

牟　策

摘要：以2018年我国在部分行业试点的留抵退税政策为背景，本文利用A股制造业上市公司的季度财务数据，运用双重差分法（DID）研究留抵退税政策对企业“去杠杆”的作用。结果表明，留抵退税政策的实施显著降低了企业的债务融资比率，有利于企业“去杠杆”，而这一作用是通过增加现金流来实现的。进一步研究发现，留抵退税影响了企业的债务期限结构，短期负债率显著降低而长期负债率无明显变化。主要政策启示：我国未来应该进一步放宽留抵退税的条件，在全行业缩短退税期限和退还存量留抵税额，建立留抵退税的常态化机制，并通过优化税制结构减少留抵税额的累积。

关键词：“减税降费”；留抵退税；“去杠杆”；债务融资

作者简介：牟策（1998—），陕西宝鸡人，西北大学经济管理学院2020级财政学专业硕士研究生。

① 本文由马小勇副教授指导完成。马小勇，西北大学经济管理学院副教授，硕士研究生导师，主要研究方向为发展经济学和公共财政学，E－mail：2428327192@ qq. com。

一、引言

自改革开放和社会主义市场经济体制建立以来，依靠劳动力成本优势和劳动要素的密集投入，我国的经济建设取得了重大成果。在此期间，我国一直实施较为宽松的财政和货币政策，以银行信贷为主导的间接融资难度较低，为企业提供了较多的资金支持，助力企业经历了一段快速发展的时期，大批规模以上企业成长起来。但与此同时，企业的杠杆率也在不断提高，这意味着较高的偿债压力，既增加了企业的违约风险，加剧了金融市场的不稳定性，又因为“借新还旧”的行为导致大量的企业“僵尸化”。随着“人口红利”逐渐消失，支撑我国经济增长的要素禀赋发生了根本性变化，经济增速明显放缓，需求侧对经济增长的拉动作用日趋下降，而供给侧的结构性问题不断暴露出来。自金融危机以来，国家实施了积极的财政政策，陆续出台一系列结构性减税措施，逐渐将“减税降费”作为一个常态化的政策工具。2015 年，党中央决定实施供给侧结构性改革，提出“三去一降一补”① 的基本任务，强调要在供给和需求两端发力调整产业结构，促进经济高质量发展。此后，我国“减税降费”的力度进一步加大，2018 年开始以推行普惠性减税措施为主，进入全面减税降费阶段。

增值税是我国的主体税种，也是“减税降费”的重点领域。增值税应纳税额等于销项税额和进项税额的差，但由于销项税额和进项税额存在期限错配（解洪涛、张建顺、王伟域，2019），导致在一些情况下企业当期的进项税额大于销项税额，从而形成留抵税额。具体原因包括制度性因素和企业自身因素，前者指的是多档税率的设置和政府实施的价格管制等，后者指企业所处的行业特征和自身经营情况。总体而言，

① “三去一降一补”指去产能、去库存、去杠杆、降成本和补短板五大任务。

制造业企业与初创企业比较容易产生和积累留抵税额（刘怡、耿纯，2018）。过去，我国一直采取将留抵税额结转至下期抵扣的方法，部分占用了企业的现金流，增大了企业的资金周转压力。近些年，留抵税额对企业发展的负面影响不断扩大，引起了政府和学界的广泛关注，财税部门逐渐开始了对留抵退税制度的探索。

目前为止，我国的留抵退税制度共经历了三个发展阶段。第一阶段，小范围试点。2011 年是我国对留抵退税制度进行探索的“元年”，首先在数家拥有集成电路重大项目的企业中进行，准予退还这些企业购置设备形成的留抵税额①；2014 年将试点范围扩大到化工行业，对部分企业因购买相关原料油而产生的留抵税额实行退税②；2016 年再次出台政策，如果纳税人从事大型客机及其发动机研制项目或销售新支线飞机，就可以申请退还这些活动形成的留抵税额③。这一阶段留抵退税政策的特点是限定行业和留抵税额的来源，试点企业均属于国家重点支持行业，而且允许退还的留抵税额主要是由投资和技术研发活动所形成的。第二阶段，大范围试点。2018 年我国在较大范围推行了留抵退税，包括先进制造业、现代服务业和电网企业。④ 这一政策不对留抵税额的来源进行限定，但在纳税人的信用等级、退税期限和退税额的计算等方面有较严格的要求。第三阶段，全行业推行。2019 年我国将该制度推向了全行业，实行增量留抵税额退税制度⑤；新冠疫情暴发以后，又针对重点物资保障生产企业实行了特定的退税政策；2022 年的新政重点支持小微企业和制造业等行业，准予退还相关企业的存量留抵税额，并且可以按月退还增量留抵税额。⑥ 可见，现阶段我国留抵退税制度的发

① 《关于退还集成电路企业采购设备增值税期末留抵税额的通知》（财税〔2011〕107 号）。

② 《关于利用石脑油和燃料油生产乙烯芳烃类产品有关增值税政策的通知》（财税〔2014〕17 号）。

③ 《关于大型客机和新支线飞机增值税政策的通知》（财税〔2016〕141 号）。

④ 《关于 2018 年退还部分行业增值税留抵税额有关税收政策的通知》（财税〔2018〕70 号）。

⑤ 《关于深化增值税改革有关政策的公告》（财政部　税务总局 海关总署公告 2019 年第 39 号）。

⑥ 《关于进一步加大增值税期末留抵退税政策实施力度的公告》（财政部　税务总局公告 2022 年第 14 号）。

展趋势具有“全面覆盖”、“扩大规模”和“重点突出”三个特点。据统计，2021 年税务部门共计为 3.1 万户制造业企业办理留抵退税，退税额达到 1322 亿元；2022 年计划新增的 2.5 万亿元减税退税中留抵退税将超过 1.6 万亿元，成为减税降费的“主菜”。

“减税降费”旨在通过降低税收负担来鼓励企业进行投资和创新，在供给侧结构性改革中发挥的作用主要是“降成本”；而留抵退税制度相当于给企业一笔“无息贷款”，有利于改善企业的现金流状况，理论上讲可以支持企业进行内源融资和偿还债务，推动企业“去杠杆”。现阶段，我国实现“去杠杆”的方式主要是金融政策，包括债转股、杠杆转移和提高信贷条件等。但金融“去杠杆”可能会在短期内进一步加大经济下行压力，相比之下，财税政策则有稳定和促进经济发展的作用（林亚清等，2017），因此探索税收政策的“去杠杆”效应对供给侧结构性改革有重要的指导价值。制造业在我国国民经济中占据主导地位，是供给侧结构性改革的重要领域，发展制造业是建成社会主义现代化强国的根本道路。实现“中国制造 2025”的目标，就是要提高制造业的发展质量，所以必须清除“僵尸企业”、控制债务规模，将制造业杠杆率保持在合理范围。我国制造业上市公司的杠杆率整体偏高，在过去十几年呈现出不断升高的趋势（钟宁桦等，2016），是“去杠杆”的重要领域。同时，制造业积累了大量的留抵税额，也是留抵退税的重点支持对象。2018 年的留抵退税政策主要针对先进制造业，所以在制造业范围内研究该政策是否有利于企业“去杠杆”，可以从税制角度为促进制造业高质量发展提供思路，有助于进一步理解增值税减税政策在供给侧结构性改革中发挥的作用。

鉴于此，本文在优序融资理论和自由现金流假说的基础上，以 A 股制造业上市公司为例，较早地研究留抵退税制度对企业债务融资的影响和作用机制，从税收角度探索降低企业杠杆率的途径，为留抵退税的政策效应提供一定的经验证据。

二、文献回顾

（一）企业杠杆的影响因素

对企业来说，债务融资的成本低于股权融资，可以通过较小的资本成本来获得较大规模的资产，从而形成“杠杆”效应。国内外学者的研究表明，企业杠杆率总体受到宏观和微观两方面因素的影响。

宏观因素主要指国内外的经济增长环境和国家的金融市场体系建设。首先，企业杠杆率随着经济发展趋势而变化，可能是顺周期的（Hackbarth，Miao and Morellec，2006；Mustafa Caglayan and Abdul Rashid，2014），也可能是逆周期的（苏冬蔚、曾海舰，2009）。原因在于企业会根据经济发展状况调整预期，做出顺周期的债务融资决策，但在经济下行期也可能因为政府的各项刺激性政策而增加负债。拿我国来说，经济下行背景下企业利润降低，政府为刺激经济实行了宽松的货币政策和一系列投资计划，企业通过借债进行重复的产能建设，导致产能过剩和债务高筑（陆岷峰、葛和平，2016）。其次，国际经济活动从多方面影响企业杠杆率。人民币升值使进口变得容易，引发了国内企业竞争和要素的重新配置，本土企业通过提高盈利能力降低了杠杆率（丁剑平、陆晓琴、胡昊，2020）。由于美国在全球金融系统中占据较高的地位，其货币政策很容易影响到其他国家。当美国的利率下降时，新兴市场国家会跟随美国降低利率，并且放宽信贷约束，从而导致本国企业的杠杆率大幅度上升（Alter and Elekdag，2016；谭小芬、李源、王可心，2019）。最后，国家的金融市场化程度对企业杠杆率有着深刻的影响。由于我国的金融市场起步晚、发展尚不成熟，并以银行主导的间接融资模式为主，直接融资体系不完善，所以企业的贷款融资规模较大（金鹏辉、王营、张立光，2017）。而我国银行的信贷配置效率较低（刘哲希等，2020），在政府的隐性担保下国企过度地依赖银行借款，高杠杆问题更为突出（谭小芬、李源、王可心，2019）。因此，当前学术界普遍认为我国需要提升金融结构的市场化程度，提高信贷配置效率、引入国际资本（马永强、张志远，2021），同时关注企业部门杠杆率的结构性差异（李娟、杨晶晶、赖明勇，2020）。

微观因素指企业自身的经营特征，主要包括盈利能力、成长性和规模等。由 Kraus 和 Litzenberger（1973）以及 Scott（1976）等建立起来的权衡理论认为，盈利能力越强的公司财务和信用状况越好，越容易从银行取得贷款，所以杠杆率更高；处于成长阶段的公司资金需求大但自身获利能力弱，面临较高的财务风险，因此不容易取得贷款；权衡理论还指出公司规模越大意味着越高的分散程度，财务风险也相对分散，可以承受较大的负债规模。优序融资理论（Myers and Majluf，1984）的观点与权衡理论相反，认为企业的杠杆率与盈利能力呈负相关，与成长性呈正相关。原因是盈利能力越强的企业内部盈余越多，自身现金流越充裕，可以在很大程度上依靠留存收益来实现融资目的，所以拥有较低的杠杆率；而成长阶段的公司自身取得的盈利有限，需要依靠外部的资金支持，从而更多地通过举债进行融资。这两种观点都得到了实证方面的支持，Liang 等（2014）发现中国上市房地产企业的盈利能力与杠杆率呈正相关，而 Chen 等（2014）以及 Chivakul 和 Lam（2015）的研究表明企业盈利能力与杠杆率呈负相关。Jensen 和 Meckling（1976）的代理成本理论认为债务代理成本可能导致企业出现资产替代和投资不足，股权代理成本可能引起管理层的过度消费，而负债融资可以缓解这些问题。具体而言，发行抵押借款可以缓解资产替代和投资不足的问题，而有形资产常常作为抵押品，象征着企业的抵押能力，因此有形资产比例越高的企业越有能力承担更多的负债；股权集中度高的公司委托代理问题相对较轻，决策成本低，更容易通过增加负债来限制管理者的行为。

（二）财税政策对企业杠杆率的影响

我国的供给侧结构性改革是在政府主导下进行的，作为政府调控经济的主要工具之一，研究发现，近年来我国的一系列财税政策对企业杠杆率有着重要影响。

2008 年国际金融危机发生以后，我国实行了“四万亿”经济计划，Wen 和 Wu（2014）认为国有性质的企业是政府计划的执行者，即使经营状况不佳、项目预期收益有限且面临较大的风险，还是会通过银行借款的方式扩大投资。谢里和张斐（2018）则指出“四万亿”经济计划重点支持的行业杠杆率显著上升，受支持力度越大的企业长期杠杆率越高。这两种观点并不冲突，因为“四万亿”经济计划重点支持的“铁公基”领域本身就国企居多。将财政支出分类来看，扩大投资建设性支出会显著提高国企杠杆率，而社会保障性支出增加会提高民营企业杠杆率（吕炜、高帅雄、周潮，2016）；中央财政支出对国企和民企的杠杆率都具有负向作用，而地方财政支出会明显提高国企的杠杆率（王朝才、汪超、曾令涛，2016）。在促进企业“去杠杆”的政策选择上，周菲等（2019）认为控制财政支出、缩减财政赤字的效果比货币政策更显著；车树林（2019）发现政府债务对企业杠杆具有显著的挤出效应，建议适度扩大政府发债规模。

研究显示，所得税和增值税政策均会影响企业的杠杆率。所得税的纳税额以企业利润为基础，利润减去所得税是企业的净利润，因此所得税负担越高，企业的留存收益越低，对债务融资的需求就越大（Givoly et al.，1992；Graham，1996），这在我国具体的所得税政策上得到了验证。吴联生和岳衡（2006）发现取消所得税“先征后返”政策之后，原来可以享受这一政策的公司杠杆率提高了；2008 年我国新《企业所得税法》颁布之后，杠杆率的变化在税率提高的企业和税率下降的企业之间存在差异，前者的杠杆率提高而后者的杠杆率下降了（李增福、李娟，2011）；李建军等（2021）认为税率下降的企业只是在短期内降低了杠杆率，长期会因企业固定资产投资扩大而再次增加负债；此外，由于非债务税盾的存在，研发费用加计扣除政策可以降低所得税的实际税率，从而降低杠杆率（薛宏刚、王浩、樊卓群，2020）。增值税转型以后企业的债务融资比例有所下降（张霞、毕毅，2013），从负债的期限结构来看，现金流增加促进流动负债率下降，长期负债率因投资的扩大而提高（申广军、张延、王荣，2018）。“营改增”通过两条渠道降低了企业杠杆率，一方面降低了流转税和所得税税负，通过“税盾效应”降低企业的债务融资（岳树民、肖春明，2017）；另一方面提高了企业的投资积极性，由企业资产投资构成的“非债务税盾”促进了杠杆率的降低（姚宇韬、王跃堂，2019）。从债务期限结构来看，“营改增”后企业的资产负债率和流动负债率均有一定程度的下降，长期负债率的变化则不显著（张春海，2019）。

（三）增值税留抵税额及留抵退税制度研究

留抵税额的存在使大量资金留在政府部门，对企业生产经营造成了负面影响，降低了资源配置效率。首先，留抵税额直接减少了企业的现金流，并降低了利润（卢雄标、童锦治、苏国灿，2018），现金流和利润的下降阻碍了企业的投资与生产（Sunil Kumar，2015）；其次，留抵税额是一种制度性交易成本，增加了企业的额外税负，提高了生产成本、创业成本（刘怡、耿纯，2018）和融资成本，对中小企业的影响尤为突出（解洪涛、张建顺、王伟域，2019）。

近几年我国加快了留抵税额的改革步伐，学者将目光聚焦到实施留抵退税制度对企业绩效的影响上。通过分析 2016 年和 2018 年的试点政策，发现留抵退税减轻了企业的现金流压力、降低了资本成本，促进企业增加研发投入，进而提升企业价值（何杨、邓粞元、朱云轩，2019）；同时，对企业固定资产投资有显著的刺激作用，尤其是留抵税额占比较高的企业（刘金科、邓明欢、肖翊阳，2020）；吴怡俐等（2021）进一步指出留抵退税政策提高企业价值和投资的原因在于提升了增值税的税收中性、降低了制度性交易成本，促进了企业投资机会的实现；俞杰和万陈梦（2022）还发现留抵退税通过降低企业融资约束提高了企业的全要素生产率。

我国的留抵退税政策还需要不断改进和完善，从而降低留抵税额对企业的负面影响。丁东生和许建国（2019）比较了国际上对留抵税额的处理办法，建议我国放宽留抵退税的条件限制，具体应“降低门槛、缩短期限、全额退还、扩大范围”。王建平（2021）则认为应该通过税制优化减小留抵税额的形成规模，同时完善地方财政体制以降低退税难度。

（四）文献述评

现有文献对企业杠杆率问题进行了广泛和深入的研究，从宏观和微观层面总结了影响企业杠杆率的因素，并且与时俱进地检验了我国具体的财政政策和税收改革对企业杠杆率的影响。在留抵税额和留抵退税制度的研究方面也取得了重大进展，相关学者从理论和机制角度分析了留抵税额的成因及影响，对留抵退税的政策效应进行了实证检验，并对我国留抵退税制度的改进提出了建设性意见。

当前研究还有一些不足。首先，研究证明增值税转型与“营改增”有利于减少企业的债务融资和流动负债，但尚未有文献系统地研究留抵退税制度对企业负债行为的影响。其次，学界普遍认识到现金流是留抵退税对企业的财务绩效产生积极影响的主要渠道，验证了现金流增加对投资的刺激作用；而控制债务规模和优化债务期限结构是企业长期发展的关键，留抵退税带来的现金流使企业拥有更多的自有资金，理论上来讲可以降低企业对债务融资的需求，并且支持企业偿还到期债务，目前鲜有文献从这一点考察留抵退税的政策效应。

经济发展趋势是一种信号，引导企业调整自身的融资策略，同时政府的“逆周期”调控又会从政策角度影响企业的融资行为。而我国企业的融资策略遵循优序融资理论（Newman，Gunessee and Hilton，

2012），当企业拥有较多的留存收益和现金流，内源融资的能力就会提高，从而降低对债务融资的需求。“减税降费”是我国面对经济下行趋势实施的调控性战略，通过降低税费负担将更多的市场资源让渡给企业，从而使企业获得更多的内部收益，所以在此背景下企业的债务融资选择值得关注。本文的边际贡献在于两点。第一，在选题上关注留抵退税对企业“去杠杆”的作用，是对申广军和岳树民等研究的延续，丰富了增值税改革与企业杠杆的研究，从税收角度探索“去杠杆”的新思路。第二，内容上发现实施留抵退税有利于降低企业的债务融资比率，而这一作用发挥的机制在于现金流水平的改善，进一步理解了留抵退税的政策效应。

三、理论分析与研究假设

现金流是企业进行一切经济活动的基础，所谓“现金为王”就体现出现金流管理的重要性。现金流贯穿了企业生产经营的全过程，从物质和人力资本的投入，到产品的推广和市场营销，以至缴纳税金都需要依靠现金；现金流还支撑着企业的财务活动，包括融资、投资和股利分配等。留抵退税向企业退还了期末没有抵扣完的进项税额，被比喻为政府发给纳税人的“红包”，虽然无法消除进项税额和销项税额的期限错配，但超额的进项税回到了企业手中，最直接的作用是增加了企业的现金流，这是学界和企业的共识，也得到了实证方面的支持（何杨、邓粞元、朱云轩，2019；刘金科、邓明欢、肖翊阳，2020）。到手的现金流在一定程度上可以满足企业的资金需求、缓解融资压力，提高企业调度和周转资金的能力。

根据优序融资理论（Myers and Majluf，1984）的观点，企业在融资时应遵循内部融资、债权融资和股权融资的顺序。如果企业有内部盈余，应优先选择内部融资，在内部现金流可以满足融资需要的情况下，应将闲置的资金用于偿还债务；而当内部盈余不能满足融资需要时，债权融资是更好的选择，因为股权融资会稀释当前股东的权益，而债权融资只需按市场利率支付利息，不会影响现有股东的利益，并且有较低的融资成本。Jenson（1986）在研究公司代理成本问题时提出自由现金流假说，他认为当企业的投资需求得到满足以后，剩余的现金流应该用于回报股东，但现实中企业管理者在这种情况下并不会分红或派发股利，而是倾向于将现金留存在企业。原因是股东和管理层之间存在代理成本，管理者有较强的自主性，如果企业有较多的自由现金流，管理层可能会寻求更多的在职消费和资本支出，如增加高管薪酬、通过兼并来实现企业扩张，甚至投资于净现值为负的项目。股权代理成本的存在会导致现金流的浪费，加剧企业的代理矛盾，因此企业所有者可以在保证资本结构合理的前提下，用负债来减少管理层控制的自由现金流，优化企业治理结构。

在我国“去杠杆”的背景下，地方政府的债务治理加强，银行等金融机构的贷款更加谨慎（杨青等，2022）。当下企业借款融资的难度有所增加，不得不寻求多元化的融资方式，积极地调整资本结构、控制债务规模和优化债务结构，内源融资的重要性变得突出（秦海林、高轶玮，2020）。而且留抵退税只是暂时将未抵扣完的进项税额退还给企业，在短时期内增加企业的现金流，未来这部分资金还是会随着销项税额流出，并不是永久性地给予企业现金“补贴”，不会降低企业的纳税额和增值税负担，也没有减轻企业管理层的经营压力，所以引起管理层在职消费和过度投资的可能性很小。同时，由于杠杆率受到严格控制，企业所有者通过扩大债务规模来限制管理层行为的动机也被弱化。因此，获得留抵退税以后企业内源融资的能力增强，将会遵循优序融资理论，优先用内部资金来满足融资需求、减少债务融资，而这一机制在于现金流的增加。根据以上分析，提出如下假设。

H_1：留抵退税政策有利于减少企业的债务融资。

H_2：留抵退税通过提高现金流水平来降低企业的债务融资。

留抵退税为企业带来了短期的现金流，对于偿债压力较大的企业来说，这些资金将被用于偿还到期债务和支付应付款项，解“燃眉之急”，所以留抵退税有利于降低企业的短期负债率。由于目前我国的留抵退税大都是临时性政策，且2018年释放的留抵税额规模较小，对企业的支持力度有限，很难增强企业长期发展的信心，因此改变企业长期负债行为的可能性很小，预计不会对长期负债产生显著影响。据此提出如下假设

H_3：留抵退税的实施可以降低企业的短期负债率，对长期负债没有显著影响。

四、样本选择与模型设计

（一）样本选择与数据来源

“营改增”之后企业的杠杆率有所降低（岳树民、肖春明，2017；姚宇韬、王跃堂，2019），而部分制造业企业包含“营改增”的涉税业务，且各地区推行“营改增”的时间不一致，因此，本文将样本期的起始点设定为2016年第三季度，从而排除掉“营改增”的影响①。本文关注2018年对部分行业实行的留抵退税试点政策，2019年3月公告指出将对所有行业试行增量留抵退税制度，符合相关条件的企业可以从当年10月开始向主管税务机关申请退还增量留抵税额。因此，本文将样本期的终点设定为2019年第三季度，避免研究结果受到2019年政策的影响。本文以A股制造业上市公司为研究对象，选取样本期内共13个季度的面板数据进行“准自然实验”。数据来源于国泰安数据库（CSMAR）和中国研究数据服务平台（CNRDS）。

① “营改增”于2016年5月1日起全面实施。

本文对样本企业数据的筛选和处理如下：第一步，剔除样本期内没有留抵税额和债务融资的企业。第二步，剔除样本期内上市、退市和其他存在严重数据缺失的企业。第三步，剔除样本期间出现 ST、*ST 和暂停上市的公司。原因在于这些企业出现了经营困难，财务指标存在异常，可能使整体实证结果产生偏误。第四步，剔除实验组中纳税信用等级不是 A 级的企业①。

（二）模型设定

经过数据处理，样本中共含有 1136 家制造业企业，其中属于 2018 年留抵退税试点行业的有 765 家。参考申广军等（2018）和谭小芬等（2019）的做法，本文采用双重差分法（DID），模型设定如下：

$$DFR_{it} = \alpha_0 + \alpha_1 Treat_i \times Post_t + \alpha_2 Controls_{it} + quarter_t + firm_i + \varepsilon_{it} \quad (1)$$

其中，DFR_{it}是被解释变量，表示企业 i 在第 t 期的债务融资比率；$Treat_i$和 $Post_t$分别是表示政策与时间的虚拟变量，$Treat_i \times Post_t$是核心解释变量，表示留抵退税的政策效应；$Controls_{it}$为一些可能直接影响企业债务融资的控制变量；$quarter_t$为季度固定效应，$firm_i$为企业固定效应；ε_{it}是随机扰动项。

（三）变量定义

本文使用的被解释变量为债务融资比率（*DFR*），参考岳树民和肖春明（2017）的方法，用现金流量表中的“发行债券收到的现金”和“取得借款收到的现金”两项之和与总资产的比值来衡量。根据 2018 年退还留抵税额的行业名录，设置虚拟变量 $Treat_i$，$Treat_i = 1$ 表示该企业属于试点行业，$Treat_i = 0$ 表示该企业属于非试点行业。$Post_t$为时间虚

---

① 留抵退税的条件是企业的纳税信用等级为 A 级或 B 级，由于国家税务总局只公布了纳税信用为 A 级的公司，为确保实证结果的准确性，本文的实验组仅使用 2018 年和 2019 年纳税信用等级为 A 级的公司。

拟变量，若时间位于2018年第三季度及以后，$Post_t=1$，之前的时点$Post_t=0$。整体而言，当样本受到留抵退税政策影响时，$Treat_i \times Post_t=1$，反之为零。

根据资本结构理论和现有研究成果，本文设置了如下可能会影响企业债务融资的控制变量。①有形资产占比（*TangP*）。代理成本理论认为有形资产代表了企业的抵押偿债能力，所以有形资产在总资产中占比越高的企业偿债能力越强，越容易取得债务融资。②企业年龄（*Age*）。研究发现不同年龄的企业债务融资行为也存在差异（钟宁桦等，2016；申广军、张延、王荣，2018），因此本文引入企业存续时间变量。③企业规模（*Size*）。权衡理论认为公司规模对负债有正向影响，这一观点在Rajan和Zingales（1995）以及Frank和Goyal（2004）的研究中得到验证，本文用主营业务收入的自然对数来表示。④股权集中度（*SHJZ*）。代理成本理论认为股权集中度高的企业更容易扩大负债规模，本文用前五大股东持股比例之和对此进行度量。⑤企业成长性（*Growth*）。资本结构理论对企业成长能力与负债规模的关系持不同观点，本文借鉴刘贯春等（2018）的做法，用总资产增长率来衡量企业的成长性。最后，资本结构理论认为企业盈利能力也会影响负债，本文采用净资产收益率（*ROE*）来表示盈利能力。各变量的属性、名称和度量方法如表1所示。

表1　变量属性、名称和度量方法

变量属性	变量名称	度量方法
被解释变量	债务融资比率（*DFR*）	当期债务融资额/总资产×100%
	资产负债率（*LEV*）	期末总负债/总资产×100%
	短期负债率（*CLEV*）	流动负债/总资产×100%
	长期负债率（*LLEV*）	非流动负债/总资产×100%
核心解释变量	政策效应（*Treat*×*Post*）	交互项

续表

变量属性	变量名称	度量方法
控制变量	有形资产占比（*TangP*）	固定资产净额/总资产×100%
	企业年龄（*Age*）	企业的存续时间
	企业规模（*Size*）	主营业务收入的自然对数
	股权集中度（*SHJZ*）	公司前五大股东持股比例和
	企业成长性（*Growth*）	总资产增长率
	净资产收益率（*ROE*）	净利润/所有者权益合计×100%
中介变量	现金流水平（*CFL*）	经营活动产生的现金流量净额取自然对数

五、实证检验与分析

（一）描述性统计

各个变量的描述性统计如表2所示。样本中企业债务融资比率（*DFR*）的平均值为16.42，最大值达到6514，最小值为0，说明不同时期、不同企业对债务融资的依赖程度存在一定差别。企业的负债结构以短期负债为主，长期负债的占比较小。控制变量的各项指标也都存在不同程度的差异，反映出企业之间的经营状况存在差别。

表2　变量描述性统计

变量名称	观测数量	平均值	标准差	最小值	中位数	最大值
债务融资比率（*DFR*）	14749	16.42	110.1	0	8.41	6514
资产负债率（*LEV*）	14749	55.50	330.2	0.000582	41.10	14854
短期负债率（*CLEV*）	14749	43.59	203.7	0.000499	33.27	8965
长期负债率（*LLEV*）	14623	12.01	132.0	-9.334	4.70	7824
政策效应（*Treat*×*Post*）	14749	0.259	0.438	0	0	1
有形资产占比（*TangP*）	14749	11.49	20.40	0	6.80	1012
企业年龄（*Age*）	14749	19.36	5.413	5	19	63
企业规模（*Size*）	14512	20.25	1.894	6.633	20.34	27.22

续表

变量名称	观测数量	平均值	标准差	最小值	中位数	最大值
股权集中度（*SHJZ*）	14748	51.77	14.37	6.983	51.58	99.07
企业成长性（*Growth*）	14699	34.05	587.1	-83.37	9.38	43346
净资产收益率（*ROE*）	14749	5.539	259.5	-10302	3.55	28199
现金流水平（*CFL*）	9430	18.88	1.709	6.346	18.90	24.66

（二）基准回归分析

表3为增值税留抵退税对企业债务融资的影响，由第（3）列和第（4）列可知，加入企业固定效应之后交互项（*Treat*×*Post*）的系数由-9.312变为-5.002，显著性水平由1%变为5%，且模型的拟合优度更高，说明债务融资比率受企业特征的影响较大。总体而言，在加入控制变量和固定效应前后交互项（*Treat*×*Post*）的系数均显著为负，说明留抵退税政策整体上减少了的企业债务融资，从而验证H_1。

表3 增值税留抵退税对企业债务融资的影响

解释变量	*DFR*			
	(1)	(2)	(3)	(4)
Treat×*Post*	-7.768*** (2.545)	-3.838* (2.031)	-9.312*** (3.064)	-5.002** (2.489)
TangP		1.608*** (0.0478)	1.611*** (0.0482)	1.589*** (0.0445)
Age		0.786*** (0.166)	0.750*** (0.167)	2.133 (2.033)
Size		0.125 (0.475)	-0.821* (0.495)	1.132* (0.589)
SHJZ		-0.255*** (0.0629)	-0.248*** (0.0628)	-0.0394 (0.185)
Growth		0.00181 (0.00234)	0.00173 (0.00234)	0.000543 (0.00173)

续表

解释变量	DFR			
	(1)	(2)	(3)	(4)
ROE		-0.000958 (0.00339)	-0.00125 (0.00338)	-0.000242 (0.00226)
Constant	18.43 *** (0.878)	-5.704 (10.38)	15.19 (10.84)	-62.79 (42.25)
季度固定效应	YES	*NO*	YES	YES
企业固定效应	YES	NO	NO	YES
Observations	14749	14461	14461	14461
R - squared	0.622	0.077	0.080	0.656

注：括号中的数值表示标准误；*** 表示 $p<0.01$，在1%的水平上显著，** 表示 $p<0.05$，在5%的水平上显著，* 表示 $p<0.1$，在10%的水平上显著。

（三）稳健性检验

基准回归结果显示留抵退税政策显著降低了制造业企业的债务融资比率，为保证实证结果的可靠性，通过以下四种方法进行稳健性检验。

1. 平行趋势检验

DID 结论成立的前提是通过平行趋势检验，即实验组和对照组的债务融资比率在留抵退税政策实施之前存在“共同趋势”，而在政策实施之后发生差异。本文借鉴 Jacobson 等（1993）的方法，采用事件研究法进行平行趋势检验，具体的回归方程如下：

$$DFR_{it} = \beta_0 + \sum_{k=-2}^{2} \beta_k Treat_i \times Time_{t+k} + \beta_1 Controls_{it} + quarter_t + firm_i + \varepsilon_{it} \quad (2)$$

其中，$Treat_i$的含义与基准回归相同，$Time_{t+k}$是季度虚拟变量，t 表示政策基期，k 表示当期与政策基期的季度差，β_k反映了政策实施前后实验组与对照组企业在此期间的变动差异。由于留抵退税政策出台于 2018 年 6 月 27 日，本文选取政策发生的 2018 年第二季度（*Current*）作为基期。图 1 展示了平行趋势检验的结果，横轴表示时间，纵轴表示企业的债务融资比率。政策实施前交互项（*Treat* × *Time*）的系数均在 0 周围徘徊，且在统计上不显著，说明实验组和对照组在政策实施前不存在显著差别，满足平行趋势假设。政策执行之后交互项（*Treat* × *Time*）的系数显著为负，说明此时实验组和对照组的差异显著，实施留抵退税确实降低了企业的债务融资。

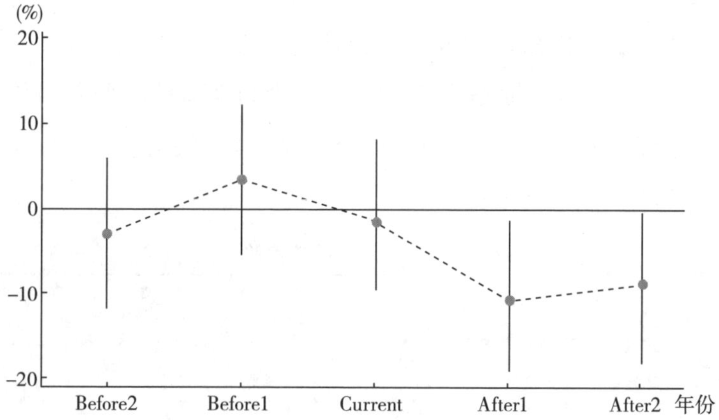

图 1　留抵退税影响企业债务融资的平行趋势检验

2. 替换被解释变量

在企业债务的实践中，通常用资产负债率来反映企业的负债情况。参考岳树民和肖春明（2017）的做法，用资产负债率（*LEV*）替换债务融资比率（*DFR*），回归结果如表 4 第（1）列所示，交互项（*Treat* × *Post*）对资产负债率（*LEV*）的影响在 1% 的水平上显著为负，与基准回归的结论一致。

3. 反事实检验

由于试点和非试点企业具有各自的行业特征，不排除基准回归的结果反映的是实验组和对照组本身的差异，如实验组企业本身的债务融资需求较小，因此借鉴林毅夫等（2020）的方法，通过将政策时点提前来进行反事实检验。表 4 的第（2）列与第（3）列分别报告了将政策时点提前两期和六期的结果，此时交互项（*Treat* × *Post*）对企业债务融资比率（*DFR*）的影响不再显著，说明在实施留抵退税政策之前企业的债务融资行为并没有显著差异，支持基准回归的结论。

4. 缩小样本

“专用设备制造业”“化学原料和化学制品制造业”“计算机、通信和其他电子设备制造业”“电气机械和器材制造业”在本文的样本中占比较大，接近总样本的40%，在实验组样本中占比约达到59%，且这四个行业均属于留抵税额较多的行业（刘怡、耿纯，2018）。为避免这些行业对实证结果造成偏差，现将这四个行业剔除，回归结果见表4第（4）列，债务融资比率（*DFR*）依然显著降低，说明留抵退税对企业债务融资的影响具有普遍性。

表4　稳健性检验

解释变量	(1)	(2)	(3)	(4)
	替换被解释变量	反事实检验		缩小样本
	被解释变量：*DFR*			
Treat × Post	-6.398*** (2.240)	-3.272 (2.434)	-1.897 (3.378)	-6.386* (3.827)
TangP	1.806*** (0.00523)	1.591*** (0.0445)	1.592*** (0.0445)	1.702*** (0.0620)
Age	-0.218 (1.830)	2.137 (2.033)	2.137 (2.033)	2.440 (3.349)
Size	0.232 (0.530)	1.134* (0.589)	1.137* (0.589)	1.145 (0.904)
SHJZ	-0.265 (0.167)	-0.0320 (0.185)	-0.0284 (0.185)	-0.243 (0.304)
Growth	0.00337** (0.00156)	0.000540 (0.00173)	0.000495 (0.00173)	0.000184 (0.00223)
ROE	-0.0000225 (0.00203)	-0.000252 (0.00226)	-0.000303 (0.00226)	-0.00659 (0.0131)
Constant	-7.028 (38.03)	-63.42 (42.25)	-63.77 (42.29)	-59.77 (70.10)

续表

解释变量	(1)	(2)	(3)	(4)
	替换被解释变量	反事实检验		缩小样本
	被解释变量：*DFR*			
季度固定效应	Yes	Yes	Yes	Yes
企业固定效应	Yes	Yes	Yes	Yes
Observations	14461	14461	14461	8676
R - squared	0.969	0.656	0.656	0.655

注：所有回归均控制了季度固定效应和企业固定效应；括号中的数值表示标准误；*** 表示 $p<0.01$，在1%的水平上显著，** 表示 $p<0.05$，在5%的水平上显著，* 表示 $p<0.1$，在10%的水平上显著。

（四）中介效应检验

根据理论分析，留抵退税政策将剩余待抵扣的进项税额退还给企业，释放了部分现金流，支持企业进行内源融资和偿还短期债务，因此留抵退税降低企业债务融资的机制在于提高企业的现金流水平。本文用经营活动产生的现金流量净额取自然对数定义现金流水平（*CFL*），将其作为中介变量检验留抵退税降低企业债务融资的机制效应。

借鉴林正静（2019）的做法，按照以下步骤检验中介效应：首先以现金流水平（*CFL*）为被解释变量，对基本自变量进行回归（模型3），观察交互项（$Treat \times Post$）的系数，如果系数显著为正，说明实行留抵退税显著提高了企业的现金流水平；其次将债务融资比率（*DFR*）同时对现金流水平（*CFL*）和基本自变量进行回归（模型4），观察现金流水平（*CFL*）和交互项（$Treat \times Post$）的系数，如果现金流水平（*CFL*）的系数显著为负，且交互项（$Treat \times Post$）的系数不再显著或者显著性降低，则说明现金流水平（*CFL*）是留抵退税政策降低企业债务融资的中介机制。

$$CFL_{it} = a_0 + a_1 Treat_i \times Post_t + a_2 Controls_{it} + quarter_t + firm_i + \varepsilon_{it} \quad (3)$$

$$DFR_{it} = b_0 + b_1 Treat_i \times Post_t + b_2 CFL_{it} + b_3 Controls_{it} +$$

$$quarter_t + firm_i + \varepsilon_{it} \quad (4)$$

表5报告了现金流水平的中介效应检验结果，第（2）列显示交互项（*Treat*×*Post*）对企业现金流水平（*CFL*）的回归系数在5%的水平上显著为正，说明留抵退税政策显著提升了企业的现金流水平；将现金流水平（*CFL*）引入基准回归方程后，如表5第（3）列所示，现金流水平（*CFL*）的系数显著为负，意味着资金状况改善后，企业的债务融资需求降低，此时交互项系数（*Treat*×*Post*）变得不显著，说明现金流状况的改善是留抵退税政策降低企业债务融资的主要影响渠道，验证了H_2。

表5 现金流水平的中介效应检验

解释变量	被解释变量		
	(1)	(2)	(3)
	DFR	*CFL*	*DFR*
Treat×*Post*	-5.002** (2.489)	0.101** (0.0422)	-2.159 (2.365)
CFL			-2.084*** (0.623)
TangP	1.589*** (0.0445)	0.000431 (0.000645)	1.278*** (0.0362)
Age	2.133 (2.033)	0.0356 (0.0349)	2.542 (1.957)
Size	1.132* (0.589)	0.00635 (0.0106)	0.276 (0.592)
SHJZ	-0.0394 (0.185)	0.00901*** (0.00323)	0.0367 (0.181)
Growth	0.000543 (0.00173)	0.000449*** (0.000167)	0.0194** (0.00937)
Roe	-0.000242 (0.00226)	-5.81e-05 (8.16e-05)	-0.000960 (0.00458)
Constant	-62.79 (42.25)	17.54*** (0.735)	-16.31 (42.67)

续表

解释变量	被解释变量		
	(1)	(2)	(3)
	DFR	*CFL*	*DFR*
季度固定效应	Yes	Yes	Yes
企业固定效应	Yes	Yes	Yes
Observations	14461	9210	9210
R - squared	0. 656	0. 751	0. 848

注：所有回归均控制了季度固定效应和企业固定效应；括号中的数值表示标准误；*** 表示 $p<0.01$，在1%的水平上显著，** 表示 $p<0.05$，在5%的水平上显著，* 表示 $p<0.1$，在10%的水平上显著。

（五）进一步研究

根据前文分析，留抵退税的资金在短期内可以缓解企业的现金流压力，但从长期来看还是要跟随销项税额流出，不会降低企业的增值税负担。对面临偿债压力的企业来说，这笔资金会被用来偿还到期债务和支付应付款项，但并不会改变企业的长期负债行为。在这里把企业资产负债率（*LEV*）拆分为短期负债率（*CLEV*）和长期负债率（*LLEV*），进一步研究留抵退税的实施如何改变企业负债的期限结构。表6反映了留抵退税对企业债务期限结构的影响，资产负债率（*LEV*）和短期负债率（*CLEV*）均显著降低，长期负债率（*LLEV*）没有发生显著变化，由于短期负债在企业负债中占比较高，可以认为整体资产负债率的降低是由短期负债率降低引起的，验证了 H_3。短期负债是企业偿债压力的主要来源，容易引发财务风险，留抵退税政策实施之后企业的短期负债率有所下降，进一步证明留抵退税有利于降低企业杠杆率，可以有效防范和降低潜在的财务风险。

表6　进一步研究：留抵退税对企业债务期限结构的影响

解释变量	被解释变量		
	(1)	(2)	(3)
	LEV	*CLEV*	*LLEV*
Treat × Post	-6.398*** (2.240)	-6.649*** (1.967)	-0.00168 (0.776)
TangP	1.806*** (0.00523)	1.028*** (0.00459)	0.778*** (0.00180)
Age	-0.218 (1.830)	-0.918 (1.607)	0.655 (0.633)
Size	0.232 (0.530)	0.529 (0.465)	-0.329* (0.184)
SHJZ	-0.265 (0.167)	-0.206 (0.146)	-0.0528 (0.0578)
Growth	0.00337** (0.00156)	0.00144 (0.00137)	0.00196*** (0.000536)
Roe	-0.0000225 (0.00203)	-0.0000758 (0.00178)	-0.0000767 (0.000702)
Constant	-7.028 (38.03)	18.96 (33.40)	-24.78* (13.17)
季度固定效应	Yes	Yes	Yes
企业固定效应	Yes	Yes	Yes
Observations	14461	14461	14338
R-squared	0.969	0.937	0.977

注：所有回归均控制了季度固定效应和企业固定效应；括号中的数值表示标准误；*** 表示 $p<0.01$，在1%的水平上显著，** 表示 $p<0.05$，在5%的水平上显著，* 表示 $p<0.1$，在10%的水平上显著。

六、结论与政策建议

作为供给侧结构性改革中的重点任务，“去杠杆”的主要途径之一是减少企业负债、拓展其他融资方式，而在所有融资模式中内源融资最直接、成本最低。根据2018年出台的留抵退税政策，以2016年第三季度到2019年第三季度A股制造业上市公司的季度数据为样本，本文运用DID模型考察了留抵退税对企业债务融资的影响。结果显示，实施留抵退税有利于降低企业的债务融资比率，经过平行趋势检验、替换被解释变量和反事实检验等一系列稳健性检验之后这一结果依然成立。接下来本文考察了留抵退税影响企业债务融资的作用机制，发现留抵退税显著提升了企业的现金净流量，而现金流水平的提高对企业债务融资有明显的降低作用，因此现金流水平的提高是留抵退税降低企业债务融资的主要渠道。进一步研究发现，留抵退税对企业债务的期限结构存在不同影响，有利于降低短期负债率，但不会影响长期负债。当然，2018年的政策具有较强的临时性，近几年留抵退税政策又经历了几次调整，覆盖范围和退税力度均有所扩大，并日趋制度化和常态化，因此其政策效应还有待进一步检验。

根据以上研究结论，建议从以下四个方面进一步完善留抵退税政策，更好地促进企业进行内源融资，推动企业“去杠杆”。

（一）适当放宽留抵退税对纳税人的限制性条件

由于我国的留抵退税制度处在探索阶段，而且要考虑到财政的实际承受能力，现行的政策对申请留抵退税的纳税人有严格的要求，纳税信用等级必须在B级以上，这使得很多企业由于达不到申请标准而无法享受到政策红利。建议将纳税信用等级为M级的纳税人纳入留抵退税的实施范围①，原因有三点。第一，M级的纳税人信用评分达到70分以上，至少与B级相当，具有较良好的纳税信用。第二，新设立的企业在资产投入阶段会形成大量的进项税额，但当年不一定能有足够的销项税额去消化，而当年没有营业收入的企业只要有采购活动，就大概率

① 纳税信用等级为M级的标准是指纳税人新设立企业或评价年度内无生产经营业务收入且年度评价指标得分70分以上。

会形成留抵税额。第三，纳税信用等级为 M 级的纳税人往往有较大的融资需求和融资压力，而债务融资的难度和风险也比较大，更需要内部资金来“输血”。实施留抵退税能及时满足这些企业的资金需求、减少债务融资需要、有效缓解融资压力，更好地发挥“减税降费”为企业纾困的作用。

（二）逐步在所有行业缩短退税期限，并退还存量留抵税额

2022 年的留抵退税新政中有一些结构性的优惠政策，对制造业等六大重点行业和小微企业实行按月退还增量留抵税额，并且一次性退还存量留抵税额的政策，自 2022 年 7 月 1 日起，该政策扩大到“批发和零售”等七大受新冠疫情冲击较大的行业，但其他企业依然需要满足“连续六个月增量留抵税额大于零，且第六个月不低于 50 万元”的条件，并且不能退还存量留抵税额。留抵退税的期限越长，留抵税额占用企业资金的时间就越长，存量留抵税额造成的资金占用问题则更加严重，因此建议逐步在所有行业缩短退税期限、退还存量留抵税额，为企业提供更加及时、规模更大的现金流支持。比如，房地产业是留抵税额积累较严重的行业之一（王建平，2021），也属于杠杆率比较高的行业，房地产企业“暴雷”往往是资金链断裂导致无法按期偿还债务引起的。如果按月退还增量留抵税额并退还存量留抵税额，则能及时有效地增加现金流，促进房地产开发企业降低债务融资、偿还到期债务，既有利于房企“去杠杆”，又能提升行业的发展质量。

（三）逐步建立留抵退税制度的常态机制，提升企业发展的长期信心

近几年我国的留抵退税制度不断完善，退税规模和覆盖范围不断扩大，有力地增强了市场主体的信心，有效地激发了市场主体的活力。但目前的留抵退税制度依然存在较强的临时性，出台的政策大多设置了明

确的执行期限，政策变动频繁、不确定性较大，这使得留抵退税的政策效应大多停留在短期，很难增强企业长期发展的信心。因此，要从实际出发，继续探索和完善留抵退税政策，逐步建立常态化的留抵退税机制，并根据经济运行的现实需要出台针对性的优惠措施，提升企业发展的长期信心。对于制造业来说，留抵退税降低了短期负债，长期发展信心的提升将促使企业通过建立中长期负债来扩大投资，从而有利于稳定制造业融资、优化企业的债务期限结构，促进制造业的可持续发展。

（四）进一步优化增值税的税制结构，从源头上减少留抵税额的形成和累积

理论上讲，在企业取得销售利润的情况下，如果销售产品适用的税率大于或等于购进原材料适用的税率，此时销项税额大于进项税额，就不会有留抵问题。近年来，我国对增值税税率进行了几次简并和调整，但目前仍然有13%、9%和6%三档税率，对于一些销售低税率货物和服务的企业来说，采购阶段适用的税率很可能高于销售适用的税率，如果当期获得的销售利润有限，很容易导致进项税额大于销项税额。因此，我国需要继续完善增值税税制，进一步简并税率档次、缩小不同档次的税率差距，这样可以从根本上减少因税率差异形成的留抵税额，缓解企业的现金流压力，提高企业资金的流动性。

参考文献

[1] 解洪涛，张建顺，王伟域．增值税进项留抵、现金流挤占与企业融资成本上升：基于2015税源调查数据的实证检验[J]．中央财经大学学报，2019(9)：3－12.

[2] 刘怡，耿纯．增值税留抵规模、分布及成本估算[J]．税务研究，

2018(3):28-36.

[3] 林亚清,魏志华,赵娟,等. 供给侧结构性改革:现实依据与财税政策选择[J]. 财政研究,2017(4):95-111.

[4] 钟宁桦,刘志阔,何嘉鑫,等. 我国企业债务的结构性问题[J]. 经济研究,2016,51(7):102-117.

[5] HACKBARTH D, MIAO J E MORELLEC. Capital structure, credit risk, and macroeconomic conditions[J]. Journal of financial economics, 2006(8): 519-550.

[6] MUSTAFA CAGLAYAN, ABDUL RASHID. The response of firm's leverage to risk: Evidence from UK public versus nonpublic manufacturing firms [J]. Economic inquiry, 2014, 52(1): 341-363.

[7] 苏冬蔚,曾海舰. 宏观经济因素与公司资本结构变动[J]. 经济研究,2009,44(12):52-65.

[8] 陆岷峰,葛和平. 中国企业高杠杆成因及去杠杆方式研究[J]. 金融监管研究,2016(12):63-73.

[9] 丁剑平,陆晓琴,胡昊. 汇率对企业杠杆率影响的机理与效应:来自中国企业的证据[J]. 世界经济,2020,43(10):74-96.

[10] ALTER A, ELEKDAG S A. Emerging market corporate leverage and global financial conditions[J]. Social science electronic publishing, 2016(12).

[11] 谭小芬,李源,苟琴. 美国货币政策推升了新兴市场国家非金融企业杠杆率吗? [J]. 金融研究,2019(8):38-57.

[12] 金鹏辉,王营,张立光. 稳增长条件下的金融摩擦与杠杆治理[J]. 金融研究,2017(4):78-94.

[13] 刘哲希,王兆瑞,刘玲君,等. 降低间接融资占比有助于去杠杆吗:金融结构与杠杆率关系的检验[J]. 财贸经济,2020,41(2):84-98.

[14] 谭小芬,李源,王可心. 金融结构与非金融企业“去杠杆”[J]. 中国工业经济,2019(2):23-41.

[15] 马永强,张志远. 资本市场开放与过度负债企业去杠杆:来自“沪

深港通”的经验证据[J]. 世界经济研究,2021(10):55 - 68 + 135.

[16] 李娟,杨晶晶,赖明勇. 金融市场化促进了企业部门结构性去杠杆吗?——来自中国制造业企业的证据[J]. 财经研究,2020,46(10):33 - 47.

[17] KRAUS, A, R H. LITZENBERGER. A state - preference model of optimal financial leverage[J]. The journal of finance, 1973, 28(4): 911 - 922.

[18] SCOTT J H J R. A theory of optimal capital structure[J]. The bell journal of economics, 1976, 7(1): 33 - 54.

[19] MYERS S C, and N S MAJLUF. Corporate financing and investment decisions when firms have information that investors do not have[J]. Journal of financial economics, 1984, 13(2): 187 - 221.

[20] LIANG J, LI L F, SONG H S. An explanation of capital structure of China's listed property firms[J]. Property management, 2014, 32 (1): 4 - 15.

[21] CHEN J, JIANG C, LIN Y. What eetermine firms' capital structure in China? [J]. Managerial finance, 2014, 40 (10): 1024 - 1039.

[22] CHIVAKUL M, LAM W. Assessing China's corporate sector vulnerabilities[R]. IMF Working paper, 2015, 15(72) : 1 - 27.

[23] JENSEN M C, W H MECKLING. Theory of the firm: Managerial behavior, agency costs and capital structure[J]. Journal of financial economics, 1976(3): 305 - 360.

[24] WEN Y, WU J. Withstanding great recession like China[R]. Federal Reserve Bank of ST. LOUIS Working Paper, 2014.

[25] 谢里,张斐. “四万亿”经济刺激计划与企业杠杆率:来自中国双套样本数据的经验检验[J]. 财经研究,2018,44(3):68 - 83.

[26] 吕炜,高帅雄,周潮. 投资建设性支出还是保障性支出:去杠杆背景下的财政政策实施研究[J]. 中国工业经济,2016(8):5 - 22.

[27] 王朝才,汪超,曾令涛. 财政政策、企业性质与资本结构动态调整:基于A股上市公司的实证研究[J]. 财政研究,2016(9):52 - 63.

[28] 周菲,赵亮,尹雷. 去杠杆的路径选择:财政去杠杆还是金融去杠

杆?——基于企业部门的分析[J]. 财政研究,2019(2):75-90.

[29] 车树林. 政府债务对企业杠杆的影响存在挤出效应吗?——来自中国的经验证据[J]. 国际金融研究,2019(1):86-96.

[30] GIVOLY D, HAHN C, OFER A, et al. Taxes and capital structure: Evidence from firms' response to the tax reform act of 1986[R]. Review of Financial Studies, 1992(5), 331-355.

[31] GRAHAM J R. Debt and the marginal tax rate[J]. Journal of financial economics, 1996, 41: 41-74.

[32] 吴联生,岳衡. 税率调整和资本结构变动:基于我国取消"先征后返"所得税优惠政策的研究[J]. 管理世界,2006(11):111-118+127.

[33] 李增福,李娟. 税率变动与资本结构调整:基于2007年新企业所得税法实施的研究[J]. 经济科学,2011(5):57-69.

[34] 李建军,牟丹,逯建. 减税与企业杠杆率:来自企业所得税"两税合并"自然实验的经验证据[J]. 财经论丛,2021(8):38-46.

[35] 薛宏刚,王浩,樊卓群. 研发创新税收优惠政策是否有利于企业降杠杆?[J]. 西安交通大学学报(社会科学版),2020,40(3):17-24.

[36] 张霞,毕毅. 增值税改革对企业资本结构的影响研究[J]. 中央财经大学学报,2013(8):6-11.

[37] 申广军,张延,王荣. 结构性减税与企业去杠杆[J]. 金融研究,2018(12):105-122.

[38] 岳树民,肖春明. "营改增"对上市公司债务融资的效应分析[J]. 中央财经大学学报,2017(9):13-21.

[39] 姚宇韬,王跃堂. "营改增"对企业资本结构的影响:基于非债务税盾的视角[J]. 南京师大学报(社会科学版),2019(1):130-143.

[40] 张春海. "营改增"减税效应与企业去杠杆:基于2008—2013年中国工业微观企业数据的实证分析[J]. 金融发展研究,2019(10):47-53.

[41] 卢雄标,童锦治,苏国灿. 制造业增值税留抵税额的分布、影响及政策建议:基于A省制造业企业调查数据的分析[J]. 税务研究,2018(11):

53－59.

［42］SUNIL KUMAR. An alternative models for the accumulation of VAT refund［J］. Vishwakarma business review, 2015, 5(2).

［43］何杨,邓粞元,朱云轩. 增值税留抵退税政策对企业价值的影响研究:基于我国上市公司的实证分析［J］. 财政研究,2019(5):104－117.

［44］刘金科,邓明欢,肖翊阳. 增值税留抵退税与企业投资:兼谈完善现代增值税制度［J］. 税务研究,2020(9):111－118.

［45］吴怡俐,吕长江,倪晨凯. 增值税的税收中性、企业投资和企业价值:基于“留抵退税”改革的研究［J］. 管理世界,2021,37(8):180－194.

［46］俞杰,万陈梦. 增值税留抵退税、融资约束与企业全要素生产率［J］. 财政科学,2022(1):104－118.

［47］丁东生,许建国. 增值税留抵退税的国际借鉴［J］. 国际税收,2019(8):71－74.

［48］王建平. 改进我国增值税留抵税额处理方式的思路［J］. 税务研究,2021(8):35－41.

［49］NEWMAN A, GUNESSEE S, HILTON B. Applicability of financial theories of capital structure to the Chinese cultural context: A study of privately owned SMEs［J］. International small business journal, 2012,30(1): 65－83.

［50］JENSON M C. Agency costs of free cash flows, corporate finance, and takeovers［J］. American economic review, 1986, 76(2): 323－329.

［51］杨青,胡洋,孙刚,等. 如何协调减税降费与去杠杆?——基于地方政府行为的视角［J］. 财经论丛,2022(2):15－25.

［52］RAJAN R G, L ZINGALES. What do we know about capital structure? Some evidence from international data［J］. The journal of finance, 1995, 50(5):1421－1460.

［53］FRANK M Z, V K GOYAL. Capital structure decisions: Which factors are reliably important?［R］. University of British Columbia Working Paper, 2004.

［54］刘贯春,张军,刘媛媛. 金融资产配置、宏观经济环境与企业杠杆

率[J]. 世界经济,2018,41(1):148－173.

[55] JACOBSON, LOUIS S, LALONDE R, et al. Earnings losses of displaced workers[J]. The american economic review, 1993, 83(4): 685－709.

[56] 林正静. 中间品贸易自由化与中国制造业企业出口产品质量升级[J]. 国际经贸探索,2019,35(2):32－53.

[57] 林毅夫,沈艳,孙昂. 中国政府消费券政策的经济效应[J]. 经济研究,2020,55(7):4－20.

第五章 文旅融合与西部创新实践

陕甘宁革命老区红色旅游经典景区空间分布格局及形成机理研究①

杨　莹

摘要： 红色旅游经典景区是助推革命老区高质量发展的重要举措。以陕甘宁革命老区红色旅游经典景区为研究对象，借助ArcGIS空间可视化方法，综合运用最邻近指数、核密度估计、空间自相关、标准差椭圆分析，考察陕甘宁革命老区红色旅游经典景区的空间分布格局，进而分析其形成机理。结论如下。①陕甘宁革命老区红色旅游经典景区在地理空间分布上呈显著凝聚态势。②红色旅游经典景区空间分布呈"单核中心、次中心点多分散"格局。③红色旅游经典景区存在显著空间关联性，但冷、热点区空间分布整体呈现不均态势，区域间发展均衡性较差。④红色旅游景区空间分布整体呈现东北－西南方向。⑤发展视角下，陕甘宁革命老区红色旅游经典景区形成过程涉及3个重要阶段，在多因素共同作用下，逐步实现陕甘宁革命老区红色旅游经典景区整体分布格局；微观视角下，资源禀赋为支撑因素，地形特征为关键因素，旅游公共服务质量为保障因素，政府财政支出为主导因素；宏观视角下，基础动力与直接动力共同影响陕甘宁革命老区红色旅游经典景区空间分

① 本文由梁学成老师指导完成。梁学成，西北大学经济管理学院教授，博士研究生导师，旅游管理系主任，主要从事文化旅游产业与管理研究，E－mail：liang－mail@163.com。

布格局的形成。

关键词：陕甘宁；革命老区；红色旅游经典景区；空间分布；形成机理

作者简介：杨莹（1997—），宁夏吴忠人，西北大学经济管理学院2020级旅游管理专业硕士研究生。

一、引言

红色旅游是指以革命纪念地、纪念物及其所承载的革命精神为吸引物，组织接待旅游者进行参观游览、学习革命历史知识、接受革命传统教育的主题性旅游活动（余风龙、陆林，2005），亦是一项具有经济、政治、文化等多重属性且富有中国特色的系统工程（徐克帅，2016）。2021年1月，国务院印发的《关于新时代支持革命老区振兴发展的意见》中明确指出弘扬传承红色文化，把红色资源作为坚定理想信念、加强党性修养的生动教材，鼓励革命老区依托红色文化，加快红色旅游产业可持续发展，打造红色旅游融合发展示范区，赋能红色旅游高质量发展。红色旅游是红色基因与旅游形式的有机结合，红色旅游经典景区则是厚植爱国主义情怀、开展革命传统教育、弘扬民族精神的关键载体（陈国磊等，2018），亦是镌刻红色记忆、传承红色基因的重要平台。推进红色旅游经典景区振兴发展对促进革命老区经济建设、区域重构具有重大战略意义。

自1960年起，国外掀起瞻仰革命圣地红色旅游的热潮。国外学术界对红色旅游研究始于欧洲，着重围绕黑色旅游和共产主义遗产旅游展开。黑色旅游是以灾难遗迹为主题，透过历史重大死亡事件唤起旅游者的历史记忆（Tarlow，2005），具有与红色旅游相同的教育和纪念作用。Stone和Sharpley（2008）探讨黑色旅游消费性问题；Krisjanous（2016）

以黑色旅游网站为研究对象，探讨旅游者情感联结、记忆唤起、文化感知的异质性。此外，战争旅游亦是黑色旅游的重要组成部分（何景明，2012）。共产主义遗产旅游始于20世纪末中东欧原社会主义国家，用以表征参观共产主义历史发展相关遗迹的一种遗产旅游活动（Prentice，1993；Berking et al.，2006），国外学者探讨遗产旅游的成本与效益、对城市空间与经济的影响（Chang et al.，1996）等。国内红色旅游研究相对丰富，先后探讨红色旅游市场竞争态势（张河清、陈宁英，2008）、开发模式（范力、焦世泰、韦复生，2013；杨昆、高依晴、余正军，2021）、游客满意度（刘颖洁，2016）、资源结构（李磊等，2021；张新成等，2021）、可持续发展（石培新，2020）、高质量发展（宋昌耀、厉新建、张琪，2021）等层面。

旅游景区是旅游产品和旅游活动的核心，亦是地域系统中的重要地理单元及旅游产业中的关键吸引物，探究其空间分异格局是区域制定发展战略、开展旅游规划的重要基础（邹建琴等，2021）。国外学者对旅游景区空间结构的研究多涉及区域经济发展（Wang，2020）、区域可达性（Wang，Wang et al.，2019）、时空动态（Sun et al.，2019）、分布格局（Xu and Pan，2019；Li and Smith，2018；Wang et al.，2021）、影响因素分析（Wang et al.，2020）等层面。基于我国独特的旅游资源禀赋差异与自然地理环境，国内学者对旅游景区空间结构亦进行了本土化的研究，研究范畴业已涉及全国（李东瑾、毕华，2016；李会琴等，2019）、区域（王洪桥、袁家冬、孟祥君，2017；麻学锋、杨雪，2019）、省域（郭向阳等，2017；刘敏、郝炜、张芙蓉，2020）、市域（赵胡兰等，2021；汤礼莎、贺清云、朱翔，2018）等多个角度。研究内容涵盖旅游景区的空间分布格局（许春晓等，2017）、分布特征（王录仓等，2016）等，以此揭示景区分异的动态演化模式（杨仲元、徐建刚、林蔚，2016）。研究方法由数理统计（袁俊等，2010）、分形维数（崔大树、孙杨，2011）延伸至拓扑图论（程海峰、胡文海，

2014）、社会网络分析（靳诚等，2014）、点格局分析（潘竟虎、李俊峰，2013）、GIS空间分析（王建英、黄远水、叶新才，2016）、空间计量（刘亚晶等，2021）等。以往研究为本文提供重要理论参考与研究范式，对区域红色旅游资源开发具有较强借鉴意义。陕甘宁革命老区红色资源的整合意味着新发展阶段旅游景区空间格局的形成，因而亟须对区域内红色旅游资源空间格局进行优化与重塑。

红色文化与旅游产业融合高质量发展是健全现代产业体系的关键一环。红色旅游经典景区是构建区域经济增长点、承担革命教育使命、彰显爱国主义精神的主要载体，开展红色旅游经典景区空间分异格局及其驱动机理研究，是实现红色旅游经济、社会、文化效益的有效途径，亦是保护革命遗址遗迹的重要方式。已有学者对红色旅游的空间结构进行探讨（谢霞等，2021；丛丽等，2021），但对其动力机制及协同优化路径有待进一步深化。囿于此，本文在红色旅游发展的宏观背景下，着眼于跨区域红色资源的文化时序性与完整性，综合运用地理空间分析方法对陕甘宁革命老区红色旅游经典景区的分异特征及其形成机理进行深入研究，以期为推动革命老区红色旅游经典景区建设提供科学依据。

二、研究区概况

国家发展和改革委员会于2012年3月25日印发的《陕甘宁革命老区振兴规划》明确指出，陕甘宁革命老区涵盖陕西省榆林、延安、铜川，甘肃省平凉、庆阳，宁夏回族自治区吴忠、中卫、固原8个地级市，及旬邑、富平、彬州、淳化、泾阳、长武、会宁、三原、灵武9个县（市），总面积192000平方千米。陕甘宁革命老区是历史重大事件的策划地和发生地，红色旅游资源丰富且极具代表性。

三、数据来源与研究方法

（一）数据来源

本文以陕甘宁革命老区为研究对象，数据来源于：①红色旅游经典景区数据获取于2021年11月12日中华人民共和国文化和旅游部官方网站（https：//www. mct. gov. cn/）所公布的名录，以陕西、甘肃、宁夏3省域40处红色旅游资源为主；②相关地图数据获取于国家基础地理信息中心（http：//www. ngcc. cn/ngcc/）。运用拾取坐标系统（https：//lbs. amap. com/tools/picker）获取40处红色旅游经典景区地理空间区位，导入ArcGIS10. 6进行坐标投影转换并建立空间属性数据库。

（二）研究方法

本文采用最邻近指数法（Nearest Neighbor Index）、核密度估计（Kernel Density Estimation）、空间自相关分析（Exploratory Spatial Data Analysis）、标准差椭圆分析（Standard Deviational Ellipse），考察陕甘宁革命老区红色旅游经典景区的空间分异特征。

1. 最邻近指数

最邻近指数用以测算点要素的空间集散程度、表征点要素的空间分布类型（黎筱筱、马晓龙、吴必虎，2006）。一般情况下，点要素在空间分布上具有3种形式：随机分布、均匀分布和凝聚分布。其计算公式为：

$$N = \frac{r_1}{r_2} = \frac{r_1}{\dfrac{1}{2\sqrt{D}}} = \frac{r_1}{\dfrac{1}{2\sqrt{n / A}}}$$

式中，N 为最邻近点指数，若 $N > 1$，表明点要素（红色旅游景点）均匀分布；若 $N = 1$，表明点要素随机分布；若 $N < 1$，表明点要

素凝聚分布。r_1 为实际最邻近距离，r_2 为理论最邻近距离。n 为陕甘宁革命老区红色旅游经典景区数量。D 表示点密度，A 表征研究区域面积。

2．核密度估计

核密度估计法用以分析区域内点状要素的空间分布密度，表征要素在空间上的凝聚状况，是一种非参数估计方法（李涛、傅强，2011）。采用核密度估计法对陕甘宁革命老区的红色旅游经典景区空间格局进行分析，其测度公式为：

$$F_n(x) = \frac{1}{nh}\sum_{i=1}^{n} k\left(\frac{x - x_i}{n}\right)$$

式中，$F_n(x)$ 为陕甘宁革命老区红色旅游经典景区所在位置的核密度计算值，n 为景点数量，h（$h > 0$）为指定带宽的平滑参数；$k\left(\frac{x - x_i}{n}\right)$ 表示空间权重函数，x 表征陕甘宁革命老区中红色旅游经典景区的位置，$x - x_i$ 是景点 x 至景点 x_i 的距离。

3．空间自相关分析

空间自相关分析以全局 Moran's I 指数判定红色旅游景区在空间上的相关性特征（陈彦光，2009），以局域关联指数 Getis – Ord Gi* 考察陕甘宁革命老区红色旅游景点的空间关联结构模式和空间冷热点区分布差异（赵璐、赵作权、王伟，2014）。该方法是对研究事物在地理空间上集聚状态的综合分析，旨在揭示和探究研究要素在地理空间上的相互作用关系。其中，Moran's I 测度公式如下：

$$\bar{x} = \frac{\sum_{i=1}^{n} x_i}{n}$$

$$I = \sum_{i=1}^{n}\sum_{j=1}^{n} W_{ij}(x_i - \bar{x})(x_j - \bar{x}) / s_{ij}^2 \sum_{i=1}^{n}\sum_{j=1}^{n} W_{ij}$$

式中，$\bar{x}$ 为所有区县观测值的均值，n 为研究区县数量，x_i 、x_j 分别为第 i 、第 j 区域的观测值，W_{ij} 为空间权重矩阵。Moran's I 指数取值范围为［-1，1］，其值越趋向于1，表示空间正相关性越显著；其值越趋向于-1，表示空间负相关性越显著；其值为0，表示不存在空间自相关。

由于Moran's I指数表征陕甘宁革命老区红色旅游资源的全局集聚状态，因而需进一步采用Getis-Ord Gi *识别其冷热点格局，其测度公式为：

$$G_i^*(\mathrm{d}) = \frac{\sum_{i=1}^{n}\sum_{j=1}^{n} W_{ij}(\mathrm{d})x_j}{\sum_{j=1}^{n} x_j}$$

对 $G_i^*(\mathrm{d})$ 进一步标准化可得：

$$ZG_i^*(\mathrm{d}) = \frac{[G_i^* - E(G_i^*)]}{\sqrt{\mathrm{Var}(G_i^*)}}$$

式中，$G_i^*(\mathrm{d})$ 为局部 G 系数，ZG_i^* 为标准化后的检验值，$E(G_i^*)$ 为期望值，$\mathrm{Var}(G_i^*)$ 为方差值。若 $ZG_i^* < 0$ 且通过检验，表示该区域为陕甘宁革命老区的冷点区，在地理空间上呈低值聚集；若 $ZG_i^* > 0$ 且通过检验，表示该区域为陕甘宁革命老区的热点区，在地理空间上呈高值聚集。

4．标准差椭圆分析

标准差椭圆分析揭示地理要素整体空间分布特征及演化趋势，长轴表征地理要素分布方向，短轴表征地理要素分布范围，中心点表征地理要素在空间分布的重心位置，方位角表征地理要素分布主趋势方向（成金华等，2014）。其各参数测度公式为：

$$SDE_x = \sqrt{\frac{\sum_{i=1}^{n}(x_i - \bar{X})^2}{n}}$$

$$SDE_y = \sqrt{\frac{\sum_{i=1}^{n}(y_i - \bar{Y})^2}{n}}$$

式中，SDE_x 、SDE_y 分别表示椭圆中心点的经度、纬度坐标，x_i 、y_i 表示点要素的空间位置坐标，$\overline{X}$ 、$\overline{Y}$ 表示算术平均中心。

四、陕甘宁革命老区红色旅游经典景区空间分布格局

（一）红色旅游景区空间集聚类型

借助 ArcGIS10.6 平均最邻近分析工具计算陕甘宁革命老区红色旅游经典景区的最邻近指数，得出红色旅游景区平均观测距离 r_1 =23.210 千米，预期平均距离 r_2 =32.144 千米，最邻近比率 N =0.722<1，由于预期平均距离大于实际观测距离，z = −3.363，p 值 0.000772 近似于 0，表明陕甘宁革命老区红色旅游经典景区在地理空间分布上呈凝聚态势，显著性较强（见表 1）。

表 1　最邻近指数要素汇总

指标	值
r_1	23.210 千米
r_2	32.144 千米
N	0.722
z 得分	−3.363
p 值	0.000772

（二）红色旅游景区空间分布集聚特征

利用 ArcGIS10.6 对陕甘宁革命老区红色旅游经典景区进行核密度分析以测度景区空间集聚分布态势，度量极核点的地理空间位置。经分析，红色旅游经典景区空间分布呈“单核中心、次中心点多分散”格局，形成 1 个一级密集区和 2 个二级密集区。极核点分布于延安市内，该区域为中国红色革命圣地，全国革命根据地旧址保存规模大、数量多、布局完整，红色旅游资源基础雄厚，赋存优势较突出，对陕甘宁革

命老区红色旅游资源整体集聚程度贡献最大。次密集区位于宁夏回族自治区南部和陕西省中部，该区域红色革命遗址遗迹储量大，红色文化较深厚，红色旅游市场开发潜力较大。

（三）红色旅游景区空间分布关联特征

1. 全局空间自相关

自相关性是分析陕甘宁革命老区红色旅游经典景区空间分布形成机理的必要前提。基于此，以研究区内的区县为基本空间单元，以区县内红色旅游经典景区的密度值作为基础数据，计算陕甘宁革命老区红色旅游景区的空间分布全局 Moran's I 指数。可知陕甘宁革命老区内红色旅游经典的 $p=0.000<1$，通过 99% 的显著性水平检验，可完全拒绝“红色旅游经典景区在陕甘宁革命老区内呈随机分布态势”的零假设；$z=6.004>2.58$，Moran's I 指数 $=6.004>0$，表明陕甘宁革命老区红色旅游经典景区存在显著的空间关联性。

2. 局部空间自相关

运用 ArcGIS10.6，结合 Jenks 自然段点法进一步得到局部关联指数 Getis - Ord Gi * 值，将研究区县内红色旅游经典景区的分布划分为冷点区、次冷点区、次热点区、热点区 4 种类型，用以分析陕甘宁革命老区红色旅游景区冷热点的情况。

结果显示，陕甘宁红色旅游经典景区局部区域的关联模式呈现出明显的地理分异特征。热点区为陕西省延安市，占陕甘宁革命老区总面积的 19.27%，对研究区县内红色旅游资源分布的作用十分显著；次热点区为陕西省富平县、宁夏回族自治区同心县和西吉县，占陕甘宁革命老区总面积的 4.59%；次冷点区为陕西省佳县、绥德县、米脂县、子长市、靖边县、志丹县、富县、洛川县、吴起县、黄陵县、旬邑县、杨陵区、泾阳县，甘肃省会宁县、静宁县、环县、华池县，宁夏回族自治区盐池县、隆德县、泾源县，占陕甘宁革命老区总面积的 33.06%；其余县州均为冷点区，占陕甘宁革命老区总面积的43.06%。整体来看，陕甘宁革命老区红色旅游经典景点空间分布以冷点区和次冷点区为主，热点区和次热点区占比较小。冷、热点区空间分布整体呈现不均态势，区域间发展均衡性较差。

（四）红色旅游景区空间分布方向特征

标准差椭圆可直观反映陕甘宁革命老区红色旅游景区的空间结构，更直观地表征红色旅游经典景区整体在经纬度方向上的离散特征。本文采用一级标准差将55%红色旅游景区的质心涵盖在内，从椭圆方位角可以看出，陕甘宁革命老区红色旅游经典景区空间分布整体呈现东北-西南方向，椭圆的方向角度为80.167度，总体呈大幅度逆时针旋转，表征分布于陕甘宁革命老区西南部区县的红色旅游经典景区发展速度渐快于椭圆轴线东北部的区县；椭圆的面积约占陕甘宁革命老区总面积的58%，红色旅游景区在空间分布上较集聚，椭圆外延地区点要素渐趋稀疏，与核密度分析中的热点区域相吻合。

五、陕甘宁革命老区红色旅游经典景点空间分布形成机理分析

陕甘宁革命老区红色旅游资源空间分布的形成过程相对复杂，是历史、社会、经济、地形地貌等多因素共同作用的结果（陈国磊等，2018；邹建琴等，2021；谢霞等，2021；焦珊珊等，2022）。有鉴于此，本文借鉴前人研究，从发展、微观、宏观视角对陕甘宁革命老区红色旅游景区空间分布形成机理进行阐述（见图1）。

（1）发展视角下，陕甘宁革命老区红色旅游经典景区空间分布格局形成过程分为3个阶段。①2004—2010年夯实基础阶段。该阶段为推动红色文化旅游健康发展，政府采取措施，如提高红色旅游意识，加

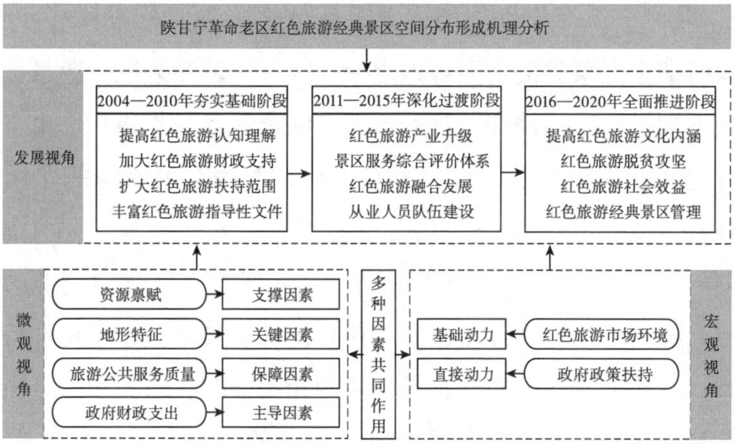

图1　红色旅游景区空间分布形成机理

大红色旅游财政支持，扩大红色旅游扶持范围，丰富红色旅游指导性文件等。②2011—2015 年深化过渡阶段。该阶段立足《2011—2015 年全国红色旅游发展规划纲要》，系统规划反映旧民主主义革命、新民主主义革命、社会主义建设及改革开放四个历史时期的 130 处红色旅游经典景区，并从景区服务综合评价体系、产业升级、财政管理与监督、融合发展、从业人员队伍建设等层面提出新要求。③2016—2020 年全面推进阶段。该阶段把红色旅游文化与红色精神内涵、社会效益与教育功能放在发展首位，主动发挥红色旅游脱贫攻坚作用，明确提出红色旅游经典景区体系管理、推广宣传、运行管理、规范化水平、人才队伍建设及经济社会综合效益等主要任务。

（2）微观视角下，各类因素影响始终贯穿红色旅游经典景区空间分布形成的各个阶段。①资源禀赋是支撑因素。资源禀赋是红色旅游发展的重要依托，亦是红色旅游经典景区规划与开发的必要前提。截至目前，陕西省 13 处、甘肃省 10 处及宁夏回族自治区 4 处红色旅游经典景区被列入《全国红色旅游经典景区名录》，延安市被纳为 18 座重点旅游城市。红色文化背景的形成与革命历程中重大事件关系密切，红色旅游资源挖掘与开发则是建立在红色文化背景的基础上（王钊、黄文杰，

2021）。陕甘宁革命根据地的建立对红色旅游资源分布具有重要影响，是革命时期重大事件的主要阵地之一。陕甘宁革命老区红色景区是革命事件在不同时间节点演变过程的地理空间全域化与叙事化，由于红色历史事件空间上呈跨省、跨域的分布格局，发挥红色资源的作用势在必行。陕甘宁革命老区依托“瓦窑堡会议”“长征会师”“中原突围”“山城堡战役”等重大历史革命事件，体现了红色文化对资源的空间结构影响，进一步彰显了红色旅游经典景区的重要地位。②地形特征是关键因素。在研究景区分布与自然环境的相关性时，有关学者将山地要素作为衡量红色旅游资源的关键条件（邓伟等，2021；王金伟等，2021；朱媛媛等，2021）。陕甘宁革命老区位于中国西北部，地处黄河中上游、黄土高原中南部区域，平均海拔 1000 ~ 1500 米，有利的山区土地资源条件是党和军队密切联系群众、发动群众、创建革命根据地的坚实支撑。其中延安最具历史革命感，海拔 1200 米左右，是 1935—1947 年陕甘宁边区政府中心，红色资源禀赋、革命遗址遗迹保存完整，因而在中国革命历史进程中发挥着举足轻重的作用。③旅游公共服务质量是保障因素。旅游公共交通服务、旅游公共信息服务、旅游住宿业服务、旅游安全保障服务、旅游人力资源和娱乐服务是陕甘宁革命老区红色旅游经典景区发展的保障因素，在散客化、大众化、常态化的红色旅游市场环境下，完善旅游公共服务建设日渐成为提升旅游目的地竞争力的首要方式。④政府财政支出是主导因素。外源推动是发展革命老区红色旅游的主要动力，政府财政支出则是外源推动力量之一。财政支出业已涉及革命老区公共服务建设、产业结构、红色旅游脱贫攻坚等层面，各红色旅游经典景区依据“因地施策”“因事施策”基本原则，灵活调整红色旅游政策，促进红色旅游产业转型升级。

（3）宏观视角下，在基础动力（红色旅游市场环境）和直接动力（政府政策扶持）共同作用与影响下促进陕甘宁革命老区红色旅游经典景区空间分布格局形成。①红色旅游市场环境指影响红色旅游市场供求变化的要素组合（如旅游业从业人员数、人均旅游 GDP、文化旅游设施质量、星级饭店数量与质量等）。人均旅游 GDP 作为衡量革命老区红色旅游经济发展水平高低的重要标准，在一定程度上反映了陕甘宁革命老区红色旅游需求，与食、住、行、游、购、娱等有效旅游供给共同作用于红色旅游市场环境建设，进而保障红色旅游经济良性运行。②政府政策扶持力度是助推红色旅游高质量发展的重要引导力，国家政策科学引导是陕甘宁革命老区红色旅游经典景区空间分布格局形成的关键外在推力。红色旅游经典景区的开发与建设既与区域红色旅游资源空间分布相关，又与政府支持紧密关联（刘梓汐、罗盛锋，2020；戴璐、白彩全、梁龙武，2021；苏卉、康文婧，2022；叶光宇、韩广富，2020）。中华人民共和国文化和旅游部的成立为文旅融合发展指明新方向，红色旅游是新发展阶段国家战略要求，亦是文旅融合题中之义。党的十八大以来，习近平总书记就弘扬传承红色文化发表系列重要论述，红色旅游作为红色文化的主要载体，被认为是强化民族凝聚力和战斗力、弘扬红色革命精神、加强革命传统教育的有效路径。陕甘宁革命老区紧随旅游发展新形势，依据区域特色的优质红色旅游资源制定相关政策，加快推进红色旅游经典景区发展，从而进一步影响红色旅游资源空间分布格局。

六、结论与讨论

本文以陕甘宁革命老区红色旅游经典景区为研究对象，借助最邻近指数分析、核密度估计法、空间自相关分析、标准差椭圆分析对区域内红色旅游资源空间分布格局及形成机理进行探究，结论如下。①陕甘宁革命老区红色旅游资源空间分布的最邻近比率 $N = 0.722 < 1$，红色景区在地理空间分布上呈显著凝聚态势。②陕甘宁革命老区红色旅游经典景区空间分布呈“单核中心、次中心点多分散”格局，形成 1 个一级密

集区和 2 个二级密集区。极核点分布于延安市内，次密集区位于宁夏回族自治区南部和陕西省中部。③陕甘宁革命老区红色旅游经典景区的空间分布全局 Moran's I 指数 $=6.004>0$，$p=0.000<1$，$z=6.004>2.58$，Moran's I 指数与红色旅游资源存在显著空间关联性；从局部空间自相关来看，陕甘宁革命老区红色旅游经典景区空间分布以冷点区和次冷点区为主，热点区和次热点区占比较小，冷、热点区空间分布整体呈现不均态势，区域间发展均衡性较差。④陕甘宁革命老区红色旅游经典景区空间分布整体呈现东北－西南方向，分布于陕甘宁革命老区西南部区县的红色旅游景区发展速度渐快于椭圆轴线东北部的区县，与核密度分析中的热点区域相吻合。⑤发展视角下，陕甘宁革命老区红色旅游经典景区形成过程涉及 3 个重要阶段，在多因素共同作用下，逐步实现革命老区红色旅游景区整体分布格局；微观视角下，资源禀赋为支撑因素，地形特征为关键因素，旅游公共服务质量为保障因素，政府财政支出为主导因素；宏观视角下，基础动力与直接动力共同影响陕甘宁革命老区红色旅游经典景区空间分布格局形成。

根据以上对陕甘宁革命老区红色旅游经典景区空间分布格局及形成机理的分析，为助推革命老区红色旅游发展提出以下优化路径：①充分利用陕甘宁革命老区红色旅游资源带动区域旅游发展，积极响应国家政策，强化与长征主题红色旅游带、丝绸之路红色旅游带、黄河国家文化公园空间联动性，结合重大历史革命事件实现红色资源跨区域整合；②着眼于新阶段高质量发展，持续深化新发展理念，创新红色旅游资源保护模式，坚持因地制宜对红色旅游经典景区进行远景规划，统筹协调陕甘宁革命老区环境保护与红色文化旅游的关系，持续推进红色旅游高质量发展；③结合遥感技术、“新基建”、AI、AR、VR 等新形势下高精尖技术，创新红色文化传播形式，加强前沿科技与红色旅游融合发展，借助现代化技术手段强化红色旅游产品的科技附加值，科技赋能陕甘宁革命老区红色资源的保护利用；④建构红色旅游人才管理体系，制订红色旅游相关专业人才培养计划，紧密结合陕甘宁革命老区新发展阶段红色旅游的特色性，完善红色旅游专业人才供给，将高水平、高素质的专业人才队伍作为红色旅游高质量发展的重要支撑；⑤陕甘宁革命老区红色资源禀赋较高，但囿于深居内陆的地理条件，在交通方面亟须对内提升中心城市至红色旅游经典景区的可进入性，对外强化国际交流与合作，打造高标准精品红色旅游线路，助推革命老区红色旅游廊道建设。

参考文献

[1] 余凤龙，陆林. 红色旅游开发的问题诊断及对策：兼论井冈山红色旅游开发的启示[J]. 旅游学刊，2005(4):56-61.

[2] 徐克帅. 红色旅游和社会记忆[J]. 旅游学刊，2016,31(3):35-42.

[3] 陈国磊，张春燕，罗静，等. 中国红色旅游经典景区空间分布格局[J]. 干旱区资源与环境，2018,32(9):196-202.

[4] TARLOW. Death and commemoration [J]. Industrial archaeology review, 2005, 27(1):163-169.

[5] STONE P, SHARPLEY R. Consuming dark tourism: A thanatological perspective[J]. Annals of tourism research, 2008, 35(2):574-595.

[6] KRISJANOUS J. An exploratory multimodal discourse analysis of dark tourism websites: Communicating issues around contested sites[J]. Journal of destination marketing & management, 2016, 5(4):341-350.

[7] 何景明. "红与黑"：论精神旅游产品的开发向度[J]. 旅游学刊，2012,27(2):88-93.

[8] PRENTICE R. Community - driven tourism planning and residents' preferences[J]. Tourism management, 1993, 14(3):218-227.

[9] BERKING H, FRANK S, FRERS L, et al. Negotiating urban conflicts: Interaction, space and control[M]. Bielefeld: Transcript Verlag, 2006:195-207.

[10] CHANG T C, MILNE S, FALLON D, et al. Urban heritage tourism: The global - local nexus[J]. Annals of tourism research, 1996, 23(2): 284 - 305.

[11] 张河清，陈宁英. 红色旅游城市的市场竞争态分析：以 6 大红色旅游城市为例[J]. 旅游学刊，2008(11):26 - 29.

[12] 范力，焦世泰，韦复生. 左右江红色旅游区红色旅游产品开发模式研究[J]. 中国软科学，2013(11):170 - 177.

[13] 杨昆，高依晴，余正军. 资源视角下的西藏红色旅游开发策略探析[J]. 西藏民族大学学报(哲学社会科学版)，2021，42(1):124 - 128 + 136.

[14] 刘颖洁. 张家界与韶山景区游客满意度的影响因素比较研究[J]. 经济地理，2016，36(10):216 - 221.

[15] 李磊，陶卓民，赖志城，等. 长征国家文化公园红色旅游资源网络关注度及其旅游流网络结构分析[J]. 自然资源学报，2021，36(7):1811 - 1824.

[16] 张新成，梁学成，高楠，等. 长征主题红色旅游资源关注度的空间网络结构及其形成机制分析[J]. 旅游科学，2021，35(3):1 - 23.

[17] 石培新. 红色旅游教育功能提升与可持续发展机制创新[J]. 宏观经济管理，2020(5):83 - 90.

[18] 宋昌耀，厉新建，张琪. 红色旅游的高质量发展[J]. 旅游学刊，2021，36(6):3 - 5.

[19] 邹建琴，明庆忠，刘安乐，等. 中国红色旅游经典景点空间分布格局及其影响因素异质性[J]. 自然资源学报，2021，36(11):2748 - 2762.

[20] WANG J. Study on spatial econometrics of regional economic development under development of ecological scenic spots[J]. Fresenius environmental bulletin, 2020, 29(10): 9511 - 9521.

[21] WANG L, CAO X, LI T, et al. Accessibility comparison and spatial differentiation of Xi'an scenic spots with different modes based on Baidu real - time travel[J]. Chinese geographical science, 2019, 29(5): 848 - 860.

[22] SUN R H, YE X L, Gao J, et al. Study on carbon footprint and spatial distribution characteristics of human activities in jiuzhai valley scenic area[J].

Applied ecology and environmental research,2019,17(4):7477 -7493.

[23] XU B,PAN J. Spatial distribution characteristics of national protected areas in China[J]. Journal of geographical sciences,2019,29(12):2047 -2068.

[24] LI J,SMITH A E. Block layout for attraction - based enterprises[J]. European journal of operational research,2018,266(3):1100 -1112.

[25] WANG Y,ZLATANOVA S,YAN J,et al. Exploring the relationship between spatial morphology characteristics and scenic beauty preference of landscape open space unit by using point cloud data[J]. Environment and planning b:Urban analytics and city science,2021,48(7): 1822 -1840.

[26] WANG T,WANG L,NING Z Z. Spatial pattern of tourist attractions and its influencing factors in China[J]. Journal of spatial science,2020,65(2): 327 -344.

[27] 李东瑾,毕华. 中国国家森林公园旅游景区空间结构研究[J]. 中国人口·资源与环境,2016,26(S1):274 -277.

[28] 李会琴,李丹,董晓晴,等. 中国5A级景区分布及网络关注度空间格局研究[J]. 干旱区资源与环境,2019,33(10):178 -184.

[29] 王洪桥,袁家冬,孟祥君. 东北地区A级旅游景区空间分布特征及影响因素[J]. 地理科学,2017,37(6):895 -903.

[30] 麻学锋,杨雪. 大湘西高级别景区时空分布特征及影响因素的空间异质性[J]. 自然资源学报,2019,34(9):1902 -1916.

[31] 郭向阳,明庆忠,穆学青,等. 云南省高等级旅游景区空间结构特征及其时空演变[J]. 陕西师范大学学报(自然科学版),2017,45(2):88 -95.

[32] 刘敏,郝炜,张芙蓉. 山西省A级景区空间分布与影响因素[J]. 经济地理,2020,40(8):231 -240.

[33] 赵胡兰,杨兆萍,时卉,等. 乌鲁木齐市A级旅游景区系统空间结构分形研究[J]. 中国科学院大学学报,2021,38(3):367 -373.

[34] 汤礼莎,贺清云,朱翔. 长沙市A级景区空间分布特征[J]. 经济地理,2018,38(6):218 -224.

[35] 许春晓,王甫园,王开泳,等.旅游地空间竞争规律探究:以湖南省为例[J].地理研究,2017,36(2):321-335.

[36] 王录仓,杨志鹏,武荣伟,等.甘肃黄河三峡景区旅游资源空间结构研究[J].干旱区研究,2016,33(1):215-222.

[37] 杨仲元,徐建刚,林蔚.基于复杂适应系统理论的旅游地空间演化模式:以皖南旅游区为例[J].地理学报,2016,71(6):1059-1074.

[38] 袁俊,余瑞林,刘承良,等.武汉城市圈国家A级旅游景区的空间结构[J].经济地理,2010,30(2):324-328.

[39] 崔大树,孙杨.基于分形维数的湖州旅游景区系统空间结构优化研究[J].地理科学,2011,31(3):337-343.

[40] 程海峰,胡文海.池州市A级旅游景区空间结构[J].地理科学,2014,34(10):1275-1280.

[41] 靳诚,徐菁,黄震方,等.南京城市内部景点间游客流动特征分析[J].地理学报,2014,69(12):1858-1870.

[42] 潘竟虎,李俊峰.中国A级旅游景点空间结构的计量地理分析[J].经济地理,2013,33(9):154-160.

[43] 王建英,黄远水,叶新才.可达性及游憩压力视角下乡村旅游景区(点)空间结构优化[J].地理与地理信息科学,2016,32(5):110-114.

[44] 刘亚晶,罗静,孙建伟,等.2018年湖北省旅游供需的空间结构特征分析:以A级景区为例[J].人文地理,2021,36(2):175-183.

[45] 谢霞,刘欢欢,孙慧,等.丝绸之路经济带红色旅游经典景区空间格局特征及影响因素[J].西北师范大学学报(自然科学版),2021,57(4):38-45.

[46] 丛丽,李淑瑜,洪静萱,等.全国红色旅游景区旅游流网络空间结构研究[J].干旱区资源与环境,2021,35(12):188-194.

[47] 黎筱筱,马晓龙,吴必虎.中国优秀旅游城市空间分布及其动力机制研究[J].干旱区资源与环境,2006(5):120-124.

[48] 李涛,傅强.中国省际碳排放效率研究[J].统计研究,2011,28(7):62-71.

［49］陈彦光. 基于 Moran 统计量的空间自相关理论发展和方法改进［J］. 地理研究,2009,28(6):1449－1463.

［50］赵璐,赵作权,王伟. 中国东部沿海地区经济空间格局变化［J］. 经济地理,2014,34(2):14－18＋27.

［51］成金华,孙琼,郭明晶,等. 中国生态效率的区域差异及动态演化研究［J］. 中国人口·资源与环境,2014,24(1):47－54.

［52］焦珊珊,李明,田逢军,等. 中国红色旅游经典景区网络关注度分布格局及驱动机制［J］. 经济地理,2022,42(1):211－220.

［53］王钊,黄文杰. 长征红色旅游景区的演化及其形成机制研究［J］. 经济地理,2021,41(11):209－217.

［54］邓伟,谭琳,杨才,等. 中国山地红色旅游资源类型、分布与高质量开发［J］. 山地学报,2021,39(2):163－173.

［55］王金伟,王国权,刘乙,等. 井冈山红色旅游流时空分布及网络结构特征［J］. 自然资源学报,2021,36(7):1777－1791.

［56］朱媛媛,汪紫薇,顾江,等. 基于"乡土—生态"系统韧性的红色旅游资源利用空间格局优化研究:以大别山革命老区为例［J］. 自然资源学报,2021,36(7):1700－1717.

［57］刘梓汐,罗盛锋. 我国红色旅游研究进展及趋势:基于 CiteSpace 计量分析(2009—2019)［J］. 社会科学家,2020(11):44－49.

［58］戴璐,白彩全,梁龙武. 中国红色旅游政策实施对网络关注度的空间溢出效应:基于语义分析与空间计量的实证［J］. 自然资源学报,2021,36(11):2778－2796.

［59］苏卉,康文婧. 红色旅游经典景区网络关注度时空特征及影响因素研究［J］. 干旱区资源与环境,2022,36(5):200－208.

［60］叶光宇,韩广富. 全国红色旅游政策发展的阶段性特征及嬗变［J］. 社会科学家,2020(8):70－75.

政府补助对旅游上市公司经营效率的影响研究[①]

刘亚杰

摘要：政府补助是旅游上市公司发展过程中重要的资金来源，政府补助对旅游上市公司经营效率的影响值得深入探讨。本文基于数据包络分析（Data Envelopement Analysis，DEA）中的DEA - BCC模型，对我国31家旅游上市公司2014—2019年的经营效率进行了测度与分析，并利用Tobit模型实证检验了政府补助与旅游上市公司经营效率之间的关系。通过研究发现，酒店类旅游上市公司的经营效率与景区类和综合类公司相比相对较低；政府补助对旅游上市公司的经营效率有负向影响，且主要通过负向影响纯技术效率使旅游上市公司的经营效率下降；相较于非国有性质的旅游上市公司，政府补助对国有旅游上市公司经营效率的负向影响更加显著。最后根据研究结果提出了相应的发展建议。

关键词：政府补助；旅游上市公司；DEA；经营效率

作者简介：刘亚杰（1998—），河南周口人，西北大学经济管理学院2021级旅游管理专业硕士研究生。

---

① 本文由余洁副教授指导完成。余洁(1972—),陕西西安人,西北大学经济管理学院副教授。基金项目:科技部“一带一路”创新人才交流外国专家项目“扩大丝路文化国际影响力　促进遗产旅游可持续发展研究”(项目编号:DL2022040003L)。

一、引言

自2009年12月国务院颁布《关于加快发展旅游业的意见》起，旅游业被定位为“国民经济的战略性支柱产业和人民群众更加满意的现代服务业”。10多年来，旅游业不仅成为带动地区经济发展的支柱产业之一，也是区域高质量发展和产业高质量转型的主要路径（《2019中央经济工作会议公报》）。旅游业具有较强的外部性，能够发挥投资乘数效应，带动相关产业发展并创造就业机会，提高当地人群的收入水平，因此旅游业的发展受到了当地政府的极大关注与支持。政府补助作为最直接且占比较大的政策支持方式，在旅游业发展的过程中发挥着重要作用，可以缓解旅游企业的资金压力，引导资源配置，提高市场参与的积极性。

近年来，受国内需求拉动的影响，旅游业的规模不断扩张，各级政府不断加大对旅游业的支持力度，使其投资持续快速增长。与此同时，旅游市场供需失衡状态也不断加剧，一些企业盲目地进行开发建设，不合理的项目开发和投资使得企业经营效率低下，造成了资源的浪费，也埋下了行业产能过剩的隐患。旅游业发展过程中出现的供需不平衡、产能利用不足等问题，制约着我国旅游行业的健康成长和高效发展。旅游上市公司作为旅游业的关键组成部分，其经营效率反映着旅游行业的整体经济效益与发展状况，并为中小型旅游企业经营绩效的提升提供参考和依据。因此，需要对我国旅游上市公司的经营效率进行合理的测度与分析，并对政府补助与旅游上市公司经营效率的关系进行深入探讨，以更好地把握旅游业的发展状况，促进企业经济实力的提升和资源的合理配置与使用，避免资源浪费。政府补助是旅游上市公司的重要收入来源，对政府补助资金使用效率进行合理的评估，能够促进政府补助的合理分配与旅游业的健康发展。

在理论研究方面，我国关于政府补助与旅游企业经营效率关系的研究比较缺乏。基于此，本文从微观企业的角度出发，在利用 DEA - BCC 模型对我国 31 家旅游上市公司 2014—2019 年的经营效率进行测度与分析的基础上，实证检验政府补助对旅游上市公司经营效率的影响，并对其作用机制进行分析，为提高政府补助的资金使用效率、促进旅游业的健康发展提供建议。

二、理论基础与研究假设

（一）旅游上市公司经营效率测度与分析

本文主要运用 DEA 模型或者多元统计中的因子分析或主成分分析法，对旅游企业经营效率进行实证研究。在研究对象上主要集中于酒店行业，也有学者对我国旅游上市公司的经营效率进行了评价（任毅等，2017）。Barros（2005）指出，DEA 得出的效率值不仅能代表旅游业酒店投入与产出的比率，还可度量酒店在生产供应链中的竞争力。George 和 Carlos（2011）基于 Malmquist 指数法对阿联酋、阿曼和沙特阿拉伯 3 个国家 93 家连锁酒店的经营效率进行了测度。Huang 等（2012）对中国酒店业 31 强的评估显示，旅游吸引力、从业人员教育及薪酬水平对旅游业技术效率有正向影响。郭岚等（2008）以数据包络分析法为主，以因子分析法为辅，通过对财务数据的测评得出我国旅游上市公司经营效率的优劣排名。耿松涛（2012）利用 DEA 模型探讨了 20 家中国旅游上市公司 2004—2009 年全要素生产率，指出中国旅游上市公司全要素生产率的年度波动性较大。从以上文献可以看出数据包络分析方法在经营效率评价中的广泛应用，本文主要基于 DEA - BCC 模型对旅游上市公司的经营效率进行测度与分析，并对旅游上市公司进行分类比较，为提升我国旅游上市公司的经营效率提供科学依据。

（二）政府补助与企业经营效率

政府补助与企业经营效率的研究涉及多个行业且研究结果不一致，以往的研究主要集中在战略性新兴产业、信息技术与新能源产业、医药制造业和涉农企业等，缺乏对旅游企业的相关研究，研究结果方面也存在着激励效应和抑制效应两种不同的观点。

政府补助的激励效应，即政府补助能够促进企业经营效率的提升。相关研究指出，企业在发展过程中会面临一定的融资约束，对经营效率的提升起制约作用（陈诗一、陈登科，2016），政府补助能够有效缓解企业融资约束，促进企业全要素生产率提升（Wu，2017；Chen et al.，2012）。根据信号传递理论，政府补助也会向银行等金融机构释放一种经济信号（Meuleman and Maeseneire，2012），表示政府对该类企业的看好，从而有助于企业获得外部融资，提高企业的经营效率和投资效率。政府补助具有一定的引导性，会对具有发展潜力和市场前景广阔的企业予以补贴，在一定程度上引导企业的投资行为，使企业的投资决策更加科学合理（李政、杨思莹、路京京，2018）。Hitaj（2013）认为，政府补助对美国风电产业的发展发挥了重要促进作用。袁丹和詹绍文（2019）也通过研究发现，政府补助能显著促进丝绸之路经济带文化旅游业上市公司效率的提升。基于此，提出以下假设。

H_{1a}：政府补助正向影响企业经营效率。

政府补助的抑制效应主要指政府补助会对企业的经营效率产生负向影响。首先，政府补助过程的不透明或缺乏合理有效的监督会抑制补助效果，对企业经营效率产生负面影响（徐保昌、谢建国，2015）。其次，政府补助过程中存在着信息不对称，不能充分了解企业的目的与行为，企业在使用补助资金过程中的道德风险会对补助效果产生不利影响。李政等（2018）研究发现，由于存在信息不对称因素，企业在申请政府补助的过程中往往会传递虚假信息，导致政府补助资源的错配。

此外，政府补助也会在一定程度上导致企业“过度购买”行为，对补助资金未进行充分合理的使用。政策优惠也会使上市公司产生依赖性，缺乏改善经营管理和提高生产率的动力，没有形成企业自身的内在增长能力，阻碍了其主营业务的发展，导致企业经营效率长期低下。Bergstrom（2000）以瑞典1987—1993年部分企业政府补助的研究结果为证据，表明政府补助会影响企业的市场进入、退出和规模，导致资源配置低效，不利于制造业生产率提升，并且政府补助对企业创新投资产生挤出效应。任优生和邱晓东（2017）研究指出，政府补助对我国战略性新兴产业上市公司的全要素生产率具有显著抑制作用。基于此，提出以下假设。

H_{1b}：政府补助对企业经营效率产生负向影响。

企业的产权性质是影响政府补贴效率的重要因素。不同所有权属性的企业，获取政府补助资金的能力和对补助资金的管理与分配均存在差异。因此，国有企业和非国有企业获得的政府补助对经营效率的影响结果也存在差异。国有企业通过政治关联、社会地位等优势，虽然更容易获取政府补助资金（Wang，Li and Furman，2017），但是可能会形成对补助资金的过度依赖，不利于经营效率的提升。相较于国有企业，非国有企业不但面临一定的融资约束，而且不容易获得政府补助，因而其在获取政府补助后对资金的使用更为谨慎。基于此，提出如下假设。

H_2：政府补助对不同产权性质企业经营效率的影响不同。与非国有企业相比，政府补助对国有企业经营效率的抑制作用更加显著。

三、旅游上市公司经营效率测度与分析

（一）模型介绍

本文主要采用DEA模型对旅游上市公司的经营效率进行测度。DEA是一种基于线性规划模型来衡量多投入、多产出的同类型决策单

元（Decision Making Unit，DMU）相对技术效率的非参数分析法。本文主要采取由 Banker 等（1984）提出的以投入为导向的 DEA－BCC 模型，对旅游上市公司的经营效率进行测度与分析，DEA－BCC 模型中决策单元的经营效率（*TE*）可进一步细分为纯技术效率（*PTE*）和规模效率（*SE*），三者的关系如式（1）所示。

$$TE = PTE \times SE \tag{1}$$

（二）指标确定

本文主要借鉴任毅等（2017）的研究，采用双投入（公司总资产、员工人数）和双产出（营业收入、净利润）来测度旅游上市公司的经营效率。由于 DEA 模型要求投入产出指标值为正数，部分年份旅游上市公司的净利润会出现负数，由已有的研究（沈江建、龙文，2015）可知，如果投入产出指标出现负数，则可以在同一指标上同时加上相同的正数或适当减去相同的正数，其 DEA 有效性不变。因此，本文采用式（2）对样本中含有负数的数据指标进行无量纲化处理，处理后的数值位于 0.1～1，满足 DEA 模型对数据的要求。

$$\bar{x}_{ij} = 0.1 + 0.9 \times \frac{x_{ij} - \min_i\{x_{ij}\}}{\max_i\{x_{ij}\} - \min_i\{x_{ij}\}} \tag{2}$$

其中，$\bar{x}_{ij}$ 为经无量纲化处理后的指标，x_{ij} 为样本数据中第 j 家公司的第 i 个指标，$\max_i\{x_{ij}\}$ 为第 i 个指标中的最大值，$\min_i\{x_{ij}\}$ 为第 i 个指标中的最小值。

（三）样本选择与数据来源

本文根据上市公司网站和年报中披露的产品与业务介绍，对比《国家旅游及相关产业统计分类（2018）》及证监会发布的《上市公司行业分类结果》，对旅游上市公司进行选取。考虑数据的可得性和完备性，剔除 ST、*ST 类型的企业及数据缺失的样本之后，选取了沪深 A 股

2014—2019 年 31 家旅游上市公司的数据进行实证研究。由于部分企业上市时间较晚，所以本文将数据收集开始时间设定为 2014 年。同时，根据主营业务来源，将上市公司分为景区类、综合类和酒店类三种类型，公司分类及名称如表 1 所示。样本数据主要源自国泰安数据库（CSMAR）及上交所、深交所网站公布的上市公司年报。

表 1　2014—2019 年样本公司分类及名称

类型	代码	公司名称
景区类	000430	张家界
	000863	三湘印象
	000888	峨眉山 A
	000978	桂林旅游
	002033	丽江旅游
	002059	云南旅游
	002159	三特索道
	300144	宋城演艺
	600054	黄山旅游
	600593	大连圣亚
	600706	曲江文旅
	603099	长白山
	603199	九华旅游
综合类	000069	华侨城 A
	000524	岭南控股
	000610	西安旅游
	000620	新华联
	000796	凯撒旅游
	000802	北京文化
	002707	众信旅游
	600138	中青旅
	600358	国旅联合
	002717	岭南股份
	601888	中国中免

续表

类型	代码	公司名称
酒店类	000428	华天酒店
	000721	西安饮食
	600258	首旅酒店
	002186	全聚德
	600754	锦江酒店
	600640	新国脉
	601007	金陵饭店

（四）经营效率测度与分析

本文采用 DEA－BCC 模型，对 2014—2019 年 31 家旅游上市公司的经营效率进行了测度，并对 2019 年旅游上市公司的综合技术效率、纯技术效率和规模效率进行了分析。经营效率（*TE*）是衡量旅游上市公司资源配置水平和使用效率的关键因素，从表 2 可以看出，众信旅游连续 6 年经营效率值均为 1.000，表明其处于生产前沿面，投入要素达到最优的资源配置，经营效率处于最佳水平。国旅联合连续 5 年经营效率值为 1.000，表明其经营效率较高，创收和增值能力较强。三湘印象、中国中免各年经营效率值也都处于较高水平。从表 2 中可以看出，酒店类上市公司经营效率普遍较低，华天酒店和锦江酒店各年经营效率值均位于 0.200 以下，说明其经营情况不容乐观。由于酒店类企业固定资产投资较大，且经营业务单一，收入的不稳定性较大，容易出现过度投资和资源浪费的现象，需要引起酒店从业者足够的重视，采取方法提高自身的经营效率。表 2 显示，各年中只有较少的旅游上市公司达到了最佳生产前沿面，大部分旅游上市公司的经营效率还需要改进和提升。

表2　2014—2019年31家旅游上市公司经营效率值

公司类别	公司名称	2014年	2015年	2016年	2017年	2018年	2019年
景区类	张家界	0.916	0.880	0.538	0.416	0.338	0.228
	三湘印象	0.996	0.727	1.000	1.000	1.000	0.810
	峨眉山A	0.370	0.410	0.462	0.438	0.384	0.298
	桂林旅游	0.241	0.246	0.352	0.369	0.304	0.239
	丽江旅游	0.390	0.432	0.435	0.389	0.350	0.264
	云南旅游	0.353	0.453	0.421	0.321	0.430	0.326
	三特索道	0.316	0.318	0.381	0.358	0.325	0.249
	宋城演艺	0.616	0.736	0.589	0.646	0.751	0.474
	黄山旅游	0.282	0.345	0.332	0.309	0.293	0.229
	大连圣亚	1.000	1.000	0.984	0.770	0.443	0.270
	曲江文旅	0.364	0.496	0.615	0.624	0.550	0.370
	长白山	0.819	0.818	0.836	0.813	0.670	0.481
	九华旅游	0.680	0.656	0.823	0.785	0.657	0.462
综合类	华侨城A	0.542	0.573	0.338	0.566	0.744	0.545
	岭南控股	0.812	0.761	1.000	0.692	0.744	0.794
	西安旅游	1.000	0.697	0.876	0.727	0.838	0.635
	新华联	0.624	0.464	0.278	0.387	0.681	0.327
	凯撒旅游	0.496	0.603	0.537	0.604	0.628	0.455
	北京文化	0.571	0.600	0.875	0.728	0.488	1.000
	众信旅游	1.000	1.000	1.000	1.000	1.000	1.000
	岭南股份	0.881	0.876	0.554	0.518	0.882	0.630
	中青旅	0.613	0.531	0.446	0.486	0.503	0.475
	国旅联合	0.959	1.000	1.000	1.000	1.000	1.000
	中国中免	0.651	0.674	0.617	0.718	1.000	1.000
酒店类	华天酒店	0.144	0.168	0.138	0.125	0.127	0.136
	西安饮食	0.546	0.638	0.868	0.871	0.668	0.574
	全聚德	0.436	0.616	0.689	0.702	0.670	0.544
	首旅酒店	0.412	0.247	0.167	0.230	0.242	0.233
	新国脉	0.447	0.706	0.528	0.670	0.570	0.411
	锦江酒店	0.133	0.171	0.106	0.150	0.162	0.177
	金陵饭店	0.455	0.498	0.485	0.379	0.348	0.316

表3为2019年各样本公司经营效率值及分解指标，从中可以看出有4家企业处于前沿面，且都是综合类的旅游上市公司，旅游业务较为多元化，资源利用效率较高。其他企业并未达到技术效率前沿面，证明存在一定程度的投入冗余或产出不足。纯技术效率（*PTE*）是衡量各旅游上市公司要素投入在最优规模情况下受管理和技术等因素影响的生产效率，云南旅游、新华联、中青旅和新国脉规模效率虽都处于较高水平，但由于纯技术效率值较低，所以经营效率水平不高，这些企业需要进一步提高投入资源的使用效率。规模效率（*SE*）是衡量各旅游上市公司受规模大小影响的生产效率。宋城演艺、长白山和九华旅游2019年经营效率较低主要是受到规模效率的影响，这些企业需要注意自身的规模水平，合理利用现有经营条件。从表3中也可以看出，2019年31家旅游上市公司都处于规模报酬递减或规模报酬不变阶段，表明企业需要寻求新增长点，促进产品与服务的创新，而不是盲目通过增加投资、扩大规模去获取收益。

表3　2019年31家旅游上市公司 *TE* 值、*PTE* 值和 *SE* 值

公司类别	公司名称	*TE*	*PTE*	*SE*	规模报酬
景区类	张家界	0. 228	0. 497	0. 459	drs
	三湘印象	0. 810	0. 999	0. 811	drs
	峨眉山A	0. 298	0. 713	0. 417	drs
	桂林旅游	0. 239	0. 424	0. 563	drs
	丽江旅游	0. 264	0. 801	0. 330	drs
	云南旅游	0. 326	0. 331	0. 985	drs
	三特索道	0. 249	0. 469	0. 530	drs
	宋城演艺	0. 474	1. 000	0. 474	drs
	黄山旅游	0. 229	0. 564	0. 406	drs
	大连圣亚	0. 270	0. 777	0. 348	drs
	曲江文旅	0. 370	0. 564	0. 657	drs
	长白山	0. 481	1. 000	0. 481	drs
	九华旅游	0. 462	1. 000	0. 462	drs

续表

公司类别	公司名称	*TE*	*PTE*	*SE*	规模报酬
综合类	华侨城 A	0. 545	1. 000	0. 545	drs
	岭南控股	0. 794	0. 932	0. 852	drs
	西安旅游	0. 635	0. 941	0. 675	drs
	新华联	0. 327	0. 327	1. 000	—
	凯撒旅游	0. 455	0. 526	0. 866	drs
	北京文化	1. 000	1. 000	1. 000	—
	众信旅游	1. 000	1. 000	1. 000	—
	岭南股份	0. 630	0. 630	1. 000	—
	中青旅	0. 475	0. 492	0. 965	drs
	国旅联合	1. 000	1. 000	1. 000	—
	中国中免	1. 000	1. 000	1. 000	—
酒店类	华天酒店	0. 136	0. 199	0. 683	drs
	西安饮食	0. 574	0. 890	0. 645	drs
	全聚德	0. 544	0. 777	0. 700	drs
	首旅酒店	0. 233	0. 354	0. 659	drs
	新国脉	0. 411	0. 411	0. 999	—
	锦江酒店	0. 177	0. 239	0. 739	drs
	金陵饭店	0. 316	0. 576	0. 548	drs
	Mean	0. 482	0. 702	0. 696	

注：drs 表示规模报酬递减（decrease），“—”表示规模报酬不变。

四、实证分析

（一）变量选择与数据来源

为探究政府补助对旅游上市公司经营效率的影响，本文以 DEA - BCC 模型测算得到的经营效率值及其分解指标为被解释变量，以政府补助为核心解释变量，构建回归模型，实证检验 2014—2019 年政府补助对 31 家旅游上市公司经营效率的影响，相关变量及其测度如表 4 所示。其中，政府补助2014—2016年的数据主要来源于企业年度报表附注“营业外收入”科目下的政府补助金额，2017—2019年的数据来源于报表附注“营业外收入”和“其他收益”科目下的政府补助金额合计，其他数据来源于国泰安数据库（CSMAR）和上市公司年报，数据处理采用Stata14.0统计软件完成，为避免异常值的影响，对主要连续变量上下1%进行Winsorize处理。

表4　变量定义与测度

变量性质	变量名称	变量符号	变量测度
被解释变量	经营效率	*TE*	DEA－BCC模型测算得到的综合效率值
	纯技术效率	*PTE*	DEA－BCC模型测算得到的综合效率值分解指标
	规模效率	*SE*	DEA－BCC模型测算得到的综合效率值分解指标
解释变量	政府补助	*Sub*	企业当年政府补助的自然对数
调节变量	产权性质	*State*	虚拟变量，国有企业取值为1，非国有企业取值为0
控制变量	企业年限	*Age*	观测年份减企业成立年份
	企业规模	*Size*	企业当年资产总额取对数
	资产负债率	*Lev*	企业当年总负债与总资产的比率
	总资产收益率	*Roa*	企业当年净利润与总资产的比率
	成长性	*Growth*	营业收入增长率

（二）模型构建

由于DEA模型取得的效率值是介于0和1之间的截尾数据，所以本文使用Tobit模型进行回归。本文构建回归模型如下，模型（3）主要是政府补助对旅游上市公司经营效率的影响，模型（4）和模型（5）主要探究政府补助对经营效率分解指标纯技术效率和规模效率的影响，模型（6）主要探究产权性质的调节作用，国有企业和非国有企业对政府补助金额的获取和利用有一定差异，所以政府补助对其经营效率的影响可能会有所不同，本文对此进行检验。

$$TE_{it} = \alpha_0 + \alpha_1 Sub_{it} + \sum \alpha_k Controls_{it} + \varepsilon_{it} \tag{3}$$

$$PTE_{it} = \beta_0 + \beta_1 Sub_{it} + \sum \beta_k Controls_{it} + \varepsilon_{it} \tag{4}$$

$$SE_{it} = \gamma_0 + \gamma_1 Sub_{it} + \sum \gamma_k Controls_{it} + \varepsilon_{it} \tag{5}$$

$$TE_{it} = \delta_0 + \delta_1 Sub_{it} + \delta_2 State_{it} + \delta_3 Sub_{it} \times State_{it} + \sum \delta_k Controls_{it} + \varepsilon_{it} \tag{6}$$

其中，i 和 t 分别代表企业和时间，ε 为随机误差项，*TE* 表示企业经营效率，*Sub* 表示企业获得的政府补助收入水平，*Controls* 为控制变量。

（三）实证结果

1. 描述性统计

表 5 为本文主要变量的描述性指标，包括变量的均值、标准差、最大值和最小值。根据表 5 中数据可以看出，旅游上市公司的经营效率相差较大，最小值仅为 0. 1250，说明企业经营效率较低，亟须加强自身能力建设，提高资源使用效率。政府补助的最小值为 0，最大值为 19. 910，意味着政府补助资源在旅游上市公司之间的分配存在着不均衡现象，公司间差距较大。总资产收益率和成长性最小值出现负数，说明旅游上市公司部分年份经营状况不佳，企业的规模和年龄也存在着较大差异。

表 5　变量的描述性统计

变量	*N*	mean	sd	min	max
TE	186	0. 5660	0. 2560	0. 1250	1. 000
PTE	186	0. 7050	0. 2640	0. 1410	1. 000
SE	186	0. 8110	0. 1960	0. 3300	1. 000
Sub	186	15. 5200	2. 4420	0	19. 910
Size	186	22. 1800	1. 2750	20. 1700	26. 410

续表

变量	N	mean	sd	min	max
State	186	0.7260	0.4470	0	1.000
Age	186	25.6100	4.1590	14.0000	33.000
Lev	186	0.4130	0.2020	0.0580	0.844
Growth	186	0.3160	1.3890	−0.5910	11.910
Roa	186	0.0407	0.0603	−0.2850	0.165

2. 相关性分析

从表6中可以看到，政府补助与经营效率之间的系数为负，说明旅游上市公司经营效率与政府补助之间存在负向关系，还需要进一步进行回归分析。表6中各自变量间两两相关系数均小于0.7，多重共线性检验结果显示*VIF*值小于3，表明各变量之间不存在明显的多重共线性。

表6 相关性分析

变量	*TE*	*Sub*	*State*	*Size*	*Lev*	*Growth*	*Roa*	*Age*
TE	1.000							
Sub	−0.323***	1.000						
State	−0.195***	−0.073	1.000					
Size	−0.291***	0.664***	−0.189***	1.000				
Lev	−0.151**	0.286***	−0.252***	0.485***	1.000			
Growth	0.110	0.051	−0.122*	0.078	0.058	1.000		
Roa	−0.014	0.090	−0.030	0.137*	−0.383***	0.089	1.000	
Age	−0.068	−0.063	−0.171**	−0.092	0.373***	0.0430	−0.293***	1.000

注：***、**、*分别表示在1%、5%和10%的水平上显著。

3. 实证结果分析

回归结果如表7所示，模型通过了显著性检验，从模型（1）中可以看出，政府补助与旅游上市公司经营效率之间呈负相关关系，在1%的水平上显著，验证了假设H_{1b}，拒绝了假设H_{1a}，表明政府补助会负向影响旅游上市公司的经营效率。两者的相关系数为−0.038，表明政府补助每增加1单位，企业的经营效率就会降低3.8%。从经营效率分解指标的回归结果中可以看出，政府补助对旅游上市公司的纯技术效率

（*PTE*）有负向影响，回归系数为 -0.063，在1%的水平上显著，而政府补助对旅游上市公司的规模效率（*SE*）没有显著的影响。以上结果表明，政府补助主要通过负向影响纯技术效率使旅游上市公司的经营效率降低，纯技术效率主要反映受管理和技术等方面因素影响的生产效率，说明旅游上市公司未能对政府补助资金进行充分合理的使用，造成了资源的浪费，自身的管理和技术水平并未得到相应进步，使得经营效率降低。

调节效应的回归结果如模型（4）所示，政府补助对非国有企业的经营效率有正向影响，相关系数为0.046，在10%的水平上显著，表示政府补助每增加1单位，会使非国有旅游上市公司的经营效率提高4.6%。产权性质与政府补助交互项的回归系数为负且在1%的水平上显著，表明相对于非国有企业，国有企业政府补助对经营效率的负向影响更显著，支持了假设 H_2。国有企业政府补助的回归系数为 -0.039（由表7中系数计算得出，即0.046 -0.085），经过联合检验，在5%的水平上显著，表明对国有旅游上市公司来说，政府补助每增加1单位，会使其经营效率降低3.9%。从模型（1）中控制变量的回归结果中可以看出，企业的成长性指标与经营效率在5%的水平上显著为正，说明旅游上市公司的经营效率受到营业收入增长率的正向影响，具有较好成长性的旅游企业资源配置更加合理，能够保持良好的增长趋势和可持续发展态势，经营效率也会较高。

表7　回归结果

变量	(1)	(2)	(3)	(4)
	TE	*PTE*	*SE*	*TE*
Sub	-0.038*** (-2.650)	-0.063*** (-3.500)	0.001 (0.090)	0.046* (1.680)
State				1.163*** (2.780)

续表

变量	(1)	(2)	(3)	(4)
	TE	*PTE*	*SE*	*TE*
Sub × State				−0.085*** (−3.190)
Size	−0.025 (−0.650)	0.057* (1.780)	−0.064*** (−2.660)	−0.039 (−1.620)
Roa	−0.185 (−0.220)	0.655 (1.400)	−0.868** (−2.090)	−0.312 (−0.820)
Lev	0.049 (0.210)	−0.337** (−2.060)	0.396** (2.140)	−0.080 (−0.590)
Growth	0.031** (2.260)	0.015 (0.910)	0.022*** (2.890)	0.027* (1.910)
Age	−0.008 (−0.760)	−0.018*** (−2.720)	−0.001 (−0.170)	−0.010* (−1.960)
Constant	1.902** (2.480)	1.039* (1.790)	2.129*** (4.370)	1.131* (1.940)
Observations	186	186	186	186
Jointtest				−0.390**

注：***、**、*分别表示在1%、5%和10%的水平上显著，括号内为t值，最后一行为政府补助和交互项系数之和的联合检验。

（四）稳健性检验

首先，通过替换解释变量，即将政府补助与企业当期营业收入的比值作为解释变量进行回归，检验模型的稳健性（见表8），从回归结果（1）中可以看出政府补助与旅游上市公司经营效率的负向关系仍然显著。政府往往会对经营绩效好、发展前景广阔的企业予以补助，为避免双向因果关系等内生性的影响，采用滞后一期的政府补助与营业收入的比值作为解释变量重新进行回归，后一期的经营效率不会影响前一期的政府补助金额。回归结果如模型（2）所示，可以看出结果依然显著为负，说明回归结果比较稳健。

表8　稳健性检验

变量	(1)	(2)
	TE	TE
Sub_{it}	-8.342** (-2.240)	
Sub_{it-1}		-6.456** (-2.520)
Size	-0.064* (-1.900)	-0.051** (-2.260)
Roa	-0.376 (-0.580)	-0.481 (-1.180)
Lev	0.122 (0.560)	-0.006 (-0.040)
Growth	0.016 (1.470)	0.023** (2.070)
Age	-0.010 (-0.990)	-0.010 (-1.580)
Constant	2.272*** (2.890)	2.010*** (3.880)
Observations	186	155

注：***、**、*分别表示在1%、5%和10%的水平上显著，括号内为 t 值。

五、结论与建议

（一）研究结论

本文利用DEA-BCC模型对2014—2019年沪深A股31家旅游上市公司的经营效率进行了测度与分析，并利用Tobit模型实证检验了政府补助对旅游上市公司经营效率的影响，主要得出以下研究结论。

（1）酒店类旅游上市公司的经营效率与景区类和综合类旅游上市公司相比相对较低，酒店类上市公司2014—2019年的经营效率值均未达到生产前沿面，说明其资源未得到充分合理的使用，需要采取相应措施提高企业经营效率，减少资源浪费，使企业高效运转。综合类旅游上市公司的经营效率相对较高，2019 年 4 家位于前沿面的企业都属于综合类的旅游上市公司，不同类型的旅游上市公司的经营效率具有显著差异。

（2）政府补助对旅游上市公司的经营效率有负向影响，且主要通过负向影响纯技术效率使旅游上市公司的经营效率降低。政府补助并未促进旅游上市公司对资金的有效配置和合理使用，未能发挥有效的引导作用，使企业盲目地进行建设与开发，未对投入产品的质量与经营项目的合理性进行充分评估，造成对政府补助资金的滥用，且未能提高自身的管理与技术水平，与政府期望企业达到的效果相违背，企业的资源利用效率较低，经营效率下降。

（3）政府补助对旅游上市公司经营效率的影响存在显著的所有权性质差异，与非国有企业相比，政府补助对国有旅游上市公司经营效率的负向影响更加显著。国有企业与政府的联系更加紧密，更容易获取政府补助，会使企业形成对政府补贴的过度依赖，不利于企业自身内在增长能力与经营效率的提升。

（二）相关建议

1. 对政府的建议

（1）政府需要对旅游业的发展进行合理引导，同时对政府补助资金的使用效率进行评估，避免政府补助资金的浪费。通过建立合理的引导机制，将企业发展引导到提升效率、增强市场竞争力的轨道上，促进资源的合理配置，增强企业自身的发展实力与增长能力，避免对政府补助过度依赖。同时，还要加强过程管理，建立公开的评审制度，使补贴机制较为透明，在补助前明确责任以及违约标准。明确规定政府补助的事由、金额信息等披露要求，实施精准补助。建立有效的评估与惩罚机制，加强对被补助企业经营效率的考核监督，防止骗补和寻租行为发生。

（2）政府应依据企业经营效率和所有权性质等特征，有针对性地调整补助方案和补助类型，加强对国有企业政府补助的监管，同时也要增加对非国有企业的关注。政府需要对融资困难、发展潜力大的企业予以一定的支持与帮扶，以补助的形式引导企业向市场前景广阔的方向发展，提高企业经营效率。各级政府和旅游管理部门也应当主动地搜索和发布相关信息，帮助旅游企业科学评估投资决策与生产决策，引导市场产生合理的预期，减少信息不对称与协调困难造成的资源错配，最大限度地促进资源的有效利用，避免重复建设和地区间的恶性竞争。

2. 对企业的建议

（1）企业既要注重投入产出的效率，也要避免出现以短期效率为主的观念，注重自身可持续发展能力的建设，对政府补助资金合理使用，提升技术水平与创新能力，增强在旅游消费市场的核心竞争力。在技术效率提升方面，企业应根据自身经营情况对资产进行合理的投入与使用，使资金、人力和技术等投入要素在满足生产需要的前提下实现收益最大化。旅游业属于劳动密集型产业，员工是企业的重要组成部分，员工的数量与质量对企业经营效率有着重要影响，旅游企业应重视员工效能的发挥，通过职业规划、定期培训和薪酬管理等激励方法来提升员工的凝聚力和创造力，提升企业的技术水平，提高经营效率。

（2）各类旅游企业应充分发挥自身的竞争优势，同时弥补存在的不足，提升技术水平和经营效率。酒店类企业固定资产投资较大，投资回报期长，应重视新技术应用领域的拓展，实现酒店预订的虚拟现实化、酒店服务的人工智能化，提高经营效率。综合类旅游企业生产经营多元化，可以围绕自身的核心业务和创新经济体系进行品牌塑造，提升自身的竞争力。游客的消费观念在不断转变，景区类企业除了依托具有垄断性的自然资源来获取经营效益外，还需要注意技术、产业和经营模式创新，促进旅游景区的智慧化建设，实现基础设施与服务的数字化，提升景区的吸引力与经营效率。

（3）面对疫情的影响，旅游企业更要关注自身的经营状况，合理利用自身资源，结合发展实际，积极提升发展能力与创新水平。在文旅融合的背景下，企业要以自身的产品为核心，充分了解顾客的需求，在产品设计与项目策划时首先要明确其价值所在，可以将优秀的传统文化或者极具创意与创造性的当代文化融入其中，通过先进的技术对其进行展现，在满足游客求新求异旅游动机的同时也能使其更好地了解产品的文化内涵，从而获得对自我的提升和对产品与文化的认同，提高游客重游和推荐意愿。

参考文献

[1]任毅，刘婉琪，赵珂，等．中国旅游上市公司经营效率的测度与评价：基于混合 DEA 模型的实证分析[J]．旅游学刊，2017，32(7)：27－36.

[2]BARROS C P. Measuring efficiency in the hotel sector[J]. Annuals of tourism research, 2005, 32(2): 456－477.

[3]GEORGE A, CARLOS B. Performance analysis of the gulf hotel industry: A malmquist index with bias correction[J]. International journal of hospitality management, 2011(3): 819－826.

[4]HUANG Y H, MESAK H I, HSU M K, et al. Dynamic efficiency assessment of Chinese hotel industry[J]. Journal of business research, 2012, 65 (1): 59－67.

[5]郭岚，张勇，李志娟．基于因子分析与 DEA 方法的旅游上市公司效率评价[J]．管理学报，2008 (2)：258－262.

[6]耿松涛．中国旅游上市公司全要素生产率研究[J]．南京社会科学，2012 (5)：15－21.

[7]陈诗一,陈登科. 融资约束、企业效率韧性与我国加总全要素生产率研究[J]. 经济学报(北京), 2016(1):1 -31.

[8]WUA. The signal effect of government R&D subsidies in China: Does ownership matter? [J]. Technological forecasting and social change, 2017(117):339 -345.

[9]CHEN V Z, Li J, SHPIRO D M. Ownership structure and innovation: An emerging market perspective[J]. Asia pacific journal of management, 2012(31):1 -24.

[10]MEULEMAN M, MAESENEIRE W D. Do R&D subsidies affect SMEs' access to external financing? [J]. Research policy, 2012(41):580 -591.

[11]李政,杨思莹,路京京. 政府参与能否提升区域创新效率? [J]. 经济评论(武汉), 2018 (6):1 -13.

[12]HITAJ C. Wind power development in the United States[J]. Journal of environmental economics and management, 2013, 65(3):394 -410.

[13]袁丹,詹绍文. 政府补助、金融支持与丝绸之路经济带文化旅游业上市公司效率[J]. 华东经济管理, 2019, 33(6):78 -83.

[14]徐保昌,谢建国. 政府质量、政府补贴与企业全要素生产率[J]. 经济评论(武汉), 2015(4):45 -56.

[15]BERGSTROM F. Capital subsidies and the performance of firms[J]. Small business economics, 2000, 14(3):183 -193.

[16]任优生,邱晓东. 政府补贴和企业 R&D 投入会促进战略性新兴产业生产率提升吗[J]. 山西财经大学学报, 2017, 39(1):55 -69.

[17]WANG Y, Li J, FURMAN J L. Firm performance and state innovation funding: Evidence from China's innofund program[J]. Research policy, 2017(46):1142 -1161.

[18]BANKER R D, CHARNES A, COOPER W W. Some models for estimating technical and scale inefficiencies in data envelopment analysis[J]. Management science, 1984 (30): 1078 -1092.

[19]CAVES D, CHRISTENSEN L,DIEWERT W. The economic theory of index numbers and the measurement of input, output and productivity[J]. Econometrica, 1982, 50(6): 1393 – 1494.

[20]FARE R, GROSSKOF S, NORRIS M, et al. Productivity growth, technical progress and efficiency changes in industrialized countries [J]. American economic review, 1994, 84(1): 66 – 83.

[21]陶卓民，薛献伟，管晶晶．基于数据包络分析的中国旅游业生产效率特征[J]. 地理学报, 2010, 65(8): 1004 – 1012.

[22]胡志毅．基于 DEA – Malmquist 模型的中国旅行社业发展效率特征分析[J]. 旅游学刊, 2015, 30(5): 23 – 30.

[23]胡炜霞,张玉芳．黄河中下游旅游效率评价及影响因素分析[J]. 干旱区资源与环境, 2022, 36(7):187 – 193.

[24]查建平．改革开放40年中国旅游产业效率演变及规律[J]. 旅游学刊, 2019, 34(1):5 – 6.

[25]李垚,夏杰长．政策支持、企业投资与旅游业效率[J]. 经济与管理研究, 2021, 42(4):89 – 104.

[26]鲍富元,杨玉英,耿静．旅游企业全要素生产率对营运能力的影响研究:基于上市公司的技术创新[J]. 技术经济与管理研究, 2021(4):17 – 22.

[27]沈江建,龙文．负产出在DEA模型中的处理:基于软件DEAP的运用[C]// 第十届(2015)中国管理学年会论文集,2015:267 – 272.

[28]李政,杨思莹,路京京．政府补贴对制造企业全要素生产率的异质性影响[J]. 经济管理, 2019, 41(3):5 – 20.

[29]严荔,谢正娟．政府补贴对制造业企业创新效率的影响效应研究[J]. 经济体制改革, 2021 (2):124 – 130.

[30]李蒙,韩东林．文化上市公司政府补贴的绩效评价研究[J]. 齐齐哈尔大学学报(哲学社会科学版), 2019(9):81 – 85.

[31]邵敏,包群．政府补贴与企业生产率:基于我国工业企业的经验分析[J]. 中国工业经济, 2012(7):70 – 82.

旅游OGC和UGC视频的内容呈现及其传播效果比较研究①

郗　钰

摘要： 社交媒体是潜在旅行者获取信息的重要途径，对于目的地营销来说至关重要。本文以长安十二时辰主题街区为案例，将与其相关的职业生成内容（OGC）和用户生成内容（UGC）中的视频作为数据源，对其进行内容分析，比较二者呈现内容的异同，同时结合相应视频评论中的情感倾向，尝试阐释二者传播效果的差异。研究发现，二者在“拍摄对象”和“拍摄视角”上具有相似性；OGC视频倾向于使用“影视剧片段”“后期配乐”“细节式展示”进行内容创作且所包含旅游地信息更综合和细致，UGC视频多用“现场原声”“人声讲解”“全景式展示”完成内容呈现且所包含目的地信息更真实；UGC视频在传播规模、认可度以及情感反馈方面表现更突出，比OGC视频的传播效果更好；更具真实性、沉浸感更高和信息更全面的UGC视频以及包含外部媒介和科技元素的OGC视频获得较多积极评价，传播效果更佳。

---

① 本文由褚玉杰老师指导完成。褚玉杰（1988—），河南南阳人，西北大学经济管理学院讲师。基金项目：国家自然科学基金项目“短视频顾客灵感的触发机制及其对顾客融入的影响研究”（项目编号：71972156）；国家自然科学基金项目“直播营销中社会临场感对线上从众消费的影响及作用机理研究——行为与神经生理视角”（项目编号：71802158）。

关键词： 社交媒体营销；目的地营销；用户生成内容；职业生成内容；传播效果

作者简介： 鄢钰（1999—），浙江嘉兴人，西北大学经济管理学院2021级旅游管理专业硕士研究生。

一、引言

长久以来，旅游相关信息的传播一直由目的地营销组织（Destination Marketing Organization，DMO）主导。DMO 制作的材料包括旅游指南、旅游广告、旅游视频宣传短片、在线旅游网站等，称为 OGC。这些材料为人们初步了解目的地及塑造目的地形象提供了帮助。随着社交媒体时代的到来，使得游客可以在旅游中的任何一个阶段选择在如抖音、微博、哔哩哔哩等平台分享自己的旅行经历与感受，为潜在游客获取信息提供了新的途径，此类信息被称为 UGC，且已经成为潜在游客搜索信息的可靠来源（Xu et al.，2021）。UGC 往往比 DMO 和旅行中介机构的信息更能影响目的地形象的塑造，并影响潜在游客的旅行决策（Connell，2005）。DMO 可以通过分析 UGC 发现游客现实的需求，但 UGC 被潜在游客的广泛应用，也为 DMO 带来保持 OGC 和 UGC 一致性的问题。由于不真实的信息会导致不真实的旅行期望，如果 DMO 提供的内容与其他游客提供的内容有很大不同，则潜在游客对目的地的看法将变得不那么积极（Scholl - Grissemann，Peters and Teichmann，2020）。

迄今为止，目的地营销领域研究开始注意到对通过社交媒体传播的 OGC 与 UGC 进行比较，大多数研究集中于使用网络文本或图片数据（Stepchenkovo and Zhan，2013；张高军等，2020；张文亭、骆培聪，2017）。社交媒体平台上的旅游视频可以增强旅游信息的生动性和交互性，对潜在游客旅游意愿有积极作用。然而，却鲜有研究对不同主体传播的在线旅游视频的作用进行研究（程德年、周永博、魏向东，2015；Buhalis and Law，2008）。本文将致力于从视频资料入手，运用内容分析、情感倾向分析方法，结合点赞、收藏、分享、评论数量，对 OGC 视频和 UGC 视频内容呈现以及传播效果进行对比研究，以期能够取得新的成果，本文对 DMO 调整旅游营销方案、发展创新性营销、吸引潜在游客及提升游客重游意愿具有重要意义。

二、研究综述

（一）社交媒体对目的地营销的影响

“社交媒体”可以理解为一种基于互联网的应用，主要用于传达 UGC。社交媒体的出现使得先前只作为信息接收者的消费者与 DMO 进行身份互换成为可能，也就是说游客也能够发布他们创造的信息并影响其他游客乃至 DMO 的营销决策（Foux，2006）。游客发布的 UGC 是一种比传统广告更有效的方式，并为 DMO 提供了提升客户服务的有效信息。社交媒体已经成为“旅游目的地传播规则改变者”（Foux，2006；Pachucki，Grohs and Scholl，2022），DMO 开始关注到社交媒体的重要性并将其纳入目的地营销中。已有研究发现，利用社交媒体进行目的地营销的策略优点在于：可以帮助建立或恢复目的地形象（De and Jain，2013），吸引游客消费（Demmers，Weltevreden and Van，2020），传递目的地个性（Jabreel，Moreno and Huertas 2017），共享目的地信息和有效推广目的地产品（Buhalis and Sinarta ，2019；Kim，et al. 2020）。因此，DMO 不再是目的地信息的主要控制者，游客也是目的地信息的创造者和发布者。

目的地营销中对社交媒体上旅游信息作用的研究主要集中在以下两个方面。第一，由 DMO 在社交媒体上创建的官方账户发布的关于目的地的任何信息；第二，旅游者在社交媒体制作并发布 UGC。近年来，一些学者对二者进行比较研究，Lim 等（2012）对游客和 DMO 发布在社交媒体上的视频进行内容分析，并评估其对目的地品牌塑造的影响；Narang Vana 等（2019）对比了 OGC 和 UGC 对游客满意度产生的影响。

（二）旅游视频研究

视频已经成为产品营销的重要工具之一，它可以在有限的时间内以多媒体形式向决策者提供其所需的大部分信息。因此，长久以来，在旅游业中 DMO 也倾向制作 OGC 视频对目的地进行营销。Shani 等（2010）对美国年轻员工的研究发现，中国的宣传短片能够对目的地形象产生积极影响；谢彦君等（2014）使用中国台湾宣传短片对中国大学生的研究也呈现出同样的结果。同时，对于游客来说，借助成熟的社交媒体发布 UGC 视频成为当下的主流分享方式。张可等（2022）发现，社交媒体中自媒体网红旅游短视频有助于受众产生积极的心流体验，最终影响观看者的旅游态度；Peralta（2019）发现，由游客制作的旅游视频通过其内容和视觉元素有助于开发目的地的在线形象，并影响观众的旅游决策。除此之外，旅游视频还可以塑造、影响和传播旅游消费的新趋势（Le，Mingoia and Litchfield，2021；Sun ，Law，Luk，2022）。另外，有研究者开始注意到不同旅游视频内容对后续传播效果产生影响。Peralta（2019）认为，游客在社交媒体上传的热门旅行 Vlog 有“病毒式传播”的趋势，可有力传播目的地形象；沈霄（2019）对 Facebook 上属于 UGC 视频的“中国文化”系列短片的主题、创作角度、叙事风格、人物、音乐、字幕等内容元素进行研究，发现包含精神文化的视频更受国外受众喜爱且传播效果受到视频时长的影响；Lim 等（2012）发现，社交媒体上 UGC 视频内容包含更多负面信息，同时 UGC 视频的页面浏览量和评论数远远高于 OGC 视频的页面浏览量和评论数，这意味着 UGC 视频的吸引力高于 OGC 视频。上述研究表明，无论是由 DMO 制作旅游形象 OGC 视频短片，还是游客上传的 UGC 视频，都在向潜在游客传播积极的目的地形象、提升潜在游客旅游态度、推动潜在游客目的地决策方面发挥重要作用。在研究方法方面，以往学者多数选择使用数据建模、实验室实验、问卷调查等方法（谢彦君、马天、卫银栋，2014；张可等，2022；Spencer，2013），采用内容分析法对旅游领域的 OGC 和 UGC 中的视频进行研究的文章较少。谭旸和袁勤俭（2019）使用内容分析法对虚拟景点宣传片的内容特征进行了分析；Tussyadiah 和 Fesenmaier（2019）对游客发布在 YouTube 上的视频进行内容分析，发现在线视频可以刺激潜在游客产生愉悦的心理。

综上所述，近几年，在使用社交媒体进行目的地营销的研究中，对网络文本、图片数据（张高军等，2020；张文亭、骆培聪，2017）使用内容分析法进行对比研究的成果较为丰富，尽管已有学者已经发现通过社交媒体传播的旅游视频在目的地营销中的重要作用（Foux，2006；Le ，Mingoia，Litchfield，2021；Sun，Law and Luk，2022），却鲜有研究从视频资料入手，分析不同主体传播的旅游视频的内容呈现及其后续传播影响。

三、研究设计

为了进一步探究通过社交媒体传播的旅游信息对目的地营销的具体作用，本研究以长安十二时辰主题街区为例，探讨分别通过官方账号和游客账号发布该景区相关视频内容呈现存在的异同。使用内容分析法（cnntent analysis）对视频数据进行分析，同时使用文本分析法对相应视频评论进行情感倾向分析，结合点赞、收藏、分享、评论数量来衡量各自的传播效果。以此找寻传播效果显著的视频内容呈现特点，有助于提升案例地未来的目的地营销效果。

（一）研究对象概况

长安十二时辰主题街区是由陕文投集团倾力打造的中国首个沉浸式唐风市井生活街区。该街区位于西安曲江曼蒂广场，占地三层，在 2.4 万平方米的空间注入爆款剧《长安十二时辰》影视 IP 和唐风市井文化内容，涵盖唐食荟萃、百艺手作、文化宴席、沉浸演艺等多种业态，打造集全唐空间游玩、唐风市井体验、主题沉浸互动、唐乐歌舞演艺、文化社交休闲等于一体的文旅融合新消费体验地。

本文选择长安十二时辰主题街区作为研究对象，是基于两个方面的考虑。一方面，长安十二时辰街区利用社交媒体进行营销成果显著。从未开业时就用其官方账号“唐时良辰”在哔哩哔哩等社交媒体发布相关视频以造势，共有 4 个视频在开业前放出，均获得了破万次的播放量。在正式开业后，长安十二时辰主题街区更是凭借其在社交媒体上的 UGC 视频和 OGC 视频得到了大规模的宣传。截至 2022 年 6 月，全网曝光量突破 2 亿次大关；以超过 20000 万次的传播互动总数冲上抖音全国热榜第 4 位；单条视频最高播放量超过了 3200 万次，超 83 万次的点赞数量，长时期占据抖音本地热榜 Top1；同时登上西安景点种草 Top1，微博登上同城热搜榜 Top1，全网互动量 5000 万次①，在大众点评门票销量破万张。另一方面，长安十二时辰相关视频中 UGC 视频和 OGC 视频在内容呈现及其传播效果上存在明显差异。例如，在抖音平台通过搜索发现，UGC 视频中点赞数量最高的视频为“大唐・忆风”拍摄发布的“长安十二时辰精彩的霓裳羽衣舞，带你感受大唐魅力，太美啦#长安十二时辰 #霓裳羽衣 #大唐不夜城”，主要呈现了在上元安康踏歌台的表演，获得点赞量 138.2 万次、评论数 8.2 万条、收藏量 7.2 万次、转发量 15.4 万次；而 OGC 视频中点赞数量最高的为“唐时良辰”发布

① https://xw.qq.com/amphtml/20220616A02R3I00.

的“做一回唐朝人～全流程第一视角体验#长安十二时辰主题街区”，主要呈现了在长安十二时辰主题街区内各个区域的游玩过程，获得点赞量3065次、评论数1087条、收藏量345次、转发量477次。基于此，选择上述案例地在社交媒体的UGC视频和OGC视频作为研究对象，具备案例研究的典型性和足证性。

（二）研究方法

内容分析法是一种将不系统的、定性的符号性内容如照片、视频等转化为定量的、系统的数据资料进行研究的方法（郭风华等，2015）。本文采用内容分析法，将OGC视频和UGC视频进行编码、分类，从视频拍摄主体、拍摄方式、剪辑要素、音画配合、科技元素等方面对其进行深入剖析；同时，利用集搜客（GooSeeker）软件进行评论爬取并使用该软件文本分析功能对视频用户评论进行量化分析，统计分析用户的积极情绪词与消极情绪词，结合点赞量、收藏量、转发量、评论数衡量短视频传播效果。

（三）数据收集

《2022抖音旅行生态报告》显示，截至2021年12月，共10.47万个旅游企业在抖音开通了企业账号，同比增长121%，已经成为各旅游运营商引流增收的重要途径。QuestMobile统计显示，哔哩哔哩是中国24岁以下年轻人最偏爱的App，日均活跃用户数量达到7940万人，俨然成为年轻群体中传播信息的重要渠道。因此，本文选择抖音和哔哩哔哩两个主流视频社交媒体平台作为数据网站进行采集。

本文选择长安十二时辰主题街区官方账号“唐时良辰”发布在抖音和哔哩哔哩平台上的视频作为OGC视频数据来源，选择除官方账号之外的游客账号发布在抖音和哔哩哔哩平台上的视频作为UGC视频的数据来源（见表1）。为确保数据的时效性，本研究于2022年6月20

日收集了发表于该日之前的所有 OGC 视频以及 UGC 视频。对于官方账号样本的收集：该账号在抖音平台发布了 40 条视频，在哔哩哔哩平台发布了 32 条视频；除去以图文形式出现的、重复的、无关主题的视频后总共保留了 35 条视频作为最终的 OGC 视频样本进行分析。对于非官方账号视频样本的收集，在抖音和哔哩哔哩平台分别搜索长安时辰主题街区，排除无关主题、图文形式、明显营利性质的视频后共获取了 363 条视频；进一步根据本研究的需求按照一定比例使用 SPSS 软件进行抽样，最终 UGC 视频总样本为 74 条视频。考虑到用户的不同，对于评论数据的收集保留了 OGC 视频在两家视频平台重复的部分，最终爬取 OGC 视频评论 1873 条、UGC 视频评论 2714 条。

表 1　样本数据描述性统计

平台名称	官方视频样本数/个	非官方视频样本数/个	官方视频评论样本数/条	非官方视频评论样本数/条
哔哩哔哩	3	42	205	82
抖音	32	32	1668	2632
总数	35	74	1873	2714

（四）数据处理

结合样本实际内容和已有研究成果（戴光全、陈欣，2010），本研究从“拍摄对象”“剪辑要素”“拍摄手法”“科技元素”四个方面设立主类目。本文在制定编码手册时，主要遵循以下两个原则（谭旸、袁勤俭，2019）：第一，所有编码的类目是名义尺度而非顺序尺度，便于对样本内容进行量化计数处理；第二，编码员在进行编码时应注意不要带入过多的个人思考和主观臆想，最大限度做到对视频显性内容进行编码。最终的编码手册如表 2 所示。

表 2　编码手册及一致性检验结果

主类目	次类目	Cohen's Kappa
拍摄对象	食物	1.00
	人物	
	NPC	1.00
	其他工作人员	1.00
	游客	1.00
	景观	
	胡姬酒肆	1.00
	上元安康踏歌台	1.00
	南门口	0.81
	花萼相辉楼	0.74
	北侧中庭广场	0.81
	其余各主题街区	0.74
剪辑要素	字幕	1.00
	影视剧片段	1.00
	人声讲解	1.00
	背景音乐	
	现场原声	0.74
	后期配乐	0.62
	古风音乐	0.62
	流行音乐	0.79
	纯音乐	0.65
拍摄手法	拍摄角度	
	俯视	0.81
	平视	0.62
	仰视	1.00
	展现方式	
	全景式展示	0.62
	细节式展示	0.79
科技元素	虚拟现实技术	1.00

在正式编码开始前，为确保编码手册的信度，首先随机抽取 12 个

样本进行预编码。编码规则为：如果视频中出现编码手册中的变量则编码为1，反之则为0。预编码完成后，使用SPSS软件计算Cohen's Kappa评估两位编码者之间的一致性，避免出现因所有变量平均编码者间信度较高而掩盖比较低的编码者间信度的情况。结果显示，所有24个变量的Cohen's Kappa值均达到0.61以上，表明这些变量均具有较高的一致性，因此认为不需要进一步修正编码手册，两位编码员依次对剩下的97个视频片段完成了编码（见表3）。

表3　UGC 和 OGC 视频正式编码结果　　单位：%

主类目	次类目	UGC 视频	OGC 视频	差值
拍摄对象	食物	13.51	17.14	-3.63
	人物			
	NPC	91.89	94.29	-2.40
	其他工作人员	13.51	25.71	-12.20
	游客	85.14	22.86	62.28
	景观			
	胡姬酒肆	6.76	5.71	1.05
	上元安康踏歌台	36.49	37.14	-0.65
	南门口	37.84	40.00	-2.16
	花萼相辉楼	18.92	31.43	-12.51
	北侧中庭广场	56.76	48.57	8.19
	其余各主题街区	63.51	80.00	-16.49
剪辑要素	字幕	21.62	25.71	-4.09
	影视剧片段	1.35	14.29	-12.94
	人声讲解	37.33	31.43	5.90
	背景音乐			
	现场原声	40.54	8.57	31.97
	后期配乐	68.92	97.14	-28.22
	古风音乐	10.81	25.71	-14.90
	流行音乐	25.68	22.86	2.82
	纯音乐	33.78	48.57	-14.79

续表

主类目	次类目	UGC 视频	OGC 视频	差值
拍摄手法	拍摄角度			
	俯视	13.51	28.57	-15.06
	平视	97.30	97.14	0.16
	仰视	36.49	31.43	5.06
	展现方式			
	全景式展示	85.14	57.14	28.00
	细节式展示	37.84	68.57	-30.73
科技元素	虚拟现实技术	0	8.57	-8.57

四、研究结果

（一）OGC 视频和 UGC 视频的内容对比分析

1. 拍摄对象

UGC 视频和 OGC 视频包含的拍摄对象保持高度一致，尤其是以 NPC 为主的拍摄人物在 UGC 视频和 OGC 视频中均达到了 90% 以上（分别是91.89%、94.29%）。街区内的 NPC 是街区内演艺表演的主体，也是营造沉浸式全唐市井生活街区的重要元素。因此，无论是 UGC 视频还是 OGC 视频都试图通过 NPC 向观看者传递出“主题沉浸互动”这一信息。OGC 视频对于除 NPC 外的其他工作人员（25.71%）的拍摄也较多，如幕后工作人员等；并且在拍摄视频时会尽量避开攒动的游客群（22.86%），便于完整地展示目的地形象。游客是 UGC 视频的拍摄者，因此其余游客（85.14%）也经常作为拍摄的主体出现在 UGC 视频中，表现出该景区具有吸引力。

景观也是拍摄的重要主体。出于对长安十二时辰主题街区更全面的呈现，OGC 视频中南门口、花萼相辉楼、其余各主题街区的出现频率明显高于 UGC 视频，呈现出“全唐空间游玩”“唐风市井”的形象。

食物作为长安十二时辰街区的吸引物之一，官方传播（17.14%）的频率明显高于游客（13.51%）。但是，从总体来说，官方对食物的传播力度明显小于街区内的景观和人物，游客对食物的拍摄也最少。

2. 剪辑要素

OGC 视频与 UGC 视频的剪辑侧重点不同。由于长安十二时辰街区是对《长安十二时辰》电视剧的延续，官方账号对 OGC 视频在后期剪辑制作时会通过添加《长安十二时辰》（14.29%）中的片段来塑造与影视剧相呼应的目的地形象。建构长安十二时辰主题街区是对《长安十二时辰》目的地形象的延伸，创造临场感，以此引起观看者尤其是“剧迷”的共鸣。然而，游客制作 UGC 视频时并未考虑这点，因此在 UGC 视频（1.35%）中很少涉及这方面的要素。此外，为提升观看者的观看体验，OGC 视频（25.71%）在后期制作过程中比 UGC 视频（21.62%）更倾向于为视频添加字幕。对于视频的音乐元素，UGC 视频（40.54%）明显比 OGC 视频（8.57%）更喜爱保留现场原声，有助于更真实地传递出游客出游时的氛围；反之，OGC 视频更青睐为视频添加后期配乐（97.14%）。另外，UGC 视频（37.33%）比 OGC 视频（31.43%）更多地使用背景人声进行讲解，说明游客在进行信息传递时越来越注重个人的情感因素。

3. 拍摄手法及科技元素

OGC 视频与 UGC 视频拍摄方式存在异同。在 OGC 视频中，平视的视角（97.14%）和细节式展示（68.57%）是常用的手法；UGC 视频中，平视的视角（97.30%）和全景式展示（85.14%）更常使用。使用平视视角展示目的地，符合肉眼观看事物的视觉习惯，构成的图像效果更易引起与观者之间的情感交流（沈霄，2019）。可以看出，官方对景区的传播注重细节方面，而游客感知更注重整体效果。受技术专业化的和传播目的影响，OGC 视频（8.57%）比 UGC 视频（0）使用更多的虚拟现实等新科技。经过分析发现，虚拟现实技术主要用于现实景区未建成前的OGC视频宣传，通过这种方式可以更早地在社交媒体传播目的地信息以及提供虚拟体验，以此吸引潜在游客对目的地的旅游兴趣。

（二）OGC视频和UGC视频的传播效果对比

1. 视频传播效果描述性统计分析

观看视频后的点赞、收藏行为是传播对于观看者心理和态度的影响，体现了传播对于观看者认知层面的影响，表达了观看者的认同度。观看者对视频的分享和评论行为需要投入更多的认知努力，是传播对于观看者在行为层面的影响（张丽、李秀峰，2022）。表4呈现了UGC视频和OGC视频各自的传播效果，可以看出，在平均点赞数、平均收藏数和平均评论数上UGC视频都比OGC视频明显更多，尤其是UGC视频平均评论数几乎是OGC视频平均评论数的三倍。因此，UGC视频的传播效果明显优于OGC视频，更能激发观看者的认同感和参与性。

表4　UGC视频和OGC视频传播效果的描述性统计分析

种类	平均点赞数/次	平均收藏数/次	平均分享数/次	平均评论数/条
UGC视频	602	60	68	160
OGC视频	323	31	74	61

2. 视频评论情感分析

本文进一步使用集搜客软件分别爬取UGC视频和OGC视频的评论并进行情感倾向分析（见表5）。将情感分为积极情绪、消极情绪以及中性情绪，根据作者将软件默认情感词典进行进一步修改后对评论内容打分并对分段进行统计（张文亭、骆培聪，2017）。

表 5　UGC 视频和 OGC 视频评论情感倾向分析　　单位：%

情绪分类	UGC 视频评论	OGC 视频评论
积极情绪	57.00	61.00
中性情绪	35.00	27.00
消极情绪	8.00	12.00
其中，积极情绪分段统计结果如下		
一般（0 ~ 10）	58.15	49.00
中度（10 ~ 20）	0.74	8.20
高度（20 以上）	0.11	3.80
其中，消极情绪分段统计结果如下		
一般（-10 ~ 0）	7.31	9.44
中度（-20 ~ -10）	0.55	1.40
高度（-20 以下）	0.14	0.16

UGC 视频评论中积极评论占 57.00%，中性评论占 35.00%，消极评论占 8.00%；OGC 视频积极评论占 61.00%，中性评论占 27.00%，消极评论占 12.00%。总体来看，UGC 视频和 OGC 视频评论大部分是积极的，主要情绪表现为兴奋、愉悦。说明这两类视频都较好地传播了长安十二时辰主题街区形象，给观看者带来了积极的观看体验。此外，OGC 视频评论的中性情绪评论数量低于 UGC 视频，而消极情绪评论数量高于 UGC 视频的评论，消极情绪主要表现为厌恶和不满。经过对负面情绪评论的分析，发现 OGC 视频的消极情绪评论主要集中于以下几个方面：第一，旅游意愿，部分评论表示出行意愿极低；第二，NPC 服化道问题，观看者普遍认为景区内 NPC 服化道与《长安十二时辰》影视剧设计的服化道不符；第三，收费昂贵及管理问题，主要体现在景区内管理和服务存在一些问题，游客认为门票性价比较低；第四，景区内装饰品与景区朝代设定不符，长安十二时辰主题街区虽设定为唐朝，但街区内装饰品设置与唐代风格不符，例如灯笼等。UGC 视频评论中消极情绪主要表现为对 NPC 服化道、收费及现场管理方面的不满。

综合来看，正面情绪远远大于负面情绪。UGC 视频和 OGC 视频评论多数集中于认可目的地形象、旅游意愿上升、@同平台好友一同观看视频的积极评论，表现出通过社交媒体进行的目的地营销工作较为成功。

（三）内容呈现差异与传播效果

通过对UGC视频和OGC视频内容以及传播效果进行分析发现，在拍摄对象方面，UGC视频比OGC视频更喜欢保留除拍摄者以外的其余游客的镜头，以往研究表明其余游客的行为举止对游客体验和满意度有重要影响（Baker and Cameron，1996）。因此，游客在拍摄UGC视频时，通常会记录下这些行为，这些片段为UGC视频增添了真实性，也因此使包括这些片段在内的UGC视频传播效果更好。在剪辑要素方面，OGC视频比UGC视频更频繁地将《长安十二时辰》片段加入视频中。含有这些片段视频的相应评论更加积极、点赞量更高。这是由于《长安十二时辰》作为该景区的IP，是具有吸引力的“卖点”，能激发观看者在认知层面和行为层面的积极反应。对于视频的背景音乐，UGC视频既保留现场原声，也经常使用后期配乐，OGC视频更倾向使用后期配乐。王义彬、陈毅（2020）认为，声音会影响游客的旅游体验，也推动了目的地形象的塑造。现场原声不仅可以增强观看者观看视频时的真实感，也影响了观看者的观感。通过对比发现，搭配与视频画面适配后期音乐的视频往往更受观看者喜爱。在拍摄手法方面，OGC视频喜欢细节式展示，而UGC视频喜欢全景式展示。往往全景式展示能获得更好的传播效果，使用这种方式能够为潜在游客提供更多信息，帮助潜在游客做出旅行决策。在科技元素的运用方面，OGC视频会在视频中展现虚拟现实技术。科技元素能够帮助提升旅游视频的智慧化、智能化、信息化，越来越受到短视频用户的喜爱，因此含有该元素的视频往往传播效果更好（谈佳洁、刘新静，2021）。

五、研究结论

（一）拍摄对象和拍摄角度运用高度一致

社交媒体传播的长安十二时辰主题街区视频内容大致可分为拍摄对象（食物、人物、景观）、剪辑要素（字幕、影视剧片段、人声讲解、背景音乐）、拍摄手法（拍摄角度、展现方式）、科技元素（虚拟现实技术）4 大主类目 10 个次类目。其中，长安十二时辰主题街区的 UGC 视频和 OGC 视频内容呈现在拍摄对象和角度运用上保持高度一致，具体表现为：景观 > 人物 > 食物，平视 > 仰视 > 俯视。在各自的视频中都通过现场景观和人物为目的地塑造了“主题沉浸互动”这一目的地形象。这表明，OGC 视频不仅在一定程度上影响 UGC 视频制作者（前往目的地的游客）的拍摄对象与拍摄角度，也印证了由 DMO 指向旅游者的旅游信息传播的路径依然非常有效。

（二）传播目的不同导致内容呈现差异

DMO 选择社交媒体发布 OGC 视频的主要目的是目的地营销，因此制作的视频更正式。在进行拍摄时，OGC 视频更喜欢以细节方式展现，后期制作时更倾向添加字幕、使用后期纯音乐配乐取代现场原音；并且在 OGC 视频中加入《长安十二时辰》影视剧片段，这样的制作更有助于提升观看者的临场感。“认知 – 情感 – 意向”理论认为，情感在认知和意向中起到中介作用（Baloglu，1998），官方传播为达到吸引游客的目的，在 OGC 视频中涵盖目的地形象认知要素的基础上唤醒游客情感就显得尤为重要。因此，官方账号通过在 OGC 视频中添加该影视剧片段向观看者传达该目的地的主题，试图唤起观看者尤其是“剧迷”的积极情绪。并且，根据实际的传播效果来看，添加影视剧片段的 OGC 视频确实传播效果更好。根据“网络旅游信息传播”的概念模式（郑鹏等，2009）观点，旅游信息可分为官商信息、他人感性经验和自身虚拟体验三个方面。OGC 视频还会结合使用虚拟现实技术，以期激发观看者的虚拟体验并影响其出游意愿，这也是为了更早、更直观地在社交媒体上向潜在游客传递目的地相关信息。官方从更高的角度宣传长安十二时辰主题街区，涵盖信息量大。

游客制作并传播 UGC 视频主要是为了与他人分享自己真实的旅游体验，以及重温旅行（Pudliner，2007）。在拍摄时，UGC 视频更倾向于以全景式的展示方式展现景区，表明游客在旅行过程中更倾向于感知目的地的全貌。其他游客作为 UGC 视频中仅次于 NPC 的拍摄人物对象，使 UGC 视频内容更好地呈现目的地形象，为 UGC 视频增添了真实性。在后期制作时 UGC 视频更青睐保留现场原声，通过这种方式可以向潜在游客传达出游客在旅行过程中真实的体验。但这也带来了部分反面效果，即在传播效果方面适得其反。不仅如此，游客还会为 UGC 视频加入一些人声讲解，在感知形象传播过程中添加了个人情感色彩。

（三）UGC 视频传播效果更好

UGC 视频的传播效果更好，主要体现在两个方面。首先是影响规模，从点赞、收藏、分享、评论数的总体概况来看，OGC 视频仅在平均分享数上超越 UGC 视频，其余三个指标均明显低于 UGC 视频，这说明 UGC 视频传播效果更好，更能引起观看者的喜爱和共鸣。这与 Qualman 的看法保持一致，即潜在游客在社交媒体上搜寻信息时，UGC 的吸引力远远大于 OGC（Qualman，2012）。其次是情感反馈，通过对 UGC 视频和 OGC 视频的评论进行情感倾向分析后发现，UGC 视频评论中的中性评论数量高于 OGC 视频中的相应评论数量，而且消极情绪评论数量低于 OGC 视频相应评论数量。本文认为，主要是 UGC 视频在内容呈现过程中包含更多真实性、使用更适配的视频背景音乐、以全景式的手法展示目的地等因素促使了 UGC 视频传播效果更好。

（四）视频内容呈现差异导致传播效果不同

旅游视频是多种视听内容的组合，本文的分析结果表明视频样本内容呈现包括 4 个主类目，通过其不同组合方式对视频传播效果产生影响。第一，内容呈现的真实性为传播效果带来了利、弊两个方面的影响。一方面，视频真实性能够给观看者提供真实有效的信息，真实性更高的 UGC 视频受到观看者的喜爱；另一方面，保留过多未剪辑的内容导致观感较差从而导致包含这些内容的 UGC 视频传播效果不佳。第二，内容呈现带来的沉浸感有效提高了传播效果。UGC 视频的背景音乐往往比 OGC 视频的背景音乐与画面一致性更强，因此创造了更和谐的氛围，提高了观看的沉浸感，更受观看者喜爱。第三，视频内容信息量与传播效果有关。UGC 视频内容呈现包含的内容更丰富、多元，为观看者提供的信息越多，越能够帮助他们做出更好的出游决策，因此在观看者中更受欢迎。第四，包含外部媒介及科技元素内容的 OGC 视频往往传播效果更好。外部媒介在 OGC 视频中的使用对 OGC 视频具有带动效应（谈佳洁、刘新静，2021），提升了传播效果。科技赋能使视频内容质量上升，满足观看者在数字时代的新需求。

六、讨论和建议

（一）讨论

本文以位于西安市的长安十二时辰主题街区为案例，比较了 OGC 视频和 UGC 视频的内容呈现与传播效果，这两者分别以不同的呈现方式对长安十二时辰主题街区进行了宣传，成为长安十二时辰主题街区与游客之间的重要联系。两者的相同之处在于，游客感知的主要对象以及拍摄视角与官方传播保持一致，这表明 DMO 对游客的影响仍旧是深远和有效的，游客在作为传播主体时传播的内容会模仿官方传播的呈现方式。同时，UGC 视频作为游客在旅游过程中感知的具象表达展示包含了个人的思想、观点，体现了他们的个性体验和独特情感，是从游客感知的角度来看待旅游目的地的，所以在其传播的视频中也体现了与 OGC 视频完全不同之处，已有的研究也有相同结论（张高军等，2020）。

互联网以及社交媒体的快速发展使网络数据更容易获得，因此目的地形象研究中网络内容分析法开始广泛被应用。现有使用网络内容分析法对官方传播和游客传播的对比研究大多使用文本数据，且局限于对传播内容本身的表征分析，未注意到后期传播效果的情况分析。基于此，本文尝试使用视频数据进行内容分析，并且通过对相应视频评论进行情感倾向分析，结合点赞、收藏、分享、评论数衡量传播效果，总结得出 OGC 视频和 UGC 视频内容呈现的异同之处并分析原因，进一步分析不同视频内容呈现带来的传播效果差异，发现评论中潜在旅行者包含的情感以及产生消极评论的具体原因。

在研究过程中，本文存在以下三点不足：第一，选取案例和样本代表性和典型性有限，结论的可靠性有待提升；第二，本文的样本数据来自两个不同的社交媒体平台，但没有在研究中考虑其余的社交媒体；第三，“网红”作为近年来的热点研究对象以及目的地形象传播的重要途径，在未来研究中也可以作为单独的一方传播群体进行对比探讨研究。

（二）管理建议

1. 对于 DMO 而言，UGC 视频对 OGC 视频的拍摄及制作具有参考价值

根据整合营销传播（IMC）理论（杨昆，2019）的观点，旅游目的地营销需要考虑旅游者对旅游目的地信息的传播，有助于更好地实现营销传播效果。本研究的结果也证实了 UGC 视频内容与 OGC 视频内容呈现存在差异，这导致后续的传播效果也有较大差异。OGC 可以学习传

播效果突出的 UGC 视频的拍摄及制作方式，如 UGC 样本视频中点赞量最高的视频使用音乐为“Kyara”，这是一首富有唐韵味的纯音乐，这与目的地形象呈一致性，这是 OGC 视频制作时值得学习之处。DMO 可以通过激励政策，鼓励游客发布 DMO 想传递的信息，让其成为目的地的“代言人”。此外，DMO 还可以通过加强与 KOL 的合作帮助推动目的地营销工作。

2. 提高服务质量及管理水平

本文通过对相应视频评论进行情感倾向分析，准确掌握消费者需求，对提升服务质量和管理水平具有一定的参考价值。第一，门票价格不合理且旅游体验感较差，景区方应深入市场调研了解游客的需求，提升现有服务和产品质量与性价比。第二，景区内装饰物品与设定时代背景不符，景区内的主题元素应与《长安十二时辰》影视剧以及唐朝市井街区的设定保持一致，提升游客沉浸度。

参考文献

[1] XU D, CHEN T, PEARCE J, et al. Reaching audiences through travel vlogs: The perspective of involvement [J]. Tourism management, 2021, 86 (10): 104326.

[2] CONNELL J. TODDLERS, Tourism and Tobermory: Destination marketing issues and television – induced tourism [J]. Tourism management, 2005, 26(5): 763 – 776.

[3] SCHOLL – GRISSEMANN U, PETERS M, TEICHMANN K. When climate – induced change reaches social media: How realistic travel expectations shape consumers' attitudes toward the destination [J]. Journal of travel research, 2020, 59 (8): 1413 – 1429.

[4] STEPCHENKOVA S, ZHAN F. Visual destination images of Peru:

Comparative content analysis of DMO and user - generated photography [J]. Tourism management, 2013(36): 590 -601.

[5] 张高军,杨双梦,柯景怡,等. OGC 和 TGC 照片中的目的地形象分异与合和:试论旅游形象的线上传播链 [J]. 旅游学刊,2020 , 35(12):52 -62.

[6] 张文亭, 骆培聪. 基于网络文本的目的地旅游形象游客感知与官方传播对比研究:以福建永定土楼为例 [J]. 福建师范大学学报(自然科学版),2017,33(1):90 -98.

[7] 程德年,周永博,魏向东. 微电影与宣传片:旅游形象视频表征内容分析与结构研究 [J]. 旅游学刊,2015,30(10):109 -121.

[8] BUHALIS D, LAW R. Progress in information technology and tourism management: 20 years on and 10 years after the internet—the state of tourism research [J]. Tourism management, 2008, 29(4): 609 -623.

[9] FOUX G. Consumer - generated media: Get your customers involved [J]. Brand strategy, 2006, 8(202): 38 -39.

[10] PACHUCKI C, GROSHS R, SCHOLL - GRISSEMANN U. Is nothing like before? COVID -19 evoked changes to tourism destination social media communication [J]. Journal of destination marketing & management, 2022(23).

[11] DE MOYA M, JAIN R. When tourists are your "friends": Exploring the brand personality of Mexico and Brazil on facebook [J]. Public relations review, 2013, 39(1): 23 -29.

[12] DEMMERS J, WELTEVREDEN J W J, VAN DOLEN W M. Consumer engagement with brand posts on social media in consecutive stages of the customer journey [J]. International journal of electronic commerce, 2020, 24(1): 53 -77.

[13] JABREEL M, MORENO A, HUERTAS A. Semantic comparison of the emotional values communicated by destinations and tourists on social media [J]. Journal of destination marketing & management, 2017, 6(3): 170 -183.

[14] BUHALIS D, SINARTA Y. Real - time co - creation and nowness

service: Lessons from tourism and hospitality [J]. Journal of travel & tourism marketing, 2019, 36(5): 563 – 582.

[15] KIM M, KIM J. Destination authenticity as a trigger of tourists' online engagement on social media [J]. Journal of travel research, 2020, 59(7): 1238 – 1252.

[16] NARANGAJAVANA KAOSIRI Y, CALLARISA FIOL L J, MOLINER TENA M A, et al. User – generated content sources in social media: A new approach to explore tourist satisfaction [J]. Journal of travel research, 2019, 58(2): 253 – 265.

[17] SHANI A, CHEN P J, WANG Y, et al. Testing the impact of a promotional video on destination image change: Application of China as a tourism destination [J]. International journal of tourism research, 2010, 12(2): 116 – 133.

[18] 谢彦君，马天，卫银栋. 宣传片、在线评论和游记对目的地形象改变的实证研究:以大学生对台湾旅游形象认知变化为例 [J]. 北京第二外国语学院学报,2014, 36(1):77 – 84.

[19] 张可，许可，吴佳霖，等. 网红短视频传播对消费者旅游态度的影响:以丁真走红现象为例 [J]. 旅游学刊,2022,37(2):105 – 119.

[20] PERALTA R L. How vlogging promotes a destination image: A narrative analysis of popular travel vlogs about the Philippines [J]. Place branding and public diplomacy, 2019, 15(4): 244 – 256.

[21] LE BUSQUE B, MINGOIA J, LITCHFIELD C. Slow tourism on Instagram: An image content and geotag analysis [J]. Tourism recreation research, 2021:1 – 8.

[22] SUN S, LAW R, LUK C. Tourists' travel – related information search channels [J]. International journal of hospitality & tourism administration, 2022, 23(2): 149 – 164.

[23] PERALTA R L. How vlogging promotes a destination image: A narrative analysis of popular travel vlogs about the Philippines [J]. Place branding

and public diplomacy, 2019, 15(4): 244 -256.

[24] 沈霄．“看”中国:作为“他者”的国家形象建构:基于 Facebook“中国文化”系列短片的文本分析 [J]．西安交通大学学报(社会科学版), 2019,39(5): 146 -154.

[25] LIM Y, CHUNG Y, WEAVER P A. The impact of social media on destination branding: Consumer - generated videos versus destination marketer - generated videos [J]. Journal of vacation marketing, 2012, 18(3): 197 -206.

[26] SPENCER D M. Effectiveness of intra - destination television advertising of tourist attractions and facilities [J]. Journal of destination marketing & management, 2013, 2(3): 155 -164.

[27] 谭旸, 袁勤俭．基于内容分析的景点虚拟宣传片内容特征研究 [J]. 现代情报,2019,39(10):86 -93 +109.

[28] TUSSYADIAH I P, FESENMAIER D R. Mediating tourist experiences: Access to places via shared videos [J]. Annals of tourism research, 2009, 36(1): 24 -40.

[29] 郭风华,王琨,张建立,等.成都“五朵金花”乡村旅游地形象认知:基于博客游记文本的分析 [J].旅游学刊,2015,30 (4) : 84 -94.

[30] 戴光全, 陈欣．广州上下九的视觉表征分析:以互联网营销图片为例 [J]. 人文地理,2010,25(5):148 -153 +91.

[31] 张丽, 李秀峰．共青团中央抖音短视频的传播效果及影响因素分析 [J]. 中国青年社会科学,2022,41(2):30 -42.

[32] BAKER J,CAMERON M. The effects of the service environment on affect and consumer perception of waiting time:An integrative review and research propositions [J]. Journal of the academy of marketing science,1996,24(4):338 -349.

[33] 王义彬, 陈毅．本真性旅游体验中声音景观的建构:以贵州肇兴侗寨为例 [J]. 华侨大学学报(哲学社会科学版),2020(5):41 -52.

[34] 谈佳洁,刘新静．符号学视角下旅游吸引物的短视频内容传播逻辑:定性比较分析(QCA) [J]. 华侨大学学报(哲学社会科学版),2021(3):

34 – 44.

[35] BALOGLU S. An empirical investigation of attitude theory for tourist destinations: A comparison of visitors and nonvisitors [J]. Journal of hospitality & tourism research, 1998, 22(3): 211 – 224.

[36] 郑鹏,马耀峰,李天顺,等. 信息技术变革中旅游信息传播概念模式研究 [J]. 地域研究与开发,2009,28(6):131 – 135.

[37] PUDLINER B A. Alternative literature and tourist experience: Travel and tourist weblogs [J]. Journal of tourism and cultural change, 2007, 5(1): 46 – 59.

[38] QUALMAN E. Socialnomics: How social media transforms the way we live and do business [M]. New York: John Wiley & Sons, 2012.

[39] 杨昆, 赵毅, 陈刚, 等. 整合营销传播视角下的西藏旅游目的地营销分析 [J]. 西藏民族大学学报(哲学社会科学版),2019,40(3): 110 – 116.

场景视域下城市文旅消费空间舒适物体系及其特性研究

——以长安十二时辰主题街区为例①

王琳颖

摘要：文旅消费空间作为城市文旅融合项目的创新消费空间形式，依托独特的符号价值和体验功能实现空间生产与文化服务有机结合。“场景理论”为文旅消费空间建构提供了一个有价值的研究范式。从该理论视角出发，本文以长安十二时辰主题街区作为研究对象，提炼出包含8个主类目22个次类目94个具体类目的舒适物体系，构建了场景价值维度矩阵。本文研究揭示了文旅消费空间借助沉浸式文化消费场景设计，赋予舒适物等物理空间要素以文化价值特性，刺激消费，建构文旅新场景。同时，文旅消费空间的营造受到城市文化形象、文化消费特征和沉浸式体验需求的影响，并反过来激活城市文旅消费。本文旨在延伸场景理论与文旅消费空间的内在关联性，为文化旅游融入城市发展、推动文旅产业提质升级提供政策建议。

关键词：文旅消费空间；文旅融合；舒适物；场景理论

---

① 本文由褚玉杰老师指导完成。褚玉杰（1988—），河南南阳人，西北大学经济管理学院讲师。基金项目：国家自然科学基金项目“短视频顾客灵感的触发机制及其对顾客融入的影响研究”（项目编号：71972156）；国家自然科学基金项目“直播营销中社会临场感对线上从众消费的影响及作用机理研究——行为与神经生理视角”（项目编号：71802158）。

作者简介：王琳颖（1999—），云南楚雄人，西北大学经济管理学院2021级旅游管理专业硕士研究生。

一、引言

自2021年文化和旅游部发布《“十四五”文化和旅游市场发展规划》，提出要以文塑旅、以旅彰文，推动文化和旅游深度融合以来，各城市不断探索文旅产业融合的创新发展模式，在尊重文化和旅游发展规律的基础上衍生了一系列夜间经济、沉浸式旅游演艺、旅游文创、虚拟旅游等极具吸引力的文旅产品和服务（刺利青等，2022），促进了文化产业和旅游产业的叠加和融合。调查数据显示，2021年，全国居民人均教育文化娱乐消费占人均消费总支出的10.8%，表明文化消费在居民的生产生活中依然保持强势劲头。旅游地不再是简单意义上的“物理性地域空间”，而是一个由人类文化活动创造的、有意义的、具备体验功能的文化空间（李星明等，2015）。旅游地内涵的转变推动了文旅消费空间的发展。文旅消费空间是以文化价值创造为核心、以文化旅游活动为载体、寻求独特文化旅游体验的消费空间形式（周锦、王廷信等，2021），是旅游地进行服务生产与消费的场景，依托特有的符号价值和体验能力，从单一的功能属性转向更丰富的文化和价值观的社会属性，其特性主要体现为时空性、活态性、开放性与展示性（李星明等，2015）。在新的时代背景下，文旅消费空间对于我国文旅深度融合发展具有重要意义，不仅可以培育新的经济增长点、促进第三产业的繁荣发展，还可以激活城市公共空间存量、创新空间活力，实现空间与文化、生活与场所的有机结合，提升人们的生活幸福感。

目前，学术界关于文旅消费空间研究的文献并不多见，部分研究引入西方城市社会学研究成果、新芝加哥学派提出的“场景理论”用以分析中国文旅消费的动力和机制（特里·克拉克、李鹭，2017）。场景理论是在包括文旅产业在内的“第三产业”崛起的背景下提出来的（刘士林，2019），该理论认为“场景”作为一种由各种文化消费实践形成的具有符号意义的社会空间（Lloyd and Clark，2001），是提供生活舒适性和便利性的场域（吴军、夏建中、特里·克拉克，2013），是特定区域的文化与价值观外化为休闲娱乐设施的体现。随着场景理论的发展，其关于“舒适物”、“文化消费”和“公共空间”等基础概念的解释受到了学者的重视。由于文旅融合的内在逻辑体现为文化旅游主体与客体通过文旅消费实践进行创造、转换和连接（傅才武，2020），“场景”为文旅消费空间的建构提供了一个新的概念分析框架。新芝加哥学派代表人物克拉克指出，通过构建文旅场景，激活文化魅力，吸引更多趣缘社群加入，可以形成一种辐射到经济与社会场域的张力（黄琳，2021），推动文旅消费空间的可持续发展。因此，本文引入芝加哥学派的场景理论作为分析工具，将位于西安的长安十二时辰主题街区作为观察对象，通过梳理、归纳舒适物具体类目，使用专家打分法评估舒适物在相应场景价值维度下的得分，从而构建长安十二时辰主题街区的舒适物体系和场景价值维度矩阵。本文目的在于，借助个案研究优势探索文旅消费空间的舒适物体系和特性，及其与城市文化的互动关系，拓展文旅消费空间研究的新视域，这对于促进文旅融合创新、提升旅游的文化内涵、推动文旅消费高质量发展具有重要的实践指导意义。

二、场景理论与文旅消费空间

（一）场景理论

随着后工业社会的来临，城市形态开始由生产型向消费型转变，场景理论应运而生。以芝加哥大学社会学系教授特里·克拉克为首的新芝加哥学派提出了“场景理论”，首次将城市空间研究视角从自然和社会属性层面延伸到文化消费实践层面（吴军、夏建中、特里·克拉克，

2013)，认为城市作为一种场景，不仅是工业生产的载体，更重要的是通过提供便利性和舒适性的文化设施及消费来推动城市的发展。在克拉克看来，“场景”突破了狭窄的存在于戏剧、电影等艺术作品中的情境定义，指的是由各种生活娱乐设施和文化消费实践构成的凸显符号意义的社会空间。因此，“场景”作为一种文化混合体，强调的空间既保留了本身的物理意义，又在一定程度上超越了物化概念而上升到文化价值层面。

场景理论研究主要以消费者为导向，通过场所中休闲娱乐设施吸引各类创意阶层群体（指后工业社会中由于创意对经济发展的重要性而衍生出的一个新兴阶层）进行消费实践，构建不同的文化价值，并最终塑造地方社会生活。目前，国内关于场景理论的研究主要集中在探讨该理论在中国情境下的适用性问题，以及在城市社会学领域中的应用（黎玲，2021）。如温雯和戴俊骋（2021）通过梳理场景理论在中国的实践，提出适应我国城市发展转型背景的“前场景”虚拟文化场景研究与“后场景”文化社区实证分析两条发展路径；陈波等（2017）对城市创意社区进行场景分析和维度设计，构建了包括公共场域空间、创意生态空间和公共服务空间 3 个主维度的创意社区研究体系；盖琪（2017）以北京 706 青年空间为切入点，提出城市公共文化空间要关注年轻人的生存焦虑与集体认同匮乏、重视文化权利主体性的实现问题。这些研究的侧重点虽有所不同，但都强调了有形的建筑和场所对消费实践的重要性。然而，在旅游领域，尽管文旅消费空间也必须依附于一定的物质载体，但旅游者直接消费的不是这些有形的设施，更多是无形的环境、服务和氛围，这与传统意义上的城市文化空间有着不同内涵。

（二）文旅消费空间

随着文旅融合的推进和文旅产业的调整，以文旅融合为代表的空间生产从形态和内容上为城市公共场所赋予了更多景观化、符号化和应用化内容（于秋阳，2021），传统的文旅消费空间也从单一的“凸显功能需求”的物理属性转向更丰富的“凸显文化和价值观”的社会属性。文旅消费空间作为文旅融合政策下的产物，不是文化与旅游产业的简单联结，而是文化旅游的主体（旅游者）与客体（旅游目的地和旅游吸引物）二者之间的互动关系建构（傅才武，2020）。在“消费主义”的影响下，文化和旅游行为逐渐成为包括劳动者阶层、服务业阶层和创意阶层在内的社会成员寻求身份定位、文化认同和表达诉求的特殊活动（刘士林，2019），推动了传统文旅空间依托符号消费和价值体验向新型文旅消费空间的转变。

法国理论家让·鲍德里亚（2014）在研究消费社会时指出，后现代社会中“物”的消费实质上是一种“符号”消费，不仅仅是为了满足简单的生理生活需要，更多是消费者为了体现“自我价值”，比如，寻求群体认同、标新立异或者炫耀所进行的一种社会行为，这就导致一种新的以符号价值为核心的消费文化（孔明安，2002）。当这种消费逻辑被应用到城市公共场所时，文旅消费空间就成为新消费文化的集中体现，包括历史街区、商场、博物馆、主题公园在内的各类公共场所，以怀旧、演艺、节庆、夜间经济和场景旅游等多种形式进行文化旅游的空间生产，增强游客和市民的场景化体验，丰富旅游供给，盘活城市经济，打造空间地标，成为一张张塑造城市形象的“金名片”。以超级文和友为例，长沙超级文和友结合“复古文创 + 沉浸式餐饮”模式，利用市场收集到的数十万件建筑旧物和生活物品，在立体大厦内复刻了 20 世纪 80 年代的长沙市井生活景观，建构了一个真实的怀旧型文化消费体验空间，是对老长沙历史记忆和文化符号的现代性凝视与索引，引发了一系列“造景”“主题街区”的热潮。

目前，国内城市的空间布局和形态仍保留着新旧较为浓厚的工业社会色彩，生活空间和休闲空间只作为城市生产空间的补充（余丽蓉，2019），在一定程度上阻碍了我国产业和城市转型的发展进程。在文旅融合的契机下，文旅消费空间有利于突破传统文化空间只重视文化和教育等实用功能的桎梏，扩展传统旅游空间的消费体验，最大化发挥文化消费实践在旅游场景中的愉悦体验价值，重塑城市居民的生活空间形态，赋予城市更多的文化内涵和精神意义。尤其是对于承载了历史文化和国家记忆的文旅消费空间来说（张朝枝，2018），能够使游客超越时空，在情感、记忆与想象力等多重因素作用下获得民族认同感，这对旅游意义的生成具有重要作用。因此，本文以长安十二时辰主题街区为案例地，在场景理论的研究框架下探寻我国文旅消费空间建构及其与城市文化的相互作用关系，提出相关政策建议。

（三）研究思路与方法

长安十二时辰主题街区作为文旅融合的新产物，突破只关注唐宫廷文化的传统旅游产品，将科技与历史相结合，实现影视 IP 赋能城市文商旅融合新场景，升级了西安唐文化体验，对于研究城市文旅消费空间具有一定的典型性和创新性。首先，本文通过实地调研、非结构化访谈和二手资料收集，归纳和提炼舒适物类目，明确长安十二时辰的舒适物体系构建。其次，为了刻画附加在舒适物上的场景特征，捕捉舒适物的价值意义，使用专家打分法计算舒适物在各价值维度下的场景得分，从而构建长安十二时辰主题街区的场景价值维度矩阵。专家打分法是一种定性描述进行定量转化的方法（罗艳玲，2016），即邀请领域内相关专家依据自身经验，对评定对象做出客观判断并给出评价分值，多轮反馈和综合后确定最终的评价结果。张逸昕和崔茂中（2011）认为，专家人数控制在 8～12 人即可保证评分结果的可靠性。最后，收集部分网络评论文本佐证相关评分结果，抽离出长安十二时辰主题街区的文旅消费场景建构要素及特性，并进一步探析文旅消费空间如何通过场景建构作用于城市消费文化。

三、场景视域下的文旅消费空间：长安十二时辰主题街区

长安十二时辰主题街区于2022年4月29日在西安市曲江新区的曼蒂广场建成亮相，作为国内首个以打造“沉浸式唐风市井生活”为主题的文旅街区，在“五一”期间以超过2亿次的传播互动总量一跃成为全国最热门的文旅打卡景点之一。该街区结合时下热门影视剧IP《长安十二时辰》（改编自马伯庸同名小说），依托唐风市井文化挖掘和场景营造，融合餐饮、演艺、文创等多种业态，在2.4万平方米的立体商业空间内打造出以唐风市井文化为卖点、以沉浸式场景体验为核心，集热门影视IP、唐歌乐舞表演、主题餐饮和国潮零售功能于一体的文旅消费空间，开创了文旅融合的新商业模式。长安十二时辰主题街区一共有3层，复刻《长安十二时辰》剧中的“开市”场景作为“沉浸式”体验的起点，三大主题空间分别为：负一层的“攒星揽月·畅飨长安”唐市井生活体验空间，汇集了唐朝美食、关中美食和胡风小吃等特色美食，以及各类唐制汉服、饰品、文创和手作等店铺，主要满足游客的餐饮购物需求；一层的“和合之美·风雅长安”唐风主题互娱休闲空间，以位于南北中庭公共区域的三大舞台为核心，通过唐乐歌舞表演和情景演艺，比如，知名的大唐乐舞《霓裳羽衣舞》、古典和时尚相结合的唐乐演奏《大唐梵音》以及随处可见的NPC真人互动和沉浸式戏剧，让游客近距离感受到大唐文化和繁华；二层的“花萼相辉·夜宴长安”主题文化宴席体验空间，通过结合唐代宴会文化和长安城坊文化的26个主题包间，使消费者“一站式”体验唐艺唐乐、唐人唐剧、唐食唐味、唐俗唐礼，获得“一秒入唐”的全方位感受。

类似于超级文和友通过美食消费和场景打卡设计，再现老长沙独特的城市记忆和符号，长安十二时辰主题街区也是依托西安的古城底蕴，深耕唐朝市井文化，通过空间设计与场景模拟，将唐长安城的繁荣盛景

微缩在有限的商业广场空间内。首先，为了突出项目的核心 IP《长安十二时辰》影视文化，运营方特意邀请了原班剧组美术团队在景区内对影视中的多个著名场景进行复刻，比如，1∶1 还原的靖安司、仙山红龙和李必茗铺等，吸引了众多影视粉丝前往打卡体验，从而实现了影视 IP 向商业 IP、文化场景向消费场景的转变。其次，街区的整体装潢设计和场景布置都极具唐市井烟火气息，一路不仅能看到酒肆、面馆、采耳等商铺，也能看到衙门、秀坊等建筑；不仅有挑着担子沿街叫卖的小贩、表演杂耍的戏班子，也有行色匆匆的侍卫。长安十二时辰主题街区通过全感官（视、听、嗅、味、触）、多层次（里坊文化、饮食文化、节日文化）营造了区别于游客日常生活的消费场景，引导游客对 1300 多年前的盛唐长安进行凝视与想象。同时，为了突破传统单一的互动式沉浸体验，将街区内的场域、服化道、演员（NPC 和商户）等各种文化元素进行有机连接，长安十二时辰主题街区还注重“讲故事”，以盛唐时期长安城的市井生活为主要蓝本，构建了第一百零九坊的虚拟故事，让游客身临其境对话历史，访谈古人，深度体验唐朝百姓的生活。街区还设定了一个“八卦婆”的人物角色，通过线下与游客互动、线上社交媒体传播，讲述了一个个根植于人们真实日常生活、在街区内发生的“八卦闲事”，提升了游客对整个街区故事和场景的感知真实性。

新芝加哥学派通过分解大众消费实践的符号意义，认为场景包括社区、物质、多样性人群、活动以及文化价值 5 个要素（丹尼尔·亚伦·西尔、特里·尼科尔斯·克拉克，2019）。具体到长安十二时辰主题街区，可以从两个方面来理解：一方面，作为城市文旅消费空间，街区的一系列硬件设施包括选址、空间构造、内部装潢以及廊道、舞台、商铺等，为游客的消费实践提供了有形的物质载体；另一方面，街区依托色彩、灯光、音乐、NPC 的服化道以及沉浸式表演等构成街区的软性氛围，刺激游客在实践中的多感官旅游体验，促使游客对街区的价值感知与文化认同。长安十二时辰主题街区正是在硬件和软件的共同作用下打造了全国首个可沉浸、可触摸、可体验、可消费的唐风市井生活街区，通过空间与文化、生活与场所的巧妙融合盘活了即将倒闭的曼蒂广场，实现了城市消费空间的文化转型。

为了探究新型文旅消费空间的建构过程，本文从场景理论的“舒适物”和“价值维度”两个方面对长安十二时辰主题街区进行分析。

（一）长安十二时辰主题街区的“舒适物”构成

在对文旅消费空间进行建构时，“场景”提供了一个新的概念分析框架，通过特定空间内外部所呈现出的有意义的结构和元素，在个体行为实践与文化、价值观之间建立联系（丹尼尔·亚伦·西尔、特里·尼科尔斯·克拉克，2019）。余丽蓉（2019）指出，在场景视域下，文旅消费空间与其他文化空间的最大不同之处就在于其具有更加鲜明的价值取向性。这种文化价值观建构于社区、设施、身处其中的人以及各种活动等具体要素上，并外化为“舒适物”，影响个体在空间中的消费行为实践（陈波、金舒，2022）。“舒适物”（Amenities）一词源于经济学，通常是指特定空间中的相关商品和服务在使用时给消费者带来的愉悦感受。城市中的舒适物涉及各类休闲娱乐设施和场所（李淼，2021），比如，书店、咖啡馆或电影院等。正如英国地理学家多琳·马西所认为的那样，空间具有的多元意义、多元故事轨迹和异质性等属性，使其永远处于被建构的过程中（多琳·马西、约翰·艾伦、史蒂夫·派尔，2016）。舒适物集群正是在不断建构空间的过程中用不同组合方式构造出不同场景，使个体能够依托舒适物承载的社会功能进行消费实践，最终衍生文化意义，引发人们对场景价值认同与情感共鸣。

为了明确长安十二时辰主题街区的舒适物类目，本文基于场景理论的分类方法，通过实地调研和对负责人访谈，一共梳理和归纳出 8 个主类目 22 个次类目 94 个具体类目的舒适物。具体如表 1 所示。

表 1　“长安十二时辰主题街区”舒适物数据一览　　单位：个

主类别	次类别	名称	数量
唐风主题美食	唐风市井小吃	开元风雅、萧家馄饨、庾家粽子、毳骨铺、上元油锤、巨胜奴、长安冷串、猪手行、糍粑肆、婉儿糕、炙年糕、烤鸭记、糖画	13
	唐风市井甜品	长安十二味、糕肆、长安冰雪、文创冰激凌·贵妃笑、鲜果蔬	5
	唐风市井饮品	梨水铺、五香饮、唐时良饮、鹊桥酒肆、太白酒肆	5
	胡风美食	烤全羊、珍郎肆、熏肉肆、米肠子	4
地方特色美食	关中非遗美食	盛唐府乾州酸汤面、肉饼肆、秦镇皮子、黄金鸡、乾县豆腐脑、金线油塔、茱萸饼肆、非遗琥珀糖	8
	关中特色美食	长安香豆腐、卷面皮、粉汤记、墩饼铺、酥肉铺、煎饼铺子、面皮肆、油茶麻花、冷淘面、锅贴坊、醪糟铺、面鱼儿肆、寒浆坊、热洛河、涮牛肚	15
影视 IP 美食	《长安十二时辰》影视美食	火晶柿子、西羊肆	2
唐风生活体验空间	唐制汉服体验空间	钻·钰·汇馆、许鹤子美妆店、倩影阁、玉丽、尚服局	5
	唐风手作体验空间	木作坊、金泥小扇、陶艺社、守拙·扎染	4
	唐文化宴席体验空间	琼筵笙歌主题文化宴席体验空间	1
唐风文化休闲空间	唐风艺术打卡地	宣画坊、坊间秀场	2
	唐风演艺建筑	花萼相辉楼、上元安康踏歌台、游宴台、胡姬酒肆	4
影视 IP 场景空间	《长安十二时辰》影视打卡地	靖安司、日晷、仙山红龙、望楼、李必茗铺、闻记香铺	6
唐风主题衍生商店	长安美食特产店	长安风物集	1
	长安文创纪念品商店	长安十二时辰文创集、长安游礼、西安礼物、唐偶儿	4
	唐风特色饰品店	百艺工坊、唐饰馆	2
	唐风特色绣品店	唐绣馆	1
	唐风特色美妆店	唐媚娘	1
	漫画人像馆	唐画社	1
	大唐采耳馆	铁了事	1

续表

主类别	次类别	名称	数量
唐风主题娱乐活动	唐风情境演艺	《开市仪式》《遇见唐朝》《霓裳羽衣舞》《大唐燕乐》《大唐曲艺》《丝路风情》《极乐之宴》《闭市仪式》	8
	沉浸式唐风实景游戏	《大唐永不眠》	1

从表 1 可知，长安十二时辰主题街区的舒适物主要提炼为 8 大类，分别是唐风主题美食、地方特色美食、影视 IP 美食、唐风生活体验空间、唐风文化休闲空间、影视 IP 场景空间、唐风主题衍生商店以及唐风主题娱乐活动。从舒适物的主题来看，主要从唐文化、影视 IP 与地方文化三大模块来体现街区特色；从舒适物的功能来看，全方位满足了游客的吃、游、购、娱需求；从舒适物的数量来看，没有囿于有限的空间面积，街区通过立体交互式空间设计尽可能提供种类繁多且主题鲜明的产品，充分展现唐市井文化的风情与内涵。由此可见，不同于流程刻板化的传统商业文化综合体，也不同于庞大的功能齐全的超级文和友主题社区（傅才武、王异凡，2021），长安十二时辰主题街区通过对唐文化的凝练和市井生活的复刻，连接城市历史与个体体验，再现普通百姓的民间生活，使游客完成从“现代人”到“唐人”的身份转变，整个空间具有很强的文化性、生活性和创造性。

（二）长安十二时辰主题街区的价值维度矩阵

根据场景理论解释框架，“场景”不再局限于简单的设施与活动集合概念，已经上升为社会事实（吴军，2017）——作为与文化和价值观密切结合的外显符号影响个体行为。因此，场景理论主要建立在客观结构和主观认识两大研究体系上。客观结构体系是指与文化有关的便利性设施、活动、组织机构等空间中的物理场域，也就是前文提及的“舒适物”；而主观认识体系则是根据个体主观感受提炼出的蕴含在场景中的文化价值观，包括 3 个主维度（真实性、合法性和戏剧性）以及 15 个次维度（如图1所示）。其中，“真实性”描述的是人们对场景产生的直接感受，强调对场景的“认同”；“合法性”是指基于个体自身道德准则，对场景蕴含的价值观进行正确与错误的判断，强调对场景的“评估”；“戏剧性”是一种外在风格模式，指令人感到愉悦的呈现方式，强调场景的“外在表现”。

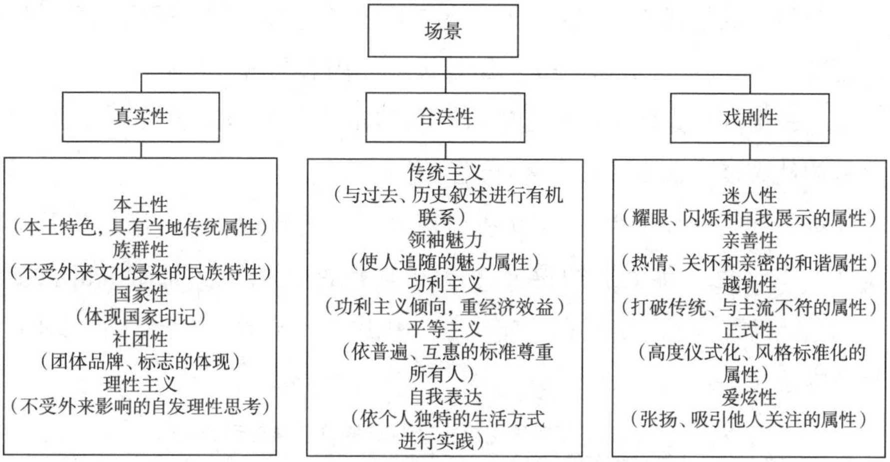

图1　场景理论主观认识体系解释框架

长安十二时辰主题街区本身作为一个由各种消费实践形成的具有符号意义的社会空间（吴军，2014），为游客提供吃、游、购、娱等“一站式”体验。因此，为了测量长安十二时辰主题街区“舒适物”的价值维度，本文参考傅才武和王异凡（2021）的做法，依据主观认识体系框架设计长安十二时辰主题街区的价值维度评分量表，邀请对长安十二时辰主题街区较为熟悉、有过调研经验的10位旅游领域专家，采用5级评分制对其22类舒适物进行独立打分。评分过程主要遵循以下流程和原则。①了解长安十二时辰主题街区“舒适物”的具体类目。②掌握各价值维度的具体内涵。③明确5级评分分值代表的意义：4分和5分代表此舒适物及其支持的实践强化了这个维度，1分和2分代表此舒适物及其支持的实践排斥这个维度，3分则代表此舒适物及其实践在该维度上是中立的。④专家评分，在评分过程中需同时评估表格中关于某一维度（“本土性”）下的所有项目，而不是一次在15个维度对某一舒适物（“胡风美食”）进行打分，目的是将打分者的注意力集中在同一个维度上，方便利用其他舒适物的分数进行对比评估。

收集各专家打分结果之后计算15个维度下各舒适物的平均值，反馈给专家进行二次校验，获得公认的评分结果。将各类舒适物的价值维度得分与其数量相乘，并除以长安十二时辰主题街区的舒适物总数，最终得到一个22类舒适物、15个场景维度的内容矩阵，以此对长安十二时辰主题街区场景的价值维度进行分析与定位（如表2所示）。场景得分具体计算过程如下（以“本土性”维度为例）：

本土性维度场景得分 =（唐风市井小吃的数量13 × 唐风市井小吃在“本土性”维度上的得分 + … + 沉浸式唐风实景游戏的数量1 ×沉浸式唐风实景游戏在“本土性”维度上的得分）/ 长安十二时辰舒适物总量94

表2　“长安十二时辰主题街区”场景价值维度评分矩阵

类别	真实性					合法性					戏剧性				
	本土性	族群性	国家性	社团性	理性主义	传统主义	领袖魅力	功利主义	平等主义	自我表达	迷人性	亲善性	越轨性	正式性	爱炫性
唐风市井小吃	4.40	3.90	3.70	3.60	2.80	4.10	3.50	3.50	4.20	3.20	3.20	4.60	1.80	2.30	2.60
唐风市井甜品	3.60	3.50	3.30	3.30	2.80	3.70	3.30	3.80	4.10	3.20	3.20	4.40	1.80	2.30	2.70
唐风市井饮品	3.70	3.90	3.30	3.50	2.80	3.70	3.20	3.80	4.00	3.10	3.10	4.40	1.70	2.30	2.70
胡风美食	3.90	4.30	3.50	3.80	3.10	3.90	3.20	3.40	4.00	3.30	3.40	4.10	2.30	2.70	2.80
关中非遗美食	4.60	4.50	3.90	3.90	3.10	4.20	3.70	3.30	4.00	3.50	3.30	4.40	2.00	2.50	2.80
关中特色美食	4.40	4.30	3.70	4.10	3.00	3.90	3.60	3.60	4.00	3.30	3.30	4.40	2.10	2.50	2.80
《长安十二时辰》影视美食	4.40	3.90	3.20	4.00	3.20	4.10	4.80	3.60	3.90	3.70	3.30	3.70	2.10	2.80	3.50
唐制汉服体验空间	4.60	4.10	4.10	4.70	3.50	4.60	4.30	3.70	3.40	4.60	4.10	3.80	2.10	3.20	4.30
唐风手作体验空间	3.80	3.80	3.40	3.90	3.40	3.90	3.50	3.40	3.50	4.60	4.00	3.60	1.90	3.00	3.70
唐文化宴席体验空间	3.80	3.60	3.60	3.70	3.20	3.80	3.30	3.70	3.20	3.80	3.50	3.20	1.90	3.70	3.80
唐风艺术打卡地	3.80	3.40	3.50	3.50	3.20	3.50	3.50	2.80	4.10	3.80	3.90	2.90	2.10	3.20	3.80
唐风演艺建筑	4.00	3.90	3.90	3.80	3.50	4.10	3.80	2.60	4.20	3.60	3.60	3.20	2.10	3.40	3.40
《长安十二时辰》影视打卡地	4.20	3.70	3.60	4.10	3.50	4.10	4.90	3.10	4.20	3.90	3.80	3.30	2.00	3.30	3.90

续表

类别	真实性					合法性					戏剧性				
	本土性	族群性	国家性	社团性	理性主义	传统主义	领袖魅力	功利主义	平等主义	自我表达	迷人性	亲善性	越轨性	正式性	爱炫性
长安美食特产店	3.90	3.70	3.20	2.90	2.70	3.00	3.20	4.40	3.60	2.90	2.80	3.60	2.00	2.80	2.60
长安文创纪念品商店	3.80	3.20	3.30	3.10	2.70	3.10	3.30	4.30	3.80	3.20	2.90	3.30	2.30	3.00	2.90
唐风特色饰品店	3.40	3.70	3.70	3.50	2.80	3.60	3.10	3.90	3.50	3.40	3.10	3.60	2.60	2.90	3.80
唐风特色绣品店	3.70	3.90	3.80	3.80	2.90	3.80	3.10	4.00	3.60	3.60	3.10	3.40	2.50	2.70	3.60
唐风特色美妆店	3.30	3.30	3.00	3.60	2.50	3.40	3.10	4.00	3.50	4.20	3.10	3.60	2.60	2.80	3.60
漫画人像馆	2.40	2.20	2.00	2.60	2.70	2.40	2.60	4.10	3.70	3.60	3.20	3.50	2.80	2.80	3.40
大唐采耳馆	2.80	2.70	2.30	2.60	2.50	2.60	2.50	4.30	3.40	2.80	2.60	4.00	2.50	2.80	2.60
唐风情境演艺	4.70	4.20	4.10	3.90	3.40	4.30	4.00	2.80	3.80	3.20	3.90	3.60	1.70	3.70	3.80
沉浸式唐风实景游戏	4.30	3.60	3.60	3.90	3.40	3.50	3.80	3.70	3.30	4.10	4.40	3.60	2.60	3.10	4.20
场景得分	4.17	3.94	3.63	3.79	3.07	3.93	3.66	3.48	3.93	3.49	3.43	3.99	2.01	2.79	3.17

根据长安十二时辰主题街区场景价值维度评分矩阵可以看出：

从真实性维度来看，除了“理性主义”之外，其余子维度均呈现明显的正向表达倾向。具体而言，唐代是我国封建社会的辉煌鼎盛时期，唐长安的休闲娱乐文化对于现代社会生活有着深远的意义和影响（陈静，2016），唐朝作为中华优秀传统文化的典型代表也深刻塑造着人们的民族意识和情感。同时，唐长安城的遗址范围与现代西安城市空间高度重叠，也是西安这座城市文化旅游发展主题选择的必然结果。比如，大众点评上的游客“杰夫先森”表示：“……仿佛回到了1300年前的盛世大唐，所到之处无不凸显出当年长安城在全世界处于最发达城市的地位，梦回大唐，必去长安十二时辰！”长安十二时辰主题街区以唐文化为核心要素，街区中的餐饮、演艺活动和休闲娱乐设施等舒适物都是对1300年前唐朝街坊市井生活的复制，入驻的商户也是与唐文化息息相关的连锁品牌。关中非遗美食、关中特色小吃和胡风美食更是提高了街区本土性（4.17）、族群性（3.94）和国家性（3.63）维度的正向得分。此外，长安十二时辰主题街区的场景营造还吸引了不少汉服爱好者以及《长安十二时辰》影视粉丝前往拍照打卡，以Z世代为代表的年轻群体作为这场“唐乐之宴”的主要受众，身着各色各样的汉服在街区内各标志性景点拍照打卡，与扮演剧中人物的NPC进行互动，通过线下互动和线上分享实现“理想自我”和“群体认同”，在一定程度上提高了《长安十二时辰》的社团性维度得分（3.79）。长安十二时辰主题街区通过文字或符号的场景建构满足游客在观景过程中对唐风市井生活的认知和情感想象，实际上，仿古建筑、色彩设计、3D图像和情景演艺并无法使游客真正信服这里就是《长安十二时辰》里的唐长安城，但场景氛围的渲染和烘托会影响游客的理性思考，游客主动迎合场景想象以满足自己内心的期望，比如，微博上的网友“心情露水”留言：“在里面真的有种梦回唐朝的感觉，感受大唐时代的烟火气息……”因此整体上街区的理性主义维度（3.07）得分相对较低。

从合法性维度来看，所有维度均呈现正向表达，其中“传统主义”（3.93）和“平等主义”（3.93）维度的正向性相对较强。长安十二时辰主题街区通过全方位的空间场景设计以及多元化的体验项目，向市民和游客展现了长安市井文化的底蕴与风情，街区里包括杨贵妃、玄奘、李白、张小敬等在内的热门NPC，带领游客与历史人物完成了一次跨时空对话，体现了历史文化的可感知性、体验性与参与性。比如，大众点评上的游客“Fe”评价：“真的是太棒啦！大家都沉浸式表演，每个人都很有性格，偷听到杨贵妃说话都是温文尔雅，李白还会和现场的小孩子对视，结束后说：甚好甚好！”同时，除了二楼的唐文化宴席体验空间（针对中高端消费人群）和《大唐永不眠》实景游戏（时间和门票限制）具有一定的进入门槛之外，街区内的其他游览空间几乎是全开放的，没有场所和时间限制，进入街区的游客既可以随时随地拍照打卡，也可以与场内的NPC进行互动，任意参与一些即兴表演活动。因此，总体上来说，长安十二时辰的平等主义维度依然是保持正向的。此外，从评分矩阵可以看出，长安十二时辰街区的领袖魅力维度（3.66）

和自我表达（3.49）维度的正向作用主要受到汉服体验空间、手作体验空间和大型推本实景游戏等舒适物的影响，这类舒适物具备独特的价值取向，可以激发旅游者的创造力和自我表达欲望；功利主义维度（3.48）适中，这是由于街区内的营利性设施数量占据一定比例，产品价格档次适中，符合大众消费水平。

从戏剧性维度来看，“亲善性”呈现出最显著的正向表达，“迷人性”适中，其余3个维度得分偏低。对亲善性得分（3.99）贡献较大的主要是唐风市井美食（小吃/甜品/饮品）、胡风美食、关中非遗美食和特色美食等满足生理需求的舒适物，美食具有较强的吸引力和包容性，唐文化包装下的现代美食和地方美食显著提高了游客的满意度，同时美食承载的社会交往功能也大大拉近了游客与目的地之间的文化距离，使游客体验到热情关怀的和谐氛围。长安十二时辰主题街区内的唐风艺术和影视打卡地、情景演艺和沉浸式游戏等舒适物彰显了街区的迷人属性（3.43），尤其是大唐情景演艺系列，淋漓尽致地再现了盛唐雍华景象，比如，吸收了敦煌壁画舞姿造型和现代舞元素的《霓裳羽衣舞》、时尚和古典韵味相结合的《大唐燕乐》以及花魁、百戏、舞狮等市井街头表演等，比如，网友“Secret”留言：“《霓裳羽衣舞》是真的美，很有大唐盛世的感觉，衣服也很仙……”可见这些演艺从视觉和听觉双重感官体验吸引着旅游者纷至沓来。相较之下，越轨性、正式性和爱炫性3个维度的得分均较低，这是由长安十二时辰主题街区本身的主题定位和业态决定的，一方面，街区根植于唐长安里坊文化的传统性和本土性，“汉服文化”如今也已经发展成为大众消费文化，因此场景内不存在具有越轨属性的舒适物；另一方面，街区不再过多关注汉唐宫廷场景，转而再现普通百姓的民间生活，才子佳人、流觞曲水、投壶傩戏……街区中的一步一景、一人一物无不展现着浓厚的市井生活气息，整个街区充满了非正式的文化氛围。

四、研究结论

（一）文旅消费空间舒适物体系及特性

本文借助实地调研和专家打分法，建构了长安十二时辰主题街区的舒适物体系和对应的场景价值维度矩阵。该街区共包含 8 个主类目 22 个次类目 94 个具体类目的舒适物，主要以美食、休闲娱乐体验项目和主题购物构建了整个街区的文旅消费新场景，打造了沉浸式的唐风市井生活体验空间。同时，长安十二时辰主题街区通过赋予这些舒适物以本土性、族群性、传统主义、平等主义和亲善性等文化价值意义，吸引旅游者参与互动。从综合的角度将二者联系起来可以发现，文旅消费空间通过整合包含舒适物的物理空间要素，赋予其文化价值特性以营造文化空间，并借助沉浸式文化消费场景设计，刺激消费实践建构文旅新场景，实现文化场景向消费场景的转化。从微博和大众点评等平台上的网友评论中也可以看出，以长安十二时辰主题街区为例的文旅消费空间，凭借独特的文化主题和市场定位，迎合消费者对社群、本土和国家文化的文化与价值观认同，满足彰显自我魅力和追求平等的社会需求，为其提供独特的文旅消费体验，并进一步对城市文化产生影响。

长安十二时辰主题街区作为西安这座老牌旅游城市的新兴舒适物设施，反映了现代城市消费方式的变迁，折射出文旅消费空间在融入城市发展中与城市文化的互动关系。

（二）城市文化形象定位文旅消费空间营造

文化是一座城市的灵魂，城市文化定位可以强化城市品牌形象，引导居民的文化消费实践。长安十二时辰主题街区强调的“本土性”、“族群性”和“国家性”价值维度属性正是根植于十三朝古都西安的“唐文化”主旋律，西安前有大唐芙蓉园、大唐不夜城等景区的宏大叙事，后有长安十二时辰主题街区勾勒细节，填补唐文化深度沉浸体验的市场空缺。正是西安浓厚的唐文化底蕴以及丰富的城市文旅发展经验，决定了长安十二时辰主题街区“商业搭台、文化唱戏”的发展模式结果。城市除了为文旅产业提供有利的外部环境、市场机会和发展空间等硬性资源之外（宋永永等，2021），浓厚的文化底蕴、文化发展政策等软性资源也为文旅产业的发展提供了便利的条件和平台，通过形象定位和市场宣传，重塑具有独特竞争优势的文旅消费空间。

（三）城市消费文化引导文旅消费空间设计

相比一般的消费场景，文旅消费场景有着更加鲜明的价值取向性，当前的文化消费更加聚焦于满足“个性化需求”，城市中不断壮大的年轻一代逐渐成为文旅消费的主力，其对个性化生活方式的追求深刻影响了文旅产业的消费类型、消费对象和方式选择。为了在消费实践中实现自我表达、旅游者自我意识觉醒和身份认同，主题旅游、影视 IP 旅游和场景旅游等具有符号意义的文化旅游形式发展壮大。正是在这样的背景下，长安十二时辰主题街区融合影视 IP 和唐风市井内容，通过打造可体验、可沉浸的文旅消费新场景为旅游者带来愉悦体验和精神满足。文旅产业的发展要迎合城市消费趋势，目前文化消费实践呈现出娱乐化的特点，文化消费成为民众愉悦自我和实现社会认同的方式，并与明星、影视、直播和社交分享等媒介景观日益相关（唐军、周忠贤，2022）。受到主流文化、亚文化和社会阶层等多重因素的影响，文旅消费空间及其产品设计更重视与消费者追求的文化内涵相契合，从追求理性的盈利关系转化为消费者创造感性的文化价值。

（四）沉浸式文化体验重塑文旅消费场景

长安十二时辰主题街区持续走红的原因还在于契合了体验经济时代下沉浸式消费体验的发展趋势，“沉浸式”体验突破了传统观赏模式，是一种作用于消费者全身心的难忘体验。作为国内首个沉浸式主题街区，长安十二时辰主题街区通过一体化空间实现一秒从“观影”到“入戏”的体验，以唐长安城主题叙事为核心，利用视、听、触觉等全感官的服务模式打造沉浸式视听效果，满足消费者的感官体验和情感体验。文旅消费空间从物理化空间演变为媒介化空间，结合科技和历史的沉浸式技术再现一座城市的地方性，创造文旅场景的“打卡”和记忆建构功能，从而刺激文旅消费需求，影响消费实践行为。

（五）文旅消费空间成为激活城市文旅消费的重要载体

注重文化空间的营造和创意性生产是建立城市文化产业品牌的有效路径。通过对长安十二时辰 3 个主维度 15 个次维度的测量与评价，可以帮助文旅企业和相关部门理解及把握促进新兴创意阶层聚集与行动的关键，探明哪一类舒适物可以激发特殊创意阶层的文化创造力，明确从哪些角度来进一步改善和提升文旅新场景。由于城市空间日趋景观化、符号化，这就要求城市文旅消费空间与城市创意阶层的特定生活方式和价值立场密切相关，通过满足创意阶层的自我建构与身份认同需求，实现高级人力资本与新兴产业的聚集效应（余丽蓉，2019），推动文化旅游城市提质升级。长安十二时辰主题街区中的舒适物设施表征的生活方式及价值观念，为旅游者提供了三层消费内容，即知识消费、社交消费和认同消费（盖琪，2017）：街区从街景、建筑、饮食和服饰等方面对唐优秀传统文化的凝练与展示，拓宽了旅游者的知识面，满足了创意群体对跨领域知识的兴趣；街区通过影视场景还原、“八卦婆”、沉浸式情境演艺等满足旅游者的社会交往需求，在互动中激发创意群体的创造力；街区本身的场景营造和产品设计为旅游者提供了一个自我凝视以实现“理想自我”的物理平台，有利于在高度流动性的现代社会中建立创意阶层对所在城市的文化认同和归属感。长安十二时辰主题街区通过提供以上三种消费功能，将空间和社群因素纳入创意阶层的身份认同过程中，吸引着创意人群，激发城市文旅消费活力。

五、政策建议与展望

包括长安十二时辰主题街区、超级文和友等在内的文旅消费空间，其存在的意义不仅在于推动产业发展、提升消费活力，更在于通过文旅消费实践让市民和游客感受到城市文化的魅力，提升幸福感。然而，城市本身是一个复杂的系统，旅游者的消费需求也日新月异，尤其伴随着经济全球化，文化和旅游业的发展容易受到各种不可预测性和不可抗力的影响。文旅业要想打入经济社会发展的"主战场"，就必须准确把握当今城市消费文化的特征和消费场景的演变趋势，引导文化旅游与政策布局、消费偏好和数字技术深度融合。

（一）相关政策建议

因此，本文提出如下政策建议。

第一，合理加强顶层设计，拉动文旅消费发展。首先，政策是调度资源和激发市场活力的关键因素，是文旅融合主要驱动力。对于旅游城市而言，促进文旅消费一直是政府发展城市经济和社会文化的重要目标与政策。2018 年，一大批城市成为扩大文化消费的试点城市，政府通过直接补贴、平台建设等措施提振城市的文化消费，激发文旅消费活力。然而，2020 年初新冠疫情暴发之后，文旅市场受到了强烈冲击，发展一直处于疲软态势，亟须政府扶持和帮助。因此，为了推动文旅消费空间的发展，政府要在坚持整体规划和科学布局的基础上，加大对地方文旅产业的支持力度和优惠力度，一方面要为企业提供稀缺资源和专项资金支持，鼓励企业发展文旅消费的新业态、新模式；另一方面要消除城乡发展差异、缩小阶层差距，扩大文旅消费范围，确保更大范围的主体平等享有参与文化消费活动的权利（戴俊骋、那鲲鹏、赵子婧，

2021）。其次，国家与地方的文旅消费政策要相互协调适应，国家要督促改善地方文旅消费环境，培育公众的消费习惯，而地方也要紧扣国家的政策导向，充分调动主体塑造文旅消费空间的主观能动性，促进文旅消费空间的可持续发展（刘士林，2019）。最后，政府应该利用数字化技术提高治理水平和治理能力，加快数字基础设施建设，借助互联网、虚拟技术、社交媒体平台等新型技术创新宣传方式，更有效、更充分地推广城市文旅消费项目，从而提高项目融资能力和吸引力。

第二，关注年轻一代的需求，构建沉浸式文旅体验新场景。作为后工业时代的产物，“沉浸式”体验成为文化产业中具有强劲创新活力的新业态之一，在人们的消费实践中占据越来越重要的位置，各种“沉浸式”主题公园包括迪士尼乐园和环球影城，吸引了众多游客参与其中。尤其是年轻一代群体，如最典型的“Z 世代”和“千禧一代”，这类消费群体是在互联网、智能手机和社交媒体广泛普及等时代背景下成长起来的，具有追求刺激、热衷时尚、接受新事物能力强、愿意为优质文化服务付费等特征（花建、陈清荷、2019），是沉浸式体验的消费主力。因此，企业在发展沉浸式文旅消费空间时必须重视这类新兴消费群体的需求。一方面，精准把握年轻一代的消费心理，从体验内容、场景营造、技术手段上不断创新，满足年轻群体的多元化和个性化需求；另一方面，时刻追踪社会文化动态，抓住年轻人的兴趣点，对其所热衷的“亚文化”进行深入挖掘和开发（邹驾云，2020），提高体验项目的互动性和参与性，强化文旅消费的社交功能和自我表现特征，有利于增强旅游者的消费黏性和忠诚度，实现粉丝经济变现。要注意的是，打造沉浸式文旅体验项目既不能驰于空想、骛于虚声，也不能不重视创新一味“同质化”，而应该植入历史文化或地方文化进行差异性定位，缔造游客与场景之间的认知和情感联系，拓展游客在沉浸式体验中的深度消费，实现完美的沉浸体验效果。

第三，推动文旅数字转型，深耕文化内容质量。2021 年，国务院出台的《“十四五”数字经济发展规划》明确提出，要推进产业数字化转型，支持文化旅游景区运用数字技术实现场景的应用创新（周锦、王廷信，2021），实现文化旅游可持续发展。文旅消费空间的发展离不开数字化，可以通过技术网络平台实现服务生产者和消费者对文旅产品的共同创造，帮助改造传统文旅业态，提升产品和服务品质。然而，文旅产业数字化过程中面临着“数字文旅”泛化甚至虚化、优质数字产品供给不足、不重视内容推广等一系列挑战（周湘鄂，2022）。因此，新型文旅消费空间要想实现成功转型，首先，要深耕产品内容质量，加强数字产品内容原创研发。避免将数字技术模块化、公式化套用到文旅产业中，应该坚持“内容为王”，基于景区自身特色进行挖掘和深度创作，鼓励文旅空间自发创作优质数字内容，从源头提高数字文旅产品的质量。其次，通过政府带动、部门协同推动“文旅＋科技”的深度融合，将5G、VR、AI等新兴技术应用到文旅消费空间的场景营造和产品设计中，比如，故宫博物院通过开发“数字故宫”小程序，利用全景技术、VR技术实现了“云看展”的新业态转型（张玉蓉、蔡雨坤，2022），进一步提升了故宫博物院的数字化服务水平。最后，文旅消费空间还应该借助数字平台实现信息传播和管理，有机连接文旅活动的各个环节，帮助旅游者进行消费决策。

（二）未来展望

文旅消费空间对于城市社会经济发展具有重要影响，培育文旅新场景已经成为文旅融合发展的动力引擎。在动荡的国际局势下，从扩大产品供给的“生产端”转向培育文化消费习惯的“需求端”入手，利用顶层设计、沉浸式体验场景营造以及内容型数字化创新等方法，在服务供给者与消费者之间建立情感联系，可以为文旅融合创造更广阔的发展空间。同时，由于旅游情境的特殊性，现有的西方场景理论研究范式对于解释一些提供无形服务的旅游吸引物（比如，NPC）时仍存在一定的局限性，未来学者可以进一步研究旅游空间舒适物与其他空间舒适物之间的差异性特征及其对消费实践效果的影响。

参考文献

[1] 刺利青,徐菲菲,韩磊,等. 文旅融合背景下城市文旅消费体验及满意度研究:以南京市为例[J]. 中国名城,2022,36(6):64 - 69.

[2] 李星明,朱媛媛,胡娟,等. 旅游地文化空间及其演化机理[J]. 经济地理,2015,35(5):174 - 179.

[3] 周锦,王廷信. 数字经济下城市文化旅游融合发展模式和路径研究[J]. 江苏社会科学,2021(5):70 - 77.

[4] 特里·克拉克,李鹭. 场景理论的概念与分析:多国研究对中国的启示[J]. 东岳论丛,2017,38(1):16 - 24.

[5] 刘士林. 以消费城市为中心促进文旅融合发展[J]. 人民论坛·学术前沿,2019(11):50 - 55.

[6] Lloyd R, Clark T N. The city as an entertainment machine[J]. Critical perspectives on urban redevelopment, 2001, 6(3): 357 - 378.

[7] 吴军,夏建中,特里·克拉克. 场景理论与城市发展:芝加哥学派城市研究新理论范式[J]. 中国名城,2013(12):8 - 14.

[8] 傅才武. 论文化和旅游融合的内在逻辑[J]. 武汉大学学报(哲学社会科学版),2020,73(2):89 - 100.

[9] 黄琳. 场景理论视角下文旅融合可持续发展动力研究:以乌镇为例[J]. 中国市场,2021(27):25 - 26.

[10] 黎玲. 乡村文旅融合对游客满意度的影响研究:基于场景理论的实证分析[J]. 技术经济与管理研究,2021(4):100 - 104.

[11] 温雯,戴俊骋. 场景理论的范式转型及其中国实践[J]. 山东大学学报(哲学社会科学版),2021(1):44 - 53.

[12] 陈波,吴云梦汝．场景理论视角下的城市创意社区发展研究[J]．深圳大学学报(人文社会科学版),2017,34(6):40－46.

[13] 盖琪．场景理论视角下的城市青年公共文化空间建构:以北京706青年空间为例[J]．东岳论丛,2017,38(7):72－80.

[14] 于秋阳．在线文旅新空间的消费特征与建构机制[J]．旅游学刊,2021,36(7):10－12.

[15] 张祥,李星明．基于文化认同的旅游地文化空间再生产研究:以湖北来凤舍米湖村摆手舞文化空间再生产为例[J]．华中师范大学学报(人文社会科学版),2020,59(2):85－92.

[16] 让·鲍德里亚．消费社会[M]．南京:南京大学出版社, 2014.

[17] 孔明安．从物的消费到符号消费:鲍德里亚的消费文化理论研究[J]．哲学研究,2002(11):68－74＋80.

[18] 余丽蓉．城市转型更新背景下的城市文化空间创新策略探究:基于场景理论的视角[J]．湖北社会科学,2019(11):56－62.

[19] 张朝枝．文化与旅游何以融合:基于身份认同的视角[J]．南京社会科学,2018(12):162－166.

[20] 罗艳玲．澳大利亚农牧生态旅游资源评价及启示[J]．世界农业,2016(3):152－155.

[21] 张逸昕,崔茂中．产业资源承载力界定及其技术方法支持:专家评分法和层次分析法的综合应用[J]．管理现代化,2011(5):33－35.

[22] 丹尼尔·亚伦·西尔, 特里·尼科尔斯·克拉克．场景[M]．北京:社会科学文献出版社, 2019.

[23] 陈波,金舒．文化场景与城市治安状况的关系研究:以深圳市为例[J]．社会科学战线,2022(2):197－209.

[24] 李淼．城市实体书店场景建构探析:基于知识交往视角[J]．中国编辑,2021(10):43－46＋52.

[25] 多琳·马西, 约翰·艾伦, 史蒂夫·派尔．城市世界[M]．武汉:华中科技大学出版社, 2016.

［26］傅才武，王异凡．场景视阈下城市夜间文旅消费空间研究：基于长沙超级文和友文化场景的透视［J］．武汉大学学报（哲学社会科学版），2021，74（6）：58－70.

［27］吴军．场景理论：利用文化因素推动城市发展研究的新视角［J］．湖南社会科学，2017（2）：175－182.

［28］吴军．城市社会学研究前沿：场景理论述评［J］．社会学评论，2014，2（2）：90－95.

［29］陈静．唐朝休闲文化对后世影响几何［J］．人民论坛，2016（26）：138－139.

［30］宋永永，薛东前，马蓓蓓，等．地理学视角下中国文化产业研究进展与展望［J］．经济地理，2021，41（11）：129－140.

［31］唐军，周忠贤．消费主义逆行者：网络社群中青年的消费观呈现：以“豆瓣”消费社群为例［J］．中国青年研究，2022（6）：85－91＋84.

［32］戴俊骋，那鲲鹏，赵子婧．当前文化消费空间特征与发展动向探析［J］．城市发展研究，2021，28（7）：99－104.

［33］花建，陈清荷．沉浸式体验：文化与科技融合的新业态［J］．上海财经大学学报，2019，21（5）：18－32.

［34］邹驾云．“沉浸式”体验助力文旅消费提质升级［J］．人民论坛，2020（15）：84－85.

［35］周湘鄂．文化旅游产业的数字化建设［J］．社会科学家，2022（2）：65－70.

［36］张玉蓉，蔡雨坤．数字文旅产业高质量发展的契机、挑战与对策研究［J］．出版广角，2022（7）：53－57.

大数据时代下华山风景区网络关注度时空特征及其影响因素研究[①]

柴婷艳

摘要：在大数据快速发展的时代背景下，本文基于“百度指数”平台，采用季节集中度指数、首位度指数、变差系数等数理统计方法研究2015—2021年华山风景区网络关注度时空分布差异和影响因素。结果显示：①时间分布特征上，新冠疫情发生前，华山风景区网络关注度年际搜索指数逐年增长，月度变化曲线呈“山岭”形，具有旺季长、淡季短的特点，周内高于周末。新冠疫情发生后，搜索指数大幅下降，游客节假日、周内搜索行为表现不明显。②空间分布特征上，网络关注度省域间空间结构趋向正常，区域间差异集聚程度适中且相对均衡，高关注地区始终为陕西、广东、河南三省，低关注地区以西部省份为主。③影响因素上，气候舒适度、节假日制度和新冠疫情为时间分布特征的主要因素，GDP规模、互联网普及度和年末常住人口为空间分布特征的核心影响因素，地理距离为重要影响因素，其他因素为一般影响因素。基于此，本文针对华山风景区网络关注度时空分布特征及其影响因素提出具体建议：加快旅游景区智慧化建设，深度挖掘旅游大数据；灵

① 本文由邵金萍副教授指导完成。邵金萍（1969—），辽宁铁岭人，西北大学经济管理学院副教授。

活运用网络营销策略，提升旅游景区品牌形象；完善旅游交通网络，加强区域间经济联系；充分利用节假日，发挥山岳型景区优势。

关键词： 网络关注度；时空特征；影响因素；华山风景区

作者简介： 柴婷艳（1996—），宁夏吴忠人，西北大学经济管理学院 2020 级旅游管理专业硕士研究生。

一、引言

当前，我国文化和旅游科技创新的步伐不断加快，文旅融合的运行效率和消费体验正在全面提升。截至 2021 年 12 月，我国网民数量达到 10. 32 亿人，互联网普及率为 73% 。互联网已成为广大游客获取旅游资讯、辅助旅游行为决策的重要平台（李莉、张捷，2013），游客在目的地选择、线路预定、出行方式等方面利用网络平台搜索相关信息并留下相应搜索痕迹，该搜索痕迹被称为“网络关注度”（李山、邱荣旭、陈玲，2008），可以有效反映游客对相关旅游信息的关注程度，根据网络关注度的“前兆效应”，能提前获悉游客的潜在需求偏好和意向，预测景区客流量，辅助景区针对客源市场进行旅游产品的开发与营销（马丽君、龙云，2017；黄先开、张丽峰、丁于思，2013；李会琴等，2019）。

然而，目前我国多数 AAAAA 级旅游景区经营正处于紧缩期和转型期，面临着旅游产品缺乏特色、服务质量低下、基础设施老化、智慧化改造不顺畅等诸多问题。除此之外，随着全球新冠疫情的跌宕起伏，旅游景区如何快速复苏和振兴成为景区经营者首要考虑的问题，为有效缓解旅游景区的多重压力，借助科技创新的力量尤为重要。网络关注度能够反映旅游需求变化趋势，具有影响力大、数据广泛的优点，能有效弥补传统旅游测量方法在数据分析方面的不足，可以实时获取搜索者的时空标签，精准定位、完整还原游客的时空轨迹，能在一定程度上为旅游景区应对旅游高峰期提供良好的决策依据，因而近年来成为旅游学研究中重要的数据源，对旅游景区的现实发展具有重要意义。

二、文献综述

在数字化背景下，百度指数、谷歌指数、微博指数、OTA 平台等搜索数据成为学者获取网络数据的重要来源。基于谷歌趋势，国外学者对旅游需求预测、旅游行为决策等问题进行了探讨（Prosper et al.，2015；Xin and Rob Law，2019；Jwb ，Hui and ZPFB，2021）。国内学者关于网络关注度的研究主要围绕网络关注度与旅游流的相关性和网络关注度时空差异两个方面展开。在网络关注度与旅游流的相关性方面，研究方法多采用定量方法，证明了网络用户搜索指数在实际客流中具有引导作用（黄先开、张丽峰、丁于思，2013；龙茂兴等，2011；王硕等，2013）。在网络关注度时空差异方面，主要以旅游景区（李磊等，2021；梁改童、高敏华、白洋，2021）、旅游城市（王硕等，2013；张丽峰、丁于思，2014）、主题旅游（张晓梅等，2016；陈哲、龙茂兴，2020）为研究对象，时间层面借助年际变化指数、季节集中指数、周内分布指数等分析其年际、月度、周内等关注度分布差异，空间层面利用变差系数、首位度指数、地理集中指数等分析其区域间、省域间的关注度差异，并采用定性和定量相结合的方法从客源地与目的地两方面综合分析其影响因素（唐鸿、许春晓，2021；巩萧、石惠春、张琪，2017；许艳、陆琳、赵海溶，2020；高楠、张新成、王琳艳，2020）。综上所述，以往研究为本文提供了重要理论与研究范式，对华山风景区网络关注度时空分布差异的探讨具有较强的借鉴意义。

华山风景区位于陕西省渭南市华阴市，是国家级重点风景名胜区和国家 AAAAA 级景区，也是陕西省自然山水景观的重要标志。通过百度指数获取陕西省AAAAA级景区网络关注度分析发现，华山风景区连续5年网络关注度居于首位，受到广大游客的关注和青睐，但依然存在网络关注度时空分布不均的问题。因此，基于大数据时代的发展背景，本文对华山风景区网络关注度的时空特征及其影响因素进行研究，以期为加强华山风景区宣传营销、潜在市场开发和景区智慧化管理提供参考依据。

三、数据来源与研究方法

（一）数据来源

百度指数平台用于计算不同关键词不同时期的“搜索指数”，这些数据反映了网络用户对特定领域的关注程度，直接客观地反映了社会热点以及网络用户的潜在兴趣和需求（王秋龙等，2021；蒋大亮等，2015；俞庆进、张兵，2012）。因此，本文以“华山”为关键词，以2015—2021年为研究时段，以中国大陆31个省（区、市）用户对华山风景区的每日搜索指数为基础数据，分析华山风景区网络关注度的时空特征。各影响因素的数据来自《中国统计年鉴》（2016—2021），地理距离数据来自百度地图。

（二）研究方法

借助地理时空差异和区域经济差异的分析方法，本文采用时间维度指标（年际变动指数、季节集中度指数）和空间维度指标（变差系数、赫芬达尔指数、首位度指数、地理集中指数）研究2015—2021年华山风景区网络关注度的时空分布特征，利用地理探测器对空间分布特征的影响因素进行实证分析，计算方法如下。

1. 年际变动指数

年际变动指数是用以表征网络关注度年际差异变化的指标（徐映

梅、高一铭，2017）。

$$Y = \frac{N_i}{\frac{1}{n}\sum_{i=1}^{n} N_i} \tag{1}$$

其中，Y 为年际变动指数；N_i 为第 i 年的网络关注度；n 表示年度数。Y 值越偏离 100%，说明网络关注度的年际变动幅度越大，网络关注度越不稳定。

2. 季节集中度指数

季节集中度指数用以反映网络关注度的时间集中程度（姚云霞、管卫华、李在军，2016）。

$$S = \sqrt{\sum_{i=1}^{12} \frac{(x_i - 8.33)^2}{12}} \tag{2}$$

其中，x_i 表示各月网络关注度占全年的比值。S 值越大，反映网络关注度越集中于某个时段，时间差异越大；反之，S 值越小，其时间差异越小。

3. 变差系数

变差系数是计算概率分布离散程度的主要指标，用来判断多个样本指标相互间的差异程度。

$$CV = \sqrt{\frac{\sum_{i=1}^{n} (x_i - \bar{x})^2}{n}} / \bar{x} \tag{3}$$

其中，x_i 表示各月或各地区的网络关注度；$\bar{x}$ 为其均值；CV 反映地区间网络关注度分布的离散程度。CV 值越大，说明网络关注度空间差异越显著，反之则反。

4. 赫芬达尔指数

赫芬达尔指数（Herfindahl – Hirschman index）用以衡量区域经济规模指标集聚程度的重要指标，取值范围为 0 ~ 1。

$$H = \sum_{i=1}^{n} S_i^2 \tag{4}$$

其中，S_i表示网络关注度与总量的比值。H 值越大，说明网络关注度地区或区域集中度越高；反之，H 值越小，集中程度越低。

5. 首位度指数

首位度指数（Primacy index）是衡量区域规模经济指标主导性的重要指标。

$$P = \frac{P_1}{P_2} \tag{5}$$

其中：P_1和 P_2分别代表区域中网络关注度的首位地区和次级地区。一般认为，$P<2$，集聚适中，区域结构正常；$P>2$，则表明集中过度，空间结构不均衡。

6. 地理集中指数

地理集中指数用以反映网络信息搜索用户省域间的空间集中度，取值范围为 0～100（陆林，1991）。

$$G = 100 \times \sqrt{\sum_{i=1}^{n}\left(\frac{P_j}{P}\right)^2} \tag{6}$$

其中，P_j和 P 分别表示第 j 个地区的网络关注度和网络关注度的总量。G 值越大，说明网络关注度越集中；反之，G 值越小，越分散。

四、华山风景区网络关注度时空分布特征分析

（一）时间分布特征分析

1. 年际变化特征

通过获取中国大陆 31 个省（区、市）用户对华山风景区网络关注度的日数值，计算出该年网络关注度总量（见表 1）。结果显示，各省对华山风景区网络关注度以 2017 年为分界点，2015—2017 年网络关注度从 4331536 次上升到 5176187 次，达到 7 年中的顶峰，2018—2021 年景区网络关注度呈下降趋势，同比下降 30.18%。一方面，由于《2017

全域旅游发展报告》的发布，渭南市政府积极响应国家号召，打造全域旅游城市，策划包括华山清心温泉、华山汽车营地、华山古柏行等多个旅游项目；另一方面，渭南市政府通过智慧旅游平台发布旅游信息，增加了景区的曝光度，引起大量关注。而2020年开始由于新冠疫情的暴发，华山风景区网络关注度搜索指数呈现断崖式下跌趋势，一度跌至7年间最低水平。

表1　2015—2021年华山风景区网络关注度指数

年份	网络关注度						
	2015	2016	2017	2018	2019	2020	2021
全国	4331536	4578044	5176187	5146825	4945393	3735813	3593366

为更准确地分析华山风景区网络关注度的年际变化特征，利用式（2）进行测算（见表2），可以发现2015—2019年华山风景区年际变动指数始终在100%上下波动变化，且变化幅度较小，说明各地区对华山风景区的网络关注度较稳定，而2020—2021年由于疫情的影响网络关注度指数呈现不稳定态势。

表2　2015—2021年华山风景区网络关注度年际变动指数

项目	年份						
	2015	2016	2017	2018	2019	2020	2021
年际变动指数/%	96.28	101.76	115.05	114.40	109.92	83.04	79.56

2. 季节性变化特征

从2015—2021年各省份对华山风景区网络关注度的分月指数趋势图来看（见图1），疫情前，华山风景区网络关注度变化趋势相似，4—5月、7—8月与9—10月是华山风景区网络关注度的高峰期，表现出多峰形特征，月度变化曲线呈山岭形，原因在于，该时段正值清明、“五一”“十一”和暑假，游客有一定的闲暇时间，同时也是华山最佳的景色观赏季，网络关注度较高，1月网络关注度最低。疫情发生后，网络关注度指数峰值较小，但有明显的回升趋势。

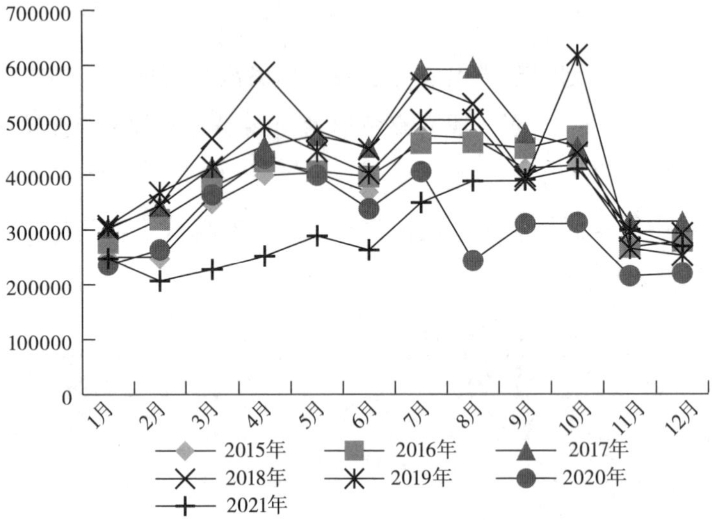

图 1　2015—2021 年华山风景区网络关注度月度变化

式（2）计算结果显示（见表 3），2015—2021 年，华山风景区网络关注度季节集中度指数在 1. 606 ~ 2. 062 波动变化，表明华山风景区网络关注度搜索指数季节性差异变化幅度较小，除冬季外，全年各月分布相对均匀。2019 年，季节性和淡旺季差异最大，主要是因为 2019 年是建党 98 周年，国庆节网络关注度达到最大值，全年季节集中度指数最大。

表 3　2015—2021 年华山风景区网络关注度季节集中度指数

时间	季节集中度指数						
	2015 年	2016 年	2017 年	2018 年	2019 年	2020 年	2021 年
1 月	2. 553	2. 292	2. 457	2. 464	2. 118	1. 438	2. 017
2 月	2. 628	1. 373	1. 712	1. 638	0. 894	2. 589	1. 277
3 月	0. 300	0. 089	0. 342	0. 725	0. 031	1. 999	1. 405
4 月	0. 879	0. 937	0. 409	3. 063	1. 533	1. 321	3. 175
5 月	0. 983	0. 545	0. 776	1. 005	0. 614	0. 293	2. 356
6 月	0. 167	0. 330	0. 366	0. 336	0. 207	1. 007	0. 711
7 月	2. 546	1. 655	3. 108	2. 680	1. 779	1. 386	2. 520
8 月	2. 446	1. 684	3. 165	1. 946	1. 783	2. 480	1. 819
9 月	1. 156	1. 450	0. 869	0. 623	0. 448	2. 555	0. 022

续表

时间	季节集中度指数						
	2015 年	2016 年	2017 年	2018 年	2019 年	2020 年	2021 年
10 月	1. 299	1. 918	0. 374	0. 216	4. 154	3. 080	0. 036
11 月	1. 832	2. 481	2. 252	2. 565	2. 964	0. 020	2. 579
12 月	2. 125	2. 243	2. 263	2. 642	3. 222	0. 834	2. 452
全国	1. 795	1. 606	1. 843	1. 931	2. 062	1. 835	1. 961

（二）空间分布特征分析

1. 区域间差异

式（3）、式（4）、式（5）、式（6）计算的结果显示（见表4）。从省域间差异来看，7 年间各省对华山风景区网络关注度空间差异较大，分散趋势明显，*CV* 值介于 0. 575 ~ 0. 655，*H* 值趋近于零，*p* 值均小于 2，*G* 值在 20 ~ 22 波动变化。总体来看，各地区对华山风景区的网络关注度存在明显差异，但未过度集中于某一区域，说明华山风景区网络关注度空间分布适度集中且结构正常。从区域分布差异来看，三大区域对华山风景区网络关注度的空间差异较小，空间集聚趋势明显，*CV* 值始终保持在 0. 2 左右，*H* 值在 0. 3 左右波动变化，*p* 值小于标准值，*G* 值在 59 上下波动变化，各项指标变化幅度较小，表明三大区域对华山风景区网络关注度有聚集趋势。

表 4　2015—2021 年华山风景区网络关注度区域间差异

年份	省域间差异				三大区域间差异			
	CV	*H*	*p*	*G*	*CV*	*H*	*p*	*G*
2015	0. 655	0. 046	1. 318	21. 468	0. 224	0. 350	1. 423	59. 167
2016	0. 644	0. 046	1. 315	21. 360	0. 202	0. 351	1. 411	59. 263
2017	0. 593	0. 044	1. 248	20. 882	0. 231	0. 351	1. 431	59. 253
2018	0. 595	0. 044	1. 188	20. 899	0. 240	0. 353	1. 448	59. 370
2019	0. 617	0. 045	1. 150	21. 103	0. 272	0. 358	1. 565	59. 829
2020	0. 593	0. 044	1. 221	20. 879	0. 246	0. 353	1. 497	59. 449

续表

年份	省域间差异				三大区域间差异			
	CV	*H*	*p*	*G*	*CV*	*H*	*p*	*G*
2021	0.575	0.043	1.230	20.716	0.245	0.353	1.499	59.440

2. 区域内差异

利用区域经济差异计算指标，进一步计算华山风景区在东、中、西三个区域的网络关注度（见表5），可以发现，2015—2021年，我国东部、中部、西部地区网络关注度的空间差异明显，东部、中部地区变差系数介于0.3~0.6，西部地区变差系数趋近1。变差系数总体呈“东-中-西”的连续增长趋势，表明西部地区相比东部、中部地区的空间差异最为显著。三大区域赫芬达尔指数均较小，表明各区域内网络用户对华山风景区网络关注度较分散，并没有表现出过度集中的趋势。各区域首位度指数均在2以下，区域结构相对均衡。从地理集中程度来看，各区域集中程度数值在40上下小幅变化，中部地区和西部地区集中程度高于东部地区，疫情后集中程度逐渐降低。

表5　2015—2021年华山风景区网络关注度区域内差异

指数	地区	2015年	2016年	2017年	2018年	2019年	2020年	2021年
CV	东部	0.396	0.411	0.406	0.400	0.427	0.424	0.414
	中部	0.570	0.537	0.462	0.454	0.449	0.406	0.388
	西部	0.965	0.936	0.843	0.854	0.877	0.847	0.814
H	东部	0.105	0.106	0.106	0.105	0.107	0.107	0.106
	中部	0.166	0.161	0.152	0.151	0.150	0.146	0.144
	西部	0.161	0.156	0.143	0.144	0.147	0.143	0.139
p	东部	1.196	1.279	1.178	1.250	1.192	1.069	1.094
	中部	1.749	1.791	1.801	1.869	1.916	1.771	1.819
	西部	2.185	1.712	1.600	1.410	1.552	1.602	1.766
G	东部	32.430	32.595	32.536	32.478	32.782	32.747	32.629
	中部	40.704	40.124	38.949	38.826	38.761	38.154	37.927
	西部	40.120	39.544	37.762	37.970	38.392	37.833	37.228

3. 综合分析

为直观反映中国大陆31个省（区、市）对华山风景区网络关注度情况，本文利用自然断点法（夏四友等，2019），将各省对华山风景区的网络关注度划分为5个等级，发现疫情发生前后，各省对华山风景区的网络关注度搜索指数等级变化较小。具体内容如下。①高关注地区较稳定，包含陕西、广东、河南三省，2021年新增山东、江苏两省。原因在于，首先，客源地与目的地的高度契合为陕西当地居民在资金、时间和交通等方面节约了成本，关注度最高；其次，广东作为一个经济大省，人们具有一定的剩余资本和支付能力，出游意愿和动机更为强烈；最后，河南与陕西两省既相邻交界又是人口大省，旅游需求量较大，而山东和江苏均属于东部经济发展水平较高、网络覆盖率较高的省份，因此在疫情下由较高关注地区转为高关注地区。②自2017年以来，较高关注地区从7个省份减少到4个，分别为四川、河北、北京、江苏，山西转为中等关注地区，江苏和山东转为高关注地区。③中等关注地区数量有所增加，由2017年的5个省份增加为7个，山西和安徽从较低关注地区转为中等关注地区。④较低关注地区集中于中西部省份，空间上形成甘肃－内蒙古－吉林－黑龙江和云南－贵州－广西两个片区，以及江西一个独立分区。⑤低关注地区主要分布在西部地区，依次为新疆、青海、西藏、宁夏和海南。

（三）华山风景区网络关注度时空分布特征影响因素分析

1. 网络关注度时间分布特征影响因素分析

（1）气候舒适度。气候的舒适程度是影响游客出游和目的地选择的重要环境因素（马丽君等，2011）。华山风景区远离海洋，年平均气温12～14摄氏度，气候舒适宜人。根据气象网络获得渭南市的月平均温度，作为气候舒适性的评价指标。通过SPSS软件统计分析发现，华山风景区月气温与网络关注度呈显著正相关关系（$p<0.01$），相关系

数为0.874。表明气候舒适度越高越会影响游客对华山景区的网络关注度。

（2）节假日制度。节假日是造成旅游流短期波动的重要影响因素之一（马丽君等，2017）。华山风景区网络关注度较高的时间主要是4—5月、7—8月和9—10月，主要原因是4月有清明节且邻近“五一”劳动节，7—8月为暑假，10月初有国庆节，均属于旅游高峰期，游客会提前了解旅游信息制订旅游行程计划，所以网络关注度较高。11月至次年2月处于冬季，气候寒冷，景区内景观的可观赏性较低，因此网络关注度较低。

（3）新冠疫情影响。总体来看，华山风景区受疫情影响较大，2020年网络关注度搜索数值呈现断崖式下降。具体来看，疫情发生前，人们习惯于周内提前了解景区信息，周末出游，因此网络关注度周内搜索指数一般高于周末。疫情发生后，华山风景区周内与周末网络关注度搜索数值基本相当，同时，“五一”、“十一”、中秋节等节假日网络关注度搜索指数相比疫情前大幅下降，多峰形特征相比疫情前逐渐不明显，但在疫情的有效防控下，景区网络关注度指数已经出现明显的回升趋势。

2. 网络关注度空间分布特征影响因素分析

基于已有研究（唐鸿、许春晓，2021；许艳、陆林、赵海溶等，2020；夏四友等，2019；鄢继尧等，2021）和华山风景区网络关注度的时空差异特征，按照数据的可得性原则，选取经济发展水平（GDP规模 X_1、人均GDP X_2）、地区人口规模（年末常住人口 X_3、年末城镇人口 X_4）、人口统计特征（0～14岁人口占比 X_5、15～64岁人口占比 X_6、65岁及以上人口占比 X_7、大专及以上人口占比 X_8）、网络普及程度（移动互联网用户 X_9、宽带互联网接入用户 X_{10}）和地理空间距离（地理距离 X_{11}）作为华山风景区时空特征的主要影响因素。

地理探测器用于探测两变量之间的因果关系，擅长分析类型量，因此本文首先运用自然断点法将各探测因子的指标数据进行分类，分为1、2、3、4、5五类（王劲峰、徐成东，2017），然后对五类指标进行测算，得出11个影响因素对华山风景区网络关注度的影响力 q 值（见表6）。结果显示，各个因素对华山风景区网络关注度的影响力存在差异（阮文奇等，2019）。根据 q 值的平均值，将影响因素分为三类，核心影响因素（$q \geqslant 0.5$）、重要影响因素（$0.4 \leqslant q < 0.5$）、一般影响因素（$q < 0.4$）。本文得出：GDP规模（X_1）、年末常住人口（X_3）、移动互联网用户（X_9）和宽带互联网接入用户（X_{10}）值大于0.5，成为影响华山风景区网络关注度空间分布特征的核心影响因素；地理空间距离（X_{11}）为重要影响因素（$0.4 \leqslant q < 0.5$）；其他因子为一般影响因素。

表6　2015—2021年华山风景区网络关注度影响因素作用力测算

探测因子	2015年	2016年	2017年	2018年	2019年	2020年	2021年	均值	等级
GDP规模（X_1）	0.61	0.58	0.67	0.76	0.52	0.69	0.77	0.66	核心
人均GDP（X_2）	0.26	0.58	0.31	0.32	0.30	0.29	0.29	0.34	一般
年末常住人口（X_3）	0.52	0.55	0.62	0.60	0.60	0.67	0.63	0.60	核心
年末城镇人口（X_4）	0.20	0.18	0.17	0.18	0.18	0.15	0.16	0.17	一般
0~14岁人口占比（X_5）	0.29	0.32	0.26	0.24	0.31	0.28	0.24	0.28	一般
15~64岁人口占比（X_6）	0.06	0.22	0.08	0.30	0.24	0.03	0.03	0.14	一般
65岁及以上人口占比（X_7）	0.25	0.28	0.28	0.31	0.33	0.36	0.41	0.32	一般
大专及以上人口占比（X_8）	0.12	0.31	0.19	0.08	0.12	0.05	0.03	0.13	一般
移动互联网用户（X_9）	0.64	0.62	0.71	0.61	0.59	0.63	0.69	0.64	核心
宽带互联网接入用户（X_{10}）	0.58	0.65	0.67	0.63	0.64	0.71	0.67	0.65	核心
地理空间距离（X_{11}）	0.46	0.48	0.41	0.41	0.41	0.38	0.35	0.41	重要

（1）核心影响因素。

GDP规模。经济发展水平越高，基础设施越完善，网络用户或潜在游客所在地区信息化程度越高，可获取的信息也越多（邹永广、林炜铃、郑向敏等，2015）。三大区域用户对华山风景区网络关注度呈现出自东向西递减的趋势，主要受到各区域地区生产总值差异的影响。随着我国区域经济发展水平差距的不断缩小，省域内和区域间对华山风景区网络关注度的差异也将逐渐减小。

年末常住人口。人口数量是旅游需求的来源，区域内年末常住人口可以有效反映区域内实际或潜在的旅游市场。陕西、广东、河南、江苏、四川和山东是对华山风景区网络关注度较高的省份，根据《中国统计年鉴》中的年末常住人口数据可知，网络关注度较高的省份常住人口数量也均较高，说明年末常住人口是影响华山风景区的核心因素之一。

互联网普及度。以“大数据、物联网、移动互联网”为代表的强力数字技术是推动新时代旅游产业发展的核心力量（李少华，2018）。互联网普及率越高，获取旅游信息的速度越快，这在一定程度上减少了客源地之间的信息不对称，居民的旅游热情也就越高（阮文奇等，2019）。我国东部、中部、西部地区移动互联网普及率仍存在较大差距，东部地区网络普及率显著高于中西部地区网络普及率，游客的搜索指数也高于中西部地区。因此，互联网普及度是华山风景区网络关注度时空分布的核心因素。

（2）重要影响因素。

地理空间距离是影响潜在游客选择旅游目的地做出旅游决策的重要因素，会间接影响其对目的地的旅游信息诉求（丁鑫、汪京强、李勇泉，2018）。旅游目的与客源地距离越远，对游客的时间、资金、精力等条件要求越高。根据空间距离划定圈层可以发现，河南、山西和河北等19个地区与华山风景区空间距离小于1000千米，网络关注度占全年的比重为68.9%；辽宁、上海、浙江、福建、广东、广西和云南距华山风景区空间距离为1000～1500千米，占比为25.39%；空间距离大于1500千米以上的省区包括新疆、西藏、吉林、黑龙江和海南，网络关注度占比为6.52%，说明各省份对华山风景区的网络关注度距离衰减现象显著，因此地理空间距离是华山风景区网络关注度的重要影响因素。

（3）一般影响因素。

虽然人均 GDP 的均值为 0.34，与预期结果不太相符，但从 q 值的变化来看，2016 年人均 GDP 的 q 值达到 0.58，为核心影响因素，2017—2021年 q 值维持在0.3 的稳定水平，说明人均 GDP 对华山风景区的网络关注度仍有一定影响，表明随着人们生活水平的提高，收入已经不是影响潜在游客出游的核心影响因素，而是会受到多重因素交互作用的影响。年末城镇人口、年龄和受教育程度 q 值均小于 0.3，说明城乡差异、年龄差异、文化教育水平差异并不是影响华山风景区网络关注度时空差异的主要因素，一定程度上反映了信息时代，人们出游不再受年龄、受教育程度的影响。

五、结论与建议

（一）结论

本文采用时间维度指标和空间维度指标，基于百度指数，分析 2015—2021 年中国大陆 31 个省（区、市）对华山风景区网络关注度时空分布特征及其影响因素，结论如下。①从时间分布特征来看，疫情发生前，华山风景区网络关注度年际搜索指数呈增长趋势，2017 年达到顶峰，月际搜索指数变化幅度较大，表现为多峰形特征，高峰期主要出现在 4—5 月、7—8 月和 9—10 月，全年最低值出现在 1 月，具有明显的季节性。疫情发生后，华山风景区网络关注度搜索指数大幅下跌，季节性和节假日特征不明显。②从空间差异特征来看，华山风景区网络关注度空间差异较大，分散趋势明显，空间结构逐渐趋向正常，三大区域对华山风景区的网络关注度呈波动集聚的趋势，但集聚程度适中。③通过可视化分析发现，7 年间华山风景区高关注地区始终为陕西、广东和河南三省，疫情后新增山东和江苏两省，低关注地区主要分布在我国西部，依次为西藏、青海、宁夏、海南和新疆。④影响因素方面，华山风景区网络关注度时间差异的主要影响因素为气候舒适度、节假日制度和疫情；GDP 规模、互联网普及度和年末常住人口是影响华山风景区网络关注度空间分布特征的核心因素；地理空间距离是影响华山风景区网络关注度的重要因素；人均 GDP 对华山风景区网络关注度仍有持续性的影响，年末城镇人口、年龄和受教育程度的影响力相对较小。

（二）政策建议

针对以上结论，本文提出如下政策建议。

（1）加快旅游景区智慧化建设，深度挖掘旅游大数据。在大数据时代背景下，游客利用互联网平台可以不受时空限制搜索旅游热点信息，景区工作人员也会随时发布新景区最新信息，这极大地提升了游客获取信息和景区管理的效率水平。但通过对华山风景区游客搜索行为的分析发现，华山风景区高关注地区和较高关注地区以东部省份和中部省份为主，而西部地区连续 7 年网络关注度始终较低，主要与西部地区深居内陆经济发展水平和互联网普及程度与东、中部差距较大密切相关。因此，一方面，后疫情时代下景区经营者应借助信息化技术加快实现景区智慧化转型，及时获取游客搜索行为相关数据，实现景区灵活动态化管理；另一方面，针对西部地区要将线上、线下相结合，景区管理者不能仅停留在获取网上游客搜索信息上，仍然要加大与西部景区开展线下合作的力度，开发旅游线路，挖掘潜在市场。

（2）灵活运用网络营销策略，提升旅游景区品牌形象。华山风景区网络关注度时间上季节性、节假日特征明显，空间上较低关注地区和低关注地区为 14 个省份，存在较大的市场空间。因此，在时间上，景区经营者应在旅游旺季做好分时预约措施和景区安全保障，提升服务质量，为游客提供优质的游览体验；同时，提供多样化、差异化的旅游节事活动供游客选择，在旅游淡季推出门票优惠活动、举办华山论剑等相关主题活动和室内大型演艺演出吸引游客关注度，提升品牌知名度。在空间上，与政府、企业和旅行社等联合打造差异化旅游线路，对这些地区实行精准化营销策略，加大对华山景区的宣传力度，让更多中西部地区的人在网络上及时捕捉到华山风景区相关信息。

（3）完善旅游交通网络，加强区域间经济联系。地理空间距离作为华山风景区网络关注度的重要因素，直接影响着游客的出行选择。而旅游交通是连接两者之间的重要纽带，功能完善的旅游交通运输网络将为游客出行带来极大的便利。因此，华山风景区应不断完善景区内外部交通网络，为远距离地区游客和景区内部游客提供交通便利。同时要加强区域间的经济联系，将华山风景区低关注地区和较低关注地区尽早加入中等关注地区行列，增加高关注地区数量，逐步扩大潜在旅游市场，加大与四川乐山、峨眉山、终南山等山岳型景区的横向联合力度，推出差异化的旅游产品和线路。

（4）充分利用节假日，发挥自然型景区优势。华山风景区月季搜索指数显示，“五一”劳动节、中秋节、端午节、“十一”黄金周等节假日所在月份不仅景区网络关注度较高，也是华山景区最佳的观赏季，因此景区经营者应利用好这一优势，在节假日推出景区相关衍生产品，如旅游文创产品、旅游演艺产品、旅游线路和相关节假日庆典活动，利用新媒体实时直播景区活动增加景区曝光度，增加旅游收入，弥补淡季差距。冬季由于气候寒冷加之节假日较少网络关注度普遍较低，但景区管理者可以利用寒假和周末推出室内观赏性活动与演艺产品，吸引本地及周边地区游客关注，同时发布冬季华山景观的相关图片和视频，为登山爱好者提供差异化的旅游视觉体验。

参考文献

[1]李莉，张捷.互联网信息评价对游客信息行为和出游决策的影响研

究［J］. 旅游学刊,2013,28(10):23－29.

［2］李山,邱荣旭,陈玲. 基于百度指数的旅游景区络空间关注度:时间分布及其前兆效应［J］. 地理与地理信息科学,2008(6):102－107.

［3］马丽君,龙云. 基于网络关注度的湖南省居民旅游需求时空特征［J］. 经济地理,2017,37(2):201－208.

［4］黄先开,张丽峰,丁于思. 百度指数与旅游景区游客量的关系及预测研究:以北京故宫为例［J］. 旅游学刊,2013,28(11):93－100.

［5］李会琴,李丹,董晓晴,等. 中国5A级景区分布及网络关注度空间格局研究［J］. 干旱区资源与环境,2019,33(10):178－184.

［6］PROSPER F,BANGWAYO－SKEETE,RYAN W,et al. Can Google data improve the forecasting performance of tourist arrivals? Mixed－data sampling approach［J］. Tourism management,2015,46(2):454－464.

［7］XIN L,ROB LAW. Forecasting tourism demand with decomposed search cycles［J］. Journal of travel research,2019,59(1):52－58.

［8］JWB A ,HUI L A ,ZPFB C. Tourism demand forecasting with time series imaging: A deep learning model［J］. Annals of tourism research,2021,90:103255.

［9］龙茂兴,孙根年,马丽君,等. 区域旅游网络关注度与客流量时空动态比较分析:以四川为例［J］. 地域研究与开发,2011,30(3):93－97.

［10］王硕,曾克峰,童洁,等. 黄金周风景名胜区旅游客流量与网络关注度相关性分析:以庐山、华山、八达岭长城风景名胜区为例［J］. 经济地理,2013,33(11):182－186.

［11］李磊,陶卓民,赖志城,等. 长征国家文化公园红色旅游资源网络关注度及其旅游流网络结构分析［J］. 自然资源学报,2021,36(7):1811－1824.

［12］梁改童,高敏华,白洋. 新疆5A级旅游景区网络关注度时空分布特征研究［J］. 西北师范大学学报(自然科学版),2021,57(2):118－126.

［13］张丽峰,丁于思. 北京5A级旅游景区网络关注度分布特征研究［J］. 资源开发与市场,2014,30(11):1382－1384＋1370.

[14]张晓梅,程绍文,刘晓蕾,等.古城旅游地网络关注度时空特征及其影响因素:以平遥古城为例[J].经济地理,2016,36(7):196-202+207.

[15]陈哲,龙茂兴.户外旅游网络关注度时空特征研究[J].地理与地理信息科学,2020,36(5):80-85+94.

[16]唐鸿,许春晓.中国红色旅游经典景区网络关注度时空演变及影响因素[J].自然资源学报,2021,36(7):1792-1810.

[17]巩萧,石惠春,张琪.甘肃省A级旅游景区空间格局演化研究[J].资源开发与市场,2017,33(2):219-222+258.

[18]许艳,陆林,赵海溶.乌镇景区网络关注度动态演变与空间差异分析[J].经济地理,2020,40(7):200-210.

[19]高楠,张新成,王琳艳.中国红色旅游网络关注度时空特征及影响因素[J].自然资源学报,2020,35(5):1068-1089.

[20]王秋龙,潘立新,吕俭,等.基于网络关注度的安徽省居民省内旅游需求时空特征分析[J].地域研究与开发,2021,40(1):120-125.

[21]蒋大亮,孙烨,任航,等.基于百度指数的长江中游城市群城市网络特征研究[J].长江流域资源与环境,2015,24(10):1654-1664.

[22]俞庆进,张兵.投资者有限关注与股票收益:以百度指数作为关注度的一项实证研究[J].金融研究,2012(8):152-165.

[23]徐映梅,高一铭.基于互联网大数据的CPI舆情指数构建与应用:以百度指数为例[J].数量经济技术经济研究,2017,34(1):94-112.

[24]姚云霞,管卫华,李在军.江苏省入境旅游流的时空演变及影响因素分析[J].旅游科学,2016,30(5):52-62.

[25]陆林.山岳风景区国际旅游经济效益探析:以黄山国际旅游业为例[J].旅游学刊,1991(1):39-43+71-72.

[26]夏四友,赵媛,文琦,等.喀斯特生态脆弱区贫困化时空动态特征与影响因素:以贵州省为例[J].生态学报,2019,39(18):6869-6879.

[27]马丽君,孙根年,杨睿,等.城市气候舒适度与游客网络关注度时空相关分析[J].地理科学进展,2011,30(6):753-759.

[28]戢晓峰,李康康,陈方.节假日旅游流时空分异及其形成机制:以云南省为例[J].经济地理,2018,38(3):200-207.

[29]鄢继尧,赵媛,崔盼盼,等.中国赴俄旅游网络关注度时空差异及成因分析[J].世界地理研究,2021,30(6):1175-1186.

[30]王劲峰,徐成东.地理探测器:原理与展望[J].地理学报,2017,72(1):116-134.

[31]阮文奇,张舒宁,李勇泉,等.中国赴泰旅游需求时空分异及其影响因素[J].旅游学刊,2019,34(5):76-89.

[32]邹永广,林炜铃,郑向敏.旅游安全网络关注度时空特征及其影响因素[J].旅游学刊,2015,30(2):101-109.

[33]李少华.新技术与互联网创新推动新时代旅游产业发展[J].旅游学刊,2018,33(2):8-11.

[34]丁鑫,汪京强,李勇泉.基于百度指数的旅游目的地网络关注度时空特征与影响因素研究:以厦门市为例[J].资源开发与市场,2018,34(5):709-714.

互联网视角下文旅融合对旅游经济增长的影响

——基于旅游产业集聚的中介作用①

管云林

摘要：基于2010—2020年中国31个省（区、市）旅游产业、文化产业和互联网产业相关面板数据，运用计量回归模型，从全国和区域两个层面分析文旅融合对旅游经济增长的影响及作用机制。研究发现：①我国文旅融合水平在2010—2020年整体呈现增长趋势，但仍处于勉强协调状态。②区域文旅融合水平存在异质性，东部地区和中部地区文旅融合水平最初均明显高于西部地区，而西部地区近年来文旅融合速度加快，东部和中部地区放缓。③在全国层面，文旅融合对旅游经济增长具有显著正向影响；在区域层面，其影响存在异质性，对东部地区的积极影响最为显著，中部地区次之，而西部地区文旅融合对旅游经济增长的影响并不显著。④旅游产业集聚在文旅融合影响旅游经济增长的过程中，发挥了部分中介作用。同时，互联网发展水平在文旅融合对旅游经济增长的作用机制中调节作用显著。基于此，本文对西部地区文旅融合赋能旅游经济增长提出了政策建议。

关键词：文旅融合；旅游经济增长；旅游产业集聚；互联网发展

---

① 本文由邵金萍老师指导完成。邵金萍（1969—），辽宁铁岭人，西北大学经济管理学院副教授。

作者简介：菅云林（1999—），山西介休人，西北大学经济管理学院2021级旅游管理专业硕士研究生。

一、引言

近年来，互联网的迅速发展为促进产业融合提供了动力源泉，截至2021年底，我国互联网普及率已达73%。2015年，国家旅游局发布《关于实施“旅游+互联网”行动计划的通知》指出，以互联网为代表的新一轮科技革命正在深刻改变着世界经济发展和人们的生产生活，为全球旅游业发展带来了全新变革（国家旅游局，2015）。2020年末，国家发展改革委、文化和旅游部等十部门联合发布《关于深化“互联网+旅游”推动旅游业高质量发展的意见》，提出要持续深化“互联网+旅游”，要让互联网等现代新型信息技术持续更新迭代，为坚定不移建设网络强国、数字中国，为旅游业高质量发展提供强大动力。

当前，旅游业已成为国民经济战略性支柱产业，在促进经济增长的过程中发挥着巨大作用。2018年4月8日，文化部和国家旅游局进行了职责整合，组建成立了文化和旅游部，坚持“宜融则融、能融尽融”的总体思路，积极开发文化、旅游资源，实现文化与旅游的深度融合。文化与旅游的高质量发展将传统旅游产业单一、单向的产业链升级，融合多元业态，推动旅游产业集聚，实现旅游规模经济，促进旅游经济增长。以文促旅、以旅彰文、文旅融合已经成为增强文化活力、推动旅游发展的重要手段。与此同时，学者从文化与旅游融合等角度进行了探究，取得了丰富的研究成果，但关于文旅融合对旅游经济增长的影响研究大多为定性研究，而对于当前全国及区域层面文旅融合现状，有必要采用科学方法来量化评估，以准确衡量文旅融合对旅游经济增长的影响。

在此背景下，本文基于互联网发展的视角，采用文化旅游耦合协调度模型，从全国和区域两个层面实证剖析文旅融合与旅游经济增长的关系，以及旅游产业集聚是否发挥了部分中介作用。

二、相关研究进展

（一）文旅融合研究进展

国外学术界对产业融合的研究已形成了比较完整的理论体系，但专门针对文旅融合进行研究的文献较少，多是从遗产保护和人类跨文化交流两个角度来研究文化旅游产品的形态、文化资源的旅游开发和文化旅游开发的影响等。随着国内文旅融合进程的加快，学术界关于文旅融合的理论探讨成为热点，现有研究主要集中于以下四个方面。

第一，文旅融合概念研究。陈瑾（2014）认为，旅游与文化是伴生关系，开放的旅游业可以轻易地接受文化灌输，而文化的渗透突破了产业界限，与旅游业产生融合，两者共进共生。

第二，文旅融合机制研究。文旅融合的机制主要是动力机制、障碍机制与融合效应三个方面。张海燕和王忠云（2013）指出企业行为取向、旅游者多元化需求、政府引导、中介机构发展、市场机制作用等因素是文旅融合最主要的驱动力；而文旅融合对于区域创新能力提升、竞争力增强、消费驱动、区域整合具有重要意义（霍艳莲，2015）。随着研究的深入，学者将物理耦合模型引入到文旅融合中以研究文旅融合协调度及融合形势测度，进一步从理论上研究文旅融合与经济增长的关系（侯兵、周晓倩，2015；刘安乐等，2020）。

第三，文旅融合模式研究。谌可佼（2013）将文旅融合的模式分为产业的延伸型、重组型和渗透型；也有学者认为文旅产业的发展应该是联动发展模式（闫秦勤，2016）；张海燕和王忠云（2013）则认为文旅融合的具体运作模式可分为文化旅游圈合作模式、项目开发融合运营模式、文化旅游节庆与会展推广模式、文化旅游产品创新吸引模式等。

第四，文旅融合路径研究。其路径主要包括资源、市场、服务、产品、产业等，其中，产业融合路径是指通过构建文旅融合基地，不断培育新业态，同时对所有业态进行合理布局，实现文旅深度融合（黄先开，2021）。而在产品融合的路径上，主要举措是将当地的特色文化产品融入旅游目的地中，打造具有特色的旅游场所（曹诗图、沈中印、刘晗，2005）。

（二）旅游产业集聚研究进展

关于旅游产业集聚的现有研究，主要集中在三个方面：旅游产业集聚内涵、旅游产业集聚动力要素和旅游产业集聚测度方法。

第一，旅游产业集聚内涵研究。产业集聚理论认为，集聚是产业空间的一种组织形态，它可以通过降低交易费用，加强产业关联，推动知识学习和创新，从而提高外部经济效应、提高规模报酬、提升品牌和市场竞争能力（Poter ，1990；Marshall ，1920）。在此基础上，学者普遍认为旅游产业集聚是以旅游价值链为纽带，围绕旅游核心吸引物，在旅游产业“吃住行游购娱”要素不断完善的基础上，以旅游产业的市场平台为载体，其他可共享旅游消费市场的产业围绕旅游产业不断发展壮大并在地理空间上不断集中的过程（马晓龙、卢春花，2014）。

第二，旅游产业集聚动力要素研究。区域经济发展水平与政府政策支持是促进旅游产业集聚的关键动力（陈绍友，2006；魏敏，2019）。此外，旅游产业集聚过程具有很强的资源依赖性和区位依附性，因此，旅游资源挖掘和地区交通基础设施建设完善是提升旅游产业集聚程度的重要方面（柳百萍、刁宗广、尹长丰，2013）。魏敏（2019）将旅游产业集聚的动力分为内部和外部两个方面，内部动力包括经济外部性、产业价值链、旅游资源禀赋优势，外部动力包括市场需求、交通区位、政策保障和外部竞争。

第三，旅游产业集聚测度方法研究。当前旅游产业集聚水平测度方法主要有赫芬达尔指数（HHI）、区位熵法、空间基尼系数、E－G 指数等（韩国秀，2020）。旅游产业集聚水平各测度方法适用情境见表 1。

表 1　旅游产业集聚水平测度适用情境

集聚水平测度方法	适用情境
赫芬达尔指数	测度研究对象的整体发展水平
区位熵法	测度地区产业发展集聚水平
空间基尼系数	测度行业的集聚水平
E－G 指数	测度一个经济体中某种产业的 N 个企业在不同区域上的集中分布情况

（三）文旅融合与旅游经济增长关系研究进展

关于文旅融合与旅游经济增长关系的研究，集中于以下三个方面。

第一，文旅融合对旅游经济增长的作用。文旅融合能够通过产业规模效应带动旅游业及整个第三产业的发展，促进地区旅游经济增长（薛飏，2016；张娜、刘玲、潘博闻，2020）。同时，根据增长极理论，文旅融合可以为旅游产业提供新的地域增长极、内容增长极与产品增长极，通过集聚效应和扩散效应带动整个地区旅游经济的发展（徐露，2017；燕连福，2019）。

第二，文旅融合推动旅游经济增长的路径。文旅融合通过以下路径成为重要的旅游经济增长点：①提高旅游产业覆盖面，提升旅游产业品质，推动经济增长方式由粗放型向集约型转变；②推动经济结构优化，从单纯依靠出口的发展模式向依靠消费、投资、出口协调发展模式转换；③提升产业结构，推动发展模式向更多依靠服务业转变，带动系列产业融合发展；④转换增长动能，重构生产、分配、交换等各个环节，向生态化、智能化转变（燕连福，2019；白俊红、吕晓红，2017；李凌雁、翁钢民，2016；吴耿安、刘巍、郑向敏，2018）。

第三，旅游经济增长对文旅融合的反向影响。张娜等（2020）通过构建 PVAR 模型研究发现，区域旅游经济增长能有效推动文旅融合，但影响时效较短，其作用力小于文旅融合对旅游经济增长的影响。刘玲（2021）也利用脉冲响应函数与方差分解解释了文旅融合和区域旅游经济增长的作用力及反作用力。

（四）研究评述

综上所述，当前国内文旅融合的研究成果较为丰富，但关于文旅融合对旅游经济增长的影响大多为定性研究，仅有个别学者对其影响进行了量化测度，也未有研究以旅游产业集聚作为中介变量来探究文旅融合对旅游经济增长的作用机制。因此，本文以旅游产业集聚为中介变量测度文旅融合对旅游经济增长的影响，以期为文旅融合的现实实践提供参考和借鉴。

三、理论基础与研究假设

（一）文旅融合与旅游经济增长

根据经济增长理论，旅游经济增长的动因主要有技术创新、产业结构、市场结构、旅游消费、人力资本，而以上五个动因，又会受文旅融合的影响。

第一，文旅融合推动技术创新。文化产业和旅游产业通过技术融合，使技术创新产生规模效应，进而提高了文化旅游产品的生产效率，增强旅游产业竞争力，从而获得更多的旅游经济效益。第二，文旅融合优化产业结构。文旅融合使产业价值链实现上下游纵向合作及行业间横向合作，融合多产业价值，整合优势资源，形成新的经济增长点（Adeolao and Evans，2019）。第三，文旅融合升级市场结构。文旅融合使得多产业市场产生联结，可能造成充分竞争性、资源优化配置性的市场出现，市场结构升级优化，推动旅游经济增长。第四，文旅融合促进旅游消费。文旅融合程度的深化，催生了新产品、新业态，创造了文旅新需求，促进了旅游消费，形成了“新供给－创造需求－融合深入－供给扩大－需求扩大”的正反馈机制，促进旅游经济增长（陈柳钦，2007；胡永佳，2007；孟政宇、周春波，2020）。第五，文旅融合推动人力资本发展。文旅融合带来了旅游市场的扩张，提供了新的就业机会，引发了对综合性人才的需求，从而推动旅游人力资本的发展，为旅游市场提供源源不断的人力资源。综上所述，文旅融合通过推动技术创新、优化产业结构、升级市场结构、促进旅游消费、推动人力资本发展等方面积极影响旅游经济增长。基于此，本文提出以下假设。

H_1：文旅融合对旅游经济增长具有显著正向影响。

同时，考虑到实证阶段样本数据量的要求，本文在四大经济区域（东部地区、中部地区、西部地区、东北地区）基础上将辽宁省划为东部地区，将黑龙江省和吉林省划为中部地区，即将全国31个省（区、市）划分为中部、东部、西部三大地区（见表2），为研究文旅融合对不同区域旅游经济增长的影响，在 H_1 的基础上设立3个分假设。

H_{1a}：文旅融合对中部地区旅游经济增长具有显著正向影响。

H_{1b}：文旅融合对东部地区旅游经济增长具有显著正向影响。

H_{1c}：文旅融合对西部地区旅游经济增长具有显著正向影响。

表2　全国31个省（区、市）区域划分

区域	省（区、市）
中部地区	吉林、湖南、山西、江西、安徽、黑龙江、河南、湖北（8个）
东部地区	广东、天津、上海、北京、辽宁、海南、河北、山东、江苏、浙江、福建（11个）
西部地区	四川、陕西、甘肃、青海、内蒙古、宁夏、云南、广西、贵州、西藏、新疆、重庆（12个）

（二）文旅融合、旅游产业集聚与旅游经济增长

文旅融合通过作用于旅游资源禀赋水平、产业价值链、市场竞争环

境等因素促进旅游产业集聚。第一，文旅融合下充分挖掘文化资源与旅游资源，提升区域旅游资源禀赋水平，激发旅游者消费动机，而旅游资源禀赋好的区域，以竞争力和吸引力的绝对优势吸引旅游活动中各个环节的旅游企业参与其中，最终形成旅游产业集聚。第二，文旅融合下旅游产业价值链更加丰富，融合了多产业价值，形成高度深化的产业分工与协作，使得同一产业链上的交易费用降低，由此推动旅游产业集聚。第三，文旅融合下各部门相互交叉、渗透，市场上新的竞争者涌入，随着竞争程度的提高，个别旅游企业由于自身的资源有限，很难与其他地区的大型旅游集团相抗衡，便会促进区域旅游产业集聚，从而规避风险，获得竞争优势。由此本文提出以下假设。

H_2：文旅融合对旅游产业集聚具有显著正向影响。

根据经济增长理论，旅游产业集聚通过作用于人力资源、资本、技术等要素而提高旅游产业的收益。一方面，旅游产业集聚促进了旅游产业内部发展结构的优化和升级，提升了劳动力素质，提升了地区服务水平，从而带动旅游经济增长；另一方面，旅游产业集聚可以带动周边景区经济发展，促进景区开发，加速基础设施建设，从而提升旅游产业效益。通过上文分析可知，文旅融合对旅游产业集聚具有正向影响，旅游产业集聚对旅游经济增长具有正向影响，因此，旅游产业集聚是文旅融合与旅游经济增长关系间的中介变量，能够起到桥梁作用。由此本文提出以下假设。

H_3：旅游产业集聚中介了文旅融合与旅游经济增长的关系。

（三）文旅融合、互联网发展水平与旅游经济增长

作为社会交换的载体，互联网通过技术性地嵌入旅游产业，使数据成为价值创造中的重要因素，对旅游经济增长产生了重要影响（王彦楠，2016）。

第一，互联网促进旅游市场主体的高效协作。互联网的发展，可以

有效降低非对称状态下的旅游产业的协调成本，使得更多企业可以自由地参与到旅游产业的分工中，通过价值链和功能互补，改变旅游业组织协调的固有模式，从而实现旅游资源的最优配置（陈小勇，2017）。第二，互联网促进旅游服务能力的专业构建。互联网发展使得旅游业知识溢出的地理排他性下降（Bloom，Schankerman and Reenen，2013），提高了知识的传递效率，这不但为各旅游市场提供了便利的知识交换机制，也极大地提高了区域旅游产业的专业化程度。第三，互联网促进多方的交易成本降低。旅游者需与不同服务供应商建立即时反馈的信息传递机制，以促进旅游活动的交易（Buhalis and Law，2008）。互联网的发展降低了旅游者被“敲竹杠”的风险，同时也为各方提供了互动、交易和反馈的环境（Standing ，Tang－Taye and Boyer，2014）。

综上所述，在文旅融合水平高的区域，当其具有较高的互联网发展水平时，就会有更强的动力促进旅游经济增长，即互联网发展水平正向调节了文旅融合与旅游经济增长的关系。由此本文提出以下假设。

H_4：互联网发展水平正向调节了文旅融合与旅游经济增长的关系。

四、研究设计

（一）数据来源

考虑到数据可得性与一致性，本研究涵盖了中国 31 个省（区、市）2010—2020 年的面板数据。其中，旅游产业相关数据主要来源于《中国统计年鉴》《中国旅游统计年鉴》及各地区统计年鉴；文化产业相关数据主要来源于《中国文化及相关产业统计年鉴》《中国文化和旅游统计年鉴》；互联网相关数据主要来源于《中国互联网络发展状况统计报告》《中国统计年鉴》及各地区统计公报。

（二）变量测量

1. 被解释变量

旅游经济增长：本文参考刘震（2022）、刘瑞明（2018）等的研究，采用人均旅游收入来衡量旅游经济增长水平，采用居民消费指数对其进行平减，换算成以2010年为基期的不变价格。

2. 解释变量

文旅融合：本文参照孟政宇和周春波（2021）、侯兵和周晓倩（2015）、刘安乐等（2020）的研究，构建了文化与旅游产业综合评价指标体系（见表3），并运用耦合协调度模型对文旅融合水平进行测度。

表3　文化与旅游产业综合评价指标体系

项目	一级指标	二级指标
旅游产业	旅游产业绩效水平	旅游总收入/亿元
		国际创汇/亿美元
		国内旅游人次/万人次
		国际旅游人次/万人次
	旅游产业要素水平	旅行社数量/个
		旅游产业从业人员/万人
		星级饭店数量/个
		AAAA级以上景区数量/个
文化产业	文化产业绩效水平	文化事业费/万元
		文化市场经营机构营业收入/万元
		博物馆参观人次/万人次
		艺术团体演出营业收入/万元
	文化产业要素水平	博物馆数量/个
		群体文化机构数量/个
		艺术表演团体数量/个

文旅融合水平测算过程：①采用极差标准化方法对指标原始数据进行无纲量化处理（为防止指标为0或负值，统一加0.01）；②采用熵值法计算旅游产业与文化产业内各个指标的权重；③建立旅游产业与文化

产业综合评价函数；④利用耦合协调度模型测算文旅融合水平。具体测算公式见表4。

表4 文旅融合水平测算公式

方法	公式	说明
极差标准化法	$x_{ij}=\frac{x_j(t)-x_{min}}{x_{max}-x_{min}}+0.01$	$x_j(t)$ 为第 j 个指标第 t 年的原始数据 x_{max}是第 j 个指标的最大值 x_{min}是第 j 个指标的最小值
熵值法	$s_{ij}=x_{ij}/\sum_{i=1}^{m}x_{ij}$ $h_j=-\frac{1}{\ln m}\sum_{i=1}^{m}s_{ij}\ln s_{ij}$ $\propto_j=1-h_j$ $w_j=\propto_j/\sum_{j=1}^{n}\propto_j$	s_{ij}是第 i 年第 j 项指标的比重 h_j是第 j 项指标的熵值 $\propto_j$ 是第 j 项指标的差异系数 w_j是第 j 项指标的权重
综合评价函数	$u=\sum_{j=1}^{n}w_jx_{ij}$	j 是文化或旅游产业指标的个数 w_j为指标权重 x_{ij}是文化或旅游产业第 j 个指标第 i 年的标准化值
耦合协调度模型	$IC(u_1,u_2)=\left[\frac{\sqrt{u_1u_2}}{u_1+u_2}(0.5u_1+0.5u_2)\right]^{\frac{1}{2}}$	u_1表示文化产业的综合评价值 u_2表示旅游产业的综合评价值

3. 中介变量

旅游产业集聚：本文采用区位熵法来测算各省份的旅游产业集聚水平，具体衡量公式为：

$$LQ_{it}=\frac{q_{it}/p_{it}}{q_t/p_t} \tag{1}$$

其中，q_{it}表示省份 i 在 t 时期的旅游总收入，p_{it}表示省份 i 在 t 时期的地区生产总值，q_t表示所有省份在 t 时期的旅游总收入，p_t表示 t 时期的国内生产总值。一般来说，LQ 的值越大，表示该省份旅游产业集聚水平越高。

4. 调节变量

互联网发展水平：本文采用韩先锋等（2019）、程玉和杨勇

（2022）的研究构建互联网综合测度指标体系（见表5）；在此基础上利用 SPSS 软件进行时序全局主成分分析（GPCA），得出中国 31 个省（区、市）2010—2020 年互联网综合发展水平变量；最后按照式（2）将互联网综合发展水平得分标准化到［0，1］区间内。

表5　互联网综合测度指标体系

一级指标	二级指标	指标解释
互联网普及	互联网普及率/%	表示省级互联网的普及程度
	网民总数/万人	表示省级互联网服务居民和旅游者需求的能力
互联网基础设施	万人域名数/个/万人	表示省级域名资源配置情况
	IPv4 地址占比/%	表示省级 IP 地址资源分配情况
	互联网接入端口数/万个	表示省级互联网接入设备的建设水平
	长途光缆线路长度/公里	表示省级光纤基础设施的建设情况
互联网信息资源	网站数/个	表示省级互联网信息资源的供给能力
	每个网页平均字节数/千字节	表示省级互联网信息资源配置的丰富程度
互联网商务应用	快递业务总量/万件	表示省级网购产业的发展水平
互联网发展环境	人均 GDP/元	表示省级互联网建设能力和发展方向
	城镇居民人均可支配收入/元	表示省级居民互联网消费能力

$$int_i = \frac{Y}{\text{Max}(Y_i) - \text{Min}(Y_i)} \times 0.4 + 0.6 \qquad (2)$$

其中，Y_i为 i 省（区、市）的互联网综合发展水平得分，Max（Y_i）与 Min（Y_i）分别为互联网综合发展水平得分的最大值和最小值。

5. 控制变量

为了避免遗漏变量导致的估算误差，本文加入以下控制变量，包括：①产业结构水平；②交通可达性；③行政管理水平；④旅游资源禀赋；⑤人力资本。变量定义如表6 所示。

表6　变量定义

变量类型	变量名称	变量代码	变量定义及测量
被解释变量	旅游经济增长	*Tour*	人均旅游收入（2010 年不变价格）
解释变量	文旅融合水平	*IC*	耦合协调度模型计算测得

续表

变量类型	变量名称	变量代码	变量定义及测量
中介变量	旅游产业集聚	*LQ*	区位熵法计算取得
调节变量	互联网发展水平	*Int*	互联网综合发展指标体系计算取得
控制变量	产业结构水平	*Industry*	第三产业生产值占 GDP 的比重
	交通可达性	*Transport*	铁路、公路、内河里程数
	行政管理水平	*Government*	除教科文卫外的财政支出占 GDP 的比重
	旅游资源禀赋	*Resource*	AAAA 级以上景区拥有量
	人力资本	*Education*	人均受教育年限
	区位	*D*	虚拟变量，表示地区所在的区位

（三）模型设定

为克服异方差的影响，本文对各变量进行对数化处理，保证数据的平稳性。通过建立以下模型来验证 H_1，即文旅融合对旅游经济增长的影响。

$$\ln Tour_{it} = \propto_0 + \propto_1 \cdot \ln IC_{it} + \sum_j \alpha_j \ln CR_{it} + \varepsilon_{it} \tag{3}$$

其中，$\ln Tour_{it}$表示省份 i 在 t 年的人均旅游收入，$\ln IC_{it}$表示文旅融合水平；$\ln CR_{it}$代表全部的控制变量，其中 α_0是常数项，α_1是文旅融合水平的回归系数，α_j为控制变量的回归系数，j 为控制变量的个数，ε 代表一随机扰动项。由于虚拟变量 D_{it}为省份 i 所在的区域，是一个恒定常量，所以在验证 $H_{1a} \sim H_{1c}$时，将直接按照区域分组进行检验。

本文通过建立以下模型来验证 H_2，即文旅融合对旅游产业集聚的影响。

$$\ln LQ_{it} = \theta_0 + \theta_1 \cdot \ln IC_{it} + \sum_j \theta_j \ln CR_{it} + \varepsilon_{it} \tag{4}$$

其中，$\ln LQ_{it}$表示省份 i 在 t 年旅游产业集聚水平，θ_0是常数项，θ_1和 θ_j都表示回归系数。

本文通过建立以下模型来验证 H_3，即旅游产业集聚对文旅融合与旅游经济增长的关系中介作用。

$$\ln Tour_{it} = \gamma_0 + \gamma_1 \cdot \ln IC_{it} + \gamma_2 \cdot \ln LQ_{it} + \sum_j \gamma_j \ln CR_{it} + \varepsilon_{it} \quad (5)$$

其中，γ_0表示常数项；$\gamma_1 \sim \gamma_j$均表示回归系数。中介效应检验过程包括4个步骤：①解释变量（lnIC）会显著影响被解释变量（ln$Tour$）；②解释变量（lnIC）显著影响假定的中介变量（lnLQ）；③控制了解释变量（lnIC）的影响后，中介变量（lnLQ）显著影响被解释变量（ln$Tour$）；④引入中介变量（lnLQ）以后，解释变量（lnIC）对被解释变量（ln$Tour$）的影响变小。

本文通过建立以下模型来验证 H_4，即互联网发展对文旅融合与旅游经济增长关系的调节作用。

$$\ln Tour_{it} = \beta_0 + \beta_1 \cdot \ln IC_{it} + \beta_2 \cdot \ln Int_{it} + \beta_3 \cdot \ln IC_{it} \cdot \ln Int_{it} + \sum_j \beta_j \ln CR_{it} + \varepsilon_{it} \quad (6)$$

式（6）加入了互联网发展水平以及文旅融合水平与互联网发展水平的交互项。其中，β_0表示常数项；从β_1到β_j都是回归系数。需要重点关注β_3，若β_3值明显高于0，则表明互联网发展加强了文旅融合对旅游经济增长的影响，若此系数不具有显著性，说明互联网发展对文旅融合与旅游经济增长的关系没有任何影响。

五、实证分析

（一）变量分析

1. 文旅融合水平分析

利用表4测算的各省（区、市）2010—2020年文旅融合水平如表7所示。

表 7　2010—2020 年我国各省（区、市）文旅融合水平

省（区、市）	2010 年	2011 年	2012 年	2013 年	2014 年	2015 年	2016 年	2017 年	2018 年	2019 年	2020 年
安徽	0. 1900	0. 2721	0. 2809	0. 3406	0. 3555	0. 4254	0. 4536	0. 5198	0. 5702	0. 6171	0. 5388
北京	0. 1705	0. 2141	0. 2848	0. 3098	0. 3160	0. 3780	0. 4150	0. 5092	0. 5756	0. 5949	0. 5501
福建	0. 1765	0. 2175	0. 2709	0. 3109	0. 3705	0. 3562	0. 3967	0. 5044	0. 5664	0. 5819	0. 5634
甘肃	0. 1262	0. 2181	0. 2535	0. 2962	0. 4175	0. 3663	0. 3890	0. 4431	0. 5115	0. 5500	0. 5394
广东	0. 2170	0. 2618	0. 2900	0. 3347	0. 3569	0. 4027	0. 4077	0. 5069	0. 4978	0. 5578	0. 5422
广西	0. 2398	0. 2718	0. 2745	0. 3221	0. 3586	0. 4660	0. 4601	0. 5122	0. 5756	0. 6044	0. 6107
贵州	0. 1985	0. 2030	0. 2757	0. 3284	0. 3545	0. 3826	0. 4188	0. 4906	0. 5490	0. 5850	0. 6225
海南	0. 2007	0. 2770	0. 3202	0. 3710	0. 3196	0. 3109	0. 4297	0. 4579	0. 4972	0. 5893	0. 6074
河北	0. 1615	0. 2401	0. 3078	0. 3512	0. 3901	0. 4327	0. 4655	0. 5404	0. 5059	0. 5521	0. 5472
河南	0. 1588	0. 2471	0. 2852	0. 2939	0. 3003	0. 3620	0. 4139	0. 4916	0. 5635	0. 6409	0. 5780
黑龙江	0. 2856	0. 3259	0. 3226	0. 2999	0. 3567	0. 3919	0. 4478	0. 5498	0. 4817	0. 4944	0. 5086
湖北	0. 1842	0. 2046	0. 2796	0. 3361	0. 3968	0. 4265	0. 4447	0. 5203	0. 5629	0. 5987	0. 5901
湖南	0. 2154	0. 2657	0. 3013	0. 3217	0. 3988	0. 4387	0. 4744	0. 4976	0. 5214	0. 5781	0. 6222
吉林	0. 3333	0. 3156	0. 2638	0. 3613	0. 4112	0. 4528	0. 4865	0. 4908	0. 5188	0. 5597	0. 5379
江苏	0. 3079	0. 3370	0. 3577	0. 3137	0. 3726	0. 4104	0. 4409	0. 5034	0. 5159	0. 5027	0. 5203
江西	0. 2265	0. 2678	0. 2864	0. 3219	0. 3537	0. 3829	0. 4303	0. 5012	0. 4832	0. 5637	0. 5643
辽宁	0. 2613	0. 2755	0. 2903	0. 3352	0. 4018	0. 3932	0. 4389	0. 4519	0. 5604	0. 4935	0. 4705
内蒙古	0. 1652	0. 2199	0. 2808	0. 3266	0. 3652	0. 4130	0. 4692	0. 4684	0. 4999	0. 5848	0. 5461
宁夏	0. 1517	0. 2089	0. 2190	0. 2752	0. 2966	0. 3611	0. 4022	0. 5182	0. 5575	0. 6006	0. 5790
青海	0. 1602	0. 2093	0. 2561	0. 2507	0. 3622	0. 3818	0. 3961	0. 4436	0. 5111	0. 6196	0. 5708
山东	0. 3157	0. 2919	0. 3211	0. 3501	0. 3832	0. 4396	0. 4394	0. 4942	0. 5494	0. 5959	0. 5744
山西	0. 1864	0. 2422	0. 2923	0. 2926	0. 2848	0. 3263	0. 3964	0. 4243	0. 5588	0. 5258	0. 5031
陕西	0. 2736	0. 3140	0. 3132	0. 3421	0. 3957	0. 4173	0. 4576	0. 5502	0. 5672	0. 5715	0. 5571
上海	0. 2687	0. 3089	0. 3766	0. 3482	0. 3531	0. 3767	0. 4439	0. 4578	0. 5011	0. 5799	0. 5026
四川	0. 1910	0. 2610	0. 3099	0. 3260	0. 3514	0. 3958	0. 4242	0. 5005	0. 5392	0. 5881	0. 5962
天津	0. 1484	0. 1968	0. 2697	0. 3082	0. 3896	0. 3675	0. 4459	0. 4648	0. 4466	0. 4906	0. 4429
西藏	0. 1760	0. 1944	0. 2491	0. 3155	0. 3642	0. 4390	0. 4809	0. 4570	0. 5469	0. 5743	0. 6303
新疆	0. 2164	0. 2834	0. 3197	0. 2954	0. 3989	0. 4023	0. 4407	0. 4749	0. 5419	0. 5244	0. 5298
云南	0. 2467	0. 2029	0. 2616	0. 3069	0. 3602	0. 3953	0. 4263	0. 5202	0. 5517	0. 6243	0. 5759
浙江	0. 2993	0. 2503	0. 3317	0. 3661	0. 3773	0. 4308	0. 4918	0. 5718	0. 5726	0. 5990	0. 5843

续表

省（区、市）	2010年	2011年	2012年	2013年	2014年	2015年	2016年	2017年	2018年	2019年	2020年
重庆	0.1944	0.2170	0.2298	0.3040	0.3762	0.4383	0.5093	0.5111	0.5491	0.5649	0.5497
均值	0.2144	0.2521	0.2895	0.3212	0.3642	0.3988	0.4399	0.4951	0.5339	0.5712	0.5566

由表7可知，2010—2020年全国31个省（区、市）文旅融合水平均呈现增长趋势，且省份之间增长幅度差异较大，也有一些省份呈现先下降后增长的趋势，此外可以看到受疫情影响，2020年全国31个省（区、市）文旅融合水平较2019年均呈现下降趋势。结合廖重斌（1999）、侯兵和周晓倩（2015）等研究的耦合协调度等级划分标准（见表8），可以看出部分省（区、市）（如西藏、海南、广西等）已增长至初级协调状态。

从全国层面来讲，2010—2020年文旅融合水平整体呈增长趋势，由2010年中度失调状态增长至2020年勉强协调状态，但仍处于融合初级阶段，说明文旅融合仍不够深入，有很大的发展空间。此外，全国文旅融合速度于2010—2012年缓步增长，2013年增长速度明显降低，2014年迅速回升并呈持续增长态势，2020年受疫情影响全国文旅融合速度呈现负增长。

表8　耦合协调度等级划分标准

耦合度	耦合等级	耦合度	耦合等级
0.00~0.09	极度失调	0.50~0.59	勉强协调
0.10~0.19	严重失调	0.60~0.69	初级协调
0.20~0.29	中度失调	0.70~0.79	中级协调
0.30~0.39	轻度失调	0.80~0.89	良好协调
0.40~0.49	濒临失调	0.90~1.00	优质协调

为考察文旅融合对区域旅游经济增长的影响，有必要分析各区域的文旅融合程度。参照表2划分全国各省份后形成的三大地区，由表7可知，2010年全国文旅融合水平均值为0.2144，14个省份的文旅融合水

平高于全国平均文旅融合水平。其中，中部地区包含黑龙江、湖南、吉林、江西 4 个省份，东部地区包含广东、江苏、辽宁、山东、上海、浙江 6 个省份，西部地区包含广西、陕西、新疆、云南 4 个省份，且文旅融合水平排名前 5 的省份中东部地区有 3 个、中部地区有 2 个。

2020 年，全国文旅融合水平均值为 0. 5566，16 个省份的文旅融合水平高于全国平均文旅融合水平。其中，中部地区包含河南、湖北、湖南、江西 4 个省份，东部地区包含福建、海南、山东、浙江 4 个省份，西部地区则包含广西、贵州、宁夏、青海、陕西、四川、西藏、云南 8 个省份，文旅融合水平排名前 5 的省份中西部地区有 3 个，中部地区和东部地区各有 1 个。

由上文及表 9 可知，中部和东部地区文旅融合水平最初均高于西部地区，但东部地区文旅融合增长趋势减缓；西部地区有着丰富的文旅资源，其融合增长趋势加快，中部地区文旅融合减缓原因在于其文旅资源较为分散，且开发程度较低。

表 9　2010—2020 年我国中部、东部、西部地区文旅融合水平均值

年份	中部地区	东部地区	西部地区
2010	0. 2225	0. 2298	0. 1950
2011	0. 2676	0. 2610	0. 2336
2012	0. 2890	0. 3110	0. 2702
2013	0. 3210	0. 3363	0. 3074
2014	0. 3572	0. 3664	0. 3668
2015	0. 4008	0. 3908	0. 4049
2016	0. 4435	0. 4377	0. 4395
2017	0. 4994	0. 4966	0. 4908
2018	0. 5326	0. 5263	0. 5417
2019	0. 5723	0. 5580	0. 5827
2020	0. 5554	0. 5368	0. 5756

2. 描述性统计分析

表 10 是对变量取对数前的描述性统计结果。从表 10 可以看出，中

国31个省（区、市）2010—2020年人均旅游收入的平均值、标准差、最小值、最大值分别为1363、24.234、579.4、3676，表明各省份之间旅游经济增长情况相差较大。文旅融合水平的平均值、标准差、最小值、最大值分别为0.403、0.354、0.159、0.622，结合上文可知，文旅融合水平整体不高，且各地区文旅融合水平存在差异。旅游产业集聚的平均值、标准差、最小值、最大值分别为1.063、0.706、0.345、3.051，当 $LQ>1$ 时，可以认为该地区的旅游业在总体中具有优势；反之，当 $LQ<1$ 时，可以认为该地区的旅游业在总体中处于相对劣势。因此，可以看出，有的省份旅游产业集聚情况较好，有的省份则相对落后，整体情况相差较大。互联网发展水平的平均值、标准差、最小值、最大值分别为0.578、0.336、0.339、0.920，表明互联网的发展在各省份间存在差距，因此研究互联网发展对文旅融合与旅游经济增长关系的影响是有必要的。

表10　变量的描述性统计结果

变量	观测值	平均值	标准差	最小值	最大值
Tour	341	1363	24.234	579.4	3676
IC	341	0.403	0.354	0.159	0.622
LQ	341	1.063	0.706	0.345	3.051
Int	341	0.578	0.336	0.339	0.920
Industry	341	0.490	0.319	0.306	0.833
Transport	341	15.51	2.863	1.530	34.560
Government	341	0.217	0.410	0.079	1.023
Resource	341	95.400	7.704	11.000	255.000
Education	341	9.045	1.071	5.063	12.640

（二）回归结果分析

1. 文旅融合对旅游经济增长的影响

本文选用的是31个省（区、市）2010—2020年的面板数据，因此运用Stata16.0软件对固定效应模型进行分析。为了验证 H_1，本文通过模型（3）检验文旅融合对旅游经济增长的影响。基本回归结果如表 11 所示。

表 11　基本回归结果

变量	ln_ *Tour*	
	(1)	(2)
ln_ *IC*	0.279 *** (0.0630)	0.426 *** (0.0661)
ln_ *Ind*	1.051 *** (0.128)	0.332 *** (0.118)
ln_ *Trans*	−0.00401 (0.0345)	−0.0148 (0.146)
ln_ *Gov*	−0.0776 (0.0708)	0.305 *** (0.0896)
ln_ *Res*	0.0640 (0.0413)	0.101 ** (0.0409)
ln_ *Edu*	−0.331 * (0.194)	−0.632 * (0.331)
地区		控制
Observations	341	341
R − squared	0.414	0.902

注：***、**、* 分别表示 1%、5% 和 10% 的显著性水平，括号中数值为相对应的 *t* 值。

表 11 中，第（1）列未考虑地区、时间效应时，文旅融合水平与旅游经济增长的回归系数显著正相关，说明文旅融合有助于促进旅游经济增长。H_1 得到支持。第（2）列在控制了地区后，回归系数依然显著为正，进一步检验了文旅融合对旅游经济增长的影响。H_1 再次得到验证。

为了检验 $H_{1a} \sim H_{1c}$，即文旅融合对不同区域旅游经济增长的影响，利用表 2 的省份区域划分，分别对三大区域进行回归，结果见表 12。

表 12　分组回归结果

变量	ln_ *Tour*		
	东部	中部	西部
ln_ *IC*	0. 499 *** (0. 0717)	0. 541 ** (0. 101)	0. 114 (0. 105)
ln_ *Ind*	0. 751 *** (0. 237)	0. 233 (0. 180)	1. 085 *** (0. 274)
ln_ *Trans*	0. 208 *** (0. 0710)	-0. 370 *** (0. 117)	0. 303 *** (0. 0682)
ln_ *Gov*	-0. 751 *** (0. 121)	0. 0429 (0. 173)	0. 517 *** (0. 136)
ln_ *Res*	-0. 373 *** (0. 0870)	0. 0529 (0. 0559)	0. 0735 (0. 0785)
ln_ *Edu*	1. 464 *** (0. 474)	-0. 128 (0. 556)	0. 749 ** (0. 337)
地区	控制	控制	控制
时间	控制	控制	控制
Observations	121	88	132
R - squared	0. 474	0. 684	0. 507

注：***、** 分别表示 1%、5% 的显著性水平，括号中数值为相对应的 t 值。

由表 12 可知，东部地区与中部地区文旅融合和旅游经济增长的回归系数分别在 1%、5% 的水平上显著为正，而西部地区文旅融合与旅游经济增长的回归系数并不显著，说明 H_{1a} 与 H_{1b} 得到验证，而 H_{1c} 不成立，表明文旅融合对旅游经济增长的影响存在区域异质性。结合前文可知，在三大地区中，东部地区和中部地区文旅融合增速减缓，而西部地区文旅融合水平增长迅速，但其对旅游经济增长的影响并不显著。

2. 文旅融合、旅游产业集聚与旅游经济增长

本文参考李小青等（2020）的中介效果检验方法，采用模型（4）和模型（5）考察了旅游产业集聚对文旅融合与旅游经济增长的中介作用，中介效应回归结果如表 13 所示。

表 13　中介效应检验结果

变量	ln_ *Tour*	ln_ *LQ*	ln_ *Tour*
	(1)	(2)	(3)
ln_ *IC*	0.426 *** (0.0661)	-0.0838 (0.120)	0.444 *** (0.0613)
ln_ *LQ*			0.222 *** (0.0317)
控制变量	Yes	Yes	Yes
Observations	341	341	341
R - squared	0.902	0.737	0.918

注：*** 表示1%的显著性水平，括号中数值为相对应的 *t* 值。

运用逐步回归法，结果显示：在引入中介变量 ln_ *LQ* 前后，文旅融合与旅游经济增长的回归系数在第（1）列、第（3）列中均在1%的水平上显著为正，说明在加入中介变量前后，文旅融合均正向影响旅游经济增长水平，H1 得到验证。第（3）列中旅游产业集聚与旅游经济增长的回归系数也显著为正，证明旅游产业集聚正向影响旅游经济增长。但第（2）列文旅融合与旅游产业集聚水平的回归系数并不显著，由此说明运用逐步回归法无法验证旅游产业集聚的中介作用，故运用 Bootstrap 法来进行检验，结果如表 14 所示。

表 14　Bootstrap 检验结果

类型	系数值	标准差	95% 置信区间
间接效应	0.0323	0.0131	[0.0066, 0.0579]
直接效应	0.4365	0.0560	[0.3267, 0.5463]

从表 14 可以看到，间接效应和直接效应均显著，且置信区间未包含 0，所以中介变量在其中发挥了部分中介作用，可能存在其他中介，即 H_3 得到部分验证。

3. 文旅融合、互联网发展与旅游经济增长

为厘清互联网发展的调节作用，本文将文旅融合与互联网发展的交互项引入模型（6），并探讨交互项对旅游经济增长的影响，调节效应

回归结果见表15。由表15可知，交互项的系数在控制地区、时间效应前后的显著性水平均为正。这说明互联网发展加强了文旅融合对旅游经济增长的积极作用，即 H_4 得到支持。

表15 调节效应回归结果

变量	ln_ *Tour*		
	(1)	(2)	(3)
ln_ *IC*	0.113 * (0.141)	0.505 *** (0.0909)	0.289 * (0.150)
ln_ *Int*	1.993 *** (0.329)	1.454 *** (0.243)	0.989 *** (0.304)
ln_ *IC* × ln_ *Int*	0.383 * (0.205)	0.452 *** (0.122)	0.330 * (0.176)
控制变量	Yes	Yes	Yes
Observations	341	341	341
R - squared	0.551	0.912	0.925

注：***、* 分别表示1%、10%的显著性水平，括号中数值为相对应的 t 值。

（三）稳健性检验

为了保证上述结果的稳健性，以及结论的可靠性和严谨性，本文首先通过滞后一期解释变量、滞后两期解释变量的方法，再次检验文旅融合对旅游经济增长的影响，检验结果如表16所示。

通过表16可以看出，文旅融合对旅游经济增长的回归系数依然在1%的水平上显著为正，说明本研究的结果不会受到反向因果关系的影响。

表16 稳健性检验——滞后解释变量

变量	（1）滞后一期	（2）滞后两期
L. ln_ *IC*	0.315 *** (0.0550)	
L2. ln_ *IC*		0.173 *** (0.0844)

续表

变量	（1）滞后一期	（2）滞后两期
控制变量	Yes	Yes
Observations	330	319
R - squared	0. 897	0. 921

注：*** 表示 1% 的显著性水平，括号中数值为相对应的 t 值。

本文还通过替换被解释变量进行稳健性检验，以旅游总收入（ln_ *Totour*）代替人均旅游收入进行回归检验。检验结果如表 17 所示，再次验证了文旅融合对旅游经济增长的正向影响。

表 17　稳健性检验——替换被解释变量

变量	ln_ *Totour*		
	（1）	（2）	（3）
ln_ *IC*	0. 699 *** （0. 125）	1. 048 *** （0. 127）	0. 284 *** （0. 136）
控制变量	YES	YES	YES
Observations	343	343	343
R - squared	0. 820	0. 950	0. 971

注：*** 表示 1% 的显著性水平，括号中数值为相对应的 t 值。

六、结论与建议

（一）研究结论

本文以 2010—2020 年中国 31 个省（区、市）作为研究样本，从互联网发展视角探讨了全国及区域层面文旅融合对旅游经济增长的影响及其作用机制，研究结论如下。

第一，我国 2010—2020 年文旅融合水平整体呈现增长趋势，但仍处于勉强协调状态。2010—2012 年全国文旅融合速度缓步增长，原因在于 2009 年文化产业上升至国家战略性产业，且旅游业在经历国际金融危机后国家实施了一系列有效政策，融合成为必然发展趋势。2013

年，国内经济大环境陷入产能过剩、需求不振、转型困难等危机，在经济波动影响下文旅融合速度明显放缓。在此基础上，2014 年，得益于政策的大力支持，文旅融合速度迅速回升，并呈现增长趋势。2020 年，受疫情影响，文旅融合增速出现负增长。

第二，区域文旅融合水平存在异质性，东部地区和中部地区文旅融合水平最初均明显高于西部地区，但西部地区近年来文旅融合速度加快，东部地区和中部地区放缓。东部地区最初文旅融合水平较高的原因在于其在经济发展程度较高基础上，文旅融合形成了创意化、国际化发展模式，引入具有高附加值的文化创意，并根据游客需求进行相应供给侧调整；而中部地区文旅融合速度放缓的原因主要在于对文化内涵的挖掘流于表面，对文化创意旅游的开发不足，且文旅融合配套设施不完善；而西部地区在西部大开发制度指引下，将其浓厚的文化氛围与丰富的旅游自然相结合，打开了与外界的交流通道。

第三，文旅融合对整体旅游经济增长具有显著正向影响，且存在区域异质性，对东部地区的积极影响最为显著，中部地区次之，而西部地区文旅融合对旅游经济增长的影响并不显著。造成区域异质性的原因在于文旅融合形式、文旅政策导向、数字产业基础等方面的差异。①文旅融合形式差异：东部地区采取的是文化创意旅游的形式，赋予了旅游产品更多的附加值，而西部地区则更多的是将历史文化资源与旅游资源结合，融合形式较为粗放。②文旅政策导向差异：东部地区文化旅游相关政策较多，且注重文旅融合技术创新，提高文旅产业内涵和经济附加值，而西部地区政策更强调突出旅游目的地和产品的地域文化特色。③数字产业基础差异：东部地区以数字内容为核心的文旅产业发展迅猛，而西部地区数字化产业发展水平相对落后，且占全国比重较低。

第四，旅游产业集聚在文旅融合影响旅游经济增长的过程中，发挥了部分中介作用。文旅融合通过作用于旅游资源禀赋水平、产业价值链、市场竞争环境等方面推动旅游产业集聚，进而促进旅游经济增长。

同时，互联网发展在文旅融合对旅游经济增长的作用机制中调节作用显著。可见，互联网发展越深入，文旅融合对旅游经济增长的影响效应越明显。

（二）政策建议

研究发现，东部地区和中部地区文旅融合速度放缓但仍对旅游经济增长有着积极影响，西部地区文旅融合水平明显提升且速度加快却未赋能旅游经济增长。故基于上文分析，本文针对西部文旅融合赋能旅游经济增长提出了以下四点建议。

第一，重视文旅融合，加强政策引导。西部地区应加强政策引导，政府应充分发挥自身作用，在把握西部地区文旅融合发展机理的基础上，找到西部地区文旅融合发展比较优势，做好科学引导，同时在资金、人才等方面加大文旅融合扶持力度。

第二，推动文旅融合，强调创新创意。西部地区应结合自身经济发展现状及拥有的特色旅游资源，加强文旅融合产品、业态、服务等方面的创新创意，深入挖掘文旅产业新的结合点，开发独具区域特色的文旅项目，推动文旅融合形式由粗放型向集约型转化。

第三，深化文旅融合，整合多元产业。西部地区应推动文旅产业与相关产业深度融合，通过文化旅游与工业、教育、体育等相关产业的融合，将传统旅游产业单一、单向的产业链升级，融合多元业态，整合优质资源，同时优化资源配置，打造旅游产业集聚区，实现旅游规模经济。

第四，助力文旅融合，发挥数字效益。西部地区应利用数字经济的发展，加速文旅产业与互联网深度融合，形成新的文旅产业价值链，实现内容生产、发布、传播、互动等环节全面数字化、网络化，同时完善文旅产业信息化配套建设，促进旅游区域互联网的全面覆盖，加强景区间沟通联结，强化互联网创新效益。

参考文献

[1] 国家旅游局. 国家旅游局关于实施“旅游 + 互联网”行动计划的通知[EB/OL]. www. gov. cn/zhengce/2016 – 05/23/content_5075923. htm.

[2] 陈瑾. 文化产业与旅游业融合发展机理及政策选择:以江西省为例[J]. 旅游经济,2014 (5):122 – 124.

[3] 张海燕,王忠云. 旅游产业与文化产业融合运作模式研究[J]. 山东科学,2013(1):169 – 173.

[4] 霍艳莲. 产业融合视阈下文化产业与旅游产业的融合效应、机理与路径[J]. 商业经济研究,2015(12):126 – 127.

[5] 侯兵,周晓倩. 长三角地区文化产业与旅游产业融合态势测度与评价[J]. 经济地理,2015,35(11):211 – 217.

[6] 刘安乐,杨承玥,明庆忠,等. 中国文化产业与旅游产业协调态势及其驱动力[J]. 经济地理,2020,40(6):203 – 213.

[7] 谌可佼. 重庆旅游产业与文化产业融合发展的研究[D]. 重庆:重庆工商大学,2013.

[8] 闫秦勤. 国内外旅游产业与文化产业融合研究述评[J]. 湖北理工学院学报(人文社会科学版),2016,33(6):17 – 23.

[9] 黄先开. 新时代文化和旅游融合发展的动力、策略与路径[J]. 北京工商大学学报(社会科学版),2021,36(4):1 – 8.

[10] 曹诗图,沈中印,刘晗. 论旅游产业和文化产业的互动与整合:以湖北省宜昌市为例[J]. 特区经济,2005(10):189 – 191.

[11] POTER M . The competitive advantage of nations[M]. New York:Free Press,1990.

[12] Marshall A. Principles of economics[M]. 8th edition. London: Macmillan, 1920.

[13] 马晓龙,卢春花. 旅游产业集聚:概念、动力与实践模式——嵩县

白云山案例[J]. 人文地理, 2014, 29(2): 138－143.

[14] 陈绍友. 重庆旅游产业集聚发展研究[J]. 经济地理, 2006, 26(5): 861－866.

[15] 魏敏. 中国旅游产业区域集聚的动力机制研究[J]. 人民论坛·学术前沿, 2019 (11): 89－101.

[16] 柳百萍,刁宗广,尹长丰. 皖江城市旅游产业集聚水平多维度分析[J]. 华东经济管理, 2013, 27(10): 23－27.

[17] 魏林. 旅游产业区域集聚的动力机制研究[J]. 学术前沿, 2018(11): 80－101.

[18] 韩国秀. 甘肃旅游产业集聚对旅游经济增长的影响研究[D]. 兰州:兰州交通大学,2020.

[19] 薛飏. 区域经济增长的文化产业驱动效应研究:基于省级面板数据的分析[J]. 人文地理,2016,31(5):148－154.

[20] 张娜,刘玲,潘博闻,等. 文旅耦合与区域经济增长关系研究:来自中国31省区市2008—2016年的证据[J]. 文化软实力,2020,5(2):61－70.

[21] 徐露. 基于增长极理论的乡村旅游资源深度利用研究[J]. 农业经济,2017(8):88－90.

[22] 燕连福. 新时代文旅融合发展:一个新的增长极[J]. 人民论坛·学术前沿,2019(11):71－79.

[23] 白俊红,吕晓红. FDI质量与中国经济发展方式转变[J]. 金融研究,2017(5):47－62.

[24] 李凌雁,翁钢民. 基于空间错位的我国西部地区旅游、文化与经济发展的演变分析[J]. 地理与地理信息科学,2016,32(2):121－126.

[25] 吴耿安,刘巍,郑向敏. 旅游、文化产业与经济发展水平的空间错位分析[J]. 地域研究与开发,2018,7(3):80－84.

[26] 刘玲. 文旅融合与区域经济增长关系研究[D]. 北京:北京交通大学,2021.

[27] ADEOLAO, EVANS O. Digital tourism: Mobile phones, internet and tourism in Africa[J]. Tourism recreation research,2019,44(2):190－202.

[28] 陈柳钦. 产业融合效应分析及我国的应对措施[J]. 经济前沿, 2007(5):17－21.

[29] 胡永佳. 产业融合的经济学分析[D]. 北京:中共中央党校,2007.

[30] 孟政宇,周春波. 文化与旅游产业融合对旅游经济增长的影响效应研究:基于58个旅游城市数据的检验[J]. 生产力研究,2021(10):74－78＋86.

[31] 王彦楠. 中国旅游产业集聚与经济发展水平的关系研究[D]. 广州:广东财经大学,2016.

[32] 陈小勇. 产业集群的虚拟转型[J]. 中国工业经济,2017(12):78－94.

[33] BLOOM N,SCHANKERMAN M,VAN REENEN J. Identifying technology spillovers and product market rivalry[J]. Econometrica,2013,81(4):1347－1393.

[34] BUHALIS D,LAW R. Progress in information technology and tourism management:20 years onand 10 years after the Internet—the state of eTourism research[J]. Tourism management,2008,29(4):609－623.

[35] STANDING C,TANG－TAYE J P,BOYER M. The impact of the internet in travel and tourism:A research review 2001—2010[J]. Journal of travel & tourism marketing,2014,31(1):82－113.

[36] 刘瑞明,李林,亢延锟,等. 景点评选、政府公共服务供给与地区旅游经济发展[J]. 中国工业经济,2018(2):118－136.

[37] 程玉,杨勇. 互联网促进区域旅游业聚集密度提升了吗:基于中国省级面板数据的实证研究[J]. 旅游科学,2022,36(1):92－111.

[38] 廖重斌. 环境与经济协调发展的定量评判及其分类体系:以珠江三角洲城市群为例[J]. 热带地理,1999,19(2):171－177.

[39] 李小青,周建,温丰羽,等. 连锁董事网络嵌入、认知距离与民营创业企业成长:基于创业板上市公司的经验证据[J]. 预测, 2020, 39(1):35－42.

第六章 技术经济和大数据决策

数字普惠金融促进制造业中小企业技术创新投入①

常舒淇

摘要：在数字普惠金融高速发展的背景下，本文利用北京大学发布的数字普惠金融指数和2014—2019年中小板上市的企业数据，检验数字普惠金融对制造业中小企业技术创新投入的影响及其机制。研究发现，数字普惠金融与制造业中小企业创新投入之间为先降后升的U形关系，现已过拐点，呈现上升趋势，表明数字普惠金融已经发展到有助于增加制造业创新投入的阶段，作用机制为缓解融资约束和促进居民消费升级。数字普惠金融与融资约束之间为先升后降的倒U形关系，现阶段也已过拐点，数字普惠金融缓解融资约束，金融监管强化数字普惠金融对融资约束的缓解作用。研究结论对未来数字普惠金融的发展提供借鉴意义。

关键词：数字普惠金融；创新投入；融资约束；消费升级；金融监管

作者简介：常舒淇（1999—），山西晋城人，西北大学经济管理学院2021级技术经济及管理专业硕士研究生。

① 本文是在白嘉副教授的指导下完成的。基金项目：国家社会科学基金一般项目“地方政府间学习行为与区域经济高质量发展的机制识别与政策建议研究”（项目编号：19BJL037）。

一、引言

党的十八大强调指出：“科技创新是提高社会生产力和综合国力的战略支撑，必须摆在国家发展全局的核心位置。”我国科技水平与发达国家相比还存在着一定差距，中国企业需加快创新步伐，以打破发达国家对我国技术封锁的困境。

企业是推动科技创新的重要力量，制造业是国民经济的支柱产业，是国家创造力、竞争力和综合国力的重要体现，必须投入大量资金推动科技创新。在市场经济中，中小企业可以在产品供给、帮助就业方面发挥了独特优势，所以说中小企业是我国创新发展中最具活力的组成部分（滕磊，2021）。党的十九大对于中小企业的重要作用也予以了肯定，“要瞄准世界科技前沿，强化基础研究；加强应用基础研究，支持中小企业创新等”。

但制造业中小企业在创新过程中面临诸多困境，首先，技术创新周期长、投入大、风险高；其次，制造业的大部分资金被困在固定资产上，流动资金不足；最后，面对新冠疫情和严峻的国际形势双重挑战，市场环境不如之前乐观，中小企业的压力陡然增大。要想实现技术创新需要有稳定充足的资金来源，但中小企业自有资金不足，传统以银行为主的金融业为降低贷款无法收回的风险，会在中小企业贷款时设定严格的限制，而传统金融固有的弊端，造成的地理僵化、资金错配等问题，使得中小企业也难以从外部获取足够的资金。这些都是中小企业想要实现技术创新要解决的难点、痛点。

数字普惠金融作为信息技术与金融业融合的产物，可以降低成本、减少信息不对称、提供便捷高效的金融产品、有效聚集社会闲散资金，对金融的发展方式和居民的资金储备习惯产生了深刻影响。党的十八大首次引入了“普惠金融”的概念，之后三年均对普惠金融进行了强调。

2017 年 7 月，习近平总书记对数字普惠金融和建设普惠金融体系做出重要指示。近年来，数字普惠金融成为中国新时代金融发展的方向，对于完善传统金融体系、为中小企业提供金融服务起到了无法忽视的作用，如蚂蚁金服、京东白条都为中小企业融资提供了极大便利。

企业技术创新一直是学者关注的问题，数字普惠金融席卷全球，对我国各个方面都产生了巨大影响，基于此，针对制造业中小企业这一特定对象提出如下问题：现实运行中，数字普惠金融对制造业中小企业的创新投入产生了怎样的影响，其作用机制是什么？

二、文献综述

（一）数字普惠金融

数字普惠金融是由传统金融一步步发展而来的。2005 年，“普惠金融”的概念由联合国提出，是指有效、全方位地为社会所有阶层群体提供服务的金融体系（焦瑾璞等，2015）。相较于传统金融体系，普惠金融可以为难以享受金融服务的低收入和弱势群体提供资金需求，体现了普惠金融的应有之义（郭峰等，2020）。普惠金融逐渐成为全球和中国金融业发展的重要概念。近年来，“大智移云”的迅速发展，依靠信息技术的数字金融进一步扩展了普惠金融的服务范围，数字技术成为普惠金融得以真正实施的“助推器”和“传导器”（贝多广，2019）。

我国第一次完整提出数字普惠金融概念是在 2016 年的 G20 杭州峰会上，在这次大会上也通过了《G20 数字普惠金融高级原则》，该原则指出数字普惠金融泛指一切通过使用数字金融服务以促进普惠金融的行为。很多学者对数字普惠金融的概念提出自己的见解，黄益平和黄卓（2018）认为，数字金融是一种金融业务模式的创新；黄浩（2018）指出，数字普惠金融在交易渠道和方式上进行了创新，但未改变金融体系的本质，主要作用仍为发现价格、支付结算以及资金融通；袁鲲和曾德涛（2020）建议，数字普惠金融可以利用其自身特点，对传统金融进行改造和升级。

与传统金融比较，数字普惠金融成本低、效率高，不再受到地理位置的局限，可以扩大受惠范围；且信息技术可以缓解借贷双方之间的信息不对称，弱化金融机构的中介作用（滕磊，2021），降低运行成本，满足差异化需求，对以银行为中心的传统金融服务体系造成冲击，使得银行服务的质量、效率和多样性也有所提升（王喆等、陈胤默、张明，2021）。我国政府对于数字普惠金融也秉持包容审慎的原则，进行相对灵活的“试点容错”（唐松、伍旭川、祝佳，2020）。数字普惠金融会促进金融市场进行优化，使其向着更加规范化的方向发展。

（二）制造业中小企业

中小企业是一个相对概念，与大型企业相比，中小企业一般为经营规模小，处于发展初、中期的企业，包括中型企业、小型企业、微型企业。针对不同行业，中小企业的划分标准也不尽相同，我国对于制造业中小微企业划分标准有以下三点：一是企业应纳税额在 300 万元以下，二是企业的从业人数在 300 人以下，三是资产总额在 5000 万元以下。我国对于不同规模的企业采取不同的政策，对中小企业给予政策倾斜，以扶持中小企业的发展。

中小企业在推动我国国民经济中发挥了巨大作用，贡献了 50% 以上的税收，创造了 60% 的 GDP，提供了 70% 的技术创新，保证了 80% 的城镇人口就业，占据 90% 以上的企业数量，在保持经济稳定增长、合理调整经济结构、保障人民生活质量、防范重大风险等方面发挥了重要作用，为经济高质量发展提供新动力。

（三）融资约束

根据现代融资理论，融资约束是指企业主体在经营过程中，虽面临良好的投资机会，但由于自有资金不足而必须寻求外源融资时遭遇的融资困境。Hall（1992）、Brown 等（2009）、李汇东等（2013）都提出外源融资能促进企业创新投入。相较于大型企业，滕磊（2021）将中小企业面临的融资约束分为主观融资约束和客观融资约束，指出客观融资约束是金融市场发展不完善、结构不合理引致的。

相较于企业其他经营活动，技术创新更易使企业面临融资约束的困境，由于企业技术创新项目在成功实施前，研发活动投入的知识产权、人力资本无法可靠计量，银行等金融机构不接受这种无形资产作为抵押，因此研发项目难以取得贷款；且债权人出于对风险的衡量，会持保守态度。加之中小企业成立时间通常较短，在银行缺乏足够的交易记录，信誉值不足，难以取得贷款，易陷入融资约束的困境。Shi（2003）研究表明，技术创新活动会恶化公司债券评级，增加债券风险，使债权人提供资金的意愿降低，使企业更难以从外部取得资金。蔡竞和董艳（2017）认为，创新活动将加剧资金需求方和供给方之间的信息不对称，易引发道德风险，增强融资约束。

（四）消费升级

目前，对于消费升级，学界未形成统一的认知，国内学者主要有两种分析框架，即“物质－服务”与“生存－发展－享受”。刘向东和米壮（2020）引入“基本－非基本消费”概念构建了一个判断消费升级状况的新分析框架，进而深入分析和判断我国消费的现状。大多数学者认为消费数量、结构和内容的升级都应包括在内，但管婧婧和刘亚菲（2022）认为，这样未呈现消费升级的全貌，应该将人的需要也纳入考虑，消费升级还应当包含消费者的消费逻辑、理念、观念以及习惯。消费升级主要体现在居民不断追求更高层次的消费需求，从生存型消费转向享受型消费。现有研究有关影响消费升级的因素包括收入结构（贾宪军，2020）、互联网发展等（杜丹清，2017）。

（五）金融监管

20世纪80年代，受全球化和自由浪潮的影响，金融体系在进行高速发展的同时，也暴露出它的脆弱点和风险点，由此，金融监管进入人们的视野。金融监管的目的是纠正市场失灵，避免市场偏离公共利益（Becker and Stigler，1974），但在实践中，出现了目标偏移的现象（Ogus，1994）。随着金融市场的不断发展，金融监管为适应环境也在发生变革。金融监管一方面可以对金融风险进行有效防范，维护金融稳定；另一方面会产生监管成本，由此出现的“监管不足”和“过度监管”现象都会对金融效率造成损害。由于金融监管的双刃剑效应，理论界产生了两大学派——基于“市场失灵”，金融监管学派主张强化金融监管；基于“管制失灵”，自由银行学派对金融监管持反对意见。

（六）文献评述

有大量文献研究影响企业创新的因素，如创新模式、企业结构等，随着数字普惠金融的发展，越来越多的学者开始关注这一领域，致力于研究数字普惠金融给经济社会各方面带来的影响。在数字普惠金融对企业创新的影响中，国内学术界尚未产生完整的理论解释。许多学者将研究视角放在了缓解融资约束这条路径上，但并未关注当中隐含的风险，因此，本研究选择将金融监管纳入研究范围，聚焦于金融监管是否对数字普惠金融缓解融资约束这条路径发挥调节作用。也有学者关注数字普惠金融对居民消费升级产生的正向影响，但并未研究这种促进效应对企业技术创新投入的影响，所以本研究将检验居民消费升级的中介作用纳入研究范围。根据对文献的梳理，一部分学者将样本选取放在中小企业，但鉴于制造业在国民经济中的独特地位，而将数字普惠金融对制造业中小企业的影响及作用机理作为研究对象。

三、理论分析与研究假设

（一）数字普惠金融与制造业中小企业创新投入

数字金融的发展不是一蹴而就的，而是经历了网络金融、互联网金融等发展过程，诸如 P2P、数字货币、网络众筹等模式都红极一时，但初期会由于体系不完善等原因，部分参与者以数字金融之名行欺诈、集资之实，不仅不能发挥数字金融的普惠效用，反而对金融秩序造成了危害，给金融消费者造成损失。也有学者指出，网络借贷面临的信息不对称现象更严重，难以解决金融市场上的道德风险和逆向选择问题（廖理、张伟强，2017）。Harrison（2013）、Mollock（2014）对网络融资促进中小企业发展表示怀疑。据此可以猜测，在数字金融发展初期，对中小企业的研发投入呈现负向影响。随着体系的不断完善，数字普惠金融将真正发挥普惠的作用，增加中小企业研发投入。

“数字经济是通过数字化的投入而获得经济产出的活动”。该数字经济理论是由 Knickrehm 等（2016）提出的。数字金融作为一种全新的金融业态，它的“包容性”和“草根”特性恰好与中小型企业的融资需求特征、创新环境相契合。制造业中小企业的创新成功需要各个要素协同作用。首先，金融服务可以为企业解决资金问题，金融市场的良好发展有利于缓解中小企业“融资难”处境，并且削弱了企业对城商行的依赖（蔡竞、董艳，2017）。其次，数字普惠金融可以通过大数据技术，对研发项目进行风险效益评估，将资源进行有效合理的配置，减少信息不对称，为有发展前景的中小企业提供资金支持，加大其研发投入。再次，数字金融的发展也可以为企业的技术可行性提供可靠分析，帮助企业识别出最优创新路径，助力企业做出合理高效的技术创新决策。最后，金融的发展也能为企业产出的商品提供市场，通过促进社会的进步，提高居民消费水平，消费水平的提高意味着需求的多样化，将促使企业进行研发投入，适应市场需求。

自数字金融发展以来，很多学者使用实证方法就数字金融和技术创新的问题展开研究。李春涛等（2020）发现，缓解融资约束和政府税收返还是促进创新的直接原因，并且该促进作用在不同行业和地区具有异质性。万佳彧等（2020）得出了相似的结论，认为数字普惠金融可以帮助外部投资者进行投融资决策，使优质企业更易获得信贷支持，从而激励企业创新。唐松等（2020）探究了数字金融发展影响企业技术创新的结构差异、作用机制和金融监管下的效应差异。梁榜和张建华（2019）将数字金融地市级数据与微观企业进行匹配，实证发现数字金融的三个维度均对中小企业技术创新有正向影响，并且发现数字金融对民营企业、中西部城市企业效用更强，体现了普惠的特征。吴庆田和朱映晓（2021）也证实了二者之间的促进作用，与梁榜和张建华（2019）不同的是，他们认为数字金融的使用深度对企业技术创新的促进效用更为显著，并将技术创新分为研发阶段和成果市场化阶段进行研究，指出数字普惠金融有助于提高技术创新成果市场对接效率。唐松等（2020）从“错配”角度出发，认为数字金融解决了传统金融“属性、阶段、领域”的错配问题，体现了普惠的特征，有助于企业创新。谢雪燕和朱晓阳（2021）对新三板企业进行了研究，证明了作用机制为缓解融资约束、增加企业盈利和提高财政创新激励政策发挥了有效性。李建军和李俊成（2020）发现数字普惠金融可以提升居民创业能力。也有一些学者将研究范围放在区域上，均认为数字普惠金融会促进创新。据此本文提出 H_1。

H_1：数字普惠金融与中小企业技术创新投入之间具有 U 形关系且已过拐点。

（二）数字普惠金融、融资约束与创新投入

数字普惠金融是数字技术和传统金融相互融合的过程，张永恒和王

家庭（2020）指出数字技术可以发挥渗透性、替代性和协同性，但受制于发展阶段的影响。数字普惠金融不同发展阶段对于缓解中小企业融资约束可能存在着不同的效应，阶段性发展使得数字普惠金融在初期无法解决减少资源错配的问题（胡善成，2022），也就无法为中小企业提供资金支持。经济发达的地区或大型企业可以首先获得“数字红利”，资金等要素在这些地方过度聚集，导致偏远地区及中小企业面临“数字鸿沟”，进而面临更强烈的融资约束。当金融体系逐步完善时，数字普惠金融也会发挥缓解中小企业融资约束的作用。

数字普惠金融需要通过优化资金的取得和支出模式来发挥缓解融资约束的作用。首先要有充足优质的资金支持，路径为“增量补充”和“存量优化”（唐松、伍旭川、祝佳，2020）。金融市场上存在大批分散的小户，传统金融没有手段将其收归己用，但数字金融可以做到并将其转化为有效供给（聂秀华，2020），这就是“增量补充”；“存量优化”为数字金融针对传统金融机构和业务进行深度优化提质增效。

数字普惠金融完成了资金的聚集，在资金支出提供上也有极大优势。首先，数字普惠金融由于其具有的科技属性，可以收集大量非标准化的数据，从多方面、多角度对中小企业进行评估，减少资金供给方和需求方之间的信息不对称，也有效改进了中小企业在贷款审批时所需信息不足的劣势；其次，数字普惠金融可以为中小企业扩宽融资渠道和融资规模，信息技术使其跨越地理位置的限制，为处于经济落后地区的企业解决融资问题，也可以为中小企业提供除银行以外诸多的贷款选择，如花呗、京东白条、微业贷、网商贷等，很多互联网企业甚至打出了首月“零利率”的优惠政策；再次，基于信息优势，可以解决资金错配问题（唐松、伍旭川、祝佳等，2020），通过数字画像技术精准化匹配与之相符的企业融资需求（Demertzis，2018），有效防止易获得资金的企业进行过度投资行为；最后，数字普惠金融可以简化中小企业的贷款流程，提高融资效率（梁榜、张建华，2018）。据此本文提出 H_{2a}。

H_{2a}：数字普惠金融与中小企业融资约束之间具有倒 U 形关系且已过拐点。

制造业中小企业是技术创新的生力军，它的良好发展离不开企业融资效率的提升。目前，学术界普遍认为融资约束会抑制企业的技术创新能力，融资约束是由于企业“融资难”“融资贵”“融资慢”造成的。创新活动本身就具有投入大、风险高、周期长等特点，对于制造业中小企业而言尤甚，制造业要想生产出新产品，就需要购置专门的机器设备和原材料，而这些存货又具有排他性，处置时无法按照市场价进行估算，一旦研发过程中资金链断裂，无法支撑后续支出，就很有可能使之前投入的资金“付之东流”。同时，由于在研发活动中，大量资金被套牢，剩余资金无法保证正常的生产运营，将中小企业拖至破产清算的情况也屡见不鲜，很多优质的研发项目难以维持。因此，中小企业会从保护资金稳定的角度出发，减少对研发项目的投资。据此本文提出 H_{2b}。

H_{2b}：融资约束抑制中小企业技术创新投入。

根据信息不对称理论，数字普惠金融解决了“融资难”等问题，为制造业中小企业创新活动提供持续安全的资金支持，解决了中小企业的后顾之忧，从而激发创新意愿。金卓梁（2021）指出，完善的金融体系有助于缓解融资约束，帮助企业摆脱财务困境，增强创新意愿。聂秀华和吴青（2021）也发现了融资约束的中介作用，并针对公司特征、地区特征进行了异质性检验。据此本文提出 H_3。

H_3：融资约束在数字普惠金融与中小企业技术创新投入的关系中发挥中介效应。

（三）数字普惠金融、消费升级与创新投入

消费低迷是造成中国经济增速下降的原因之一，可以看出消费是经济新常态下驱动我国经济增长的重要动力。消费决定理论涉及多方面的假说，包括生命周期假说（Modigliani and Brumberg，1954）、持久收入

假说（Friedman，1957）、预防性储蓄假说（Leland，1968）。“收入－消费”理论是讨论消费升级内涵最经典的理论基础，收入始终是制约消费的条件（管婧婧、刘亚菲，2022）。Allen 等（2016）提出数字普惠金融可以直接提高居民收入。杨伟明等（2020）验证了数字金融通过促进经济增长、鼓励创业行为提高居民可支配收入。龙海明等（2022）得出数字普惠金融发展水平对居民消费的促进作用与受教育年限和家庭收入正相关的结论。

收入的提高将促进居民的享受型消费支出，意味着消费升级。根据消费理论，收入约束、信贷约束、预防性储备动机是抑制居民消费的主要原因（邹新月、王旺，2020），数字普惠金融在缓解上述约束时发挥了巨大效用。数字普惠金融由于其便捷性和可得性，降低了居民获得资金的门槛，也方便人们闲余资金的投资，对居民的消费方式和心理都产生了影响，在降低购物成本的同时改善了消费体验，创造出新的消费需求（何宗樾、宋旭光，2020）。易行健和周利（2018）实证发现，数字普惠金融的发展可以缓解流动性约束、方便居民支付来促进居民消费，居民消费的增长也集中于服务类消费。黄凯南（2021）指出，数字金融促进居民消费升级的渠道为降低流动性约束、优化支付环境、增加财产性收入和提升居民风险管理能力。李春风（2022）研究发现，数字金融对发展型消费和享受型消费的促进作用最为显著，促进了消费升级。颜建军和冯君怡（2021）分别验证了数字普惠金融对城镇与农村居民消费升级的影响，结果均显著为正，且检验了第三产业发展这一中介效应机制。徐兆丰（2021）对数字普惠金融影响居民消费升级的影响进行更为细化的研究，不仅再次验证了其正向影响，而且发现相较于数字金融的使用深度和维度，覆盖广度的驱动效应更显著，并且这种驱动效应在东部地区最强。据此本文提出 H_{4a}。

H_{4a}：数字普惠金融促进居民消费升级。

消费升级诱发和拉动了企业的技术创新行为。Marx 认为，消费创造出需求，而技术则物化了需求。生产者也不再是企业技术进步的唯一决定因素，消费需求为企业技术进步指明了方向，市场上出现了以消费者为导向的创新。消费是企业进行创新、创造的动力，产品创新可以使人们的消费需求得以满足，可以说技术进步有赖于消费需求的充分激发。由此，消费者的产品需求已经深入渗透到产品研发中，以客户为导向的产品创新可以降低产品与市场的适配风险。

很多学者就消费升级与企业技术创新方面展开了研究。吕乃基（2003）认为，消费深刻地影响着技术变革；罗天强、邓华杰（2005）也指出消费需求推动着技术变革；刘冰和陈治亚（2007）全方位分析了消费促进企业技术创新的实现机制。客户需求的变化促使供给端的制造型企业投入研发资金（蔡强、田丽娜，2017），不断推出新产品、新技术，保持市场竞争力。中小企业在产品研发时具有灵活性，可以随时根据市场需求调整产品的生产，居民消费升级更易督促制造业中小企业投入更多的研发支出，形成差异化竞争优势。据此本文提出 H_{4b}。

H_{4b}：消费升级促进中小企业技术创新投入。

以互联网为基础的数字普惠金融，方便了居民存贷款，加速了资金的流动，改变了居民的消费观念，拉动了居民消费升级。在数字普惠金融发展程度高的省份，企业面临更多、更丰富的消费需求。因此，企业为占据市场，消费升级伴随的需求增长会促使企业投入更多精力在技术创新与产品创新上，研发投入由此增长。据此本文提出 H_5。

H_5：消费升级在数字普惠金融与中小企业技术创新投入的关系中发挥中介效应。

（四）金融监管的调节

数字普惠金融的健康发展离不开“责任追究”与“责任赏罚”。需要将数字普惠金融与社会责任承担紧密相连，对不负责任的数字金融行为进行界定和惩罚。“金融是本质，科技是手段”，数字普惠金融并没有摆脱传统金融业固有的风险，具有外部性、传染性、隐蔽性等特征，在数字技术下甚至有加剧的可能性。在数字金融的发展过程中一直存在“数据安全”“金融欺诈”等风险。“金融－技术－网络”产生的放大效应、扩散效应、关联效应更为显著，风险极易通过数字金融传递到整个金融系统中。为预防风险的发生，金融监管就显得尤为重要，关乎着数字金融功效的发挥和金融市场的稳定。在金融创新和金融监管之间，监管虽永远是滞后的，但永远不能放松。

在传统金融体系中，金融监管可以降低银行的不良贷款率，减少坏账，提高信贷质量（吴庆田、朱映晓，2021）。在数字普惠金融中，基于大数据溯源功能，可以使企业信息更加透明，对企业操纵利润的行为精准甄别，提高信息透明度。金融监管可以对套利行为进行监督，预防潜在风险，并能将使用效率低的资金释放出来，减少金融错配，使资源配置更加合理化、规范化（段军山、庄旭东，2020）。所以，金融监管既能控制金融风险又能缓解融资约束，可有效促进资源要素更多地向有发展潜力的中小企业倾斜，从而使其受到的融资约束得到有效缓解。据此本文提出 H_6。

H_6：金融监管在数字普惠金融与中小企业融资约束的关系中发挥正向调节效应。

在数字普惠金融发展的初级阶段，对其的金融监管也处于摸索阶段，可能无法有效识别当中潜在的违规行为。不合理监管的存在，也对中小企业获得资金支持造成了阻碍，使得其面临更强的融资约束。当数字普惠金融体系慢慢发展、一切走向正轨后，金融监管变得更加灵活和适应数字技术，将会促使数字普惠金融合理配置资金，缓解有潜力的中小企业面临的融资约束。据此本文提出 H_7。

H_7：金融监管在数字普惠金融与中小企业融资约束的倒 U 形关系中发挥正向调节效应。

综上所述，研究模型如图 1 所示。

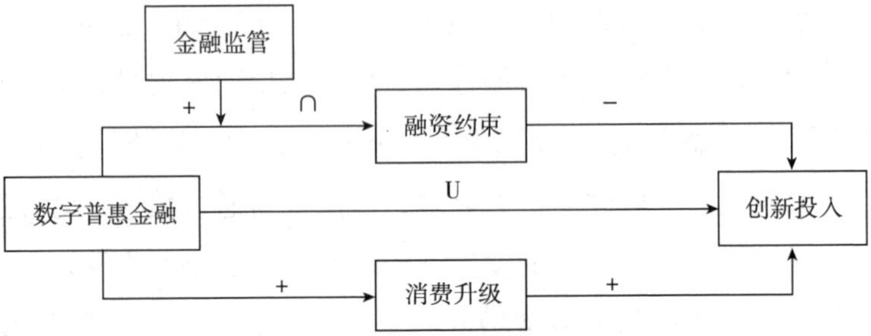

图 1　研究模型

四、变量选取与数据来源

（一）变量选取

表 1 对各个变量进行了说明。

表 1　变量说明

变量类型	指标	变量符号	度量方法
解释变量	数字普惠金融指数	*index*	“北京大学数字普惠金融指数”
被解释变量	创新投入	*RD*	研发支出/营业收入
中介变量	融资约束	*SA*	$\mid -0.737size + 0.043size^2 - 0.04age \mid$
	消费升级	*lcu*	$\ln(cu_{it})$
调节变量	金融监管	*finreg*	金融监管支出/金融业增加值
控制变量	企业规模	*size*	企业总资产的自然对数
	企业年限	*old*	上市年限
	总资产净利率	*roa*	净利润/总资产
	资产负债率	*lev*	总负债/总资产
	管理费用率	*mfee*	管理费用/营业收入
	股权集中度	*oc*	第一大股东持股占比
	营业收入增长率	*growth*	营业收入差额/年末营业收入
	财务费用率	*fe*	财务费用/营业收入
	固定资产比率	*fix*	固定资产/总资产

1. 解释变量

数字普惠金融指数（*index*）。参考以前学者的做法，利用“北京大学数字普惠金融指数”代表各省数字普惠金融发展程度。数字普惠金融指数以蚂蚁金服提供的消费数据为基础，分为覆盖广度、使用深度和数字化程度3个一级指标、33个二级指标，运用层次分析法计算和编制了中国31个省级地区的数字金融发展水平（郭峰等，2020），为保证量纲统一，将指数/100作为变量。

2. 被解释变量

创新投入（*RD*）。已有文献一般从创新投入和创新产出两个方面来衡量企业创新。创新投入的角度主要使用研发支出占营业收入的比例计算，创新产出一般使用专利数量或新产品收入占总收入的比值等作为衡量指标，鉴于数据的完整性和可得性，参照万佳彧等（2020）的方法，将研发支出与营业收入的比值作为衡量企业技术创新投入强度的指标。

3. 中介变量

融资约束（*SA*）。可以利用单一指标来衡量融资约束，如企业规模、年限、现金流量等，也可以构建企业现金-现金流敏感模型，但采用综合指标进行衡量更为合理。目前，*WW* 指数、*KZ* 指数、*SA* 指数的认可度较高，*KZ* 指数和 *WW* 指数是通过企业内生变量进行构建的，而 *SA* 指数的计算只需要使用企业规模和企业年龄两个外生性很强的变量，由于 *SA* 指数更加稳健且易于计算，所以使用 *SA* 指数对企业所受的融资约束进行衡量。*SA* 指数越高，企业面临的融资约束就越强。计算式为

$$SA = | -0.737size + 0.043size^2 - 0.04age | \quad (1)$$

消费升级（*lcu*）。消费升级主要指居民用于娱乐类消费等非生活必需品的比重增加。国家统计局将居民消费分为八大类，包括食品消费、衣着消费、居住消费、家庭设备及服务消费、医疗保健消费、交通和通信消费、教育文化娱乐和服务消费、其他用品和服务。这八大类消费可按性质分为生存型消费（*survive*，衣食住）、发展型消费（*develop*，设

备、医疗、交通、教育）以及享受型消费（*enjoy*，其他），将这三类消费进行加权赋值，合成消费升级指数，为保证量纲的统一，将消费升级进行对数化处理。计算式为：

$$cu_{it} = 1 \times survive_{it} + 2 \times develop_{it} + 3 \times enjoy_{it} \tag{2}$$

4. 调节变量

金融监管（*finreg*）。借鉴唐松等（2020）的研究，采用区域金融监管支出占金融业增加值的比例作为各省份金融监管的衡量指标。该指标表征了省级金融业增加值实现程度对应的监管支出，有助于直观反映金融监管相对于金融业发展的强度，消除了规模的影响。

5. 控制变量

借鉴相关主题的文献，采取了如下控制变量：企业规模（*size*）、企业年限（*old*）、总资产净利率（*roa*）、资产负债率（*lev*）、管理费用率（*mfee*）、固定资产比率（*fix*）、股权集中度（*oc*）、营业收入增长率（*growth*）。

（二）数据来源

为探讨数字金融对制造业中小企业创新投入的影响，以2014—2019年中小板上市公司的数据为研究样本。在初始样本的基础上，对样本做了如下处理：第一，行业选择制造业；第二，剔除样本期间ST、PT类及终止上市公司；第三，剔除缺失关键变量的观测值；第四，将省级层面的宏观数据，即数字普惠金融指数、消费升级指数和金融监管，按企业办公地所处的省份与企业财务数据相匹配；第五，为消除极端异常值的影响，对微观层面的连续变量进行1%和99%的缩尾处理。数字普惠金融指数采用“北京大学数字普惠金融指数”，上市公司的数据来自国泰安数据库（CSMAR）和万得（Wind）数据库，金融监管支出等指数来自历年各地区统计年鉴。

五、实证分析

GMM 方法可以缓解内生性问题对估计结果的影响，系统 GMM 相对于差分 GMM 的优势为能够解决弱工具变量问题，且在一般情形下，两步法优于一步法，因此选择两步系统 GMM 进行估计，结果显示扰动项的差分存在一阶自相关，不存在二阶自相关，且不存在过度识别问题，故而系统 GMM 两步法结果是可信的。

（一）描述性统计

表 2 为各主要变量的描述性统计的结果。参与实证检验的观测值为 3403 个，样本量为 592 家企业，属于非平衡面板数据。从表 2 中可以看出，制造业中小企业之间研发投入强度差距较大，数字普惠金融指数最小值为 1. 439，最大值为 4. 179，说明不同省份之间的数字金融发展水平相差较大，国家应对数字普惠金融发展水平较低的地区予以更多关注。

表 2　主要变量描述性统计

变量	N	mean	p50	sd	min	max
RD	3403	4. 476	3. 750	3. 137	0. 0900	17. 48
index	3403	2. 796	2. 721	0. 587	1. 439	4. 179
old	3403	6. 824	7	3. 308	0	16
size	3403	21. 96	21. 92	0. 922	19. 55	26
roa	3403	0. 0400	0. 0380	0. 0580	-0. 217	0. 198
lev	3403	0. 370	0. 359	0. 172	0. 0460	0. 774
oc	3403	32. 41	30. 29	13. 53	9. 980	71. 450
fe	3403	0. 0120	0. 00800	0. 0240	-0. 054	0. 130
mfee	3403	0. 0920	0. 0810	0. 0570	0. 0120	0. 317
fix	3403	0. 230	0. 216	0. 120	0. 0210	0. 567
growth	3403	0. 244	0. 129	0. 497	-0. 990	2. 947

（二）相关性分析

表3显示了各个变量之间的相关关系，可以看出数字普惠金融和企业创新投入之间的系数为0.064，在1%的水平上显著，可以初步判定现阶段二者之间为正相关关系，H_1得到初步验证。控制变量与被解释变量*RD*之间的关系大多是显著的，说明控制变量的选择合理。

表3　相关性分析

变量	*RD*	*index*	*old*	*size*	*roa*	*lev*	*oc*	*fe*	*mfee*	*growth*
RD	1									
index	0.064 ***	1								
old	0.083 ***	0.415 ***	1							
size	-0.042 **	0.202 ***	0.373 ***	1						
roa	-0.057 ***	-0.041 **	-0.099 ***	0.053 ***	1					
lev	-0.150 ***	0.089 ***	0.198 ***	0.483 ***	-0.339 ***	1				
oc	-0.0280	-0.102 ***	-0.214 ***	0.00900	0.158 ***	-0.049 ***	1			
fe	-0.0180	0.0250	0.168 ***	0.229 ***	-0.379 ***	0.562 ***	-0.130 ***	1		
mfee	0.564 ***	-0.222 ***	-0.087 ***	-0.244 ***	-0.192 ***	-0.222 ***	-0.069 ***	0.084 ***	1	
growth	0.117 ***	-0.048 ***	0.0210	0.040 **	-0.0190	0.0150	0.0210	0.0230	0.144 ***	1

注：***、** 分别表示在1%、5%的水平上显著。

（三）基准回归结果

表4中的回归模型（1）～（6）分别对应以下方程：

$$RD_{it} = \alpha_0 + \alpha_1 RD_{it-1} + \alpha_2 index_{it} + \alpha_3 \sum control_{it} + \varepsilon_{it} \quad (3)$$

$$SA_{it} = \beta_0 + \beta_1 SA_{it-1} + \beta_2 index_{it} + \beta_3 \sum control_{it} + \varepsilon_{it} \quad (4)$$

$$SA_{it} = \sigma_0 + \sigma_1 SA_{it-1} + \sigma_2 index_{it} + \sigma_3 \sum control_{it} + \varepsilon_{it} \quad (5)$$

$$RD_{it} = \gamma_0 + \gamma_1 RD_{it-1} + \gamma_2 SA_{it} + \gamma_3 \sum control_{it} + \varepsilon_{it} \quad (6)$$

$$lcu_{it} = \zeta_0 + \zeta_1 lcu_{it-1} + \zeta_2 index_{it} + \zeta_3 \sum control_{it} + \varepsilon_{it} \quad (7)$$

$$RD_{it} = \eta_0 + \eta_1 RD_{it-1} + \eta_2 lcu_{it} + \eta_3 \sum control_{it} + \varepsilon_{it} \tag{8}$$

表4中的模型（1）、模型（2）验证H_1，即数字普惠金融与中小企业创新投入之间具有U形关系。数字普惠金融一次项影响系数α_2为0.507，在1%的水平上显著，说明数字普惠金融对企业创新投入具有正向影响，数字金融水平越高，企业就会将更大比例的资金投入创新活动。数字普惠金融的二次项与创新投入进行了回归，系数μ_2为0.238，在1%的水平上显著，结合模型（1）的估计值，H_1得到验证。数字普惠金融与制造业中小企业创新投入之间具有U形关系，且现阶段已经超过拐点，呈现上升趋势，这表明应该继续深入发展数字普惠金融，进一步助力制造业中小企业的创新活动。

模型（3）、模型（4）分别对H_{2a}、H_{2b}进行验证，由于融资约束是利用企业规模和年限进行计算的，所以在控制变量中删除了企业规模和年限。数字普惠金融对企业受到的融资约束影响系数β_2为-0.102，在1%的水平上显著，与预期相符，说明现阶段数字普惠金融的发展可以为企业缓解资金压力，降低其受到的融资约束。融资约束对企业创新投入的影响系数γ_2为正，与H_{2b}相反，这种现象出现的原因可能是企业在受到融资约束时，会将有限的资金集中投入研发活动和产品创新项目，以加快新产品开发，提升市场竞争力，增加新产品收入。

模型（5）、模型（6）分别对H_{4a}、H_{4b}进行验证，影响系数ζ_2、η_2分别为0.0505、3.397，分别在1%和5%的水平上显著，H_{4a}、H_{4b}得以验证，说明数字普惠金融会促进居民消费升级，同时，居民消费升级正向影响企业研发投入。

表4　基准回归结果

变量	(1) *RD*	(2) *RD*	(3) *SA*	(4) *RD*	(5) *lcu*	(6) *RD*
L. RD	0.507*** (0.0646)			0.564*** (0.0677)		0.511*** (0.0643)

续表

变量	(1) *RD*	(2) *RD*	(3) *SA*	(4) *RD*	(5) *lcu*	(6) *RD*
index	1.168 *** (0.427)		-0.102 *** (0.0341)		0.0505 *** (0.0166)	
indextwo		0.238 *** (0.0577)				
L. SA			0.940 *** (0.0397)			
SA				0.526 *** (0.161)		
L. lcu					0.728 *** (0.0696)	
lcu						3.397 ** (1.436)
roa	-5.291 *** (0.956)	-5.159 *** (0.954)	1.353 *** (0.200)	-6.489 *** (1.053)	-0.0513 (0.0329)	-5.517 *** (0.972)
lev	-1.069 (0.755)	-1.121 (0.755)	1.266 *** (0.215)	-0.798 (0.793)	-0.0206 (0.0295)	-0.896 (0.759)
mfee	12.76 *** (1.815)	13.20 *** (1.843)	0.452 (0.514)	7.146 *** (1.599)	-0.111 ** (0.0542)	11.81 *** (1.779)
oc	0.0235 * (0.0133)	0.0217 (0.0133)	-0.00556 (0.00404)	0.00770 (0.0138)	0.00125 ** (0.000603)	0.0242 * (0.0134)
fix	-0.305 (0.794)	-0.405 (0.804)	-1.735 *** (0.244)	-0.290 (0.825)	0.0459 (0.0407)	-0.534 (0.826)
old	-0.173 (0.138)	-0.250 ** (0.115)			-0.00261 (0.00354)	-0.0695 (0.116)
size	0.234 (0.182)	0.250 (0.184)			0.0366 *** (0.0141)	0.0791 (0.184)
growth	-0.313 *** (0.103)	-0.316 *** (0.102)	0.201 *** (0.0342)	-0.400 *** (0.109)	0.00138 (0.00359)	-0.325 *** (0.103)
Constant	-6.180 (3.991)	-4.554 (3.913)	0.633 *** (0.223)	-0.442 (0.905)	1.913 *** (0.681)	-35.27 ** (14.30)

续表

变量	(1) *RD*	(2) *RD*	(3) *SA*	(4) *RD*	(5) *lcu*	(6) *RD*
AR (1)	0.0000	0.0000	0.0000	0.0000	0.0003	0.0000
AR (2)	0.1977	0.2658	0.6630	0.1951	0.1256	0.1158
Observations	2792	2792	2792	2792	2792	2792
Number of id	592	592	592	592	592	592

注：括号内数值为稳健 t 统计量，***、**、* 分别表示在 1%、5%、10% 的水平上显著，AR (1)、AR (2) 表示 Arellano – Bond test for AR (1)、Arellano – Bond test for AR (2) 的概率值。

(四) 融资约束的中介效应检验

根据温忠麟和叶宝娟 (2014) 提出的中介效应模型，三步回归检验融资约束的中介效应，设定如下回归方程：

$$RD_{it} = \alpha_0 + \alpha_1 RD_{it-1} + \alpha_2 index_{it} + \alpha_3 \sum control_{it} + \varepsilon_{it} \tag{3}$$

$$SA_{it} = \beta_0 + \beta_1 SA_{it-1} + \beta_2 index_{it} + \beta_3 \sum control_{it} + \varepsilon_{it} \tag{4}$$

$$RD_{it} = \delta_0 + \delta_1 RD_{it-1} + \delta_2 SA_{it} + \delta_3 index_{it} + \delta_4 \sum control_{it} + \varepsilon_{it} \tag{9}$$

表 5 为融资约束的中介效应检验结果。模型 (7) 的结果显示，数字普惠金融对创新投入的影响系数 α_2 为正向显著，表明数字普惠金融与创新投入正相关。模型 (8) 的结果显示，数字普惠金融对融资约束的影响系数 $\beta_2 = -0.121$，二者呈负相关关系。由于在加入中介变量融资约束之后，模型 (9) 的结果显示 $\delta_2 = 0.306$，在 5% 水平上显著，且 $\delta_3 = 0.0997$，结果不显著，表明融资约束在数字普惠金融与创新投入的关系中发挥完全中介效应。

表 5 融资约束的中介效应检验结果

变量	(7) *RD*	(8) *SA*	(9) *RD*
L. RD	0.697*** (0.0577)		0.689*** (0.0576)

续表

变量	(7) *RD*	(8) *SA*	(9) *RD*
index	0.172 ** (0.0830)	-0.121 *** (0.0248)	0.0997 (0.0896)
L.SA		0.945 *** (0.0399)	
SA			0.306 ** (0.148)
roa	-7.058 *** (1.204)	1.268 *** (0.195)	-7.276 *** (1.204)
lev	-0.957 (0.844)	1.309 *** (0.219)	-1.407 (0.868)
fix	-1.086 (0.929)	-1.719 *** (0.245)	-0.553 (0.929)
oc	0.0207 (0.0148)	-0.00594 (0.00408)	0.0230 (0.0147)
fe	0.508 (4.344)	-1.183 (0.766)	0.229 (4.332)
growth	-0.319 *** (0.118)	0.202 *** (0.0345)	-0.357 *** (0.119)
Constant	1.244 * (0.652)	0.719 *** (0.224)	0.147 (0.840)
AR（1）	0.0000	0.0000	0.0000
AR（2）	0.1654	0.8039	0.1894
Observations	2792	2792	2792
Number of id	592	592	592

注：括号内数值为稳健 *t* 统计量，***、**、* 分别表示在1%、5%、10%的水平上显著。

（五）消费升级的中介效应检验

同样采用逐步回归对消费升级的中介效应进行检验，设定如下回归方程：

$$RD_{it} = \alpha_0 + \alpha_1 RD_{it-1} + \alpha_2 index_{it} + \alpha_3 \sum control_{it} + \varepsilon_{it} \quad (3)$$

$$lcu_{it} = \zeta_0 + \zeta_1 lcu_{it-1} + \zeta_2 index_{it} + \zeta_3 \sum control_{it} + \varepsilon_{it} \quad (7)$$

$$RD_{it} = \theta_0 + \theta_1 RD_{it-1} + \theta_2 lcu_{it} + \theta_3 index_{it} + \theta_4 \sum control_{it} + \varepsilon_{it} \quad (10)$$

表6为消费升级的中介效应检验结果。模型（10）的估计结果显示，数字普惠金融对创新投入的影响系数 α_2 为正向显著，表明数字普惠金融与创新投入正相关。模型（11）的估计结果显示，数字普惠金融对消费升级具有显著的正向效应，影响系数 $\zeta_2 = 0.0514$。模型（12）的结果显示，在加入中介变量消费升级之后，$\theta_2 = 2.810$，在5%水平上显著，且 $\theta_3 = 0.853$，结果显著，表明消费升级在数字普惠金融与创新投入的关系中发挥部分中介效应。

表6　消费升级的中介效应检验结果

变量	(10) *RD*	(11) *lcu*	(12) *RD*
L. RD	0.506*** (0.0647)		0.505*** (0.0668)
index	1.187*** (0.428)	0.0514*** (0.0156)	0.853** (0.343)
L. lcu		0.724*** (0.0690)	
lcu			2.810** (1.312)
roa	-5.310*** (0.961)	-0.0581* (0.0336)	-5.320*** (0.972)
lev	-0.992 (0.715)	-0.00265 (0.0264)	-0.899 (0.723)
mfee	12.85*** (1.856)	-0.0958* (0.0532)	12.88*** (1.844)
fe	-2.106 (3.832)	-0.219 (0.215)	-2.156 (3.776)

续表

变量	(10) *RD*	(11) *lcu*	(12) *RD*
oc	0. 0232 * (0. 0130)	0. 00122 ** (0. 000609)	0. 0212 (0. 0130)
old	−0. 178 (0. 139)	−0. 00206 (0. 00342)	−0. 273 (0. 171)
size	0. 253 (0. 187)	0. 0328 *** (0. 0122)	0. 106 (0. 178)
growth	−0. 315 *** (0. 103)	0. 00131 (0. 00374)	−0. 314 *** (0. 102)
Constant	−6. 688 (4. 098)	2. 036 *** (0. 645)	−30. 87 ** (13. 60)
AR（1）	0. 0000	0. 0004	0. 0000
AR（2）	0. 1985	0. 1352	0. 1663
Observations	2792	2792	2792
Number of id	592	592	592

注：括号内数值为稳健 *t* 统计量，***、**、* 分别表示在 1%、5%、10% 的水平上显著。

（六）金融监管的调节效应检验

为验证 H_{2a}、H_6、H_7，即金融监管对数字普惠金融与融资约束关系的调节效应，设定如下回归方程：

$$SA_{it}=\beta_0+\beta_1 SA_{it-1}+\beta_2 index_{it}+\beta_3\sum control_{it}+\varepsilon_{it} \tag{4}$$

$$SA_{it}=\sigma_0+\sigma_1 SA_{it-1}+\sigma_2 indextwo_{it}+\sigma_3\sum control_{it}+\varepsilon_{it} \tag{5}$$

$$SA_{it}=\lambda_0+\lambda_1 SA_{it-1}+\lambda_2 index_{it}+\lambda_3 FinReg_{it}+\lambda_4 index_{it}\times FinReg_{it}+\lambda_5\sum control_{it}+\varepsilon_{it} \tag{11}$$

$$SA_{it}=\omega_0+\omega_1 SA_{it-1}+\omega_2 indextwo_{it}+\omega_3 FinReg_{it}+\omega_4 indextwo_{it}\times FinReg_{it}+\omega_5\sum control_{it}+\varepsilon_{it} \tag{12}$$

方程（4）、方程（5）、方程（11）、方程（12）分别对应表 7 中的模型（13）~模型（16）。模型（13）的结果显示，数字普惠金融对融资约束的影响为负向显著；模型（14）的结果显示，数字普惠金融的二次项对融资约束的影响也为负向显著。H_{2a}得到验证，数字普惠金融与融资约束之间具有倒U形关系，现阶段已过拐点，数字普惠金融的继续发展可以进一步缓解企业融资约束。模型（15）的结果显示，数字普惠金融一次项与金融监管的交互项系数 $\lambda_4 = -3.019$，结果不显著，H_6未得到验证，究其原因，可能是金融监管在政策实施层面未落实到位，存在一定的执行偏差，故而未能充分发挥其应有的效用。模型（16）的结果显示，数字普惠金融的二次项与金融监管的交互项系数 $\omega_4 = -0.682$，且结果显著，ω_4与 σ_2均为负向显著，表明金融监管增大了数字普惠金融与融资约束之间的倒U形关系的斜率，金融监管发挥正向调节效应，由此H_7得到验证。

表7 金融监管的调节效应检验结果

变量	(13) *SA*	(14) *SA*	(15) *SA*	(16) *SA*
L. SA	0.945*** (0.0399)	0.940*** (0.0397)	0.946*** (0.0396)	0.943*** (0.0391)
index	-0.121*** (0.0248)		-0.0917*** (0.0356)	
indextwo		-0.0195*** (0.00418)		-0.0134** (0.00608)
finreg			8.585 (5.381)	5.803* (2.999)
moderate			-3.019 (1.837)	
moderate2				-0.682** (0.334)
roa	1.268*** (0.195)	1.262*** (0.193)	1.268*** (0.195)	1.260*** (0.193)

续表

变量	(13) *SA*	(14) *SA*	(15) *SA*	(16) *SA*
lev	1.309 *** (0.219)	1.307 *** (0.217)	1.309 *** (0.218)	1.307 *** (0.216)
fe	-1.183 (0.766)	-1.196 (0.764)	-1.205 (0.772)	-1.214 (0.771)
oc	-0.00594 (0.00408)	0.00567 (0.00411)	0.00591 (0.00407)	0.00571 (0.00409)
fix	-1.719 *** (0.245)	-1.707 *** (0.245)	-1.731 *** (0.245)	-1.723 *** (0.245)
growth	0.202 *** (0.0345)	0.201 *** (0.0343)	0.201 *** (0.0344)	0.200 *** (0.0342)
Constant	0.719 *** (0.224)	0.548 ** (0.216)	0.632 *** (0.234)	0.485 ** (0.220)
AR（1）	0.0000	0.0000	0.0000	0.0000
AR（2）	0.6630	0.8037	0.8912	0.9214
Observations	2792	2792	2792	2792
Number of id	592	592	592	592

注：括号内数值为稳健 *t* 统计量，***、**、* 分别表示在 1%、5%、10% 的水平上显著。

表 8 显示了全部假设的检验结果。其中，H_1、H_{2a}、H_3、H_{4a}、H_{4b}、H_5、H_7得到验证，H_{2b}、H_6未得到验证。

表 8　假设检验结果汇总

假设	检验结果
H_1：数字普惠金融与中小企业技术创新投入之间具有 U 形关系且已过拐点	已验证
H_{2a}：数字普惠金融与中小企业融资约束之间具有倒 U 形关系且已过拐点	已验证
H_{2b}：融资约束抑制中小企业技术创新投入	未验证
H_3：融资约束在数字普惠金融与中小企业技术创新投入的关系中发挥中介效应	已验证
H_{4a}：数字普惠金融促进居民消费升级	已验证
H_{4b}：消费升级促进中小企业技术创新投入	已验证
H_5：消费升级在数字普惠金融与中小企业技术创新投入的关系中发挥中介效应	已验证

续表

假设	检验结果
H_6：金融监管在数字普惠金融与中小企业融资约束的关系中发挥正向调节效应	未验证
H_7：金融监管在数字普惠金融与中小企业融资约束的倒U形关系中发挥正向调节效应	已验证

（七）稳健性检验

采用随机效应模型对两步系统 GMM 估计结果进行稳健性检验。H_1～H_3的随机效应模型估计结果如表9所示，H_{4a}～H_7的随机效应模型估计结果如表10所示。可以看出，随机效应模型估计结果与两步系统GMM 估计结果基本一致，这说明研究结论具有一定的稳健性。

表9　H_1～H_3的随机效应模型检验结果

变量	(17) *RD*	(18) *RD*	(19) *SA*	(20) *SA*	(21) *RD*
index	0.647*** (0.0956)		0.290*** (0.0130)		
indextwo		0.136*** (0.0162)		0.0488*** (0.00230)	
SA					0.514*** (0.0619)
控制变量	控制	控制	控制	控制	控制
Constant	-4.158*** (1.563)	-3.473** (1.557)	3.153*** (0.0862)	3.589*** (0.0757)	2.211*** (0.354)
Observations	2792	2792	2792	2792	2792
Number of id	592	592	592	592	592

注：括号内数值为稳健 *t* 统计量，***、** 分别表示在1%、5%的水平上显著。

表 10　H_{4a} ~ H_7的随机效应模型检验结果

变量	(22) *lcu*	(23) *RD*	(24) *RD*	(25) *SA*	(26) *SA*
index	0.00838*** (0.00181)		0.628*** (0.0958)	0.322*** (0.0178)	
lcu		2.486*** (0.764)	2.155*** (0.761)		
indextwo					0.0534*** (0.00318)
finreg				10.71** (4.321)	4.151* (2.366)
moderate				-4.191*** (1.562)	
moderate2					-0.629** (0.290)
控制变量	控制	控制	控制	控制	控制
Constant	1.431*** (0.0320)	-7.251*** (1.922)	-7.276*** (1.910)	3.072*** (0.0933)	3.560*** (0.0783)
Observations	2792	2792	2792	2792	2792
Number of id	592	592	592	592	592

注：括号内数值为稳健 *t* 统计量，***、**、* 分别表示在 1%、5%、10% 的水平上显著。

六、结论及政策建议

（一）研究结论

在国际动荡的经济环境下，经济发展转向创新驱动，新旧动能发生转换。在信息技术的不断发展下，数字普惠金融体系也得以完善，在支持我国制造业中小企业创新研发中发挥了不可比拟的作用。因此，对数字普惠金融对制造业中小企业技术创新投入的影响机制研究具有理论价值和现实意义。

本研究采用2014—2019年中小板制造业数据，探讨并检验了数字普惠金融影响制造业中小企业技术创新投入的机制。主要结论如下：第一，数字普惠金融和制造业中小企业技术创新投入之间为U形关系，现阶段已过拐点，且呈现上升态势。数字普惠金融深化对于制造业中小企业来说不仅是一种福音，也将促进经济社会的持续健康发展。第二，数字普惠金融通过缓解融资约束和促进消费升级，缓和了中小企业的融资困境，激发了企业创新动力，加大了制造业中小企业技术创新投入。第三，数字普惠金融与企业融资约束之间为倒U形关系，目前已过拐点，数字普惠金融深入发展将缓解企业受到的融资约束，金融监管有助于数字普惠金融对中小企业融资约束的缓解。

（二）政策建议

研究结论表明，数字普惠金融通过影响企业受到的融资约束和居民消费升级，激发了企业创新活力，基于上述结论提出以下政策建议。

首先，中国政府应该大力发展数字普惠金融，加强数字技术在传统金融行业的应用，构建多维度的信用评估系统，对中小企业和创新项目进行价值评价，保证资金流向更有发展潜力的企业或项目。由此可以补齐传统金融的服务短板，建立更普惠、便捷、包容的金融体系，实现金融服务的增值保效，使其惠及中小企业、高技术产业等更需要它的地方，更好地服务于中国经济的发展。

其次，政府应加大对制造业中小企业有关技术创新投入的激励力度，例如，减免税收等，使其能在资金充足时，也保有高创新投入水平。应该从多方面保护、扶持、引导制造业中小企业的发展，消除传统金融行业对中小企业的融资歧视，使其更易获取资金。中小企业在获得数字金融红利的同时，也要注意实业才能兴邦，要防止制造业过度“金融化”，将本应用于创新活动的资金挪用于金融投资，抑制企业创新产出和社会发展。

再次，我国消费市场有着巨大的潜力，可以通过完善收入分配制度，缩小贫富差距，提升消费安全感，释放居民消费活力。数字金融既可以采用发放消费券等方式刺激消费，也可以提供多样化的保险服务产品。政府应正确指导居民合法有效地参与金融市场，加强金融理财、风险防范相关的知识普及，提升居民对数字金融的认知度，加深居民参与金融活动的深度，充分发挥数字普惠金融的引导作用。企业要积极使用数字技术，为消费者提供更便捷舒适的消费体验，在生产方面，坚持以消费者需求为导向的技术创新。

最后，数字普惠金融的优势虽毋庸置疑，但要防范它带来的风险。数字普惠金融是新发展起来的，现在的金融监管体系存在着监管缺失、重叠等问题，需要完善相关法律法规。监管机构可以借助数字技术加强对金融体系的监督和对风险的关注识别。在对金融行业进行监督管理的基础上，也需要对接受资金的经营者进行监管，可以利用数字技术实现对资金的追踪检测，防止资金的滥用和恶意操纵，减少坏账，保证资金安全。当地政府也应因地制宜，既不能过度监管，降低市场效率，也不能放任自流，引发金融乱象，要让数字金融在监管框架下健康发展。

参考文献

[1]贝多广．未来二十年普惠金融生态体系的思考[J]．可持续发展经济导刊，2019(Z2)：62.

[2]蔡竞，董艳．区域性银行的发展与中小企业融资：基于中国工业企业统计数据的实证研究[J]．中国经济问题，2017(2)：16－28.

[3]蔡强，田丽娜．技术创新与消费需求的耦合协调发展：基于东北老工业基地的研究[J]．经济问题，2017(9)：20－26.

[4]陈荣达，余乐安，金骋路．中国互联网金融的发展历程、发展模式

与未来挑战[J]. 数量经济技术经济研究, 2020, 37(1): 3-22.

[5]杜丹清. 互联网助推消费升级的动力机制研究[J]. 经济学家, 2017(3): 48-54.

[6]段军山, 庄旭东. 地方金融监管对提高银行贷款质量的效应:来自中国省级面板数据的经验证据[J]. 金融论坛, 2020, 25(1): 28-37.

[7]傅秋子, 黄益平. 数字金融对农村金融需求的异质性影响:来自中国家庭金融调查与北京大学数字普惠金融指数的证据[J]. 金融研究, 2018(11): 68-84.

[8]管婧婧, 刘亚菲. 消费升级的高阶量表开发和实证检验[J]. 商业经济研究, 2022(11):37-41.

[9]郭峰, 王靖一, 王芳, 等. 测度中国数字普惠金融发展:指数编制与空间特征[J]. 经济学(季刊), 2020, 19(4): 1401-1418.

[10]韩珣, 李建军. 金融错配、非金融企业影子银行化与经济"脱实向虚"[J]. 金融研究, 2020(8): 93-111.

[11]何宗樾, 宋旭光. 数字金融发展如何影响居民消费[J]. 财贸经济, 2020, 41(8): 65-79.

[12]黄浩. 数字金融生态系统的形成与挑战:来自中国的经验[J]. 经济学家, 2018(4): 80-85.

[13]黄益平, 黄卓. 中国的数字金融发展:现在与未来[J]. 经济学(季刊), 2018, 17(4): 1489-1502.

[14]贾宪军. 家庭金融资产结构对居民消费升级影响的实证[J]. 统计与决策, 2020, 36(18): 154-157.

[15]焦瑾璞, 黄亭亭, 汪天都, 等. 中国普惠金融发展进程及实证研究[J]. 上海金融, 2015(4): 12-22.

[16]李春涛, 闫续文, 宋敏, 等. 金融科技与企业创新:新三板上市公司的证据[J]. 中国工业经济, 2020 (1): 81-98.

[17]李汇东, 唐跃军, 左晶晶. 用自己的钱还是用别人的钱创新:基于中国上市公司融资结构与公司创新的研究[J]. 金融研究, 2013(2):

170 – 183.

[18]梁榜，张建华．中国普惠金融创新能否缓解中小企业的融资约束[J]．中国科技论坛，2018(11)：94 – 105.

[19]梁榜，张建华．数字普惠金融发展能激励创新吗：来自中国城市和中小企业的证据[J]．当代经济科学，2019，41(5)：74 – 86.

[20]廖理，张伟强．P2P 网络借贷实证研究：一个文献综述[J]．清华大学学报(哲学社会科学版)，2017，32(2)：186 – 196 + 199.

[21]刘冰，陈治亚．网络消费的外部性问题研究[J]．生产力研究，2007(18)：14 – 17.

[22]刘锦怡，刘纯阳．数字普惠金融的农村减贫效应：效果与机制[J]．财经论丛，2020(1)：43 – 53.

[23]刘向东，米壮．中国居民消费处于升级状态吗：基于 CGSS2010、CGSS2017 数据的研究[J]．经济学家，2020(1)：86 – 97.

[24]龙海明，李瑶，吴迪．数字普惠金融对居民消费的影响研究："数字鸿沟"还是"数字红利"？[J]．国际金融研究，2022(5)：3 – 12.

[25]罗天强，邓华杰．产品技术分析[J]．科学技术与辩证法，2005(2)：71 – 74.

[26]吕乃基．论消费及其演化对技术发展的影响[J]．自然辩证法研究，2003(4)：30 – 34.

[27]聂秀华，江萍，郑晓佳，等．数字金融与区域技术创新水平研究[J]．金融研究，2021(3)：132 – 150.

[28]聂秀华，吴青．数字金融对中小企业技术创新的驱动效应研究[J]．华东经济管理，2021，35(3)：42 – 53.

[29]聂秀华，吴青．数字金融驱动区域技术创新水平提升的空间溢出效应研究[J]．当代经济管理，2021，43(12)：85 – 96.

[30]聂秀华．数字金融促进中小企业技术创新的路径与异质性研究[J]．西部论坛，2020，30(4)：37 – 49.

[31]邱晗，黄益平，纪洋．金融科技对传统银行行为的影响：基于互联

网理财的视角[J]. 金融研究, 2018(11): 17-29.

[32]唐松, 伍旭川, 祝佳. 数字金融与企业技术创新:结构特征、机制识别与金融监管下的效应差异[J]. 管理世界, 2020, 36(5): 52-66+9.

[33]滕磊. 数字普惠金融视角下中小企业融资约束问题研究[D]. 成都:四川大学, 2021.

[34]万佳彧, 周勤, 肖义. 数字金融、融资约束与企业创新[J]. 经济评论, 2020(1): 71-83.

[35]汪雯羽, 贝多广. 数字普惠金融、政府干预与县域经济增长:基于门限面板回归的实证分析[J]. 经济理论与经济管理, 2022, 42(2): 41-53.

[36]王喆, 陈胤默, 张明. 传统金融供给与数字金融发展:补充还是替代:基于地区制度差异视角[J]. 经济管理, 2021, 43(5): 5-23.

[37]温忠麟, 叶宝娟. 中介效应分析:方法和模型发展[J]. 心理科学进展, 2014, 22(5): 731-745.

[38]吴庆田, 朱映晓. 数字普惠金融对企业技术创新的影响研究:阶段性机制识别与异质性分析[J]. 工业技术经济, 2021, 40(3): 143-151.

[39]谢绚丽, 沈艳, 张皓星, 等. 数字金融能促进创业吗:来自中国的证据[J]. 经济学(季刊), 2018, 17(4): 1557-1580.

[40]谢雪燕, 朱晓阳. 数字金融与中小企业技术创新:来自新三板企业的证据[J]. 国际金融研究, 2021(1): 87-96.

[41]徐兆丰. 新发展格局背景下我国消费升级的数字金融驱动效应[J]. 商业经济研究, 2021(3): 168-171.

[42]颜建军, 冯君怡. 数字普惠金融对居民消费升级的影响研究[J]. 消费经济, 2021, 37(2): 79-88.

[43]杨伟明, 粟麟, 王明伟. 数字普惠金融与城乡居民收入:基于经济增长与创业行为的中介效应分析[J]. 上海财经大学学报, 2020, 22(4): 83-94.

[44]易行健, 周利. 数字普惠金融发展是否显著影响了居民消费:来自中国家庭的微观证据[J]. 金融研究, 2018(11): 47-67.

[45]喻平，豆俊霞．数字普惠金融、企业异质性与中小微企业创新[J]. 当代经济管理，2020，42(12)：79－87.

[46]袁鲲，曾德涛．区际差异、数字金融发展与企业融资约束：基于文本分析法的实证检验[J]．山西财经大学学报，2020，42(12)：40－52.

[47]张贺，白钦先．数字普惠金融减小了城乡收入差距吗：基于中国省级数据的面板门槛回归分析[J]．经济问题探索，2018(10)：122－129.

[48]张勋，杨桐，江晨，等．数字金融发展与居民消费增长：理论与中国实践[J]．管理世界，2020，36(11)：48－63.

[49]张永恒，王家庭．数字经济发展是否降低了中国要素错配水平？[J]．统计与信息论坛，2020，35(9)：62－71.

[50]邹新月，王旺．数字普惠金融对居民消费的影响研究：基于空间计量模型的实证分析[J]．金融经济学研究，2020，35(4)：133－145.

[51]ALLEN F, DEMIRGÜ－KUNT A ,KLAPPER L, et al. The foundations of financial inclusion: Understanding ownership and use of formal accounts [J]. Journal of financial intermediation, 2016(27): 1－30.

[52]BECKER G, STIGLER G. Law enforcement, malfeasance, and the compensation of enforcers [J]. Journal of legal studies, 1974(3): 1－18.

[53]FRIEDMAN M. A theory of the consumption function [M]. Princeton: Princeton University Press, 1957.

[54]HARRISON R. Crowd funding and the revitalization of the early stage risk capital market: Catalyst or chimera [J]. Venture capital, 2013, 15(4): 283－287.

[55]KNICKREHM M, Berthon B, Daugherty P. Digital disruption: The growth multiplier[R]. Dublin: Accenture, 2016.

[56]LELAND H E. Saving and uncertainty: The precautionary demand for saving [J]. Quarterly journal of economics, 1968, 82(3): 465－473.

[57]MOLLOCK E. The dynamics of crowd funding: An exploratory study [J]. Journal of business venturing, 2014, 19(1): 1－16.

[58] MODIGLIANI F, BRUMBERG R. Utility analysis and the consumption function: An interpretation of cross – section data[C]//In Kurihara, K. K. (ed), Post – Keynesian Economic. New Brunswick: Rutgers University Press, 1954, 388 – 436.

[59] OGUS A. Regulation: Legal form and economic theory [M]. Oxford: Clarendon Press, 1994.

[60] SHI C. On the trade – off between the future benefits and riskiness of R&D: A bondholders' perspective [J]. Journal of accounting and economics, 2003, 35(2): 227 – 254.

[61] STIGLER G. The theory of economic regulation [J]. The bell journal of economics and management, 1971(2): 3 – 211.

政府支持下中国电商企业创新策略三方演化博弈①

杨　皓

摘要： 本文采用演化博弈论方法探讨了政府参与下电商企业创新策略选择的博弈问题，构建了两家具有竞争关系的电子商务主体及政府支持的三方演化博弈模型，分析在政府支持下电商企业创新策略选择，并借助MATLAB软件对模型进行动态仿真。研究发现：第一，无论两家电商企业的参与意愿处于哪种程度，在政府的参与下，两家企业都会快速投入创新、积极发展。当电商企业创新意愿较强烈时，政府的支持力度可以适当减小；当电商企业创新意愿较弱时，政府应大力支持企业创新，鼓励企业积极创新。第二，政府的政策支持对电商企业选择创新策略有促进作用，特别是对于竞争力较弱的电商企业，作用更是明显。第三，电商企业创新策略选择会受到企业之间外部效应的正向影响。第四，声誉提高系数对政府支持电商企业创新的行为有促进作用。第五，电商企业所需的创新成本对电商企业的创新行为有反向抑制作用。基于研究结论，最后本文针对政府引导电商企业创新提出了对策建议。

---

① 文本由张文明老师指导完成。张文明，西北大学经济管理学院副教授，博士研究生导师，西部案例中心主任，E-mail：wenming@nwu.edu.cn。基金项目：教育部人文社科基金项目“基于中国传统理念的和谐社会治理对策的仿真研究”（项目编号：18XJAZH004）。

关键词：电子商务企业；创新；政府参与；演化博弈分析

作者简介：杨皓，西北大学经济管理学院2021级技术经济及管理专业硕士研究生。

一、引言

互联网的快速发展和互联网用户数量的不断增加不仅为中国线上购物的发展奠定了重要基石，也为中国电子商务市场的扩大发展提供了重要保障。中国线上交易量会随着互联网用户数量的增加而不断增加，2021年我国网络购物用户达8.12亿人，如此庞大的用户数量将为中国电商发展提供极大的潜力。2021年的“双11”购物节，淘宝网成交额比上年增长8.5%，约5403亿元；京东成交额比上年增长28.6%，约3491亿元。电子商务市场的发展带动电商企业呈现出爆发式的上升，截至2020年，我国共有378万家电商相关企业，这使得电子商务市场的竞争愈加激烈。电子商务企业不仅包括利用互联网进行贸易活动的企业，还包括利用网络开展原材料购买、产品生产、销售和储运，以及电子支付平台等一系列活动的企业。2020年，我国B2C网络零售市场发展信息显示，中国占有市场份额最大的电商企业是阿里巴巴，其拥有63.8%的市场占有率；其次是京东，市场占有率为25.9%。若想在众多电商企业中脱颖而出，电商企业就必须与时俱进、积极创新，迎合市场需求，特别是在数字化、智能化时代，电商企业应积极应用新兴技术提升自身的组织、生产和服务能力，给消费者带来全新体验，并发挥组织韧性，形成企业特有的竞争优势。

事实上，现实中电商企业创新成功的案例比较少，大多数电商企业在面对创新问题时没有太多经验可以学习。此外，新冠疫情的持续影响和新兴技术的迭代更新加大了企业创新的风险，也增加了市场需求的不确定性，这些都导致电商企业在创新过程中困难重重。

政府是引导电子商务市场经济繁荣的“看不见的手”，如何更好地支持、引导电商企业进行创新，加速激发消费市场活力是其一项重要任务。面对当前电商企业不敢创新、创新难的困境，多地政府相继出台有关政策鼓励和引导电商企业创新。典型的是，2022 年 6 月，杭州市人民政府办公厅发布了《关于促进杭州市新电商高质量发展的若干意见》，鼓励电商企业在传统电商模式的基础上迭代升级，应用新技术和新模式，提高服务能力和运营能力，明确表示要为积极创新的电商企业提供财政补贴和奖励，并为其提供金融、人才、物流配送等保障。综上所述，激发电商企业创新活力、提高电商企业创新成功的比率已经成为当前学术界和产业界共同关注的重要课题。

二、文献综述

互联网和新兴技术的发展，使我国电商企业在短时间内得到井喷式发展，数量不断增加，规模持续扩大，但同时也加剧了电子商务市场的竞争。激发电商企业的创新活力、增强电商企业的创新效果成为学术界讨论的热点话题。现有文献关于电商企业创新的研究主题主要包括电商企业创新行为的研究、驱动企业创新因素的研究和影响企业创新绩效的研究。

（一）关于电商企业创新行为的界定

对电商企业创新行为的界定比较宽泛，尚未有明确且统一的定义。例如，传统电商在直播电商、生鲜电商、社区团购等新领域的发展属于一种创新行为；将信息技术与产品特点相互结合也是一种创新行为。刘华南（2016）在研究电商企业创新行为时，主要对电商企业商业模式进行了创新。汪旭晖和张其林（2016）、刘静（2017）讨论的是电商企业管理制度的创新，并分析电商企业在大数据时代面临的问题。除了电商企业商业模式和企业管理制度之外，田宇和张戈玲（2001）、依绍华（2016）、高蓉（2014）研究了电商企业的物流系统创新和财务管理模式创新等。

虽然现有文献未对电商企业的创新行为设定具体范围，但是笔者试图将电商企业的创新行为概括为三个方面：一是应用新兴技术的技术创新，二是引进新管理要素（如管理方法）的管理制度创新，三是商业模式创新。电商企业的创新行为会促使企业的组织、生产、销售和服务发生变化，从而为消费者提供全新的服务和体验，吸引更多的消费者。

（二）关于驱动企业创新因素的研究

许多国内外学者从不同视角出发，针对企业创新的驱动因素展开研究，并取得了一系列研究成果。如从企业外部环境出发，何桢等（2008）、包玉泽等（2013）认为，新的管理模式的出现会激发企业的创新动力，这是因为新的管理模式会提升组织绩效，提高经济增长速度。Kim 和 Yongjae（2017）、Mieneke 等（2017）、戚聿东和肖旭（2020）则认为市场环境的变化、新技术的出现是影响企业创新行为的因素。其中，戚聿东等（2020）进一步研究发现，市场和技术这两个因素对电商企业的创新行为影响更加显著，这主要是因为电商企业依靠现代信息技术进行商务、交易和服务活动。顾玲丽（2015）主要研究了企业在电商平台会遇到的风险，包括商业物流、信息交流和资金流，企业遇到的风险在一定程度上会刺激企业的创新行为。从企业自身角度出发，Ersun 等（2013）明确指出，各类型企业需要不断地完善自身管理与营销战略，以维持其在市场中的竞争地位，这为进一步研究电商企业的创新行为提供了启示。Su 等（2018）通过实证分析检验了领导者风格对企业创新的影响作用，强调了企业领导者在管理创新中发挥的作用。此外，从协同主体视角来看，唐豪（2006）提出高校与企业合作可以解决企业在技术创新中遇到的困境，校企合作也会激励企业积极创新。尤肃川（2016）则认为政府政策和补贴会加大企业对创新的投入，随后，陈洪玮等（2017）利用结构方程模型检验了政府政策对企业创新绩效的显著正向影响。

可以发现，影响企业创新的因素包括外部原因和内在原因。其中，外部原因主要包括政府政策、市场需求、外部风险、新兴科学技术和新经营模式的出现等；内部原因包括组织僵化、管理绩效低和领导者风格等。

（三）关于影响企业创新绩效的研究

影响企业创新绩效因素的研究是国内外学者共同关注的问题。创新绩效的量化指标是企业业务额的增加，体现了企业完成创新后企业价值的增加。从企业外部环境出发，王志玮（2010）、Meyer（2013）、Mieneke 等（2017）提出，企业创新取得成功的重要原因是信息技术和计算机技术的发展，特别是依赖网络进行交易活动的电商企业。同样地，王小鲁等（2009）、王铁男和涂云咪（2012）、林海芬和苏敬勤（2014）、余传鹏等（2020）认为，新的管理模式出现在某种程度上会提高企业的创新水平，为企业进行创新提供了条件。孙莹（2013）、郑春美和李佩（2015）、陈红等（2019）通过实证研究发现政府的鼓励政策（补助、税收鼓励和贷款）会正向影响企业的创新绩效，这是因为鼓励政策会促使企业加大对创新活动的资金和人力投入。从企业内部出发，盛晓娟和王哲（2014）回顾和梳理影响企业技术创新绩效的文献，发现行业特性、企业资源情况、公司治理特征和企业规模会影响企业技术创新的投入，从而影响企业的创新绩效。除此之外，Meyer（2013）还提到提升创新水平的核心在于企业内部的相互交流。Aragon－Correa 则认为领导方式是影响企业创新的关键因素之一，其中变革型领导方式有利于企业内部合作和沟通，进而形成积极活泼的工作氛围，有利于企业进行创新。

可以确定的是，影响企业创新绩效的因素并不是单一的，信息技术的发展、新型管理模式、激励性的宏观政策和企业内部的有效沟通等对企业的创新绩效有一定程度的正向作用。

通过以上文献梳理，可以发现，关于电商企业的创新研究，国内外学者主要考虑企业创新的驱动因素和如何提高创新绩效，鲜有研究利用演化博弈从多主体协同电商企业创新视角展开研究。不可否认的是，电商企业是否会选择创新策略是一个博弈的过程，对于借助网络平台进行交易的电商企业而言，其盈利的核心是消费者，并且电商企业各自的消费者群体可以通过互联网影响其他消费者。电商企业要实现创新并想取得不错的创新绩效不是一件简单的事，在创新过程中不能忽视其他主体对电商企业创新行为和绩效的影响作用，在以前的文献中，只考察了地方政府的经济政策和资本支持对企业创新活动的影响。基于此，本文从“有限理性”视角出发，通过综合考察不同演化博弈主体间的相互影响，并考虑各个主体参与意愿、政策资金补助以及创新成本等因素的影响，构建了两家具有竞争关系的电商企业及政府支持的三方演化博弈模型。本文重点研究的是在政策扶持或给予相应投资补助的情形下，两家电子商务公司创新策略选择的博弈问题，同时借助 MATLAB 软件对模型进行动态建模仿真，研究各种参数变化对电子商务企业创新策略选择，及各个主体策略稳定性的影响，以此为基础为政府支持电商企业创新提出理论基础与对策建议。

三、演化博弈及均衡分析

（一）基本假设

1. 博弈主体及其行为策略

假设在电子商务市场中存在两家电商企业 D_1 和 D_2，两家企业销售产品类型相同，且具有竞争关系，但企业 D_1 的收益略高于企业 D_2 的收益。考虑到电商企业的特征，消费者和消费者购买力是影响企业收益的主要因素，所以，本文通过消费者数量来衡量电商企业的收益多少。换而言之，企业 D_1 拥有的消费者数量略高于企业 D_2 的消费者数量。政府作为主体可以参与两家电商企业的创新过程，并补贴一定的资金。三方演化博弈模型逻辑关系图如图 1 所示。在演化博弈模型中，各博弈群体均为“有限理性”的，均会从自身利益出发，进行最有利、最满意的战略选择。

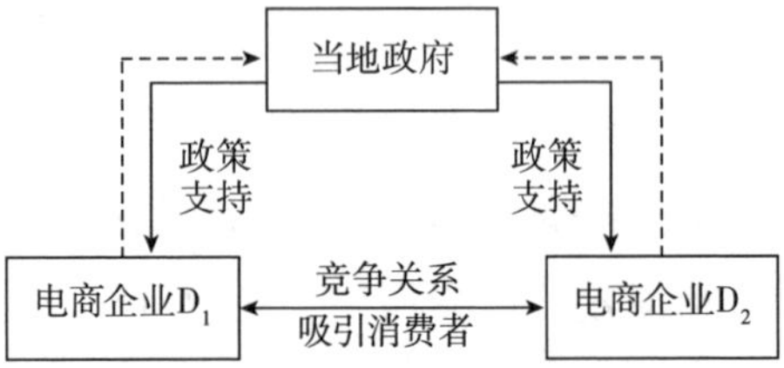

图 1　三方演化博弈模型逻辑关系

两家电商企业的策略空间为“采取创新策略，不采取创新策略”。“采取创新策略”是指电商企业应用新的技术、新的管理方法或者新的商业模式进行创新；“不采取创新策略”是指电商企业仍采用传统的经营方式。政府的策略空间为“给予支持，不给予支持”；“给予支持”是指政府以一定的措施支持电商企业进行创新，如特定税率优惠、资金补助等；“不给予支持”是指政府对电商企业的创新策略没有鼓励、帮扶措施。

2. 模型假设和参数设计

假设 1：由于每个博弈个体都是有限理性的，每个主体的参与方可能会选择不同的策略。因此，如果假设电商企业 D_1 选择“采取创新策略”和“不采取创新策略”的可能性分别为 x 和 $1-x$；假设电商企业 D_2 选择“采取创新策略”和“不采取创新策略”的可能性分别为 y 和 $1-y$；政府选择“给予支持”和“不给予支持”的可能性分别为 z 和 $1-z$，且 x，y，$z \in [0, 1]$。

假设2：假设电商企业 D_1 的消费者数量为 M_1，电商企业 D_2 的消费者数量为 M_2，且 $M_1 > M_2$。企业间的同向外部效应是指企业采取的行为会影响另一家企业的利益，具体来说，博弈双方中的一方选择某种创新策略，达到吸引另一方客户目的效应。博弈双方若均采取某种创新策略时效用一致，若选择不同策略时，该效应即发挥吸纳客户的作用。现假设两家电商企业 D_1 和 D_2 间存在此种效应，其中 μ 是外部效应系数，且 $\mu \in (0, 1)$。并且，假设电商企业 D_1 和 D_2 的每个消费者购买力为 p，且 $p > 0$。

假设3：当采取创新策略时，电商企业需要支付额外的创新成本。于是，假设电商企业 D_1 创新时的成本为 C_1，电商企业 D_2 创新时的成本为 C_2，则设电商企业 D_1 不采取创新行为时的成本为 αC_1，电商企业 D_2 不采取创新行为时的成本为 αC_2，且 $\alpha \in (0, 1)$。

假设4：假设政府支持电商企业的创新行为，对选择创新策略的电商企业给予一定的资金补贴 kC_i $(i = 1, 2)$，k 为补贴系数，且 $k \in (0, 1)$。

假设5：电商企业进行创新的行为会促进当地新电商高质量发展，提升经济发展水平，同时鼓励电商企业创新政策会为政府带来良好的声誉，政府声誉是外界和公众对政府的认可程度、信任程度。因此，假设政府对电商企业的创新行为不予以支持时的收益为 R，而在选择支持电商企业创新后，会由于帮助电商企业进行创新而收到声誉提高等积极效应 bR，其中 b 为声誉提高系数，且 $b > 1$。

（二）演化模型构建

综上所述，构建了如表1所示的博弈三方主体的收益支付矩阵。

表 1　博弈三方主体的收益支付矩阵

企业 D_2			政府 A	
			支持（z）	不支持（$1-z$）
企业 D_1	创新（x）	创新（y）	$\frac{1}{2}(M_1+M_2)p-(1-k)C_1$	$\frac{1}{2}(M_1+M_2)p-C_1$
			$\frac{1}{2}(M_1+M_2)p-(1-k)C_2$	$\frac{1}{2}(M_1+M_2)p-C_2$
			$bR-k(C_1+C_2)$	R
		不创新（$1-y$）	$(M_1+\mu M_2)p-(1-k)C_1$	$(M_1+\mu M_2)p-C_1$
			$(1-\mu)M_2p-\alpha C_2$	$(1-\mu)M_2p-\alpha C_2$
			$bR-kC_1$	R
	不创新（$1-x$）	创新（y）	$(1-\mu)M_1p-\alpha C_1$	$(1-\mu)M_1p-\alpha C_1$
			$(\mu M_1+M_2)p-(1-k)C_2$	$(\mu M_1+M_2)p-C_2$
			$bR-kC_2$	R
		不创新（$1-y$）	$\frac{1}{2}(M_1+M_2)p-\alpha C_1$	$\frac{1}{2}(M_1+M_2)p-\alpha C_1$
			$\frac{1}{2}(M_1+M_2)p-\alpha C_2$	$\frac{1}{2}(M_1+M_2)p-\alpha C_2$
			bR	R

（三）演化博弈均衡与稳定性分析

1. 构建收益期望函数

根据演化博弈的求解思路，由表 1 可知，电商企业 D_1 选择“采取创新策略”时预期的期望效用 E_{Q1}，选择“不采取创新策略”时预期的期望效用 E_{P1} 以及平均期望效用 $\bar{E}_1$ 是：

$$E_{Q1}=yz\left[\frac{1}{2}(M_1+M_2)p-(1-k)C_1\right]+$$

$$(1-y)z\left[(M_1+\mu M_2)p-(1-k)C_1\right]+y(1-z)\left[\frac{1}{2}(M_1+M_2)p-C_1\right]+$$

$$(1-y-z+yz)\left[(M_1+\mu M_2)p-C_1\right] \tag{1}$$

$$E_{P1}=yz\left[(1-\mu)M_1p-\alpha C_1\right]+(1-y)z\left[\frac{1}{2}(M_1+M_2)p-\alpha C_1\right]+$$

$$y(1-z)\left[(1-\mu)M_1p-\alpha C_1\right]+(1-y)(1-z)\left[\frac{1}{2}(M_1+M_2)p-\alpha C_1\right]$$

$$=y\left[(1-\mu)M_1p-\alpha C_1\right]+(1-y)\left[\frac{1}{2}(M_1+M_2)p-\alpha C_1\right] \quad (2)$$

$$\bar{E}_1=xE_{Q1}+(1-x)E_{P1} \quad (3)$$

电商企业 D_2 选择“采取创新策略”时预期的期望效用E_{Q2}，选择“不采取创新策略”时预期的期望效用E_{P2}以及平均期望效用 $\bar{E}_{P2}$ 是：

$$E_{Q2}=xz\left[\frac{1}{2}(M_1+M_2)p-(1-k)C_2\right]+x(1-z)\left[\frac{1}{2}(M_1+M_2)p-C_2\right]+$$

$$(1-x)z\left[(\mu M_1+M_2)p-(1-k)C_2\right]+$$

$$(1-x)(1-z)\left[(\mu M_1+M_2)p-C_2\right] \quad (4)$$

$$E_{P2}=xz\left[(1-\mu)M_2p-\alpha C_2\right]+x(1-z)\left[(1-\mu)M_2p-\alpha C_2\right]+$$

$$(1-x)z\left[\frac{1}{2}(M_1+M_2)p-\alpha C_2\right]+(1-x)(1-z)\left[\frac{1}{2}(M_1+M_2)p-\alpha C_2\right]$$

$$=x\left[(1-\mu)M_2p-\alpha C_2\right]+(1-x)\left[\frac{1}{2}(M_1+M_2)p-\alpha C_2\right] \quad (5)$$

$$\bar{E}_{P2}=yE_{Q2}+(1-y)E_{P2} \quad (6)$$

政府选择参与电商企业创新过程的期望效用E_{A1}，选择不参与电商企业创新过程的期望效用E_{A2}以及平均期望效用 $\bar{E}_A$ 是：

$$E_{A1}=xy\left[bR-k(C_1+C_2)\right]+x(1-y)(bR-kC_1)+$$
$$(1-x)y(bR-kC_2)+(1-x)(1-y)bR \quad (7)$$

$$E_{A2}=xyR+x(1-y)R+(1-x)yR+(1-x)(1-y)R$$
$$=R \quad (8)$$

$$\bar{E}_A=zE_{A1}+(1-z)E_{A2} \quad (9)$$

2. Malthusian 复制动态方程求解

根据 Malthusian 方程，电商企业 D_1“采取创新策略”带来的收益增加

值等于其期望收益 E_{Q1} 减去平均期望收益 $\bar{E}_1$，此过程可以通过复制动态方程表示。电商企业 D_1“采取创新策略”的概率 x 的演化博弈复制动态方程如式(10)所示：

$$\begin{aligned} U_{(x)} &= \frac{\mathrm{d}x}{\mathrm{d}t} = x(E_{Q1} - \bar{E}_1) = x(1-x)(E_{Q1} - E_{P1}) \\ &= x(1-x)[(zk+\alpha-1)C_1 - \frac{1}{2}(M_1+M_2)p + \\ &\quad y(\mu M_1 + M_2)p + (1-y)(M_1+\mu M_2)p] \end{aligned} \tag{10}$$

电商企业 D_2“采取创新策略”的演化博弈复制动态方程如式(11)所示：

$$\begin{aligned} U_{(y)} &= \frac{\mathrm{d}y}{\mathrm{d}t} = y(E_{Q2} - \bar{E}_2) = y(1-y)(E_{Q2} - E_{P2}) \\ &= y(1-y)[(zk+\alpha-1)C_2 - \frac{1}{2}(M_1+M_2)p + \\ &\quad x(M_1 + \mu M_2)p + (1-x)(\mu M_1+M_2)p] \end{aligned} \tag{11}$$

政府的演化博弈复制动态方程如式（12）所示：

$$\begin{aligned} U_{(z)} &= \frac{\mathrm{d}z}{\mathrm{d}t} = y\ (E_{A1} - \bar{E}_A) = z\ (1-z)\ (E_{A1} - E_{A2}) \\ &= z\ (1-z)\ [\ (b-1)\ R - kxC_1 - kyC_2] \end{aligned} \tag{12}$$

将上述三个方程式联立，可以得到电商企业 D_1 和 D_2，以及政府组成的演化博弈复制动态方程组如式（13）所示：

$$\begin{cases} U_{(x)} = x(1-x)[(zk+\alpha-1)C_1 - \frac{1}{2}(M_1+M_2)p + \\ \quad y(\mu M_1 + M_2)p + (1-y)(M_1+\mu M_2)p] \\ U_{(y)} = y(1-y)[(zk+\alpha-1)C_2 - \frac{1}{2}(M_1+M_2)p + \\ \quad x(M_1 + \mu M_2)p + (1-x)(\mu M_1+M_2)p] \\ U_{(z)} = z(1-z)[(b-1)R - kxC_1 - kyC_2] \end{cases} \tag{13}$$

3. 均衡点的稳定性分析

在该模型系统中，令 $U_{(x)}=U_{(y)}=U_{(z)}=0$，可以求得系统的局部稳定均衡点：$H_1(0,0,0)$，$H_2(0,0,1)$，$H_3(0,1,0)$，$H_4(0,1,1)$，$H_5(1,0,0)$，$H_6(1,0,1)$，$H_7(1,1,0)$，$H_8(1,1,1)$，$H_9([\frac{1}{2}(M_1+M_2)p-(\alpha-1)C_2-(\mu M_1+M_2)p]/[(\mu-1)(M_1-M_2)]p,[\frac{1}{2}(M_1+M_2)p-(\alpha-1)C_1-(M_1+\mu M_2)p]/[(\mu-1)(M_1-M_2)p],0)$，$H_{10}([\frac{1}{2}(M_1+M_2)p-(\alpha-1)C_2-(\mu M_1+M_2)p]/[(\mu-1)(M_1-M_2)]p,[\frac{1}{2}(M_1+M_2)p-(k+\alpha-1)C_1-(M_1+\mu M_2)p]/[(\mu-1)(M_1-M_2)p],1)$。

判断局部稳定均衡点是否为演化系统的演化稳定策略（ESS）需要依据 Lyapunov 第一法则。根据 Lyapunov 第一法则，构造雅可比矩阵，将局部稳定均衡点代入雅可比矩阵中，若其每个特征值的实部都是负号，均衡点为渐进稳定策略（ESS）；若特征值的实部至少有一个为正，则均衡点为不稳定点；若雅可比矩阵的特征值实部为零其余为负，则该均衡点处于临界状态，即表现为系统稳定性不确定。根据式（13），该演化博弈的雅可比矩阵 J 如式（14）所示：

$$J=\begin{bmatrix}\frac{\partial U_{(x)}}{\partial x} & \frac{\partial U_{(x)}}{\partial y} & \frac{\partial U_{(x)}}{\partial z}\\ \frac{\partial U_{(y)}}{\partial x} & \frac{\partial U_{(y)}}{\partial y} & \frac{\partial U_{(y)}}{\partial z}\\ \frac{\partial U_{(z)}}{\partial x} & \frac{\partial U_{(z)}}{\partial y} & \frac{\partial U_{(z)}}{\partial z}\end{bmatrix}$$

$$=\begin{bmatrix}(1-2x)G(y,z) & x(1-x)(\mu-1)(M_1-M_2)p & x(1-x)kC_1\\ y(1-y)(1-\mu)(M_1-M_2)p & (1-2y)K(x,z) & y(1-y)kC_2\\ -z(1-z)kC_1 & -z(1-z)kC_2 & (1-2z)F(x,y)\end{bmatrix} \tag{14}$$

其中，

$G(y, z) = (zk+\alpha-1)C_1 - \frac{1}{2}(M_1+M_2)p + y(\mu M_1+M_2)p + (1-y)(M_1+\mu M_2)p$

$K(x, z) = (zk+\alpha-1)C_2 - \frac{1}{2}(M_1+M_2)p + x(M_1+\mu M_2)p + (1-x)(\mu M_1+M_2)p$

$F(x, y) = (b-1)R - kxC_1 - kyC_2$

基于Lyapunov第一法则，经MATLAB软件处理后得到了雅可比矩阵J的所有特征值，表2为此模型的均衡点稳定性分析，具体如下。

表2　均衡点稳定性分析

均衡点	对应的特征值	实部符号	稳定性结论
H_1 (0,0,0)	$(b-1)R$，$(\alpha-1)C_1+\frac{1}{2}(M_1-M_2)p+\mu M_2 p$，$(\alpha-1)C_1+\frac{1}{2}(M_2-M_1)p+\mu M_1 p$	(+，+，×)	不稳定点
H_2 (0,0,1)	$(1-b)R$，$(\alpha+k-1)C_1+\frac{1}{2}(M_1-M_2)p+\mu M_2 p$，$(\alpha+k-1)C_2+\frac{1}{2}(M_2-M_1)p+\mu M_1 p$	(−，+，−)	不稳定点
H_3 (0,1,0)	$(1-b)R-kC_2$，$(\alpha-1)C_1+\frac{1}{2}(M_2-M_1)p+\mu M_1 p$，$(\alpha-1)C_2+\frac{1}{2}(M_1-M_2)p-\mu M_1 p$	(−，−，−)	ESS
H_4 (0,1,1)	$(1-b)R+kC_2$，$(1-\alpha-k)C_2+\frac{1}{2}(M_1-M_2)p-\mu M_1 p$，$(\alpha+k-1)C_2+\frac{1}{2}(M_2-M_1)p+\mu M_1 p$	(−，−，−)	ESS
H_5 (1,0,0)	$(b-1)R-kC_1$，$(\alpha-1)C_2+\frac{1}{2}(M_1-M_2)p+\mu M_2 p$，$(1-\alpha)C_1+\frac{1}{2}(M_2-M_1)p-\mu M_2 p$	(+，+，−)	不稳定点
H_6 (1,0,1)	$(1-b)R+kC_1$，$(1-\alpha-k)C_1+\frac{1}{2}(M_2-M_1)p-\mu M_2 p$，$(\alpha+k-1)C_2+\frac{1}{2}(M_1-M_2)p+\mu M_2 p$	(−，−，+)	不稳定点

续表

均衡点	对应的特征值	实部符号	稳定性结论
H_7 (1,1,0)	$(b-1)R-k(C_1+C_2)$，$(1-\alpha)C_1+\frac{1}{2}(M_1-M_2)p-\mu M_1p$，$(1-\alpha)C_1+\frac{1}{2}(M_2-M_1)p-\mu M_2p$	(+，-，-)	不稳定断点
H_8 (1,1,1)	$(1-b)R+k(C_1+C_2)$，$(1-\alpha-k)C_1+\frac{1}{2}(M_1-M_2)p-\mu M_1p$，$(1-\alpha-k)C_2+\frac{1}{2}(M_2-M_1)p-\mu M_2p$	(-，-，-)	ESS
H_9 $(x_1,y_1,0)$	$(b-1)R-k(C_1x_1+C_2y_1)$，e_1，e_2	(+，×，×)	不稳定点
H_{10} $(x_2,y_2,1)$	$(b-1)R-k(C_1x_2+C_2y_2)$，e_3，e_4	(+，×，×)	不稳定点

注：×表示该特征值正负符号无法判断，x_1、y_1、x_2、y_2表示相应均衡点的坐标，均衡点满足的条件是：①$(1-\alpha)C_1+\frac{1}{2}(M_1-M_2)p+\mu M_1p<0$；②$(1-\alpha)C_2+\frac{1}{2}(M_2-M_1)p-\mu M_2p<0$；③$(1-b)R+k(C_1+C_2)<0$ $(i=1,2)$；④$(\alpha+k-1)C_2+\frac{1}{2}(M_2-M_1)p+\mu M_1p<0$；⑤$(b-1)R-k(C_1x_1+C_2y_1)>0$；⑥$(b-1)R-k(C_1x_2+C_2y_2)>0$。

当满足条件$(1-\alpha)C_1+\frac{1}{2}(M_1-M_2)p+\mu M_1p<0$，$(1-\alpha)C_2+\frac{1}{2}(M_2-M_1)p-\mu M_2p<0$，$(1-b)R+k(C_1+C_2)<0$时，均衡点$H_8$(1，1，1)是复制动态系统的唯一稳定点（ESS）。根据表2，满足上述条件①②③时，H_8(1，1，1)为系统的渐进稳定点；并且上述条件只能判断出$(\alpha-1)C_2+\frac{1}{2}(M_2-M_1)p+\mu M_1p>(M_2-M_1)p$，无法判断出特征值实部的正负号，所以无法确定均衡点H_3(0，1，0)、H_4(0，1，1)是否为稳定点，在条件④⑤均满足的情况下，其余均衡点均为不稳定点。

复制动态系统的稳定点（ESS）为均衡点H_8(1，1，1)表明，此时，电商企业通过创新行为和政府资金补贴获得的总收益大于其创新投入的成本，即整体收益大于投入成本。在利益的驱使下，两家电商企业均选择进行创新。政府通过支持电商企业的创新行为而获得的正面效益大于其需要投入的资金成本，为了维护政府的良好声誉和正面形象，政府会对两家电商企业的创新行为给予一定的资金支持。

若满足条件①③，以及条件④ $(\alpha + k - 1)C_2 + \frac{1}{2}(M_2 - M_1)p + \mu M_1 p < 0$，则系统的稳定点（ESS）是均衡点 H_3（0，1，0）、H_4（0，1，1）。当系统稳定点（ESS）是均衡点 H_3（0，1，0）时，电商企业 D_1 因为实施创新策略所取得的利润低于创新成本，即总收益小于投入，从而决定不进行创新。这时，电商企业 D_2 因为在实施创新策略后获得的收入超过创新投入，从而采取创新策略。而政府因为获得的正面收益小于其投入的资金成本，从而决定不介入电商企业的创新过程。当 ESS 点为 H_4（0，1，1）时则意味着，即使在政府的财力保障下，电商企业 D_1 完成创新后的整体收入仍然低于其创新投入，因此 D_1 会选择不开展创新。然而，电商企业 D_2 在政府资金补助的保障下整体收益高于其创新投资，因此电商企业 D_2 会考虑继续创新；同时，政府也会考虑支持电商企业的创新。

四、数值仿真分析

本文将进一步研究博弈模型中参数变化对演化结果的影响，以此验证演化稳定性分析的有效性。本文通过 MATLAB2016b 对电商企业 D_1 和 D_2 及政府三方不同初始状态下的动态演化博弈过程进行动态仿真模拟，并分析讨论各方主体参与的意愿、政府资金补贴、创新成本等因素对演化结果的影响。设定参数的初始值为：$M_1 = 100$，$M_2 = 90$，$C_1 = 80$，$C_2 = 70$，$p = 1$，$\alpha = 0.4$，$k = 0.1$，$\mu = 0.6$，$b = 1.5$，$R = 50$，参数的初始值满足条件①②③。

（一）三方初始参与意愿对演化博弈行为的影响

首先在其他参数不变的情况下，假定博弈三方的初始参与意愿相等，即 $x=y=z$，并分别给 x，y，z 赋值，赋以 $x=y=z=0.3$，$x=y=z=0.5$，$x=y=z=0.9$，博弈三方初始参与意愿同时变化的演化结果如图 2 所示。无论博弈三方的初始参与意愿处于哪一种阶段，x，y 和 z 都收敛于1，最终均衡点趋向于 H_8（1，1，1）。这意味着两家电商企业都将选择采取创新的策略，政府选择参与支持两家电商企业的创新，并给予资金补贴。当 $x=y=z=0.3$ 和 $x=y=z=0.5$ 时，即两家电商企业参与创新的意愿处于中下水平时，z 收敛于 1 的速度快于 x 和 y 的收敛速度，即政府积极参与电商企业的创新过程，同时在政府措施的激励下，电商企业也将加快步伐，积极进行创新。当 x，y，$z=0.9$ 时，即三方最初参与创新意向较高时，z 收敛于 1 的速度变缓慢。当两家电商企业的参与意向较高时，政府的支持力度可以适当减小，电商企业仍会选择创新；当电商企业进行创新的意愿较弱时，政府应该积极支持企业创

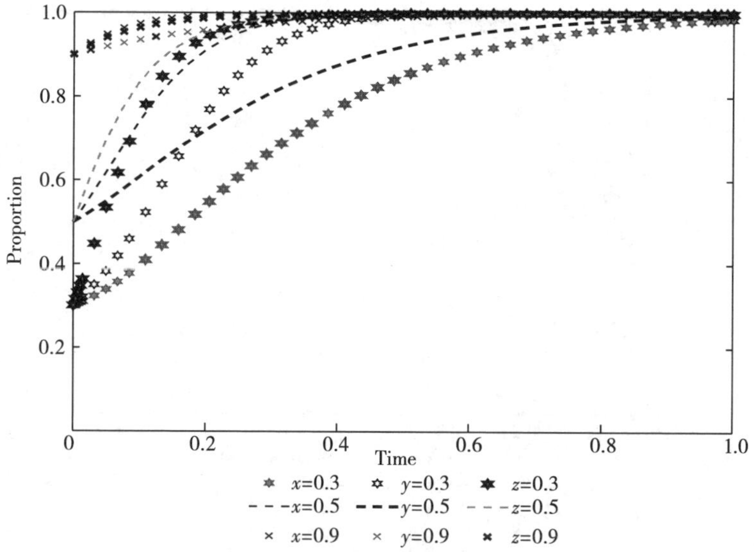

图 2　三方初始参与意愿同时变化的演化结果

新，鼓励企业积极创新、加快创新速度。

（二）政府初始参与意愿对演化博弈行为的影响

其他参数不变，研究政府初始参与意愿对电子商务企业选择创新策略的影响。我们可以对政府的参与意愿 z 进行赋值，赋以 $z=0.1$，$z=0.5$，$z=0.9$，政府参与意愿变化的演化结果如图 3 所示。根据图 3，当两家电商企业参与创新活动的初始参与意向水平处于较低阶段时，x 和 y 均收敛于 1，即两家电商企业均采取策略进行创新。当政府初始参与意向水平 z 不断上升时，x 和 y 收敛于 1 的速度加快。可以发现，y 收敛于 1 的速度快于 x 的收敛速度，推测是因为电商企业 D_2 与 D_1 相比，其消费者群体较小，市场竞争力较弱，所以电商企业 D_2 进行创新的需求更加迫切。仿真结果说明，政府扶持企业创新的意向水平高低会影响两家电商企业创新策略的选择。由图 3 可知，政府初始参与意愿的提升能够加快电商企业进行创新活动的演化速度。当两家电商企业参与创新的初始意愿不变时，电商企业采取创新的意愿会随着政府参与创新的初始

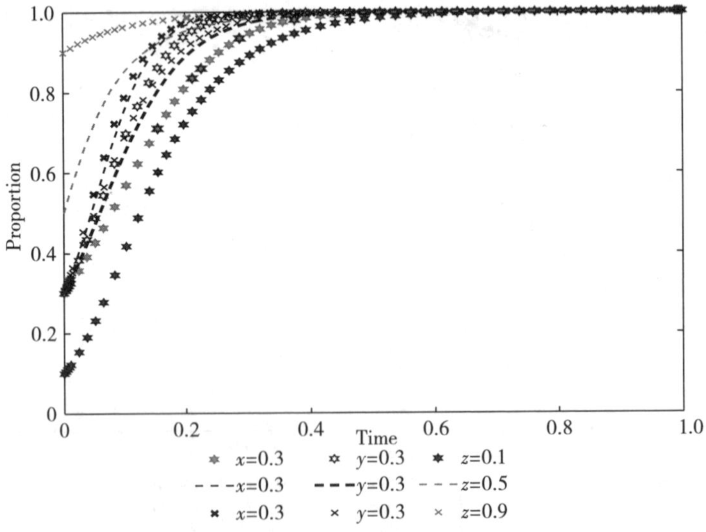

图 3　政府初始参与意愿的影响

意愿的不断增加而增加，即政府积极参与电商企业创新会激发企业的创新意愿和行为，特别是消费者数量较少、市场竞争力较弱的电商企业。因此，政府应该积极参与对电商企业创新行为的支持，鼓励电商企业积极进行创新，从而促进电子商务市场的发展。

（三）政府进行资金补贴对演化博弈行为的影响

政府参与电商企业创新过程的方式和激励措施主要包括特定税率优惠、资金补贴等。本文主要讨论政府的资金补贴对演化结果的影响。在其他参数不变的条件下，设定 $x=y=z=0.3$，并赋值补贴系数 k，赋以 $k=0.1$，$k=0.3$，$k=0.5$，图 4 是政府的资金补贴系数 k 的演化结果，具体如下。当 $k=0.1$ 时，z 收敛于 1，即政府参与意愿较高。这是因为此时政府支持电商企业创新所付出的成本相对较小。在政府给予创新企业资金补贴的情况下，x 和 y 均收敛于 1，即两家电商企业均选择进行创新。当 $k=0.3$ 时，若此时政府帮助电商企业进行创新，则政府所需付出的成本增加，所以其参与创新的意向开始减弱，最后 z 收敛于 0。当 $k=0.5$ 时，此时政府若是支持电商企业创新，付出的成本较高，所以政府参与意愿 z 的下降趋势明显。当 $k=0.5$ 时，z 快速收敛于 0。由仿真结果可知，当 $k=0.3$ 和 $k=0.5$ 时，虽然没有政府的支持，但是电商企业创新的意愿依然强烈，仍会选择进行创新，这是由于选择创新策略后会吸引更多的消费者。在系统演化至稳定点的过程中，政府资金补贴系数 k 的提高能够加快两家电商企业选择创新策略的演化速度，随着资金补贴系数 k 的增加，两家电商企业选择创新策略的动力也随之增加。因此，政府的资金补贴能够激发电商企业创新的活力，激励企业进行创新。

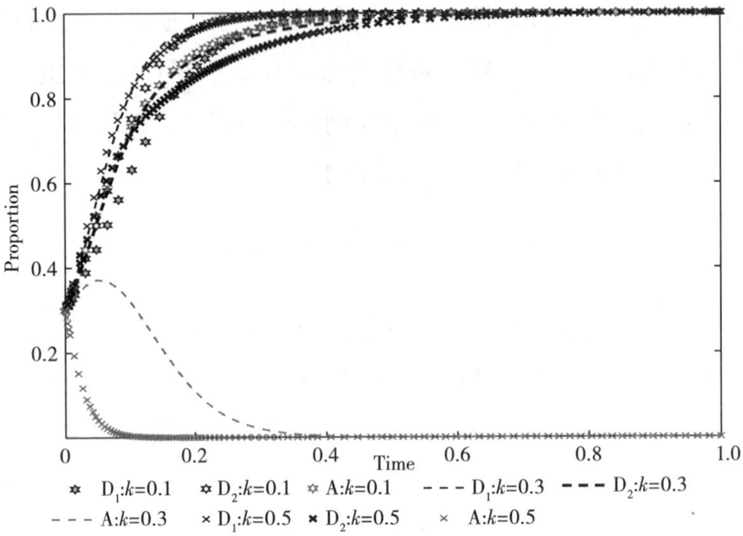

图4　政府资金补贴系数的影响

（四）同向外部效应对演化博弈行为的影响

在本文的假设部分，认为电商企业 D_1 和 D_2 之间存在同向外部效应，且外部效应系数为 μ。换言之，当两家电商企业做出不同的策略选择时，外部效应发挥作用，即一家电商企业选择“采取创新策略”，另一家选择“不采取创新策略”，一方由于采取创新行为会吸引另一方的消费者。现在讨论其他参数不变的情况下，同向外部效应对演化结果的影响。设定 $x=y=z=0.3$，并赋值外部效应系数为 μ，赋以 $\mu=0.2$，$\mu=0.5$，$\mu=0.8$，图5是电商企业 D_1 选择“采取创新策略”，电商企业 D_2 选择“不采取创新策略”时的演化结果。根据图5可知，当外部效应系数 $\mu=0.2$ 时，同向外部效应会对电商企业 D_2 产生影响，尽管电商企业 D_2 在一开始选择“不采取创新策略”，但由于外部效应的影响，以及消费者数量的减少，最终电商企业 D_2 会改变原来的意愿，选择“采取创新决策”，演化结果趋向于（1，1，1）。仿真结果说明，同向外部效应会对电子商务企业创新策略的选择产生巨大影响。μ 值越大，电商企业之间进行创新的外部效应越强。电商企业 D_2 从企业 D_1 吸引的消费者数量会随着电商企业之间外部效应的增强而变多，这将会促使电商企业 D_2 开展创新活动；相反，当 μ 值越小时，电商企业 D_2 从企业 D_1 吸引的消费者数量会随着外部效应的减弱而减少，进而抑制电商企业 D_2 的创新行为。电子商务企业为了吸引新顾客、留住老顾客，为了企业长远的发展，会选择进行创新。

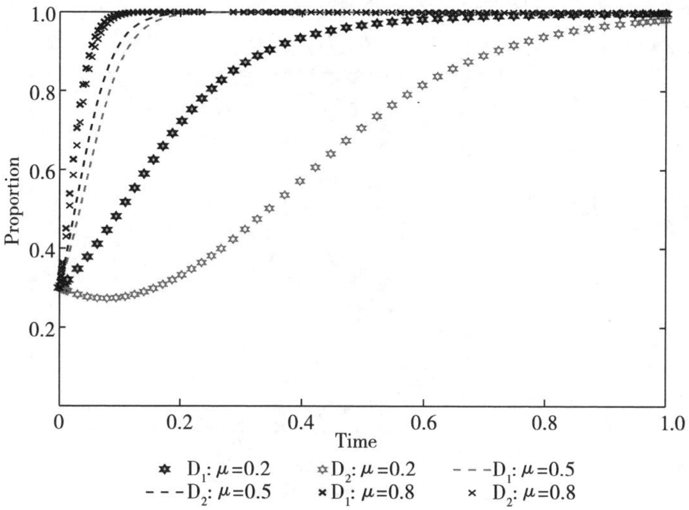

图 5　同向外部效应的影响

（五）声誉提高系数对演化博弈行为的影响

政府选择参与电商企业创新过程的行为不仅会推动电商企业的发展、激发消费市场的活力，还会提高政府的声望和声誉。其他参数不变，设政府的初始参与意愿 $z=0.3$，并赋值 $b=1.2$，$b=1.4$，$b=1.6$，讨论声誉提高系数 b 对政府参与企业创新意愿的影响，演化结果如图 6 所示。由图 6 可知，当 b 值较小时，政府虽然在一开始有意愿参与电商企业的创新过程，但由于参与企业创新的行为对政府声望提高的程度较小、付出的成本较大，政府的参与意愿也开始不断下降，最终收敛于

0。随着 b 值不断增大，z 值收敛于1，即政府愿意参与电商企业的创新过程，且 b 值越大，z 值收敛于1的速度越快。仿真结果表明，参与电商企业创新的行为对提高政府声望的影响程度会影响政府的策略选择，即是否选择参与电商企业的创新过程。b 值越大时，政府参与创新的行为会给政府带来的收益越多，政府参与电商企业创新过程的动力越强；反之，b 值越小时，政府参与创新的行为会给政府带来的收益越少，政府参与电商企业创新过程的动力也越弱。

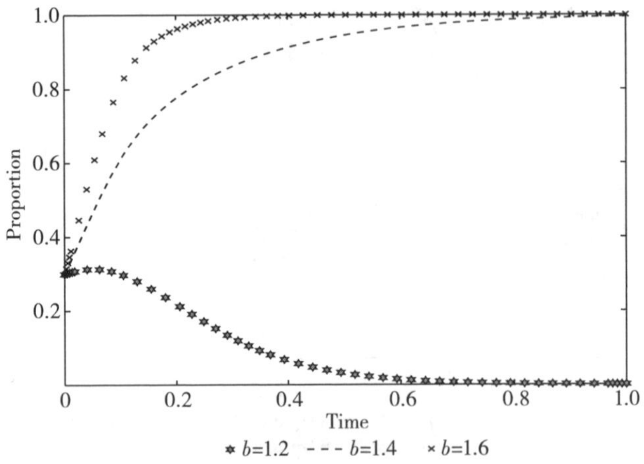

图6　声誉提高系数的影响

（六）创新成本对演化博弈行为的影响

有文献研究表明，创新成本的大小也会影响企业创新策略的选择。本文假设电商企业 D_1 创新时的成本为 C_1，电商企业 D_2 创新时的成本为 C_2，电商企业 D_1 不创新时的成本为 αC_1，电商企业 D_2 不创新时的成本为 αC_2。现讨论当其他参数条件不变时，两家电商企业处于不同决策情况下，创新成本变化对电商企业演化博弈行为的影响。当两家企业选择不同策略时，可以更直观地观察创新成本变化对电商企业创新策略选择的影响。并且，需要改变 α 值，令 $\alpha=0.3$，$\alpha=0.5$，$\alpha=0.8$，电商企

业 D_1选择“采取创新策略”，电商企业 D_2选择“不采取创新策略”时的演化结果如图 7 所示。由图 7 可知，当 α 值较小时，即电商企业所需付出的创新成本较大时，电商企业 D_2仍选择“不采取创新策略”，过高的成本对于消费者数量较少、利润较小的电商企业而言，风险较大，可能最终的收益抵不过成本。随着 α 值变大，即电商企业所需付出的创新成本变小，电商企业 D_2会改变原先的选择，选择“采取创新策略”。这

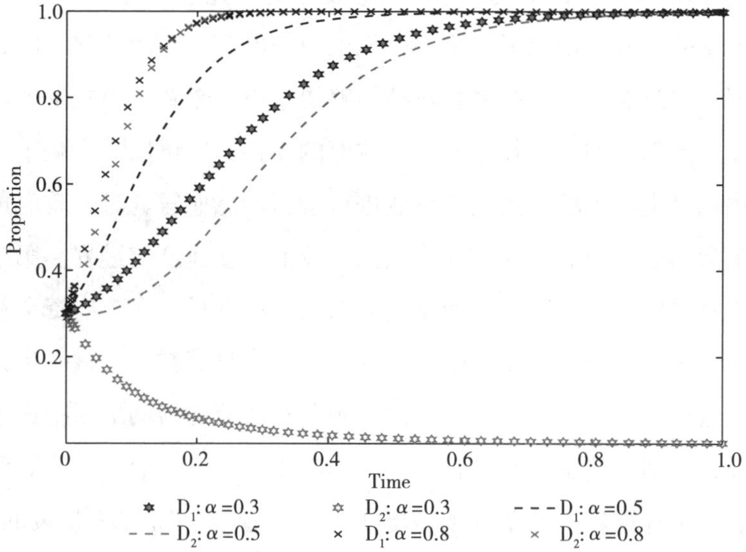

图 7　创新成本的影响

是由于 α 值越大，此时创新成本较低，若电商企业进行创新，则其获得的收益相对较高；若电商企业不进行创新，则其获得的收益相对较低。相反，α 值越小，此时创新成本较高，若电商企业进行创新，则其获得的收益相对较低；若电商企业不进行创新，则其获得的收益相对较高。对于选择“采取创新策略”的电商企业 D_1而言，随着 α 值变大，其收敛于 1 的速度增加，企业会更快地采取措施进行创新。

五、结论与政策建议

本文基于演化博弈理论，从“有限理性”视角出发，构建了两家具有市场关系的电子商务企业及政府支持的三方博弈模型，研究聚焦于政府支持下电商企业创新策略的选择以及各方策略选择的稳定性，并通过 MATLAB 软件分析了模型中各参数变化对演化过程的影响。

本文的研究结论如下。第一，无论两家电商企业的参与意愿处于何种程度，在政府介入后两家企业都能够快速投入创新、积极发展。当电商企业选择创新的意愿较强烈时，政府的支持力度可以适当减小，电商企业仍选择进行创新；当电商企业进行创新的意愿较弱时，政府可以通过政策激励电商企业创新，加快电商企业的创新速度与进程。第二，政府的激励举措会正向影响电商企业创新策略的选择。在政府资金补贴支持下，电子商务企业在创新过程中的融资成本显著减少，进一步减轻了企业运营负担。相较之前，电子商务企业在政策的帮助下回报成本比提高明显，特别是消费者数量较少、规模较小的电商企业。在政府参与度较高、资金补助较多的条件下，电子商务企业能够得益于政策的帮助，比较迅速地采取行动开展创新活动。第三，电商企业创新策略的选择会受到企业之间外部效应的正向影响。电商企业之间的外部效应系数越大，电商企业从竞争者那里吸引的消费者数量就越多，进而推动电商企业的创新行为；反之，外部效应系数越小，电商企业从竞争者那里吸引的消费者数量就越少，从而会限制企业创新活动的开展。第四，声誉提高系数越大，政府由于参与电商企业创新进程而获得的收益就越多，政府越愿意帮助电商企业积极创新。第五，电商企业的创新成本会抑制其创新行为。电商企业创新所需的成本越少，整体利润越多，企业选择采取创新的可能性也越大；电商企业创新所需的成本越多，整体利润就越少，企业选择采取创新的可能性也越小。

诚然，本文在研究政府支持下电子商务企业创新策略的选择时还存在有待改进之处。已有文献研究表明，驱动电商企业采取创新的因素包括物流效率、电商企业的规模、消费者偏好等影响因素。在未来研究中，应将以上因素加入电商企业创新行为的演化博弈过程中，并且利用真实的案例数据进行仿真分析，这样得出的结论更具有说服力。

为了更好地促进电商企业高质量发展，实现企业和政府的收益最大化。基于上述研究结论，本文提出如下对策建议。

一是要从多层次、多角度加大对电商企业创新的政策支持力度，推出系列举措以增强电商企业进行创新的信心和决心。政府在电商企业进行创新的过程中起着举足轻重的作用，政府的积极参与可以促使有创新意愿的电商企业快速采取行动进行创新。当地政府应该坚定支持电商企业创新的决心，鼓励电商企业积极创新，激发企业进行创新的动力和活力。从长远来看，这不仅会为电商企业和政府带来收益和正面影响，还会对经济社会产生深远的利好。

二是要为电商企业创新打造全方位保障体系，提供健康的营商环境和战略生态，最大限度降低电商企业的创新成本、规避创新风险。现实经验表明，创新成本高、失败风险大是制约电商企业进行创新的主要原因，许多电商企业面对创新过程中所需支付的“巨额账单”望而却步。应正视这一问题，积极构建金融保障体系，建立人才培育体系，完善物流配送体系，为电商企业进行创新提供全方位全要素保障。

三是要树立支持创新企业的示范标杆，打造新一代电子商务园区。在实际中，阻碍电商企业进行创新的主要因素之一是缺乏经验、不知从何创新。政府应持续关注电子商务市场的需求和技术水平的变化，引导电商企业进行创新，积极创建新电商示范工程，做到最大限度的“利企”“惠企”。例如，鼓励电商企业在传统的电商模式上迭代升级、鼓励电商企业应用数字化场景，积极建设企业集聚、供应链整合和共富创建等多功能、多业态于一体的新电商园区。

参考文献

[1] 杭州市人民政府办公厅关于促进杭州市新电商高质量发展的若干意见[J]. 杭州市人民政府公报,2022(6):3-6.

[2] 刘华南. 基于消费者行为的电商企业运营模式创新研究[J]. 农村经济与科技,2016,27(8):121-122.

[3] 刘静. 大数据时代背景下电商企业管理模式分析[J]. 商业经济研究,2017(5):99-101.

[4] 洪志生,薛澜,周源. 战略性新兴产业运营模式创新类型及策略研究[J]. 科技进步与对策,2015,32(13):52-58.

[5] 汪旭晖,张其林. 平台型电商企业的温室管理模式研究:基于阿里巴巴集团旗下平台型网络市场的案例[J]. 中国工业经济,2016(11):108-125.

[6] 依绍华. 基于价值链视角的O2O模式价值创新:以美乐乐家居网和钻石小鸟为例[J]. 中国流通经济,2016,30(9):85-91.

[7] 田宇,张戈玲. 电子商务环境下物流企业经营战略分析[J]. 商业经济与管理,2001(9):19-21.

[8] 高蓉. 电子商务环境下企业财务管理对策研究[J]. 商业会计,2014(8):36-39.

[9] ERSUN A, NUR, KARABULUT A, TUBA. Innovation management and marketing in global enterprises[J]. International journal of business and management,2013,53(1):123.

[10] KIM YONGJAE. The effect of process management on different types of innovations: An analytical modeling approach[J]. European journal of operational research, 2017,262(2):771-779.

[11] MIENEKE, KOSTER, BART. Management innovation driving sus-

tainable supply management process studies in exemplar MNES [J]. BRQ Business research quarterly, 2017,20(4):240 - 257.

[12] 戚聿东,肖旭. 数字经济时代的企业管理变革[J]. 管理世界,2020,36(6):135 - 152 + 250.

[13] 尤肃川. 电子商务企业服务创新管理机制研究[D]. 上海:东华大学,2016.

[14] 陈洪玮,张琼,冯星坤. 企业创新驱动因素及其对创新绩效的作用路径研究[J]. 江西社会科学,2017,37(11):222 - 230.

[15] 唐豪. 中小民营企业技术创新面临的问题研究[J]. 现代财经(天津财经大学学报),2006(9):29 - 31 + 37.

[16] 余传鹏,林春培,张振刚,等. 专业化知识搜寻、管理创新与企业绩效:认知评价的调节作用[J]. 管理世界,2020,36(1):146 - 166 + 240.

[17] SU,SOPHIA BAIRD KEVIN. The role of leaders in generating management innovation[J]. International journal of human resource management, 2018,29(19):2758 - 2779.

[18] 包玉泽,谭力文,王璐. 管理创新研究现状评析与未来展望[J]. 外国经济与管理,2013,35(10):43 - 51.

[19] 何桢,韩亚娟,张敏,等. 企业管理创新、整合与精益六西格玛实施研究[J]. 科学学与科学技术管理,2008(2):82 - 85 + 107.

[20] 王铁男,涂云咪. 管理创新能力调节下技术创新能力对企业绩效的影响[J]. 技术经济,2012,31(10):25 - 32.

[21] JI S F, ZHAO D, LUO R J. Evolutionary game analysis on local governments and manufacturers' behavioral strategies: Impact of phasing out subsidies for new energy vehicles[J]. Energy, 2019, 189(C).

[22] 王小鲁,樊纲,刘鹏. 中国经济增长方式转换和增长可持续性[J]. 经济研究,2009,44(1):4 - 16.

[23] 林海芬,苏敬勤. 中国企业管理创新理论研究视角与方法综述[J]. 研究与发展管理,2014,26(2):110 - 119.

[24] 郑春美,李佩. 政府补助与税收优惠对企业创新绩效的影响:基于创业板高新技术企业的实证研究[J]. 科技进步与对策,2015,32(16):83-87.

[25] 陈红,张玉,刘东霞. 政府补助、税收优惠与企业创新绩效:不同生命周期阶段的实证研究[J]. 南开管理评论,2019,22(3):187-200.

[26] 盛晓娟,王哲. 企业技术创新投入的影响因素及创新绩效研究综述[C]// 第九届(2014)中国管理学年会:技术与创新管理、国际商务谈判分会场论文集,2014:113-120.

[27] 朱晴晴. 电商企业创新策略的演化博弈分析:基于计算经济学的仿真研究[J]. 新经济,2022(4):71-78.

[28] 吴松强,孙路,沈馨怡. 政府参与模式下小微企业协同创新行为的演化博弈分析[J]. 江苏社会科学,2015(6):64-70.

[29] 潘峰,西宝,王琳. 基于演化博弈的地方政府环境规制策略分析[J]. 系统工程理论与实践,2015,35(6):1393-1404.

[30] 曹霞,张路蓬. 企业绿色技术创新扩散的演化博弈分析[J]. 中国人口·资源与环境,2015,25(7):68-76.

[31] 戴金平,万志宏. 政府声誉、投机性货币冲击与固定汇率的维持[J]. 世界经济,2000(12):10-18.

[32] DING X H, HUANG, R H. Effects of knowledge spillover on inter-organization resource sharing decision in collaborative knowledge creation[J]. European journal of operational research, 2010, 201(3): 949-959.

数字经济背景下技术创新研究的知识图谱分析[①]

杨夏容

摘要： 数字技术变革直接推动了产业数字化升级和企业技术创新的发展进程，通过对数字经济情境下的技术创新研究进行系统性梳理和分析，有助于深入把握技术创新领域的研究主题、演进路径与前沿热点。本文以2010—2022年数字经济背景下技术创新领域的国内外文献为研究对象，运用科学知识图谱方法和文献计量分析法，借助CiteSpace软件对来源于中国知网（CNKI）数据库和Web of Science（WOS）数据库的542篇中英文代表性文献进行多维度的科学计量分析。首先，通过对比分析国内外文献的年度发文量、研究者合作状况、研究机构和文献共被引情况，掌握数字经济和技术创新领域的研究现状与分布；其次，通过关键词共现图谱和关键词聚类图谱分析领域研究热点，在此基础上，进一步通过聚类时间趋势图和关键词突现图，系统性梳理分析该领域的研究主题及演化脉络，以揭示数字经济时代技术创新研究的现状与演变，推动该领域研究的进一步发展。

---

① 本文由贺毅岳老师指导完成。贺毅岳，西北大学经济管理学院副教授，硕士研究生导师，研究方向：金融风险管理与人工智能建模。基金项目：陕西省社会科学基金项目“知识图谱视角下陕西省金融风险大数据监测预警研究”（项目编号：2021D067）。

关键词：技术创新；数字经济；知识图谱；CiteSpace；文献计量

作者简介：杨夏容（1996— ），山西临汾人，西北大学经济管理学院 2020 级技术经济及管理专业硕士研究生。

一、引言

近年来，以大数据、AI、移动互联网、云计算和物联网等为代表的新兴技术在国内外掀起了一股数字化浪潮，推动了数字经济的发展。在我国，数字经济最早出现于 2016 年 G20 杭州峰会上，会议通过的《二十国集团数字经济发展与合作倡议》对其概念做出了明确界定：数字经济是以数字化的知识和信息作为关键生产要素，以现代信息网络为主要载体，通过利用信息通信技术促进效率提升和优化经济结构的一系列经济活动。从数字经济的定义可以看出，数据是数字经济最基本且最重要的生产要素，但数字经济并不是仅包含单独的数据产业，还包括数据产业与现有产业的融合发展创造的新产品、新模式和新业态。自提出以来，“数字经济”一词便不断地出现在我国政府的工作报告中，从最早的促进数字经济成长到现在的构建“数字中国”，都是为了推动经济社会向数字化转型。《中国数字经济发展白皮书（2022）》显示，2021 年我国数字经济发展取得了新突破，数字经济规模达到 45.5 万亿元，同比名义增长 16.2%，占 GDP 的比重高达 39.8%，数字经济正在成为国民经济的重要组成部分。

在数字经济时代，新的技术范式推动了创新模式演变发展，以 AI 和数字技术为主要特征的数字化转型，促进了创新内涵、边界和形式的不断演化。伴随着经济转型，我国的技术创新范式先后经历了模仿创新、线式合作创新到网络式发展再到开放式创新、协同创新的阶段。当今时代及环境的变化对技术创新提出了新要求，技术创新作用在复杂系统中的机理、路径与范式日益多元化，关于技术创新的理论研究持续深化拓展，并且在与社会实践发展的碰撞中衍生出新的内涵、演化出新的方法。数字经济背景下的技术创新代表着多元化的、与主体相互联系、相互作用的新型技术创新模式，多元化代表着多元创新主体，其创新过程不同于以往单纯的新技术创造和产业化应用，还包括新技术的资源配置方式、生产组织方式和制度安排的变革等。尽管关于技术创新的研究已经有了丰富的积累，但是在数字经济新情境下技术创新的动态复杂性使学界对于技术创新的研究落后于实践领域。与此同时，虽然目前已经出现了一些关于技术创新研究的总结性文献综述和计量分析，但是通过对数字经济背景下的技术创新研究进行深入系统梳理，发现动态追踪技术创新领域理论演进和应用的文献相对较少，在数字经济新背景下需要更全面、更细致、更深入地探讨国内与国外技术创新领域的新问题。

鉴于此，为了探究数字经济背景下技术创新的研究现状、演进路径以及前沿热点，并为以后的技术创新研究提供参考，本文运用CiteSpace软件对国内外数字经济与技术创新相关的文献进行了统计和分析。通过对比分析该领域国内外研究的发文量、作者、研究机构和文献共被引情况以及研究热点的演化发展，发现国内现有研究的不足之处并提出建议，同时也对数字经济情境下我国技术创新未来的重要研究方向进行了展望，以期促进国内学者未来开展新情境下的技术创新研究，推动各领域各行业数字转型技术创新实践的发展。

二、研究设计与数据来源

（一）研究方法与研究工具

文献计量方法是从定量分析角度展示某一领域的研究范式与发展趋势，目前已被广泛地应用于研究概况描述和学科发展分析方面。随着信息技术的不断发展，各类数据呈现规模式增长，知识图谱的出现构建了全新的知识服务模式，同时也为学科综述研究领域提供了一种新型的分析方法。知识图谱由 Google 公司于 2012 年正式提出，是用可视化技术手段描述知识资源及其载体，挖掘、构建、显示和分析它们之间的联系，本质是一种揭示实体之间关系的语义网络。

CiteSpace 软件是由陈超美教授研发的一种知识图谱绘制工具，主要用于文献计量的可视化分析，可以针对文献中的作者、机构、国家以及关键词等重要信息生成知识图谱。图谱以节点和边作为基本元素，通过图形的形式直观地呈现出节点彼此之间的联系，节点的大小和连线的粗细分别代表着节点与关系的重要程度。本研究采用 CiteSpace 5. 8. R3 版本软件对数字经济背景下的技术创新研究进行多类型的可视化知识图谱绘制，通过文献基本情况分析以及基于关键词的共现图谱、聚类图谱、聚类时间趋势图和突现时间线分析，可以对该领域的核心研究者和研究机构、研究热点、研究的演进历程以及前沿趋势有更深入的了解。

（二）数据来源

本研究聚焦于数字经济背景下的技术创新研究领域，以技术创新研究文献为对象，结合数字经济时代背景，选取国内外核心期刊中的关键性文献进行分析。为了保证研究文献的质量以及研究结果的有效性和可靠性，本文选择 CNKI 和 WOS 数据库分别作为国内外期刊文献的数据检索平台，以 CSSCI 数据库和核心期刊数据库作为国内文献的数据来源，并以 WOS 核心合集中的社会科学引文索引（SSCI）及 SCI - Expanded 作为国外期刊的数据来源。国内外文献的检索时间跨度设置为 2010—2022 年，数据收集截止时间为 2022 年 5 月 31 日。

在进行技术创新相关领域中文文献检索时，以“技术创新”为主题词，考虑到数字经济这一背景的渗透体现在技术创新相关研究中，同时为了保证文献检索的全面性，将“数字经济”、“数字化”、“数字化转型”、“数字化技术”、“数字化时代”、“数字战略”和“数字转型”作为主题词，在数据库中构建检索表达式：SU =（“数字经济”+“数字化”+“数字化转型”+“数字化技术”+“数字化时代”+“数字战略”+“数字转型”）×“技术创新”，进行主题检索，得到236篇核心期刊和CSSCI期刊文献。为了提升样本的相关性与有效性，去除书籍介绍、报刊、会议文献等非学术类论文，以及作者信息不全和相关性低的文献，最终得到中文有效文献201篇。

在英文文献的选取方面，同样运用主题检索方式，构建如下检索语句：TS =（“technological innovation”）And TS =（“digital economy” OR “digitalization” OR “digital transformation” OR “digital technology” OR “digital age” OR “digital strategy” OR “digital”），文献类型和语言分别选择“Article”和“English”，最终得到SSCI、SCI - Expanded期刊文献341篇。

三、文献基本情况分析

（一）年度发文量分析

年度发文量以定量描述的形式，在一定程度上可以反映某领域研究的发展水平和演化历程。本节对比了国内外关于数字经济与技术创新研究的年度发文量基本趋势（见图1），初步分析该研究在国内外的发展状况。总体来看，目前国内外数字经济背景下的技术创新相关研究持续推进，在不同研究阶段呈现出了差异化特征。在前期的研究阶段，国内外相关研究一直在稳定积累，后期“数字经济×技术创新”的研究文献数量逐年攀升，呈现快速增加的态势，直到近两年相关文献数量急剧增加。2010—2022年，国外期刊年度发表数量均高于国内水平。随着“大智移云物链”等新兴技术的不断发展，数字经济时代技术创新模式变革引起了国内外学术界的新关注，研究成果不断增加，但是国内研究整体上相对滞后。

就国外文献而言，2018 年以前关于数字经济与技术创新的研究较少，2018 年之后文献发表数量得到了显著增加，2021 年的发文量达到了 121 篇。国内的相关研究在 2010—2014 年每年只有 1 篇的发文量，2015—2019 年发文数量均保持在 5 篇至 10 篇的水平，2019—2022 年发文量进入快速上升阶段，其中 2021 年的国内相关研究文献达到了 75 篇。近四年以来，数字化不断深入到各个领域的核心业务流程中，目前新情境下技术创新的相关研究已经在国内外成为广受关注的领域，2019 年至今相关研究仍保持热度，并呈现不断增加的趋势。

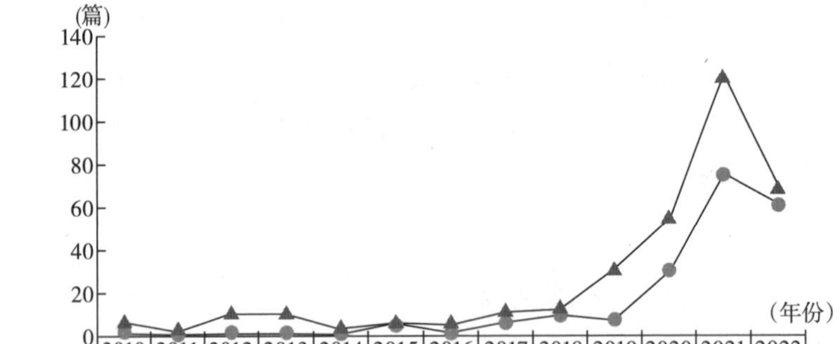

	2010	2011	2012	2013	2014	2015	2016	2017	2018	2019	2020	2021	2022
CNKI	1	1	1	1	1	5	2	6	10	7	30	75	60
WOS	7	2	11	11	3	6	5	11	12	31	55	121	69

图 1　2010—2022 年国内外年度发文量趋势对比

（二）发文机构分析

利用 CiteSpace 对国内外研究机构数据进行运算处理，可以直观地挖掘出数字经济时代技术创新研究领域科研成果较为显著的研究机构。表 1 展示了发文量大于 1 的国内排名前 9 的研究机构，其中，发文量最多的科研机构是北京师范大学经济与工商管理学院，为 4 篇。整体上来看，国内的主要研究机构中高校机构占大多数，并且高校类研究机构的科研成果大多产出于经济管理学院，非高校类研究机构中，中国社会科学院财经战略研究院和中国社会科学院工业经济研究所的发文量最大，各发表了3篇论文。同时还发现，国内研究该领域的机构之间没有显著的合作关系。

表1　国内主要研究机构及发文量　　　　单位：篇

排名	发文机构	发文量
1	北京师范大学经济与工商管理学院	4
2	中国社会科学院财经战略研究院	3
3	中国社会科学院工业经济研究所	3
4	江苏科技大学人文社科学院	2
5	中国工程院	2
6	南京邮电大学经济学院	2
7	南开大学经济与社会发展研究院	2
8	华中科技大学经济学院	2
9	哈尔滨工程大学经济管理学院	2

图2是国外发文机构的共现图谱，从图中可以看出，剑桥大学（Univ Cambridge）的节点最大，其发文数量最多，为6篇，并且其与多个研究机构保持合作关系，它们共同构成了该研究领域最大的合作类团。其次，柏林研究所（Berlin Inst Hlth）和长安大学（Changan Univ）

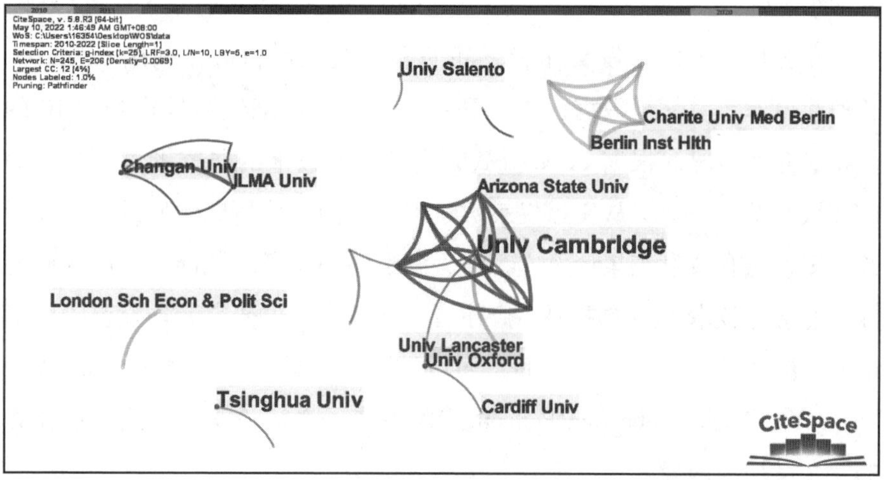

图2　国外研究机构共现图谱

也与其他多个机构之间有合作关系，分别构成了共现图谱中的第二、第三大合作团体。此外，清华大学（Tsinghua Univ）发表了 4 篇该领域研究的英文文献。总体来看，国外研究机构之间的合作关系要多于国内研究机构。

（三）研究者合作网络分析

利用 CiteSpace 软件对国内外文献作者信息构建图谱，如图 3、图 4 所示，可以直观地呈现出数字经济背景下技术创新领域的主要研究者及其之间的合作关系。从图 3 可以看出，在数字经济与技术创新研究领域，国内最大的研究团队由薛晓霞、张穹、曾雄、寇宗来、蒋传海、陈青祝、刘雅婧、孙康勇、应珊珊和党誉珲 10 人组成；其次是王宇、郭炳南和张浩 3 人组成的研究团队；其余研究者较为零散，除了少数的双人合作之外，大多数研究者为独立创作。在图 4 中，国外研究者 Greg Newman 等构成了一个庞大的合作类团，其余研究者之间的合作以 2 人居多。总体来看，国内外研究人员之间的团队合作关系较少，更多的是师生间的合作或是学者进行独立研究，研究人员之间的交流合作还有待进一步加强。

在分析了国内外发文作者之间的合作关系后，可以利用 CiteSpace 软件获得作者发文量数据，表 2 展示了国内外文献发文量排名前 10 的主要研究者情况。根据 Price 公式，发表 3 篇以上的研究者可以界定为该领域的核心作者。从文献发表数量来看，国内该研究领域的高产作者并不多，只有戚聿东累计发文 5 篇，满足核心作者的条件，是国内研究数字经济与技术创新的重要高产作者，而其余 9 位研究者均发表了两篇论文。国外作者中，Robin Mansell 的发文量最大，为 4 篇，其次是 Zhang Yu 和 Akirasebastian Poncette，均发表了 3 篇论文，其余 7 位作者的发文量均为两篇。

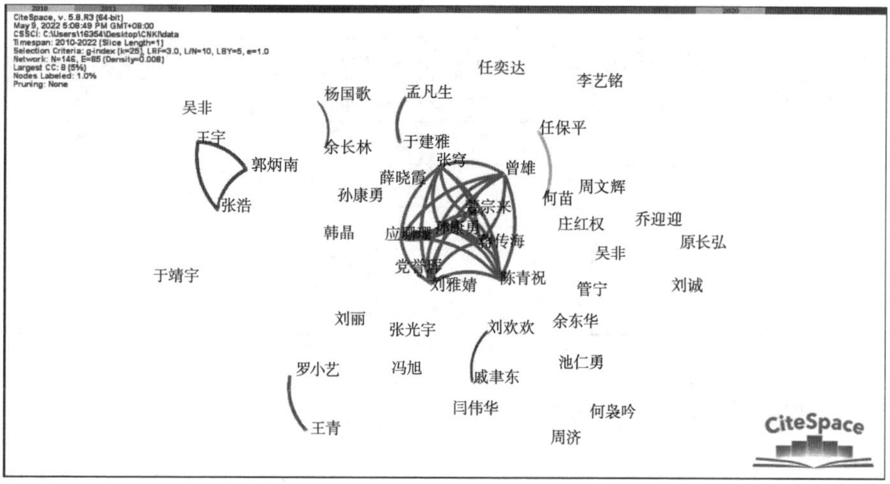

图3　国内文献发文作者合作网络图谱

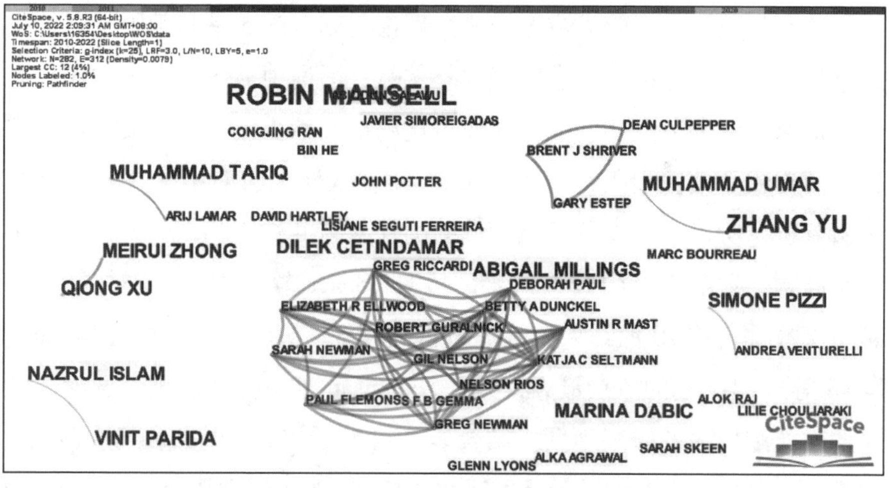

图4　国外文献发文作者合作网络图谱

表2　国内外文献发文量 Top10 研究人员　　单位：篇

国内作者	发文量	国外作者	发文量
戚聿东	5	Robin Mansell	4
周济	2	Zhang Yu	3
何枭吟	2	Akirasebastian Poncette	3
余东华	2	Silke Roth	2

续表

国内作者	发文量	国外作者	发文量
孟凡生	2	Dilek Cetindamar	2
任保平	2	Nazrul Islam	2
姚战琪	2	Muhammad Tariq	2
吴非	2	Felix Balzer	2
杨国歌	2	Qiong Xu	2
张浩	2	Vinit Parida	2

（四）文献共被引分析

文献共被引是测度文献间关系程度的一种研究方法，可以通过绘制共被引文献知识图谱来分析某一领域内的高频被引文献，这些文献通常质量较高，是该领域较为成熟的研究理论基础。图 5 是基于国外共被引文献生成的知识图谱，节点代表国外文献，图谱中显示了文献的作者和年份信息，两个节点之间的连线代表这两篇文献被同一篇论文引用，它们之间构成了共被引关系。因为 CiteSpace 软件无法对中文文献进行共被引分析，所以本节仅分析该领域的国外文献共被引情况。为了进一步了解高频共被引文献的详细信息，从 CiteSpace 软件中导出国外文献共被引次数排名前 10 的结果，整理后得到表 3。从图 5 中可以看出 Nambisan 等（2017）的节点最大，并且 Nambisan 这一作者出现了两次，但是两次文献发表的时间不同。结合表 5 可以看出，Nambisan 于 2017 年发表的《数字创新管理：在数字世界中重塑创新管理研究》共被引 10 次，排名第 1；Vial 在 2019 年发表的《了解数字化转型：一个回顾和研究议程》共被引 9 次，排名第 2；在前 10 个共被引高频文献中，Nambisan 拥有 2 篇。

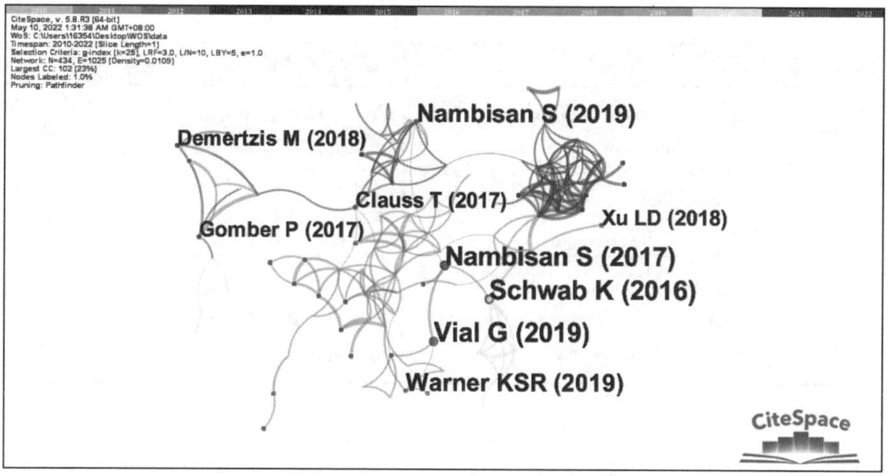

图5　国外共被引文献分布知识图谱

表3　2017—2020年国外高频共被引文献　　单位：次

第一作者	题目	中文题目	共被引频次	年份
Nambisan	Digital Innovation Management: Reinventing Innovation Management Research in a Digital World	数字创新管理：在数字世界中重塑创新管理研究	10	2017
Vial	Understanding Digital Transformation: A Review and a Research Agenda	了解数字化转型：一个回顾和研究议程	9	2019
Nambisan	The Digital Transformation of Innovation and Entrepreneurship: Progress, Challenges and Key Themes	创新创业的数字化转型：进步、挑战和关键主题	8	2019
Warner	Building Dynamic Capabilities for Digital Transformation: An Ongoing Process of Strategic Renewal	数字化转型的动态能力：一个持续的战略更新过程	7	2019
Clauss	Measuring Business Model Innovation: Conceptualization, Scale Development, and Proof of Performance	商业模式创新的衡量：概念化、规模开发和性能证明	5	2017
Lange	Digitalization and Energy Consumption: Does ICT Reduce Energy Demand?	数字化和能源消耗：ICT是否降低了能源需求?	5	2020
Xu	Industry 4.0: State of the Art and Future Trends	工业4.0：最新的状态和未来的趋势	5	2018

续表

第一作者	题目	中文题目	共被引频次	年份
Demertzis	Capital Markets Union and the Fintech Opportunity	资本市场联盟与金融科技机会	5	2018
Teece DJ	Business Models and Dynamic Capabilities	商业模式与动态能力	4	2018
Helfat CE	Dynamic and Integrative Capabilities for Profiting from Innovation in Digital Platform – based Ecosystems	从基于数字平台的生态系统创新中获利的动态整合能力	4	2018

四、研究热点及演进脉络分析

关键词是对论文研究主题的凝练，高度概括了文章的主要研究内容和关注点，因此经常作为一项重要指标用以衡量分析某一学术领域的研究热点。通过对数字经济和技术创新领域的国内外相关文献进行关键词的分析，有助于进一步把握该领域的主要研究内容、研究主题及其演化历程。本节首先基于关键词共现技术构建研究热点知识图谱进行高频关键词的分析；其次对关键词进行聚类分析挖掘该领域的主要研究主题；再次进一步分析各关键词随时间线的发展情况，从时间维度和聚类维度把握不同研究热点的演进脉络；最后对关键词进行突现分析，根据热点词汇涌现时间段分析该领域研究的演化路径和发展趋势。

（一）基于关键词共现图谱的研究热点分析

研究热点是某一领域受到大多数学者关注的新理论、新主题和新趋势，使用关键词共现分析可以将研究热点具体化。关键词共现分析法由Callon 等于 1986 年提出，通过对关键词的共现频次进行统计展示不同关键词在同一篇论文中出现的情况，发展到现在已经成为文献计量分析中一种较为成熟的重要方法，有助于探索学科研究的知识结构并反映研究热点。

本文利用关键词共现技术分别对201篇中文文献和341篇英文文献的关键词进行了提取，生成的国内外研究热点图谱如图6、图7所示。其中每个节点代表一个关键词，节点越大表示该关键词出现的次数越多，在一定程度上代表了该领域的研究热点，节点外圈颜色深浅不同的圆环代表关键词出现的年份变化；节点之间的连线代表关键词之间共现，连线的粗细代表关键词之间的共现次数，连线越粗代表两个关键词之间的联系越密切。图6的国内文献关键词共现图谱由190个节点和274条边组成，从图6结果来看，国内研究中“数字经济”的节点最大，“技术创新”次之，它们与“数字技术”、“数字化”和“制造业”等节点较大的热点词联系紧密。图7的国外文献关键词共现图谱则包含294个节点和715条边，图中显示创新（innovation）和技术（technology）节点较大，是国外研究的热点关键词汇。

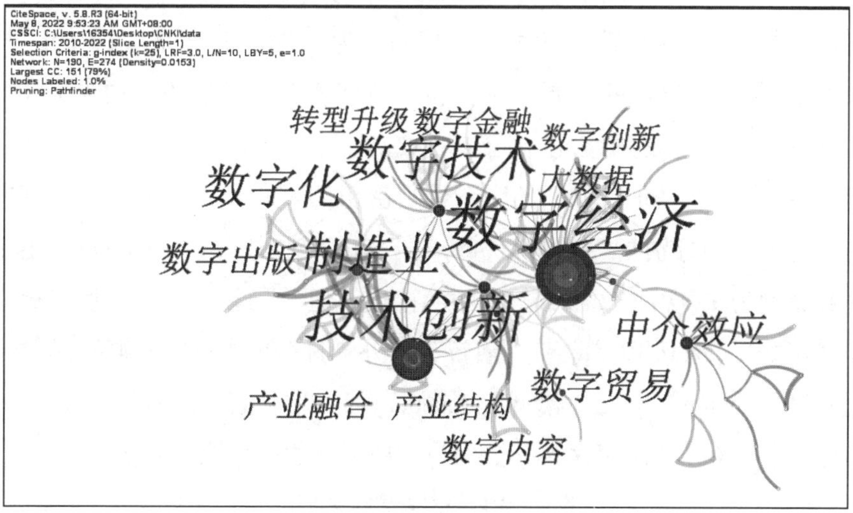

图6　国内文献关键词共现图谱

关键词中心度是刻画关键词中介作用和影响程度的重要指标，中心度越高的关键词与其他关键词之间的连线越多。关键词共现知识图谱以可视化的方式呈现了数字经济和技术创新领域的研究热点，同时

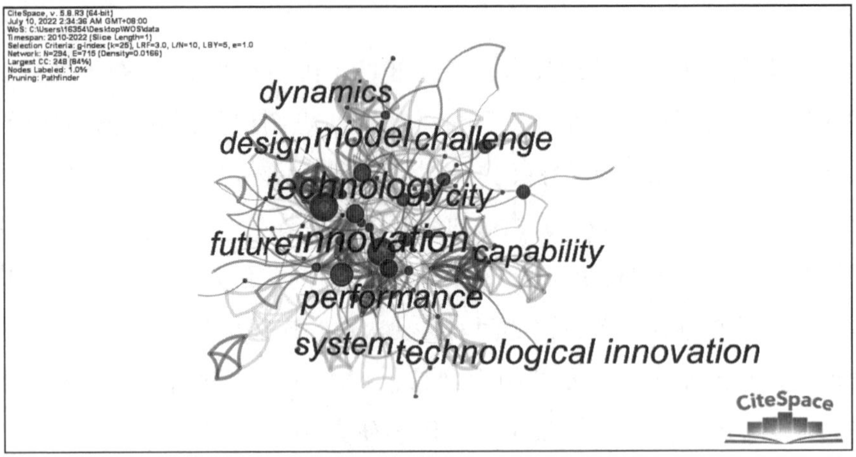

图 7　国外文献关键词共现图谱

CiteSpace 软件也支持运算关键词出现的频次和中心度，为进一步分析研究领域的研究热点，提取出国内外文献频次排名前 10 的关键词，结果如表 4 所示。从表中可以看出，国内文献中心度大于 0.1 的关键词有 6 个，其中“数字经济”的中心度最高，为 0.84，其次是 0.52 的“技术创新”，紧随其后的“制造业”和“数字技术”虽然频次均为 13 次，但“数字技术”的中心度高于“制造业”，说明相比于“制造业”，“数字技术”与其他关键词的联系更为密切。国外研究文献中出现频次最高的关键词分别是“影响”（impact）和“创新”（innovation），出现次数分别为 33 次和 32 次，虽然频次接近，但“创新”的中心度显著大于“影响”，为 0.19。除了“创新”以外，排名前 10 的高频关键词中，“技术”（technology）、“模型”（model）和“挑战”（challenge）的中心度均大于 0.1，说明这些关键词与其他节点之间的联系较为密切。

表 4　国内外文献高频关键词

排名	国内文献			国外文献		
	关键词	频次/次	中心度	关键词	频次/次	中心度
1	数字经济	95	0.84	Impact	33	0.06
2	技术创新	44	0.52	Innovation	32	0.19

续表

排名	国内文献			国外文献		
	关键词	频次/次	中心度	关键词	频次/次	中心度
3	制造业	13	0.19	Technology	27	0.23
4	数字技术	13	0.24	Performance	25	0.10
5	数字化	11	0.14	System	21	0.10
6	中介效应	9	0.23	Model	20	0.16
7	产业结构	5	0.02	Management	20	0.06
8	数字贸易	5	0.05	Knowledge	19	0.01
9	大数据	4	0	Challenge	15	0.11
10	产业融合	4	0.05	Internet	15	0.07

通过上述分析发现，国内数字经济背景下技术创新研究主要围绕“制造业”、“数字技术”、“数字化”、“中介效应”、“产业结构”、“数字贸易”和“产业融合”等热点关键词展开。其中，“数字化”、“产业结构”和“产业融合”等均属于宏观层面或中观层面的研究，除此之外，国内研究聚焦于制造业行业并且重点关注中介效应的影响。而国外研究则重点关注创新（innovation）、技术（technology）、制度（system）、知识（knowledge）和互联网（internet）等方面的研究。

（二）基于关键词聚类图谱的研究主题分析

通过关键词共现图谱和高频关键词列表分析关键词的频数与中介中心性后，本节利用关键词聚类分析方法探寻我国数字经济和技术创新领域的研究主题。关键词聚类分析是在上文关键词共现的基础上，按照关键词的属性进行聚类并获取聚类标签。聚类模块值（Modularity Q）和平均轮廓值（Silhouette S）是关键词聚类分析结果的衡量指标，通常认为，模块值大于0.3，平均轮廓值大于0.7时聚类结果具有可靠性。在进行中文文献关键词聚类分析时，选择LLR聚类方法，一共生成了27个聚类簇，过滤掉类团成员小于10的聚类，利用CiteSpace软件绘制的图谱中只显示了前8个大的类别（见图8）。从图8可以看出，国内研究的八大块热点主题分别是“#0 数字经济”、“#1 技术创新”、“#2 制造业”、“#3 数字技术”、“#4 绿色发展”、“#5 数字化”、“#6 数字内容”和“#7 智能时代”，其中聚类的排序体现了该研究主题的热门程度。图谱 Modularity Q = 0.7407，Silhouette S = 0.9623，均显著高于标准值要求，表明聚类结果具有较高的可信度和说服力。图 9 是国外文献关键词聚类图谱，Modularity Q = 0.7111，Silhouette S = 0.8644，一共得到 5 个有效聚类，它们分别是“#0 技术创新”（technological innovation）、“#1 数字化转型”（digital transformation）、“#2 通用技术”（general – purpose technology）、“#3 专利分析”（patent analysis）和“#4 组织学习”（organizational learning）。

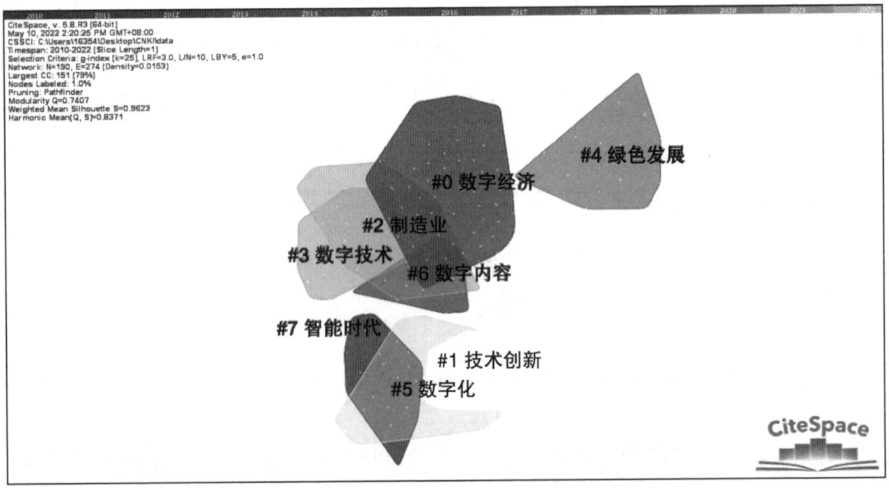

图 8　国内文献关键词聚类图谱

本文结合国内外文献关键词聚类的结果，将现有数字经济背景下技术创新领域的研究主题总结为以下三个方向。

（1）基于智能化发展的技术创新研究。

以 AI 和大数据应用为主要特征的智能化发展改变了技术创新范式，这一研究主题主要围绕智能化发展对技术创新影响的机制、路径与作用效果展开。具体而言，包括“#1 技术创新”、“#5 数字化”和

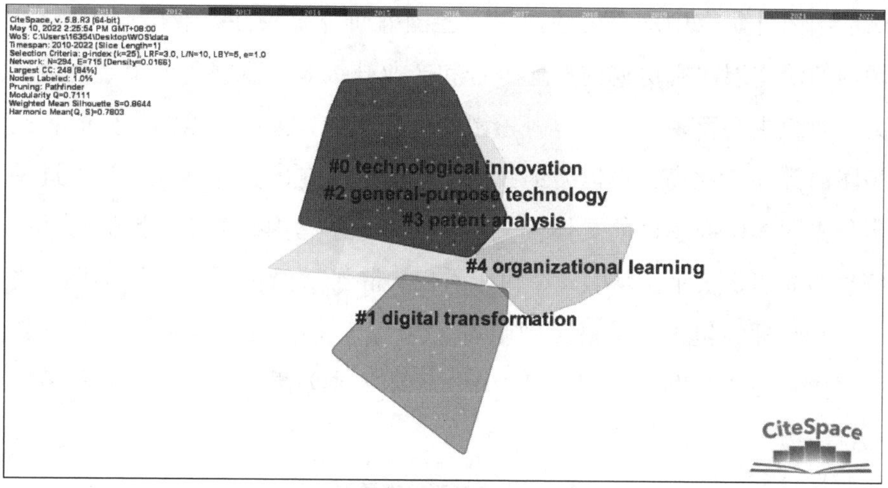

图 9　国外文献关键词聚类图谱

“#7 智能时代” 等中文文献关键词聚类，以及 technological innovation 和 general - purpose technology 等英文文献关键词类团。

（2）数字经济下的绿色创新发展研究。

绿色发展已经成为国内外经济发展的一个重要趋势，我国将发展绿色产业作为推动发展模式转变和经济结构调整的重要举措，数字经济下的技术创新应符合绿色发展要求。这一研究主题具体包括 “#0 数字经济” 和 “#4 绿色发展” 等中文文献关键词类团，以及 digital transformation 和 patent analysis 等英文关键词聚类。

（3）基于数字技术的制造业技术创新研究。

数字技术的进步不仅促进数字经济不断发展，同时也为制造企业的技术创新提供了有力支撑。该研究主题主要对制造业依托数字技术创新理论与实践进行研究，与技术创新主要作用对象和技术升级发展阶段相吻合。具体而言，包括 “#2 制造业”、“#3 数字技术” 和 “#6 数字内容” 等中文关键词类团，以及 organizational learning 等英文文献关键词聚类。

同时，通过对比国内外研究的聚类结果，可以看出技术创新在该领域的国内外研究中均是关注热点，但国外研究更关注企业层面的研究，国内的研究层次则更偏向产业融合和产业升级等宏观视角或中观视角。

研究主题反映了一个学科领域的研究重点，关键词聚类得到的各大类团内部同质性高，可以帮助我们了解研究主题的分布情况。为了进一步分析国内研究主题的具体含义，本文整理了国内研究8个聚类的详细信息，如表5所示。从表5中可以看出，除了“智能时代”聚类标签之外，其余标签包含的关键词数量都大于等于10。并且，形成的8个聚类模块单独的Silhouette S大于0.9，说明聚类效果比较可靠，具有一定的说服力。

表5　国内文献关键词聚类

序号	聚类名称	关键词数量/个	Silhouette S	所含关键词列举（LLR算法结果）
#0	数字经济	42	0.956	数字经济、数字技术、制造业、技术创新、乡村振兴
#1	技术创新	25	0.999	技术创新、数字出版、数字经济、智慧企业、中国制造业
#2	制造业	18	0.953	制造业、智能制造、影响因素、区块链、信息技术
#3	数字技术	18	0.957	数字技术、创新、碳中和、应用场景、文化产业
#4	绿色发展	17	0.990	绿色发展、中介效应、内在机制、创新效率、双重差分法
#5	数字化	16	0.906	数字化、文化科技、转型升级、产业生态、内容创新
#6	数字内容	10	0.955	数字内容、数字贸易、亚马逊、全国性报纸
#7	智能时代	5	0.985	智能时代、文化产品、文化产业创新、5G技术、产业融合

结合上述研究结果以及对该领域的了解，根据聚类标签类型及其包含的关键词内容深入理解该领域的研究重点，按照整体研究、研究层次和研究对象对国内文献生成的8个聚类进行分析与阐述。

（1）整体研究。

整体研究主要包括：聚类#0 数字经济、聚类#4 绿色发展、聚类#7 智能时代和聚类#5 数字化，这些研究主题均是从较为宏观的层面探寻数字经济对技术创新的影响。其中，数字经济相关的研究内容包括“数字技术”、“制造业”、“技术创新”和“乡村振兴”等；与绿色发展相关的研究关键词则包括“中介效应”、“内在机制”、“创新效率”和“双重差分法”等。

（2）研究层次。

研究层次聚类群主要包括技术创新和数字技术，其核心内容主要是围绕数字化驱动下的技术创新发展和数字化转型展开的。其中，与技术创新相关的关键词包括“数字出版”、“数字经济”、“智慧企业”和“中国制造业”等，数字技术的相关研究关键词则包括“创新”、“碳中和”以及“文化产业”等。

（3）研究对象。

从研究对象来看，现有文献更多地关注制造业行业和数字内容。数字技术是制造企业实现技术创新和高质量发展的驱动力。因此，在数字化背景下对制造企业的技术创新进行研究具有重要意义。

（三）关键词聚类时间趋势分析

双关键词进行聚类分析，了解数字经济背景下技术创新领域研究主题相互联系的情况后，为了更进一步系统地分析国内各研究主题的演进脉络，本节利用生成的国内文献关键词聚类时间线图来挖掘每个研究热点随着时间变化的发展情况，如图 10 所示。聚类时间线图的横轴是各个研究热点涌现和发展的时间线，纵轴是聚类模块，每个节点代表一个研究热点，连线表示不同研究热点之间的联系。从图 10 可以看出，“#0 数字经济”是最为持续关注的话题；“#1 技术创新”和“#2 制造业”在 2015 年前后关注度提高，2019 年以后关注度降低；“#3 数字技术”

则在 2013 年以后出现，前期关注度较低，相关研究集中在较短的 2019—2021 年；“#5 数字化”前期的关注度较高，2018 年以后关注度降低，2021 年以后相关研究逐渐消失；“#6 数字内容”和“#7 智能时代”出现的时间在 2016 年以后，但并没有得到国内学者的持续性关注；“#4 绿色发展”是近两年涌现的、关注度较高的话题，也是未来该领域研究的方向。

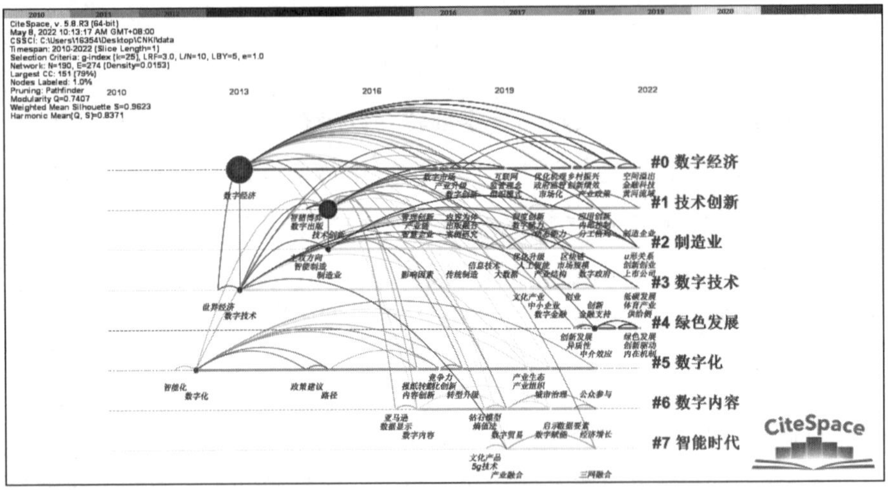

图 10　国内文献关键词聚类时间趋势

（四）基于关键词突现的演进路径分析

关键词突现是指某一学科研究领域在一段时间内突然涌现出来的、受到众多研究者关注的热点关键词汇，在一定程度上反映了该领域内研究热度的积聚，并从时间维度上揭示了各个研究热点的兴起、发展和衰落过程。本文利用 CiteSpace 软件对国内外文献进行突现词分析，得到关键词突现图，图中的横轴和纵轴分别表示时间线和按出现年份排列的关键词。

1. 国内研究演进路径分析

图 11 展示了国内文献的关键词突现情况，共出现了 11 个关键词，

分别是“数字化”、“数字出版”、“智能制造”、“路径”、“技术创新”、“影响因素”、“数字内容”、“大数据”、“数字贸易”、“产业融合”和“数字金融”。为梳理技术创新研究主题在不同阶段的变化，以关键词突现图分析为基础，结合前文的年度发文量变化与国内文献关键词聚类时间趋势分析，将我国关于数字经济背景下技术创新的研究划分为早期、中期、近期三个研究阶段。

早期研究（2010—2013 年），这一阶段国内研究文献稀少，主要围绕着“数字化”作为核心关键词展开，重点研究数字化和智能化发展下的技术创新范式。“数字化”的突现强度排名第 1，为 2.35，首次出现时间为 2012 年，是所有突现关键词中出现最早的，并且持续时间也最长，直到 2018 年才逐渐衰退。从数字经济背景下技术创新领域关键词突现的连续时间累计程度可以看出，早期研究探讨的主题关键词受到研究人员的持续关注。

中期研究（2014—2018 年），该阶段是本领域研究的稳步积累阶段，主要是结合应用情境展开多元化的具象研究。在早期关键词的基础上，随着研究问题的深入，学者开始结合具体的应用情境进行分析，使得本阶段的主题关键词更加多元化，共出现了 6 个突现关键词。其中，“数字内容”是唯一突现时间持续到 2018 年以后的主题关键词，直到 2020 年才逐渐衰退。“数字出版”的突现时段为 2015—2017 年，持续了 3 年。“智能制造”和“路径”均在 2015 年到 2018 年集中出现，连续 4 年受到国内学者的密切关注。“技术创新”和“影响因素”密集出现的时段为 2017—2018 年，持续时间仅为 2 年。进一步结合时间趋势图可以看出，本阶段国内研究重点为关注数字经济背景下技术创新的应用方向，研究内容包括数字出版、智能制造、制造业和智慧企业等，同时探讨更为具体的影响因素和作用路径。

近期研究（2019 年至今），这一阶段关于该领域研究的国内文献数量急剧增大，共出现了 4 个关键词。其中“大数据”、“数字贸易”和

“产业融合”都是从2019年密集出现，突现时期为2年，仅在短期内关注度较高。关键词“数字金融”自2020年开始出现，截至2022年突现都没有消失，仍在持续。结合时间趋势图，本阶段的研究呈现出多样化的特征，研究主题进一步丰富，更加侧重创新绩效、产业融合、中小企业、数字贸易、创新发展、中介效应、产业政策和创新创业等方面的研究。除此之外，数字金融和绿色发展是该领域未来研究的重要发展方向。

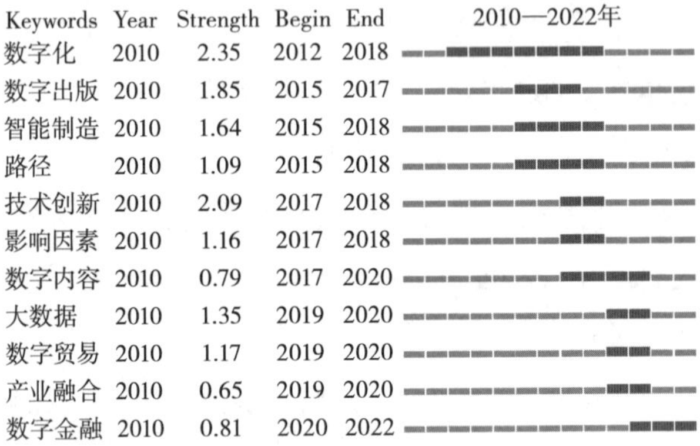

图11　2010—2022年国内文献关键词突现

2. 国外研究演进路径分析

结合国外研究文献的关键词突现情况进行分析（见图12），有助于把握国外数字经济背景下技术创新领域的研究进程与发展趋势。在图12中，一共出现了10个突现词，其中“资源基础观”（resource based view）的突现强度最高，为1.84，排名第2的是突现强度为1.71的“政治”（politics）。基于国外文献关键词突现图，结合年度发文量变化情况，本文将国外关于数字经济背景下的技术创新研究分为两个阶段。

阶段一（2010—2015年），这一阶段处于稳步积累时期，共出现了4个关键词，分别是“扩散”（diffusion）、“经济学”（economics）、“资源基础观”（resource based view）和“动力学”（dynamics）。其中，“扩散”（diffusion）突现的时段为2010年至2019年，在10年时间里受到了国外研究者的持续广泛关注。在该领域的研究中，关键词“经济学”（economics）的突现时间同样为2010年，但相比于“扩散”，其研究历程较短，2016年逐渐走向衰退。“动力学”（dynamics）虽然出现时间较晚，为2013年，但是相关方向的研究一共持续了8年。而“资源基础观”（resource based view）的突现时段为2012年至2014年，仅持续了3年。从以上关键词突现分析可以看出，本阶段的国外研究以经济学和动力学作为主要学科研究领域，围绕着创新扩散理论和资源基础观展开。

阶段二（2016年至今），该阶段的国外研究处于持续增长时期，更加侧重于将数字经济背景下的技术创新应用于各个学科领域。在本阶段出现的6个关键词中，“地理”（geography）的持续时间最长，突现时段为2017年至2020年。关键词“政治”（politics）首次出现的时间同样为2017年，与其相关的研究持续了3年，而“教育”（education）这一主题关键词的突现时间仅为两年。在本阶段，经济学、动力学、政治、地理和教育等学科门类名词的突现与存在，说明国外数字经济和技术创新领域的研究涉及多个学科与行业。

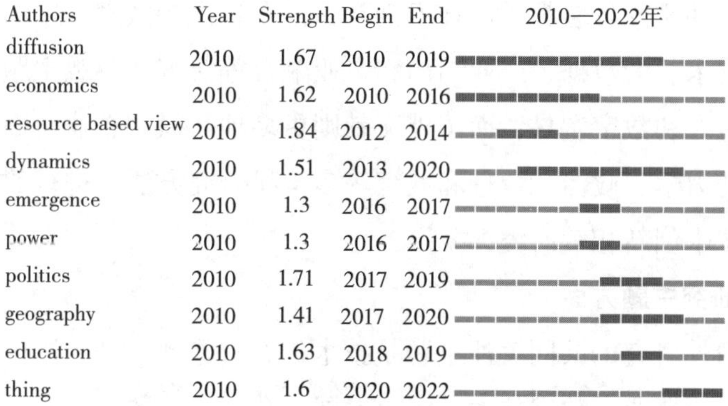

图12 2010—2022年国外文献关键词突现

五、结论、建议与展望

（一）结论

本文选取CNKI和WOS数据检索平台核心数据库中的201篇国内文献和341篇国外文献作为分析对象，为了把握数字经济背景下技术创新研究的发展现状与未来趋势，利用文献计量软件CiteSpace从年度发文量、研究者、研究机构、文献共被引等方面构建知识图谱进行分析，研究结论如下。

1. 文献基本情况方面

首先，在发文趋势上，国内外对于数字经济背景下技术创新的研究都经历了从平稳积累到快速增长的阶段；在发文数量上，不论是年度发文量还是发文总量，国外关于该领域的研究都高于国内。其次，从国内外研究者和研究机构来看，学者之间缺乏交流合作，通常以独立研究居多；研究机构之间的合作较少，以高校研究为主。

2. 研究热点方面

国内外研究虽然都关注技术创新，但有较大的区别。国内研究偏向于数字技术、大数据、产业结构和产业融合等宏观或中观主题，研究对象为制造业和数字贸易；而国外文献则更多地从微观企业层面，融合经济学、动力学、政治、地理和教育等多学科研究方法，进行数字经济背景下的技术创新相关研究。

3. 研究主题方面

国内外研究的共同关注主题是技术创新，除此之外，国内更关注数字经济、制造业、数字技术、绿色发展、数字化、数字内容和智能化发展，而国外研究则更为关注数字化转型、通用技术、专利分析和组织学习等方面。

4. 研究进程和前沿方面

国外研究除了技术创新外，更多地关注学科类主题；而国内研究对于数字经济、技术创新、制造业和数字技术的关注持续至今，绿色发展和数字金融是国内未来进一步研究的前沿方向。

（二）建议

以上结论对把握国内外数字经济背景下技术创新领域的研究现状、研究热点、演化进程和未来趋势具有重要意义。进一步，针对我国现有研究的不足，本文提出以下三点建议。

1. 拓展研究视域

从知识图谱的结果来看，我国关于数字经济与技术创新的研究更关注产业技术、产业融合和产业升级等中国实践的宏观、中观层面，容易造成研究的高度同质化，缺乏关于微观企业层次的研究。此外，相比于该领域的国外研究，国内研究涉及的学科领域较为狭窄。因此，可以适当拓宽研究视域，合理借鉴国外研究，探索不同层面的数字经济与技术创新理论与应用研究，更好地解读中国实践。

2. 深化理论研究

现阶段我国关于数字经济背景下的技术创新研究内容多样、层次较为丰富，但国内多数文献以案例分析和经验归纳为主，研究多停留在表面、不够深入，针对数字经济情境下的技术创新没有形成系统的理论框架。鉴于此，未来国内学者需要深化该领域的理论研究，在技术创新的路径演化和驱动因素方面形成系统的理论框架，探索出具有中国特色的技术创新管理理论，为推动我国企业转型升级和经济发展做出贡献。

3. 加强交流合作

我国关于数字经济与技术创新的研究虽然在逐年增加，但是国内研究者之间的合作较少，未形成核心作者群且缺乏高产作者；研究机构的合作不多，并且通常只局限于单位内部，尚未形成跨院校的合作交流体系，这些不利于我国的学术交流与发展。未来各学者和高校之间要加强交流合作，同时积极与国际研究者和研究机构进行交流探讨，提高论文质量，推动我国该领域研究的发展。

（三）未来研究展望

为促进数字经济背景下国内技术创新领域的研究进展，拓展技术创新理论研究的新方向，基于上述研究结论与建议，结合当前的社会实践热点，本文对未来技术创新领域的重点研究方向进行了展望。

1. 基于中国特色数字情境的技术创新内涵与模式研究

数字经济时代，相关技术的突破创新已经成为各国产业升级和发展的新引擎，数字化转型已经使创新内容的产生和知识、技术的应用发生了颠覆性改变，信息技术的高速发展也使得创新的内涵与边界呈现动态扩展特征。在具有中国特色的数字化情境下，技术创新模式不断涌现，创新领域不断丰富，现阶段技术创新议题呈现出更复杂、差异化的态势。重新审视数字经济背景下技术创新模式的变化与发展，结合该领域内具有中国特色的实践案例，利用多元化的数据，深入研究我国实体经济与数字经济深度融合发展中体现出的技术创新内涵要素、创新模式与演化规律，为数字经济背景下我国技术创新实践提供理论支持与政策借鉴。

2. 基于数字平台及创新网络的技术创新结构特征、机理与演化路径研究

数字转型驱动平台经济发展，作为全国乃至全球经济增长的新动力，数字经济以多种实现方式重新解构了企业的价值创新网络，并且参与了企业价值创造过程。数字经济条件下新技术范式的建立、创新边界的持续变动性以及创新网络结构变化的可能性决定了技术创新所处系统的开放性和作用机理的复杂性。在数字经济新情境下，进一步思考技术创新的结构变化，拓展微观企业层面特征属性与联结结构，充分考虑创新网络结构变化与数字平台发展对技术创新运行机理的影响，从理论层面重点研究数字经济背景下技术创新的特征结构、作用机理与演化路径，探讨新技术、政策制度和文化层面的创新因素如何影响技术创新，以指导实践中的技术创新发展问题。

3. 基于跨学科、多元化、数字化的研究方法创新

信息技术和大数据等新技术的出现与发展不断重塑技术创新的研究环境，同时推动了传统研究方法向数字化方向演变。随着数字经济的不断发展，技术创新研究呈现出多学科交叉的特点，该领域研究会面临新的问题，对研究的要求也会不断深入，如果仅停留在静态的理论框架分析和事后经验总结上，将不能把握时代赋予的机遇从而取得研究的发展进步。因此，在推进数字经济背景下技术创新研究的过程中需要尝试引入新的研究方法，一方面继续深入实证研究，运用科学的方法对该领域的作用机制和影响因素进行客观规范的分析；另一方面可以进行跨学科的研究，将政治学、社会学和教育学等多种学科的研究方法与资源引入数字经济时代的技术创新研究。多元学科研究视角和研究方法的融合有助于拓展研究思路与深刻挖掘数字时代技术创新的本质规律，并且可以克服传统研究方法的固有缺陷。

总而言之，对数字经济背景下技术创新研究文献的系统整理与计量分析，有助于把握技术创新领域的国内外研究脉络和前沿发展趋势，具有丰富的理论价值与实践意义。本文的研究贡献主要体现在三个方面：第一，通过对国内外技术创新相关研究文献进行系统性的梳理与多角度的对比分析，总结归纳国内外技术创新领域研究现状、热点以及趋势的异同，在数字经济新情境下形成对技术创新这一研究主题与理论框架的系统认知；第二，为把握数字经济时代背景下技术创新研究的演进脉络与前沿热点、研判创新研究方法、拓展研究深度提供了有益参考；第三，在系统分析国内外技术创新领域研究动态演化的基础上，针对我国目前研究的不足提出了相应建议，并对数字经济背景下我国未来的重要

研究方向进行了展望，为促进国内学者加强合作交流、开展新情境下的技术创新研究奠定了基础，以期推动各领域技术创新实践的发展。

参考文献

[1] 余长林，杨国歌，杜明月．产业政策与中国数字经济行业技术创新[J]．统计研究，2021，38(1)：51－64.

[2] 鲁若愚，周阳，丁奕文，等．企业创新网络：溯源、演化与研究展望[J]．管理世界，2021，37(1)：217－233＋14.

[3] 陈悦，陈超美，刘则渊，等．CiteSpace 知识图谱的方法论功能[J]．科学学研究，2015，33(2)：242－253.

[4] LYYTINEN K，YOO Y，BOLAND Jr R J．Digital product innovation within four classes of innovation networks：Digital product innovation[J]．Information systems journal，2016，26（1）：47－75.

[5] 戚聿东，刘欢欢．数字经济背景下金融科技的创新发展与监管转型：基于监管沙盒视角[J]．经济与管理研究，2022，43(4)：67－81.

[6] 宋德勇，朱文博，丁海．企业数字化能否促进绿色技术创新：基于重污染行业上市公司的考察[J]．财经研究，2022，48(4)：34－48.

[7] 李玮．产业政策对数字经济行业技术创新的异质性影响[J]．技术经济与管理研究，2022(6)：8－12.

[8] 秦建群，赵晶晶，王薇．数字经济对产业结构升级影响的中介效应与经验证据[J]．统计与决策，2022，38(11)：99－103.

[9] 刘树林，李梦洁，胡苏敏．企业数字化对技术创新能力的影响机制[J]．现代管理科学，2022(3)：109－117.

[10] 徐向龙．数字化转型与制造企业技术创新[J]．工业技术经济，2022，41(6)：18－25.

[11] FOROUDI P，GUPTA S，NAZARIAN A，et al．Digital technology and

marketing management capability: Achieving growth in SMEs[J]. Qualitative market research,2017,20 (2) : 230 –246.

[12] FORMAN C,KING J,LYYTINEN K. Information,technology,and the changing nature of work[J]. Information systems research,2014,25(4) : 789 –795.

[13] SVAHN F,MATHIASSEN L,LINDGREN R. Embracing digital innovation in incumbent firms: How Volvo cars managed competing concerns[J]. MIS Quarterly,2017,41(1) : 239 –253.

[14] YOO Y,HENFRIDSSON O,LYYTINEN K,et al. The new organizing logic of digital innovation: An agenda for informa – tion systems research[J]. Information systems research,2010,21(4) : 724 –735.

[15] LENKA S,PARIDA V,WINCENT J. Digitalization capabilities as enablers of value co – creation in servitizing firms: Digitalization capabilities[J]. Psychology & marketing,2017,34 (1) : 92 –100.

[16] 余菲菲，王丽婷. 数字技术赋能我国制造企业技术创新路径研究[J]. 科研管理,2022,43(4):11 –19.

[17] 朱小艳. 数字经济赋能制造业转型:理论逻辑、现实问题与路径选择[J]. 企业经济,2022,41(5):50 –58.

[18] 黄大禹，谢获宝，孟祥瑜，等. 数字化转型与企业价值:基于文本分析方法的经验证据[J]. 经济学家,2021(12):41 –51.

[19] 徐昊，马丽君. 数字经济、资源依赖与绿色经济发展[J]. 金融与经济,2022(1):45 –54.

[20] 崔艺瑄，熊晓轶. 数字经济发展对我国产业结构优化升级的影响研究[J]. 商业经济研究,2021(21):176 –179.

[21] 鲁玉秀，方行明，张安全. 数字经济、空间溢出与城市经济高质量发展[J]. 经济经纬,2021,38(6):21 –31.

[22] FICHMAN R G,BRIAN L DOS SANTONS,ZHENG Z. Digital innovation as a fundamental and powerful concept in the information systems curriculum[J]. MIS Quarterly,2014,38 (2) : 329 –353.

［23］NAMBISAN S, LYYTINEN K, MAJCHRZAK A, et al. Digital innovation management: Reinventing innovation management research in a digital world［J］. MIS Quarterly, 2017, 41（1）: 223 – 238.

［24］CONSTANTINIDES P, HENFRIDSSON O, PARKER G. Platforms and infrastructures in the digital age［J］. Information systems tesearch, 2018, 29（2）: 381 – 400.

［25］KOJLI R, MELVILLE N P. Digital innovation: A review and synthesis［J］. Information systems journal, 2019, 29（1）: 200 – 223.

［26］TEECE D J. Profiting from innovation in the digital economy: Enabling technologies, standards, and licensing models in the wireless world［J］. Research policy, 2018, 47(8): 1367 – 1387.

［27］HININGS B, GEGENHUBER T, GREENWOOD R. Digital innovation and transformation: An institutional perspective［J］. Information and organization, 2018, 28(1): 52 – 61.

［28］王锋正，刘向龙，张蕾，等．数字化促进了资源型企业绿色技术创新吗？［J］．科学学研究，2022，40(2):332 – 344.

［29］严子淳，李欣，王伟楠．数字化转型研究:演化和未来展望［J］．科研管理，2021，42(4):21 – 34.

［30］孟庆时，余江，陈凤，等．数字技术创新对新一代信息技术产业升级的作用机制研究［J］．研究与发展管理，2021，33(1):90 – 100.

［31］夏静豪，党誉珲．零售科技企业数字化转型的动态能力组态研究［J］．商业经济研究，2020(23):121 – 124.

［32］聂秀华．数字金融促进中小企业技术创新的路径与异质性研究［J］．西部论坛，2020，30(4):37 – 49.

［33］周文辉，王鹏程，杨苗．数字化赋能促进大规模定制技术创新［J］．科学学研究，2018，36(8):1516 – 1523.

［34］GAWER A, CUSUMANO M A. How companies become platform leaders［J］. MIT Sloan management review, 2008, 49(2):28 – 35.

[35] MUFFATTO M, M ROVEDA. Product architecture and platforms: A conceptual framework[J]. International journal of technology management, 2002, 24(1): 1 - 16.

[36] TIWANA A, KONSYNSKI B, BUSH A A. Research commentary - Platform evolution: Coevolution of platform architecture, governance, and environmental dynamics[J]. Information systems research, 2010, 21(4): 675 - 687.

[37] 陈堂，陈光．数字化转型对产业结构升级的空间效应研究：基于静态和动态空间面板模型的实证分析[J]．经济与管理研究，2021，42(8)：30 - 51.

[38] 邓峰，杨国歌，任转转．R&D补贴与数字企业技术创新：基于数字经济产业的检验证据[J]．产业经济研究，2021(4)：27 - 41.

[39] 窦克勤，何小龙，李君，等．从新冠疫情防控看信息技术创新应用促进经济社会高质量发展[J]．科学管理研究，2021，39(2)：2 - 8.

基于 ABM 仿真的员工组织文化认同程度演化研究①

杜玉禄

摘要：数智化是现代企业管理经营和转型的一个主流方向，伴随网络技术的渗透，企业粗放式的发展模式即将终结。本文在数智化中企业新型信息技术应用、部门边界化模糊、员工交互范围扩大的背景下，基于 ABM 仿真，以适应性文化模型（ACM）为基础，提出了一个员工组织文化认同程度群体数量变化的模型（OCIM），得出了组织文化认同与初始不同认同程度的群体数量、个体间交互范围以及员工整体积极性之间的关系。研究发现：不论各群体数量如何变化，对组织文化认同程度一般的群体数量一直占据主导地位，稳定模型中组织文化高认同和低认同的群体数量与其初始数量有关；随着交互范围的扩大，组织文化认同程度能够在一定程度上获得提升；员工积极性越高，高组织文化认同程度的群体数量就越多。

关键词：组织文化认同；数智化；ABM 仿真

作者简介：杜玉禄（1999—），山东泰安人，西北大学经济管理学

---

① 本文由西北大学经济管理学院张文明老师指导完成。张文明(1984—)，山东潍坊人，西北大学经济管理学院信息管理与信息系统系副教授，博士研究生导师，主要研究方向为社会科学仿真与不确定性问题决策。基金项目：教育部人文社科基金项目“基于中国传统理念的和谐社会治理对策的仿真研究”(项目编号：18XJAZH004)。

院 2021 级技术经济及管理专业硕士研究生。

一、引言

数智化是一种新兴的技术应用，企业通过引进和运用新型的数字与智能技术，帮助企业在新的环境下获取竞争优势，并取得更好的经营绩效，在推动企业进行转型升级和创新发展方面有着重要作用，其具体是指在各种数字和智能技术（5G、大数据、云计算等）的支持下，帮助企业进一步优化目前已有的业务流程以及管理方式，通过新型技术的支持进行决策优化，通过智能化的手段帮助企业进行风险分析和企业管理，能够有效地减少企业经营成本，提高风险抵抗能力，以产品/服务为目标进行业务运营方面的创新，提升客户满意度，培养企业核心竞争力，从各个方面推进企业的转型升级。

组织文化作为组织的“软实力”，对于组织的生存和发展具有重要意义，现有研究大多证实了组织认同对员工绩效具有重要影响（高日光，2011）。Efraty 和 Donald（1988）认为，拥有较高组织认同的员工会将更多的情感投入工作中，因而表现会更为出色。因此，员工的个人绩效与组织文化认同呈正相关关系，具有较高组织文化认同程度的个体会获得更高的个人绩效。高个人绩效能促进组织绩效的提高。在组织的管理中一般包括两种方式，一种是制度管理，另一种是文化管理。因此，文化认同对于组织的重要性不言而喻。数智化是现代企业管理经营和转型的一个主流方向，伴随网络技术的渗透，企业粗放式的发展模式即将终结。企业新型信息技术应用、部门边界化模糊、企业逐渐扁平化、员工交互范围扩大，这些变化势必会对组织内的文化认同产生影响。这些变化会对组织文化认同产生哪些影响，以及针对这些影响组织的应对措施是本文考虑的重点。虽然目前组织文化认同受到了较多的关注，但是当前缺乏实证研究，大多数仍停留在论述和观念探讨的阶段

（陈致中、张德，2011）。

组织文化认同的传播和员工认同程度是一个隐性过程，一般的研究范式不能清晰直观地展现相关变化过程。基于此，本文引入社会模拟中常用的研究方式——ABM，基于 NetLogo 软件对组织文化认同传播的过程以及结果进行研究。ABM 是仿真模拟中的主流研究方法，它的优点在于它具有较强的情境模糊特点，并且给予模型中的个体更高的自主决策能力、更贴合实际的场景。ABM 方法应用范围广泛，在政策预演、群体演化以及个体画像等方面都有重要的作用。

本文在数智化的背景下基于 ABM 仿真，考虑在 ACM 的基础上设计了一个不同组织文化认同程度群体数量变化的模型，考虑组织文化认同与初始不同认同程度的群体数量、交互范围以及员工整体积极性之间的关系，希望能够为企业文化建设和组织文化认同优化提供参考。

二、文献综述

（一）组织文化认同

关于企业文化的内涵，学术界一直争论颇多。目前，关于企业文化内涵的定义认可度较高的是 Schein（1985）提出的企业文化的外在体现是企业价值观，企业文化是一种文化管理模式，这种模式是由特定团体对相关问题进行处理过程中发现并形成的一些基本假设构成的，企业文化受到全体成员的认同。另外，Hofstede 等（1990）提出企业文化就是企业组织在经济活动中创造形成并赖以遵守的价值观念、规章制度、行为准则以及固有习惯，这种说法受到大多数学者的认可。

员工对某一种文化产生认同，一方面表明员工认识到了这种文化的意义和重要性，对文化有了深刻认识并领悟到其深层内涵；另一方面表明员工对文化有了情感体验，并以积极的态度去面对文化，以此种文化为思想指导进行个人活动。企业文化认同的过程是个体在进入组织后，首先对组织内部的榜样进行观察，在将自身与其对比后找到差异并进行反思，最终认同企业的基本信念、价值标准、最高目标和行为准则（陈致中、张德，2009）。

关于文化认同的形成过程，Phinney（1990）提出了3种主要观点。

1. 社会认同论

社会认同理论认为社会认同的形成经历了三个过程，分别是类化、认同和比较。Taife和Turner（1986）认为，大多数人为了追求身心的安适感，会寻求一种在稳定群体中的群体认同关系。

2. 涵化论

涵化论认为，文化认同是在各种不同类型的文化之间，通过交流和碰撞产生，需要在较长的时间中形成一种稳定的状态。Mona等（2002）利用Oetting和Beauvais（1990）的直交文化认同量表（OCIS）进行研究发现，不同文化的认同间不只存在冲突关系，个体在不同文化之间交流时，既可以保持原有族群优秀传统文化，又可吸收主流文化的优点，两者并不冲突，这个过程就是涵化的过程。

3. 认同形成论

认同形成论认为，每个人都会通过不同的认同过程从而形成个人的文化认同。Dejyle（1992）将文化认同区分为文化投入、文化归属、文化统合3个维度。

（1）文化投入：文化投入是指个体会主动地参与文化活动，在此过程中会积极主动地吸收文化的各种信息。

（2）文化归属：文化归属是对某一文化团体产生认同，并且将个人感觉融入文化团体中，将个人价值观与团体相联系。

（3）文化统合：文化统合是个体为防止出现文化冲突，而将某一团体的文化与其他的文化相互结合。

组织认同受多方面因素的影响，员工的价值观、个人经历以及工作体验都可能会对个体的组织认同产生影响，另外许多微观层面的因素都会影响组织认同，其中组织文化，尤其是差错管理文化对组织认同的影响不容忽视（Vijayakumar and Padma，2014）。对组织认同的有效利用能够对企业产生正向影响，管理者应该提高自身对组织认同的理解和认识，对组织认同的正确和充分运用能够激励员工承担个人责任，做好本职工作从而提高组织效率。

有一些学者认为，组织文化认同和组织认同是相同的概念。例如，Ravasi 和 Schultz（2006）认为组织文化需要个体通过有意识的比较与反思获得，组织文化本质上是对共同惯例的默认和自发行为的需要。关于组织认同还存在一些其他观点。O’Reilly 和 Chatman（1986）认为，个人将为成为组织的一员感到荣幸，他们相信组织的价值观；Miller 等（2000）认为，组织认同是指员工在决策时是否会考虑组织的利益，是否会将自己视为组织的一份子，以及是否同意组织的现有目标、价值观和使命。

（二）ABM

ABM 在考虑个体的独特性和网络结构的基础上通过仿真程序的设定给予个体较高的决策权与自主权，通过不同个体之间的交互进而模拟整个网络的运行，并且设置直方图给出未来预测曲线，进而给研究人员提供研究思路。Gilbert 和 Troitzsch（1999）指出，社会科学领域中的仿真模型已经经历了以下几个阶段，分别是系统动力学、微观模拟、自适应主体模型等阶段。ABM 模型具有 4 个假设前提：主体在无中央权威境况下交互、主体间互相依存、主体遵从简单规则、主体是自适应的并会从历史中学习（Macy and Willer，2002）。ABM 已被证实与实际情形具有较高的拟合度，对未来具有一定的指导意义。

ABM 在仿真模拟中是主流的研究方法，它的优点在于它具有较强的情境模糊特点，并且给予模型中的个体更高的自主决策的能力，更贴合实际场景；能够调整研究系统的条件，观察不同代理的偏好组合和不同参数值集在延长决策期的结果，同时允许对代理人的行为和信息处理能力进行更大的控制。

ABM仿真模拟逻辑流程如下（吕鹏，2016）。

1. 思维预想

在进行仿真模拟之前，需要对模型中的个体和网络结构以及它们之间的关系进行预先设计，如果不具备思维预想的能力，则无法顺利地进行仿真模拟。

2. 场景预演

仿真模拟的对象亦即社会和自然现象都处于某一具体的场景，因此场景中的各种因素都有可能对仿真结果产生影响，需要进行场景预演并全面考虑条件要素。

3. 机制设计

仿真的机制决定着仿真进行的具体流程和运行规则，并且决定着处于某一场景下个体之间的交互方式、网络结构和策略等要素的运行过程。

4. 条件假设

需要提出一些具体而全面的特定假设，以帮助仿真过程更加符合实际场景，通过相关变量和参数分布的设定保证仿真程序的正常运行，从而得出更加准确的预测结果。

5. 穷尽可能

仿真模拟的过程中需要对相关要素进行全面考虑，即考虑可能出现的每一种情况，考虑了所有因素、变量与参数的所有可能性，从而做出尽可能多并且符合实际的假设，使其更贴近实际情况。

6. 结果解读

对于仿真模拟所得到的结果，不仅需要对模型演化的结果进行解释，还需要对模型演化的过程进行解释，以保证对模型的正确解读。但是仿真模拟的结果也存在一定的局限性，在（1）～（5）中不可避免地存在模型设置与实际情况的偏差，因此可能与实际情形存在一定的差别。

7. 再次循环

将以上步骤重复进行，直至模型达到稳定状态或得到稳定的模拟结果。

（三）ACM

标准 ACM（Axelrod，1997）由一个二维网格组成，每个节点代表一个代理。文化通过一系列的“特征”被封装在这个模型中，这些“特征”代表了代理人所拥有的特征（例如，政治倾向、宗教调解、最喜爱的电影类型等），这些特征可以通过社会互动受到他人的影响。以数字作为代理人特征的特定值（例如，对于政治倾向的特征，可能的特征包括“保守的等于1”“自由的等于2”“温和的等于3”）。如果代理具有 F 个特征，每个特征都有 q 个可能的特征，这时可以用 F 个整数序列数值表示该代理的当前状态，而且每个整数的值（特征）在 $1 \sim q$ 范围内。

在模拟开始时，网格中的每个代理都被随机分配一组特征值。在随后的每个时间步长中，先随机选择一个代理（“活动的”代理）；然后，随机选择一个活动代理的“邻居”作为潜在交互伙伴。在二维正方形网格中，除了边界上的代理外，每个代理都有 4 个最近的“邻居”。这个“邻居”的定义根据需要很容易扩展。活动代理及其选定的“邻居”实际上交互的概率基于两个代理之间的文化相似程度，定义的特征分数由两个进行社会交互的代理共享。例如，在 $F=5$ 亦即代理具有 5 个特征时，活动代理、选定的“邻居”与活动代理的其他“邻居”之间有 3 个特征更为相似，那么活动代理与选定的“邻居”之间的交互概率为 3/5。因此，两个代理越相似，它们相互作用的概率就越高。如果确实发生了交互作用，活动代理将随机地采用这个相邻代理的特征之一，从而使这两个代理变得更加相似。一旦交互完成或者交互没有发生时，就会再随机选择一个新的活动代理，并重复整个过程。当整个代理的网格最终达到一个稳定状态时，模拟就停止了。在这种稳定状态下，不会发生进一步的变化，因为每个主体现在要么在文化上都与一个“邻居”相同，也就是共享所有相同的特征，要么与一个“邻居”没有任何共同的特征。

最后，计算在这种稳定状态下不同地理文化区域的数量，以确定这个主体社会的文化同质性程度。不同稳定地区的数量越多，社会的文化多样性就越强。阿克塞尔罗德模型最有趣的一点是，尽管存在同化和同质性的潜在同质力，但在稳定状态下存在多个不同的稳定区域。

三、研究设计

（一）OCIM

本文提出的 OCIM 以 Axelrod（1997）最初的 ACM 模型为基础，用以分析组织文化认同程度如何在组织内部传播以及最终稳定的模型中各群体的数量。OCIM 由一个二维网格组成，每个节点代表一个代理（个体）。我们令 1089 个瓦片上皆生成一个代理，在初始条件下给每个代理随机赋予组织文化认同程度，将代理分为三类，即低组织文化认同程度（设置初始值为 0 ~ 33）、一般组织文化认同程度（设置初始值为 34 ~ 67）、高组织文化认同程度（设置初始值为 68 ~ 100）。数值越高，对组织文化的认同程度就越高。

ACM 提出个体越相似，则个体之间越可能相互作用，并且两个体相互作用会使双方变得更加相似。因此我们考虑任何一个代理会选择与其最相似的个体进行合作和交互，亦即选择与自己组织文化认同程度最相似的个体进行；在代理之间发生合作和交互之后，他们之间的组织文化认同程度也会发生改变，将他们的组织文化认同程度重新设定，将主动的代理组织文化认同程度设置为两个代理的平均值。在此基础上我们考虑初始不同组织文化认同程度的群体数量、交互范围以及员工积极性的变化会对组织文化认同程度各群体的数量产生何种影响，通过改变初始不同组织文化认同程度群体数量的比例、交互范围和员工积极性程度，进一步探析最终稳定状态中个体组织文化认同程度的变化。

在不失一般性的情况下，我们认为仿真的世界是“圆形”的，即仿真世界的各个边界都是附着的。在一般的模型中，只是将“邻居”定义为与某一代理相邻的其他个体，由于在数智化的背景下，组织内部的部门边界逐渐模糊，特别是新型信息技术和通信软件的运用使得员工间交互范围和交互频率提高。我们设定每个代理都有 24 个最近的“邻居”，由于模型处于二维网格下，24 个“邻居”是选定代理附近两圈的网格数，并且可以通过改变初始不同认同程度群体的数量以及“邻居”的数量来观察组织文化认同程度发生了何种变化。

（二）仿真过程

基于社会学习理论，在个体组织文化认同的构建过程中，有两个非常重要的因素。

1. 观察学习

个体首先会观察组织中流行的价值观，并通过注意力保持、动作再生和动机的过程学习这些价值观，逐渐将这些价值观内化，然后接受和认可，从而形成自己的行为模式（Bandura，1978）。

2. 榜样作用

当个体感受到榜样的作用和能力后，出于功利的目的会对榜样进行观察并进一步学习，获取到相关的信息后进行吸收，进一步拓展个人的知识和技能（Robert and Albert，1989）。现有研究大多证实了组织认同对员工绩效具有重要影响，在功利的视角下，高绩效个体在组织中是一般意义上的“榜样”，所以员工愿意向相邻的组织文化认同程度较高的个体学习。基于 ACM 以及社会学习理论中员工文化认同的构建过程，我们提出以下假设使得仿真更加符合实际情况。

假设 1：每个代理总是选择与自己最相似的个体合作和交互。本文考虑的相似较为简单，即组织文化认同程度相似性最高，这与现实生活相契合，个体更倾向于与自己认知或观点一致的人进行社会交互。

假设 2：两个个体相互作用会变得更加相似。在个体发生社会交互后对其组织文化认同程度重新设定，将行动者的组织文化认同程度设置为两个个体认同程度的平均值。

假设 3：组织与员工之间的雇佣关系是无限长的，亦即本模型中不考虑员工离职或流动等其他因素，组织与员工之间的雇佣关系会一直持续到仿真过程结束。

根据前文提到的 ABM 仿真模拟逻辑流程，本文提出了以下仿真过程。

步骤 1：初始化。每个瓦片上生成一个代理，并对所有代理进行初始化，随机分配个体的组织文化认同程度。本文将代理分为三类，即低组织文化认同程度（设置初始值为 0 ~ 33）、一般组织文化认同程度（设置初始值为 34 ~ 67）、高组织文化认同程度（设置初始值为 68 ~ 100）。数值越高，对组织文化的认同程度就越高。

步骤 2：先随机选择行动者，然后，行动者会选择“邻居”进行合作，来完成交互过程。每个行动者必须选择一个“邻居”进行交互，行动者可以主动决定“邻居”，即接受者是谁。根据以上假设，每个行动者总是选择与自己组织文化认同程度最相似的个体进行交互（假设 1）。

步骤 3：相互交互的个体会发生作用。每个具有组织文化认同程度 I_1 的行动者会选择一个具有组织文化认同程度 I_2 的“邻居”进行交互，并且改变行动者的认同程度为 $\frac{I_1 + I_2}{2}$，即两个个体相互作用会变得更加相似（假设 2），这也是基于 ACM 提出的。

步骤 4：重复步骤 2 和步骤 3。在假设 3 中我们已经提出了组织与员工之间的雇佣关系是无限长的，因此本文的仿真过程会随着时间步长的进行最后达到一种稳定状态，观察达到稳定状态后的各群体数量及分布情况。

四、仿真结果

（一）仿真1：初始各群体数量比例变化

首先，我们考虑初始群体数量不同的三种情形，并且发现初始群体数量的不同会对最后稳定模型中群体数量产生较大影响。

情形一：

参数设定：对1089个个体进行模拟，这些个体都被随机初始化，并且设置低组织文化认同程度、一般组织文化认同程度和高组织文化认同程度的群体比例各为33.33%。其初始认同度为1～100的随机数。另外，我们已经假设大部分员工是积极的，我们设置员工的积极程度为80%，交互和合作的“邻居”数为24。

如图1所示，横轴表示模拟的重复次数，纵轴表示不同程度的认同群体数量。在各个群体初始人数皆为1/3时，各群体数量在一开始就发生了明显的分化，一般认同程度群体的数量在一开始就出现了大幅度的上升，高认同程度群体的数量略微下降，低认同程度群体的数量出现了

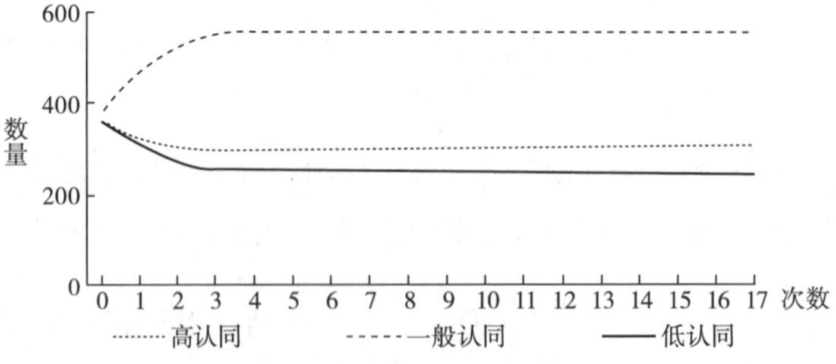

图1　各类组织文化认同程度个体数量（1）

较小程度的下降，并且该模型在较短的时间内达到了稳定程度。最后在稳定的模型中一般认同程度的群体数量约占 51%，高认同程度的群体数量约占 27%，低认同程度的群体数量约占 22%。图 2 为此状态下稳定模型中不同认同程度的个体分布。

图 2　稳定模型中不同认同程度的个体分布（1）

情形二：

参数设定：对 1089 个个体进行模拟，这些个体都被随机初始化，并且设置低组织文化认同程度、一般组织文化认同程度和高组织文化认同程度的群体比例各为 40%、30%、30%。其初始认同度为 1～100 的随机数，另外我们已经假设大部分员工是积极的，我们设置员工的积极程度为 80%，交互和合作的“邻居”数为 24。

我们此时得到的结果如图 3 所示。一般认同程度群体的数量在一开始就出现了较大幅度的上升，高认同程度群体的数量小幅度下降，低认同程度群体的数量出现了较小幅度的下降，并且该模型在较短的时间内达到了稳定程度。其中，一般认同程度的群体数量约占 45%，高认同程度的群体数量约占 18%，低认同程度的群体数量约占 37%。图 4 为此状态下稳定模型中不同认同程度的个体分布。

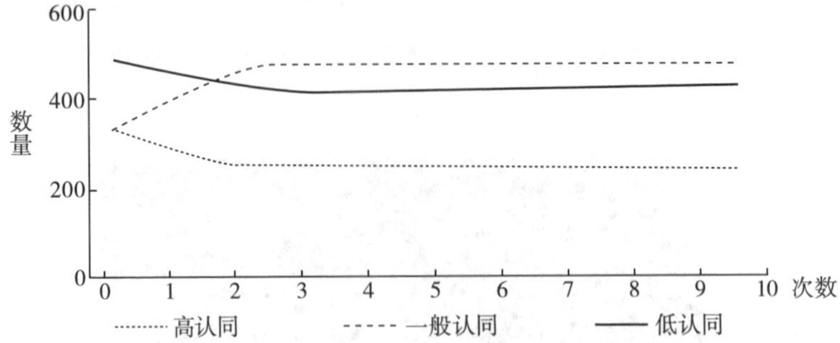

图 3　各类组织文化认同程度个体数量（2）

图 4　稳定模型中不同认同程度的个体分布（2）

情形三：

参数设定：对 1089 个个体进行模拟，这些个体都被随机初始化，并且设置低组织文化认同程度、一般组织文化认同程度和高组织文化认同程度的群体比例各为 20%、40%、40%。其初始认同度为 1～100 的随机数，另外我们已经假设大部分员工是积极的，我们设置员工的积极程度为 80%，交互和合作的“邻居”数为 24。

我们此时得到的结果如图 5 所示。一般认同程度群体的数量在初始时呈现上升趋势而后平稳，高认同程度群体的数量小幅度下降，低认同程度群体的数量亦出现了小幅度下降，并且该模型在较短的时间内达到了稳定程度。其中，一般认同程度的群体数量约占 59%，高认同程度的群体数量约占 31%，低认同程度的群体数量约占 10%。图 6 为此状态下稳定模型中不同认同程度的个体分布。

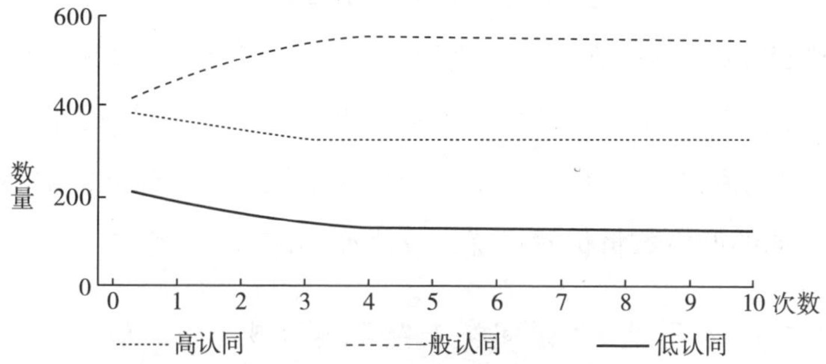

图 5　各类组织文化认同程度个体数量（3）

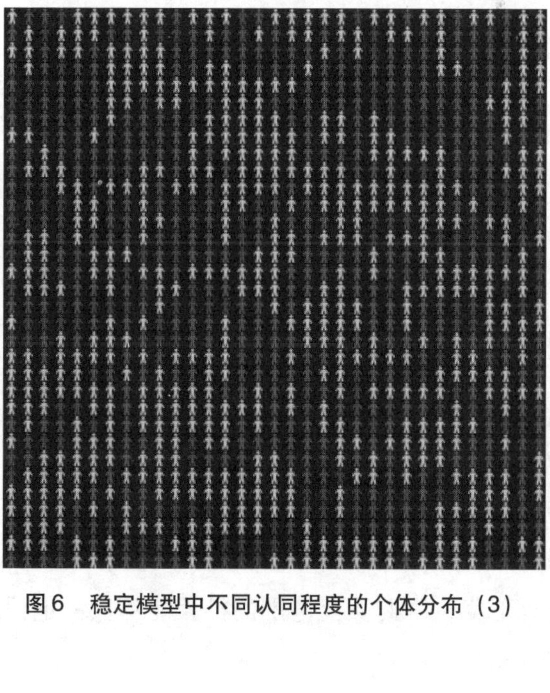

图 6　稳定模型中不同认同程度的个体分布（3）

我们考虑了三种不同的情况，即初始不同文化认同程度群体的数量比例不相同，可以发现在任何一种比例情况下对组织文化认同程度一般的群体数量都是最多的。如果初始组织文化高认同的群体数量多于组织文化低认同的群体数量，那么最后稳定的模型中组织文化高认同的群体数量仍会多于组织文化低认同的群体数量；如果初始组织文化低认同的群体数量多于组织文化高认同的群体数量，那么最后组织文化低认同的群体数量仍会多于组织文化高认同的群体数量。

命题 1：不论各群体数量如何变化，对组织文化认同程度一般的群体数量都一直占据主导地位。若初始组织文化高认同的群体数量多于组织文化低认同的群体数量，最后模型中组织文化高认同的群体数量相对于低认同的群体数量仍然占优，反之亦然。

（二）仿真 2：个体间交互范围的改变

接下来我们考虑个体之间交互范围的改变，发现随着个体之间交互范围的扩大，组织内整体文化认同程度也会随之提高。

参数设置：考虑到在较早的时期内，企业部门之间的边界较为清晰以及信息技术的限制，员工间的交互范围较小，此时我们设置个体的邻居数为 8，即二维网格中选定代理周围一圈的网格数；并且设置低组织文化认同程度、一般组织文化认同程度和高组织文化认同程度的群体比例各为 33.33%。其初始认同度为 1 ~ 100 的随机数，假设大部分员工是积极的，我们设置员工的积极程度为 80%。

仿真结果如图 7 所示，其中，一般认同程度的群体数量约占 44%，高认同程度的群体数量约占 32%，低认同程度的群体数量约占 24%。与仿真 1 中的情形一相比，一般认同程度的群体数量下降，高认同程度的群体数量略有上升，低认同程度的群体数量基本持平。总体的组织文化认同程度略有下降，因此交互范围的扩大能够在一定程度上提高组织文化认同程度。

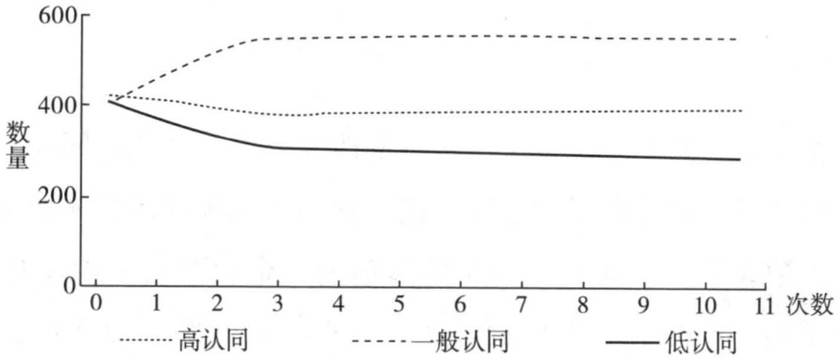

图 7　各类组织文化认同程度个体数量（4）

图 8 为该模型达到稳定状态时不同认同程度的个体分布情况，其中，红色为高组织文化认同程度的个体，黄色为一般组织文化认同程度的个体，蓝色为低组织文化认同程度的个体。虽然整体分布呈现不规模状态，但不同认同程度个体大多是成块出现。

图 8　稳定模型中不同认同程度的个体分布（4）

命题 2：在其他条件相同的情况下，随着交互范围的扩大，组织文化认同程度能够在一定程度上获得提升。

（三）仿真3：员工整体积极性的改变

接下来，我们考虑员工积极性的改变对组织文化认同程度群体数量的影响，员工整体积极性越高，组织内高认同程度的群体数量越多。

参数设置：考虑到在较早的时期内，企业对员工的文化认同重视程度不高，同时员工思想较为保守，不易接受别人的观点，因此我们设置员工的初始积极程度为50%。员工间的交互范围较小，此时我们设置个体的邻居数为8，即二维网格中选定代理周围一圈的网格数；并且设置低组织文化认同程度、一般组织文化认同程度和高组织文化认同程度的群体比例各为33.33%。其初始认同度为1～100的随机数。

图9给出了7次仿真的结果，员工整体积极性从50%上升到80%，相邻坐标的变化区间为5%。其中，横轴表示员工整体积极性，纵轴表示各类组织文化认同程度个体的数量。由图9可知，随着员工整体积极性的增加，一般认同程度的群体数量逐渐下降，低认同程度群体的数量呈现先增加后下降的趋势，值得注意的是，高认同程度群体的数量一直稳步增加。

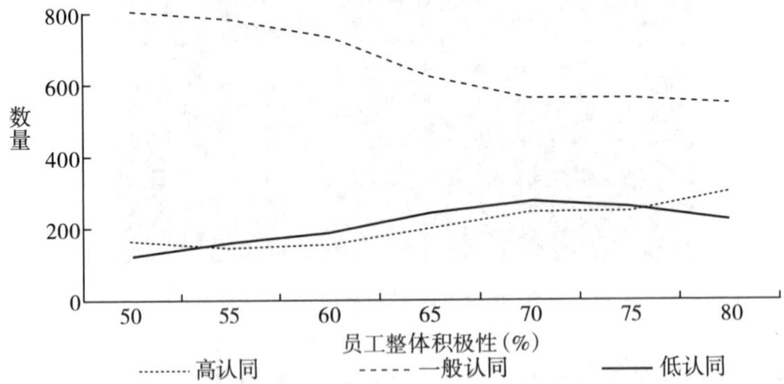

图9　各类组织文化认同程度个体数量（5）

由此我们可以得出，员工积极性越高，组织内高认同程度的群体数量越多，由此我们提出以下命题。

命题 3：员工的整体积极性越高，组织内高组织文化认同程度的员工数量越多。

五、结论及讨论

（一）研究结论

本文考虑了在数智化背景下，企业中的部门边界逐渐模糊，基于员工交互范围扩大的情境下员工的组织文化认同程度的变化情况，提出了 OCIM。在仿真 1 中考虑了 3 种不同的情况，即初始的各文化认同程度群体数量的比例不相同，可以发现在任何一种比例情况下对组织文化认同程度一般群体数量都是最多的。如果初始组织文化高认同群体数量多于组织文化低认同群体数量；那么最后稳定的模型中组织文化高认同的群体数量仍会多于组织文化低认同的群体数量，如果初始组织文化低认同的群体数量多于组织文化高认同的群体数量，那么最后组织文化低认同的群体数量仍会多于组织文化高认同的群体数量。基于此提出了命题 1。在仿真 2 中考虑员工交互范围的变化对组织文化认同程度的影响，改变个体之间的交互范围后，我们可以发现随着交互范围的扩大，整体的组织文化认同程度也会提高，由此我们提出了命题 2。在仿真 3 中考虑员工积极性的改变对组织文化认同程度的影响，改变员工的积极性后，我们可以发现随着员工积极性的提高，组织内高认同程度的群体数量比例也会增加，由此我们提出了命题 3。

近年来，组织文化认同受到了较多的关注，但是大多数处于论述和观念探讨的阶段；另外，由于文化认同和传播是一个隐性的过程，实证研究不能对其演化过程进行直观展现。基于此，本文创新性地引入社会模拟中常用的研究方式——基于代理的建模，以 ACM 为基础，通过 NetLogo 软件对演化过程进行仿真模拟，直观地展现了研究结果并提出了3个命题，得出了组织文化认同与初始不同认同程度的群体数量、交互范围以及员工整体积极性之间的关系，填补了此方面的研究空白，对实践具有一定的指导意义。

（二）研究建议

组织文化在一定程度上决定着组织在日益激烈的竞争环境下能够获取自身的核心竞争力，组织文化对于组织打造高绩效以及高效执行组织的相关战略具有重要意义。员工的组织文化认同程度对企业起着至关重要的作用，基于本文提出的3个命题，给企业的组织文化建设提出以下建议。

1. 在招聘阶段和员工入职初期提高组织文化与员工价值观的匹配

通过本文的仿真可以发现初始组织文化高认同程度群体数量越多，最后演化的稳定模型中高认同程度群体数量也会越多。因此，企业在进行招聘时，应该将候选人员对企业的文化匹配程度作为重要考量因素，候选人员与企业的文化匹配程度越高，员工越有可能做出更大的贡献，在企业的任期越长。另外，较高的文化匹配程度更有利于员工接受公司现有的文化。在员工入职初期，组织应该开展相关活动提高员工的组织文化认同程度，已有研究表明组织认同与员工绩效存在正向的关系，具有较高组织认同度的员工往往能表现出更高的个人绩效，较高的个人绩效对企业绩效产生积极作用。对于入职时间较长的员工，仍要定期进行组织文化教育，强化其认同意识。

2. 加强员工间的沟通，扩大员工的沟通范围

通过沟通，员工之间可以建立良好的关系，并且通过行为交互相互影响个体的行为和思想。通过仿真结果我们可以看出员工沟通范围的扩大，对整体组织文化认同程度有一定的提升作用。因此，组织应改革组织层级结构，使组织更加扁平化，弱化各部门之间的边界，加强各部门之间的交流沟通，弱化层级意识，引导员工参与企业文化建设，使其真

正认可和融入现有企业文化。引进新型信息技术，营造良好的沟通环境，定期开展团建活动，加强员工之间的情感交流。鼓励员工间非正式组织的存在和发展，用组织文化引导非正式组织朝着有利于组织发展的方向发展。

3. 提高员工积极性，打破传统观念的束缚

根据本文中的仿真3我们可知，随着员工积极性的提高，高认同程度的群体数量也会增加，亦即员工积极性对于组织整体文化认同程度的提高具有重要作用。企业应该重视员工积极性的提高，开设相关的培训项目，提高员工对于新事物的接受能力和学习能力。在数智化的背景下，企业应该在组织内创造适合员工发展的环境，帮助员工树立正确的观念，营造良好的学习环境。

（三）研究不足及展望

本文将社会科学领域中的常用研究方法引入组织文化认同的研究中，直观展现了不同要素的变化对组织文化认同程度的影响，但在研究中仍旧存在一些不足，在以后的研究中有待进一步完善，从而得出更具价值的研究结果。

（1）ABM 仿真本身的局限性。在思维预想、场景预演、机制设计和条件假设过程中，不可避免地会出现模型设计与实际情况存在偏差的情况，需要较多的研究经验，从而通过各种参数设置以及条件假设等方式减少与实际情况的偏差，后续可以根据研究的深入逐渐对研究模型进行改进，减少与实际情况的偏差。

（2）由于能力限制，本文考虑的仿真模型较为简单、研究的因素较为单一。在以后的研究中随着对 ABM 认识的不断提高，应该考虑更多的因素，进一步深入研究。

（3）本文主要考虑组织文化认同与初始不同认同程度的群体数量、

交互范围以及员工整体积极性之间的关系，研究重点在于组织文化认同与不同要素之间的关系，因此相关参数可能与现实情况存在差距，后续应该考虑系统的样本来源从而能与现实生活更加贴合。

参考文献

[1] 高日光．基于认知视角的组织认同和基于情感视角的组织承诺对员工绩效影响效果的差异[J]．现代管理科学,2011(10):39 -41.

[2] DAVID EFRATY DONALD M WOLFE. The effects of organizational identification on employee affective and performance responses[J]. Journal of business and psychology,1988,3(1).

[3] 陈致中,张德．组织文化认同之文献评述与模型建构[J]．现代管理科学,2011(3):3 -5 +27.

[4]SCHEIN E H. Organizational culture and leadership[M]. San Francisco:Josscy - Bass,1985.

[5] Measuring organizational cultures: A qualitative and quantitative study across twenty cases[J]. Administrative science quarterly,1990,35(2).

[6] 陈致中,张德．中国背景下的组织文化认同度模型建构[J]．科学学与科学技术管理,2009,30(12):64 -69.

[7] PHINNEY J S. Ethnic identity in adolescents and adults:Review of research [J]. Psychological bulletin,1990,108(3):499 -514.

[8] TAIFE H,TURNER J C. The social identity of inter - group behavior [M]// Worchel S,Austin W. Psychology of inter - group relation. Chicago:Nelson Hall,1986:7 -24.

[9] MONA L J,TAMARA L W,CARMEN G,et al. The psycho - metric properties of the orthogonal cultural identification scale in Asian Americans [J].

Journal of multicultural counseling and development,2002(30):181 - 191.

[10] OETTING E R,BEAUVAIS F. Orthogonal cultural identification theory:The cultural identification of minority adolescents[J]. The international journal of addictions,1990,25(5A&6A):655 - 685.

[11] DEJYLE D. Constructing failure and maintaining cultural id - entity: Navajo and Ute school leavers[J]. Journal of American Indian education,1992, 31(2):25 - 46.

[12] VIJAYAKUMAR V S R , PADMA RN. Impact of perceived organizational culture and learning on organizational identification[J]. International journal of commerce and management,2014,24(1).

[13] RAVASI D , SCHULTZ M. Responding to organizational identity threats:Exploring the role of organizational culture[J]. Academy of management journal,2006,49(3):433 - 458.

[14] O'REILLY C CHATMAN A&J. Organizational commitment and psychological attachment: The effects of compliance, identification, and internalization on prosocial behavior[J]. Journal of applied psychology,1986,71(3):492 - 499.

[15] MILLER V D,ALLEN M,CASEY M K &JOHNSON JR. Reconsidering the organizational Identification questionnaire[J]. Management communication quarterly,2000,13(4) : 626 - 658.

[16] GILBERT G N, TROITZSCH. K G. Simulation for the social scientist [M]. Buckingham :Open University Press,1999.

[17] MACY M W, WILLER R. From factors to actors:Computational sociology and agent - based modeling[J]. Annual review of sociology, 2002, 28:143 - 166.

[18] 吕鹏. ABM 仿真模拟方法漫谈[J]. 贵州师范大学学报(社会科学版),2016(6):43 - 45.

[19] ROBERT AXELROD. The dissemination of culture: A model with local convergence and global polarization[J]. The journal of conflict resolution,

1997,41(2).

[20] BANDURA A. Social learning theory of aggression. [J]. The journal of communication,1978,28(3).

[21] ROBERT WOOD,ALBERT BANDURA. Social cognitive theory of organizational management[J]. The academy of management review,1989,14(3).